基督教经典译丛

何光沪 主编
副主编 章雪富 孙 毅 游冠辉

Contra Celsum
驳塞尔修斯

【古罗马】奥利金 著 石敏敏 译

Simplified Chinese Copyright © 2013 by SDX Joint Publishing Company.
All Rights Reserved.

本作品中文版权由生活·读书·新知三联书店所有。
未经许可，不得翻印。

本书根据 Origen: Contra Celsum (translated by Henry Chadwick) 翻译
本书由香港汉语基督教文化研究所策划及授权出版简体字版。

图书在版编目（CIP）数据

驳塞尔修斯／（古罗马）奥利金著；石敏敏译. —北京：生活·读书·新知三联书店，2013.8（2023.5 重印）
（基督教经典译丛）
ISBN 978 - 7 - 108 - 04464 - 8

Ⅰ.①驳⋯ Ⅱ.①奥⋯ ②石⋯ Ⅲ.①基督教 - 研究 Ⅳ.① B978

中国版本图书馆 CIP 数据核字 (2013) 第 053262 号

丛书策划	橡书文字工作室
特约编辑	游冠辉
责任编辑	张艳华
装帧设计	罗　洪
责任印制	董　欢
出版发行	生活·讀書·新知三联书店
	（北京市东城区美术馆东街 22 号）
邮　　编	100010
经　　销	新华书店
印　　刷	北京隆昌伟业印刷有限公司
版　　次	2013 年 8 月北京第 1 版
	2023 年 5 月北京第 2 次印刷
开　　本	635 毫米×965 毫米 1/16 印张 38.25
字　　数	502 千字
印　　数	7,001 - 9,000 册
定　　价	75.00 元

基督教经典译丛
总　序
何光沪

在当今的全球时代,"文明的冲突"会造成文明的毁灭,因为由之引起的无限战争,意味着人类、动物、植物和整个地球的浩劫。而"文明的交流"则带来文明的更新,因为由之导向的文明和谐,意味着各文明自身的新陈代谢、各文明之间的取长补短、全世界文明的和平共处以及全人类文化的繁荣新生。

"文明的交流"最为重要的手段之一,乃是对不同文明或文化的经典之翻译。就中西两大文明而言,从17世纪初以利玛窦（Matteo Ricci）为首的传教士开始把儒家经典译为西文,到19世纪末宗教学创始人、英籍德裔学术大师缪勒（F. M. Müller）编辑出版五十卷《东方圣书集》,包括儒教、道教和佛教等宗教经典在内的中华文明成果,被大量翻译介绍到了西方各国;从徐光启到严复等中国学者、从林乐知（Y. J. Allen）到傅兰雅（John Fryer）等西方学者开始把西方自然科学和社会科学著作译为中文,直到20世纪末叶,商务印书馆、生活·读书·新知三联书店和其他有历史眼光的中国出版社组织翻译西方的哲学、历史、文学和其他学科著作,西方的科学技术和人文社科书籍也被大量翻译介绍到了中国。这些翻译出版活动,不但促进了中学西传和西学东渐的双向"文明交流",而且催化了中华文明的新陈代谢,以及中国社会的现代转型。

清末以来,先进的中国人向西方学习、"取长补短"的历程,经历了两大阶段。第一阶段的主导思想是"师夷长技以制夷",表现为洋务运动之向往"船坚炮利",追求"富国强兵",最多只求学习西方的工业技术和物质文明，结果是以优势的海军败于日本，以军事的失败表现出制度的失败。第二阶段的主导思想是"民主加科学"，表现为五四新文化运动之尊崇"德赛二先生"，中国社会在几乎一个世纪中不断从革命走向革命之后，到现在仍然需要进行民主政治的建设和科学精神的培养。大体说来，这两大阶段显示出国人对西方文明的认识由十分肤浅到较为深入，有了第一次深化，从物质层面深入到制度层面。

正如观察一支球队，不能光看其体力、技术，还要研究其组织、战略，更要探究其精神、品格。同样地，观察西方文明，不能光看其工业、技术，还要研究其社会、政治，更要探究其精神、灵性。因为任何文明都包含物质、制度和精神三个不可分割的层面，舍其一则不能得其究竟。正由于自觉或不自觉地认识到这一点，到了20世纪末叶，中国终于有了一些有历史眼光的学者、译者和出版者，开始翻译出版西方文明精神层面的核心——基督教方面的著作，从而开启了对西方文明的认识由较为深入到更加深入的第二次深化，从制度层面深入到精神层面。

与此相关，第一阶段的翻译是以自然科学和技术书籍为主，第二阶段的翻译是以社会科学和人文书籍为主，而第三阶段的翻译，虽然开始不久，但已深入到西方文明的核心，有了一些基督教方面的著作。

实际上，基督教对世界历史和人类社会的影响，绝不止于西方文明。无数历史学家、文化学家、社会学家、艺术史家、科学史家、伦理学家、政治学家和哲学家已经证明，基督教两千年来，从东方走向西方再走向南方，已经极大地影响，甚至改变了人类社会从上古时代沿袭下来的对生命的价值、两性和妇女、博爱和慈善、保健和教育、劳动和经济、科学和学术、自由和正义、法律和政治、文学和艺术等等几乎所有生活领域的观念，从而塑造了今日世界的面貌。这个诞生于亚洲或"东方"，传入了欧洲或"西方"，再传入亚、非、拉美或"南方"的世界第一大宗教，现在因为信众大部分在发展中国家，被称为"南方宗教"。但是，它本来就不属于任何一"方"——由于今日世界上已经没有一个国家没有其存在，所以它已经不仅仅在宗教意义上，而且是在现实意义上展现了它"普世宗教"的本质。

因此，对基督教经典的翻译，其意义早已不止于"西学"研究或对西方文明研究的需要，而早已在于对世界历史和人类文明了解的需要了。

这里所谓"基督教经典"，同结集为"大藏经"的佛教经典和结集为"道藏"的道教经典相类似，是指基督教历代的重要著作或大师名作，而不是指基督徒视为唯一神圣的上帝启示"圣经"。但是，由于基督教历代的重要著作或大师名作汗牛充栋、浩如烟海，绝不可能也没有必要像佛藏道藏那样结集为一套"大丛书"，所以，在此所谓"经典译丛"，最多只能奢望成为比佛藏道藏的部头小很多很多的一套丛书。

然而，说它的重要性不会"小很多很多"，却并非奢望。远的不说，只看看我们的近邻，被称为"翻译大国"的日本和韩国——这两个曾经拜中国文化为师的国家，由于体现为"即时而大量翻译西方著作"的谦虚好学精神，一先一后地在文化上加强新陈代谢、大力吐故纳新，从而迈进了亚洲甚至世界上最先进国家的行列。众所周知，日本在"脱亚入欧"的口号下，韩国在其人口中基督徒比例迅猛增长的情况下，反而比我国更多更好地保存了东方传统或儒家文化的精粹，而且不是仅仅保存在书本里，而是保存在生活中。这一事实，加上海内外华人基督徒保留优秀传统道德的大量事实，都表明基督教与儒家的优秀传统可以相辅相成，这实在值得我们深长思之！

基督教在唐朝贞观九年（公元635年）传入中国，唐太宗派宰相房玄龄率官廷卫队到京城西郊欢迎传教士阿罗本主教，接到皇帝的书房让其翻译圣经，又接到皇官内室听其传讲教义，"深知正真，特令传授"。三年之后（公元638年），太宗又发布诏书说："详其教旨，玄妙无为；观其元宗，生成立要。……济物利人，宜行天下。"换言之，唐太宗经过研究，肯定基督教对社会具有有益的作用，对人生具有积极的意义，遂下令让其在全国传播（他甚至命令有关部门在京城建造教堂，设立神职，颁赐肖像给教堂以示支持）。这无疑显示出这位大政治家超常的见识、智慧和胸襟。一千多年之后，在这个问题上，一位对中国文化和社会贡献极大的翻译家严复，也显示了同样的见识、智慧和胸襟。他在主张发展科学教育、清除"宗教流毒"的同时，指出宗教随社会进步程度而有高低之别，认为基督教对中国民众教化大有好处："教者，随群演之浅深为高下，而常有以扶民性之偏。今假景教大行于此土，其能取吾人之缺点而补苴之，殆无疑义。且吾国小民之众，往往自有生以来，未受一言之德育。一旦有人焉，临以帝天之神，时为耳提而面命，使知人理之要，存于相爱而不欺，此于教化，岂曰小补！"（孟德斯鸠《法意》第十九章十八节译者按语。）另外两位新文化运动的领袖即胡适之和陈独秀，都不是基督徒，而且也批判宗教，但他们又都同时认为，耶稣的人格精神和道德改革对中国社会有益，宜于在中国推广（胡适：《基督教与中国》；陈独秀：《致〈新青年〉读者》）。

当然，我们编辑出版这套译丛，首先是想对我国的"西学"研究、人文学术和宗教学术研究提供资料。鉴于上述理由，我们也希望这项工作对于中西文明的交流有所贡献，还希望通过对西方文明精神认识的深化，对于中国文化的更新和中国社会的进步有所贡献，更希望本着中国传统中谦虚好学、从善如流、生生不已的精神，通过对世界历史和人类文明中基督教精神动力的了解，对于当今道德滑坡严重、精神文化堪忧的现状有所补益。

尽管近年来翻译界出版界已有不少有识之士，在这方面艰辛努力，完成了一些极有意义的工作，泽及后人，令人钦佩。但是，对我们这样一个拥有十几亿人口的千年古国和文化大国来说，已经完成的工作与这么巨大的历史性需要相比，真好比杯水车薪，还是远远不够的。例如，即使以最严格的"经典"标准缩小译介规模，这么一个文化大国，竟然连阿奎那（Thomas Aquinas）举世皆知的千年巨著《神学大全》和加尔文（John Calvin）影响历史的世界经典《基督教要义》，都尚未翻译出版，这无论如何是令人汗颜的。总之，在这方面，国人还有漫长的路要走。

本译丛的翻译出版，就是想以我们这微薄的努力，踏上这漫长的旅程，并与诸多同道一起，参与和推动中华文化更新的大业。

最后，我们应向读者交代一下这套译丛的几点设想。

第一，译丛的选书，兼顾学术性、文化性与可读性。即从神学、哲学、史学、伦理学、宗教学等多学科的学术角度出发，考虑有关经典在社会、历史和文化上的影响，顾及不同职业、不同专业、不同层次的读者需要，选择经典作家的经典作品。

第二，译丛的读者，包括全国从中央到地方的社会科学院和各级各类人文社科研究机构的研究人员，高等学校哲学、宗教、人文、社科院系的学者师生，中央到地方各级统战部门的官员和研究人员，各级党校相关教员和有关课程学员，各级政府宗教事务部门官员和研究人员，以及各宗教的教职人员、一般信众和普通读者。

第三，译丛的内容，涵盖公元1世纪基督教产生至今所有的历史时期。包含古代时期（1—6世纪）、中古时期（6—16世纪）和现代时期（16—20世纪）三大部分。三个时期的起讫年代与通常按政治事件划分历史时期的起讫年代略有出入，这是由于思想史自身的某些特征，特别是基督教思想史的发展特征所致。例如，政治史的古代时期与中古时期以西罗马帝国灭亡为界，中古时期与现代时期（或近代时期）以17世纪英国革命为界；但是，基督教教父思想在西罗马帝国灭亡后仍持续了近百年，而英国革命的清教思想渊源则无疑应追溯到16世纪宗教改革。由此而有了本译丛三大部分的时期划分。这种时期划分，也可以从思想史和宗教史的角度，提醒我们注意宗教和思想因素对于世界进程和社会发展的重要作用。

中国人民大学宜园
2008年11月

目　　录

为基督教的有效性辩护（中译本导言） ………… 洛伦佐·佩罗内　1
前言 …………………………………………………………… 1

第一卷 ………………………………………………………… 1
第二卷 ………………………………………………………… 69
第三卷 ………………………………………………………… 143
第四卷 ………………………………………………………… 205
第五卷 ………………………………………………………… 295
第六卷 ………………………………………………………… 355
第七卷 ………………………………………………………… 443
第八卷 ………………………………………………………… 511

译名表 ………………………………………………………… 577

为基督教的有效性辩护

(中译本导言)

洛伦佐·佩罗内[①]

一 奥利金的时代和作品

公元4世纪君士坦丁归信之前，也就是基督徒首次被允许自由奉行自己的宗教之前，奥利金（约公元185—254）的《驳塞尔修斯》（即 *Contra Celsum*，后面简称 CC）可谓最重要的基督教护教文献。该书写于约公元249年，是奥利金漫长而硕果累累的创作生涯中巅峰时期的作品。他在皇帝德修斯·图拉真逼迫（公元250）后没几年就去世了。图拉真是第一位颁布法令逼迫所有基督教信徒的皇帝。

奥利金出生于亚历山大（Alexandria）的一个基督教家庭，他一生的大部分时间都在这个作为埃及首都、希腊主义文化中心的城市里生活，直到232年移居巴勒斯坦的凯撒利亚。关于奥利金的生平，我们的主要资料来自教会史学家凯撒利亚的优西比乌（Eusebius of Caesarea）。我们从他那里了解到，奥利金全面学习希腊古典文化，初期他成为一名文法和文献教师。一段时间之后，他对圣经产生了兴趣，他从小受到圣经的

[①] 洛伦佐·佩罗内 (Lorenzo Perrone) 系"欧洲大学之母"意大利博洛尼亚大学古典语言系教授，奥利金研究的国际权威。

本书和本篇导论的译者石敏敏为浙江工商大学教授。本译著为国家社科基金项目（批准号：10BZX046）成果之一。

滋养，所以他在这方面表现出明显的优势。于是他开始在亚历山大教理问答学校任教，教导那些对基督教感兴趣的人，最终领他们受洗。这不仅是在确立问答式的教理教学，实际上是模仿古代晚期的哲学学派。师生长期共同生活，通过思想交流和道德教化分享学习经验。奥利金本人希望完成哲学训练，他曾在一段时间经常拜访一位有名望的哲学家，很可能就是那位阿摩尼乌·萨卡斯（Ammonius Saccas）。后来，新柏拉图主义的创立者普罗提诺（约公元204—270）居住在亚历山大期间，奥利金也时常造访他。

然而，就我们对奥利金比较全面而准确的了解来看，他不可能完全认同当时的哲学家。首先，自教学之初，奥利金的学术努力就旨在提供一种可靠的圣经文本，不仅主要关注旧约，因为也需要致力于新约的文本考证，尽管明显没有旧约那么迫切。因此奥利金投入到一项艰巨而伟大的工程之中，即圣经六文本合参（Hexapla，包括希伯来文本、用希腊字母对希伯来文本的逐字转写本，以及其他四种奥利金能找到的标准希腊文本）。借助于这个宏伟的文本工具，奥利金的目标是确立七十士希腊译本即"亚历山大圣经"的权威性，这是东西方大多数基督教团体都采纳的正式文本。这部巨著体现了奥利金作为在亚历山大的语言学传统，以及荷马文本注释传统中训练有素的文法家的非凡造诣。就我们而言，更重要的是，六文本合参为奥利金后来乃至他一生的活动奠定了根基，尤其为他作为学校或教会的圣经注释家奠定了根基。他确实认为自己真正的使命和任务就是阐释基督教圣经，他始终利用所能利用的各种注释体裁和方法，通过评注、布道和短注（scholia）等方式阐释圣经。

奥利金居住在亚历山大时就开始释经了。在那些伟大的释经作品中，我们应当特别提到《〈创世记〉注释》和《〈约翰福音〉注释》，这或许可算为他的注释类的神学巨著了。奥利金而后居住凯撒利亚的最后二十年间，写了《〈雅歌〉注释》、《〈罗马书〉注释》、《〈马太福音〉注释》等,这仅仅是他在这段高度集中而多产的创作时期所撰写的几部主要作品。奥利金担任凯撒利亚的神父后,除了教学和写作之外,还定时在教会讲道。他关于旧约和新约的许多经段的讲道都被保存了下来,然而除了《〈耶利米书〉讲道集》和最近才发现的《诗篇讲道集》之外,现存的只有一个拉丁文本。即使奥利金的其他少量并非直接采用注释体裁的作品,基本上也是以表现圣经及对它的阐释为特点的,如我们可以在他写于亚历山大的著作《论首要原理》或者写于凯撒利亚的《论祷告》中所看到的。

奥利金以基督教的立场全面注释圣经,力图回应二三世纪的早期基督教所面临的诸多挑战。他刚出生时,基督教运动仍然以各种各样的潮流和信念为特点,这些后来都被教会视为异端予以摒弃。在这些派别和团体中,马西昂主义(Marcionism)和诺斯替主义(Gnosticism)吸引了许多受教育者,尤其是知识精英,对建制教会的基督教造成极大威胁。奥利金以他的作品和独特的方式阐释希伯来圣经,使它成为"基督和教会的经书",成功地回应了这些挑战。他在气势恢弘的圣经注释中强调必须有一种"灵意"(pneumatic),也就是超越经文字义的寓意解释。如他的教义巨著《论首要原理》所表述的,既然圣经是圣灵传给人们的信息,好叫人们得救,解释者就应当始终保证释经时既与它们的建构的本性一致,也与它们对人应有的灵性用途一致。与马西昂(约公元85——160)和诺斯替主义相反,奥利金主张旧约与新约的上帝的统一:福音书中的上帝与律法书中的上帝是同一位上帝,就是主耶稣基督的父,因此"公正的上帝"与"慈爱的上帝"之间,得穆革或世界的创造主与它的救赎者之间完全没有张力。

奥利金拒斥瓦伦廷的诺斯替主义(Valentinian Gnosticism)的救恩决定论,反对它所主张的在被拣选得救上某些人有灵性特权,反对各种各样的命定论——不论哲学的还是占星学的,而强调每个人应对自己的命运负责。奥利金思想的支柱之一正是这样一个观念:自由意志支配一切有理智的存在者并引导他们——作为平等的实体——从上帝起初的创造走向现在世界中各不相同的存在者：天使、人和魔鬼。另一方面，奥利金所谓的人类自由的观念始终伴随着如下的论点：上帝对人类的爱始终如一，也永不止息。虽然生命看似是一场漫长的战斗，以确保道德行为战胜邪恶，内在的人战胜外在的人，但由于他那备受争议的普遍"复归"（*apokatastasis*）教义指向全人类和整个宇宙秩序的最终得救，甚至魔鬼也不被排除在这种可能性之外，所以他最终描绘的是一种乐观主义的远景。

二 早期异教、犹太教和基督教之间的论辩

要理解《驳塞尔修斯》的背景，我们必须考虑早期异教、犹太教和基督教之间的论辩。尽管奥利金的主要目标始终是马西昂主义和诺斯替主义的异端邪说，但他不可能忽视异教徒和犹太人自2世纪初就开始的针对基督教的批判和指责。基督徒在与犹太教共同的母体分道扬镳后，开始强调他们自己的独立身份，即既区别于异教徒也不同于犹太人的身份。然而，后者认为这种新的信仰只是一种虚假的弥赛亚主义，是对犹太教的背叛；前者则认为它不尊重传统宗教。他们甚至说基督教是某种形式的"无神论"，因为它反对希腊—罗马异教中的诸神崇拜。另外，基督徒另类的生活方式使他们蒙受诸多偏见和猜疑，就如以前犹太教所遭受的攻击一样，最后他们受到"厌世和不忠于国家"的指控。为反驳这些指控，2世纪许多基督徒作家开始主动面向异教徒和犹太人，捍卫基督教。

这些护教作品往往以帝国的皇帝为第一收信人，并力图改变公众的观点。它们主要强调基督徒公民对罗马政府的忠诚，以及他们高度的道德水平，尤其是相对于一个道德沦丧的社会来说。由于基督教既为普通民众理解，也为知识分子接受，于是就导致这样的偏见：基督教是一种没有传统的新宗教。为回应这一点，基督教护教者利用了犹

太—希腊化作家比如斐洛（Philo of Alexandria，约公元前20—公元50）和约瑟夫（Flavius Josephus，约公元36—100）曾经充分使用的辩护模式。由于他们把希伯来圣经接纳为基督教圣典，所以他们自称可以追溯到比古典遗产本身更古老的历史传统。根据这种观点，摩西的出现早于荷马，于是这种新宗教就成为一种漫长的宗教文化历史传统的最后阶段。这种为其宗教的古老性的辩护还有一个功能，就是使犹太教丧失自己的优势和权利，因为现在应当把基督徒看作"新以色列"。因此，在专门针对犹太人的辩护中，护教者的主要关注点就在于，从整部希伯来圣经中找出所有能被解释为预表了基督和教会的经文。此外，基督徒护教者之所以强调对犹太律法和敬拜必须作灵意解释，也是因为犹太人第一次反罗马战争中耶路撒冷被毁（公元70年）。

　　2世纪的基督教护教者一方面想方设法回应对基督教的种种批判，为基督教的信仰和习俗的合法性辩护，同时也对这种新信仰作出哲学化阐释。至少，那些对将新兴的基督教并入罗马帝国文化和宗教体系感兴趣的人采纳了某些希腊罗马时代的哲学体系作了详尽阐释的范畴。像查士丁（约于160年殉道）这样的作家就是这种努力的最好典范，他按照自己时代的哲学环境阐释和改造基督教，并吸收了一些柏拉图主义和斯多葛主义的观念。逻各斯（道）作为上帝的儿子在这个世界自我显现，成为在耶稣基督中的人，这在他看来是贯穿在创造中的原理，就如柏拉图《蒂迈欧篇》中的得穆革；同时他也是救赎历史的主角，在历史过程中渐渐地向人类彰显。这个逻各斯（道）也是存在于人的理智和由上帝的神意统治的宇宙秩序中的种子。这样，查士丁就能够将哲学，尤其是柏拉图主义，理解为基督教的一种预备，几乎可以比作圣经对犹太教的历史角色。克莱门（约140—220）是奥利金之前"亚历山大学派"最重要的导师，基本上与查士丁持同样的观点。至于奥利金，虽然支持查士丁和克莱门提出的逻各斯神学，但他从未赞成把哲学看作人类的第二种启示。

三　塞尔修斯和他的真教义

2世纪的护教论辩通常是处理针对基督教所提出的、或多或少在异教社会中传播的一般性批评和反对。但这种新宗教一直还没有成为知识分子系统抨击的对象。也因为基督教还处于边缘地位，所以一段时期内，它只是偶尔受注意。一直到塞尔修斯的《真教义》出现，我们才面对表达异教批判、尤其针对基督教的论辩作品。在一系列异教作家，主要是哲学家中，推罗的坡菲利（Porphyrius of Tyre，约公元232—305）是最犀利地抨击基督教中的一位，塞尔修斯是第一位以传统价值观和古代宗教的名义，或者以罗马政府要求的公民职责名义反对基督教信条，同时为哲学理性相对于基督教信仰的优先性辩护的人。

我们对塞尔修斯以及他对基督教的抨击的了解，完全依赖于奥利金对《真教义》的回应。因此，为重建《真教义》的作者和文本的特点，《驳塞尔修斯》是我们独一无二的资源，因为奥利金在回应中引用了很长的摘录。虽然学者们作了很多努力，在2世纪及后来的基督徒护教者中间探查《真教义》的痕迹，但没有一个人在提及塞尔修斯的名字时不提到奥利金。奥利金本人表明这位对手的思想特点具有某种不确定性。有时候他认为塞尔修斯是伊壁鸠鲁主义的倡导者（CC 1, 8），但是从奥利金所转述的思想看，塞尔修斯显然更擅长柏拉图哲学；另外，他很可能定居在近东，如果不是住在亚历山大的话。至于《真教义》的成书时间，我们可以根据奥利金（CC 8, 69.71）作出这样的推断：它写于《驳塞尔修斯》前约七十年，很可能是在马可·奥勒留皇帝统治时期（161—180）。

根据我们所能重建的塞尔修斯的思想看，他似乎了解2世纪基督教的复杂现象（CC 5, 62），尽管奥利金指责他没有完全将基督教的正统形式与各种异端区分开来。塞尔修斯非常清楚地知道，基督教最初脱胎于犹太教，并利用这一点为他的论辩目标服务。他一开始就引入一个假设的犹太人，通过他先抨击个人，即拿撒勒人耶稣（*CC* 1, 28—71），然后攻击所有那些从犹太教改信基督教的人（*CC* 2, 1—79）。在接下来的论辩中，塞尔修斯同时批判犹太人和基督徒，反对他们各自假装提出了独一无二的真宗教（*CC* 4, 1—5, 2）。如果塞尔修斯的批判部分依赖于犹太教对基督教的拒斥，那他也是第一位对希伯来圣经和福音书的文本多少比较熟悉的异教批评者。然而，他没能像他之后的坡菲利和朱利安皇帝（所谓的"背教者"[331—363]）那样，充分利用圣经批判基督徒。作为一个杰出的修辞学家，塞尔修斯更喜欢诉求于讽刺（*CC* 4, 23），以 2 世纪智者的风格创作了一本小册子。

从思想角度看，塞尔修斯可以被认为是富有哲学思想的保守者，他敏锐地意识到新宗教对传统敬拜和信念，以及对罗马政府及其作为一种统一的宗教和政治习俗的皇帝敬拜所提出的挑战。此外，那个时代的基督徒正式宣布不服兵役，塞尔修斯感到这对帝国的稳定是一大危险，因为当时帝国经常受边境蛮族的进犯。然而，简单地把塞尔修斯看成顽固的传统主义者，就会误入歧途。一方面，他同情柏拉图哲学，认为它是"逻各斯"的最高表现（*CC* 6, 1—11），但他建议应诉求于理性，作为认识上帝的途径，而不是诉求于启示和信仰（*CC* 6, 66; 7, 36—45）。另一方面，他对某种"古老的智慧"——可以理解为既是宗教的，也是哲学的——很敏感，那完全不局限于希腊化世界，也包括古代受人尊敬的民族，比如埃及人、迦勒底人以及其他民族。由此塞尔修斯反映了二三世纪盛行于整个帝国的宗教、哲学折衷主义。

令人吃惊的是，他把曾在埃及为奴的犹太人排除在这种古老智慧之外，这与当时知识分子中普遍认同的观点——即犹太人是一个奉行某种"哲学宗教"的民族——相反。就塞尔修斯而言，犹太人和基督徒显然不可能纳入他所支持的宗教、哲学和政治体系之中。也就是说，他维护多神论与一神论的混合，在罗马帝国的宗教和政治联盟框架下，保存各国的神以及他们的传统敬拜（*CC* 7, 68）。就塞尔修斯而言，一个至高神，从柏拉图的范畴理解，可以与传统诸神共存，按这个传统解释，诸神就是协助至高神的灵 (CC 8, 24)，而犹太人和基督徒显然不能接受这种观点，因为他们信奉严格的一神论。

虽然塞尔修斯的《真教义》不厌其烦地强调这种新宗教与传统宗教的差异，但他仍然有兴趣重新吸收在他看来对罗马帝国构成毁灭性挑战的基督教。即使他不时讽刺性地贬损耶稣这个人物的原创性，以及基督教信念的独特性，有时甚至认为它们是一种毫无价值的迷信，只能优先在老年妇女、孩子和奴隶中吸收信徒 (CC 3, 44—78)，但他不可能无视基督教信徒数量上与日俱增的事实。最后，他干脆直接请求基督徒共同支撑罗马帝国的福祉，维护它的存在 (CC 8, 65—76)。

四　奥利金的《驳塞尔修斯》：独特的护教文

奥利金并非主动要撰写如此长篇的作品（整整八卷之多）反驳塞尔修斯，而是在资助人安波罗修 (Ambrosius) 的敦促下承担这项任务。安波罗修从一开始就资助他的创作活动。在前言里，奥利金坦率地说，他对是否有必要回应塞尔修斯的小册子没有完全的信心。就如耶稣，他在本丢彼拉多面前保持沉默，以他自己的生命作为对他提出的指控的回应；同样，在奥利金看来，对基督教最好的辩护应当是信徒效仿基督所活出的生命及其所提供的见证 (CC Prol. 1)。尽管有这样那样的保留意见，奥利金还是再次满足了安波罗修的期望。为反驳塞尔修斯，首先要清楚《真教义》传播于什么样的人群。显然，阅读塞尔修斯作品的不仅有异教徒，也有基督徒，至少是那些在奥利金看来，在信仰上还仍然"软弱"的人 (CC Prol. 6)。因此我们得明白，读者身份混合多样，既有教内的也有教外的，特别是受过教育的人。事实上，反驳塞尔修斯的奥利金与对手分享同一种文化遗产，首先是古典作者，比如荷马及哲学传统，最主要的是柏拉图。出于护教需要，奥利金在这部作品里比其他任何作品更多地直接展现了他对希腊—罗马文化遗产的了解。

尽管论辩双方拥有共同的文化前提，但读者常会觉得，在《驳塞尔修斯》中我们面对的是"聋子的对话"。不过，可以说，奥利金反驳塞尔修斯的进路是实事求是的，最初他想概括塞尔修斯对基督教的指控（CC 1, 1—28），但马上就放弃了这种做法，而忠实地大段引用《真教义》原文。采用这种方法，使奥利金不仅远离护教文体——我们知道，这是始于2世纪的殉道者查士丁和其他护教者的文体——的特点；而且奥利金还清楚地表明，他更喜欢采用他在其他作品里普遍使用的方法来讨论塞尔修斯的文本，也就是文本解释的方式。我们可以说，在某种意义上，《驳塞尔修斯》是一位圣经注释家"不情愿作出的护教文"，因为奥利金显然更愿意讨论圣经经文，而不是评论这位柏拉图主义哲学家的句子。

与以前的护教文相比，要在与塞尔修斯的争辩中充分肯定犹太人和基督徒的圣经的重要性，显然并非顺理成章。但塞尔修斯本人在讨论中引入了一些圣经材料，所以奥利金有理由谈到这些经文，尽管不可能像他在圣经注释作品里那样发挥对它们的分析。另一方面，要彻底反驳塞尔修斯的指控，需要澄清对圣经的准确理解。寓意解释对双方来说都是文化传统中的构成元素，但奥利金意在表明把这种解释方法用于圣经时，要阐述的目标完全不同于希腊神话。另外，圣经的寓意解释——如奥利金在他的亚历山大作品《论首要原理》中（卷4, 1—3）所力图表明的——基于另外的前提，取决于另外的结论，而不是异教对古典诗歌的解释。在他看来，对圣经的正确解释，只能对那些分有那位充满经文的圣灵的人才有可能。此外，解释的主要目标始终指向道德行为和灵性成全。

正如我们不久就会看到的，在奥利金的护教文中，伦理意义占据支配地位，但是对基督教智性方面的关注以及对依赖于它们的习俗和效果的关注，始终支撑着反驳塞尔修斯的论辩。塞尔修斯的主要靶子之一是由基督教的"信仰"观念树立的。在他看来,这一点甚至更卑鄙,因为他认为恰恰由于毫无理性的"单纯相信",基督教的信息才吸引思想简单、缺乏文化的人做信徒,确保它的巨大成功。为反驳塞尔修斯把基督教描述为卑微和无知者的宗教,奥利金致力于表明基督教是一种普救主义宗教,它针对所有人,满足每个人的灵性需要,不论受过教育还是未受教育的。在奥利金看来,相信并不意味着抛弃作为人最高贵的特点,即他的思想以及负责任地使用理性。相反,信仰要求个体积极投入,以便更深地领会潜在地包含在相信活动中的智性财富。因此,用奥利金最典型的表述之一来说,信仰可看作一个起点,它辩证地要求理解力或者"考察力"的逐步成熟。

基督信仰包含一组由逻各斯在历史中启示出来、经圣经记载下来的信念。塞尔修斯抨击逻各斯道成肉身拯救人类的观点,这要求奥利金把整个圣经历史解释为最终指向这样的事件为其目标,并对基督相对于其他宗教传统的"神—人"的独特性辩护。这里奥利金没有利用耶稣所行的神迹作论据,他更喜欢以预言为依据。耶稣的故事早就在旧约各卷,尤其在那些先知书里作了预告,关于这一点奥利金也不时地与犹太拉比们展开争论(CC 1,45.55—56)。对奥利金来说,从历史的角度看,不论历史的还是神话学的,没有人物能够与耶稣的独特性及伟大相提并论。异教世界所熟悉的那些实现与诸神接触的方式,尤其是神谕,也无法与圣经和基督教传统相媲美。从预言本身看,预言活动总是表现为道德和灵性的要求,这决定了犹太—基督教的预言不同于异教预言(prophetism)的独特之处(CC 7,3—4)。

为回应塞尔修斯的抨击,奥利金必须重温圣经历史,这使他也为古犹太教的优越性辩护(CC 4,31;5,42)。圣经中以色列的生活方式,如上帝在律法中所描述的,构成一个真正的"祭司的民族",因为"犹太人的组织"受卓越的宗教价值和道德观念启示。奥利金利用原先由犹太—希腊化护教文描绘的模式来创建一幅理想蓝图:生活和节奏由宗教职责控制，法庭公正由无私的法官保证，任何淫乱和放荡的行为一律禁止，国家与邻国和睦相处，必要时才进行合法自卫。奥利金还为教会体制相比于世俗体制的优越性辩护（*CC* 3, 29—30），但他并没有直接为某个受基督教信念启示的国家论述一种可取代的政治纲要，就如 4 世纪凯撒利亚的优西比乌和君士坦丁皇帝那样。塞尔修斯希望基督徒给予罗马帝国积极的政治支持，奥利金在回应中提供的唯一"武器"是，基督徒可以担当一个祭司民族的职责，即为皇帝和国家祷告，就像摩西那样，通过祷告支持以色列征服仇敌的战斗（*CC* 8, 69—75）。

如果奥利金对塞尔修斯恳请的遵守诸神崇拜传统的要求毫不妥协，甚至不肯把它们看作至高神的使者或鬼灵，那么作为宗教经验核心的祷告，就成了在与他的异教徒对手争论中妥协的决定性条件。在塞尔修斯看来，哲学——高尚的柏拉图风格的哲学——的终极目标，就是沉思上帝，与他合一。然而，如他从柏拉图的《蒂迈欧篇》所知道的，只有极少数有智慧的人才能通过理智辩证法的练习，在一生中极其稀有的出神状态中实现这个目标，他们能够在这样的时刻超越宇宙，在理智上到达天外之天的神圣领域（*CC* 7, 42）。这里，奥利金再次反对塞尔修斯的理智精英主义，用基督徒的祷告范式，甚至用单纯信徒所奉行的祷告来反对他。在圣灵里祷告的基督徒通过退回到内心深处——如耶稣在登山宝训中所强调的——实现"灵魂的飞行"，达到与上帝的接触（*CC* VII, 44）。

就如诉求于祷告所表明的，奥利金整篇护教文及其涉及的不同主题的主旋律，其实是强调宗教的道德效果。在奥利金看来，支持基督教真理，反对犹太教和异教的主要论据，在于基督教信息对人的存在具有转化能力。即便他与塞尔修斯一样，至少在某种程度上，都承认柏拉图哲学的权威，他仍然强调这位希腊哲学家对民众缺乏一种伦理道德上的影响（*CC* 2, 76, 79—83; 6, 2, 14—20）。相反，在奥利金看来，基督教真理首先由这样的事实证明，即尽管有来自内部和外部的种种阻碍，但它的信息成功地使那些接受它的人在思想和行为上发生深刻变化（CC 2，79）。这不完全是因为奥利金对护教有必胜的信念，正如他之前的许多护教者那样，在表明新宗教在希腊罗马社会内外的深刻扩展时怀有这样的信念；还因为奥利金知道，这种成功的决定性因素不是出于人类。他公开承认早期基督教的传教者缺乏知识，如果按照文献和古典文化特有的评判标准来考察，那么圣经所传达的上帝的话甚至显得平淡无奇。但是在奥利金看来，正是早期基督教中这些属人的缺点和文化的不完全，反使人认识到某个神圣动力的主动权才是它成功的根本因素。尽管真基督徒在上帝持续的注视下认真努力地端庄克己（CC 2，48，38—44），但比他们的道德作为有更大影响力的，实际上是耶稣基督为保证新宗教的生根发芽所扮演的角色（CC 3，10；6，48）。他的行动是整个过程的核心，这样才可能使教会和信徒动态地进步。所以，如果说在奥利金反驳塞尔修斯所提出的辩护中，基督教的信仰实践是最易遭受攻击的一个方面，那么在他看来，在基督里成为人的逻各斯（道），实际上就构成了为此辩护的首要论据。

主要参考书目

一 原文资料

Origenes, *Die Schrift vom Martyrium, Buch I-IV gegen Celsus* (Griechische Christliche Schriftsteller, 2), *Buch V-VIII gegen Celsus, Die Schrift vom Gebet* (Griechische Christliche Schriftsteller, 3), Leipzig 1899.

Origène, *Contre Celse*, Introduction, critical text, translations and notes by M. Borret, volumes I-V ("Sources Chrétiennes", 132, 136, 147, 150, 227), Paris 1967-1969 and 1976.

Origenes, *Contra Celsum, Libri VIII*, edited by M. Marcovich, Leiden – Boston – Köln 2001.

Origen, *Contra Celsum*, Translation with an introduction & notes by H. Chadwick, Cambridge 1953.

Celsus, *On the True Doctrine*, Oxford 1987.

二 研究资料

C. Andresen, *Logos und Nomos. Die Polemik des Kelsos wider das Christentum*, Berlin 1955.

M. Fédou, *Christianisme et religions païennes dans le* Contre Celse *d'Origène*, Paris 1988.

M. Frede, "Origen's Treatise *Against Celsus*", in *Apologetics in the Roman Empire: Pagans, Jews, and Christians*, edited by M. Edwards, M. Goodman, and S. Price in association with C. Rowland, Oxford 1999, pp. 131-155.

L. Perrone, "Prayer in Origen's *Contra Celsum*: the Knowledge of God and the Truth of Christianity", in *Vigiliae Christianae*, Vol. 55 (2001), pp. 1-19.

—, "Christianity as 'Practice' in Origen's *Contra Celsum*", in *Origeniana Nona. Origen and the Religious Practice of His Time.* Papers of the 9th International Origen Congress, Pécs, Hungary, 29 August–2 September 2005, edited by G. HEIDI and R. SOMOS (Bibliotheca Ephemeridum Theologicarum Lovaniensium, 228), Leuven–Paris–Walpole/MA 2009, pp. 293-317.

K. Pchleri, *Streit um das Christentum. Der Angriff des Kelsos und die Antwort des Origenes*, Frankfurt a. M–Bern 1980.

D. Satran, "Truth and Deception in the *Contra Celsum*", in *Discorsi diverità. Paganesimo, giudaismo e cristianesimo a confronto nel* Contro Celso *di Origene*, edited by L. Perrone, Roma 1998, pp. 213-222.

G. Stroumsa, *Barbarian Philosophy. The Religious Revolution of Early Christianity*, Tübingen 1999 (pp. 44-56: "Celsus, Origen, and the Nature of Religion").

A. Villani, "Homer in the Debate between Celsus and Origen", in *Revue d'études augustiniennes et patristiques*, Vol. 58/1 (2012), pp. 113-139.

前　言

1. 我们的救主和主耶稣基督，当别人对他作假证时，① 他沉默不语；当别人控告他时，他毫无辩驳，② 他使人确信，他在犹太人中的生活和作为是对假证的最好驳斥，胜过任何语言，他无需再作任何辩护。所以，上帝所爱的安波罗修（Ambrose）啊，我不知道你为何要我写一篇文章，批驳塞尔修斯在他书里对基督徒和教会信仰的诬告和污蔑。事实本身不是比任何书面回答作出了更为清晰而明确的驳斥吗？一切诬告都在事实面前土崩瓦解，任何似是而非、无理横加的指控都要烟消云散。关于耶稣面对假见证时的沉默，《马太福音》和《马可福音》都有记载，内容大致相同，这里只引《马太福音》的话。《马太福音》中说③："祭司长和全公会寻找假见证控告耶稣，要治死他。虽有好些人来作假见证，都得不着实据。末后有两个人前来，说：'这个人曾说："我能拆毁上帝的殿，三日内又建造起来。"'大祭司就站起来，对耶稣说：'你什么都不回答吗？这些人作见证告你的是什么呢？'耶稣却不言语。"关于人控告他，他却不言语的事实，它又记载说④："耶稣站在巡抚面前，巡抚问他说：'你是犹太人的王吗？'耶稣说：'你说的是。'他被祭司长和长老控告

---

① 《马太福音》26:59—63；《马可福音》14:55—61。
② 《马太福音》27:12—14；《马可福音》15:3—5；《路加福音》23:9。
③ 《马太福音》26:59—63。
④ 《马太福音》27:11—14。

的时候，什么都不回答。彼拉多就对他说：'他们作见证告你这么多的事，你没有听见吗？'耶稣仍不回答，连一句话也不说，以致巡抚甚觉希奇。"

2. 人被指控，受到诬告，却不为自己辩护，洗清罪名，表明清白，尽管他只要一一述说自己的一生如何品行端正，表明他的异能奇事都是借着上帝成就的，就完全可能打动审判者，使审判者对他的案件作出更为有利的判决，然而他没有这样做，反而鄙视指控他的人，对他们的诬告不屑一顾，这在资质平平的人看来，完全可能成为稀奇之事。倘若耶稣为自己作辩护，哪怕一点点，法官都可能毫不犹豫地释放他，这一点从记载中可以清楚看出，因为巡抚说："你们要我释放哪一个给你们？是巴拉巴呢？是称为基督的耶稣呢？"圣经接着说："巡抚原知道，他们是因为嫉妒才把他解了来。"① 我们知道，耶稣常常受到诬告，只要人中间还有恶，他就不可能不受到控告。面对这一切，他仍然不作回答，不说一句话；但是他带领的那些真门徒的生命已经为他作了辩护，因为他们的生命大声地说出了事实真相，挫败了一切假证，驳斥了诽谤，推翻了指控。

3. 因而，我甚至应该这样说，你要我撰写的辩护必会削弱纯粹事实的辩驳力，减损源于耶稣的权能——人只要不那么愚笨，就能看到这种能力。然而，我们还是尽我们所能对塞尔修斯书里的每个观点作出回应，以适当的方式驳斥它，免得有人认为我们好像要推卸你所交托的任务。但是，无论如何，塞尔修斯的论述不可能动摇任何真正基督徒的信仰。任何人，只要领受了上帝这样一份爱，就是在耶稣基督里的爱，就不可因塞尔修斯的话或者其他诸如此类的话动摇自己的目标，上帝禁止出现这样的事。当保罗列出一系列常常将人与基督的爱以及上帝在基督耶稣里的爱隔绝的事——这爱能胜过所有这些事——时，他并没有把论证列在其中。请注意他一开始所说的："谁能使我们与基督的爱隔绝呢？

---

① 《马太福音》27:17—18。

难道是患难吗？是困苦吗？是逼迫吗？是饥饿吗？是赤身露体吗？是危险吗？是刀剑吗？如经上所记：'我们为你的缘故终日被杀，人看我们如将宰的羊。'然而，靠着爱我们的主，在这一切的事上已经得胜有余了。"其次，他在列举另一些天然地倾向于把那些在虔诚上脚跟不稳的人与爱隔绝之事时说："因为我深信无论是死、是生、是天使、是掌权的、是有能的，是现在的事，是将来的事，是高处的、是低处的，是别的受造之物，都不能叫我们与神的爱隔绝；这爱是在我们的主基督耶稣里的。"①

4. 倘若患难及其引起的第一系列的事物都没有将我们隔绝，那么我们确实完全可以自豪。但对保罗和众使徒，以及任何像他们一样的人来说，并非仅此而已；正是因为保罗大大地远离这些事，所以他才说："靠着爱我们的主，在这一切的事上已经得胜有余了。"这可比仅仅克服要更伟大。然而，即使众使徒因自己没有与在我们的主基督耶稣里的上帝的爱隔绝而自豪，他们之所以夸口，也是因为"无论是死、是生、是天使、是掌权的，是有能的"，任何随之而来的事，都不能叫他们"与上帝的爱隔绝，这爱是在我们的主基督耶稣里的"。所以，若是有人有了基督里的这种信仰之后，还被塞尔修斯的话动摇（须知，此人早已不在人间，很久之前就死了），或者被哪种似是而非的论证动摇，那我绝不会同情他。他的信心若是被塞尔修斯对基督徒的诬告所动摇，需要用书卷的论证来恢复和巩固，那我实在不知道该称他为哪一类人。然而，既然大多数人都似乎相信存在这一类人，他们可能被塞尔修斯的作品困扰，而只要对之作出反驳，推翻塞尔修斯的论点，澄清真理，就能使他们恢复信心，那么我们决定顺应你的要求，撰写论文回应你寄给我们的东西。不过，我想，任何人，只要在哲学上有过哪怕是一点点的进步，都不会承认那些东西正是塞尔修斯所谓的"真教义"。

5. 保罗知道，希腊哲学中有一些理论给人深刻印象，使大多数人都

---

① 《罗马书》8:35—39。

信服，但其实是似是而非，似真而假的；他论到它们说："你们要谨慎，恐怕有人用他的理学和虚空的妄言，不照着基督，乃照人间的遗传和世上的小学，就把你们掳去。"① 虽然看到属世的智慧理论中有某种不凡显现出来，但是他说哲学家的理论是"照着世上的小学"。不过，凡有理智的人，谁也不会说塞尔修斯的作品是"照着世上的小学"。那些带着某种虚妄（deceit）的观念，保罗称之为"虚空的妄言"，也许妄言的对立面就是不虚空。耶利米正是这样理解的，所以才胆敢对上帝说："耶和华啊，你曾劝导（或蒙蔽，deceived）我，我也听了你的劝导。你比我有力量，且胜了我。"然而，在我看来，塞尔修斯的言论根本不是妄言，甚至不是虚空的妄言。它不同于那些建立了哲学学派，在那一方面得到特别的智性能力的人的观点。正如谁也不会把几何学前提中的一个基本错误称为谬论，甚至把它记录下来，作训练之用，同样，能被称为"照人间的遗传和世上的小学"的虚空的妄言的，应当是类似于那些已经建立哲学流派的人的思想观念。

6. 我对塞尔修斯借犹太人之口攻击耶稣所提到的种种论点②作出了一一回应之后，决定把这一前言放在本书开头。我这样做了，读到我对塞尔修斯的反驳的读者就可以从这里开始，明白本书不是为真正的基督徒写的，而是为那些在基督信仰上完全没有经验，或者那些使徒称为"信心软弱的"人写的；使徒说："信心软弱的，你们要接纳。"③另外，我也借这前言表达我的歉意，因为我在驳塞尔修斯的前面遵循的是一个思路，但后面部分却遵循了另一个思路。我一开始打算先摘录主要观点，再作出简短的回答，然后形成一定样式的作品。但后来我从材料中得到启示：开始时只要抓住按这种方式回答的要点，接下来就尽我们所能，详尽地驳斥塞尔修斯对我们提出的指控，这样会节省时间。所以对

---

① 《歌罗西书》2:8。
② 第一卷，第二十八节以下。
③ 《罗马书》14:1。

于正文的最初部分，我们只能请求宽恕。然而，你若是对后面部分的回答效果印象不深，那我也同样只能请求宽恕；如果你还想要另外形式的书面回应，那么我认为你最好去找比我聪明，能逐字逐句驳斥塞尔修斯对我们的指控的人。不过，更好的办法是，人即使看到塞尔修斯的书，也无需给予任何回应，只管对他书里的言论置之不理；其实，就是基督里普通的信徒，凭着在他里面的圣灵，也有充分的理由对塞尔修斯的言论不屑一顾。

第 一 卷

1. 塞尔修斯为攻击基督教所提出的第一个主要观点是，基督徒违背法律，秘密聚会结社，因为"公开的结社是法律允许的，而秘密聚会则是非法的"。他想诽谤基督徒彼此之间的爱（agape），①就说"它因共同的危险而存在，比任何誓言更有力"②。由于他对"共同法"谈得很多，说"基督徒的联合违背了这种法律"，所以我得对此作出回应。设想有一个人住在斯基台人（Scythians）中间，他们的法律是与神圣的律法相反的，而此人不可能到别的地方去，只能住在他们中间，那么假如这个人为了真正的律法，与共同反对斯基台人的法律的人联合起来，他这样做，虽然在斯基台人看来是非法的，但事实上却是正当的。也就是说，经过真理的公开审问就可知道，那些崇尚偶像和不敬的多神论的民族的法律就是斯基台人的法律，或者有可能比他们的法律还要不敬。因而，为了真理的缘故结社反对法律并没有过错。正如百姓秘密联合起来杀死掌控他们城市的暴君是义行，同样，既然魔鬼——如基督徒所称呼的——和谬误像暴君一样做了王，基督徒违背魔鬼的法律联合起来反对他，以便拯救其他人，说服他们抛弃如同斯基台人的和暴君的法律的那种法律，这也是义行。③

---

① Pros allelous 表明 agape 很可能是指弟兄之间的爱，而不是爱宴。参 Volker, *Das Bild*, pp. 44-45。关于基督徒联合的危险性，参第三卷，第十四节。关于非法结社，参 *Dig.* XLVII, 22；Pliny, *Ep. ad Tr.* XCVI, 7。
② 参荷马，《伊利亚特》III, 299；IV, 67。
③ 关于自然法和现存法典的对比，参第五卷，第三十七节。值得注意的是，奥利金显然是第一个证明诉诸自然法来抵制暴政是合理的人。参第八卷，第六十五节。

2. 他又说，"教理"（显然是指与基督教相关的犹太教）"原本是化外人的"。他没有指责福音书之源于化外人，反而称赞"化外人能够发现教义"，倒显得有点开通；但他又补充说，"希腊人更能判断化外人所发现的理论的价值，确立理论体系，借着美德将它们付诸实践"。① 我们就采纳他所使用的语词，就基督教基本理论作出如下回答。人若是从希腊人的观念转向福音，并加以训练，就不仅会"判断"它是真的，还会把它"付诸实践"，从而证明它是正确的；他会使那看起来似乎没有经由希腊人的证明标准检验的东西得到完全，从而确立基督教真理。而且，我们还不得不说，福音包含其自身特有的证明，它比基于辩证论辩的希腊证明更为神圣。使徒将这更为神圣的证明称为"圣灵和大能的明证"② ——圣灵的明证，是因为它出于预言，尤其是那些与基督有关的预言，能使凡念到的人都心服口服；大能的明证，是因为它出于不可思议的异能神迹，用这种论证可以证明，这些奇事和许多其他奇事都真实发生过，它们的踪迹仍然留存在那些按着逻各斯的旨意生活的人中间。③

3. 此后，他说："基督徒秘密举行仪式，秘密传授教义，他们有充分理由这样做，以求逃避悬在他们头上的死的刑罚。"他将这种危险比作苏格拉底为了哲学所冒的危险。他还可以加上"毕达哥拉斯和其他哲学家所面临的危险"。对此，我回答，就苏格拉底来说，雅典人事后马上就为自己所做的事痛心疾首，④ 对他或对毕达哥拉斯不再怀有任何愤恨；无论如何，毕达哥拉斯主义者在意大利建立了自己的学派，被称为"伟大希腊"（Magna Graecia），活动了很长时间。但就基督徒来说，罗马元老院、当时的皇帝、百姓以及信徒的亲戚，都反对福音，若不是它借着神圣权能把敌对势力一一克服，超越于它们之上，它很可能已经被这些联

---

① 参柏拉图，*Epinomis* 987 E；"我们可以这样理解，无论希腊人从化外人获取什么，都能把它转变成更好的东西"；参第六卷，第一节塞尔修斯的话。
② 《哥林多前书》2:4。
③ 参第一卷，第四十六节，第二卷，第八节，第七卷，第八节。
④ Diog. Laert. II, 5；Maximus Tyr. III, 2e.

合起来的力量抵挡、挫败了。然而，如今它征服了那原本谋反它的整个世界。

4. 我们再来看看，他为何自以为能够批判我们的"伦理教训"，认为"它是老生常谈，与其他哲学家相比，没有一点感人或新颖的教训"①。对此，我得回答说，对坚持上帝公义审判的人来说，若不是所有人都按着普遍观念对道德原则有某种合理的认识，就不可能相信罪要遭罚。②因而，同一位上帝若真的把他借众先知和救主教导的真理根植在所有的灵魂里，这也没有丝毫可惊奇的；他确实这样做了，好叫每个人在神圣审判时无可推诿，因有律法的功用刻在他的心里。③圣经暗示了这一点，因为它认为上帝用自己的指头写了诫命，把它们交给摩西，④希腊人却视之为虚幻的神话。百姓造金牛犊的罪使它们破碎，⑤这就好比摩西说，邪恶之洪水把它们冲走了。但是当摩西凿出一块石版，上帝再次刻上诫命，再把它交给他们，这就好比灵魂最初犯罪之后有先知的话为他预备领受上帝的第二次书写。

5. 在叙述基督徒特有的对偶像崇拜的态度时，他甚至支持那种观点，说："因此他们不认为那些人手所造的东西是神，认为让道德败坏、等级最低的工匠所造的东西成为神，是不合理性的。因为它们往往是由恶人所造的⑥。"后来他想要说明这观念是老生常谈，并非首先由基督教创立，就引用赫拉克利特（Heraclitus）的话："那些把无生命的事物视为神的人，无异于与房屋交谈。"⑦对于这一原则，就如对其他伦理原则一

---

① 参第二卷，第五节塞尔修斯的话，Tert. *Apol.* XLVI, 2 "Eadem, inquit, et philosophi monent atque profitentur, innocentiam iustitiam, patientiam, sobrietatem, pudicitiam". （他说，同样，哲学家教导纯真、正义、忍耐、端庄、节制，并从中受益。）
② 奥利金在回应中诉诸斯多葛主义关于根植于每个人天性中的 "koinai ennoiai" 理论；参比如 Cicero, *de Legibus*, I, 18；Philo, *Quod Omnis Prob.* 46。
③ 《罗马书》2:15。
④ 《出埃及记》31:18。
⑤ 《出埃及记》32:19。
⑥ 对造像者的抨击，参 Clem. Al. *Protr.* IV, 53；Origen, III, 76。
⑦ Heraclitus, *frag.* B5 Diels, 下文第七卷第六十二节及第六十五节里引用；Clem. Al., *Protr.* IV, 50, 4。

样，我都可以这样驳斥，道德观念原本就根植于人里面，正是从这些内在观念里，赫拉克利特和其他希腊人或者化外人构想出维护这一理论的概念。他还引用"波斯人的话来支持这一观点"，举证"希罗多德（Herodotus）作为这一观点的权威"①。我们还可以作出补充，西图姆的芝诺（Zeno of Citium）在他的《共和国》（Republic）里说："没有必要建筑殿宇，因为那全是建筑者和工匠所造的作品，不应认为有哪一样是神圣的，或者包含伟大价值的，圣洁的。"②由此可见，就这一理论来说，关于何为正当行为的知识，也是上帝刻写在人心里的。

6. 此后，迫于某种不可知的力量，塞尔修斯说："基督徒念叨某些鬼魔的名或咒语，就获得其似乎拥有的力量。"③我想这是暗示那些念咒语制伏鬼魔，把它们赶出去的人。但他显然完全误解了福音。因为他们"获得其似乎拥有的力量"不是借着任何咒语，而是借着有真实的历史记载的耶稣的名。④当他们称他的名时，往往能把人身上的鬼魔赶出去，尤其是当那些人以正直而虔诚的信念说话的时候。事实上，耶稣的名对鬼魔威力甚大，有时候就是恶人称他的名也有果效。耶稣教导了这一点，他说："当那日，必有许多人对我说：'主啊，主啊，我们不是奉你的名传道，奉你的名赶鬼，奉你的名行许多异能吗？'"⑤我不知道塞尔修斯为何故意且恶意地忽略这一点，或者他对此一无所知。然而，接下来他还攻击救主，说："他似乎行了神迹异能，那是借着巫术行的；另外，因为他预见到其他人也能知道同样的公式，行同

---

① Herodotus, I, 131.
② S. V. F. I, 265。Koetschau（trans.）想基于 Clem. Al. *Strom.* V, 76 和 Plutarch *Mor.* 1034B 的修正文本，但奥利金的引用可能仅凭记忆。
③ 关于这一指控，参第六卷，第四十节，第八卷，第三十七节中塞尔修斯的话；*Passio S. Perpetuae* 16。
④ 这里的历史记载（storia）很可能就是"在彼拉多手下被钉十字架"之类的意思。参第三卷，第二十三节；Justin, *Apol.* II, 6；*Dial.* 30, 76；Irenaeus, *adv. Haer.* II, 32, 4 (Harvey I, 375)；*Epideixis*, 97. 参 R. H. Connolly, *J. T. S.* XXV (1924), p. 346n.；J. Kroll, *Gott u. Hölle* (1932), p. 128n. 1。不过，可以看到，福音书里记载用作魔纸里的符咒。
⑤ 《马太福音》7:22。

样的事,且夸口是借着上帝的权能行的,所以就把他们赶出自己的社团。"①他控告他,"如果他把他们赶走是对的,尽管他自己也行了与他们同样的事,那么他是一个恶人;如果他并不因为行了这样的事而成为恶人,那么像他一样行这些事的那些人也不是恶人。"然而,相反,即使看起来似乎不可能证明耶稣是如何行这些事的,很清楚的是,基督徒根本不使用咒语,用的只是耶稣的名以及其他出于圣经被认为有果效的话语。

7. 既然他常常把我们的理论称为"隐秘",在这点上我也必须驳斥他。其实,几乎整个世界都已经知道基督徒所传的道比哲学家的观点更优秀。谁不曾听说耶稣从童贞女的出生,他的被钉十字架,许多人都相信的他的复活,还有他所宣称的审判,按各人的作为得报应,罪人得惩罚,义人得奖赏?而且,复活的奥秘,因为人还未明白,就成为不信者的笑柄和笑料。鉴于此,说"这理论是隐秘的"实在是荒谬至极。某种理论的存在不为一般人所理解,没有被广大民众所接受,这不是基督教所特有的,乃是许多哲学家共有的现象。哲学家的理论,有些是一般人能理解的,有些是深奥难解的。听毕达哥拉斯的理论,有些只学到老师的"权威定论"②,有些则学到其隐秘的理论,那些未入门从而也未得洁净的人是不配听到这些理论的。任何地方的奥秘,无论在希腊,或在化外地,没有一个因其隐秘性受到过抨击的。因而,塞尔修斯没有理由攻击基督教的隐秘性,他根本没有准确地理解它。

8. 他对那些为见证基督教乃至死的人的行为多少表示赞赏,这显示出他的明智,他说:"我不是说一个主张高尚理论的人,当他因为这理论的缘故可能遇到来自于人的危险时,应当放弃理论,或者假装放弃了,

---

① Bader 认为, ἀπελαύνει τῆ ζ ἑαυτοῦ πολιτεία 可能暗指柏拉图把荷马和诗人赶出他的理想国。
② 这原是众所周知的谚语。参 Philo, *Quaest. in Gen.* 1, 99; Clem. Al., *Strom.* II, 24, 4; Cicero, *de Nat. Deor.* I, 5, 10; Quintillian, *Inst. Orat.* II, 1, 27; Schol. Aristoph. *Nub.* 195; Diog. Laert. VIII, 46; Julian, 452C; Jerome, *Praef. in Ep. ad Galat.* (Migne, P. L. XXVI, 331C); Greg. Nyss., *c. Eunom.* I, 225 (i. 87 Jaeger)。参下文第四卷,第九节。
关于毕达哥拉斯的践行,见 Porphyry,*Vita Pyth.* 37;Clem. Al.,*Strom.* V,59,1;Aulus Gellius,1,9,3ff。

或者否认它。"他指责那些持有基督教观点,但假称自己没有,或者否认它们的人,说持有这一教义的人不可假称自己放弃了它,或否认它。但是我要表明,塞尔修斯是自相矛盾的。从他的其他作品来看,他显然是个伊壁鸠鲁主义者,但这里因为他若是不承认伊壁鸠鲁的观点,倒更显然有理由批判基督教,所以他假称"人里面有某种东西高于属地部分,那是与上帝相关的"。他说:"这一部分"(也就是灵魂)"健康的人总是渴望与之相关的对象"(他指的是上帝)①,"他们渴望听到他的信息,记念他的事"。再看他的灵魂如何败坏,因为他刚刚还说"一个主张高尚理论的人,当他因为这理论的缘故可能遇到来自于人的危险时,不可放弃理论,或者假装放弃了,或者否认它",他自己就开始作出完全相反的行为。他知道如果承认自己是个伊壁鸠鲁主义者,他对那些以某种方式引入神意论(doctrine of providence)并把上帝置于宇宙之上的人的批判,就没有可信性。但我们听说,有两个伊壁鸠鲁主义者叫塞尔修斯,一个早一点,与尼禄(Nero)同时代,另一个迟一点,生活在哈德良(Hadrian)时代。

9. 然后他奉劝我们"在接受理论的时候要跟从理性和合理的指导",因为"凡是不这样做而相信人的,必然受骗"②。他把那些不经理性思考就相信的人比作"西布莉(Cybele)③的祈求祭司(begging priests)和占卜者,比作密特拉神(Mithras)和萨巴芝乌(Sabazius)④以及你所能知道的其他神,比如赫卡特(Hecate)⑤或者其他鬼灵的崇拜者"。⑥他说:"正如他们中间的那些无赖,常常利用未受教育之人的轻信,随心所

---

① 关于这一观念,参第八卷,第六十三节中的塞尔修斯;关于灵魂与神的密切关系,见柏拉图,《蒂迈欧篇》90A; Porphyry, *ad Marcellam*, 16 (Nauck 284, 25f)。Iamblichus, *de Myst.* 1, 15 (Parthey 46, 14) 认为我们里面的神圣部分是由祷告唤醒的。
② 关于哲学是唯一可靠的向导,Bader 对比了 Plutarch *de Is. et Os.* 67-68 (378)。
③ 古代小亚细亚人崇拜的自然女神,与希腊女神瑞亚(Rhea)等同。——中译者注
④ 波斯神话中的光明之神。——中译者注
⑤ 希腊神话中司夜和冥界的女神。——中译者注
⑥ 参 Lobeck, *Aglaophamus*, pp. 120f; Plutarch, *de Superstitione*, 3 (166A)。关于祈求祭司,参 A. D. Nock, *Conversion* (1933), pp. 82f。

欲地牵引他们，同样，基督徒中的情形也是如此。"他还说："有些人甚至不想对自己所相信的东西说明或者接受理由，还说什么'不要问，只要信'，'你的信心必能拯救你'。"① 他断定他们说："这世上的智慧是邪恶，而愚拙是美事。"对此我的回答是，如果每个人都能放弃生活琐事，全身心地致力于哲学研究，那他不应走别的路，只能走这条路。因为在基督教里——我这样夸口，但绝不是炫耀——必能找到对所相信之作品极为深刻的研究；我们解释众先知晦涩的话，福音书里的比方，以及数不胜数包含比喻意义的事件或律法。然而，这样做既然不可能——部分是因为生活需要必不可少的条件，部分是因为人性的软弱——那么大众还能找到比耶稣给予万邦的帮助更好的方法吗？

而且，关于已经断绝了原先在其中飘摇的恶之洪水的广大信徒，我们要问这样的问题：那些未经思考就相信的人，品性上多少得到改善，并因相信犯罪要受刑罚，行善要得奖赏而得到帮助，这样岂不更好吗？难道我们不应让他们接受单纯的信仰因而得到改变，而要等到他们能够从事理性论证的研究之后？显然，若这样，除了极少数人之外，众人都不可能得到从单纯信仰那里所能得到的帮助，而始终过着极其邪恶的生活。因而，不论还有什么样的其他证据表明，一种对人类如此有益的理论若没有神意的安排就不可能临到人的生活之中，无论如何，这一因素都必须予以考虑。在虔诚的人看来，即使是关注身体、恢复众人健康的医生住在城市和万民之中，也是出于神意的安排；② 因为没有上帝的作为，就不可能有任何益处临到人类。既然就医治众人身体或者改善他们身体状况的人来说，若没有神意的安排，他也不可能医治人，更何况那医治、转变并改善众人的灵魂的人，岂不更是如此？他使人的灵魂依附

---

① 参 Galen 的评论："有人像摩西和基督的跟随者那样教导他们的学生——只命令学生接受一切与信仰有关的东西——我若是在乎这样的人，就不会给你下定义了"[R. Walzer, *Galen on Jews and Christians* (1949), pp. 15, 48-56]。参第六卷，第十一节至第十二节中塞尔修斯的话。

② 参第一卷，第二十六节以下；Dio Chrys., *Orat.* XXXII, 14。

于至高的上帝，教导他们一切行为以上帝的喜乐为标准，避免任何他所不悦的事，包括最无关紧要的话语、行为，甚至偶发的念头。

10. 关于信心的问题已经谈了很多，我得说我们接受它，是因为它于大众有益，我们公然教导那些不可能抛弃一切去从事理性论证的人，不必作理性思考，先相信。但是，即使他们不承认这一点，事实上，别人却正是这样做的。人经劝说去学习哲学，随意地投到某个哲学流派门下，他这样做，或者是遇到了某个老师，或者相信某个学派比其他学派更好，此外，还出于什么理由呢？他既然这样选择了一个学派，成为斯多葛主义者、柏拉图主义者，或者漫步学派、伊壁鸠鲁学派，或者诸如此类的哲学学派的追随者，那他就没有等着聆听各个学派的所有哲学家的论证，这个的驳斥，那个的证明。尽管他们不想承认这一点，但正是由于某种非理性的冲动，人们才开始接受一种学派，抛弃其他学派，比如接受斯多葛学派；或者接受柏拉图主义，因为这一学派鄙视别人的理论，认为它们全都缺乏意义；或者漫步学派，因为它最大程度地符合人的需要，并不同于其他体系，它明智地承认人类生活中的美好事物的价值。而有些人一接触到基于恶人和善人属世的环境而作出的关于神意的论证① 就惊慌失措，匆匆忙忙地得出结论说，神意不存在，从而采纳伊壁鸠鲁和塞尔修斯的观点。

11. 因而，如我的论证所表明的，既然面对那些在希腊人或化外人中创立学派的人，我们可以相信其中一个，那岂不更应当相信至高的上

---

① 参比如 Sextus Empiricus, *P. H.* 1, 32："当有人指出，神意出于天体而存在时，我们驳斥他说，情形往往是好人遭罪，恶人昌盛，由此我们得出结论说，神意并不存在。"关于这一节的论证，参 Galen, *de Ordine Libr. Suor.* I (XIX, 50 Kuhn)："人们崇敬这个或那个医生或哲学家，却没有对所崇敬的对象作适当的研究，没有在科学证明上有过一点训练，否则，有了这些帮助，他们就能够区分真假论证；有些人这样做是因为他们的父辈这样做，有些人是因为他们的老师，还有些则因为他们的朋友是经验主义者（empirics）或教条主义者（dogmatics）或方法主义者（methodics），或者仅仅因为某个学派的某个代表在他们那个城市备受尊敬。对哲学学派也同样如此，不同的人有不同的理由成为柏拉图主义者、亚里士多德主义者、斯多葛主义者、伊壁鸠鲁主义者"(trans. Walzer, *op. cit.*, pp. 19f.); Greg. Thaum. *Paneg.* XIII, 154ff。

帝，相信那教导我们要单单敬拜这位上帝的人，而对其他一切毫不在意，就当作它们不存在，或者即便存在，也只是可尊重的对象，绝不是敬拜和崇拜的对象？人若在这些事上不仅相信，还用理性思考这些问题，就能揭示他所想到的证据，这是他经过殚精竭虑的探求才可能找到的。既然所有人的生活都依赖于信仰，那么相信上帝而不是相信他们，岂不是更合乎理性吗？人若不相信事物是朝好的方向发展，谁还会去航行、婚嫁、生儿育女、耕耘播种？① 尽管结果可能相反——有时候情形确实如此。然而，相信事物必成为更好的，如愿以偿，这种信念使所有人愿意冒险，即使结果并不确定，事物完全可能朝相反方向变化。既然正是对将来会更好的盼望和信心，使得人们在结果无法确定的时候也照样维持生命的一切活动，那么相信上帝的人所接受的信心岂不是比航海、播种、娶妻、从事其他种种人类活动的人所接受的信心更合乎理性？因为他相信的上帝创造了所有这一切事物，他相信的主出于卓绝的伟大心灵和神圣的宽宏大量，大胆地把这一教义推荐给世上每个角落的人，冒着巨大的危险，及至被处以人认为最可耻的死刑，这都是他为人类的缘故所忍受的；他教导那些一开始就信服并遵行他的教义的人，大胆地行走在世界各地，经历种种危险，时时面临死亡威胁，只为拯救人。

12. 塞尔修斯接着说了以下这段话："他们若是愿意回答我的问题——我并不是试图理解他们的信念才提出这些问题（因为我对它们了如指掌）——那一切就好办了。但他们若是不同意，只是如他们通常所做的那样，说'不要提问'，如此等等，那么就有必要告诉他们，"他说，"他们所论断的理论的本质，这些理论所产生的源头……等等。"对于他所说的"我对它们了如指掌"，如此厚颜无耻的宣称，我得回答说，如果

---

① 参 Philo, *de Praem. et Poen.* 11；Maximus Tyr., I, 5；XXIX, 3；Theophilus, *ad Autol.* I, 8；Arnobius, II, 8. 奥利金的四个例子：航行、播种、婚嫁和生育是常用的例子，可以追溯到新学园派领袖 Clitomachus。参 Cicero, *Lucullus*, 109 以及 R. M. Grant 在 *H. T. R.* XLIII (1950), p. 182 的评论。

他专门读过先知书,里面充满公认的晦涩和对大众来说含义模糊不清的言论,如果他读过福音书和圣经的其他书卷里的比喻,读到律法书,犹太人的历史,众使徒的话;如果他是以没有偏见的心灵读的,是为了要参透句子的意思读的,那他就不会这样夸口,也不会说:我对它们了如指掌。即使是我们,虽然花了很多时间研读这些书卷,也不会说"我对它们了如指掌"。因为我们热爱真理。① 我们谁也不会说:"我对伊壁鸠鲁的理论了如指掌",或者大胆到宣称他对柏拉图的理论全都了然于胸,因为就是在那些阐述这些理论的人中间也存在着那么多各不相同的解释。谁会胆大包天地说:"我知道斯多葛学派或漫步学派的所有理论"?不过,也许由于某些庸俗而愚蠢的人对自己的无知毫无意识,说出"我对它们了如指掌"这样的话,他听了以后就以为他既从这样的老师得了教导,就知道了一切。在我看来,他所做的事无异于这样:他就如同一个到了埃及并住在那里的人,埃及的智者研习了自己的传统经典之后,对他们视为神圣的事物作出深刻的哲学阐释,而普通民众虽然听到一些他们引以为傲的神话传说,却并不明白其中的含义;此人从埃及普通民众学了这些神话,但根本没有与哪位祭司交谈,也没有从他们了解埃及人的秘密教义,就自以为对埃及人的理论全都了如指掌了。我所说的关于埃及智者和普通民众这番话,同样适用于波斯人;他们中间,有些奥秘是由博学的人根据理性原则解释的,但普通民众和思想比较肤浅的人只接纳它们的外在意义。对叙利亚人和印度人,以及一切既有神话传说,又有阐释作品的民族来说,情形也同样如此。

13. 塞尔修斯认为,许多基督徒说"此生的智慧是恶的,而愚拙是好的"。我的回答是,他误解了基督教,因为他并没有引用在保罗那里此话的准确说法,保罗是这样说的:"你们中间若有人在这世界自以为有智慧,倒不如变作愚拙,好成为有智慧的。因这世界的智慧,在上帝看是

---

① 这一短语也出现在 III, 16; Ep. *ad Africanum*, 6 (XVII, 28 Lomm.)。

愚拙。"① 使徒并没有简单地说：智慧在上帝看来就是愚拙，而是说"这世界的智慧，在上帝看是愚拙"。同样，他也不是简单地说："你们中间若有人是有智慧的，就让他变作愚拙"，而是说"若有人在这世界自以为有智慧，倒不如变作愚拙，好成为有智慧的"。所以我们把一切持有错误观点的哲学都称为"这世界的智慧"，照着圣经的说法，它们都是将要败亡的。② 我们不会毫无限定地把愚拙称为好事，唯有当人向这世界变为愚拙才是好事。这就好比我们说，柏拉图主义相信灵魂不朽和关于灵魂转世的学说，就接受了愚拙，因为斯多葛学派讥笑他们相信这些理论，因为漫步学派认为柏拉图的思想是"喋喋不休的废话"③，因为伊壁鸠鲁主义者指控引入神意并把上帝置于宇宙之上的人是迷信。而且，说凭着理性和智慧接受理论比凭单纯的信仰接受要好得多，这话也与圣经相一致。耶稣的真门徒保罗表明，只是在某种情形下，逻各斯才需要后者，免得人类完全无助。他说："世人凭自己的智慧，既不认识上帝，上帝就乐意用人所当作愚拙的道理拯救那些信的人。"④ 显然，这话的意思是说，人应当在上帝的智慧里认识上帝。然而由于人做不到这一点，于是退而求其次，上帝乐意救信的人，不是单纯地借着愚拙，而是借着适用于传道的愚拙。因为很显然，传讲耶稣基督是钉十字架的，这是传道上的愚拙。保罗明白这一点。因而说："我们却是传钉十字架的基督，在犹太人为绊脚石，在外邦人为愚拙；但在那蒙召的，无论是犹太人、希腊人，基督总为上帝的能力，上帝的智慧。"⑤

14. 塞尔修斯认为"许多民族之间有一种亲和力"，因为"它们持有同样的理论"，他列出了他以为最初拥有这种理论的民族的名单。但出于

---

① 《哥林多前书》3:18—19。
② 《哥林多前书》2:6。
③ Aristotle, *Anal. Post.* I, 22 (83a33). 参下文第二卷，第十二节。
④ 《哥林多前书》1:21。
⑤ 《哥林多前书》1:23—24。

某种不为人所知的原因，他独独误解了犹太人，没有把他们的民族列入这一名单；论到他们时也没有说他们"参加同等的劳作，持有同样的观念"，也没有说他们"持有许多方面类似的理论"。因而有必要问他一下，他为何相信化外人和希腊人中关于他所提到的古代民族的故事，而唯有这个民族他认为其历史不是真实的。如果所有历史学家都对自己所敬仰的民族作出真诚的叙述，那我们为何就独独不相信犹太人的先知？假若有人说，摩西和众先知为有利于自己的理论，而记载了大量歪曲事实的本民族历史，那么同样地，难道我们就不可以说，其他民族的历史也是杜撰的？当埃及人在自己的历史中诽谤犹太人时，难道他们是可靠的权威吗？当犹太人同样说埃及人的不好，记载他们遭受了如此大量的冤屈，说因此之故，埃及人要受到上帝的惩罚，他们是在说谎吗？何况，这可能不只是就埃及人说的，因为我们可以在叙利亚人和犹太人之间找到某种联系，看到在叙利亚的古代文献中有这方面的记录。所以，同样，犹太人的历史学家（我没有用"众先知"这个词，免得有人以为我是在躲避问题）写道，叙利亚人是他们的敌人。可见，人是多么任意地相信某些民族是智慧的，同时指责其他民族愚不可及。请听塞尔修斯的话："有一种古老的理论从一开始就存在了，是极其智慧的民族、城邦和百姓始终坚信的。"他不会说犹太人是可与"埃及人、叙利亚人、印度人、波斯人、奥德里西亚人（Odrysians）、萨莫色雷斯人（Samothracians）、依洛西斯人（Eleusinians）"相媲美的"极其智慧的民族"。

15. 毕达哥拉斯主义者努梅纽（Numenius）① 就要比塞尔修斯高明得多；他著有很多作品，显示出十分渊博的知识，通过对多种理论的研究，从许多材料中对那些在他看来正确的理论作了综合融汇。他的第一本书《论至善》，讲到相信上帝的民族是无形体的，把犹太人也包括在

---

① *Frag.* IXa Thedinga；*frag.* 9B Leemans. 努梅纽很可能是马克西姆·奥勒留（Marcus Aurelius）的同时代人。关于他的融合，参 Eus. *P. E.* IX，7，411C，其引用的段落很可能奥利金也引用了。见 E. des Places，Numenius：Fragments（Paris，1973）。

内，他在书里毫不犹豫地引用先知的话，并对它们作出比喻意义上的解释。还有记载说，赫米普斯（Hermippus）在其第一本"论立法者"的书里写道，毕达哥拉斯将他的哲学从犹太人带到希腊人中。① 另外，有一本归名于历史学家赫卡塔优（Hecataeus）的写犹太人的书，对这个民族的智慧大写特写，由于强调得太过分，致使赫任纽·斐洛（Herennius Philo）在谈论犹太人的文章里首先怀疑这是不是真的出于这位历史学家的作品，然后指出，如果它是真的，那他很可能早已被犹太人的信仰所折服，从而接受了他们的教义。②

16. 我很吃惊，塞尔修斯在"最古老而智慧的民族"里罗列了"奥德里西亚人、萨莫色雷斯人、依洛西斯人和北方净土之民"，却不把犹太民算在智慧或古老民族之内。因为埃及人、腓尼基人和希腊人中流传的许多故事都可以见证这个民族的古老性，但我一直认为在这里的引用是多此一举。任何有兴趣的人都可以读到弗拉维乌·约瑟夫（Flavius Josephus）在论古犹太人的两本书里所作的论述，③ 其中收集了作家们对犹太人的古老性的大量见证。还有仍在流传的小塔提安（Tatian the younger）的"致希腊人"，作者以丰富的学识引用了历史学家关于犹太人和摩西的古老性的记载。因而，塞尔修斯这样说不是因为那是事实，仅仅是出于反常心理，目的在于责难依赖于犹太人的基督教的起源。他还说："荷马笔下的迦拉克托法基（Galactophagi of Homer）④、高卢人中的督

---

① 参 Josephus, *c. Apion*, I, 22, 163-165；183ff。
② 毕布勒（Byblus）的赫任纽·斐洛，腓尼基人，生活于大约公元 50—130 年，确切时间不详。参 Gudemann in P. - W. VIII, 650ff。他写过一篇"腓尼基历史"，有一部分是关于犹太人的；摘录是优西比乌 *P. E.* I, 10, 42, 40B 提供的。阿卜德拉（Abdera）或泰奥斯（Teos）的赫卡塔优是大亚历山大的同时代人，后者写过一部关于埃及的书，其中提到犹太人（Diod. Sic. XL, 3）。他的评价热情洋溢，使犹太护教者在回答异教徒的问题时常常引他的作品为证（Ep. Arist. 31）。既然犹太人如此古老，那希腊历史学家为何没有提到它？（参第四卷，第三十一节塞尔修斯的话）不过，约瑟夫知道有一篇论犹太人的专论，还有一篇论亚伯拉罕的（*Antiq*. I, 7, 159）。后者肯定是犹太人杜撰的，前者也很可能如此。赫任纽·斐洛的怀疑显然有充分的根据。进一步见 v. Radinger in P. - W. VII, 2765f，他提到相关的文献。
③ 通常称为 *contra Apionem*。
④ 《伊利亚特》XIII, 6。

伊德教祭司（Druids）①、基塔人（Getae）都是极其智慧而古老的民族，相信类似于犹太人的那些理论。"我不知道他们的作品现在是否留存下来。不管怎样，唯有希伯来人，他要尽其所能拒斥，无论是在古老性上还是在智慧上。

再者，当塞尔修斯列出"其作品对同时代人和后世有益的古老而智慧的人"的名单时，把摩西排除在智慧人之外。他把利努斯（Linus）放在他所列名单的第一位，而此人并未著有改变民众、医治万邦的律法或作品；相反，摩西律法却为整整一个散居在世界各地的民族所拥有。那么请想一想，他把摩西排除在智慧人名单之外，是否出于赤裸裸的险恶用心。他说："利努斯、墨沙乌斯（Musaeus）、俄耳甫斯（Orpheus）、腓勒西德（Pherecydes）、波斯人琐罗亚斯德（Zoroaster）②以及毕达哥拉斯都明白这些理论，他们的观点记载在书籍里，保存至今。"

17. 他故意不提描述假想诸神拥有人的情欲的那些神话，而俄耳甫斯写的大部分恰恰就是这样的神话。后来当他批判摩西历史时，又对那些从比喻和寓意上解释的人再三挑剔。然而，对这个把自己的书冠名为"真教义"的最优秀的家伙，我们可以这样说：亲爱的先生，正如你们那些智慧的诗人和哲学家所记载的，诸神遇到如此这般的不幸，甚至沉溺于道德败坏的情欲，反对自己的父亲，剪除自己的私部，历史还记载了他们胆敢犯这样的罪行，遭受这样的耻辱，你却为何还对这些如此引以为傲？另一方面，摩西从未说过上帝有这类事，甚至关于圣天使也没有，他所记载的人事也绝没有令人不快的（摩西作品里没有哪个人像克洛诺斯对乌拉努斯或者宙斯对他父亲所做的那样，或者像"诸神和众人之父"③那样与自己的女儿乱伦），难道你认为他给予律法的那些人被他引

---

① 关于督伊德教祭司，参 A. S. Pease on Cicero, *de Divin.* I, 41, 90。
② 关于琐罗亚斯德的书卷，参 J. Bidea and F. Cumont, *Les Mages hellenises* (1938), I, p. 85, 他收集了参考书目。
③ 参荷马，《伊利亚特》I, 544, 等。

入歧途，蒙受欺骗？在我看来，塞尔修斯的行为无异于柏拉图笔下的塞拉西马柯（Thrasymachus）的做法，后者不愿意把公正问题留给苏格拉底按自己的方式回答，却说："看看，你不认为正义是便利的东西，也不认为正义是必不可少的东西，或者诸如此类的其他东西。"① 同样，当塞尔修斯抨击摩西历史，指责"那些从比喻意义讨论它"的人时，虽然他同时因他们"比较合理"而给予某种赞赏，但可以说，他正是通过这种批判方式阻碍（这原本就是他打算做的）那些有能力回答的人对事实真相作出解释。

18. 我们完全可以向他提出挑战，要求就我们各自的书卷作个比较，对他说：来吧，先生，把利努斯、墨沙乌斯、俄耳甫斯的诗歌和腓勒西德的作品拿来，与摩西的律法一一对比，历史与历史比较，道德格言与律法和诫命比较；看看哪个更能迅速改变听众，哪个会对听众产生危害。也请注意，你名单中的作者很少考虑到那些可能阅读其作品但无法理解其深层含义的人；他们写下"自己的哲学"，如你所称呼的，只是为那些能够从比喻和寓意上解释的人而写。然而，在摩西的五卷书里，摩西就像一位杰出的演说家，充分留意语言的外在形式，处处小心地守着他话语的隐秘含义。对顺服他的法规的犹太民众，他没有提供会让他们在道德行为上受到任何伤害的机会，但他写下的作品并非没有考虑到少数能够领会更深含义的人，并非没有留出空间给能够参透他的含义的人作更深的研究。看起来，就算是你们智慧人的书，还是没有幸存下来；如果读者真的觉得它们有益，岂能不保存下来？而摩西的作品感动了许多人，甚至包括那些与犹太文化格格不入的人，并使他们相信，如作品所宣称的，这位最初立下这些律法并把它们交给摩西的上帝，原是世界的创造主。因为整个世界的造主为整个世界设立律法，把某种权能赐给那些话语，使它们能够折服世界各地的人，这是非常恰当的。我说这些话还远远没有提到关

---

① 柏拉图，《理想国》336C，D。

于耶稣的问题，仍然是在讨论远低于主的摩西，表明他也比你那些智慧的诗人和哲学家优秀得多，我的论述必能证明这一点。

19. 此后，塞尔修斯想暗暗地攻击摩西的宇宙起源论，这理论指出世界并非有一万年历史，而是要少得多，他就同意那些说世界是非造的说法，尽管他把自己的真实意图掩藏起来。因为当他说"自古以来就有很多大火和洪水，在丢卡利翁（Deucalion）时代发生的洪水算是最近的"时，他显然在向那些能够明白他的人暗示，他认为世界是非造的。但是，请这个攻击基督徒信仰的人告诉我们，他因什么样的论证不得不接受这一理论，即"有过许多大火和洪水，最近的一次洪水是丢卡利翁时代发生的，最近的一次大火是法厄同（Phaethon）时代发生的"。他若是引证柏拉图的对话①作为权威，我们就会对他说，我们也可以相信，摩西既上升到一切被造的之上，与宇宙的造主联合为一，那在他纯洁而敬虔的心灵里必住着圣灵，能够比柏拉图、其他希腊人和化外人中的智者更清楚地表明关于上帝的真理。如果他问我们相信这一点的理由，那请他先对自己提出的没有提供任何证据的观点作出辩解，然后我们必证明我们的理论的真理性。

20. 然而，当塞尔修斯说："希腊人认为这些事很古老，因为他们在不知道或者还没有比洪水和大火的记载更早的事件"②时，他不知不觉地变成证明世界非常新，没有一万年历史的观点。我们不妨设想，塞尔修斯从"埃及人"得知关于大火和洪水的神话，③而埃及人在他看来，是"非常智慧"的人——其智慧的痕迹存在于他们所崇拜的非理性动物之中，在于解释之中，他们用解释来表明这种拜神是合理的，是非常深奥而神秘的。埃及人为使他们关于动物的教义成为受人尊敬的教义，引

---

① 《蒂迈欧篇》22C，D。关于这一理论的详述见 W. L. Knos, *St Paul and the Church of the Gentiles* (1939), pp. 1-8 里的基本讨论。关于塞尔修斯的世界永恒观点，参第四卷，第七十九节。
② 柏拉图，《蒂迈欧篇》23A，B。
③ 在柏拉图《蒂迈欧篇》22，世界大灾难的神话从一个埃及祭司口中说出。关于塞尔修斯对埃及人智慧的称赞，参第一卷，第十四节；第六卷，第八十节。

入了神学上的解释，他们也许是聪明的；但是凡接受了犹太律法和立法者的人，只会把一切归于独一的上帝，宇宙的创造主。而塞尔修斯以及像他一样的人却认为这样的人比那些降低上帝的地位，不仅降到理性的、必死的人的层次上，甚至降到非理性的动物层次上的人还要低劣。这种观点甚至比轮回的荒诞说法——灵魂从天穹坠落，一直降到非理性动物身上，不只是驯养的动物，甚至落到完全未驯养的野兽身上[①]——还要糟糕。埃及人叙述这种神话学，就有人相信他们是把哲学隐藏在晦涩的话语和奥秘里，而摩西为整个民族写下书卷，并给他们留下历史书和律法书，他的话却被认为是"空洞的神话，甚至无法从比喻意义上解释"。塞尔修斯和伊壁鸠鲁就是这样认为的。

21. 他说，"摩西听到这种盛行在智慧民族和杰出人士中的理论，于是，为神圣权能找到了一个名称"。[②]对此，我的回答是，就算我们同意他的假设，摩西确实听到一个更为古老的理论，把它传给希伯来人；就此说来，如果他听到的理论不是真实的，既不是智慧的，也不是圣洁的，而他接受了它，并把它传给希伯来人，那他很容易受到批判。但如果如你所说的，他接受了智慧而真实的理论，拿它们来教育自己的百姓，那他有什么可指责的？我倒希望伊壁鸠鲁、亚里士多德——他对神意还没那么不敬——以及主张上帝是一种物质实体的斯多葛学派，都听到过这样的理论，免得世界充塞的理论全是废除或者限制神意，或者引入有形的、可败坏的第一原理的理论。根据这后一种观点，就是斯多葛学派的观点，甚至上帝也是一种物质实体；他们还恬不知耻地说，他能够变化，完全改变和转型，[③]总而言之，只要有人败坏他，他就可能被

[①] 柏拉图，《斐德鲁篇》246B-D。
[②] 摩西作为术师的能力是希腊人和罗马人周知的。参 Pline, *N. H.* XXX, 11; Apuleius, *Apol.* 90。关于摩西的智慧，参 Strabo, XVI, 11, 35 (pp. 760f); J. G. Gager, *Moses in Greco-Roman Paganism* (Nashville, 1972)。
[③] 古希腊哲学家论述编集学校 (doxographic school) 的通常公式，参第三卷，第七十五节 (Koetschau, I, 267, 4); *Comm. in Joann.* XIII, 21。

败坏；只是没有什么东西能这样做，所以他非常幸运，没有被败坏。但犹太人和基督徒的教义保护上帝不变、永恒的本性，却被认为是不敬神的，不就是因为这一教义与那些坚持对上帝持不敬观点的人不一致嘛！圣经在向上帝的祷告中说："惟有你永不改变。"① 相信上帝也说过"我是不改变的"。②

22. 然后，塞尔修斯虽然没有攻击作为犹太人习俗的割礼，但他说："这习俗源于埃及人。"③ 尽管摩西说亚伯拉罕是第一个受割礼的人，但塞尔修斯更相信埃及人，而不相信摩西。然而，并不是唯有摩西一人记载亚伯拉罕的名字，说他与上帝相关。事实上，那些为鬼魔念诵咒语的人中也有许多使用"亚伯拉罕的上帝"这一套语的，他们这样做是因着这一名字以及上帝与这位义人之间的亲密关系。正是出于这样的原因，他们虽然不知道亚伯拉罕是谁，却自然地使用"亚伯拉罕的上帝"这样的表述。同样的话也适用于以撒、雅各、以色列，大家一般都知道这些名字是希伯来人的，但那些宣称能行法术的埃及人却在许多地方都把它们作为套语插入。④ 不过，我不想在这里解释始于亚伯拉罕、终于耶稣的割礼——因为耶稣不希望自己的门徒再做这样的事——现在还不是解释他在这个问题上的教训的时候；现在的任务是努力摧毁塞尔修斯对犹太人的教义提出的指控；他以为只要他攻击基督教的源头犹太教，显示它的虚假性，就能够非常轻易地证明基督教也是不真实的。

23. 塞尔修斯接着说："视摩西为头跟随的牧羊人被笨拙的谎言所骗，以为只有一位上帝。"⑤ 既然如他所认为的，"这些牧羊人抛弃对多

---

① 《诗篇》101:8（和合本为102:27。——中译者注）。
② 《玛拉基书》3:6。
③ 参第五卷，第四十一节；他依循希罗多德 II，104（II，36）。奥利金（*Hom. In Jerem.* V，15）和斐洛（*de Sp. Leg.* I，2）也提到埃及人的割礼。详尽的资料和讨论，见 Reitzenstein, *Zwei religionsgeschichtliche Fragen*（1901），pp. 1-46。
④ 同样在第四卷，第三十三节至第三十四节；第五卷，第四十五节。参 Justin, *Dial.* 85。
⑤ 参第五卷，第四十一节塞尔修斯的话。

神的崇拜"是"没有任何合理的原因"的,那就请他说清楚,他凭什么就能赞颂希腊人中数量庞大的诸神,或者其他外邦人的神祇。请他证明与宙斯生出缪斯(Muses)的摩涅莫辛涅(Mnemosyne)确实是存在的,或者时序女神奥尔斯(Hours)的母亲忒弥斯(Themis)确有真身,或者请他证明永远赤身露体的美惠三女神格雷斯(Graces)可能真的存在过。然而,他必无法找到事实来表明希腊人臆造出来的东西——虽然看起来似乎经过了人格化的抽象——就是神。为何希腊关于诸神的神话就比其他的,比如,埃及人的神话——他们的语言里没有九个缪斯的母亲摩涅莫辛涅,也没有时序女神的母亲忒弥斯,更没有美惠三女神的母亲欧律诺墨,也没有其他神的名字——更为真实?从可见的宇宙就可以相信,这世界是井然有序的,从而敬拜那本身就是一的造主,这岂不比所有这些虚谎幻影更为确定,也更高明得多!我们看到,这世界整体上都是统一的,所以不可能是由多位造主创造的。它也不可能是由许多推动整个天空的灵魂组合起来。① 因为一个灵魂就已足够,就能支撑从东到西的整个固定球体,并在自身里包含一切世界所需要的,但其自身不完全的事物。一切事物都是世界的组成部分;但是上帝不是这个整体的部分。因为上帝不可能像部分一样是不完全的。进一步深入考察,就完全可以表明,严格地说,正如上帝不是部分,同样,他也不是整体,因为整体是由部分构成的。② 理性不会要求我们接受至高上帝是由部分构成,每一部分的功能各不相同,不可替代,这一部分能做的事,其他部分都不能做的观点。

24. 接着他说:"牧羊人认为有一位上帝称为至高者,或我的主(Adonai),或属天者(Heavenly One),或万军之耶和华(Sabaoth),或他们喜欢称呼这个世界的其他名称,③ 此外,他们就不承认什么了。"稍

---

① 关于世界的统一性,参 Plolinus, VI, 5, 9。
② 斯多葛学派认为,任何事物的整体都不是简单地与它的各部分之和相等。参 J. T. S. XLVIII (1947), pp. 44-45 收集的参考书目。
③ 对柏拉图《蒂迈欧篇》28B 的回忆(参 Epinomis, 977B; Law, 821a)。塞涅卡(Seneca)说,可以把朱庇特(Jupiter)称为世界,N. Q. II, 45, 3。参 Macrobius, Sat. I, 18, 15。

后，他又说，"对这至高上帝是用希腊人使用的名字称呼，还是用其他名字，比如印度人使用的，或者埃及人使用的名字称呼，没有任何分别。"我对此的回答是，这一题目提出了一个深奥而晦涩的问题，即关于名字的本性问题。它的困难之处在于，是如亚里士多德所认为的，名字是因任意的决定产生的，① 还是如斯多葛学派所说的，从本质上讲，最初的话语是对所描述之事的模仿，然后就成了它们的名字（据此他们引入某些词源学原理）②，或者如伊壁鸠鲁所教导的（他的观点与斯多葛学派的观点不同），名字是自然赐予的，最初的人突然发出表示对象属性的某些声音。③ 如果我们能够通过某种特殊的学习，表明大能的名字的本性，这些名字有的为伊壁鸠鲁学派的智慧人使用，有的为波斯祭司中的博学者使用，有的为印度哲学家中的婆罗门（Brahmans）或沙门（Samanaeans）使用，以及为各民族中诸如此类的人使用；如果我们能够确定，所谓的法术并非像伊壁鸠鲁主义者和亚里士多德所认为的，是完全无条理的，而是如在这些事上的行家所证明的，是一个连贯的体系，它的原则只为极少数人知道，那么我们就可以说，万军之耶和华（Sabaoth）、我的主（Adonai），以及所有其他希伯来人以极大的敬意传下来的名字，都与通常的被造物无关，而与关于宇宙造主的神秘而神圣的学科有关。正是出于这样的原因，当这些名字在与其本性一致的具体事件中说出来时，它们可以应用于某种目标。埃及人使用的其他名字也是如此，是为了祈求某些鬼灵，它们只对做某些具体事件发生作用，波斯人使用的名字里为了祈求与之相应的神灵（powers），每个民族都是如此。地上的鬼灵（daemons）也不例外，它们占据不同的地区，可以看到，它

---

① Aristotele, *de Interpr.* 2 (16a 27)。这个问题还在下文的第五卷，第四十五节里讨论；*Exh. Mart.* 46；亚历山大的克莱门的 *Strom.* I, 143, 6；柏拉图的 *Cratylus*；中期柏拉图主义者阿尔比努（Albinus）的 *Epit.* 6. 参 Pohlenz, *Die Stoa* (1948), II, p. 24。
② 关于斯多葛学派的词源学，参 Cicero 的批判，*de Nat. Deor.* III, 24, 62；Diogenianus *ap. Eus. P. E.* VI, 8, 8, 263 C, D。Varro 以这种方式讨论了农业上的术语（*de Re Rustica*, I, 48, 2ff），参 Dio Chrys. *Orat.* XII, 28。
③ Epicurus, *frag.* 334 Usener；参他的 *Ep. ad Herodotum* in Diog. Laert. X, 75, Lucretius, V, 1028ff。

们的名字与每个地区和民族各自的语言相关。所以，人若是对这些事有了更为深刻的了解，即使是在很小的程度上，也会注意把名字正确地使用在与其相应的关联之中，有些用在这个场合，有些用在那个场合；免得他像有些人那样，把上帝的名字错误地用在无生命的东西上，或者把美善之名从首因或德性和美的层次贬低到盲目财富的层次，与血肉、骨头这些我们身体健康、精力充沛时存在的东西相提并论，降低为所谓的高贵出生。①

25. 人若是贬损上帝之名或者美善之名，把它们用到根本不应当使用的事物上去，其危险性无异于改变那些其本性与某种神秘原则一致的名字，把恶物的名字用到善物上，把善物的名字用到恶物上。此外，我根本不用说这样的事实——听到宙斯的名字马上就联系到克洛诺斯和瑞亚（Rhea）的儿子，赫拉（Hera）的丈夫，波塞冬（Poseidon）的兄弟，雅典娜（Athena）和阿耳忒弥斯（Artemis）的父亲，以及与自己的女儿珀耳塞福涅（Persephone）睡觉的那个人。或者讲到阿波罗（Apollo）就想到勒托（Leto）和宙斯的儿子，阿耳忒弥斯的兄弟，赫耳墨斯同父异母兄弟。② 我也不用提塞尔修斯所谓的智慧人的作品中提到的其他名字，他的那些理论的创作者，古希腊的神学家。若是认为称他为宙斯是对的，却说克洛诺斯不是他父亲，瑞亚不是他母亲，这岂不荒谬？③ 对于其他所谓的诸神，情形也同样如此。然而，对于那些根据某种神秘原则称上帝为万军之耶和华（Sabaoth）、我的主（Adonai），或其他名字的人，无论如何不会给予这种批判。

---

① 奥利金是在利用斯多葛学派的观点，即 proelmena，"更喜欢的事物"（即相对价值），比如财富、出生、健康，不属于严格意义上的善，参 O. Rieth 对这段话的评论，"Grundbegriffe der stoischen Ethik", *Problemata*, Heft IX (1933), p. 175。"盲目的财富" 是在格言意义上说的；见柏拉图《法律篇》631C。
② 奥利金在第四卷，第四十八节里，同样抨击荷马关于诸神的道德价值。它是传统学术争论的一部分；参比如 Lucian, *de Sacrificiis*, 5。
③ 斯多葛学派区分了神话学上的宙斯和哲学上的宙斯，后者是引导宇宙的心灵，参 Seneca, *N. Q.* II, 45, 1；Lactantius, *Div. Inst.* I, 11, 37；Augustine, *de Civ. Dei* V, 8 ad fin. ；Plutarch, *Mor.* 379D；Macrobius, *Sat.* I, 18, 15。

如果有人能够从哲学意义上领会名字的神秘意义，他也会从上帝使者的名字中看到更多的东西。其中之一是米迦勒（Michael），另一个是加百列（Gabriel），还有一个是拉弗尔（Raphael），这些名字是根据他们的活动取的，就是他们按照宇宙之上帝的旨意在整个世界中施行的活动。① 我们耶稣的名字也与同样的名字哲学相关；因为我们已经非常清楚地看到，这个名字驱逐了无数灵魂和身体里的鬼灵，在那些鬼被赶出去的人身上产生了极大的果效。

关于名字的话题，我还得说，据善于使用符咒的人叙述，就一种宣称有某种功效的符咒来说，人若是用土语说，它就会产生所说的功效，但同样的咒语若是翻成其他语言，就会显得软弱无效。② 因而，不是语词所描述的事物的意义具有这种或那种能力，具有这种能力的乃是声音的性质和特点。通过这样的思考，我们可以辩护说，基督徒不惜舍命，至死也要避免把宙斯称为上帝，或者用其他语言来称呼他，这是完全合理的。因为他们若不是使用通常的没有限定的"上帝"之名，就是在这名之前加上"宇宙的创造者，天地的造主，把如此如此智慧的人差遣到人类中"。当"上帝"之名与这些人的名字连在一起时，就在人中间产生某种神奇的功效。③

对那些认为怎样使用名字没有关系的人，完全可以就这个话题谈论更多。如果柏拉图因在《斐利布斯篇》（*Philebus*）里写道，当斐利布斯在与苏格拉底的讨论中称快乐为神时说："尊敬的普罗塔库（Protarchus），诸神的名字是深奥的"④，因而受到尊敬，那我们为何不更赞同基督徒的做法——他们谨慎地避免把神话学里使用的名字用到宇宙的造主身

---

① 参 *de Princ.* I, 8, 1；*Hom. in Iesu Nave*, XXIII, 4；*Hom. in Num.* XIV, 2。
② 第五卷，第四十五节以下也同样；参第八卷，第三十七节中塞尔修斯的话；Iamblichus, *de Myst.* VII, 5；W. Kroll, *Oracula Chaldaica*, p. 58，这是晚期新柏拉图主义法术的一个原则，见 E. R. Dodds in *Journ. Rom. Stud.* XXXVII (1947), p. 63。
③ 参第四卷，第三十三节至第三十四节。
④ 《斐利布斯篇》12C；第六卷，第四十八节也有引用。它似乎成了讨论这一话题时的证明文本（proof-text），参 Julian, *Or.* VII, 237A。在 *Didascalia Apost.* 21 里禁止引用异教诗歌，避免称呼异教诸神。

上？这个问题暂时就谈到这里。

26. 塞尔修斯声称无所不知，那就让我们来看看他如何误解犹太人，他说："他们崇拜天使，沉溺于摩西教导他们的巫术。"① 他既然声称知道基督徒和犹太人的书卷，就请他说出他在摩西作品的何处看到立法者要求他们崇拜天使。接受了摩西律法的人若是读过这样的诫命，"不要偏向那些交鬼的和行巫术的"②，他们中间怎么可能还会有巫术？他若是发现犹太人因为他们没有留意关于耶稣基督的预言，因而对他所知甚少，那倒真的"揭示了犹太人如何陷入错谬"。但事实上他根本不想说明这一点，而是怀疑犹太人在那根本没有错谬的事上是错谬的。

塞尔修斯许诺"后面将会讲解犹太人的教理"之后，先是讨论我们的救主是我们基督徒团体的创立者，说"就在几年前，③他教导这样的理论，并被基督徒视为上帝的儿子"。关于他生活在几年前，我们要说明这样一点。若没有神意安排，在这么短短的几年里，耶稣虽然怀着传播他的教训和信息的渴望，又怎么可能成就这么大的工？当时世界上许多地方的许多希腊人和化外人，智者和愚者，都如此喜爱他的教义，甚至为基督教战斗到死，发誓绝不弃绝他，除了他，我们没有听说过还有谁为其理论成就过这样的事。我不想吹捧基督教，只是想仔细地考察事实。我得说，就是那些治愈许多病人的人，若没有上帝的帮助，也不可能实现恢复身体健康的目的。④ 当然，如果有人能够拯救灵魂脱离邪恶洪水，摆脱放荡淫乱，不义行为，和对上帝的鄙视，能提供一百名洗心革面的人（假设这就是为论证目标设立的数目），作为对这一作为的证

---

① 关于犹太人的天使崇拜，参《歌罗西书》2:18；彼得的传道，出自 Clem. Al., *Strom.* VI, 41, 2 以及 Origen, *Comm. in Joann.* XIII, 17；Aristides, *Apol.* 14 (Syriac)；塞尔修斯的话，参第五卷，第六节。H. J. Schoeps, *Theol. u. Gesch. d. Judenchristentums* (1949), p. 82 n. 1 认为，这些文本意指犹太派别。
② 《利未记》19:31。
③ 关于基督教当时还是新奇事物，参第二卷，第四节；第六卷，第十节；第八卷，第十二节中塞尔修斯的话。
④ 参第一卷，第九节以上，关于这一主题，Clement, *Protr.* cx. 1。

据，谁还能理直气壮地说，此人成功地把一种能救他们脱离如此巨大的邪恶的理论灌输到这百人心里，是丝毫没有得到神助的？既然人只要不带偏见地思考这些事，就会承认，没有上帝的神意，人类中间就不可能出现任何美好之事，那么当他比较许多归信者在接受他的信息之前与归信之后的言行，想想他们先前未"被诱骗"——如塞尔修斯和那些与他持同样观点的人所说的——未"接受对人类生活有害的理论"之前是怎样的放荡、不义和贪婪，他岂不更可能大胆地宣称，没有神意，就不会有耶稣？因为他会看到，自从他们接受了上帝的道之后，就变得越来越合乎理性、令人尊敬、坚定可靠，乃至有些人出于对更高贞洁的渴望，想要更洁净地敬拜上帝，甚至拒不沾染法律所允许的婚姻之乐。

27. 凡是考察了事实的人都会看到，耶稣大胆地行超越人性能力之外的事，凡他胆敢行的事，都成了。起初，每个人都反对他的教义向全世界传播，每个朝代的皇帝，他们手下的大臣，可以说，所有担当一定职务的官员，再进一步，每个城市的治理者、士兵和百姓，没有一个不反对的。然而他得了胜，他既然是上帝的道，就不可能受到阻挡；他比所有那些反对者更为强大，他征服了整个希腊和大部分希腊之外的国家，使数不胜数的灵魂归信，听从他，敬拜上帝。其实，众多的人信服道，这本来就是不可避免的，因为这世上"粗俗、没有文化"的人比在理性思考上受过训练的人要多得多，前者的数量肯定远远超过思维敏捷的人。但是塞尔修斯不愿意认识到这一点，他认为道向人类显现的爱——这爱甚至恩泽从日出这地来的每个灵魂① ——是"粗俗的"，"因其粗俗不堪，完全缺乏语文规范，只能在未受过教育的人中间得逞"。然而，就是塞尔修斯也没有论断说，唯有粗俗的百姓归信福音，跟从耶稣的宗教，因为他承认"他们中间有一些温和、理智而聪明的人善于从比喻意义上解释"。

---

① 参《启示录》7:2；16:12。

28. 他还引入一个想象的人物，模仿一个孩子向一个演说家学习最初的课程，然后引入一个犹太人，对耶稣说些幼稚的话，所说的话没有一句与一个白发苍苍的哲学家相称。对此，我们也尽我们所能考察，并表明他在论述中并没有使这个人物与犹太人完全一致。然后①他描述这个犹太人与耶稣本人有过一次交谈，对耶稣提出了许多指控和批驳，因为他认为：首先，"耶稣编撰了自己从童女出生的故事"；他指责他，因为"他来自一个犹太村落，从一个贫穷的以纺织为生的乡村妇女出生。"他说："她丈夫是做生意的木匠，把她赶了出来，因为她有通奸行为。"然后他说："她被丈夫赶出来之后，在可耻的路上徘徊，就在这期间，她偷偷地生下了耶稣。"他说："因为他很穷，就在埃及出卖劳动力做工，还在那里尝试在埃及人所自豪的巫术能力上一显身手；他因这些能力趾高气扬地回来，并因这些能力自诩为上帝。"②然而，依我的判断（凡不信者所说的话，我不会放过一句，不作检查，只研究基本原则），所有这些事都符合这样的事实，即耶稣与他是上帝的儿子这样的宣称是完全相配的。

29. 在人中间，高贵的出生，荣耀而显赫的父母，在富裕家庭成长，有钱接受良好教育，伟大而著名的出生地，这些条件有助于使人成为著名显赫之士，使他扬名天下。但是，当一个人所处的环境完全相反，却能克服种种障碍，成为名人，深刻影响聆听他的人，以致成为世界闻名的杰出人物，迫使人们改变谈论他的语调。对于这样一个人，我们岂能不敬佩他高贵的品质、应付巨大困难的能力，以及所拥有的非凡胆略？

如果我们进一步追问这个人的环境，岂能不力图弄清楚，一个在寒微、贫困中长大的人，没有接受过普通教育，没有学过能使他成为引人入胜的演说家、受人欢迎的领袖，赢得众多听众的论辩和理论，这样的人如何能投身于教导新的理论，向人类引入一种废除犹太人的习俗，同时保留

---

① 奥利金很可能在写整个作品的前言之前先写了这一节的第一句，然后忘了已经口授，又重新起头。
② 关于耶稣是借着巫术行的神迹的指控，参 Strack-Billerbeck, *Kommentar? N.T. aus Talmud u. Midrasch*, I, p. 631 拉比的参考书目。关于埃及巫术，见 Lucian, *Philopseudes*, 31。

对众先知的敬意的理论,尤其是废除希腊人关于拜神的法律?这样成长起来的人,不曾从人得到严肃的指教(即便是那些诽谤他的人也承认这一点),他如何能对上帝的审判,关于对恶的惩罚,对善的奖赏说出这样高贵的话?我们看到,不仅粗俗没有文化的人因他的话皈依,还有相当一部分满有知识的人也成为信徒,他们的眼睛能够参透蒙在字义简单的话语上的帕子,我们完全可以说,这帕子在自身里隐藏着更为奥秘的解释。

在柏拉图笔下,①塞里菲斯人(Seriphian)在塞米斯托克勒(Themistocles)成为著名的将军之后,诽谤他说,他不是靠自己的品德赢得名声,不过是有幸出生在全希腊最著名的城邦而已。塞米斯托克勒心胸开阔,明白自己的家乡有利于自己的名声,但他回答塞里菲斯人说:"我若出生在塞里菲斯,固然不可能如此声名卓著,但你即使有幸是个雅典人,也不可能成为另一个塞米斯托克勒。"而我们的耶稣受到指责,是因为他"来自一个村庄",不是希腊人,不属于公众眼里的哪个杰出民族,被诽谤为"一个以纺织为生的贫穷妇女"的儿子,"因为贫穷"离开家乡,"在埃及出卖劳力做工",按我所引用的例子来说,不仅仅是一个塞里菲斯人,一个来自于无名小岛的人,而且是属于最低阶层的塞里菲斯人——我若是可以这样说的话。然而,他却能够撼动整个人类世界,不仅比雅典人塞米斯托克勒更有能力,甚至比毕达哥拉斯、柏拉图以及世上任何地方的任何其他智者或君王或将军更有能力。

30. 因而,只要不是草率地研究事实的本质,谁不会对这样一个战胜并超越一切意欲羞辱他的因素,在名声上超越迄今为止一切显赫之人的人惊异万分?即使出类拔萃的人,要同时因多种能力获得名声,也是非同寻常。有的人因智慧受人敬佩,获得名声;有的人因军事才能,有的化外人因念咒上的神奇能力,有的因这种天才,有的因另一种天才;

---

① 《理想国》329E。复述这一故事的有:Cicero, *de Senectute*, iii, 8;Plutarch, *Vita Themist.* XVIII, 3;*Mor.* 185C。它最初以另外的背景出现在 Herodotus, VIII, 125 中。

没有人曾因同时具有好几种能力赢得敬重，成为名人。然而，就耶稣来说，除了他的其他种种能力之外，他的智慧、神迹和领导能力都受人敬佩。他说服人与他一起抛弃律法时，不是像暴君（那样命令），也不像强盗那样怂恿跟从者反对人，也不像富人那样为那些站到他这边的人提供资助，不像任何公认应受指责的人那样。他这样做时是作为教师传讲宇宙之上帝的教理，教导对他的敬拜，教导各种道德行为，使践行他的教训的人与至高上帝建立关系。对塞米斯托克勒或其他杰出人士来说，没有出现什么影响他们名声的事；然而就耶稣来说，除了我提到的那些即使是一个最高贵的人也足以把他的品性湮没在耻辱之中的事件之外，他被钉十字架而死这一看起来似乎可耻的事件，既使他获得了名声，也足以使他名誉扫地，使那些"被诱骗"（如不同意他的教训的那些人所认为的）的人如梦初醒，转而谴责欺骗他们的这个人。

31. 此外，假若如诽谤耶稣的人所说的，他从死里复活之后，他的门徒并未看见他，也不相信他有什么神性，那么我们就很奇怪，他们竟然毫不畏惧地承受与他们的主同样的命运，勇敢地面对危险；竟然离开自己的家，遵从耶稣的旨意，传讲他教给他们的教义，这怎么可能呢？我想，人只要以没有偏见的态度考察事实，就会说，若不是耶稣教导他们不仅自己要按他的诫命生活，还要去影响他人——尽管就人的生命而言，凡是胆敢把新观点引入各地，传给各人，与任何仍然坚持旧观点、旧习俗的人断绝友谊的人，等候他的显然是毁灭；即使如此，也要这样做——从而把某种深刻的信念灌输在他们心里，他们就不会为了耶稣的教训而投身于一种危险的生活。耶稣的门徒岂没有看到这一点？他们不仅胆敢根据先知的言论，向犹太人表明他就是众先知所指的那位，也向其他民族表明，就在不久前被钉十字架的那个人甘愿为人类接受这种死，就像那些为自己的国家遏止瘟疫、饥馑、海啸而死的人。就自然界来说，很可能有某些神秘的原因，人们是很难明白的，所以才会有某个义人为了社群自愿赴死，通过赎罪转移恶鬼的活动，因为正是这些恶鬼引发了瘟疫、饥馑、海啸或者类似的事情。①

因而，人若是不愿意相信耶稣死在十字架上，那就请他们告诉我们，他们是否也不想接受许多希腊人和化外人所讲述的故事：有人为社群而死，以毁灭笼罩城邦或国家的邪恶。或者他们是否认为，那些故事是历史上记载的，确凿无疑，但关于这个人，没有任何合理可信的记载（如人们所设想的），能表明他的死毁灭了一个大鬼，也就是众鬼之首，掌控着所有来到地上之人的灵魂的大鬼？耶稣的门徒明白这一点，而且远不只是这一点，他们的智慧很可能是从耶稣秘密学得的；除了智慧之外，他们还充满某种力量，不只是某位诗人②所想象的童女赐给他们"力量和勇气"，而是真正的领会和上帝的智慧赐给他们力量和勇气，所以他们热切地渴望成为"众所周知的人"，不仅在阿哥斯人（Argives）中闻名，甚至在全希腊人和化外人中也闻名，力求"赢得一个好名声"。

32. 我们回到以犹太人之口说出的话，他把"耶稣的母亲"描述为"被与她订婚的木匠丈夫抛弃，因为她行了通奸之事，与某个叫做潘塞拉（Panthera）的士兵有了孩子。"③我们来想一想，那些编造出谎

---

① 参第八卷，第三十一节；Plutarch, *Mor.* 417D, E; *Corp. Herm.* XVI, 10; Augustine *de Civ. Dei*, X, 21。
② 不是帕拉斯·雅典娜（Pallas Athene），虽然她在荷马的笔下（《伊利亚特》V, 1—3）也激发人们的勇气。
③ 在《塔木德》里，耶稣·本·潘塞拉的头衔并不稀罕。材料收集在 H. L. Strack, *Jesus die Haretiker u. die Christen* (1910). 参 Tosephta Hullin, II, 22 - 23: "关于被蛇咬的拉比以利亚撒·本·达马（Eleazar ben Dama）的一个故事。基法·撒马（Kephar Sama）的雅各奉耶稣·本·潘塞拉的名来给他医治，但以实玛利（R. Ishmael）不愿让他来。他对以利亚撒说：本·达马你不能让他医治。他回答以实玛利说：我会向你证明他能治好我。但是他到死也未提供证据。后来以实玛利说：福哉，本·达马，你已经离开这里进入平安，没有推倒智者的墙；否则，智者的墙若是被推倒了，最终的惩罚就临到头上，如经上所写……"（参传道书 10:8）。优西比乌（Eusebius）, *Ecl. Proph.* III, 10 注释《何西阿书》5:14 "ego eimi os panther to ephraim"（参 13:7）说："引用经文可以驳斥那些受了割礼的人，他们诽谤、辱骂我们的主和救主耶稣基督生于潘塞拉……"埃庇法纽（Epiphanius）*Panar.* LXXVIII, 7, 5: "这个约瑟是克罗帕的兄弟，雅各的儿子，别名潘塞尔（Phanther）；他们两人都是那个别名叫潘塞尔的人的儿子"[Zahn, *Forsch. z. Gesch. D. N. T. Kanons*, VI (1900), p. 267]。按照 8 世纪的克勒特（Crete）大主教安德烈（Andrew），潘塞尔是马利亚的一个祖先（Migne, *P. G.* XCVII, 916); 也参 9 世纪修士埃庇法纽（*P. G.* CXX, 190) 提到的耶路撒冷的西利尔（Cyril of Jerusalem）的一篇佚失作品。Strack (p.21) 认为约瑟的父亲可能有这个别名；他不承认这是 *pornos* 这个词的讹误。Deissmann "Der Name Panthera" 在 *Orient. Stud. f. Noldeke* (1906), pp. 871ff 表明这个名字在这一时代非常通用，尤其是作为罗马士兵的绰号。L. Patterson 在 *J. T. S.* XIX (1917), pp. 79 - 80 认为某个犹太争辩者抓住这个名字，可能是因为它与 *parthenos* 相似。

言,说童女与潘塞拉通奸,因而木匠将她休掉的人,当他们编造这一切以取消圣灵感孕的奇迹的时候,是否毫无判断能力。由于圣灵感孕包含极其奥秘的特点,可以说,除非他们无意识地承认耶稣不是因普通的婚姻生育的,否则即使不编造这样的故事,还会编造出另外的故事。只要不接受耶稣充满奥秘的出生,就可能编造出某种谎言,这是不可避免的。只是他们编造的故事并不令人信服,不过保留了故事的一部分事实,即童女不是与约瑟怀耶稣的,这一事实使得谎言在能看穿虚假故事的人面前昭然若揭。一个人胆敢为人类做如此伟大的事,尽其所能使一切盼望神圣审判的希腊人和化外人脱离邪恶,在一切事上都为宇宙的造主所悦纳,这样的人若没有神奇的出生,其出生方式反倒比任何人更不合法,更不体面,这合乎理性吗?对希腊人尤其是对塞尔修斯——这个人不论自己是否主张柏拉图的理论,都照样引用它们——我要提这样的问题。对一个将要行如此伟大的事、教导如此众多的人、使许多人脱离恶之洪水归信上帝的人,那派送灵魂下到人体的,能让他经历比任何人更为可耻的出生,甚至不让他借合法的婚姻进入人类生活吗?或者(我现在遵照毕达哥拉斯、柏拉图和恩培多克勒这些塞尔修斯经常提到的人的观点来说),存在某些神秘的原则,根据这些原则,每个灵魂都按照各个身体的功绩和先前的特点进入不同的身体,这样是否更为合理?由此说来,这个灵魂,在地上比许多人(不说"所有"人,免得有人以为是要规避问题)活得更为有益的灵魂就很可能需要一个不仅不同于人的身体,而且也高于所有其他人的身体的身体。①

33. 假设情形确实如此:某个灵魂依照某些神秘原则不应进入完全非理性者的身体,但又不配进入纯洁的理性者的身体,于是就披戴上怪物的身体,结果,这样出生的生命,其理性不可能得到完全发展,他的头与身体的其余部分完全不成比例,显得特别小;再假设另一灵

---

① 参第六卷,第七十四节塞尔修斯的话。

魂接受比前一种身体多一点理性的身体，再一个灵魂接受的身体再多一点理性，身体的本性或多或少总是与理性能力相对。这样，若有一个灵魂取了一个极其神奇的身体，它与人有某种共同之处，以便能够与人一同生活，但它也包含某种不同寻常的东西，目的是保护灵魂，使它始终不受罪的污染，这种情形为何不可能呢？假设人相学者的观点有道理，比如佐庇鲁（Zopyrus）①、洛克苏（Loxus）、波勒蒙（Polemon），或者其他论述过这些问题，声称拥有某种非凡知识的人，认为所有身体都与各自的灵魂习性一致，这样的观点可接受，那么对将要在地上过神奇生活，要做伟大事业的灵魂来说，它的身体必然不是如塞尔修斯所认为的，是由潘塞拉和某个童女通奸所生的（从这样不洁的交媾出生的孩子更可能是对人类有害的愚蠢之人，只会教导放荡、不义和其他诸恶，不会教导自制、公义和其他美德），而是如众先知所预言，童女要照着所应许的凭证生一个孩子，他的名字暗示了他要成就的工，他表明在他出生时上帝要与人同在。

34. 在我看来，他借犹太人之口所说的话若是引用以赛亚的预言，即以马内利要从童贞女出生，那才是适合的。但塞尔修斯没有引用这话，或者因为他不知道这话，尽管他宣称无所不知；或者他念过，但故意不说，免得不知不觉中支持那与他的目标相反的理论。经上的这段话是这样的："耶和华又晓谕亚哈斯说：'你向耶和华你的上帝求一个兆头，或求显在深处，或求显在高处。'亚哈斯说：'我不求，我不试探耶和华。'以赛亚说：'大卫家啊，你们当听！你们使人厌烦岂算小事，还要使我的上帝厌烦吗？因此，主自己要给你们一个兆头，必有童女怀孕生子，给他起名

---

① 佐庇鲁很可能是斐多（Phaedo）的对话 *Zopyrus* 的主人公（Diog. Laert. II, 105；Suidas, *s. v.*）。关于他如何在研究了苏格拉底的面相之后宣称他的愚蠢和道德沦丧，见 Cicero, *de Fato*, V. 10；Tusc. Disp. IV, 37, 80；Alexander of Aphrodisias, de Fato, 6；Maximus Tyrius, XXV, 3c；Pseudo-Plutarch, peri aokeseos；Schol. Persius, *Sat.* IV, 24；Cassian, *Coll.* XIII, 5。

根据 R. Forster，洛克苏是公元前 2 世纪的人，"De Loxi physiognomonia" in Rh. Mus. XLIII (1888), pp. 505-511。洛克苏和波勒蒙都是匿名作家引用的资源，见 Forster 编辑的 *Scriptores Physiognomonici Graeci et Latini*, II, pp. 3ff，进一步参 J. Schmidt in P. -W. XX (1941), 1064-1074。

叫以马内利（就是上帝与我们同在的意思）。'"① 塞尔修斯虽然从《马太福音》里引用了几件事，比如"耶稣出生时有星升起"和其他神迹奇事，但他对这一预言连提也不曾提到，这一事实在我看来足以表明，他不引用预言完全是出于邪恶用心。但是某个犹太人可能会机智地解释说，经上写的不是"看哪，一个童女"，而是说"一个年轻女子"，那么我们要告诉他，Aalma 这个词，七十士译本译为"parthenos"（童女），其他版本②译为"neanis"（年轻女子），在《申命记》里也用来指童女。经文是这么说的："若有处女已经许配丈夫，有人在城里遇见她，与她行淫，你们就要把这二人带到本城门，用石头打死，女子是因为虽在城里却没有喊叫；男子是因为玷污别人的妻。"接着又说："若有男子在田野遇见已经许配人的女子，强与她行淫，只要将那男子治死，但不可办女子，她本没有该死的罪。"③

35. 不过，我们还是从经文本身来解释这一论断，免得叫人以为我们是依赖于一个希伯来词汇，④来向那些不知道是否应当接受的人解释先知所说的这人要从童女出生的话（关于他的出生，经上有话说"上帝与我们同在"）。照着圣经的记载，耶和华对亚哈斯说："你向耶和华你的上帝求一个兆头，或求显在深处，或求显在高处。"这所给的兆头就是："看哪，必有童女怀孕生子。"如果一个年轻女子不是童女，她怀孕生子能算什么兆头？⑤一个女子与男子同房，因女性的情欲怀孕，另一个女子仍是贞洁而纯正的童女，哪一个更适合当以马内利——翻译出来就是"上帝与我们同在"的意思——的母亲？⑥当然是后者生育孩子的时候才与经

---

① 《以赛亚书》7:10—14；《马太福音》1:23。
② Aquila 本及 Theodotion 本；参 Irenaeus, *adv. Haer.* III, 21, 1 (Harvey, 1, 110). 关于这一难题，参 Justin, *Dial.* 43；67；*Dial. Athan. et Zacch.* 32。
③ 《申命记》22:23—26。摩西的经文并不支持奥利金的论证。大巴西尔那里也有这样的论证，*Hom. in sanctam Chr. gener.* 4 (Migne, *P. G.* XXXI, 1468A)。
④ 关于对基于希伯来词的解释的同样辩护，参 *Hom. In Num.* XXVII, 13。
⑤ 关于这一观点，参 Justin, *Dial.* 84；Tertullian, *adv. Jud.* 9；*adv. Marc.* II, 13。
⑥ 参在第七卷，第五节奥利金对德尔斐女祭司 (Pythian priestess) 的评论。

上所说的"上帝与我们同在"的话相配。然而，如果他说，"你向耶和华你的上帝求一个兆头"这话是对亚哈斯说的，想用这样的解释避开这一观点，那么我们要说：亚哈斯时代有谁出生时提到"以马内利，就是上帝与我们同在"这样的话？既然找不到这样的人，那么显然对亚哈斯说的话原是对大卫家说的，因为根据圣经，我们的救主"按肉体说，是从大卫后裔生的"①。而且，这兆头要"或显在深处或显在高处"，因为"那降下的，就是远升诸天之上要充满万有的"②。我说这些话的时候，把对方看成是一个相信预言的犹太人。但是塞尔修斯或者与他一个战线的人也许会告诉我们，先知是以何种智力能力谈论将来的，不论用这一例子还是预言里所记载的其他例子。他能否预知将来？如果能，众先知就拥有神圣的灵启，若没有，就请塞尔修斯解释一下，一个胆敢谈论将来并因自己的预言而在犹太人中备受尊敬的人拥有怎样的心智。

36. 我们既然刚刚提到众先知的问题，接下来我们要提出的事不仅对犹太人有价值，他们都相信先知是借圣灵启示而说话的，而且对那些没有偏见的希腊人也有意义。我们要对他们说，必须承认，要让犹太人谨守传给他们的律法，要他们按着所接受的传统相信造主，不让他们有任何机会——律法要尽可能禁止——转向异教的多神论，那么他们必须得有先知。我们会表明为何这是必不可少的。就在犹太人的律法上这样写道："那些国民，都听信观兆的和占卜的。"但对犹太子民，它却说："至于你，耶和华你的上帝从来不许你这样行。"圣经又接着说："耶和华你的上帝要从你们弟兄中间给你兴起一位先知像我。"③这样说来，虽然外邦人在使用占卜，不论是用兆头、用预言、用飞鸟，还是通过口技表演者，甚至那些借着祭祀显灵的人或迦勒底占星家，但对犹太人来说，所有这些事都是禁止不许的。然而，犹太人若是没有关于将来的知识可

---

① 《罗马书》1:3。
② 《以弗所书》4:10。
③ 《申命记》18:14—15。参 Philo *de Spec. Leg.* I, 64。

以慰藉，他们就会产生想知道将来的欲望，人的这种欲望是无止境的；而他们自己的先知若不表现出一点显灵的能力，他们就会鄙视先知，就不会接受摩西之后的任何一个先知，也不会记录他们的话。相反，他们会自愿转向异教的占卜和寓言，甚至尝试在自己中间也建立这种东西。所以，先知在他们中间说预言，甚至论到关于日常事务的预言，以便安抚那些向往此类事的人。因而，撒母耳甚至对丢失的驴说预言，① 列王纪里也对国王的儿子生病这样的事有记载。② 否则，那些坚守犹太律法里的诫命的人，如何能对凡是想要从偶像获得某种神谕的人严厉斥责？比如，我们看到，以利亚责备亚哈谢说："你们去问以革伦神巴力西卜，岂因以色列中没有神吗？"③

37. 我想我们已经非常充分地证明了，不仅我们的救主要从童贞女出生，而且犹太人中也有先知，他们不只是对将来作一般性的宣告，比如那些关于基督，关于世界之国，关于以色列将来的命运的宣告，不只预言外邦人将相信救主，预言其他许多关于他的事；他们还说具体的预言，比如基士的驴将会怎样找到，以色列王的儿子会如何患病，或者其他诸如此类的故事。

然而，对不相信耶稣由童女所生的希腊人，我得说，造主以各种各样动物的出生来表明，只要他愿意，他在某种动物中所能成就的事，也能成就在其他动物，甚至成就在人自身中间。在动物中间，有些雌性不与雄性交配，如动物作家描述的秃鹰；④ 这种动物完全没有交配行为，却照样保存种类的繁衍。因而，上帝若是想要差遣某个神圣教师给人类，就会造出他的身体，让他以不同的方式出生，进入存在，而不使用

---

① 《撒母耳记上》(I Regn) 9:20。
② 《列王纪上》(III Regn) 14:1—18。
③ 《列王纪下》(IV Regn) 1:3。
④ 参 Tertullian, *adv. Val.* 10; Plutarch, *Mor.* 286c; 以及 D'Arcy Thompson, *Glossary of Greek Birds* (2nd ed. 1936), p. 83 里的许多其他参考书目。

男女交配的生殖原则，①这又有什么可稀奇的呢？而且，根据希腊人自己的观点，并非所有人都是从男女交配中出生的。因为如果世界是被造的，甚至许多希腊人也这样认为，②那么最初的人之生成必是没有经过性交，而是从泥土来的，生产原则已经存在于泥土里面。但是我想这比耶稣的出生还不可思议，因为耶稣的出生至少还有一半是与其他人相同的。在对希腊人说话时，引用希腊的故事自然是恰当的，免得有人以为唯有我们民族记载了这个不可思议的故事。有人认为应当记载这样的故事（不是关于古代故事、英雄传说，而是关于很后面才出生的人的故事）：当安菲克提翁（Amphictione）从阿波罗得了孩子之后，阿里斯通（Ariston）就被阻止与她同房，直到她生下这个孩子——柏拉图。③但是这些故事完全是神话，却引导人们编造出关于人的这样一个传说，因为他们认为此人具有高出众人的智慧和能力，他身体的最初构造就应当出于更优秀也更神圣的种子，以为这对具有超人能力的人是适当的。然而，当塞尔修斯引入犹太人与耶稣讨论，讥笑他妄称自己从童女出生，又引用希腊神话里达娜厄（Danae）、墨拉尼珀（Melanippe）、奥格（Auge）和安提俄珀（Antiope）的故事时，我得说，这些话对一个粗俗小丑来说是适合的，但对一个认真担当他所宣称的任务的人是不恰当的。

38. 而且，他虽然是从《马太福音》的记载里取了耶稣去埃及的故事，却不相信与此相关的一切异能神迹，不相信有位天使引导着这事，不相信耶稣离开犹太地（Judaea）、在埃及栖居包含某种隐秘的意义。他杜撰出另一个故事。因为他虽然多少接受耶稣所行的难以置信的奇事，并借此说服大众跟从他，如跟从耶稣一样，但他又想抨击它们，似乎它们是由巫术做成，而不是由神圣权能成就的。他说："他被秘密抚养大，

---

① 关于奥利金利用斯多葛学派的遗传理论，参本英译者在 *J. T. S.* XLVIII (1947), p. 44 里的论述。
② 如斯多葛学派（*S. V. F.* II, 739）。关于这一争论的背景，见 Critolaus 的批判，出自 Philo, *de Aetern. Mundi*, 55ff。
③ 参第六卷，第八节。

在埃及出卖劳力做工，后来尝试在某些魔法巫术上一显身手，然后离开那里回来，并借着那些能力，自诩为上帝的。"我不知道一个魔法师为何要费力地教导这样一种理论，劝说各人要谨慎行事，就如同站在要审判各人的所作所为的上帝面前一样，并把这种信念灌输到他的门徒心中，打算让他们去传讲他的教训。他们之所以说服人相信，是因为得到教训，按教训行神迹，还是根本就没有行过任何神迹？认为他们根本没有行过神迹，这是非常不合理性的，事实上，他们虽然没有可与希腊人的辩证法智慧相媲美的理智能力，但他们虔心相信，并全身心致力于向凡遇到的人传讲一种新教义的事业。是什么启示他们，使他们满怀信心地教导这样的理论，提出这样的新观念？另一方面，如果他们确实行了神迹，是否意味着他们就是魔法师？须知，他们为了一种禁止法术的教义不惜冒着巨大的生命危险！

39. 对于他并非认真提出，只是开玩笑的论点，我认为根本不值得去争辩："那么耶稣的母亲很漂亮吗？因为她漂亮，所以上帝与她交配，尽管他本性上不可能爱一个可朽坏的身体？上帝不可能爱上她，因为她既不富有，也没有高贵的出身；没有人认识她，甚至她的邻居也不知道她。"他下面的话也同样只是讥笑："当她受到木匠的憎恨，被休之后，无论是神圣权能，①还是天生的说服能力，都不能救她。因而，"他说，"这些事与上帝的国没有任何关系。"②这样的话与街头的粗俗谩骂有什么分别？无聊至极，根本不值得认真对待。

40. 然后他从《马太福音》，也许还从其他福音书里摘了当约翰为救主施洗时，有鸽子降到他身上的故事，想要抨击它是编造出来的。但是当他把我们的救主从童女出生的故事撕成碎片——如他所认为的——之后，并没有按顺序引用接下来的事件。显然，忿怒和憎恨是毫无章法

---

① 塞尔修斯想到的是《马太福音》1:20 的天使 (Bader)。
② 塞尔修斯还在第三卷，第五十九节；第六卷，第十七节；第八卷，第十一节里用到新约短语。

的。怒火中烧的人，心怀个人仇恨的人，当他们攻击所恨的对象时，总是想到什么就说什么，因为他们的忿怒使他们无法谨慎而有序地陈述指控。他若是在意顺序，就该先引用福音书，然后开始批判它，先驳斥第一个故事，再批驳第二个，依此类推。然而事实上，塞尔修斯这个自称无所不知的人，驳斥了童女生子之后，接着转向批判圣灵以鸽子的样式降到洗礼上的故事；然后攻击关于我们的救主降临的预言，再回到记载耶稣出生之后的故事上来，就是关于星辰和从东方来敬拜这婴孩的博士的故事。你若是自己看一下，就会发现塞尔修斯全书里有许多含混不清的话；就凭这一点，那些知道如何保护并寻求秩序的人就可以指出，他把自己的书冠以《真教义》的名称，是非常傲慢，自命不凡的，没有一个杰出的哲学家用过这样的书名。柏拉图说，明智的人不会对这样晦涩的问题盲目自信。① 克里西普（Chrysippus）虽然常常对影响他的理由提出某种解释，但他指点我们去找很可能比他自己提出更好解释的人。因而，塞尔修斯比这两位以及其他希腊人都更聪明；他把自己的书命名为《真教义》，倒是与他无所不知的论断相一致。

41. 我们决定尽我们所能一一驳斥他的反对，免得有人以为我们有意略过他的哪个观点，不作回答。不过我们不是照着主题自身的顺序，而是按他书上提出反对观点的顺序。让我们来看看，当他攻击救主所见的以鸽子样式显现的圣灵的物质形态（可以这么说）时，他说了什么。他的犹太人继续对我们认信为我们的主的耶稣说："当你在约翰旁边洗浴时，你说你看见化身为鸟的东西从天上飞到你身上。"他的犹太人于是问："有什么可靠的证人看见了这个幽灵，或者谁听到天上有声音收你作上帝的儿子？除了你自己的话，以及你所提供的可能出于某个与你同受惩罚的人的证据之外，没有任何别的证据。"

42. 我们在开始辩驳之前，必须说明一点，想要证实任何一个故事都

---

① 《斐多篇》114C。

是历史事实（即便它是真的），并提出完全确凿的证据，① 是非常困难的任务，有时简直是不可能的。比如，有人说，特洛伊战争从未发生过，② 尤其因为它与一些不可能的事有密切的联系，比如某个阿喀琉斯（Achilles）有个海神母亲忒提斯（Thetis），而父亲却是一个人，叫珀琉斯（Peleus）；或者萨耳珀冬（Sarpedon）是宙斯的儿子，或者阿瑞斯（Ares）的阿斯卡拉福斯（Ascalaphus）和伊阿尔墨诺斯（Ialmenus）的故事，或者阿芙洛狄特（Aphrodite）的埃涅阿斯（Aeneas）的故事。我们如何能证实这一点，即在特洛伊真的有过希腊人与特洛伊人的战争？何况还有这些编造的故事——出于某种不可知的原因，它们总是与人人都相信的观点缠绕在一起——使我们感到窘迫。再假如，有人不相信俄狄浦斯和伊俄卡斯忒（Jocasta）及他们的儿子厄忒俄克勒斯（Eteocles）与弟弟波吕尼刻斯（Polyneices）的故事，因为有半男半女的斯芬克司（Sphinx）③ 混合在里面。我们如何证明这样的故事具有史实性？同样，厄庇戈诺伊（Epigoni）的故事也是这样，即使其中并未涉及什么不可思议的事，或者赫拉克利特的回归，或者其他数不胜数的例子，都有这个问题。凡以不偏不倚的心态读故事，希望自己不被它们蒙骗的，必能断定哪些是他要接受的，哪些是要从比喻意义上去解释，从而挖掘出编造这种故事的作者的本意，哪些是不能相信的，只是作者为迎合某些人写的。我们讲这些作为关于福音书里记载的耶稣故事的整个问题的引子，不是为了诱使有理智的人接受单纯的非理性信仰，而是为了表明读者需要一种开放的心态和认真的学习，并且——如果我可以这样说——需要进入写作者的心灵，去挖掘所记载的每件事有怎样的属灵意义。

---

① 直接理解或把握性印象（kataleptike phantasia）斯多葛学派认识论的一个基本观念；它是心灵中的这样一种印象，关于它的真实性不能有任何疑惑。参第八卷，第五十节；Sextus Emp. *adv. Math.* VII, 227；Pohlenz, *Die Stoa*, I, pp. 60f。
② 完全相同的观点出现在 Dio Chrysostom, *Orat.* II *passim*。也许可以追溯到 Eratosthenes，参 Strabo, I, 2, 7ff (pp. 18 - 19) 的争论。
③ Euripides, Phoenissae, 1023. 参 Rosecher, *Lexikon d. griech. u. röm. Mythologie*, IV, 1364 - 1365。

43. 首先，我们要说，如果早有记载说，这个不相信圣灵以鸽子的样子显现这一故事的人是一个伊壁鸠鲁主义者，或者德谟克利特的追随者，或漫步学派的人，那他的批判倒可能有一点力量，因为这样就与那个想象的人物吻合起来了。然而，最有知识的塞尔修斯并没有意识到他把具有这种性质的话放入了一个犹太人之口，这个犹太人相信先知书里记载的比鸽子故事更大、更神奇的故事。我们完全可以对这个人——他不相信"幽灵"，认为可以指控它是编造出来的——说：圣经上记载了耶和华上帝对亚当或夏娃或该隐或挪亚或亚伯拉罕或以撒或雅各所说的话，但是亲爱的先生，你如何证明上帝确实对他们说了那样的话？将这故事与另一故事作个比较，我可以对犹太人说：你们的以西结写道："天就开了，得见上帝的异象。"在解释了这异象之后，他接着说："这就是耶和华荣耀的形像……他对我说。"① 假若如你所认为的，因为我们不能毫不怀疑地表明这些只有他一人看见或听见——并且如你显然已经注意到的，也有那些受罚的人之一作见证②——的事是真实的，所以所记载的耶稣的故事是假的，那么当以西结说"天就开了"等时，我们岂不更有理由说他是在撒弥天大谎？而且，以赛亚断言："我见主坐在高高的宝座上……其上有撒拉弗侍立，各有六个翅膀"，③等等，你如何能证明他真的看见了这些？我亲爱的犹太人，因为你已经相信这些事是全然没有错谬的，正是由于受圣灵启示，它们不仅被先知看见，而且也被一字一句地记载下来。他既说天开了，他听见一个声音或者看见"主坐在高高的宝座上"，我们还能相信谁才更合理呢？我们是应当相信以赛亚和以西结还是耶稣？他们的作为没有一件显出可与耶稣比拟的意义来，而耶稣对人类的好处不只局限于道成肉身时代，直到今日，耶稣的力量仍然使那些借着他信上帝的人皈依，获得道德上的革新。这显然就是借着他的

---

① 《以西结书》1:1；1:28；2:1。

② 《约翰福音》1:32。

③ 《以赛亚书》6:1—2。

力量发生的,因为如他自己所说的,也如经验所表明的,人们收集到上帝的打麦场,也就是众教会里的庄稼实在太多了,却没有收割灵魂之庄稼的工人。①

44. 我对犹太人说这话,不是因为作为一个基督徒,我不相信以西结和以赛亚,而是引用我们都相信的作者的话,使他蒙羞,要知道,当耶稣说他看见了这样的异象,当他告诉门徒他所看见的异象,所听见的声音(这是很可能的)时,他比他们更大大值得人相信。不过,另有人也许会说,那些记载了鸽子的样式和天上的声音的人,并非都听过耶稣对这些事的描述;但是圣灵既教导摩西关于他以前时代的历史,从宇宙的产生一直到他祖先亚伯拉罕的历史,也教导福音书作者关于发生在耶稣受洗时的这一神迹。人若是拥有这种称为"智慧的言语"②的属灵恩赐,也会解释天开和鸽子的原因,解释圣灵为何不以其他生命物而是以鸽子的样式向耶稣显现。只是我们并不需要现在来解释这个问题。因为我们的目标是证明塞尔修斯把以这样的话表达出来的不信归于犹太人是错误的,事实上,所涉及的事件比他所相信的故事更有史实性。

45. 我记得曾与一些犹太人讨论③——据称他们是智慧者,当时许多人到场来评判双方的论述——我使用了以下的论证。请告诉我,先生们:有两个人临到人类,圣经记载了他们的超自然神迹。我指的一个是摩西,你们的立法者,他写下了自己的生平事迹;还有一个是耶稣,他自己没有留下书卷,但有他的门徒在福音书里作见证。若是相信摩西说的话是事实,尽管事实上埃及人污蔑他是占卜师,行的奇事全是出于江湖骗局,同时却不相信耶稣,因为你们指控他,这岂不荒谬?他们两人都有百姓的见证,犹太人见证摩西,而基督徒从不否认摩西是先知,并

---

① 《马太福音》9:37—38;《路加福音》10:2。
② 《哥林多前书》12:8。
③ 关于奥利金与拉比的争论,参第一卷,第五十五节;第二卷,第三十一节;*Sel. in Ps.* XI, 352 (ed. Lommatzsch); G. F. Moore, *Judaism*, I (1927), p. 165.关于这些争论对他写作《圣经六本合参》(*Hexapla*)的重要性,参 P. E. Kahle, *The Cairo Geniza* (1947), p. 159.

从他的预言来证明关于耶稣的事是真实的，承认他的门徒所记载的关于他的神奇故事也是真实的。但是如果你们要求我们给出相信耶稣的理由，那么请先给出你们相信摩西的理由，因为他生活在耶稣之前，然后，我们必据此给出我们相信他的事迹的理由。如果你们退缩，不想提供关于摩西的证据，那么此时我们也必像你们一样，不作任何论证。无论如何，要承认你们没有证据证明摩西，所以要听从律法书和先知书对耶稣的证明。事实上，令人吃惊的是，正是律法书和先知书里关于耶稣的证据，常被用来证明摩西和众先知确实是上帝的先知。

46. 律法书和先知书满是神奇的故事，与耶稣受洗时天上有鸽子和声音出现这样的事同样神奇。但我想，耶稣所行的神迹就能证明圣灵那时确实以鸽子的样式出现，尽管塞尔修斯攻击它们，说他是在埃及人中间学会行这些奇事的。我不会只提到这些，还要提到耶稣的使徒所行的事，这是合乎情理的。若没有异能神迹，他们就不可能说服那些听到新理论和新教训的人，冒着生命的危险，抛弃传统的宗教，接受使徒的教义。以鸽子样式显现的圣灵，如今依然保守在基督徒中间。他们根据逻各斯的旨意用咒语赶走鬼魔，治愈疾病，洞悉某些将来之事。即使塞尔修斯，或者他所引入的犹太人，讥笑我要说的话，我仍然要说，许多人归信基督教，都出于圣灵的工，就好比说不管他们自己愿不愿意，某个灵在白天或夜晚的一次异象就突然改变了他们的思想，使他们从原来恨恶福音到此后为它而死。我们知道许多这样的例子。但我们若是把它们一一写出来，尽管是我们亲眼所见的事，都会招致不信者大大的嘲笑，认为我们是在杜撰故事，就像那些他们怀疑编造了神话传说的人一样。然而，上帝是我们美好良心的见证，我们不希望用任何虚假的报告来支持神圣的教训，而是要借各种各样确凿的事实来见证。

然而，由于正是犹太人对圣灵以鸽子的样式降到耶稣身上的故事提出了质疑，所以我要对他说：尊敬的先生，谁在《以赛亚书》里说"现在主耶和华差遣我和他的灵来"①？ 虽然有人对这句经文有疑惑，不能确定是父和圣灵差遣了耶稣，还是父差遣了基督和圣灵。其实，第二种理解才是正确的。先是救主被差遣，然后再差下圣灵，好叫先知的话得应验；而且也必须让后世知道预言的应验，因此之故，耶稣的门徒记载了所发生的一切。

47. 当塞尔修斯代表犹太人在某种意义上接受约翰为给耶稣施洗的施洗者时，我但愿告诉他，一个生活在约翰和耶稣之后不久的人记载，约翰是为赦免罪施洗的施洗者。因为约瑟夫在《犹太古史》第十八卷见证，约翰是个施洗者，承诺凡受洗的就得洁净。② 这位作者虽然不相信耶稣是基督，但想找出耶路撒冷失落和圣殿毁灭的原因。他应该说过，反对耶稣的阴谋就是这些灾难临到百姓的原因，因为他们杀死了说预言的基督；然而，当他说这些灾难临到犹太人是为了给义人雅各——雅各是"耶稣，就是所说的基督"的兄弟——报仇，因为他们杀了这位完全的义人③——当他这样说时，虽然他自己没有意识到，但离事实真相相去不远。关于这位雅各，耶稣的真门徒保罗说，④ 他认为把他描述为主的兄弟，与其说是指他们在血缘上的关系或者共同成长的生活，还不如说是指他的道德生活和对主的领会。因而如果约瑟夫说耶路撒冷的毁灭是因为雅各才发生的，那我们岂不可以更为合理地说，这事的发生乃是

---

① 《以赛亚书》48:16。在 Comm. in Matt. XIII, 18 也做了同样的解释，但在 Comm. in Joann. II, 11 (6) 并非如此。

② Antiq. XVIII, 5, 2 (116-119).

③ 参第二卷，第十三节。奥利金还在 Comm. in Matt. X, 17 引用了这一点，似乎引自约瑟夫。但现存的《犹太古史》所有相关地方或者别的地方 [Antiq. XX, 9, 1 (200-201)] 都没有出现这样的话。优西比乌 (H. E. II, 23, 20) 以直接引语引用了这一句子；Lawlor & Oulton (ad loc.) 认为优西比乌并不依赖于奥利金，还暗示他们引用同样的资料，或许是一个选集。考虑到优西比乌大大受惠于奥利金，这种可能性不大，他逐字逐句的引用与奥利金这里的话完全对应，只在必要的地方才作些改变。

　　这段话可能是某位基督徒插入约瑟夫的文本中的，参 E. Schurer, Geschichte des jüdischen Volkes im Zeitalter Jesu Christi (4ᵗʰ ed. 1901), I, p. 581; C. Martin in Revue Belge de philologie et d'histoire, XX (1941), p. 421, n. 1。H. St J. Thackeray [Josephus the Man and the Historian (1929), pp. 134f] 认为奥利金把约瑟夫与 Hegesippus 搞混了，后者从基督教角度描述了雅各的死 (ap. Euseb. H. E. II, 23)，结尾的话是："Vespasian 立即将他们团团围困。"

④ 《加拉太书》1:19。

因为耶稣基督？他的神性由大量教会得到证实，而教会就是由脱离罪之洪水归信主的人组成的，他们信靠造主，一切定意全在于蒙他悦纳。

48. 即使犹太人不能提供以西结和以赛亚的辩护，像我们这样把天开的叙述比作耶稣，把他听到的声音与《以西结书》、《以赛亚书》或者别的先知书里类似的记载相比较，至少我们要尽我们所能通过这样的论说确立论点。凡是接受神意论的人，显然都一致相信许多人在梦中形成心像①，有的是关于神圣之事，有的是对生活中将来之事的预告，或者清晰，或者神秘。这样说来，假设在人睡梦中形成某种心像的那种力量为了这人的利益，或者为了那些能听他讲说这样的事的人考虑，也能在白天在他心里形成印象，这又有什么可稀奇的呢？正如我们会在梦中得到这样一个印象，觉得我们听到了什么，我们的听觉器官真的受到了刺激，我们的眼睛看见了什么，尽管我们肉身上的眼睛并没有看见这些印象，耳朵也没有受到任何振动，它们只是在我们心里②；同样，如圣经所说的，当众先知看见某种神奇的异象，或者听到主耶和华的声音，或者看见天开了，这些事对他们来说，没有一件是异乎寻常地发生的。我想，以西结记载这样的经验，不是说可见的天裂开了，或它的物理样式分裂了。因而，聪明的读者在读福音书时，也许应当对救主作出类似的解释，即使这种观点可能让头脑简单的人感到恼怒，这些人极其天真幼稚，以为感动的是世界，撕裂的是广袤而坚固的整个天空。

凡对这个题目深入研究的人，都会说，如圣经所说的，有一种普遍的属神感觉 (divine sense)，唯有有福之人才能在地上找到。因而所罗门说："你当找到一种神圣感觉。"③这种神圣感觉有很多种形式：能够看

---

① 德尔图良指出，大多数人 "ex visionibus deum discunt"（从视觉认识神）(de Anima XⅦ, 2; Waszink's note, p. 504). 关于基督教对梦的评价，参 Cumont, Lux perpetua, p. 92 "L'oniromancie est le seul mode paien de divination que l'Eglise n'ait pas repudie." 关于君士坦丁（Constantine）和4世纪，参 A. Alföldi, The Conversion of Constantine and Pagan Rome (1948), pp. 125f。
② Plutarch, Mor. 588D, 同样讨论了苏格拉底听到的 "内在的声音"。
③ 《箴言》2:5（见和合本此节经文 "你就得以认识上帝"。——中译者注）。

见形而上之物的视觉,基路伯或六翼天使就是明显的例子;能够接收并无对应客体存在于空中的声音之印象的听觉,以那从天上降下来赐生命给世界的粮①为生的味觉。同样,也有嗅属灵之事的嗅觉,如保罗论到的"基督的馨香之气"②,以及约翰所说的他亲手摸过"生命之道"③的那种触觉。有福的先知找到了这种神圣感觉,他们的视觉和听觉都是属灵的;同样,也可以说,他们所尝的,所嗅的,不是感官意义上的感觉。他们借着信触摸了道,从而就从道发出一种东西使他们恢复原初状态,于是,他们就看见了他们记载说看见的事物,听见了他们告诉说听见的事物,他们的经历也同样,如他所记载的,他们吃了赐给他们的整卷书。④所以,以撒嗅到他儿子属灵衣服的香气,并照着属灵的祝福说:"我儿的香气如同耶和华赐福之田地的香气一样。"⑤与这些例子一样,耶稣一摸麻风病人,麻风就洁净了,⑥是属灵意义上的摸,而不是感觉意义上的摸。我想,这话可从两方面理解,一方面如大众所认为的,感觉上的触摸使他解除感觉意义上的麻风病,但不仅如此,还借他真正的神圣的触摸,去除另一种意义上的麻风病。同样,约翰又作见证说:"我曾看见圣灵仿佛鸽子从天降下,住在他的身上。我先前不认识他,只是那差我来用水施洗的,对我说:'你看见圣灵降下来,住在谁的身上,谁就是用圣灵施洗的。'我看见了,就证明这是上帝的儿子。'"⑦天正是向耶稣开的。从记载看,在那个时候,没有别人,唯有约翰看见了天开。但救主预言说,天将这样向他的门徒裂开,又说,他们也必看见这将要到来的。他的话是这样说的:"我实实在在地告诉你们:你们将

---

① 《约翰福音》6:33。
② 《哥林多后书》2:15。
③ 《约翰一书》1:1。
④ 《以西结书》2:9—3:3。
⑤ 《创世记》27:27。
⑥ 《马太福音》8:3。
⑦ 《约翰福音》1:32—34。

要看见天开了,上帝的使者上去下来在人子身上。"① 同样,保罗被提到第三层天,看见天开了,因为他原本是耶稣的门徒。至于保罗为何说:"或在身内,我不知道;或在身外,我也不知道,只有上帝知道。"② 现在不是解释这话的时候。

而且,我要在讨论中加上塞尔修斯的观点,就是当他思考耶稣亲口谈论天开了,圣灵在约旦河边化作鸽子落在他身上之事时所提出的观点。圣经事实上并没有指明他说了他看见这样的景象。这位最尊敬的先生,没有认识到,主既在山上的异象里对门徒说:"人子还没有从死里复活,你们不要将所看见的告诉人。"③ 这样的主,若是还把约翰在约旦河边看见听见的告诉自己的门徒,那是与他的特点不相吻合的。我们还可以注意到,耶稣在任何地方都避免谈论他自己,这是他的习惯。所以他曾说:"我若为自己作见证,我的见证就不真。"④ 正是因为他避免谈论自己,希望从他的事迹而不是他的话语来表明他就是基督,因此犹太人对他说:"你若是基督,就明明地告诉我们。"⑤ 然而,在塞尔修斯的攻击中,却是一个犹太人对耶稣论及圣灵化成鸽子出现,说"除了你自己的话,以及你所提供的可能出于某个与你同受惩罚的人的证据之外,没有任何别的证据",我们得告诉他,这些他放入犹太人口中的话与犹太人的特点也是不吻合的。犹太人没有将约翰与耶稣联系起来,也没有把约翰所受的惩罚与耶稣所受的联系起来。因而,这里也同样,这个夸口无所不知的家伙,显然并不知道该让犹太人对耶稣说什么样的话。

49. 这之后,出于某种莫名的原因,他故意避开证明耶稣权威的最有力论证,即他是由犹太人的先知预言的,摩西以及那些他之后甚至他之

---

① 《约翰福音》1:51。
② 《哥林多后书》12:2。
③ 《马太福音》17:9。
④ 《约翰福音》5:31。
⑤ 《约翰福音》10:24。

前的先知都对他作了预言。我想,他这样做是因为他无法驳倒这样的论证。无论是犹太人还是其他派别的人,没有谁不愿承认弥赛亚已经得到预言。也有可能他甚至不知道关于耶稣的预言。如果他明白基督徒的主张,即有许多先知都预言了救主的降临,那么他就不会把那些看起来更适合某个撒玛利亚人或撒都该教派的话放入犹太人口中。作为一个想象的人物引入的犹太人不会说:"但我的先知曾在耶路撒冷说,上帝的儿子要到来审判"圣洁者,惩罚不义者。预言耶稣的先知不止一位。① 即使撒玛利亚人和撒都该人——他们只接受摩西五经——说,弥赛亚已经在那些书里得到预言,即便如此,预言也不是在耶路撒冷说的,在摩西时代还没有人提到耶路撒冷。我希望所有反对福音的人都这样无知,不仅不知道事实,甚至不知道圣经的经文,对基督教的攻击都这样无足轻重,论证甚至连最起码的合理性都没有,即使是那些心中无根,不过暂时相信②的人,也并非使他们抛弃真正的信仰,而只是抛弃了他们那点小信。一个犹太人不会承认某个"先知说上帝的儿子要到来"。他们所说的应当是,上帝的基督必到来。事实上,他们常常用这个关于上帝的儿子的问题来追问我们,说没有这样的人,众先知并没有提到他。现在,我们且不说预言里有没有提到上帝的儿子,但我们确实得说,犹太人既然不会承认这样的事,他却把"我的先知曾在耶路撒冷说,上帝的儿子要到来"这样的话放到犹太人口中,这与犹太人的性格不吻合。

50. 然后,似乎预言的唯有这一点,即他要"审判圣洁者,惩罚不义者",此外,关于他的出生地,关于他要在犹太人手中遭受的苦难,或者他的复活,他要行的神迹,似乎所有这些都没有丝毫预言,塞尔修斯的犹太人说:"这些预言的对象为何就是你,而不是说预言之后出现的其他成千上万的人?"不知什么原因,他想要指出,预言所指也可能是其他

---

① 参第二卷,第四节,第七十九节。
② 《路加福音》8:13;《马可福音》4:17。

人，说："有些人陷入迷狂，有些人到处恳求施舍，说他们是从天上来的上帝的儿子。"但是我们并没有看到有记载说，这样的事发生在犹太人中。所以我可以说，首先，有许多预言以各种方式论到关于基督的事，或谜语，或比喻，或其他，甚至用直接的表述。后来当这个犹太人向他自己百姓中的信徒说话时，说："适用于这个人的预言也指向其他事件"①，他这样说是出于狡诈而邪恶的目的；所以，我们要从许多预言中挑选出一些，对这些预言，谁若愿意，欢迎他提出理性论证来推翻它们，这样才有可能使信徒，甚至有知识的信徒抛弃这种信仰。

51. 关于他的出生地，预言说："伯利恒、以法他啊，你在犹大诸城中为小，将来必有一位从你那里出来，在以色列中为我作掌权的；他的根源从亘古、从太初就有。"②这一预言对那些处于迷狂和到处行乞并说他们是从上面下来的（如塞尔修斯说）的人全都不吻合，非常清晰的是，此人出生在伯利恒，或者另有某个人会说，他从伯利恒来做百姓的王。除了弥迦的预言和耶稣门徒的福音书里记载的故事，若有人希望看到更多的证据向他表明，耶稣出生在伯利恒，那么他可以注意到，与福音书关于耶稣出生的记载相一致，伯利恒的洞穴③被表明是他出生的地方，洞里的马槽被证明是他在襁褓时待过的地方。即使在没有信仰的人中，这些地点也非常著名，因为他们知道受到基督徒敬拜的耶稣，正是出生在这个洞穴里。我相信，在基督降临之前，百姓的大祭司和文士就教导说，基督要降生在伯利恒，因为预言的特点非常显著而清晰。这样的解释甚至被广大犹太人接受。这解释了为何希律王询问百姓中的大祭司和文士，从他们得知基督要出生在"大卫本乡"犹太地的伯利恒。而

---

① 参第二卷，第二十八节塞尔修斯的话。
② 《弥迦书》5:2。
③ 查士丁 *Dial.* 78（亦参 70）提到洞穴，James 的 *Protevangelium* 18ff 也提到（M. R. James, Apocr. N. T. p. 46），这是奥利金知道的一篇作品（Comm. in. Matt. X. 17）……根据 Antoninus of Placentia 的游记（C. S. E. L. XXXIX. 178），这个洞穴在 6 世纪向朝圣者开放。福音书手稿唯有提到洞穴的是最早的美国版，参 E. Prenschen in Z. N. T. W. III（1902），pp. 359f。

且,在《约翰福音》里,犹太人说基督要从"大卫本乡"伯利恒出来。①但基督降临之后,人们却忙于消除他的出生早有预言的观念,要把这样的教训从百姓中剔除。他们的行为就类似于那些用钱财收买看守坟墓见证他从死里复活的卫兵的人,对他们说:"你们要这样说:'夜间我们睡觉的时候,他的门徒来把他偷去了。'倘若这话被巡抚听见,有我们劝他,保你们无事。"②

52. 争吵和偏见令人讨厌,使人甚至无视显而易见的事实,妨碍他们抛弃多少已经习以为常的理论——那些歪曲并塑造他们灵魂的理论。③事实上,人在其他方面比在他的宗教观点上更容易放弃原有的习惯,即使他发现要使自己完全脱离它们很难。然而,养成固定习惯的人不会轻易抛弃甚至与宗教没有关系的东西。因而,人若是对某些家庭、城市、乡村、熟悉的朋友产生了特别的偏爱,就不愿意轻易抛弃它们。正是这样的原因,当时许多犹太人无视预言显而易见的应验,耶稣所行的神迹,经上所记载的他所受的苦难。这类事有些属于人的自然经验,如果我们注意到,人们只要对自己的祖先和同胞的事,甚至最可耻最无聊的传统,产生了偏爱,就难以改变,那这一点就清晰可见。比如,我们不可能一下子说服埃及人鄙弃他从自己的祖先接受下来的东西,从而不再把某种非理性的动物看为神,或者不再恪守成规,哪怕死也不尝这种动物的肉。④对于伯利恒和相关预言问题,我们虽然考察得似乎过于详尽、细致入微,但我们认为,因为有人可能会说:既然犹太人所拥有的关于耶稣的预言如此清晰,那当他来了之后,他们为何不接受他的教训,转向耶稣向他们表明的更优秀的教理?要回应这些人,这样做是必要的。但是对我们这些信主的人,知道信耶稣的不寻常理由是由那些已

---

① 《约翰福音》7:42。
② 《马太福音》28:13—14。
③ 关于这一思想,参 Seneca, *Ep.* LXXI, 31。
④ 参第三卷,第三十六节。

经学会对它们作出解释的人提出来的，对我们这样的人，谁也不可提出这类指责。

53. 如果第二个预言——在我们看来显然是指耶稣而言——也是必要的，我们也将引用，那是摩西在耶稣降临之前的许多年写的，当时他讲到雅各在弥留之际如何对他的每个儿子说预言，其中对犹大说："圭必不离犹大，杖必不离他两脚之间，直等细罗来到，万民都必归顺。"① 这预言事实上要比摩西时代早得多，但不信者很可能会以为这是摩西所说，无论如何，凡读到这预言的，无不为之感到惊异，摩西竟能预言到犹太人的诸王，其中有十二支派的王，将出于犹大支派，将做百姓的王。这正是整个民族被称为犹太人的原因，它原是根据这个大支派命名的。其次，人若是以毫无偏袒的心灵解读预言，也会同样感到惊异，当他说"圭必不离犹大，杖必不离他两脚之间，直等细罗来到，万民都必归顺"时，他不仅预言了百姓的统治者和领袖（圭和杖）出于犹大支派，还确定了这种治理本身要终结的时间。上帝的基督来到，万物都是为他积聚的，上帝的应许都是对这位统治者说的。② 他显然是他之前的一切先辈中唯一一位，并且我敢大胆地说，也是后来人中唯一一位万民都归顺盼望的人。万国中的百姓借着他都信了上帝，按着以赛亚的话说，万民都寄希望于他的名，"外邦人必信他的名"。对那些收在监里的人，因为"各人都被自己的罪恶如绳索缠绕"③，耶稣也说"出来吧"，那些无知的人，他命令他们接受光。这些预言是这样说的："我要保护你，使你作众民中的中保（'中保'原文作'约'），复兴遍地，使人承受荒凉之地为业。对那被捆绑的人说：'出来吧！'对那在黑暗的人说：'显露吧！'"借着他的临到，我们可以在全天下单纯的信徒中间看到以下这

---

① 《创世记》49:10。
② 参 Justin, *Dial.* 120。
③ 《箴言》5:22。

话的应验:"他们在路上必得饮食,在一切净光的高处必有食物。"①

54. 既然塞尔修斯自称对福音无所不知,指责救主的受难,说:"他既没有得到他父的帮助,自己也不能自助",我得指出,他的受难得到预言是有理由的,这理由就是为了人的利益,他得为他们死,忍受定罪挨鞭打。众先知还预言外邦人将"注意到他",尽管他们不曾在外邦人中居住。预言还说,他要以人视为羞耻的样子被人看见。这段话是这样说的:

> 我的仆人行事必有智慧(注:或作"行事通达"),必被高举上升,且成为至高。许多人因他(注:原文作"你")惊奇,(他的面貌比别人憔悴,他的形容比世人枯槁),这样,他必洗净许多国民,君王要向他闭口。因所未曾传与他们的,他们必看见;未曾听见的,他们要明白。我们所传的,有谁信呢?耶和华的膀臂向谁显露呢?他在耶和华面前生长如嫩芽,像根出于干地。他无佳形美容,我们看见他的时候,也无美貌使我们羡慕他。他被藐视,被人厌弃,多受痛苦,常经忧患。他被藐视,好像被人掩面不看的一样;我们也不尊重他。他诚然担当我们的忧患,背负我们的痛苦,我们却以为他受责罚,被神击打苦待了。哪知他为我们的过犯受害,为我们的罪孽压伤。因他受的刑罚,我们得平安;因他受的鞭伤,我们得医治。我们都如羊走迷,各人偏行己路。耶和华使我们众人的罪孽都归在他身上。他被欺压,在受苦的时候却不开口。他像羊羔被牵到宰杀之地,又像羊在剪毛的人手下无声,他也是这样不开口。因受欺压和审判,他被夺去,至于他同世的人,谁想他受鞭打,从活人之地被剪除,是因我百姓的罪过呢?②

---

① 《以赛亚书》49:8—9。
② 《以赛亚书》52:13—53:8。

55. 我记得曾在与某个犹太人认为博学的人①讨论时,使用了这些预言。对此,这个犹太人说,这些预言提到整个民族就如同提到一个个人,虽然他们散居在各处,还受到重击;正是由于犹太人散居在其他民族中,所以许多人很可能改变信仰。他对"他的面貌比别人憔悴";"因所未曾传与他们的,他们必看见";他"多受痛苦"这些经文就是这样解释的。于是我在讨论中引证了许多论证表明,把这些关于某个人的预言解释为对整个民族的预言是没有充分理由的。我质问,经文里所说的"他担当我们的忧患,背负我们的痛苦","他为我们的过犯受害,为我们的罪孽受伤"能指哪个人;再问,哪个人适用这样的话"因他受的鞭伤,我们得医治"。显然,那些说这话的人就是曾经陷入自己的罪孽,后经救主的受难得了医治的人,不论他们是犹太人,是外邦人;先知预见到这一点,因着圣灵的启示把这些话放入他们的口中。不过,我们只用"他从活人之地被剪除,是因我百姓的罪过"这话就似乎置他于最深的困境了。若是照着他们的理解,预言的对象是百姓,那么经文为何说因为上帝的百姓之罪过,把此人置于死地,此人不就是指上帝的百姓吗?他若不是指耶稣基督,他将一切执政的、掌权的掳来,在十字架上明显给众人看,②我们信他的人因他受的鞭伤得医治,那他还会是谁?至于预言中的各个细节,我们最好换个时间再作解释和详尽研究。尽管这一点已经得到广泛讨论,我想还是有必要解释一下,我们从塞尔修斯的犹太人引来的段落。

56. 塞尔修斯和他的犹太人,以及所有不相信耶稣的人,都没有注意到预言论到基督的两次临到。 第一次,基督顺服于人的情欲,深受羞辱,以便借着自己与人同在,教导他们通向上帝的道路,不让任何过着此生的人因为不知道将来的审判而有自我辩护的机会。第二次他要在完

---

① 即拉比。
② 《歌罗西书》2:15。

全的荣耀和尊严中到来,他的神性不包含任何人的性情。引用所有这些预言太过冗长,这里只要引用《诗篇》44篇就足以说明问题,这篇诗篇被冠以很多标题,其中之一为"给所爱者之歌"(爱慕歌),歌中显然将基督作为上帝来称颂:"在你嘴里满有恩惠,所以上帝赐福给你,直到永远。大能者啊,愿你腰间佩刀,大有荣耀和威严! 为真理、谦卑、公义赫然坐车前往,无不得胜。你的右手必显明可畏的事。你的箭锋快,射中王敌之心,万民仆倒在你以下。"请仔细留意后面的话,他被直接称为上帝。因为圣经说:"上帝啊,你的宝座是永永远远的,你的国权是正直的。你喜爱公义,恨恶罪恶,所以上帝,就是你的上帝,用喜乐油膏你,胜过膏你的同伴。"① 请注意,先知是向一位上帝说的,他的宝座是永永远远的,他的国权是正直的;他说,这位上帝受到另一位上帝,就是他的上帝的油膏,他受到油膏是因为他喜爱公义,恨恶罪恶,胜过他的同伴。我记得正是这个段落使那位被认为富有智慧的犹太人陷于大困境。他不知道如何解释它,就从某种与他的犹太教一致的角度回答说,当经文说"上帝啊,你的宝座是永永远远的,你的国权是正直的"时,指的是宇宙之上帝;而"你喜爱公义,恨恶罪恶,所以上帝,就是你的上帝,用喜乐油膏你"等则是指弥赛亚。

57. 塞尔修斯的犹太人又对救主说:"你既说每个人都因神圣安排成了上帝的儿子,那你与其他人又有何分别呢?"② 我们要回答他说,凡是——如保罗所说的——不再因惧怕教导者,而是因其本身而选择善的,就是上帝的儿子。但是,耶稣要比任何因他的美德而得称为上帝儿子的人高很多很多,因为可以说,他乃是这些美德的源头和起因(source and origin)③。保罗的话是这样说的:"你们所受的不是奴仆的心,仍旧

---

① 《诗篇》44:3—8(和合本见45:2—7。——中译者注)。
② 这话的意思可能是"你既说每个按着神圣的安排出生的人都是上帝的儿子……"(比如,Keim)。Harnack (*D. G.* I, 4th ed. p. 212) 认为塞尔修斯显然了解关于耶稣作为子具有独一性的争论。
③ 这个词追溯源出于柏拉图《斐多篇》245C。参 IV, 53; IV, 44; VIII, 17; *de Orat.* XXII, 3; 在斐洛看来 (*de Mut. Nom.* 58),上帝是"一切恩惠的源泉和起因"。参 *de Sp. Leg.* II, 156。

害怕；所受的乃是儿子的心，因此我们呼叫：'阿爸，父！'"①于是塞尔修斯的犹太人说："但是将有几千人拒斥耶稣，声称被应用到他身上的预言原本是说他们的。"我们不知道塞尔修斯是否知道，有些人来到此世，想要效仿耶稣，给自己以上帝儿子的头衔，或者自赋上帝的某种权能②，但我们是真诚地研究这个题目，所以我们得说，在耶稣出生之前，在犹太人中有个丢大自夸为大；他死后，附从他的人也就四下散了。此后，"报名上册的时候"，当时耶稣似乎已经出生，有加利利的犹大起来，引诱了许多犹太百姓跟从他，似乎他是个智者，新教义的引导者；然而他一死，他的教训也几乎销声匿迹，仅在极少数无足轻重的人中间留存。③耶稣之后，撒玛利亚人多西修斯（Dositheus the Samaritan）④也想劝撒玛利亚人相信他就是摩西所预言的基督，显然还争取了一些民众听从他的教训。但我们可以合理地引用《使徒行传》里记载的迦玛列的极其明智的话，表明这些人与应许毫无关系，既不是上帝的儿子，也不是上帝的权能，而耶稣基督才是真正的上帝的儿子。迦玛列说"他们所谋的、所行的，若是出于人，必要败坏"，甚至如前面那些人一样，人一死，所传的就归于无有；"若是出于神，你们就不能败坏他们，恐怕你们倒是攻击上帝了。"⑤撒玛利亚术师西门也想利用法术引诱一些民众，在当时他的骗术得逞了。 但如今，我相信，这样的撒玛利亚人不会超过三十个，⑥而且我报出这个数字还是过于乐观了。在巴勒斯坦，知道他的人已非常之少，而在世界其他地方根本没有人提到他，尽管他的野心是把自己的名声传遍世界。提到他名字的地方是在《使徒行传》里，论到他的人也只有基督徒，而事实明显地证实，西门没有任何神圣之处。

---

① 《罗马书》8:14—15。
② 《使徒行传》8:10。
③ 《使徒行传》5:36—37。
④ 见第六卷，第十一节的注释。
⑤ 《使徒行传》5:38—39。
⑥ 奥利金把西门和多西修斯混淆了；见第六卷，第十一节的注释。

58. 随后，塞尔修斯的犹太人没有提到福音书里的东方三博士，而是讲到迦勒底人，①说"按照耶稣的叙述，他们被感动，前来寻找他的出生地，敬拜他为上帝，尽管他还只是个婴孩；他们把此事告诉分封王希律②：他就派人把那时出生的孩子全都杀死，以为这样耶稣就会与那些孩子一同除灭，免得他活下来，长大成人之后成为王。"请看不区分东方三博士与迦勒底人的人在这里所犯的大错，未能注意他们完全不同的职业（professions），竟败坏了福音书里的记载。不知什么原因，他对影响东方三博士的事物略而不提，没有说按照圣经的记载这是因为他们看见出现在东方的一颗星。那么我们来看看对此可以作怎样的回答。我们认为，出现在东方的那颗星是一颗新星，③它不同于普通的星，既不是恒星中的一颗，也不是在低空循行的行星中的一颗，而应属于偶然出现的彗星，或者流星，或者有芒、瓶状的星星，或者其他类似名称的星星，希腊人可能喜欢描述它们各不相同的形状。④我们对这一观点的证明如下。

59. 我们注意到，在大事件和影响深远的历史变化中，这种星星的出现意味着时代的变迁、战事的变化，或者其他对世俗之事产生根本影响的人类事件的发生。我们在斯多葛学派的查勒蒙（Chaeremon）论彗星的书里，读到彗星如何时时显现，甚至在有好事要发生时也出现，他还对此作出了解释。⑤这样说来，既然一颗彗星，如人们所称呼的，或者某个类

---

① 关于东方三博士与迦勒底人的身份鉴别，参 J. Bidez & F. Cumont, *Les Mages hellenises* (1938), I, pp. 33-36.
② 塞尔修斯把分封王希律（《路加福音》3:1）与他的父亲大希律（《马太福音》2:1—3）混淆了。
③ 参 *Comm. in Joann.* I, 26 (24)。关于新星，参 Clement, *Exc. Theod.* LXXIV, 2；Ignatius, *Ephes.* 19。
④ 这短语是优西比乌借来的，见 *D. E.* IX, 1, 420A。关于古代世界的彗星，参 Gundel in P.-W. XI (1922), 1143-1193。关于彗星的名称，参 A. Rehm, in *SB. Bay. Ak. d. Wiss.* (1921), I, p. 31 n. 1。
⑤ 查勒蒙是尼禄的老师，其残篇由 H.-R. Schwyzer 收集为 *Chairemon* (*Klass.-Philol. Studien* hrsg. E. Bickel u. C. Jensen, Heft IV), 1932. 古代对彗星的通常看法是，它们是即将发生的灾难的预示。唯有极少数人把彗星看成是好预兆。彗星在公元54年和60年出现（Gundel in P.-W. XI, 1188），60年的彗星显然使人产生对尼禄之死的盼望。塞涅卡（*N. Q.* VII, 21, 3）论到它说："qui sub Nerone Caesare apparuit et cometis detraxit infamiam."（在尼禄凯撒治下显现，把污名与彗星一同带走。）参同上，VII, 21, 3 "quem (cometam) nos Neronis principatu laetissimo vidimus."（我们从一开始就满心惊喜地看见尼禄的彗星。）Schwyzer (pp. 61-63) 指出，由于 Tacitus 和 Suetonius 认为这次彗星出现是个恶兆，所以塞涅卡和查勒蒙是在故意奉承尼禄。

似的星星在新朝代或地上其他大事发生之际出现，那么当一个人要在人类中引入新思想，不仅把教义带给犹太人，还要带给希腊人和许多化外人，当这样一个人出生之际，出现一颗星星，这又有什么可稀罕的呢？然而，我得说，没有关于彗星的预言流传，说如此如此的彗星要在某个朝代或某个时代出现；但是耶稣出生时出现的星星是由巴兰作了预言的，如摩西所记载的，因为他说过："有星要出于雅各，有人（杖）要兴于以色列。"① 既然有必要检查一下圣经对耶稣出生时到来的东方三博士和出现的星星说了什么，我们愿意对此作出以下解释，有些话是对希腊人说的，有些是对犹太人说的。

60. 对希腊人我要说的是，东方三博士与鬼灵交通，用他们的咒语召来鬼灵，以达到他们所追求的目标；只要没有比鬼灵和召鬼的咒语更神圣而大能的事物出现或被宣告，他们在这些行为上就能成功。但只要出现更为神圣的事物，鬼灵的能力就会消失，因为它们无法承受神圣权能的光。于是，在耶稣出生之际，如路加所记载，我所相信的，"有一大队天兵同那天使赞美上帝说：'在至高之处荣耀归与上帝！在地上平安归与他所喜悦的人！'"② 这导致鬼灵丧失原有的力量，变得软弱不堪；它们的占卜被驳倒，能力被推翻；不仅因耶稣出生而临到地上的天使把它们打倒，而且耶稣的灵魂和他里面的神圣权能也把它们推翻。于是，当东方三博士想要施行他们惯常的做法时，就是他们先前靠某种咒语和计谋得逞的行为，却不再奏效，他们试图要找出失效的原因，断定这必是非常重要的事。他们看到上帝显现在天上的一个预兆，想要看看它究竟指示什么。我想，他们有过摩西所记载的巴兰预言，③ 此人在这类事上也是行家。他们发现记载中有关于星星的预言，说："我看他却不在现时，

---

① 《民数记》24:17。
② 《路加福音》2:13—14。
③ 参 Hom. in Num. XIII, 7. 巴兰可能就是琐罗亚斯德；参 Bidez & Cumont, *Les Mages hellenises*, I, pp. 47-48. 大巴西尔认为，巴兰原是个了不起的人（*Hom. in sanctam Christi gener.*, Migne, P. G. XXXI, 1469A）。

我望他却不在近日。"①他们猜想,预言里所说的要与那星星一同到来的人已经到来;另外他们早已发现,他比所有鬼灵和通常向他们显现并产生某些法术功效的存在者(beings)更高级,所以他们想要去拜他。于是,他们来到犹太地,因为他们相信某个王已经降生,还因为他们知道他会降生在何地,只是不明白他要做哪个国的王。他们带来礼物献给他,可以说,他乃是上帝和凡人的联合。这些礼物都有象征意义,金子是献给君王的,没药是给将死的那位,乳香是给上帝;②他们一得知他的出生地,就把这些东西献给他。然而,由于人类的救主原本是上帝,比帮助人的天使更高级,东方三博士如此敬拜耶稣的敬虔,一位天使告诫他们不可去见希律,而要从另一条路回自己的国家去。

61. 希律迫害这个婴孩,这并不是非同寻常的事,尽管塞尔修斯的犹太人可能不相信这是真实发生的事。因为邪恶是一种盲目的力量,幻想自己比命运更强大,企图征服命运。希律就处于这种状态。他相信犹太人的王已经降生,但是作出的行为却与这样的信念背道而驰。他不明白这样一点:这婴孩或者是王,那么必在一切事上做王,他或者不做王,那么杀死他将是徒劳的。希律出于险恶用心,想要杀死他,就陷入与论断相冲突之中③,受盲目而邪恶的魔鬼驱使,这魔鬼从一开始就阴谋反对救主,因为他知道耶稣是并必将是一位大人物。因而一位始终注意着事件进展的天使——即使塞尔修斯不相信这一点——通知约瑟带着孩子和他母亲离开伯利恒去埃及。但是希律杀死伯利恒和邻近地区出生的所有婴孩,意欲在这样的大屠杀中能把天生就是犹太人之王的那人消灭。他没有看到,不眠的警觉天使看护着为拯救人类而必须得到保护和保守的人。④这些人中,耶稣是第一位,在尊荣和一切卓越性上都比所有其

---

① 《民数记》24:17。
② 参 Irenaeus *adv. Haer.* III, 9, 2 (Harvey II, 32); Clem. Al., *Paed.* II, 63, 5。
③ 关于犹大的讨论,参第二卷,第二节。
④ 关于奥利金的守护天使观,参第八卷,第二十三节和第三十四节以下;Comm. in Matt. XIII, 5, Hom. in Luc. 12。

他人更大。他必将成为王，但不是希律所想象的那类王；上帝为了那些归顺于他的人的利益而赐给他一个国，那是适合的，因为可以说，他给予臣民的不会是任何普通的、无关紧要的利益，而要借真正属神的律法教导他们，引导他们前行。耶稣也知道这一点，所以不承认自己是普通民众所指望的那个意义上的王。他告诉人，他的国具有一种特别的属性，说："我的国不属这世界。我的国若属这世界，我的臣仆必要争战，使我不至于被交给犹太人；只是我的国不属这世界。"① 如果塞尔修斯明白这些事，就不会说："既然希律这样做是为了防止等你长大之后，取代他做王，那么当你长大之后，你为何没有做王，而是——虽然是上帝的儿子，却如此可耻地四处乞讨，因畏惧而退缩，因缺乏而流浪？"小心避免草率地陷入危险，这并不可耻，② 不是因为怕死，而是为了帮助人活下去，等候时机到来，那披戴人性的神要像人一样赴死，带给人类某种益处。对明白耶稣是为人死的人来说，这是显而易见的；关于这一话题我们在前面的论证里已经尽我们所能作了讨论。

62. 然后，他甚至不知道使徒的数目，说："耶稣召集了十个或十一个普通的人，最可恶的税吏和海员，③ 带着这些人从这里逃到那里，以可耻而令人讨厌的方式谋求生存所需。"现在我们来讨论这一点，也尽我们所能。塞尔修斯显然没有读过福音书，但读过的人都知道，耶稣拣选的是十二使徒，其中唯有马太是"税吏"。那些被他与海员混为一谈的人，很可能就是雅各和约翰，因为他们离开船和父亲西庇太跟随耶稣。彼得和他的兄弟安得烈——以打渔为生的——不能算为海员，而如圣经所说，应是渔夫。我承认跟从耶稣的利未也是一名税吏，但他不是使徒，唯有《马可福音》的某个复制本把他算为使徒之列。但我们不知道其他人在成为耶稣的门徒之前从事什么行业，靠什么为生。

---

① 《约翰福音》18:36。
② 参第八卷，第四十四节。
③ 参第二卷，第四十六节塞尔修斯的话。

在回答这个问题时,我还要指出,人只要明智而合理地研究耶稣的使徒这个问题,就会发现这些人其实是借着神圣权能传授基督教,使许多人顺从于上帝的道。在他们身上,没有滔滔口才,也没有希腊辩证法或修辞学所要求的井然有序的讲论来使听众信服。在我看来,如果耶稣拣选一些在众人看来很聪明的人,其所思所言善于抓住听众的人,如果他利用这样的人来传播自己的教训,那么我们完全有理由怀疑他使用的方法与某些领导哲学学派的哲学家有何分别。① 果真那样,他的教训是神圣的这种说法的真理性就不再是自明的,因为福音和传道将依赖于由文学风格和结构组成的令人信服的智慧话语;而信仰,就变得像这世界的哲学家对他们的理论的信仰一样,只在于人的智慧,不在于上帝的权能了。相反,人若是看到渔夫和税吏,这些甚至没有受过小学教育的人(如福音书所记载的——塞尔修斯在这一点上完全相信它们,认为福音书关于这些门徒缺乏学识的记载一点没错),却以巨大的勇气不仅向犹太人讲要信耶稣,还顺利地在其他民中传讲耶稣,他岂不是很想知道他们说服人的力量之源是什么?那显然不是众人所设想的力量。谁能不说耶稣借着某种神圣权能在他的使徒身上成全了经上的话,"来,跟从我!我要叫你们得人如得鱼一样"②?保罗表明了我们以上所说的这一点之后,也说:"我说的话,讲的道,不是用智慧委婉的言语,乃是用圣灵和大能的明证,叫你们的信不在乎人的智慧,乃在乎上帝的大能。"③ 按照先知书里的记载,当主预言传福音之事时,"主发命令,使传福音的人有大能,爱子要作诸权能的王。"④ 所以预言所说的"他的话颁行最快"⑤ 就得了应验。我们看到,使徒传耶稣的声音"他的量带通遍天下,他的

---

① 参第三卷,第三十九节;Tertullian, *de Anima*, 3.
② 《马太福音》4:19。
③ 《哥林多前书》2:4—5。
④ 《诗篇》67:12—13(和合本无此节经文。——中译者注)。
⑤ 《诗篇》147:4(参和合本 147:15。——中译者注)。

言语传到地极"①。因此，那些听到用大能讲出之话的人，就充满了大能，他们以自己的真诚和生命来表现这一点，他们为真理战斗到死。②但是也有些虚妄之徒，虽然自称借着耶稣信了上帝，却没有一点神圣权能，只是表面上皈依上帝的道而已。

上面我已经提到救主在福音书里所说的一句话，现在我还要再次引用，因为它与这里的问题相关。这话表明我们救主对传福音的预见，这预见显然是神圣的；也表明道的力量，它虽然没有教师，却借神圣权能使人信服。耶稣说："要收的庄稼多，做工的人少。所以你们当求庄稼的主，打发工人出去收他的庄稼。"③

63. 既然塞尔修斯说耶稣的使徒都是些"声名狼藉之辈"，称他们为"最可恶的税吏和海员"，我们也要指明这样一点，即每当他觉得圣经里的记载有利于他批判基督教时，似乎就相信圣经，而当他想要避免接受福音书里所宣称的明显的神性时，就似乎不再相信那些书卷。如果他能明白，圣经作者记载了不可思议之事这一事实所表明的他们的真诚目的，他就应当相信他们所记载的神圣之事。事实上，在一般书信《巴拿巴书》——塞尔修斯可能就是根据那里的记载得出他的结论说，使徒都是些"声名狼藉"、"最可恶"的人——里就有话写道，耶稣"拣选了自己的使徒，原是些在别人之前就成为罪人的"④。在《路加福音》里，彼得对耶稣说："主啊，离开我，我是个罪人！"⑤此外，尽管保罗本人后来也成了耶稣的使徒，他却在提摩太书里说："'基督耶稣降世，为要拯救罪人。'这话是可信的……在罪人中我是个罪魁。"⑥不知什么原因，塞尔修斯忘记了或者没想到对保罗说些什么，要知道保罗可是耶稣之后建

---

① 《诗篇》18:5（参和合本 19:4。——中译者注）；《罗马书》10:18。
② 《便西拉智训》4 章 28 节。
③ 《马太福音》9:37—38；参上文第一卷，第四十三节。
④ 《巴拿巴书》5 章 9 节（根据英文直译。——中译者注）。
⑤ 《路加福音》5:8。
⑥ 《提摩太前书》1:15。

立了基督教会的使徒。他很可能明白,他(若论到保罗)就得解释保罗的历史,他如何逼迫上帝的教会,严厉地打击信徒,甚至想要置耶稣的门徒于死地,但后来,他发生了多么深刻的转变,甚至从耶路撒冷直到以利哩古,到处传基督的福音,立下志向,不在基督的名被称过的地方传福音,免得建造在别人的根基上,而要在基督的名根本没有传过的地方传上帝的福音。① 既然耶稣因想要向人类表明他医治灵魂的能力,就拣选了"声名狼藉"、"最可恶的人",一路引领他们,使他们成为道德品质最完美的典范,为那些借着他们归向基督福音的人作榜样,那他们有什么可耻之处?

64. 我们若是想要指责那些改变过去生活方式的人,那么我们完全可以攻击哲学家斐多(Phaedo),因为按记载所说,苏格拉底领着他离开声名狼藉的家去研习哲学。此外,我们也可以责备哲学改变了色诺克拉特(Xenocrates)的后继者玻勒摩(Polemo)的放荡生活。② 然而,在这些例子里,哲学应当受到赞美,因为它的理论对那些信它们的人产生了改变其生活方式的力量,使他们弃恶从善。在希腊人中,只有一个斐多(我不知道还有第二个),只有一个玻勒摩,从原来放荡不羁、堕落腐化的生活转向对哲学的学习;但在耶稣的跟随者中,当耶稣还在世时,不是只有十二个人,而是有不断增多的人转变为一群自控的人,论到自己的过去,说:"我们从前也是无知、悖逆、受迷惑,服侍各样私欲和宴乐,常存恶毒、嫉妒的心,是可恨的,又是彼此相恨。但到了上帝我们救主的恩慈和他向人所施的慈爱显明的时候,"我们便成了现在这样的

---

① 《罗马书》15:19—21。
② 参下文第三卷,第六十七节。关于斐多,参 Diog. Laert. II, 105; Aulus Gellius, II, 18; Suidas, s. v.; Lactanius, Div. Inst. III, 25, 15; Macrobius, Sat. I, II, 41. 关于玻勒摩,参 Diog. Laert. IV, 16; Epictetus, Diss. III, 1, 14; Horace, Sat. II, 3, 253-257; Plutarch, Mor. 71E; Lucian, Bis. Accus. 16-17; Valerius Max, VI, 9, 1; Cosmas Hieros, Ad Carm. S. Greg. 119, 792; Ambrose, de Elia et Ieiunio XII, 45; Augustine, c. Jul. Pelag. I, 4, 12; I, 7, 35. 关于皈依哲学的主题,见 A. D. Nock, Conversion (1933), pp. 164-186; "Conversion and Adolescence", in Pisciculi, Studien zur Religion u. Kultur des Altertums F. J. Dolger dargebotten, (Munster, 1939) -Antike und Christentum, Ergänzungsband, I, pp. 165-177.

人,"藉着重生的洗和圣灵的更新。圣灵就是上帝藉着耶稣基督,我们救主厚厚浇灌在我们身上的"。① 因为上帝"发命令医治他们,救他们脱离死亡"②,正如《诗篇》里的预言所告诉我们的那样。除了以上所说的,我还想加上一点,克里西普写过谈论医治情欲的书,目的是要克服人心灵里的私欲,他为了医治那些陷入私欲的人,告诉他们要跟从不同学派的教训,但是他毫不掩饰地指出,任何一种理论都离真理很遥远。他说:"如果快乐是终极价值,人就应当假设这种理论是正确的,以医治他们的情欲;如果有三种善,那就完全可以说,被情欲缠绕的人就应当遵循这种原则,使自己得以脱离情欲。"③ 批判基督教的人没有看到有多少人克服了私欲,有多少人遏制了恶的洪水,又有多少人借福音驯服了狂野的习性。当他们看到福音对社会产生的作用,应当对它感激不尽,并为它作见证,即使它不是真理,无论如何,它都对人类有益。

65. 耶稣教导门徒不要鲁莽,对他们说:"有人在这城里逼迫你们,就逃到那城里去。"④ 他自己一生镇定自若,以身师表,为他们树立了榜样;凡是不必要的,或者时机不当的,或者没有充分理由的冒险,他都小心避免。对这一点,塞尔修斯又作了恶意的误解,因为他的犹太人对耶稣说:"你带着门徒从这里逃到那里。"我们可以指出,亚里士多德所说的故事类似于这个犹太人对耶稣及其门徒的诽谤。当亚里士多德看到公义的法庭要开庭审理他的不敬罪,这是雅典人认为他的哲学中某些理论不敬神而提出的指控,他就逃离雅典,在卡尔息斯(Chalcis)建立自己的学派,他向学生辩解说:"我们离开雅典吧,免得雅典人在苏格拉底的案子上犯了罪之后,现在又有机会再犯一次罪,免得他们再次对哲学不敬。"⑤

---

① 《提多书》3:3—6。
② 《诗篇》106:20(和合本为107:20。——中译者注)。
③ 参第八卷,第五十一节。
④ 《马太福音》10:23。
⑤ 参 Aelian, *Var. Hist.* III, 36; Ps.-Ammonius, *Vita Arist.* p. 11, ed. Didot; Diog. Laert. V, 5; Seneca, *de Otio*, VIII, 1。

按塞尔修斯的说法,"耶稣带着门徒流浪,以可耻而令人讨厌的方式收取生活所需。"那就请他说清楚,他从哪里看出他们的行为是可耻而令人讨厌的乞讨。在福音书里,有一些被治好病的妇女,比如苏撒拿,用自己的财物供给门徒生活所需。①那么,为学生谋福利的哲学家难道没有收取他们的钱财供应自己所需?难道说他们这样做是适合的、正当的,而耶稣的门徒这样做,就要被塞尔修斯指控为"以可耻而令人讨厌的方式收取生活所需"?

66. 然后,塞尔修斯的犹太人又对耶稣说:"当你还在襁褓时,为了躲避被杀,不得不逃到埃及,这是怎么回事?上帝怎么可能会怕死?一位天使从天上下来,吩咐你和你的家人逃走,免得留在后面,你就得死。伟大的上帝已经为你差遣了两位天使,他难道不能在那个地方保卫你,他自己的儿子?"从这些话可以看出,塞尔修斯认为耶稣的属人身体和灵魂没有任何神圣之处,甚至认为他的身体与荷马神话里提到的那些人具有同样的特点。无论如何,他嘲笑耶稣在十字架上流出来的血,说它不同于"可敬的诸神血管里流淌的灵液"②。但是我们相信耶稣本人论到自己的神性所说的话,他说"我就是道路、真理、生命"③,或者其他任何类似的话。 同时,当他说以下这话时,意指他有属人的身体:"我将在上帝那里所听见的真理告诉了你们,现在你们却想要杀我!"④所以,我们说,他是一个混合的存在。当他进入人的生命,作为一个人生活时,他应当小心避免在不当的时候冒生命危险。因而,他必须在那些养育他的人携带下,在上帝使者的指引下,离开祸地,这位天使第一次曾用这样的话告诫他们:"大卫的子孙约瑟,不要怕,只管娶过你的妻

---

① 《路加福音》8:2—3。
② 荷马,《伊利亚特》,V, 340。见下文第二卷,第三十六节。
③ 《约翰福音》14:6。
④ 《约翰福音》8:40。

子马利亚来,因她所怀的孕是从圣灵来的"①;第二次又对他们说:"起来!带着小孩子同他母亲逃往埃及,住在那里,等我吩咐你,因为希律必寻找小孩子,要除灭他。"②这里,在我看来,圣经的记载一点也没有不可思议之处。圣经里的两段话都说,天使是在梦里告诉约瑟这些事的;在梦里向某些人指示该做什么事,这是许多人都有过的经验,或者是天使,或者是其他代理,都会在梦中对灵魂提出建议。既然如此,当他化身为人,在作为人的生命旅程中,小心翼翼地力求避免危险,不是因为不可能以其他方式发生,而是因为所有可能的方式和途径都应当小心使用,以保证耶稣的安全,这有什么荒谬之处呢?孩子耶稣避开希律的阴谋,与那些养育他的人一起逃到埃及,直到谋害他的人死去,这比神意为了保卫耶稣就阻止希律实施自由意志,不让他谋划杀死孩子,或者把诗人所说的"阴司的盔甲"③以及类似的东西放在耶稣周围,或者神意直接痛击那些来杀他的人,就像杀所多玛的人一样,④比所有这些都要更好。给予他的帮助如果具有非常神奇的特点,也越来越显而易见,那对他的目标无益。他的目标乃是,作为一个人——这是上帝所见证的——在他可见的人形里,他拥有某种更神圣的东西;这神圣部分就是专门称为"上帝儿子"的部分,就是神圣的逻各斯,上帝的权能和智慧,也是所说的基督。不过,要解释这种合成本性和道成肉身的耶稣由什么部分构成,现在还不是适当的时候,因为可以说,这个问题应当专门在信徒中间探讨。

67. 然后,塞尔修斯的犹太人就如同某个热爱知识并受过希腊文学熏陶的人似的,说:"古代神话虽说珀尔修斯(Persues)、安菲翁(Amphion)、埃阿科斯(Aeacus)、迈诺斯(Minos)都有神圣的出生(我们连

---

① 《马太福音》1:20。
② 《马太福音》2:13。不能确定奥利金是否认对了塞尔修斯的"两位天使"。Bader 认为塞尔修斯想到的是《路加福音》1:28—38 及 2:9—14 的天使。
③ 荷马《伊利亚特》V,845。它使佩戴者遁形。
④ 使他们眼目昏迷(《创世记》19:11)。

他们也不相信),但也证明他们为人类做了伟大而真正神奇的工作,因而这些神话并不显得缺乏合理性;至于你,你的所言所行有哪一点是杰出而神奇的?虽然他们在圣殿里质问你,要求你拿出证据表明你原是上帝的儿子,① 但是你什么也没有显明给我们。"对此我的回答如下:请希腊人向我们表明,上面所列举的那些人,有哪一个行了对人类生活有突出贡献的事,做了对后代子孙产生重大影响的工,以至于关于他们的传说可以理直气壮地声称,他们的出生包含神性?但是希腊人拿不出一点证据表明他所提到的那些人,有哪一点能与耶稣所表明的重大作为相提并论,他们唯一可能做的事,就是向我们谈起他们的神话和故事,希望我们不经理性思考就相信它们,而对有大量证据支持的耶稣的故事拒而不信。我们可以肯定地说,整个人类世界都有耶稣做工的证据,因为上帝的教会住在世上,而教会就是那些借耶稣脱离无数邪恶归信主的人构成的。而且,耶稣的名仍然发挥功效,能消除人的心理错乱,赶走鬼魔,医治疾病,把奇异的温顺和宁静品性,对人类的爱、恩慈和友善种植在真正的基督徒心里,就是那些不是因为缺乏生活需要或其他某种需要② 而假称为基督徒,而是真诚地接受关于上帝、基督和将来之审判的福音的人。

68. 然后,塞尔修斯猜想耶稣所成就的伟大事工可能会彰显出来——对此,虽然有许多话可说,但我们只说了一点点——就假装承认圣经谈到"医治或复活或一点饼喂饱很多人,还有许多剩下,或门徒们所叙述的其他怪异故事(如他所认为的)"时可能是真的。他接着又说:"好吧,我们且相信这些奇事真的是你行的。"然后他马上把它们"与自称能行异能奇事的占卜者的作为,那些受教于埃及人的成就"相提并论,"他们为了几个钱币,在集市中央炫耀神圣学问,③ 为人赶鬼,驱散疾病,求告

---

① 《约翰福音》10:23—24。
② 参 Lucian, *de Morte Peregrini*. 12f.
③ 关于集市上的法术师,参下文第三卷,第五节。Apuleius, *Melam* I.4 谈到变戏法者在雅典柱廊吞下一把利剑,又吃下一把匕首。

英雄魂灵，展示并不存在的豪宴、餐桌、糕点、菜肴，使原本死的事物活动，好像活的一般，但只是在幻想中显得如此。"他说："这些人做这样的事，我们是应当视他们为上帝的儿子呢，还是应当说这是被恶鬼附身的恶人的做法？"

你看，从这些话可以说，他对法术的真实性是完全认同的。我不知道他是否就是那个写了好几本书驳斥法术的人。但因为这里法术恰好有利于他的目的，他就把耶稣的故事与法术故事相提并论。他若是先充分证明耶稣与那些使用骗术的人有相似之处，然后做这样的对比，倒还有可比之处。然而事实上，没有哪个占卜者会利用自己的技巧叫观众实现道德革新；他们也不是借对上帝的敬畏使人看到惊异的事迹而受教训，他们的目的不在于说服观众像将来要受上帝审判的人那样生活。占卜者从不做这样的事，因为他们没有能力，甚至没有意愿这样做。他们甚至不愿意做任何与人的革新有关的事，因为他们自己就充满最可耻、最卑鄙的罪恶。那行神迹的人，为了用所行的神迹呼召那些看见这些事的人在道德上得到更新，就亲自作出表率，以最美善的生活不仅为自己真正的门徒树立榜样，也为所有人树立榜样，这样的事难道不可能吗？耶稣这样做是为了叫他的门徒都按着上帝的旨意致力于教导人的事业，也叫其他人，即那些不仅从他的教义受训，也从他的道德生活和所行神迹知道如何过正直生活的人，自己也能尽一切所能求至高上帝的悦纳。既然耶稣的生活具有这种特点，谁还能把他与占卜者的行为相提并论，而不相信他原是照着上帝的应许为了我们人类的利益显身为人的上帝？

69. 然后他又把基督教混同于某一学派的观点，似乎基督徒与他们持相同观点，把他反对的矛头指向所有因神圣话语归信的人，说："神不会有像你这样的身体。"但是我们得说，当他降临到此生，从一个妇人出生之时，他就披戴了属人的、能像人一样死去的身体。因此，除了其他事之外，我们还要说，他也是一位伟大的斗士，因为他属人的身体像所有人一样，也曾凡事受过试探，但又与有罪的人全然不同，因为它完全没有犯罪。① 我们清楚地知道，"他未曾犯罪，口中也没有诡诈"②，上帝使那无罪的（不知罪的）③ 为那些犯了罪的成为清洁的祭。然后塞尔修斯说："神的身体不会像你耶稣那样是出生的。"不过他也认识到，如果耶稣如圣经所说的那样出生，他的身体就多少比普通人的身体神圣一些，在某种意义上乃是上帝的身体。此外，塞尔修斯不相信耶稣是借圣灵受孕的，而相信他的父亲是奸污了童女的某个潘塞拉。所以他说"神的身体不会像你那样是出生的"。不过，关于这些事我们已经在本卷前面部分有过详尽的阐述。④

70. 他说"神的身体也不会吃这样的食物"⑤，似乎他能根据福音书表明耶稣吃了，且吃了什么食物。假设他能这样做，就很可能会提到耶稣与门徒同吃逾越节祭神的羊羔之事，认为他不只是说"我愿意与你们同吃这逾越节羊羔"，而且事实上真的吃了。他也会注意到，当他渴的时候，就喝雅各井里打上来的水。⑥ 这些与我们关于他的身体所说的话有什么关系呢？他复活之后显然还吃过鱼。⑦ 但是在我们看来，他确实披戴了身体，因为他是从一个妇人生的。另外，塞尔修斯说："神的身体不会使用那样的声音，也不会用那样的劝说方式。"这也是一个毫无意义不值得一驳的异议。我们可以这样回答他，德尔斐和狄底米（Didymean）的阿波罗，希腊人信为神，也在德尔斐女祭司或米利都女先知里面使用"那种声音"。但我们没有看到有希腊人因此批判德尔斐或狄底米的阿波罗，或者在某个地区确立的其他希腊神不是神。与此相比，上帝利用的声音不知要高级多少倍，因为它是借大能发出的声音，以难以言喻的

---

① 《希伯来书》4:15。
② 《以赛亚书》53:5（参和合本 53:9"他虽然未行强暴，口中也没有诡诈……"——中译者注）。
③ 《哥林多后书》5:21。
④ 第一卷，第三十二节。
⑤ 参下文第七卷，第十三节。
⑥ 《约翰福音》4:6—7。
⑦ 《约翰福音》21:13。

方式使那些听到的人信服。

71. 然后，这个人，可以说，因其不敬和"邪恶"理论而为上帝所"恨恶"的人，急不可待地辱骂耶稣，说："这些全是上帝所恨恶的人、邪恶占卜师的作为。"然而，只要严格考察所用的话语和事实真相，就会看到，人是不可能为上帝所恨恶的，因为上帝"爱一切存在的，不恨他所造的；因为他所造的，没有一个是出于恨恶造的"①。即使先知书里的某些段落确实说过这样的话，我们也要按照一条普遍原则来解释它们，这原则就是圣经往往用描述人的情感的词语来描述上帝。然而，对于一个自称正直，却在论证中随心所欲地使用恶言辱骂耶稣，似乎耶稣是个恶人，是个巫师的人，我又何必予以回答呢？这种行为不是严肃讨论的人该做的，唯有心灵卑俗而肤浅的人才会这样做。他应当以坦诚无私的态度陈述事实并研究它们，尽其所能遵循事实本身。

由于塞尔修斯的犹太人以这些话结束了他对耶稣的评论，我们回应的第一卷书也在这里告一段落。如果上帝允许照着所祷告的"求你凭你的诚实灭绝他们"②，让真实毁灭谎言，我们就在下一卷里以他的犹太人的第二次出场为开头，驳斥他让这犹太人对那些已经信服耶稣的人说出的以下这些话。

---

① 《所罗门智训》11 章 24 节。
② 《诗篇》53:7（和合本为 54:5。——中译者注）。

第 二 卷

1. 在第一卷里，我们对塞尔修斯冠名为"真教义"的书作了回应，考虑到此卷的篇幅已经差不多了，就以他借犹太人之口对耶稣所说的话作为结语。在本卷里，我们准备驳斥他对犹太人中那些信了耶稣的人提出的指控。我们首先要引起注意的正是这一点：当塞尔修斯决定引入一个想象的人物时，他为何不设计让这个犹太人对外邦人说话，而要对犹太信徒说话？如果他的论证是针对我们写的，那倒可能显得很有说服力。但此人，虽然自诩无所不知，却根本不知道该怎样恰当地设计一个想象的人物。

请注意他对犹太基督徒是怎么说的。他说："他们被耶稣迷惑，抛弃父辈的律法，非常可笑地受骗上当，转向另一个名和另一种生活。"他没有注意到，信耶稣的犹太信徒并没有抛弃父辈的律法，① 相反，他们正是照着律法活的，并因为缺乏对律法的解释而得名。犹太人把穷乏人叫做伊便（Ebion），把那些接受耶稣为基督的犹太人称为伊便尼主义者。② 另外，彼得似乎很长时间都保守着摩西律法的习俗，因为他还没有从耶稣学会如何从律法的仪文上升到对它作属灵的解释。这是我们从《使徒行传》里了解到的。哥尼流看见上帝的使者，吩咐他打发人到约帕去，

---

① 塞尔修斯，参第五卷，第十六节。
② 关于伊便尼主义者，参第五卷，第六十一节以下；关于他们对保罗书信的拒斥，见第五卷，第六十五节。关于他们的基督论，*Comm. in Matt.* XVI, 12, 奥利金认为他们的名称源于"他们对耶稣的信心贫乏"。类似地，*de Princ.* IV, 3, 8 里也说"他们因思想上的贫乏而得名"。奥利金作品里的其他暗示见 *Comm. in Matt.* XI, 12；*Comm. in ep. ad Titum* (Lommatzsch, v, 286); *Hom. In Jerem.* XIX, 12。关于这一学派的历史，最早的资料是：Irenaeus *adv. Haer.* I, 26, 2 (Harvey, I, 212)。近来的讨论，见 M. Simon, *Verus Israel* (1948), pp. 277ff; H. J. Schoeps, *Theol. u. Gesch. d. Judenchristentums* (1949).

请那称呼彼得的西门来;第二天,

> 彼得约在午正上房顶去祷告。觉得饿了,想要吃。那家的人正预备饭的时候,彼得魂游象外,看见天开了,有一物降下,好像一块大布,系着四角,缒在地上。里面有地上各样四足的走兽和昆虫,并天上的飞鸟。又有声音向他说:"彼得,起来,宰了吃!"彼得却说:"主啊,这是不可的! 凡俗物和不洁净的物,我从来没有吃过。"第二次有声音向他说:"上帝所洁净的,你不可当作俗物。"①

从这里可以看出,彼得显然仍然保守着犹太律法关于洁净与不洁净之物的习俗。从后面的记载来看,他显然需要一种异象,才可能使他与哥尼流——从肉身说,他不是以色列人——以及那些与他同在的人一同拥有关于信心的教义,因为他仍然是个犹太人,仍然按照犹太人的传统生活,鄙视犹太教之外的人。在《加拉太书》中,保罗表明,彼得因为仍然害怕犹太人,所以不与外邦人同吃;当雅各来到时,"他因怕奉割礼的人,就退去与外邦人隔开了";其余的犹太人和巴拿巴也跟他一样做。②

那些奉命往受割礼的人那里去的人被"称为教会的柱石……向保罗和巴拿巴用右手行相交之礼"③,叫后者往外邦人那里去传教,他们往受割礼的人那里去,这些人不抛弃犹太人的习俗是理所当然的。但是,既然连保罗本人也向犹太人就作犹太人,为要得着犹太人,我凭什么说那些向受割礼的人传道的人退了回去与外邦人隔开呢?因为这样的原因,如《使徒行传》里记载的,保罗甚至向坛献祭,为要叫犹太人相信他并不是背逆律法的人。④如果塞尔修斯知道这一切,就不会让他的那

---

① 《使徒行传》10:9—15。
② 《加拉太书》2:12—13。
③ 《加拉太书》2:9。
④ 《使徒行传》21:26。

个犹太人对从犹太教改信基督教的人说:"国民们哪,你们是怎么回事?抛弃自己祖先的律法,被那个我们现在正在讨论的人蒙骗,极其可笑地上他的当,为另一个名和另一种生活而遗弃我们?"

2. 由于我们刚刚提到讲述彼得和那些向受割礼的人教导基督教的人的段落,所以我想从《约翰福音》引用耶稣的一句话并给予解释,并非不适当。按福音书里的记载,耶稣说:"我还有好些事要告诉你们,但你们现在担当不了。只等真理的圣灵来了,他要引导你们明白一切的真理,因为他不是凭自己说的,乃是把他所听见的都说出来。"① 这段话里的问题是,耶稣必须告诉他的门徒,但那个时候他们还担当不了的好些事究竟是什么事。我的看法是这样的,也许因为使徒全是犹太人,从小接受摩西律法的字面解释的教育,所以他必须告诉他们真正的律法是什么,属天的事是什么,犹太人供奉的事,本是天上事的形状和影像,② 那将来的美事③ 是什么——律法关于饮食、节期、月朔、安息日的规定④ 都是它的影子。这些就是他必须告诉他们的"好些事"。但是他明白,要从人的心灵上除去他生于斯、长于斯,乃至成了他的精神财产的理论,是极其困难的。凡接受这些理论的人,都深信它们是神圣的,而推翻它们,则是不敬虔的。他认识到,要证明它们与基督的卓越知识——就是真理,凡听到的人必信服——如同"粪土",要全都"丢弃"⑤,是非常艰难的。于是他就推延时间,等候他受难并复活之后的更适当的时间。此外,当人们还不能接受的时候送去帮助,那其实是错误的做法,因为这可能会破坏他们原本已经获得的对耶稣的印象,即他就是基督和永生上帝的儿子。⑥ 请想一想,我们若是这样来理解"我还有好些事要告诉你

---

① 《约翰福音》16:12—13。
② 《希伯来书》8:5。
③ 《希伯来书》10:1。
④ 《歌罗西书》2:16。
⑤ 《腓立比书》3:8。
⑥ 《马太福音》16:16。

们，但你们现在担当不了"，那就是要求尊重对方，这岂不是一种明智的解释？"好些事"，他指的就是按属灵意义解释和注释律法的方法，门徒们对此多少有点担当不了，因为他们原本是在犹太人中出生成长的。

我还想，因为那些仪式是个预像，而最终的真实性就是圣灵要教导他们的，所以他说："只等真理的圣灵来了，他要引导你们明白一切的真理。"① 这就似乎是说："虽然你们以为自己在那些事上是在真正地拜上帝，但你们拥有的只是预像，关于那些事的真理，圣灵要引导你们明白。"照着耶稣的应许，真理的圣灵来到彼得面前，显出地上各样的四足走兽和昆虫，并天上的飞鸟，对他说："彼得，起来，宰了吃！"此时彼得还束缚在迷信里面，他甚至对神圣的声音说："主啊，这是不可的！凡俗物和不洁净的物，我从来没有吃过。"于是这声音又说："上帝所洁净的，你不可当作俗物。"他这是在教导关于真正的属灵食物的教义。那异象之后，引导彼得明白一切真理的圣灵告诉他许多耶稣按着肉身与他同在时他担当不了的事。不过，关于摩西律法该怎样解释，我们换个时间来阐述会更好。

3. 我现在的任务是驳斥塞尔修斯的无知，因为他的犹太人对相信耶稣的"国民"和以色列人说："你们怎么会抛弃我们祖先的律法？"那么请问，他们是以什么方式抛弃祖先律法的？他们岂没有指责不听律法的人，说："你们这愿意在律法以下的人，请告诉我，你们岂没有听见律法吗？因为律法上记着，亚伯拉罕有两个儿子"，如此等等，一直到"这都是比方"② 以及下面的句子？他们这些常常记念祖先的话并说"律法不也是这样说吗？就如摩西的律法记着说：'牛在场上踹谷的时候，不可笼住它的嘴。'难道上帝所挂念的是牛吗？不全是为我们说的吗？分明是为我们说的"③ 如此等等的人，是如何抛弃祖先律法的？此外，塞尔修斯

---

① 《约翰福音》16:13。

② 《加拉太书》4:21—24。

③ 《哥林多前书》9:8—10。

的犹太人说出这些话,是因为他对以下现象感到迷惑不解,不然,他可能会说多一点合理性的话:你们有些人抛弃这些习俗,是因为你们遵循解释和比喻;有些人虽然做属灵意义上的解释,如你们所声称的,却仍然像以前一样遵循祖先的习俗;还有人甚至不作任何解释,但既想接受耶稣作为被预言的那位,又想按照传统习俗遵行摩西律法,以为它们在字句里包含了全部属灵意义。而且,塞尔修斯后来甚至提到与耶稣完全背道而驰的邪恶异端,以及其他抛弃了造主的人,没有看到还有相信耶稣的犹太人没有抛弃祖先的律法,既如此,他怎么可能对这个问题获得清晰的认识?但是他根本不想为找到真理而对整个问题作彻底梳理,以便发现有价值可接受的东西;他写这些话完全是出于仇视,一心只想把听到的一切都撕成碎片。

4. 然后,他的犹太人对犹太百姓中的信徒说:"最近,我们惩治了这个欺骗你们的人,你们却抛弃自己祖先的律法。"但我们已经表明,他对自己所讨论的事根本没有清晰的认识。这话之后所说的话在我看来倒显得颇为明智:"你们为何从我们的宗教汲取源头,然后,你们似乎在知识上取得了进步,反过来鄙弃这些事,尽管你们的理论若没有我们的律法,就不可能有任何别的源头?"没错,对基督徒来说,信仰的入门是以摩西的信仰和先知书为基础的。入门之后,初信者前进的第二步就是对这些作品的解释和注释。他们寻求"永古隐藏不言的"奥秘,但这奥秘如今借着众先知的书和我们主耶稣基督的出现显明出来了。① 不过,你说得不对,他们并非认识上进步了,就鄙弃律法上所写的。相反,他们表明那些书里所包含的是怎样深不可测的智慧和神秘的教义,对它表现出更大的尊敬。而犹太人没有深入洞悉它们的精义,仅从表面上理解,只当作故事来看。

律法是我们的教义,即福音的源头,这有什么奇怪之处呢?就是我

---

① 《罗马书》16:25—26。

们的主本人也对那些不相信他的人说:"如果你们信摩西,也必信我,因为他书上有指着我写的话。你们若不信他的书,怎能信我的话呢?"① 另外,福音书作者之一马可说:"耶稣基督福音的起头,正如先知以赛亚书上记着说:'看哪,我要差遣我的使者在你前面,预备道路。'"② 由此表明福音的起头与犹太经书是联系在一起的。因而,塞尔修斯的犹太人为何反驳我们说"如果有人向你们宣告上帝的儿子要来到人中间,那就是我们的先知,我们上帝的先知"?给耶稣施洗的约翰是犹太人,这能算是反驳基督教的异议吗?我们不能这样推论:因为他是个犹太人,所以每个信徒,不论是从外邦人归信福音,还是从犹太人归信福音,都必须在字面意义上保守摩西律法。

5. 然后,即使塞尔修斯重复论到耶稣,这里又一次说"他作为罪犯受到犹太人的惩处"③,我却不想再复述答辩,因为我觉得我前面所说的已经足够。然后,他的犹太人把"死人复活的教义和上帝把赏赐给义人、永火给恶人的审判"贬损为陈词滥调。他以为说在这些事上,"基督徒的教导没有一点新意"④ 就可以推翻基督教了。我对他的回答是,我们的耶稣既看到犹太人不做任何与先知书里的教导相配的事,就借比方说"上帝的国必从他们手里夺去",赐给外邦的百姓。⑤ 因此可以认为,事实上,犹太人如今所奉行的一切教义全是虚谎和垃圾(因为他们没有圣经的知识之光),而基督的教义是真实的,能够提升人的灵魂和心灵,使他相信自己拥有某种国民身份,不像属世的犹太人,匍匐在地上,他乃是天上的国民。⑥ 这对沉思律法和众先知的伟大思想的人,能够把它们向别人表明的人来说,是显而易见的。

---

① 《约翰福音》5:46—47。
② 《马可福音》1:1—2。
③ 参上文第二卷,第四节。
④ 参上文第一卷,第四节。
⑤ 《马太福音》21:43。
⑥ 《腓立比书》3:20。

6. 假设"耶稣遵守犹太人的一切习俗,甚至参加他们的祭献",但这如何能支持"我们不应相信他是上帝的儿子"这一观点呢?耶稣就是那赐给律法和众先知的上帝的儿子;我们属教会的人不能忽略这一点。① 不过,我们虽然避开犹太人的神话学,却因对律法书和先知书的神秘沉思而变得聪明,获得知识。众先知也不是把他们的话的含义局限在明显的历史和律法的文本及字句上。因为在一处,当要叙述所期望的历史时,他们说:"我要开口说比喻,我要说出古时的谜语。"② 在另一处,因为律法的含义晦暗不明,需要上帝使它变得可理解,所以他们在祷告时就说:"求你开我的眼睛,使我看出你律法中的奇妙。"③

7. 我不相信有谁能从哪里找到耶稣说过"傲慢自大"的话,哪怕是暗示性的话。他既说:"我心里柔和谦卑,你们当……学我的样式,这样,你们心里就必得享安息"④,怎么可能自大?吃晚饭的时候,他脱了衣服,拿一条手巾束腰,随后把水倒在盆里,开始一个一个地洗门徒的脚;当其中一个不愿意把脚给他洗时,他责备他说:"我若不洗你,你就与我无份(分)了"⑤,这样的人怎么可能自大呢?他既说:"我在你们中间不是如同坐席的,而是如同服侍人的"⑥,怎么可能自大呢?我也不知道有谁能证明他说过什么"谎言";请他解释一下大谎和小谎,以便证明"耶稣说过大谎"。对塞尔修斯,还可以另外的方式驳斥。正如一个谎言并不比其他谎言更假,谎言就是谎言,哪个也不比哪个更大,同样,真理就是真理,谁也不比谁更真,或更大。⑦ 请塞尔修斯的犹太人特别告诉我们,耶稣的"亵渎"行为是什么。放弃身体上的割礼,字面

---

① 关于驳马西昂(anti-Marcionite)的论辩,参下文第七卷,第二十五节。
② 《诗篇》77:2(和合本为78:2。——中译者注)。
③ 《诗篇》118:18(和合本为119:18。——中译者注)。
④ 《马太福音》11:29。
⑤ 《约翰福音》13:1以下。
⑥ 《路加福音》22:27。
⑦ 这是斯多葛学派的理论,即美德和邪恶、真理与谬误之间唯有绝对的分别,没有相对程度上的差异。

上的安息日、节期、月朔、①洁净和不洁净之物,使心灵转向真正的属灵律法,与上帝相称的律法,这是亵渎吗?在这一方面,基督的使徒②知道如何向犹太人就做犹太人,为要得犹太人,向在律法以下的人,就做律法以下的人,为要得律法以下的人。③

8. 他说:"许多其他像耶稣一样的人都出现在那些愿意受骗上当的人面前。"请塞尔修斯的犹太人向我们指明有谁与耶稣一样,不要求有"许多",甚至不要几个,就指出一个就行,像耶稣一样借着自身里面的大能引入一种对人类生活有益并使人脱离罪之洪水的教义体系。他说:"这一指控是基督的信徒对犹太人提出来的,说他们不相信耶稣是上帝。"对这一问题,我们在上文也作出了回答,④既表明了我们在什么意义上视他为上帝,也表明了在什么意义上我们说他是人。"但是,当他到来时,我们既明白地向所有人宣告,要惩罚恶人的那位要从上帝来,我们怎么会鄙视他呢?"他说。这是非常愚蠢的,我不认为回答这样的话是合理的。这就好比有人说:我们既教导自制,怎么会做放荡之事呢?或者说,我们既主张公义,怎么可能做过不义之事呢?正如那样的事在人中间比比皆是,同样,自称相信谈论基督临到的先知书的人,当基督真的按着所预言的话临到之时,却不相信他,这种做法原本也是与人性相吻合的。

我们若是可以加上另外的理由,我们会说,就是这一件事,众先知也作了预告。无论如何,以赛亚清楚地说,"你们听是要听见,却不明白;看是要看见,却不晓得。因为这百姓的心蒙了脂油"⑤,等等。请哪个人告诉我们,为何对犹太人预言说,他们虽然听见看见,却不明白所

---

① 《歌罗西书》2:16。
② 《哥林多后书》5:20。
③ 《哥林多前书》9:20。
④ 参上文第一卷,第六十七节和第六十九节。
⑤ 《以赛亚书》6:9—10。

听见的，也不真正理解要看见的。事实上，很显然，他们虽然看见了耶稣，却不知道他是谁；虽然听见他的话，却不能从他的话里领会他里面的神性，所以上帝对犹太人的垂爱转到那些相信他的外邦人身上。① 于是，可以看到，耶稣降临之后，犹太人被完全抛弃，不再拥有那些从古代起他们视为神圣的东西，他们中间甚至连一点神圣权能的痕迹也没有了。他们不再拥有任何先知，也没有什么奇事，而在基督徒中，可以看到很大范围内都显现出这些迹象。事实上，有些事甚至比这更大②。如果我们的话可以相信，（我们说）我们也看见了它们。塞尔修斯的犹太人说："我们为何鄙视我们预先宣告的人？否则我们岂不是要比别的人更可能受罚？"对此可以这样回答，由于犹太人不信耶稣，还对他施加种种侮辱，他们不仅要受到那必然要临到的审判，而且已经"比别的人"遭受更多的惩罚。有哪个民族像犹太人那样被迫离开自己的都城，放弃祖先所敬拜的本土？他们之所以遭受这样的惩罚，因为他们是非常卑鄙的民族。但尽管他们犯了许多罪，所遭受的灾难却没有一样能与他们如此恣意地逼迫我们的耶稣所产生的罪恶相当。

9. 然后，这犹太人说："既然在其他事上，如人们所认识到的，他并没有证明他声称要做的事，既然我们已经证明他有罪，定了他的罪，判定他当受惩罚，在他极其可耻地藏匿和逃跑中把他抓捕，事实上，那些他称为门徒的人出卖了他，既如此，我们怎么能把他看为上帝呢？"这个犹太人说："然而，如果他是上帝，就不会逃跑，被追捕时也不会盲从，最不可思议的是，他这样一个被视为救主、至大上帝的儿子、天使的人，竟然被他的朋友，那些与他亲密地分有一切，师从于他的人抛弃和出卖。"对此我们要回答，即使我们，也不认为耶稣的身体，也就是感官能看见、触摸的形体，是上帝。我又何必要说身体呢？其实，他的灵魂也不

---

① 《马太福音》21:43。

② 《约翰福音》14:12。

是上帝；因为他论到它时说过："我心里甚是忧伤，几乎要死。"① 我们知道，根据犹太人的教义，被相信为上帝的，乃是那个说"我就是耶和华，一切肉身的上帝"② 的，"在我以前没有真神，在我以后也必没有。"③ 他只是利用先知的灵魂和身体作为器具。根据希腊人，被信为神的乃是说以下这样的话并借德尔斐神庙女先知之口叫人听见的："我知道沙的数目，海的宽度，我听得见哑巴没有说出的话，理解他的意思。"④ 同样，在我们看来，正是神圣的逻各斯和宇宙之上帝的儿子，在耶稣里面说"我就是道路、真理、生命"，"我就是门"，"我是从天上降下来的粮"⑤，以及其他诸如此类的说法。

因而，我们指控犹太人不相信耶稣就是上帝，其实先知书里处处都见证他是一种大能，是像宇宙之父上帝一样的上帝。我们说，在摩西所述的创造论中，当上帝说"要有光"、"要有空气"，以及其他上帝吩咐存在的事物时，正是父对他吩咐的。他还对他说："我们要照着我们的形像，按着我们的样式造人。"⑥ 逻各斯一旦得到命令，就造出父吩咐他造的一切事物。我们这话，不是我们原创的，而是因为我们相信犹太人中间流行的预言，论到上帝和创世时说："他说有，就有；命立，就立。""他一吩咐便都造成。"⑦ 既然上帝一吩咐，造物便全都造成，那与预言的圣灵一致，能够成全父如此伟大命令的，若不是——我若可以说——那永生的逻各斯和真理，能是谁呢？从许多方面都可以看出，即使是福音书也认识到，那在耶稣里说"我就是道路、真理、生命"的，是不受限制的，好像逻各斯只存在于耶稣的心灵和身体之内，其他地方就不存在

---

① 《马太福音》26:38。
② 《耶利米书》39:27（和合本无此节。——中译者注）。
③ 《以赛亚书》43:10。
④ Herodotus, I, 47.
⑤ 《约翰福音》14:6；10:7；6:51。
⑥ 《创世记》1:3, 6, 26。
⑦ 《诗篇》32:9（和合本为33:9。——中译者注）；148:5。

似的。① 我们要对此阐述几点如下。施洗者约翰预言上帝的儿子将站在他们中间，不是仅以某个身体和灵魂存在，而是伸展到各个地方，他说："有一位站在你们中间，是你们不认识的，就是那在我以后来的。"② 倘若他认为上帝的儿子只存在于耶稣的身体显现的地方，那他怎么可能说"有一位站在你们中间，是你们不认识的"？耶稣本人也使那些师从他的人把思想提升到更崇高的上帝儿子观上，他说："无论在哪里，有两三个人奉我的名聚会，那里就有我在他们中间。"③ 这也是他应许给门徒的话的含义："我常与你们同在，直到世界的末了。"④

当我们说这些时，并没有把上帝的儿子与耶稣隔开。因为道成肉身之后，耶稣的灵魂和身体与上帝的逻各斯就非常紧密地结合在一起。根据保罗的教训，"与主联合的，便是与主成为一灵"⑤，凡是明白与主联合的含义并真正与他联合的，就是与主成为一灵。若如此，那曾经与上帝的逻各斯是联合体的，岂不更是如此，以更高级、更神圣的方式与他合而为一？事实上，耶稣借着他所成就的神迹在犹太人中显明自己就是"上帝的大能"⑥，但是塞尔修斯把这些神迹疑为占卜，而犹太人不知从哪里学会了别西卜的把戏，所以当时怀疑他是靠着鬼王别西卜才把鬼赶走。⑦ 我们的救主对这些非常荒谬的言论给予驳斥，指出恶的国还没有终结。不管是谁，只要用脑子去读福音书，就会明白这一点。不过，现在不是解释这一问题的时候。

10. 我正式要求塞尔修斯指出并证明耶稣应许却没有行的事是什么。他必不可能证明，尤其是因为他以为自己能根据他所误解的故事，

---

① 关于道成肉身的这一难点，参第四卷，第五节及第十二节；第五卷，第十二节。
② 《约翰福音》1:26—7。这是奥利金对这一经文的固定注释。
③ 《马太福音》18:20。
④ 《马太福音》28:20。
⑤ 《哥林多前书》6:17。
⑥ 参《哥林多前书》1:18，24。
⑦ 《马太福音》12:24。

或者甚至从他对福音书的解读，或者从犹太人的故事来指控耶稣或我们。此外，由于他的犹太人又说"我们证明他有罪，定了他的罪，判定他当受惩罚"，我们就要请哪位向我们说明，他们这些企图对他作假证的人是如何证明他是有罪的，除非指控耶稣的大罪就是指控者所说的——"这个人曾说：'我能拆毁上帝的殿，三日内又建造起来。'"①但他说的是"以他的身体为殿"②。他们不知道如何诠释他话里的含义，以为他说的是石头砌起来的殿，犹太人看重石殿，胜过上帝真正的殿：逻各斯、智慧和真理，却不知这才是他们应当尊敬的殿。哪位可以告诉我们耶稣是如何"极其可耻地藏匿和逃跑"的？请他指出有哪件事是应受责备的。

此外，他还说"他被抓捕"，我得回答说，如果被抓捕的意思是指违背他本人的意愿，那么耶稣并不是被抓捕的，因为在适当的时机，他并不阻止自己落入人之手，作为"上帝的羔羊"，以便"除去（或作'背负'）世人的罪孽"。③"耶稣知道将要临到自己的一切事，就出来对他们说：'你们找谁？'他们回答说：'找拿撒勒人耶稣。'耶稣说：'我就是！'卖他的犹大也同他们站在那里。耶稣一说'我就是'，他们就退后倒在地上。他又问他们说：'你们找谁？'他们说：'找拿撒勒人耶稣。'耶稣说：'我已经告诉你们，我就是。你们若找我，就让这些人去吧！'"而且，对想要上前帮他，用刀砍了大祭司的仆人，削掉他的右耳的人，他说："收刀入鞘吧！凡动刀的，必死在刀下。你想，我不能求我父现在为我差遣十二营多天使来吗？若是这样，经上所说事情必须如此的话，怎么应验呢？"④若是有人认为这是福音书作者杜撰出来的，那么，那些出于敌意和憎恨而诽谤耶稣和基督徒的人的话，岂不更可能是捏造的谎言？那些为了耶稣的话忍受一切，以表明对他真心信奉的人，所说的话怎么可能

---

① 《马太福音》26:61。
② 《约翰福音》2:21。
③ 《约翰福音》1:29。
④ 《马太福音》26:52—54。

不是真实呢？耶稣的门徒若是打算捏造他们夫子的虚假故事，他们又怎么可能得到如此大的忍耐和毅力，能视死如归？在毫无偏见的人看来，非常清楚，他们真诚地相信他们所记载的事是真实的，所以才能为他们相信是上帝儿子的那位忍受如此这般的逼迫。

11. 然后，塞尔修斯的犹太人从福音书里得知，他"被那些他称为门徒的人出卖"，但是为了使指控看起来更有效，他把犹大一人称为"许多门徒"。然而，他并没有完整地考察圣经里所论到的犹大。犹大对老师陷入了相互冲突、自相矛盾的论断之中。① 他既不是全心反对他，也没有全心保守一个学生对老师的尊敬。"那卖耶稣的给了他们一个暗示"，就是对前来捉拿耶稣的人说："我与谁亲嘴，谁就是他。" ② 他保留了对老师的一定的尊敬，因为他若对他没有一点尊敬，就不用假借亲嘴，就会直接厚颜无耻地把他卖了。这就使每个人在犹大的动机上相信，除了贪婪和邪恶的动机使他出卖耶稣之外，他在自己的灵魂里面还残留一丝高贵的痕迹，可以说，这是因为有耶稣的话种植在他心里。③ 因为福音书上写着："这时候，卖耶稣的犹大看见耶稣已经定了罪，就后悔，把那三十块钱拿回来给祭司长和长老，说：'我卖了无辜之人的血是有罪了。'他们说：'那与我们有什么相干？你自己承当吧！'犹大就把那银钱丢在殿里，出去吊死了。" ④ 犹大虽然贪财，还常常偷为穷人捐献的钱，但他既已后悔，并把三十块银钱还给祭司长和长老，这就表明，耶稣的教训最终还是使他产生一些悔改能力，没有被这个背教者完全鄙视或憎恨。此外，承认"我卖了无辜之人的血"乃是一个承认自己犯了罪的人的话。请看，

---

① 参第一卷，第六十一节关于希律的论述。
② 《马太福音》26:48。
③ 关于奥利金否认犹大的彻底堕落，见 *Comm. ser. In Matt.* 117 （ed. Lommatzsch，V，23）；*Comm. in Joann.* XXXII，19 (20)；*Comm. in ep. Ad Rom.* IX，41。诺斯替主义似乎把犹大拿来作为例子，证明有些人是完全丧失了本性的。也参下文第四卷，第二十五节及第八十三节；*de Princ.* IV，4，9-10；I，8，3 "ne diabolus quidem ipse incapax fuit boni…" （事实上没有哪个恶魔在善面前坚不可摧的）；Seneca，*de Benef.* VII，19，5-6。
④ 《马太福音》27:3—5。

一旦他意识到自己的罪，就被深深的悔恨折磨，痛不欲生，把银钱丢在殿里，出去吊死了。他这样自行了断，表明耶稣的教训对像犹大这样的罪人、窃贼、叛教者，也能产生如此大的果效，使这样的人也不能完全鄙弃他从耶稣所学的东西。或许塞尔修斯及其同党是否要说，犹大既敢对老师做出那样的背逆之事，那么说他并非彻头彻尾地叛教的那些话就是虚构出来的；他们所说的话中唯有一点是真实的，就是一个门徒出卖了他。他们是否还要对记载夸大其辞，说这个门徒还彻头彻尾地出卖了他？然而怀着敌意来讨论每一句话，而且对同一文献里的记载，相信一些事，却不相信另一些事，这样的人说出的话是不能令人信服的。

若是可以提出一个证据表明犹大得不到宽恕，我们得说《诗篇》108篇就包含了对犹大的预言，它是这样开头的："我所赞美的上帝啊，求你不要闭口不言，因为恶人的嘴和诡诈人的口，已经张开攻击我。"这里既预言了犹大因自己的罪与众使徒隔开，也预言了要拣选另一人取代他，"愿别人得他的职分"①，这话说得非常清楚。然而，就算承认耶稣是被自己门徒中的一个比犹大的心还要恶的门徒出卖的，可以说，他把从耶稣听到的一切教义全都弃之如敝屣，那又怎能加强对耶稣或基督教的指控？如何能证明福音书是虚假的？在以上的论证中，当我们表明耶稣不是在逃跑中被抓捕的，就已经对塞尔修斯的下一个异议作了驳斥。所以可以说，即使他是"被抓捕的"，那他也是自愿被抓捕的，由此教导我们，要为了信仰而毫无反抗地接受这样的恶虐待。

12. 下面这一异议在我看来也是非常幼稚的："没有哪个统率千军万马的优秀将军是被人出卖的，也没有哪个收罗穷凶极恶之徒的可恶匪首是被人出卖的，因为他显然能给同伙带来某种好处。然而，这个被自己手下出卖的人，不但不像优秀将军一样治理有方，当他蒙骗门徒时，甚至没有在被蒙骗的人心里激发出——如果我可以这么说——盗贼对自己

---

① 《诗篇》108:1—2, 8（和合本为109:1—2, 8。——中译者注）；参《使徒行传》1:15—26。

的头都会产生的那种好意。"我们完全可以找到好多关于将军被自己的亲密朋友出卖,盗首因为与同伙意见不和而被捕的故事。但就算承认没有将军或匪首曾被出卖,这对根据耶稣的门徒之一出卖了他这一事实对他提出的指控有什么益处呢?既然塞尔修斯卖弄哲学,我们就可以问他,亚里士多德在聆听柏拉图的教导达二十年之久后离弃他,① 并批判他的灵魂不朽论,把柏拉图的理念称为"喋喋不休的言论"②,这是否可以说是对他的背叛?我们还可以提出另一问题:既然亚里士多德离弃柏拉图,那么柏拉图是否就不再有辩驳能力,或者不能证实自己的观点?这是否可以作为一个原因,说明柏拉图的理论是虚假的?或者,如果柏拉图是正确的——柏拉图主义哲学家必会这么说——那么亚里士多德是否可能成为恶人,对自己的老师忘恩负义的人?克里西普(Chrysippus)也在自己作品的许多段落里明显地攻击克里安西斯(Cleanthes),提出与后者的理论背道而驰的新思想,尽管当他还是个少年时就投身于克里安西斯门下,开始向他学习哲学。据说亚里士多德师从柏拉图达二十年之久,克里西普也跟着克里安西斯学习了很长时间,而犹大跟从耶稣还不到三年。③ 从哲学家的传记可以看到许多与犹大背主类似的例子,塞尔修斯却以此为基础指控耶稣。毕达哥拉斯学派向那些转向哲学之后又退回到无教养生活的人立了纪念碑。④ 但这不是说明毕达哥拉斯及其学生在论证和推理上软弱无力的理由。

13. 然后塞尔修斯的这个犹太人说:"虽然我可以说出很多发生在耶稣身上的真实故事,但没有一件与耶稣的门徒们所记载的故事相似,所以我

---

① 参 Diog. Laert. V, 9;Dion. Halic. *Ep. ad Ammaeum* I, 5 (728)。
② 见第一卷,第十三节和注释。
③ 关于耶稣传道的时间,参 *Comm. ser. In Matt.* 40。
④ 参下文第三卷,第五十一节。这似乎是暗示 Hipparchus 被逐出毕达哥拉斯学派的故事,因为他以平白的语言表达学派的理论。Iamblichus 的 *V. Pythag.* 75 里提供一封假造的 Lysis 给 Hipparchus 的信,其中讲到这一故事,Diog. Laert. VIII, 42 和 Clem. Al. *Strom.* V, 57, 2 - 3 引用过。 参 Lycurgus, *in Leocratem* 117;关于 Lysis 之信的讨论,见 A. Delatte in *Revue de Philologie*,XXXV (1911), pp. 255 - 275。

故意将那略去不说。"那么，塞尔修斯的犹太人略去不说的这些不同于福音书里记载的所谓的真实故事是什么呢？或者他只是借着修辞上的技巧，假称能说出什么事实真相，必能打动听众，构成对耶稣及其教训的明显指证，而事实上除了福音书他不可能从别的源头找到任何资料？

他指控门徒"捏造言论说耶稣预知并预言了发生在他身上的一切事"。但是，尽管塞尔修斯不承认，我们也必从救主的许多其他预言的话里确证这也是真实的，在那些话里他还预言了后来世代发生在基督徒身上的事。实在的，对"你们要为我的缘故，被送到诸侯君王面前，对他们和外邦人作见证"①这样的预言，以及关于他的门徒要受逼迫的其他预言，谁不会感到惊异万分呢？就人所主张的种种理论来说，除了耶稣的理论，还有哪一种导致了其信奉者遭受刑罚？如果有别的例子，耶稣的批判者之一就完全可以说，因为他看到那不敬或错误的理论要受到攻击，所以就想，他若对此作出一个显而易见的预言，必将会使他得到尊荣。然而，若说有人因其理论而应当被送到诸侯和君王面前，那还有谁比完全否认神意的伊壁鸠鲁主义者和认为向上帝祷告及献祭毫无果效的漫步学派，更应得到这样的对待？②

不过，有人可能会说，撒玛利亚人也因自己的信仰受到逼迫。我们对此的回答如下：他们被处死是因为像西卡里伊（Sicarii，Sicarius的复数形式）那样行割礼，③是因为他们违背所立律法自残，做了只允许犹太人做的事。从未听到有哪个审判官对一个努力按着他所坚信的信

---

① 《马太福音》10:18。
② 参 de Oratione, V, 1.
③ 根据 Lex Cornelia de sicariis et veneficis（《关于凶手和女巫的科奈利亚法》），阉割是被禁止的。在犹太人暴动之后的哈德良时期，割礼也是被禁止的，因为割礼被视为等同于暴乱。但到了安东尼·庇护时候，禁令被撤销，他颁布法令，允许割礼，不过，只限于犹太人。这里并未提到犹太人暴乱中的凶手或狂热者。奥利金的意思是说，撒玛利亚人不是因自己的信仰受到惩罚，而是因违背《关于凶手和女巫的科奈利亚法》的割礼禁令受到惩罚。进一步见 J. Juster, *Les Juifs dans l'Empire romain*, 1 (Paris, 1914), pp. 263-271；M. Simon Verus Israed. pp. 131f。这也解释了奥利金在 Comm. in Matt. XVI, 29 说的话：撒玛利亚人"誓死坚守摩西律法和割礼"。

仰原则生活的西卡里乌（Sicarius，意为"凶手"）说，他若改变心意，就放他走，若固执己见，就要处死他，① 仅凭割礼这一证据，就足以定一个已经受了割礼的人死罪。然而，基督徒的救主说，"你们要为我的缘故，被送到诸侯君王面前"，所以，唯有基督徒，审判官许可他们宣布背弃基督教，就是在最后一口气时也可以，然后照着通常的习俗献祭、起誓之后，就可以回家安居，平安无事。

想一想他的话："凡在人面前认我的，我在我天上的父面前也必认他；凡在人面前不认我的，我在我天上的父面前也必不认他"，② 等等，这样的话难道不包含大权威吗？来吧，与我一起想想耶稣说这些话时的情形，看看他所预言的还有什么没有应验。也许你不相信他，认为他这里尽说胡话（因为他所说的不会应验）；或者你会迟疑是否接受他的话，说：如果这些预言得到应验，如果诸侯和君王想要杀死那些认信耶稣的人这一点，能证明耶稣所说的教训是正确的，那么我们可以相信，他说这些事是因为他早已从上帝那里领受了大权威，是为了把这一教义浇灌在人类中间，并相信他自己必会成功。人只要设想一下他在那个时候就教导这样的话，"这天国的福音要传遍天下，对他们及万民作见证"③；再看看如今，正如他所说的，耶稣基督的福音传与普天下万人听，④ "无论是希腊人、化外人、聪明人、愚拙人"⑤，我们岂能不对此感到惊异吗？因为那以大能说出的话已经折服了各种各样的人；要找到什么人避而不接受耶稣的教训实属不可能。

至于塞尔修斯的犹太人不相信耶稣"预先就知道发生在他身上的一切事"，就请他想一想当耶路撒冷还在，犹太人的所有祭拜都在那里举行

---

① 关于撒玛利亚人因割礼受逼迫，参 Comm. in Matt. XVII, 30。
② 《马太福音》10:32 以下。
③ 《马太福音》24:14。
④ 《歌罗西书》1:23。
⑤ 《罗马书》1:14。

的时候，耶稣已经预告了罗马人将要对他做的事。可以肯定，他们不会说，耶稣自己的学生和听众把福音书里的教训传下来，却没有写下来，这些学生把教训传给门徒时，也没有记载下对耶稣的回忆。在福音书里有话说："你们看见耶路撒冷被兵围困，就可知道它成荒场的日子近了。"①而当时耶路撒冷周围根本还没有军兵，没有包围它、围攻它、攻陷它。围困始于尼禄还在位之时，持续到苇斯巴芗（Vespasian）执政。他的儿子提图斯（Titus）攻陷耶路撒冷，所以约瑟夫说，由于义者雅各，就是被称为基督的耶稣之兄弟，耶路撒冷沦陷了，②当然事实上那是因为上帝的基督耶稣的缘故。

14. 塞尔修斯虽然承认或者同意耶稣有可能预知将要发生在他身上的事，但肯定会贬损这些预言，说它们全是靠巫术所为，就像他对待神迹一样。他也可能会说，许多人借助于预兆、占卜、献祭、星象都能从神谕里知道将要发生在他们身上的事。当然他不愿意接受后一种观点，否则就似乎显得太离谱了；不过，有一点可以肯定，他虽然接受耶稣多少行了些神迹这一事实，但指控它们是巫术。然而，就是菲勒哥（Phlegon）也在他的编年史十三卷或十四卷里承认基督能预知某些将来之事，只是他有点搞乱了，把有些实际发生在彼得身上的事说成发生在耶稣身上；他还证实事实的结果与耶稣说过的话是一致的。他谈到预知的那些话，可以说无意识中肯定了我们教义的创立者们所说的话并非没有神圣权能。③

15. 塞尔修斯说："因为耶稣的门徒无法掩盖不证自明的事实，所以他们就想出这一主意，说他预知一切。"他没有注意，也不想注意作者们

---

① 《路加福音》21:20。
② 参上文第一卷，第四十七节。
③ 菲勒哥是哈德良时代的自由民。福提乌（Photius, *Bibl.* 97）认为他的编年史是非常枯燥无味的作品。关于现存的残篇，见 Jacoby, *Fr. Gr. Hist.* 11B (1929), p. 1159。也参下文第二卷，第三十三节和第五十九节；*Comm. ser. in Matt.* 40, 134；Eusebius, *Chronic.* p. 174, ed. Helm。亦可见 E. Frank in P.-W. XX (1941), 261-264。

的真诚意图，他们既肯定耶稣向门徒预言了"今夜，你们为我的缘故都要跌倒"①，他们真的跌倒了，也就表明这话应验了，也肯定他向彼得预言："今夜鸡叫以先，你要三次不认我。"② 彼得真的三次不认主。如果他们不是真诚的，而如塞尔修斯所认为的，是在杜撰虚假故事，那就不会记载彼得不认主或者耶稣的门徒真的跌倒。然而，纵使这些事真实发生过，谁能因为它们确实这样发生而指控基督教？事实上，人若只是一味地想要教导福音书读者为认信基督教视死如归，而不顾历史事实，就根本不应提这些事。但是，他们知道耶稣的话靠自己的大能就能叫人信服，所以连这些故事也一并记下，不知什么原因，它们不会对读者产生负面作用，不会给他提供不认主的借口。

16. 他还说了极其愚蠢的话，"门徒记载耶稣的这些事是为他的一生作辩解"。他说："这就好比有人虽然嘴里说某个人是义人，描述的事却表明他在做坏事，嘴里说他是圣洁的，事实却表明他是个杀人犯，嘴里说他是不朽的，事实却表明他死了，最后再加上一句，说他早已预言了这一切。"他的例子显然是毫不相干的，因为那要成为道德典范、住在人中间，为他们树立榜样，教他们如何生活的人，③ 就算不考虑他为人类的死对整个世界是一大恩惠，如我们在前一卷里所阐明的，④ 他决定以行为向他们表明该如何为信仰而死，也绝非不合理的。然后塞尔修斯认为完全认信耶稣的苦难是加强而不是削弱他的批判。他没有看到保罗关于这一点的哲学是多么的深奥，众先知对此又有过多少论述。他也没有注意到有些异端认为，耶稣遭受这些痛苦只是表面上的，而不是事实上的。他如果知道，就不会说这样的话："因为你甚至没有说，在不敬的人看来他似乎遭受了这些苦难，但他事实上并没有；相反，你承认他是真

---

① 《马太福音》26:31。
② 《马太福音》26:34。
③ 也许是想到了柏拉图的《高尔吉亚篇》507D。
④ 参上文第一卷，第五十四节至第五十五节。

的受了。"我们之所以不认为他只是表面上受难,原因在于,他的复活也不是虚假的,而是一个事实。试想,他既是真的死了,那么只要他真的又活了,他的复活就是真的;但他若只是表面上死了,那他也自然不是真正的复活。

因为不信者嘲笑耶稣基督的复活,我们要引用柏拉图的话,他说,阿尔美纽斯(Armenius)的儿子厄尔(Er)死后第十二天,从火葬柴堆里复活,叙述了他在冥府里的冒险经历。① 我因要对不信者讲述,所以,在这里提到赫拉克利德斯关于一个没有了呼吸的妇女的故事,② 绝不能算是离题。据记载有不少人甚至从坟墓里返阳,不仅有发生在同一天的,还有发生在第二天的。既然如此,那行了许多属于超人本性之奇事——这样的特点如此显明,那些不能无视所发生事实的人就把它们贬损为巫术——的人,倘若在死上也有不同寻常的特点,只要他愿意,他的灵魂就可以离开身体,独自做了些事后,③ 在他愿意的时间,就可以再次回到身体里面,这又有什么可稀奇的呢?约翰记载了耶稣说过的一段话,包含有这样的意思,他说:"没有人夺我的命去,是我自己舍的。我有权柄舍了,也有权柄取回来。"④ 也许正是出于这样的原因,他不久就离开了身体,以便使它保持完整,免得他的腿像那些与他同钉十字架的盗贼一样被打断。"于是兵丁来,把头一个人的腿,并与耶稣同钉第二个人的腿都打断了。只是来到耶稣那里,见他已经死了,就不打断他的腿。"⑤

我们也以此驳斥以下的话:"他作这些预言有什么可靠的证据?""一

---

① 《理想国》614-621。
② 本都的赫拉克利德斯(公元前 4 世纪)讲到恩培多克勒对一个没有了呼吸的妇女保存达 30 天。参 Diog. Laert. VIII, 60-61, 67;普林尼 N. H. VII, 175, 其中说到保存期为 7 天;Galen, de Locis Affectis VI, 5 (Kuhn, VIII, 414f);Suidas, s. v. apnous. 参 Dodds, the Greeks and the Irrational, p. 145。
③ 指下到地狱。
④ 《约翰福音》10:18。参下文第三卷,第三十二节;Comm. in Joann. XIX, 16 (4)。
⑤ 《约翰福音》19:32—33。

个死人怎么能不朽"？凡感兴趣的人都可以知道，不是死人不朽，而是从死里复活的人不朽。不仅死人不可能不朽，就是耶稣这个合成体在他死之前也不是不朽的，因为他是要死的。在将来某一天要死的人，没有一个是不朽的，唯有当他不再死的时候，才成为不朽的；"基督既从死里复活，就不再死，死也不再作他的主了"①，没有能力理解这话的人可能不愿意接受它，但这是事实。

17. 以下这话也是极其愚蠢的："无论是神，是鬼，还是明智的人，若是预先知道这样的事要发生在他身上，只要能做到，谁会不尽力避免它们，而是迎头去与他所预见的事碰面？"无论如何，苏格拉底知道，只要他喝了毒酒，就必死，而如果他听从克里托（Crito）的劝告，就可以逃出牢狱，避免所有这些苦；但是他选择了在他看来更为合理的路，认为对他来说，坚守他的哲学原则去死，比违背它们活着更好。② 此外，斯巴达将军李奥尼达（Leonidas）虽然知道不久要与兵士死于塞莫皮莱（Thermopylae），仍不愿苟且偷生，对与他一起的军兵说："我们来吃早饭吧，因为不久我们就要在地狱里用餐了。"③ 有意收集这类故事的人会发现，这样的例子并非少见。 同样，耶稣虽然知道将来要发生的事，但他没有避开它们，而是迎头与他所预见的事碰面，这又有什么可稀奇的？ 当他的门徒保罗听到了他若上耶路撒冷去，就要遇到发生在他身上的事，也仍然迎着危险前进，指责那些围着他流泪，阻止他上耶路撒冷去的人。④ 我们许多同时代的人亦如是，他们知道如果认信基督教，就会死，而否认就会得释放，恢复财产，但为了信仰的缘故，他们鄙弃生命，自愿选择死。

18. 然后，塞尔修斯的犹太人又提出另一个可笑的评论："若说他预

---

① 《罗马书》6:9。
② 柏拉图，《克里托篇》44—46。
③ 众所周知的一则佚事；参 Cicero, *Tusc. Disp.* I, 42, 101; Diodorus Sic. II, 9, 4; Seneca, *Ep.* LXXXII, 21; Plutarch, *Mor.* 225D, 306D。
④ 《使徒行传》21:12—14。

告了要出卖他的人和要不认他的人,那么他们为何不畏他是上帝,叫一个不至于出卖他,另一个不至于不认他?"事实上,这个最聪明的塞尔修斯在这里没有看到自相矛盾之处;他既是上帝,就有预见,他的预见不可能会错。那么,他所预知要出卖他的那个人,就不可能不这样做,他所判定要不认他的人,也不可能认他。倘若一个有可能不出卖他,另一个有可能不否认他,因为他们预先吸取了教训,从而不出卖他,不否认他,那么他说一个要出卖他,另一个要不认他,这话就不再是正确的了。因为,他若预先知道那要出卖他的人,那就看见了诱导那人这样做的邪恶,他的预见并没有完全消灭那种邪恶。同样,如果他认识到谁会否认他,就预先知道那人会这样做,因为他看见了那人这样做是因为软弱;仅凭他的预见也不能立即使这种软弱消除。那他怎能说"但是他们出卖了他,否认了他,对他毫无敬意"这样的话?因为我们已经表明,① 就那个背教者来说,说他对主人毫无敬意地出卖他,与事实不符;对不认主的人来说,也同样如此,因为他否认之后"就出去痛哭"②。

19. 以下这话也是浅薄的:"而且,如果人们阴谋反对一个人,而此人知道了,还向密谋者预先揭穿了,那他们必会止住,保持警惕。"事实上,有许多人阴谋反对那些已经意识到有阴谋的人。接着可以说他是总结陈辞地说:"这些事当然没有因为被预言,所以没有发生,那是不可能的;相反,因为它们真的发生了,所以说,他预言了这些事的论断显然是假的。试想,那些已经听说耶稣知道他们的意图的人仍然出卖他、不认他,这是完全不可想象的。"然而,既然他的第一部分论证已经推翻,那么结论,即因为这些事被预告,所以没有发生,也立不住脚。我们认为,它们真的发生了,这是可能的;它们既然发生了,就表明他预告了这些事的发生也是真实的;因为关于将来之事的真实性取决于现实事

---

① 参上文第二卷,第十一节。
② 《马太福音》26:75。

件。所以，塞尔修斯说如下的话是错误的："说他预言了它们，这样的论断显然是错误的"。至于"那些已经听到耶稣知道他们的意图的人，仍然出卖他、不认他，这是完全不可想象的"，是毫无意义的话。

20. 我们来看看他此后又说了什么。"如果他是作为神预告这些事的，"他说，"那么，他所预告的必然确定无疑地发生。① 也就是说，一个神领着自己的门徒和先知，与他们同吃同喝，远远地偏向歧路，最后他们成为不敬而邪恶的人。然而，一个神首先应当对所有人行善，尤其对那些与他同住的人。一个人与另一个人同吃同住，就不可能再设计害他。一个人若与神一同坐席，他怎么会成为谋反神的人呢？更荒谬的是，上帝亲自设计陷害那些与他同吃的人，使他们成为背叛者和不敬者。"既然你希望我对塞尔修斯那些在我看来无足轻重的论点也作出回应，那么即使是这一点，我们也回答如下：塞尔修斯认为如果某事被某种预见预言了，那么此事的发生乃是因为它被预言了。但我们不同意这一点。我们说，作出预言的人并不是将来事件要发生的原因，不是因为他预告它要发生，所以它就发生；相反，我们认为，将来事件，就是即使没有被预言也要发生的事件，构成了它被某人以预见预知的原因。② 这一切都显现在先知的预知之中；如果某件具体的事有可能发生，也有可能不发生，那么无论哪一种可能性都可能成为现实。我们不认为有预见的人能取消一个事件发生或不发生的可能性，③ 能说诸如此类的话：这事必然发生，它不可能变成其他样子。这适用于一切关于取决于自由意志的事物的预见，不论我们是讨论神圣经书，还是讨论希腊神话。事实上，即便是逻辑学家称作无聊论证的，也就是诡辩，塞尔修斯也不会视为谬论（他的能力是如此平庸），尽管从有效的逻辑法规看，它就是一

---

① 参马西昂对《创世记》堕落故事的批判（哲罗姆 *adv. Pelag.* III，6；Vallarsi，II，787-788）："如果上帝预先知道亚当要堕落，他就要对此负责；如果他没有预先知道，那他就不是上帝。"
② 参 *Comm. in Genes.* 3 (Lommatzsch, VIII, 21) = Eus. *P. E.* VI, 11, 287D = *Philocalia*, XXIII, 8。
③ 这是斯多葛学派观点，受到 Alexander of Aphrodisias, *de Fato*, 10 的严厉批判。参 *S. V. F.* II, 959ff。

个诡辩。

为清楚地说明这一点，我要从圣经引用关于犹大的预言，或者救主的预见，即犹大要出卖他；从希腊故事我要引用拉伊俄斯（Laius）神谕，暂时承认它是真实的，因为它的历史性不影响这里的论点。在《诗篇》108 篇里，救主论到犹大，一开头就说："我所赞美的神啊，求你不要闭口不言，因为恶人的嘴和诡诈人的口，已经张开攻击我。"① 仔细研读《诗篇》里写的话，你就会发现，正如诗人预见到犹大要出卖救主，同样，他暗示犹大的卖主是出于他自己的邪恶，所以他该受预言里所说的咒诅。诗人说，犹大遭受这些事是"因为他不想施恩，却逼迫困苦穷乏的和伤心的人"②。也就是说，他原本可以记得施恩，完全可能不逼迫他所逼迫的人；但是，他虽然能够这么做，却没有这么做，反而出卖他，因此该遭预言里所说的对他的咒诅。而且，对希腊人我们要用对拉伊俄斯说的话来回应，无论这些话真的是神谕里的话，还是悲剧作家根据同样的意思创作出来的话。以下就是某个对未来有预知的人对他说的话："与诸神的意志相背，你不会有孩子，即使有了孩子，这孩子也要把你杀死，你全家都要倒在血泊之中。"③ 这里也清楚地表明，拉伊俄斯不生孩子是可能的，因为神谕没有给他一个不可能的命令；然而，他也有可能生育孩子；这两种可能性都不是断然确定的。但是他若不避免生育孩子，其结果就是他要遭受关于俄狄浦斯和伊俄卡斯忒（Jocasta）及其儿子们的悲剧里所描述的灾难。

所谓的"无聊的"论证，④ 即诡辩，是这样的。我们不妨假设，对

---

① 《诗篇》108：1—2（和合本为109：1—2。——中译者注）。
② 《诗篇》108：16（和合本为109：16。——中译者注）。
③ Euripides, *Phoenissae*, 18-20，此为克里西普以降常用的一个例子。关于参考书目，参 *J. T. S.* XLVIII (1947), p. 46 n. 2。
④ 关于这样的论证，见 Cicero, *de Fato*, XII, 28ff；参 Ps. -Plutarch *de Fato* XI, 574E。论证原本是反斯多葛学派的；唯有接受自由意志，才可能驳斥它；参 Zeller, *Philos. d. Gr.* III, ed. 4, 1, p. 171 n. 1。斯多葛学派的回答潜在于塞涅卡的 *N. Q.* II, 38, 4。

象是一个病人,用诡辩的推论劝阻他请医生来为他治病。论证如下:如果你注定要恢复健康,那么不论你请不请医生,你都会康复;但是,如果你命里注定不能恢复健康,那么不论你叫不叫医生,都不会康复;所以,或者你命里注定病会好的,或者命里注定病不会好,无论如何,叫医生看病都是徒劳无益的。按照这样的推论,我们可以巧妙地作出以下这种论证。如果注定你有孩子,那么无论你是否与女子同房,都会有孩子;如果注定你不会有孩子,那么无论你是否与女子同房,都不会有孩子;或者你注定有孩子,或者你注定没有孩子,无论如何,与女子同房都是徒劳无益的。显然就这一例子来说,与女子同房不是徒劳的,因为不同房男人是不可能有孩子的。同样,既然治好疾病恢复健康要靠医疗手段,那就必须看医生,所以说"请医生看病是徒劳无益的"话是错误的。我们提出所有这些论证是因为最聪明的塞尔修斯提出以下这种观点,他说:"他作为神预告了这些事,所以他所预告的事必然确定无疑地发生。"如果他说的"必然"指的是"无可避免",我们不能同意他的说法,因为也有可能不发生。即使"必然"的意思只是指"将要发生"(没有什么阻止它成为现实,即使它可能不发生),我的立场也绝不会受影响。① 因为不能因为耶稣准确预言了卖主者和不认主者的行为,就推出他要为他们的不敬和邪恶行为负责。他洞悉到卖主者心里的恶,因为照着我们的圣经,"他知道人心里所存的"②,看到由于他贪财,缺乏应有的对主人忠心耿耿的品质,所以敢冒险做那样的事,正因如此,除了许多其他事之外,他还说:"同我蘸手在盘子里的,就是他要卖我。"③

21. 也请注意塞尔修斯的浅薄和赤裸裸的谎言,他竟说出这样的话,宣称"与人同吃的,就不会设计害人;他既不会害人",那"与神一同坐席的,就更不会成为谋害神的人"。谁不知道有许多一同分享款待之

---

① 参 *Philocalia*, XXIII, 8。
② 《约翰福音》2:25。
③ 《马太福音》26:23。

盐（salt of hospitality）的人阴谋害友？希腊人和化外人的历史中充满这样的例子；事实上，帕罗斯（Parian）诗人，抑扬格的发明者，① 就指责吕坎比斯（Lycambes）违背了借款待之盐起誓所立的约，他说："但你忘了借款待之盐立的大誓。"对文学感兴趣的人，一心一意追求这种学问而放弃对实际行为更为必要的研究的人，能多多地引用这类例子，表明有多少人与某些人同吃，却阴谋加害他们。

22. 然后，似乎他用了滴水不漏的证据和引文来概括他的论证，说："更为荒谬的是，上帝亲自设计陷害那些与他同吃的人，使他们成为背叛者和不敬者。"他不可能说明耶稣如何设计阴谋使他的门徒成为背叛者和不敬者，只能靠一些即使是未受过教育的人也能轻易驳斥的引述。

23. 然后，他说："既然这些事是早已为他预定的，他受惩罚是为了顺从他的父，那么显然，这一切都是他作为神有意为之的，所以，那些出于蓄意目的的行为在他既不是痛苦的，也不是悲伤的。"他没有看到自己是如何的自相矛盾。如果他承认耶稣受了惩罚，因为这些事原是预定的，他为顺服父而舍己，那么显然他是真的受了刑罚，执行者加给他的种种折磨不可能不使他感到痛苦。因为痛苦是意志无法控制的一种体验。如果因为他有意受难，因而所受的患难对他来说就既不是痛苦的，也不是悲伤的，那么为何塞尔修斯要承认他受了刑罚？他不明白，一旦人借出生披戴了身体，他就取了那本性上能够感受痛苦、悲伤这些凡是活在身体里的人都有的情感，不明白"悲伤"这个词不包括意志能够控制的东西。所以，正如他"有意"披戴一个其本性与人的肉身毫无分别的身体，同样，他也取了身体的痛苦和忧伤。他不是这些情绪的主宰，可以不感受到痛；这是那些想要让痛苦和悲伤折磨

---

① Archilochus, *frag.* 96 Bergk.

他的人所控制的。我们稍前所论述的话已经回答了这一问题，① 如果他不愿意落入人之手，他就不会到人中间来。然而他实实在在地来了，因为他想要这样做，出于我们上面所说的原因，② 即他为人而死将有利于整个世界。

24. 然后，塞尔修斯想要证明发生在耶稣身上的事是令他痛苦而忧伤的，他尽管很想，但不可能使这些事不产生这样的感受，说："那么他为何大声叹息、哭喊，祈求能避免死的恐惧，说诸如这样的话：'父啊，这杯若能离开我多好啊？'"这里，也请读者注意塞尔修斯的恶意。他不承认福音书作者的坦诚，他们原本完全可以对这些塞尔修斯视为批判基础的事沉默不语；然而他们没有闭口不说，原因有几个，适当的时候，若有人解释福音，就可以说明这些原因。但塞尔修斯攻击福音书的话是通过夸大其词，错误引用经文。我们没有看到经文里有说耶稣"哭喊"的话。他篡改了原文"父啊，倘若可行，求你叫这杯离开我"③；而且他没有引用同时表明耶稣对父的敬虔和他心灵之伟大的话；这话记在上一句话之后，是这样说的："然而，不要照我的意思，只要照你的意思。"他还假装没有领会耶稣在定给他的苦难上甘愿顺服他父的旨意，其实以下的话清楚地表明了这一点："这杯若不能离开我，必要我喝，就愿你的意旨成全。"④ 他的做法更像那些不敬的人，凭恶意理解圣经，"说话自高"⑤。他们似乎听到"我使人死"的话，并常常拿这话来责备我们，但他们没有记住另外半句话："我使人活。"⑥ 完整的话表明，公开生活在邪恶之中的人，行为恶劣的人，上帝要治死他们，并在他们里面浇灌更好的生命，甚至包括上帝赐给那些向罪死了的人的东西。另外，他们还

---

① 参上文第二卷，第十节。
② 参上文第三卷，第五十四节至第五十五节。
③ 《马太福音》26:39。
④ 《马太福音》26:42。
⑤ 《诗篇》72:8（和合本为73:8。——中译者注）。
⑥ 《申命记》32:39。

拿"我损伤"的话责难我们，却不接着看下半句："我也医治。"①这正如同一个医生②所说的话，医生打开身体，造成疼痛的伤口，是为了把有害的、阻碍健康的东西切除；他并不是留下疼痛和切口不管，而是医治它们，使身体恢复健康，那才是目的。此外，他们也不注意整个句子"他打破，又缠裹"，只抓住前半句"他打破"③，曲解经文。所以，塞尔修斯的犹太人只引用经文"父啊，求你叫这杯离开我"，却不看接下去的话，就是表明耶稣已经作好预备，勇敢面对受难的那些话。不过，这些问题需要详尽解释，我们目前不适合讨论，最好留给那些保罗称为完全的人——他说："然而，在完全的人中，我们也讲智慧"——在上帝智慧的帮助下讨论。我们只简单地提到对我们眼下的目标有益的要点。

25. 我们在前面的讨论中说过，耶稣所说的话，有些属于与他同在的一切造物以先的首生者，比如"我就是道路、真理、生命"④，以及诸如此类的话；有些则属于名义上的人耶稣（supposedly human Jesus）⑤，比如："我将在上帝那里所听见的真理告诉了你们，现在你们却想要杀我！"⑥而在这个例子里，他既是在说他人性中的属肉身的软弱，也在说圣灵的意愿。他提到软弱时说"父啊，倘若可行，求你叫这杯离开我"，提到圣灵的意愿时说："然而，不要照我的意思，只要照你的意思。"如果我们也留意说话的顺序，就注意到，第一句话，可以说是出于肉身的软弱说的，只出现了一次。而第二句话，按着圣灵的意愿说的话，则出现了多次。因为只有一处说"父啊，倘若可行，求你叫这杯离开我"，而后者多次出现，比如"不要照我的意思，只要照你的意思"，"父啊，这杯

---

① 《申命记》32:39。
② 在奥利金笔下，医生的形象通常是用来解释威胁和惩罚。这里的背景可以追溯到柏拉图《高尔吉亚篇》，480C。关于《申命记》32:39 的争论是反马西昂主义的；参 Hom. in Luc. 16；Comm. in Matt. XV, 11；Hom. in Jerem. I, 16。关于马西昂，见 Tert. adv. Marc. IV, 1。
③ 《约伯记》5:18。
④ 《约翰福音》14:6；参第二卷，第九节。
⑤ 这个希腊词在奥利金那里很常用，关于参考书目，参 Harv. Theol. Rev. XLI (1948), p. 100 n. 30。
⑥ 《约翰福音》8:40。

若不能离开我，必要我喝，就愿你的意旨成全"。还必须注意，他不只是说"求你叫这杯离开我"。整句话是带着敬畏说的："父啊，倘若可行，求你叫这杯离开我。"我知道对这段话还有一种解释，大意如下：救主看到何种灾难要临到百姓和耶路撒冷，以报复犹太人放肆对他犯下的罪行；然而完全出于他对他们的爱，也因为他不愿意百姓遭受必定要遭受的事，所以他说："父啊，倘若可行，求你叫这杯离开我。"这就好比是说：既然因为我喝了这惩罚的杯，整个百姓就必被你所遗弃，那么我恳求你，倘若可行，就叫这杯离开我，免得胆敢攻击我的这部分属你的百姓被你完全抛弃。① 此外，假若如塞尔修斯所说的，此时耶稣感受不到任何痛苦和忧伤，那么他既不是真的忍受了属人的痛楚，而只是表面上受苦，后代子孙怎么能效法耶稣的榜样，坚持走为信仰忍受逼迫的道路？

26. 再说，塞尔修斯的犹太人指责耶稣的门徒捏造了这些故事，说："你们虽然说谎，却不能掩盖你们杜撰的故事似是而非的特点。"我对此的回答是，要掩盖这类故事是非常容易的——不要把它们记载下来就行了。如果福音书没有包含这些故事，谁还能因为耶稣在道成肉身期间说了这些事而指责我们呢？塞尔修斯不明白，同样一些人既受骗以为耶稣是上帝和所预言的基督，又在显然已经知道关于他的故事全是虚谎的时候，还杜撰出这些故事，这是绝不可能的事。因而，或者他们没有捏造这些事，而是真的怀有这些信念，并毫不隐瞒地记载真实的故事，或者他们在作品里撒了谎，其实并不相信这些事，也就是没有被"蒙骗"，误认为他就是上帝。

27. 然后他说："有些信徒，似乎喝醉了酒，完全自相矛盾，三遍、四遍或更多遍地改动福音书原文，他们改变它的特点，是为了使自己面

---

① 关于这一解释，参 *Comm. ser. In Matt.* 92。

对批评能否认难以回答的问题。"① 我不知道除了马西昂主义者（Marcionites）和瓦伦廷主义者（Valentinians）之外，还有谁篡改了福音书，我想，也许还有卢坎（Lucan）的跟随者。② 但塞尔修斯这话不是批判基督教，只是批判那些胆敢轻率地篡改福音书的人，正如存在智者学派、伊壁鸠鲁学派、漫步学派，或其他主张错误理论的学派，批判他们的错误不是对哲学本身的批判。同样，那些篡改福音书、引入与耶稣的教训格格不入的异端邪说的人，不能成为批判真正的基督教的理由。③

28. 由于这之后，塞尔修斯的犹太人还指责基督徒"引用预告耶稣生平的先知书"，我们前面就这个话题已经做过讨论，④ 现在还要在此做些补充。如果真如他所说，"他有为人考虑"⑤，就应当引用预言，然后认为它们似是而非，由此驳斥我们对预言的使用，这样的论证似乎更适合他。因为那样，他就不会只做了一些微不足道的论述之后，就迫不及待地得出一个如此重要的结论。尤其是当他说"预言用于成千上万的其他人，也要比用于耶稣更为合理得多"时，更显得如此。事实上，他在回答基督徒的这一有力观点时应当非常仔细地阐述，因为这确实是一个非常有力的论点，然后解释每一个预言，为什么它用于别人比用于耶稣更合理。⑥ 他甚至没有意识到，就是一个敌对基督徒的人也能带着几分合理性说这样的话；这样的话若是出于那些不接受先知书的人，倒还可能有些力量。因为一个犹太人不会承认，预言可以适用于成千上万的人，用于他们比用于耶稣更合理；他会对每一个预言提出他所理解的解释，

---

① 塞尔修斯的意思很模糊。他可能是说不同的福音书，"三遍、四遍"指正典的四福音书（完全可以想象，这一短语表明了那些拒斥圣约翰的人有什么样的知识），而"多遍"指伪经的福音书。塞尔修斯心里不可能想到不同版本的手稿。然而，奥利金很可能是对的，鉴于塞尔修斯对马西昂的了解，认为他是指马西昂对经文的篡改。
② 卢坎是在马西昂教会里的中立教师，参 Hippolytus, *Ref.* VII, 11；VII, 37, 2；Tertullian, *de Carn. Res.* 2；Ps. -Tert. *adv. omn. Haer.* 6. Harnack, *Marcion* (2nd ed. 1924), pp. 401ff。
③ 关于这一论证，参第三卷，第十二节；第五卷，第六十一节。
④ 上文第一卷，第四十九节至第五十七节。
⑤ 塞尔修斯肯定谈了一些话，让读者有借口略去例子。
⑥ 塞尔修斯，参第一卷，第五十节和第五十七节。

会试图阐述他对基督徒的解释的回应；尽管他不可能提出任何有说服力的论证，但他会努力这样做。

29. 我们在上文已经说过，①有预言说，基督要两次临到人类。因此我们没有必要回答这个犹太人所说的以下的话："众先知说，将要来的那位要成为伟大的君王，全地和万国、万军的主。"不过，当他辱骂耶稣却提不出任何合理根据时，我想，倒正符合犹太人的特点，与他们的恨意一致，他说："但他们没有宣告像他这样一个伤风败俗的家伙。"事实上，无论是犹太人、塞尔修斯，或者其他什么人，都不可能证明，像他这样使那么多人脱离恶之洪水，照着本性生活，践行自制和其他美德的人，是一个伤风败俗的家伙。

30. 塞尔修斯还说出这样的话："没有人能根据这样的凭证和谎言，这样声名狼藉的证据证明他是神，或者是神的儿子。"他应当引用谎言，然后驳斥它们，用论证指出哪些是声名狼藉的证据，免得有基督徒起来说出令人信服的事，他还得努力驳斥，推翻对方的话。然而，他所说的原本应当发生在耶稣身上的事，实际上确实发生了，因为耶稣是个伟大的人；只是他不愿意看到这样的事实，尽管关于耶稣的不证自明的事表明，事实就是这样的。他说："正如照亮一切万物的太阳首先自我显明，同样，上帝的儿子也当这样。"我们可以说他确实已经这样做了。因为他一出生，"在他的日子，义人要发旺，大有平安"②；上帝为他的教训预备了万国，叫他们在一个罗马皇帝之下，免得由于存在着大量不同的王国，导致国与国之间产生敌对态度，使得耶稣的使徒在按他所吩咐他们的话"你们要去，教训万民"③去做时，遇到更大的困难。非常清楚，耶稣出生在奥古斯都（Augustus）统治时期，可以说，他使地上众多王国归

---

① 第一卷，第五十六节。
② 《诗篇》71:7（和合本为72:7。——中译者注）。关于"罗马的平安"与福音的关系，见 Melito ap Eus. *H. E.* IV, 26, 7；Hippolytus, *Comm. in Dan.* IV, 9。关于优西比乌书里对这些段落的讨论，参 E. Peterson, Monotheismus, pp. 66ff。
③ 《马太福音》28:19（和合本译文为："你们要去，使万民作我的门徒"。——中译者注）。

化为一，这样他就拥有一个统一的帝国。如果地上有众多王国，那会妨碍耶稣的教训传遍天下，不仅因为刚刚说过的原因，也因为各处的人会被迫服军役，为捍卫自己的领土相互争战。这样的事在奥古斯都之前常常发生，甚至更早的时候也如此，因为战争必不可少，比如伯罗奔尼撒人与雅典人之间的战争，以及其他民族之间也有类似的彼此争战的情形。所以，倘若世界的情势不是发生了根本改变，在耶稣降临之时已有温和的灵胜了全地，这样的教训，即传讲和平，甚至不允许人报复仇敌的教训，又怎么可能顺利传播呢？

31. 然后他指责基督徒"说上帝的儿子就是逻各斯本身，这是诡辩"，真的以为他能证实这一指控，说我们虽然宣称上帝的儿子就是逻各斯，但我们并没有提出证据表明纯洁而圣洁的逻各斯，只表明了一个以极其可耻的方式被捕又被钉十字架的人。关于这一点，我也在前面回答塞尔修斯的批判的论述中作了简洁说明。在那里，我证明了一切造物以先首生的披戴身体和属人的灵魂；上帝下令世上要有广大的事物，事物就被造出来，那接受命令的就是神圣逻各斯。① 既然是一个犹太人在塞尔修斯的书里说这样的话，我们就要引用经文——并非不当——"他发命医治他们，救他们脱离患难（死亡）"②，这是我们在上文也提到的一句经文。我虽然遇到许多被断定为很聪明的犹太人，却不曾听说有谁赞成上帝的儿子就是逻各斯这一观点，就如塞尔修斯所说的，他把这话归在犹太人头上，让他说："既然在你看来逻各斯就是上帝的儿子，我们也赞成那一说法。"③

32. 我们前面已经说过，耶稣不可能是"自夸者"或"巫师"。因而没有必要重复我们已经说过的话，免得在回答塞尔修斯讲了又讲的话时，我们自己也重复作过的回答。在批判族谱时，他根本没有提到族谱

---

① 上文第二卷，第九节。
② 《诗篇》106:20（和合本为107:20。——中译者注）；第一卷，第六十四节引用过。
③ 这一段话表明塞尔修斯知道希腊化犹太教的逻各斯神学。关于逻各斯就是上帝的儿子，参 Philo, *de Agric.* 51；*de Conf. Ling.* 146。奥利金想到的是巴勒斯坦的拉比，如上文第一卷，第四十九节。

之间的矛盾之处，而这即使在基督徒中也是个争论的难题，有些人还拿来作为对他们的指控。① 而塞尔修斯倒真的是个自夸者，因为他声称知道基督徒的所有信念，却不知道如何以明智的方式提出圣经里的难题。他说："大胆编撰族谱的人说，耶稣是第一人的后代，出于犹太王族。"他以为说"木匠的妻子若真的有这样一个了不起的血统，不会对此一无所知"就是巧妙地立了论点。但是这与讨论有什么相干呢？就算她对此并非不知道，那对所讨论的问题有什么影响呢？或者她对此并不知情，难道仅仅因为她不知情，她就不能是第一人的后代，她的祖先就不能是犹太人的统治者吗？或者塞尔修斯认为穷人就必然出身于穷困家庭，王就出身于王族吗？我想费力讨论这一点是毫无意义的，因为很显然，在我们的时代，有些比马利亚更穷的人，其祖先却是富裕而著名的，而一些国家的首领和皇帝却出身卑微。

33. "此外，"他说，"耶稣是否像神一样做了什么美事？他是否鄙视人的反对，对降到他头上的灾难嗤之以鼻、一笑了之？"对这个问题，我们说，我们若是能够证实耶稣的杰出作为和在灾难临头时所行的神迹，所能用的资料除了福音书还有什么？它们说"殿里的幔子从上到下裂为两半，地也震动，磐石也崩裂"②，大白天遍地都"黑暗"，因为有日食，日头变黑。③ 然而，既然塞尔修斯对福音书的态度是，他认为哪些材料可以为他提供机会攻击耶稣和基督徒，他就相信它们，而对表明耶稣的神性的记载，就不相信，那么我们要对他说：尊敬的先生，要么完全不相信福音书，别想利用它们提供指控的根据，要么完全相信它们，敬仰上帝道成肉身的逻各斯，他希望对整个人类有益。耶稣的"杰出作为"在于，一直到今天，凡是上帝愿意的，都借他的名得医治。关于提

---

① 参 Africanus *ap.* Eus. *H. E.* I, 7; Origen, *Hom. In Luc.* 28; Julian, *adv. Galilaeos*, p. 212, ed. Neumann (253E)。

② 《马可福音》15:38；《马太福音》27:51。

③ 《路加福音》23:44—45。

庇留·凯撒（Tiberius Caesar）时代——耶稣显然是在他统治时期被钉十字架的——的日食，关于那时发生的大地震，我想，菲勒哥也在他编年史的十三或十四卷有过记载。①

34. 塞尔修斯的犹太人虽然按他的思路嘲笑耶稣，却被描述为对欧里庇得斯（Euripides）的酒神巴克斯（Bacchus）的话有所了解："只要我想，神就会亲自释放我。"②犹太人根本不熟悉希腊文献。假设有个犹太人非常精通，那么难道就因为耶稣被捆绑时没有释放自己，就说他没有能力释放自己吗？假若他相信我们圣经里的故事，我们可以引证说，彼得被关在监牢里，天使松了他的锁链，他就出来了，保罗虽然与西拉一同被收在马其顿监里，但借着神圣权能得释放，连同监牢的门也一同开了。③当然，塞尔修斯很可能讥笑这些故事，或者甚至根本没有读过它们；因为他很可能会对这样的事说，某些巫师也能用咒语松开锁链，打开门，所以他会把巫师所讲的故事与我们圣书里的故事相提并论。

"但是定他罪的人并没有像彭透斯（Pentheus）那样，遭受发疯或被撕成碎片的命运。"④他说。他没有看到，与其说是彼拉多定他的罪，还不如说是犹太百姓定他的罪，因为彼拉多"原知道，他们（犹太人）是因为嫉妒才把他解了来"⑤，而这个国已经受到上帝的定罪，"撕成了碎片"，散居在各地，这比彭透斯遭受的被撕碎命运更为可怕。他为何又有意略去彼拉多妻子的故事——她被一个梦大为感动，打发人来对丈夫说，"这义人的事你一点不可管，因为我今天在梦中为他受了许多的苦"？⑥

---

① 见以上第二卷，第十四节注释。
② Euripides, *Bacchae*, 498。
③ 《使徒行传》12:6—9；16:24—26。
④ 在 *Bacchae* 里，狄俄倪索斯被捆绑站在彭透斯面前，因彭透斯不相信狄俄倪索斯是神，狄俄倪索斯就警告他说，只要他想，他里面的神性就能够释放他；后来彭透斯被撕成碎片，作为他拒不敬狄俄倪索斯为神的惩罚。塞尔修斯的观点是，如果耶稣真的是神，就能够释放自己（像狄俄倪索斯一样），而他的审判者（像彭透斯一样）必遭恶报。参第八卷，第四十一节中塞尔修斯的话。
⑤ 《马太福音》27:18。
⑥ 《马太福音》27:19。

另外，塞尔修斯对指向耶稣的神性的事实什么也不提，却基于福音书里关于耶稣的记载指责他，提到"那些嘲笑他、给他穿上朱红色袍子、用荆棘编作冠冕戴在他头上的人"①。塞尔修斯啊，你这不就是从福音书里得知的吗？你以为这些事是当指责的，但那些记载它们的人并没有想到你和你的同伙会嘲笑它们。他们认为其他人会以这个甘愿为信仰舍身的人为榜样，鄙视嘲笑、愚弄他的人。因而，我们更应当敬佩他们的坦诚，和甘愿为人类忍受这一切，凡事忍耐、百般忍受的主的灵。经上没有记载"他哀叹"什么，或者因被定罪就思想或论说什么不雅之事。

35. 然后他说："如果他以前不表现出神性，那为何现在也不显出神圣的方面，解救自己脱离耻辱，报复那些侮辱他和他父的人？"对此我回答，同样的话也可以问那些相信神意、接受神迹的真实性的希腊人说：上帝为何不惩罚侮辱神祇（deity）、否认神意的人？如果希腊人能回答这个问题，那我们也会给出类似或更好的回答。然而，天上出现了神圣迹象，太阳变黑，其他奇迹也显示出来，表明被钉十字架的人拥有某种神圣的东西，高于普通人之上。

36. 然后塞尔修斯说："当他的身体被钉十字架时，他说什么来着？他的血是否像蒙福的诸神血管里流动的灵液？"②他完全是在嘲笑。但我们要根据严肃写就的福音书表明，即使塞尔修斯不想接受它们，他身上流出的也不是荷马神话里的灵液。他死后，"唯有一个兵拿枪扎他的肋旁，随即有血和水流出来。看见这事的那人就作见证，他的见证也是真的，并且他知道自己所说的是真的。"③在其他尸体上，血凝住了，不可

---

① 参《马太福音》27:28—29。
② 参第一卷，第六十六节。塞尔修斯想到了那个庸俗的故事：亚历山大大帝受伤时，指着自己的血说："这不是灵液……"等等。关于这一故事，参 Aristobulus *ap.* Athenaeus, VI, 251A; Plutarch, *Alex.* 28; *Mor.* 180E; 241B; Dio Chrysostom, LXIV, 21; Diogenes Laertius, IX, 60。关于它的史实性，见 W. W. Tarn, *Alexander the Great* (1948), II, p. 358 n. 5。
③ 《约翰福音》19:34—35。

能有清水流出来；但在耶稣的尸体上，奇迹在于，即便他的身体死了，肋旁也有血和水流出来。但是，就塞尔修斯来说，他根据福音书的材料指责犹太人和基督徒，甚至不能准确地解释经文，对表明耶稣神性的事实只字不提，这样的人，他若是愿意留意神圣的凭证，就请他仔细研读福音书，读一读"百夫长和一同看完耶稣的人看见地震并所经历的事，就极其害怕，说：'这真是上帝的儿子了！'"①这样的话。

37. 然后，这个犹太人拿福音书的经文，他认为能提供批判材料的经文，指责耶稣喝"醋和苦胆"，说"他迫不及待地贪婪喝饮，甚至没有像普通人常常忍受的那样忍耐干渴"。对这节经文，我们可以通过某种比喻解释获得理解，但这里我们只要对他的批判给予通常的回答就够了——众先知已经预言这样的事。按《诗篇》68 篇记载，似乎是基督自己所说："他们拿苦胆给我当食物，我渴了，他们拿醋给我喝。"②现在请犹太人告诉我们，在先知书里说这话的是谁，请他们注意是否有个接受苦胆作食物、拿人的醋作饮料的历史人物。假设他们甚至能够这样回答，基督——他们认为他将来才会到来——就是这里所论到的人，那么我们就可以这样说：有什么事能驳斥预言已经应验这一观点呢？事实上，这一预言是在久远之前说的，这一点再加上预言所预知的其他事件，足以影响考察整个问题的人，只要他心灵无私，就必能承认耶稣就是所预言的基督和上帝的儿子。

38. 此后，这个犹太人进一步对我们说："你们这些伟大的信徒，是否因为我们不把这个人看作神，不同意你们所说的，他为人类的利益忍受了这些苦难，就批评我们，好叫我们也鄙视惩罚？"③对此我们也要回答，犹太人是在律法和预先宣称了基督的先知书背景下成长起来的民族，我们批判他们，是因为他们既不驳斥我们提出的证明耶稣就是基督

---

① 《马太福音》27:54。
② 《诗篇》68:22（见和合本 69:21。——中译者注）。
③ 塞尔修斯的话，参第二卷，第七十三节；第六卷，第四十二节。

的论证,以这样的驳斥来为他们不信主作辩护,也不相信耶稣就是所预言的基督。耶稣甚至在那些于他道成肉身之后成为他门徒的人中间清楚地表明,"他为人类的利益忍受了这些苦难"。当他第一次临到时,他的目的不是要审判人的行为,更不是审判人在他还未教导他们,为他们树立应当如何生活的榜样之前所做的事,他到来也不是为了惩罚恶人,拯救善人。他到来是想要借着神迹和某种神圣权能把他的道的种子种在人类中间,甚至如众先知所表明的。此外,我们批判他们,是因为他们不相信他在自己身上显示出了大能,却说他能赶走人心里的鬼,无非是靠着鬼王别西卜。① 我们批判他们,是因为他们攻击他对人的爱,尽管他没有忽略任何一个城邑,甚至犹太的一个村庄,以便将上帝的国传遍各地。他们把他误解为流浪汉,指控他是被人抛弃的人,衣衫褴褛,蓬头垢面,四处游荡。② 然而,为世界各地那些能够理解他的人忍受这样的困苦,不是什么可耻的事。

39. 塞尔修斯的犹太人指出:"他在世时没有说服任何人,甚至他自己的门徒也不信服,倒受到惩罚,忍受这种耻辱。"这不是彻头彻尾的谎言是什么?是什么使大祭司、长老和犹太文士嫉妒他?难道不就是有那么多人信服他,甚至跟从他进入旷野吗?他们不仅被他严谨的论证折服(因为他总是用适合听众的语言表述自己的观点),而且因为他借自己所行的奇事打动了那些不相信他的论证结论的人。说他甚至没有使自己的门徒信服,这不是完完全全的谎言是什么?虽然他们当时表现出一点人的软弱(因为他们还没有锤炼成勇士),然而他们绝没有放弃他们所得出的结论,即他就是基督。因为彼得不认主之后,就认识到自己犯了多大的罪,"他就出去痛哭"③;虽然其他人在灾难临到他身上时都丧失了信心,他们却依然敬仰他;而他的显现使他们大为鼓舞,从而他们的信

---

① 《马太福音》12:24;9:34。
② 参上文第一卷,第六十一节和第六十九节。
③ 《马太福音》26:75。

念,即他就是上帝的儿子,变得比先前更大,更坚定。

40. 塞尔修斯也是个糟糕的哲学家,因为他认为耶稣的救人信息和道德纯洁,不足以表明他相对于人的卓绝性。① 他以为耶稣的所作所为应当与他所担当的角色特点相反,他虽然披戴了必死性,但"不应死";他若非死不可,也至少不应当采取这种为人树立榜样的死法。因为就算是耶稣的死这一行为也能教导人如何为信仰而死,使他们面对那些颠倒了敬虔和不敬观念的人,仍能勇敢地坚守信仰。敬虔观念背逆的人认为,敬虔的人就是最不敬虔的人,最敬虔的人就是那些对上帝持错误观念,把纯洁的上帝观归于其他事物,而不是上帝本身的人;当他们开始摧残那些为自己对至高上帝的清晰观念而甘愿舍身赴死的人时,尤其如此。

41. 塞尔修斯进一步批判耶稣,借犹太人之口说:"他没有证明自己不沾染一切邪恶。"请塞尔修斯的博学犹太人告诉我们,耶稣没有显明自己不沾染的是哪种恶。如果他的意思是说,他没有免于一切恶,从这话的严格意义上理解,② 请他明确证明他行了什么恶。如果他认为贫穷、十字架和恶人的阴谋就是恶,那么显然他也会说,苏格拉底也有恶,他也不可能证明他不沾染所有这些恶。此外,甚至是希腊人中的普通人,也知道他们中间有多少哲学家故意接受贫穷。他们记载了很多这方面的故事,比如德谟克利特让他的地产成为牧场,克莱特(Crates)卖了所有家产,把所得钱财捐给台伯人(Thebans),使自己得自由。③ 此外,狄奥根尼(Diogenes)还因为可怜的贫穷曾住在木桶里。④ 然而,没有人,即使是智力平平的人,认为狄奥根尼因此就受制于邪恶。

---

① 这里以及下文奥利金是在意译和解释塞尔修斯的一个句子,但其措辞无法复原。参 Bader, p. 74。
② 斯多葛学派认为,严格地说,唯一的恶就是道德之恶。参下文第六卷,第五十四节至第五十五节。关于他们以苏格拉底的死为起点的讨论,见 Philo, De Provid. II, 24;Plutarch, Mor. 1051C。
③ 这些是常用的例子;Cicero, Tusc. Disp. V, 38, 114;Philo, de Vita Cont. II, 14;Clement, Quis Dives, XI, 4;Lactantius, D. J. III, 23 等等。关于克莱特,参 VI, 28;Origen, Comm. in Matt. XV, 15;Diog., Laert. VI, 87;Apuleius, Florida, XIV。 在学园派—斯多葛学派争论神意和义人的苦难时,这些是常用的例子,参 Philo, de Prov. II, 13。
④ Diog., Laert. VI, 23。

42. 此外，因为塞尔修斯想要阐明"耶稣也并非毫无可指责之事"，那就请他说明那些认同他的教义的人中有谁记载了关于耶稣的可指责的事；或者，如果他的批判不是基于他们所写的书卷，那就请他说明他从哪里得到信息可以说耶稣"并非毫无可指责之事"。耶稣借着他带给信徒的益处确证他宣称要做的事是真实的。我们常常看到，他预言要发生的事一件件应验，比如福音要传遍世界，他的门徒要到万邦去向万民传讲他的道，以及他们要为他的教训的缘故，被送到诸侯君王面前。① 因此，我们对他满怀敬仰，我们对他的信心日益增强。但是我不知道塞尔修斯想要耶稣借着怎样更大、更清楚的事实来确证他所预告的事是真实的。也许正如看起来的那样，他并不明白耶稣是人的理论，因而不想他有任何属人的经验，也不希望他为人树立高贵的榜样，显明如何忍受苦难。苦难在塞尔修斯看来，是完全令人不快的，是应受斥责的，因为他把痛苦视为最大的恶，而快乐是最大的善，尽管这种观点在那些相信神意，承认勇敢、高洁是美德的哲学家中间，没有立足之地。所以，耶稣忍受苦难，并非给基督徒的信仰带来了困难，而是使那些愿意接受勇敢为美德的人，增强了对忍受苦难的信心。他们从他得知，真正有福的生命就其严格的意义来说，不在于今世，乃在于来世，② 正如他所说的，而在这所谓的"罪恶的世代"③ 中的生活乃是一大灾难，或者说是灵魂最初也是最大的争斗。

43. 然后他对我们说："我想，他既没有在地上说服人，你们必不会说他下到地狱去说服那里的鬼魂了。"即便他不喜欢，我们仍然要指出，当耶稣还住在身体里时，他并非只是使一小部分人信服，信服他的人是那么多，乃至被他说服的那些人中有许多原是受人迷惑阴谋害过他的；当他成为脱去身体的灵魂之后，就使没有身体的灵魂皈依，还有那些愿

---

① 《马可福音》13:10；《马太福音》28:19；10:18。

② 《马太福音》12:32。

③ 《加拉太书》1:4。

意接受他，或者那些他看出预备接受他——至于什么原因，唯有他自己知道——的人也归服于他。①

44. 然后，不知什么原因，他说了一段愚不可及的话："你们若是为那些你们可笑地上当受骗的理论找到一些荒谬的理由，就认为提供了真正的辩护，那么我们为何不能认为，任何其他人，只要被定罪，走向不幸的结局，就是比耶稣更伟大，更神圣的天使？"被记载的耶稣受的苦难与那些因为巫术或某种类似的指控遭遇不幸结局的人，没有任何相似之处，这一点是一清二楚，不证自明的。因为谁也不可能认为，使灵魂脱离人类中众多的罪，脱离大量的恶，这是巫师的作为。

塞尔修斯的犹太人还把他与盗贼相提并论，说："任何同样恬不知耻的人都可以说，受到刑罚的盗贼和杀人犯不是盗贼，而是神，因为他早就向自己的同伙预言了他实际上遭受的这类事。"首先，我们的驳斥要说，不是因为耶稣预言了自己要遭受这些事，我们才坚持关于他的这些观点，比如我们大胆地宣称，他是从上帝降到我们中间来的。其次，我们还说，这些福音书里描述的事，不管怎样都是早有预告的，因为上帝正是被罪犯们自己"列在罪犯之中"②。他们宁愿释放因煽动暴乱和谋杀已经被投入监牢的强盗，而要让耶稣钉十字架；于是他们就把他钉在两个强盗中间。此外，耶稣代表他真正的门徒和真理的见证者，始终被与强盗同钉十字架，像他们那样被人定罪。我们说，要说在强盗和这些人——他们为侍奉造主，按耶稣教导他们的，保守这种事奉纯洁不受玷污，甘愿忍受一切暴行，乃至死亡——之间有什么相似之处，那么显然，塞尔修斯也有理由把耶稣与强盗相提并论，因为耶稣原本就是这种教训的创立者。然而，耶稣为人类共同的利益而死，治死他原本就是不义的，这些为自己的敬虔忍受苦难的人被判死罪也是不义的。所有人

---

① 参 Clem. Al., *Strom.* VI, 64, 4。
② 《马可福音》15:28（《以赛亚书》53:12）。

中,唯有这些人仅仅因为按他们所认为正确的方式敬拜上帝,就被当作罪犯对待。而设计谋害耶稣,那才是不敬行为。

45. 也请注意他对当时成为耶稣门徒的那些人的论述是如何浅薄。他说:"当那些当时与他同住、听他讲演、受他教训的人,看到他受到刑罚、即将死去时,并没有与他同死,或者为他而死,也没有因此鄙视刑罚,相反,他们甚至否认是他的门徒。而如今你们却要与他同死。"这里他为批判基督教,相信福音书里记载的罪确实发生过,那是因为门徒们还是初信者,心智上不够成熟时所犯的罪。但他对他们此后的革新,他们面对犹太人的勇气,在他们手下遭受的数不胜数的患难,最后为耶稣的教训赴死,对所有这些只字不提。他不想留意耶稣对彼得的预言"年老的时候,你要伸出手来",等等,然后,圣经又说:"耶稣说这话,是指着彼得要怎样死,荣耀上帝。"① 他也不会注意约翰的兄弟雅各,使徒的兄弟,也是使徒,为基督的道被希律的刀剑杀死。他也不会看到,彼得和其他使徒所做的许多事,因道而有的胆量,② 不会看到他们挨了打之后,离开公会,心里欢喜,因被算是配为他的名受辱;③ 他甚至忽视希腊人所传讲的关于哲学的勇气和胆略的故事。因而,从一开始,耶稣的这一教义就对听众有重大的影响力,教导他们鄙弃芸芸众生的生活方式,热心追求像上帝一样的生活方式。

46. 当塞尔修斯的犹太人说"当他还在世时,他只赢得了十分可憎的十个海员和税吏,就是这些人,也并非心悦诚服"时,这不是谎言是什么?很显然,就是犹太人也承认,他不是只赢得了十个人,甚至不只是一百人或一千人。在一个场合,他一下子就赢得了五千人,另一次有四千人;④ 他是如此卓有成效地把他们争取过来,他们甚至跟从他进入旷

---

① 《约翰福音》21:18—19。
② 参《使徒行传》4:13。
③ 《使徒行传》5:41。
④ 《马太福音》14:21;15:38。

野，那里只有一处能容纳众多借着耶稣相信上帝的人；在旷野，他不仅以话语，更以行为展示自己。塞尔修斯总是重复同样的话，迫使我们也不得不这样做，因为我们不希望有人怀疑我们会把他的哪一点批判略过不提。关于所提到的问题，他在书中讲到的另一点是："他活着时没有说服任何人，如今他死了，那些想要说服人的人倒要使众人信服，这岂不是十分滑稽的事吗？"为了与事实一致，他应当说，耶稣死后，众人不仅被那些想要说服人的人说服，还被那些想要说服且有能力说服人的人说服。然而，我们岂不更应当说，当他还活着时，他借着自己大能的教训和实际的作为使多得多的人归信，这样说才是更合理的。

47. 他向我们提问说："什么样的证据使你们认为此人就是上帝的儿子？"然后从自己头脑里造出我们对他的问题的回答，说"我们坚持这样的观点，是因为我们知道他的受罚意在毁灭恶之父"。但是我们之所以坚持这样的信念，有成千上万个理由，其中的几个在上文已经提到，倘若上帝愿意，我们还可以提出更多，不仅在驳斥塞尔修斯所谓的"真教义"时提出，还要在其他无数的地方提出。另外，似乎我们真的回答"我们认为他是上帝的儿子，是因为他受了刑罚"。他说："那又如何呢？难道其他许多人不也受到刑罚，且也同样可耻吗？"这里塞尔修斯的做法，就如同最低级的敌信仰者，甚至认为能从耶稣钉十字架的故事里推导出这样的结论：我们拜任何被钉十字架的人。

48. 当塞尔修斯无法忽视记载中耶稣所成就的神迹时，他就把它们歪曲为巫术，这样的做法已经有过许多次；① 而我们往往尽我们所能驳斥他的论证。但这里他替我们作出回答，说："我们认为他是上帝的儿子出于这样的原因，因为他医治了瘸腿的和瞎眼的。"然后又说："所以，你们说，他还使死人复活。"他医治了瘸腿的和失明的，因此我们视他为基督和上帝的儿子，这在我们看来是十分清楚的，预言里所写的话也已

---

① 塞尔修斯的话，参第一卷，第六节、第六十八节及第七十一节；第二卷，第三十二节。

经指明:"那时瞎子的眼必睁开,聋子的耳必开通。那时瘸子必跳跃像鹿。"① 他真的使死人复活,这不是福音书作者杜撰的故事,这一点也很显然,因为只要想一想,如果这是杜撰的,那么应该记载有很多人复活,包括已经埋在坟墓里很长时间的人。然而,正因为这不是虚构的谎话,所以记载下来的人屈指可数,完全可以列举出来。有管会堂的女儿(出于某种不为人知的原因,他说"她不是死了,是睡着了"②,对她说了一些并不适用于所有死人的话);有寡妇的独生子,主怜悯他,就使他复活,还使抬棺的人站住;第三个人是拉撒路,他复活前已经在坟墓里躺了四天。③

在这个话题上,我们要对无偏私的人说,尤其要对这个犹太人说,正如"先知以利沙的时候,以色列中有许多长大麻风的,但内中除了叙利亚国的乃缦,没有一个得洁净的","先知以利亚的时候,有许多寡妇,以利亚并没有奉差往她们一个人那里去,只奉差往西顿的撒勒法一个寡妇那里去"④(根据某个神圣决定,她被认为配受先知所施行的饼的奇迹⑤);同样,耶稣时候有许多死人,但唯有那些逻各斯知道适合复活的人才得复活,这样,不仅叫主所成就的事成为某些真理的记号,他还可以在当时当地引领许多人归向奇异的福音教训。我完全可以说,根据耶稣的应许,⑥ 门徒们甚至做了比耶稣所行的身体上的奇迹更大的工作。因为心灵之眼瞎了的人,常常得以开启,原本对美德之言充耳不闻的人,渴望听到上帝的事和与他同在的有福生活;许多"里面的人"——如圣经所说的——成为瘸子的人,如今被逻各斯医治,不仅能跳跃,

---

① 《以赛亚书》35:5—6。
② 《路加福音》8:52。
③ 《路加福音》7:11—17;《约翰福音》11:38—44。
④ 《路加福音》4:27,25—26。
⑤ 《列王纪上》17:11—16。
⑥ 《约翰福音》14:12。

还"跳跃像鹿",①这种动物是蛇的天敌,而且能克制任何蛇的毒液。事实上,这些得了医治的瘸子从耶稣得了权柄,虽然以前不能走路,如今却能践踏一切罪恶的蛇和蝎子,广而言之,又有胜过仇敌一切的能力,②在行走中不会做错任何事,因为他们甚至已经胜过一切邪恶和鬼魔的毒汁。

49. 耶稣并没有一般性地告诫门徒,不可留意巫术师和那些宣称能以类似的方式行奇事的人(因为他的门徒不需要这样的告诫)。但他确实告诫他们,远离任何自封为上帝的基督并以某种暗示企图使耶稣的门徒转向他们的人;他曾在一处说:"那时,若有人对你们说'基督在这里',或说'基督在那里',你们不要信。因为假基督、假先知将要起来,显大神迹、大奇事。倘若能行,连选民也就迷惑了。看哪,我预先告诉你们了。若有人对你们说,'看哪,基督在旷野里',你们不要出去;或说,'基督在内屋中',你们不要信。闪电从东边发出,直照到西边;人子降临,也要这样。"在另一处他说:"当那日,必有许多人对我说:'主啊,主啊,我们不是奉你的名传道,奉你的名赶鬼,奉你的名行许多异能吗?'我就明明地告诉他们说:'我从来不认识你们,你们这些作恶的人,离开我去吧!'"③ 塞尔修斯想把耶稣行的奇事降到人的巫术层次上,所以说了以下这些话:"光和真理以及他自己的声音非常清楚地表明,甚至如你们所记载的,你们中间必有其他人能行同样的异能,就是恶人和巫师,他称有一个撒但制造了这些,所以连他也不否认这些奇事没有任何神圣之处,不过是恶人的作为。然而,迫于事实真相,他既揭示了别人的行为是不当的,也表明了他自己的行为同样不当。从同样的

---

① 《以赛亚书》35:6。参 Origen, *Comm. in Matt.* XI, 18; *Hom. In Jerem.* XVIII, 9; *Hom. In Cant.* II, 11。关于小鹿如何杀死蛇的故事,见 Priny, *N. H.* VIII, 118; XXVIII, 149—150; Aelian, *N. A.* II, 9; Plutarch, *Mor.* 976D; Xenophon ap. Cassianus Bassus, *Geoponica* XIX, 5, 3; Tertullian, *de Pallio* 3; Tatian 18; Cosmas Hieros, *Ad carm. S. Greg.* (*P. G.* XXXVIII, 633)。

② 《路加福音》10:19。

③ 《马太福音》24:23—27; 7:22—23。

作为中推出他是神，而别人是巫师，这岂不是卑劣可耻的论证？我们为何得采纳耶稣本人的见证，从这些作为得出其他人就是恶人，而这个人却不是？事实上，连他自己也承认这些事不是靠任何神性成就的，而是某些骗子和恶人所为的。"请想一想，塞尔修斯是否清楚地表现出对信仰的误解，因为耶稣论到那些要显神迹和奇事的人是一回事，而塞尔修斯的犹太人说的则是另一回事。此外，如果耶稣只是告诉门徒，要当心那些声称要行奇事的人，而没有注意他们可能自冠的名称，也许塞尔修斯的怀疑还有理由可言。但是由于耶稣要我们当心的人自称为基督，而巫师不会这么做，更有甚者，他说一些过着邪恶生活的人要奉基督的名行异能、赶鬼，①所以我可以这样说，所论到的这段话就完全消除了巫术以及巫术上的怀疑。事实上，有人可能用他的名，并因莫名其妙地受到某种力量的影响，于是假称自己是基督，表面上看所行的异能与基督行的一样，而还有一些人，可以说，以基督的名行与他的真正门徒非常相似的事，这一点恰恰表明了耶稣及其门徒的神圣权柄。

50. 在《帖撒罗尼迦后书》里，保罗也清楚地指出，那日子以前，必有"离道反教的事，并有那大罪人，就是沉沦之子，显露出来。他是抵挡主，高抬自己，超过一切称为上帝的和一切受人敬拜的，甚至坐在上帝的殿里自称是上帝。"他还对帖撒罗尼迦人说："现在你们也知道那拦阻他的是什么，是叫他到了的时候，才可以显露。因为那不法的隐意已经发动，只是现在有一个拦阻的，等到那拦阻的被除去，那时这不法的人必显露出来，主耶稣要用口中的气灭绝他，用降临的荣光废掉他。这不法的人来，是照撒但的运动，行各样的异能、神迹和一切虚假的奇事，并且在那沉沦的人身上，行各样出于不义的诡诈。"他还说明为何不法之人仍得存活，"因他们不领受爱真理的心，使他们得救。故此，上帝就给他们一个生发错误的心，叫他们信从虚谎，使一切不信真理、倒喜

---

① 《马太福音》7:22。

爱不义的人都被定罪。"①

哪一位可以告诉我们，福音书或使徒的作品里有哪一点能提供佐证，说明这段话里有阐述巫术之嫌？任何人只要有兴趣，也可以引用《但以理书》里关于敌基督者的预言。② 塞尔修斯错误地回忆耶稣的话，他没有说过"必有其他人出来，行同样的异能，就是恶人和巫师"，塞尔修斯却强调他确实说过这话。正如埃及人咒语的力量不同于摩西所行的异能中的美德，因为埃及人的奇事是靠诡诈制造的，而摩西的奇事是神圣的；③ 同样，敌基督者和那些假称能像耶稣的门徒一样行神迹奇事的人，他们的奇事被称为"虚假的"，靠"在那沉沦的人身上，行各样出于不义的诡诈"得以盛行；而基督及其门徒的奇事要结出果子，不是诡诈的果子，乃是灵魂得救的果子。 谁能合乎理性地说，高级生活，就是克制恶行，使它们日渐灭亡的生活，是靠诡诈产生的呢？

51. 塞尔修斯既说耶稣说"有个撒但要造出这些"，显然知道圣经里的话。但他回避问题，说"耶稣没有否认这些奇事没有任何神圣之处，全是恶人的作为"。他把完全属于不同类别下的事物归到同一个类别。正如狼与狗属于不同类别，尽管身体外形和吠叫上似乎有相似之处，正如野鸽子与家鸽是不同的，同样，借上帝的权能成全的事与靠巫术得逞的事，毫无相同之处。

此外，我们要这样回复塞尔修斯的恶言恶语：难道那些异能是靠巫术和恶鬼成就的，而根本没有奇事是借神圣上帝的神性成就的吗？难道人类生活只容忍邪恶，完全没有良善的立足之地吗？在我看来，这似乎是条普遍原则，即凡是坏事假称为好事的，就必然存在它的对立面：好

---

① 《帖撒罗尼迦后书》2:1—12。
② 《但以理书》7:23—26。
③ 《出埃及记》7:8—12。

事。①同样，有巫术所成就的奇事，就必然在人类生活中有神圣行为所成就的奇事。那么，根据同样的原则，他或者否认两者，说哪一种奇事都不存在，或者选择其中一种，就是坏的，那就等于承认同时存在好的。人若是认为巫术所行的奇事是真实的，却不认为神圣权能所行的奇事也是真实的，那么在我看来，此人就如同主张诡辩和似是而非的论证是真的，尽管它们并不是真的，只是假装确立了真实性，而认为与诡辩截然对立的真理和辩证论证却在人中间没有任何实际的现实性。

如果我们同意，魔术和巫术是顺从巫师的恶鬼借巧妙的符咒行的，从它们的存在可以必然推出，神圣权能所行的奇事也存在于人中间，那么我们为何不同样仔细检查一下声称能行异能的人，看看他们的生活方式和道德品质，他们所行的异能是有害于人，还是有益于道德革新？这样我们就知道谁侍奉鬼魔，借某种符号和咒语产生这样的效果，谁在上帝面前使自己的魂、灵（我想，还有他的体也同样）立足于纯洁而圣洁的根基，领受某种神圣的灵，为人类的利益，也为了劝告人相信真上帝，行这样的奇事。就算我们保持中立，不被任何一种奇事吸引，再问一次，谁出于好的动机，谁出于恶意行这些奇事，我们既不说它们全是恶的，也不把它们全都看成是神圣的，崇敬它们，接受它们，即便如此，就摩西和耶稣的案例来看，既然整个民族都把自己的起源归于他们的异能，那么圣经里记载的这两人所行的事，必是靠神圣权能行的，这岂不是不证自明的吗？邪恶和诡诈不可能把整个民族凝聚起来，而这种力量不仅在人所立的偶像和雕塑之上，还超越了一切受造物，上升到宇宙之上帝的非受造能力。

52. 因为这些话是一个犹太人在塞尔修斯的书里说的，所以我们要对他说：至于你，先生，你为何相信你们的圣经所说的，上帝借着摩西

---

① 对立面相互包含，这是老生常谈，参 Philo, *de Aetern. Mundi*, 104. 斯多葛学派在他们的神正论中用这一原则解释恶的存在；只要有善存在，就不可避免地有恶存在，这是必然的。参 Chrysippus ap. Aulus Gellius Ⅶ, 1 (*S. V. F.* Ⅱ, 1169); Plutarch, *Mor.* 1065B（同上，1181）。

成就的那些异能是神圣的，你为何想方设法驳斥那些误解它们，把它们看作是靠巫术成就的，就像埃及的智者所行的事一样的人？因为当你说耶稣的异能——你承认它们是发生了——不是神圣的，你其实就是在学那些批判你对摩西所持的观点的埃及人。试想，若说整个民族都把自己的起源归于摩西的奇事，这一结果表明一个无可辩驳的事实，即正是上帝促成了摩西的异能，那么这样的推论在耶稣的例子中岂不是更加适用？因为他的作为比摩西的更大。摩西领着那些国民，就是亚伯拉罕的后裔，遵行传统，坚守割礼，积极热情地奉行亚伯拉罕的习俗，又领他们出埃及，为他们立定你相信是神圣的律法。然而耶稣作出了更为大胆的事，因为他把全新的福音生活引入到与既定律法一致的祖先的伦理规范和传统的生活方式之中。正如记载中摩西所行的神迹是需要的，好叫摩西不仅受到长老，还有百姓的信从；同样，耶稣岂不是也需要这样的异能，好叫百姓中那些知道寻求神迹奇事的人也相信他？因为相比于摩西的奇事，耶稣的异能更卓越，也更神圣，它们能够使人抛弃犹太传说和属人的传统，使他们接受耶稣这位教导并施行这些异能的，视他为比众先知更大。他们既宣称他就是基督和人类的救主，他岂不比众先知更大吗？

53. 塞尔修斯的犹太人对耶稣的信徒所说的一切，可以同样适用于对摩西的批判，所以我们可以说，或者耶稣的巫术与摩西的没有两样，或者两者几乎是同样的，因为就塞尔修斯的犹太人的话来说，两人都可能受到同样的反对。比如，塞尔修斯的犹太说基督："光和真理啊，耶稣自己的声音非常清楚地承认，甚至就如你们所记载的，你们中间必有其他人也使用类似的异能，就是恶人和巫师。"但是关于摩西，任何不相信他的奇事的人，不论是埃及人或其他人，也可以对这犹太人说：光和真理啊，摩西自己的声音非常清楚地承认，甚至就如你们所记载的，你们中间必有其他人也使用类似的异能，就是恶人和巫师。因为你的律法上写着："你们中间若有先知或是做梦的起来，向你显个神迹奇事，对你说:'我们去随从你素来所不认识的别神,侍奉它们吧!'他所显的神迹奇事,虽有应验,你也不可听那先知或是那做梦之人的话。"①既然误解耶稣的话的人说"他称有个撒但造出这些事",那么把这话应用于摩西的人也可以说,他称有个做梦的先知造出这些事。因为塞尔修斯的犹太人说耶稣"就是他本人也不否认这些奇事没有任何神圣之处,全是恶人的作为",所以不相信摩西的奇事的人,也可以把这些他刚刚说过的话拿来对他说,指出同样的观点:就是摩西本人也不否认这些事没有任何神圣之处,全是恶人的作为。然后,又说同样的话:迫于真理,摩西既揭示了别人的事,也驳斥了自己的作为。当这个犹太人说:"从同样的作为中推出他是神,而别人是巫师,这难道不是卑劣的论证吗?"我们也完全可以基于我们所引的摩西的话对他说:从同样的作为推出他是上帝的先知和仆人,而别人是巫师,这难道不是卑劣的论证吗?

塞尔修斯在这个话题上花更多的时间,在作了我所引用的这种比较之后,接着说:"我们为何要从这些作为得出结论说,别人是恶人,而这个人却不是?是根据耶稣本人的见证吗?"我们也要把这一点加到我们已经说过的话上:我们为何要从这些作为得出结论说,当其行神迹奇事时,摩西禁止你们相信的这些人就是恶人,而摩西不是?是因为他曾攻击他们的神迹奇事吗?塞尔修斯甚至还进一步论述这个话题,以论证其观点,说:"事实上,连他也承认这些作为不是借任何神性产生的,而是某些骗子和恶人所为。"这里是谁在这样说?是你,犹太人,是你说耶稣这样承认。但攻击你的人可以把同样的批判用在摩西身上,把"他"换成摩西。

54. 此后,这个塞尔修斯的犹太人(保持一开始就赋予犹太人的角色)竟然对他同胞中信主的人说:"是什么使你们相信,不就是因为他预言了他死后要复活吗?"这也可以用于摩西,就像前面的例子一样。我们

---

① 《申命记》13:1—3。

会对他说：是什么使你相信，不就是他对自己的死写下了这样的话："于是，耶和华的仆人摩西死在摩押地，正如耶和华所说的。耶和华将他埋葬在摩押地，伯毗珥对面的谷中，只是到今日没有人知道他的坟墓"①？正如犹太人攻击耶稣，因为他预言了死后要复活，同样，攻击摩西的人也可以这样回应他，摩西（因为《申命记》是他写的）写下"到今日没有人知道他的坟墓"的话，自我夸口，自我称颂，说甚至连他自己的坟墓也是人类所不知道的。

55. 此后，这个犹太人又对他那些信耶稣的同胞说："好吧，我们暂且相信你们的观点，他确实说了这样的话。然而，有多少人显出同样的奇事，使被他们蒙骗、利用的单纯之人信服？据说，毕达哥拉斯的仆人扎摩尔克西斯（Zamolxis）在斯基台人中也行了这样的事，②毕达哥拉斯本人在意大利，③拉姆坡西尼图（Rhampsinitus）在埃及也行了同样的事。后者在冥府里与得墨忒耳（Demeter）掷骰子，还带着她送的一个礼物，一块金餐巾回来。④此外，他们说俄耳甫斯在奥德里西亚人（Odrysians）中，⑤普洛忒西拉俄斯（Protesilaus）在塞萨利（Thessaly）复活⑥，赫拉克勒斯在台那鲁姆（Taenarum）复活以及忒修斯（Theseus）复活。⑦不过，我们要考察一下这样的问题，人真的死了之后，复活的是否同一个身体。或者你们认为这些别人的故事完全是传说，只是表面看起来真实，而你们的悲剧的结尾——他在十字架上快断气时的喊叫，地震和黑暗——必须视为高贵而可信的？他活着时没能帮助自己，死后却复活，

---

① 《申命记》34:5—6。
② 根据希罗多德记载（IV, 95），扎摩尔克西斯藏在一个山洞里，四年之后再次出现在色雷斯人面前，说他复活了。参 Lucian, Deorum concilium, 9。
③ 故事见于 Hermippus 引自 Diog. Laert. Ⅷ, 41. Rohde, *Psyche* (E. T.), pp. 600f; Waszink on Tert. *de Anima*, 28。
④ 塞尔修斯引用 Herodotus Ⅱ, 122。
⑤ 关于俄耳甫斯在冥府，参 J. G. Frazer on Apollodorus, *Bibl.* 1, 3, 2 (14-15); discussion in Guthrie, *Orpheus and Greek Religion* (1935), pp. 29ff。
⑥ Apollodorus, Epit. Ⅲ, 30-31。
⑦ 关于赫拉克勒斯救忒修斯出冥府，参 Frazer on Apollodorus, *Bibl.* Ⅱ, 5, 12。

并向人显示他受刑罚的记号,他的双手如何被刺穿。只是有谁看见这一切了?有一个歇斯底里的妇女,如你们说的,或许还有另外什么人?① 这些人被同样的巫术蒙骗,或者在某种心理状态中做梦,并由于某种错误观念,出于渴望的念头产生幻觉(成千上万的人都会有这样的经历),或者更有可能的是,为要打动人而讲述这样稀奇古怪的故事,并以这种荒唐的故事为其他乞求者提供一个机会。"

说这话的既是犹太人,我们为捍卫我们的耶稣作出回答的时候,就要把我们的对手看作真的是个犹太人一样,所以把他的论证进一步应用于摩西,并对他说:有多少人像摩西一样行奇事,使被他们欺骗、利用的单纯之人信服?引用扎摩尔克西斯和毕达哥拉斯奇异的故事的能力,与其说适用于对希腊故事没有什么兴趣的犹太人,还不如说更适合于不相信摩西的人。引用拉姆坡西尼图的例子,对一个不相信摩西行异能的埃及人来说,更有合理性,因为他会说,拉姆坡西尼图降到冥府,与得墨忒耳掷骰子,并从她那里带走一块金餐巾,表明这是发生在冥府里之事的记号,然后他离开那里回到阳间,这样的故事比起摩西的故事要更可信得多,因为摩西写道,他进入"上帝所在的幽暗之中"②,唯有他能挨近上帝,其他所有人都不能。他是这样写的:"惟独摩西可以亲近耶和华上帝,其他人却不可亲近。"③ 所以,我们这些耶稣的门徒,要对说这样话的犹太人说:你这个攻击我们对耶稣的信心的人,现在为自己辩护吧;如果你指控我们耶稣的事,但埃及人和希腊人先是指控摩西,请你说说,你会怎样回答他们吧。即使你精力充沛地为摩西辩护,认为关于他的记载也能成为显著而清晰的辩护,但在你为摩西辩护时,不论你愿不愿意,你也必确证耶稣比摩西更有神性。

56. 塞尔修斯的犹太人说,人自称下到冥府又从那里回来这类英雄故事

---

① 可能指彼得。
② 《出埃及记》20:21。
③ 《出埃及记》24:2(和合本为"惟独你可以亲近耶和华,他们却不可亲近"。——中译者注)

全是虚幻的传说,认为英雄们暂时消失,悄悄地离开所有人的视线,然后又出现,似乎是从冥府回来(因为这似乎就是他对俄耳甫斯在奥德里西亚人中复活、普洛忒西拉俄斯在塞萨利复活、赫拉克勒斯在台那鲁姆复活,以及忒修斯复活之故事的看法)。那就让我们来表明,耶稣从死里复活的历史,是这些故事根本不能相提并论的。他所提到的那些在各自的地方"复活"的英雄,只要他们愿意,每个人都能悄悄地从众人的视线中消失,然后再决定回到当初离开的人群中来。但既然耶稣是在所有犹太人面前被钉十字架的,他的身体是在犹太百姓面前死去的,他怎么能说,这与那些所记载的下到冥府又从那里回来的英雄故事一样,是编造出来的呢?在我们看来,完全可以提出以下这样假设为耶稣被钉十字架辩护,尤其考虑到那些被认为下过阴司冥府的英雄们的故事。假如耶稣的死无人知晓,他死的时候犹太百姓并不知道;然后他真的从死里复活了,那么这个犹太人尚有理由把对英雄故事的怀疑用到他身上。因此,耶稣被钉十字架除了许多其他原因之外,也很可能考虑到这一个原因,他在十字架上的死,要成为众所周知的事件,唯有这样,谁也不可能说他是故意从人们眼前消失的,说虽然他看起来死了,实际上并非如此,只是等到他希望出现的时候,重新出现,讲说怪异的故事,宣称自己已经从死里复活了。不过,我想,他的那些门徒不顾生命危险,献身于传讲他的教义,他们的行为是最清楚而明确的见证。如果他们编造了故事说耶稣从死里复活了,那就不可能有这样的精神传讲他的教义,更何况他们身体力行,以身师表,不只是教导别人要鄙视死亡,而是首先自己视死如归。

57. 想想塞尔修斯的犹太人多么愚昧无知,竟然认为任何人不可能以同样的身体从死里复活,说:"不过我们必须检查一下这样的问题,真正死了的人是否以同样的身体复活。"没有犹太人会说这样的话,因为他们相信《列王纪》第三卷和第四卷里记载的少年的故事,一个靠以利亚复活,另一个靠以利沙复活。①我想,正是出于这样的原因,耶稣不是去到别的

---

① 《列王纪上》(III Regn.) 17:21—22;《列王纪下》(IV Regn.) 4:34—35。

民中间,而来到犹太人中间生活,因为他们早已对异能奇事习以为常,能够将他们所相信的先前的异能与那些所报告的耶稣行的奇事作比较,从而接受这样的观点:他比他们所有人都卓越,因为他显的异能更大,他行的奇事更不可思议。

58. 这个犹太人引用了那些可以说是极其荒唐地编造出来的说人从死里复活的故事之后,他对信耶稣的犹太信徒说:"或者你们是否认为别人的这些故事真的是传说,只是表面上看起来真实,而你们的悲剧的结尾——他在十字架上快断气时的喊叫——却必须被认为是高贵而可信的?"我们要这样回答这个犹太人:对你所引用的神话我们认为就是如此;但我们当然不认为,我们和你都相信的,不仅你尊重我们也同样尊重的圣经里的故事也是传说。 相反,我们相信,在圣经里记载人从死里复活的作者不是在讲荒唐故事,我们也相信,耶稣真的如他所预言并如众先知所预言的那样复活了。只是耶稣的复活比先前的例子要令人瞩目得多,因为先前的人是靠先知以利亚和以利沙使他们复活,而他不靠任何先知,只靠他天上的父从死里复活。所以,他的复活比前面那些人有更大的果效。试想,少年人靠以利亚和以利沙复活,这样的事与耶稣复活的教义(只要相信这是靠神圣权能成就的)所产生的结果相比,算得了什么,给世界带来了什么重大益处?

59. 他认为"地震和黑暗"只是虚幻的编造。我们在前面尽我们所能对此作了辩护,引用了菲勒哥记载的这些发生在救主受难时的事件。① 他还认为"耶稣还活着时没能帮助自己,死后却能复活,显示他受难的记号,以及他的双手如何被刺穿的记号"。 我们反问他,他所说的"他没能帮助自己"是什么意思?如果他指的是美德,我们得说,他当然帮助了自己。因为他既没有说也没有做任何错事,事实

---

① 参第二卷,第十四节和第三十三节。

上，他"像羊羔被牵到宰杀之地，又像羊在剪毛的人手下无声"，福音书也证实"耶稣却不言语"①。但是他若是把"他没有帮助自己"的短语理解为无足轻重的形体之事，我们说，我们已经根据福音书表明，他忍受这一切是出于他的自由意志。然后他引用福音书里的话说，他从死里复活之后显示了受难的记号，以及双手如何被刺穿的记号。他又问："谁看见了这个？"他攻击圣经里说的从良妓女马利亚看见他的事，说："有一个歇斯底里的妇女，如你们所说。"因为记载中看见了复活耶稣的人并非她一个，除她之外，还有其他人，塞尔修斯的犹太人还攻击这些故事，说"也许还有另外某个被同样的巫术蒙骗的人也看见了。"

60. 然后，似乎他在下文说的这种事真有可能发生（我是说，有人竟可能对死人产生这样一种生动的视觉，生动到以为他是活的），他继续像一个伊壁鸠鲁主义者，说，有人"在某种心理状态下做梦，或者由于某种错误观念借着渴望的念头产生一种幻觉"（"这是成千上万的人都有过的经验"，他说），于是就有了这样的故事。即便这话看起来说得非常清楚，它仍然确证了一个重要的理论，即死人的灵魂具有真实的存在，而接受了灵魂不朽的理论，或者至少主张肉身死后灵魂仍在的理论的人，不会相信幻觉之说。因而，柏拉图在论灵魂的对话中，说到死去之人"影子般的幽灵"在坟墓周围向某人显现。②死人的坟墓周围之所以有幽灵出没，是因为灵魂存在于被称为发光体的事物之中。③然而，塞尔修斯拒不相信这一点，想要指出，这是某些人在白日做梦，"由于某种错误观念借着渴望的念头产生一种幻觉"。倘若异象是出现在晚上，他的看法倒并非完全不合情理。然而，这些人既然绝不可能精神错乱，或者

---

① 《以赛亚书》53:7；《马太福音》26:62—63；27:12，14。
② 《斐多篇》81D；参以下第七卷，第五节。
③ 关于这一思想在晚期柏拉图主义中的发展，见 E. R. Dodds 在他所编辑的普洛克鲁斯 (Proclus)，*The Element of Theology* (1933), pp. 313 - 321 中的讨论；关于奥利金，参英译者在 *Harv. Theol. Rev.* XLI (1948), pp. 99f 里的评论。

患忧郁症,所以他所说的白日做梦是不能令人信服的。因为塞尔修斯预先看到这种驳斥,所以他说,那个妇女是歇斯底里的;但是圣经里的叙述——他的批判所基于的源泉——没有任何证据能表明这一点。

61. 塞尔修斯认为,"耶稣死后,常常表现出他在十字架上所受的伤只是一种心理上的印象,而不是真的受了伤。"但是根据福音书——塞尔修斯对其的态度是:凡对他的批判有益的部分他就相信,其他部分则不相信——的记载,耶稣叫了一个原本不相信,并认为行异能不可能的门徒到他面前。他接受了妇人所说的她看见了耶稣的话,因为死人的灵魂显现在人面前,这不是不可能的事;但他仍然不认为耶稣真的在一个与他生前完全一样的身体里复活了。因此,他说"我非看见……我总不信",甚至说:"我非……用指头探入那钉痕,又用手探入他的肋旁,我总不信。"①这是多马说的,因为他认为肉眼不可能看见有灵魂的身体各方面与先前完全一样,"有身量、美目和声音",还常常"有同样的皮肤包裹"②。但是耶稣把多马叫上前来,说:"伸过你的指头来,摸('摸'原文作'看')我的手;伸出你的手来,探入我的肋旁。不要疑惑,总要信!"③

62. 这最大的异能必是真实发生的,这与关于他的所有预言都是吻合的——这里我会引用其中一个预言,也是与他所成就的以及一切临到他身上的事相一致的。先知拟耶稣的口预言说:"我的肉身要在盼望里安息。因为你必不将我的灵魂撇在阴间,也不叫你的圣者见朽坏。"④但在他复活之时,可以说,他处于一种中间状态,在身体受难之前的坚固状态与灵魂未包裹身体时的状态之间。由此就可以理解,为何"过了八

---

① 《约翰福音》20:25。
② 奥利金引用荷马《伊利亚特》XXIII, 66—67,记载的是帕特洛克罗斯(Patroclus)的幽灵向阿喀琉斯(Achilles)显现。奥利金的观点是,多马虽然相信幽灵,但并不相信身体上的复活。
③ 《约翰福音》20:27。
④ 《诗篇》15:9—10(和合本 16:9—10"我的肉身也要安然居住……"——中译者注)。

日，门徒又在屋里，多马也和他们同住。门都关了，耶稣来站在当中说：'愿你们平安！'就对多马说：'伸过你的指头来。'"①等等。在《路加福音》里，当西门和革流巴正彼此谈论所遇见的一切事，耶稣亲自就近他们，"和他们同行；只是他们的眼睛迷糊，不认识他；耶稣对他们说：'你们走路彼此谈论的是什么事呢？……他们的眼睛明亮了，这才认出他来。'"然后圣经里的话说："忽然耶稣不见了。"②因此，即使塞尔修斯企图把耶稣的显现和那些在他复活后看见他的人的经历与其他幻觉及产生这种幻觉的人相提并论，对任何明智地、毫无偏袒地检查事实的人来说，前者才是真正的奇迹。

63. 此后，塞尔修斯对圣经故事的污蔑，我们绝不能轻易忽视，他说："如果耶稣真的想要表现出神圣权能，他应当向那些恶待他的人显现，向定他罪的人以及向任何地方的任何人显现。"没错，从福音书来看，我们认为他复活之后的显现确实不同于复活之前在公众和每个人面前的显现。虽然在《使徒行传》里写着，"他受害之后……四十天之久向使徒显现，讲说上帝国的事"③，但福音书里并没有说他始终与他们在一起，只说有一次，门都关了，他显现在他们中间八天之久④，另一次在同样的情形中显现。保罗也在《哥林多前书》的结尾部分暗示，他没有像他受难之前那样显现在众人面前，他写的话是这样的："我当日所领受又传给你们的，第一，就是基督照着圣经所说，为我们的罪死了，并且显给矶法看，然后显给十二使徒看，后来一时显给五百多弟兄看，其中一大半到如今还在，却也有已经睡了的。以后显给雅各看，再显给众使徒看，末了，也显给我看。我如同未到产期而生的人一般。"⑤我猜想

---

① 《约翰福音》20:26—27。
② 《路加福音》24:14—17，31。
③ 《使徒行传》1:3。
④ 《约翰福音》20:26。
⑤ 《哥林多前书》15:3，5—8。

这一段话里包含着某种伟大而奇异的真理，要领会它们，不是广大普通信徒所能为，甚至那些非常杰出的人也恐怕无能为力。这些真理很可能会表明，耶稣从死里复活之后，为何不像他死之前那样向众人显明。考虑到为回应攻击基督徒及其信仰而写的论文的特点，我从众多观点中选择几个，看看我们是否能给聆听我们的辩解的人留下一个合理的印象。

64. 耶稣虽然只是一位，但具有多个方面①。对那些看见他的人，他并非一视同仁地显现。他有许多方面，这一点从以下的话里清楚可见，"我就是道路、真理、生命"，"我就是生命的粮"，"我就是门"②，还有数不胜数的类似说法。此外，他对那些看见他的人的显现并不完全相同，而是根据各人个体能力的差异各不相同，这一点只要仔细想一想就很清楚。试想，当他要在高山上变脸时，为何不带上所有的使徒，只带了彼得、雅各和约翰。因为当时唯有他们有能力看见他的荣光，当摩西和以利亚在荣光里显现时，也唯有他们能认出来，聆听他们彼此交谈，有声音从天上的云层里传出来。我想，在他升到山上之前，唯有他的门徒来到他身边，他教导他们祝福，即使这里，当他还在山下低处时，当天色很晚，他治好那些被领到他面前的人，使他们脱离疾病和痛苦时，他对那些患病需要他的医治的人的显现，也不同于他向那些能够跟他一同上到山上、身体健康的人的显现。此外，他私下里向他的门徒解释他向外面众人所说的比喻的隐秘含义；正如那些听到关于比喻解释的人，比那些听到比喻，但没有听到任何解释的人，具有更大的领会能力一样，他们心灵所见的异象与他们肉眼所见的异象也是如此。从那要出卖他的犹大的话里也可以看出，他并非总是以同样的方式显现。犹大对与他一同前来的众人说，"我与谁亲嘴，谁就是他"③，似乎他们不认识

---

① 奥利金的 *Commentary on St. John* 第一卷里阐述了这一观念；关于它的讨论，参 C. Bigg, *The Christian Platonists of Alexandria* (2nd ed. 1913), pp. 209 ff；Ⅵ, 77 及注释。
② 《约翰福音》14:6；6:35；10:9。
③ 《马太福音》26:48。

他。我想，救主本人也清楚地指明了这一点，他说："我天天坐在殿里教训人，你们并没有拿我。"① 所以，我们既认为耶稣是极其奇异之人，不仅就他里面众人不能见的神性而言如此，就是他的身体也是如此，他随己愿，想在谁面前怎样显现，就怎样显现，我们也就坚信，唯有当耶稣还没有"将一切执政的、掌权的掳来"②，还没有向罪死了的时候，每个人才有可能看见耶稣；而一旦他将一切执政的和掌权的掳了来，凡是先前看见了他的，都不能再仰望他，因为他身上再也没有众人能看见的事物存在。因此，他从死里复活之后没有向众人显现，这正是出于对他们的（承受能力的）考虑。

65. 我何必说"向众人"呢？事实上，就是对众使徒和门徒，他也不是常常显现，或常常显明，因为没有经过一段时间痛苦的缓解，他们就不能接受他的神性。成全了道成肉身的工之后，他的神性变得更加鲜明。矶法，也就是彼得，可以说是众使徒中的初果，能够看见这一点。在他之后，十二使徒——马提亚受命取代犹大——也看见；之后他一次就显给五百多弟兄看；然后显给雅各看，再显给十二使徒之外的其他使徒（很可能是七十位）看；末了也显给保罗看，他像未到产期出生的人一般，知道自己在什么意义上说"我原是使徒中最小的，不配称为使徒"③。很可能"最小的，不配称"的意思就是"未到产期而生的"。因而，我们不能轻易指责耶稣没有把所有使徒都带上山，只带了前面提到的三位，让他们看见他要在山上变脸，显出明亮的外形以及摩西和以利亚与他交谈的荣光。同样，在这里，我们也不可能找到理由批评使徒的话，因为他们描述耶稣复活之后没有向所有人显现，只向那些他认为已经获得眼睛能看见他的复活的人显现。

我想，以下关于耶稣的话有助于证明这里所提出的观点："因此基督

---

① 《马太福音》26:55。
② 《歌罗西书》2:15。
③ 《哥林多前书》15:5—8。

死了，又活了，为要作死人并活人的主。"① 请注意，耶稣死是为了能做死人的主，复活则不仅为要做死人的主，也为了做活人的主。使徒说的基督做死人的主，这里的死人，他在给哥林多人的第一封信里列举如下："因号筒要响，死人要复活，成为不朽坏的。"② 活人他指的是那些要改变的人，他们与将要复活的死人不同。提到这些人的话就在"死人要复活"的话后面，即"我们也要改变"。此外，在《帖撒罗尼迦前书》里，他用不同的话作了同样的区分，说有两类人，那些睡了的人和那些活着的人。他说："论到睡了的人，我们不愿意弟兄们不知道，恐怕你们忧伤，像那些没有指望的人一样。我们若信耶稣死而复活了，那已经在耶稣里睡了的人，上帝也必将他们与耶稣一同带来。我们现在照主的话告诉你们一件事：我们这活着还存留到主降临的人，断不能在那已经睡了的人之先。"③ 我们基于《帖撒罗尼迦前书》对这个话题作出这样的解释，看来是很恰当的。

66. 若说信耶稣的众人并没有全都看见他的复活，这不必惊奇，因为保罗写给那些没有能力领受更大真理的哥林多人时就说："因为我曾定了主意，在你们中间不知道别的，只知道耶稣基督并他钉十字架。"④ 以下的话也是同样的意思："那时你们不能吃，就是如今还是不能。你们仍是属肉体的。"⑤ 所以，圣经——它里面的一切全是上帝的圣命成就的——记载，耶稣受难前非常普遍地向众人显现，但即使这样，他也并非总是如此；他受难之后就不再以同样的方式显现，而是非常仔细地按照各人的能力给予恰当的显现。正如经上记载，上帝向亚伯拉罕显现，或向哪位圣徒显现，⑥ 但这种显现并非时时出现，只是偶然出现，正如他并不

---

① 《罗马书》14:9。
② 《哥林多前书》15:52。
③ 《帖撒罗尼迦前书》4:13—15。
④ 《哥林多前书》2:2（奥利金对此经文的惯常注释）。
⑤ 《哥林多前书》3:2—3。
⑥ 参《创世记》12:7；48:3。

向所有人显现。同样，我想，上帝的儿子向众使徒的显现，很大程度上与旧约里的上帝向众圣徒的显现是一样的。

67. 我们已经尽我们所能在这样的一篇作品里回答了塞尔修斯的批判："如果耶稣真的想要显出神性，他就应当向那些恶待他的人，那些定他罪的人以及每个地方的每个人显现。"他不宜向定他罪的人，向那些恶待他的人显现。因为耶稣既为定他罪的人考虑，也为那些恶待他的人考虑，免得他们受到重击，变成瞎子，就像所多玛人垂涎住在罗得家里的天使的美而图谋不轨，结果受到重击，眼睛昏迷。以下的话就记载了这个故事："只是那二人伸出手来，将罗得拉进屋去，把门关上，并且使门外的人，无论老少，眼都昏迷；他们摸来摸去，总寻不着房门。"① 所以，耶稣愿意向每一个有能力看见的人显明他的神性。事实上，他之所以不显现，也许就是因为他顾虑人的能力有限，不能看见他。

塞尔修斯的论证是徒劳无功的："他死后就不再惧怕任何人，如你所说，他原本就是神；他被差遣时就全然没有隐藏的意思。"事实上，当他被差进入世界之后，他不只是让人认识自己，同时还掩藏自己。② 因为他的完全本性并非为人所知，即使是认识他的人也不知道，他的某些方面在他们面前藏而不露；而在某些人，他完全是不可知的。但是他向他们这些在幽暗中的黑夜之子打开了光明的大门，向那些委身成为白昼之子和光明之子的人打开大门。③ 我们的主和救主就如良医来到背负罪的人中间，是为罪人而来，不是为义人而来。

68. 我们来看看塞尔修斯的犹太人如何继续："如果他真的那么伟

---

① 《创世记》19：10—11。
② 在奥利金看来，道成肉身既是显明上帝，也是掩藏上帝；参第二卷，第七十二节，第四卷，第十五节和第十九节。
③ 参《帖撒罗尼迦前书》5:5。

大，那么为了展现他的神性，他当突然从十字架上消失。"①这话在我看来就如同是不相信神意的人说的，他们总是把事物描述为与其真实面目不同，说"如果世界就像我们所描述的那样，就更好了"。当他们的想法具有可能性时，他们受到事实的驳斥，因为就他们及其描述所能做的来说，只能使世界变得更糟糕。另一方面，当他们似乎没有把世界描述为比其实际情形更坏时，最终表明他们是在向往本质上不可能的事物。所以，无论哪一种情形，他们都是荒唐可笑的。同样在这里，耶稣无论何时想消失就消失，这对神性来说不是不可能的，这一点不仅其本身是显而易见的，从圣经关于他的叙述来看，也是非常清楚的——至少对那些为攻击基督信仰而不相信圣经的某些部分，同时把其他部分视为虚构故事的人来说，是很清楚的。因为在《路加福音》里写着，耶稣复活之后，拿起饼来，祝谢了，掰开，递给西门和革流巴；他们接过饼，"眼睛明亮了，这才认出他来。忽然耶稣不见了"②。

69. 我们想要表明，耶稣从十字架上突然消失，这与道成肉身的整个目标并没有更大的益处。圣经里记载的耶稣的事，不能完全只是在文本和历史意义上理解，事实上，对那些能够更深入解读圣经的人来说，每一个事件都同时清楚地指向另外的事件。因此，他钉十字架这一事件，包含了由"我已经与基督同钉十字架"③这话所指明的真理。下面的话也是在同样的意义上说的："但我断不以别的夸口，只夸我们主耶稣基督的十字架。因这十字架，就我而论，世界已经钉在十字架上；就世界而论，我已经钉在十字架上。"④他的死是必不可少的，因为"他死是向罪死了，只有一次"，也因为义人说，使他"效法他的死"，"我们若与基督

---

① 参斐罗斯特拉图 (Philostratus) 记载的故事，提亚那的阿波罗尼乌 (Apollonius of Tyana) 在多米提安 (Domitian) 面前消失 (*Vita Apollonii*, VIII, 5); 坡菲利 (Porphyry) 问，为什么耶稣没有像阿波罗尼乌那样消失 (frag. 63 Harnack)。

② 《路加福音》24:30—31; 关于西门，参第二卷，第六十八节; *Comm. in Joann.* I, 5, 8。

③ 《加拉太书》2:20。

④ 《加拉太书》6:14。

同死，也必与他同活"。① 同样，他的埋葬也延伸到那些效法他的死，与他同钉十字架，并与他同死的人，如保罗所说："我们借着洗礼归入死，和他一同埋葬。"从而，我们也与他一同复活。

我们会在更适当的时候，在另外主要讨论这些问题的作品里，详细地解释他的埋葬、坟墓以及埋葬他的人的含义。现在，我们只要提到把耶稣纯洁的身体包裹起来的细麻布，约瑟在磐石上凿出来的新坟墓，"那里头从来没有葬过人"，或者如约翰所说这新坟墓"是从来没有葬过人的"②。也请注意，这三位福音书作者其完全一致的记载岂不是令人印象深刻，他们不厌其烦地记载坟墓是开或凿在磐石上的，③ 叫考察圣经话语的人都明白，无论是关于这些事，还是关于坟墓之新——这一点马太和约翰都提到——还是路加和约翰都记载的里头从来没有葬过人这一点，④ 都有值得评注的细节。因为他不同于别的死人，即使是作为尸体，也用水和血显现出生命的迹象，⑤ 这样的人可以说，应当作为一个新的死人，躺卧在新的干净的坟墓里。因而，正如他的出生比任何人的出生要纯洁，因为他不是由两性交合而生的，乃是由童女所生，同样，他的埋葬也是纯洁的，把他的身体安放在一个新开凿的坟墓里，这一事实就象征性地表明了这一点；这坟墓不是由多块未经削凿、并非天然合一的石头筑成，而是由一整块完整的磐石开凿而成。

不过，我们要在更适当的时候，在主要讨论这一话题的书卷里涉及这些问题的时候，再来更详尽且在更富灵性的意义上解释这些观点，从记载发生的事件本身上升到它们所寓示的真理。经文可以这样按字面解释，即被挂在十字架上，这是与他的定意相一致的，他也遵守他决定的

---

① 《罗马书》6:10；《腓立比书》3:10；《提摩太后书》2:11。
② 《马太福音》27:59—60；《路加福音》23:53；《约翰福音》19:41。
③ 《马太福音》27:60；《路加福音》23:53。
④ 《马太福音》27:60；《约翰福音》19:41；《路加福音》23:53。
⑤ 参第二卷，第三十六节。

结果，好叫他既作为人被杀死，也作为人被埋葬。然而，即使假设福音书里记载他突然从十字架上消失了，塞尔修斯和不信主的人也会把它撕为碎片，并对他提出如下的指控：他既没有在受难之前消失，为何上了十字架之后要消失呢？既然他们从福音书里得知"他没有突然从十字架上消失"，就认为可以指控圣经，因为这些作者没有（如他们所设想的那样）杜撰谎言，说他突然从十字架上消失了，而是记载了事实真相，那么，我们相信他们关于他复活的记载，相信他想要显现就显现，比如门关了之后，他站在门徒们中间，再比如他把饼递给他的两位朋友，对他们讲了几句话之后，突然从他们面前消失，这岂不是合乎情理的吗？

70. 塞尔修斯的犹太人所说的"耶稣把自己隐藏起来"的话是从哪里得出来的？他是这样耶稣的："他既受令传讲信息，就当把信息传讲出去，但他却把自己隐藏起来，这派来的是什么信使呢？"他没有隐藏自己，因为他对那些想要抓捕他的人说："我天天坐在殿里教训人，你们并没有拿我。"① 至于塞尔修斯下面的异议，也是重复提出了，我们前面已经作答，并且认为已经很完备，无须补充。② 前面我们已经驳斥的是这样的话："当他还在身体里不为人所信时，他毫无顾忌地向众人传讲；而当他死而复活之后可以确立坚固的信仰时，却只是悄悄地向某个妇人和那些与他亲密的人显现。"但是，说他只向一个妇人显现是不正确的。在《马太福音》里有记载说："安息日将尽，七日的头一天，天快亮的时候，抹大拉的马利亚和那个马利亚来看坟墓。忽然，地大震动，因为有主的使者从天上下来，把石头滚开。"稍后，马太又说："忽然，耶稣遇见她们（显然是指刚刚提到的两个马利亚），说：'愿你们平安！'她们就上前抱住他的脚拜他。"③ 另外，我们既回复了他未显给每个人看见的异议，也就回答了他以下这话："他受罚的时候，显给众人看见；他复活之

---

① 《马太福音》26:55。
② 参第二卷，第六十三节至第六十七节。
③ 《马太福音》28:1—2, 9。

后,却只显给一人看见。"不过,这里我们还要说,他的属人的特点是向众人显现的,但属神的特点是众人所不能见的(我不是指他的与其他事物相关的特点,而是指与其他事物不同的特点)。也请注意塞尔修斯如何自相矛盾。至少,他虽然刚刚说过,"他只悄悄地向一个妇人和他自己的亲密朋友显现",接着又说:"他受罚时显给众人看见,复活之后却只显给一人看见;原本应当反过来才对。"我们就来听听他为何认为相反的情形才对,而不应是受罚时显给众人看见,复活之后只叫一人看见。就他的话来说,他向往的是某种既不可能也不合理性的事,即受罚时只叫一人看见,复活之后却叫所有人都看见,这样的事可能吗?合理吗?但若不这样理解,你又如何解释"原本应当反过来才对"?

71. 耶稣告诉了我们是谁差遣他来的,他说"除了子,没有人知道父",又说:"从来没有人看见上帝,只有在父怀里的独生子将他表现出来。"① 他向真正的门徒显明了上帝的本性,告诉他们上帝的特点。我们在圣经里找到这些特点的痕迹,并把它们作为我们神学的起点。在一处,我们听到,"上帝就是光,在他毫无黑暗!"另一处,"上帝是个灵,所以拜他的,必须用心灵和诚实拜他。"② 此外,"父差遣他来的理由"数不胜数。任何有兴趣的人都能了解这些理由,有些可以从先知对他的预告中得知,有些可以从福音作者得知;从使徒,尤其是从保罗,也可以了解很多。而且,耶稣照亮敬虔者,惩治恶人,这一点塞尔修斯没有看到,所以他写道:"他要照亮敬虔者,同时要怜悯恶人,不论他们悔改与否。"

72. 然后他说:"如果他想要成为悄无声息的,那为何天上有声音发出,说他是上帝的儿子?他若不想无人注意,那他又为何受罚,或者为何要死?"他以为这些话就能证明圣经关于他的记载是自相矛盾的,没有

---

① 《马太福音》11:27;《约翰福音》1:18。
② 《约翰一书》1:5;《约翰福音》4:24。

看到耶稣既不希望他的一切事为每个人所认识,也不希望他的一切事都不为任何人所知。天上有声音宣告他是上帝的儿子,说"这是我的爱子,我所喜悦的"①,圣经没有记载说这声音被众人听到,如塞尔修斯的犹太人所想象的。而且,从高山上的云层里发出的声音,只有与他同行的人听到了。②因为就神圣的声音来说,唯有发声者希望其听到的人才能听到。我还没有指出,圣经里提到的上帝的话,当然不是振动的空气,或者空气的震荡,或者教科书里关于声音所给的任何定义③,因为它是靠高级感官,比肉身上的耳朵更神圣的听觉听到的。既然当上帝说话时,他并不希望他的声音让所有人都听见,具有超然听觉的人才能听见上帝的声音,而心里的听觉变得刚硬的人并不知道上帝在说话。我这样说是为了回应他的问题:"为何天上有声音宣告他是上帝的儿子?"至于他所说的"他若不想为人所知,又为何受罚,或者为何受死",我们在上文详尽地讨论他的受苦时,已经回答得非常充分了。

73. 然后塞尔修斯的犹太人得出一个根本推导不出的结论。因为他不是从事实,"他甚至想要以自己所受的刑罚教导我们鄙视死亡",得出这样的结论:"他从死里复活之后,就当告诉所有人,让他们都清楚地明白,他为何要下来。"事实上,他早已明白地告诉所有人,说:"凡劳苦担重担的人,可以到我这里来,我就使你们得安息。"④至于他下来的原因,记载在祝福的广泛讨论中,以及接下来以比喻和直言对文士和法利赛人的布道之中。《约翰福音》指明了他的教训之伟大,因为约翰指出,耶稣的说服力不在于言语,乃在于事实。从福音书可以清楚地看出,"他

---

① 《马太福音》3:17。
② 《马太福音》17:5。
③ 类似的见第六卷,第六十二节;Philo, *Quod Deus sit Immut.* 83。关于这些定义,参柏拉图,《蒂迈欧篇》67B;亚里士多德,《动物篇》II, 8 (420b 5 ff);*Probl.* XI, 23, 51 (901b 16, 904b 27);Plutarch, *Mor.* 390B;Diog. , Laert. VII, 55;Diels, *Dox. Gr.* 407a, 21; 500, 14; 515, 8; 516, 8; 525, 17;Aulus Gellius V, 15, 6—8;Clem. Al. , *Strom.* VI, 57, 4;Lactantius, *Opif.* XV, 1;Augustine, *de Civ. Dei*, XI, 2。
④ 《马太福音》11:28。

的话里有权柄",就是他们也对此很稀奇。①

74. 塞尔修斯的犹太人又说:"然而,这些反对观点出于你们自己的作品,我们不需要其他见证;你们自己就提供了驳斥自己的材料。"我们已经表明,塞尔修斯的犹太人不论是指着耶稣说话,还是指着我们说话,都对我们的作品,即福音书讲了一大堆胡言乱语。但是我认为,他只是提出了自己的观点,并没有拿出任何证据证明我们提供了驳斥自己的材料。他的犹太人继而说:"天上的至高者啊,②来到人中间、完全不为人相信的,是什么样的上帝呢?"我来回答他,根据摩西律法的记载,上帝已经非常清楚地显现给希伯来人,不仅借着在埃及行的神迹奇事,还有过红海、火柱、光云,而且当摩西十诫向全体百姓宣告时,上帝同样在他们中间。只是认识他的百姓不相信他。他们看见了他,也听见了他;他们若是相信他,就不会铸造一只牛犊,也不会"将他们荣耀的主换为吃草之牛的像"③。他们就不会指着牛犊彼此说:"以色列啊,这是领你出埃及地的神。"④再想一想,这百姓是否还是这样的百姓:尽管在早期就有如此大的奇事,和上帝的显现,他们却不相信,整个旷野时代都是如此,如犹太人的律法书里记载的;到了耶稣奇异临到之时,他们仍然没有因他透着权威说的而归信,也没有因他在所有人面前行的异能而信服。

75. 事实上,我想,对任何想要了解犹太人为何不相信耶稣的人来说,只要指出这是与圣经里所描述的这个民族一开始的行为相一致的,就够了。塞尔修斯的犹太人说:"来到人中间,向那些等候他的人显现,却不为人相信,这样的上帝是什么上帝?或者说,长久以来一直期盼他的百姓为何连认都不认他?"对此我要回答,先生,你是否预备好回答我

---

① 《路加福音》4:32。
② 参第一卷,第二十四节中塞尔修斯的话。
③ 《诗篇》105:20(和合本为106:20。——中译者注)。
④ 《出埃及记》32:4, 8。

们的问题？按你的判断，哪些奇事更大，是埃及的，旷野的，还是我们所说的耶稣在你们中间成就的？如果在你看来前者比后者大，岂不立即就表明，不相信大异能的百姓，其特点就是同时鄙视小神迹？我想，这就是你对我们所讨论的耶稣的异能的观点。不过，倘若你认为耶稣的异能与所记载的摩西的异能等同，那么这百姓在上帝的约开始时，竟然既不相信摩西，也不相信耶稣，这是多么不可思议的事啊！我们知道，正是立了摩西律法之后，才有记载说你们犯了不信的罪。按我们的信念，最先立下第二律法和约的正是耶稣。你用你们不相信耶稣的事实证明，你们就是那些在旷野不相信上帝显灵的人的子孙。我们救主的话也适用于你们这些不相信他的人："这就是你们自己证明是杀害先知者的子孙了。"① 在你们身上也应验了预言所说的："你的性命必悬悬无定……自料性命难保"②，因为你们不相信那下来住在人中间的生命。

76. 塞尔修斯借这个犹太人之口说出的话，无论哪一点，只要是批判耶稣的，就无一例外可以根据律法书和先知书反用到这个犹太人本人头上。比如他指责耶稣，说："他每每说到'你们有祸了'，'我告诉你们'③，就说威胁恐吓的话，虚妄的辱骂。在这些话里，他公开承认自己的无能，不能令人信服，这样的事，不要说神，就是一个明智的人，也不会失败。"想想，这样的话岂不正好转用到犹太人身上。在律法书和先知书里，上帝每每说话时都用威胁和辱骂的口吻，其用语与福音书里的灾祸一样具有威吓性。这样的话在《以赛亚书》里很多，比如"祸哉！那些以房接房、以地连地"的；"祸哉！那些清早起来追求浓酒"的；"祸哉！那些以虚假之细绳牵罪孽的人"；"祸哉！那些称恶为善的人"；"祸哉！那些勇于饮酒，以能力调浓酒的人"。④ 你还可以找到无数其他例

---

① 《马太福音》23:31；《路加福音》11:48。
② 《申命记》28:66。
③ 参《马太福音》23:13—29；11:22—25。
④ 《以赛亚书》5:8, 11, 18, 20, 22。

子。这些岂不与耶稣的威吓完全一样？就如他称他们"嗐！犯罪的国民，担着罪孽的百姓；行恶的种类，败坏的儿女"，如此等等。从这些可怕的威胁可以看出，它们与他所引用的耶稣话里的威慑口吻相比，毫不逊色。经上所说的："你们的地土已经荒凉，你们的城邑被火焚毁，你们的田地在你们眼前为外邦人所侵吞。既被外邦人倾覆，就成为荒凉"①，这话难道不是一种威吓，而且实在是非常可怕的威吓吗？在《以西结书》里对百姓说的那些话难道不是威吓吗？比如，上帝对先知说："你住在蝎子中间。"② 塞尔修斯啊，你若知道这些，还会让这个犹太人说耶稣"他每每说到你们有祸了，我告诉你们，都说威胁恐吓的话和虚妄的辱骂"吗？你难道不明白你的犹太人对耶稣提出的批判，正好可以用到他对上帝的看法上吗？因为显然，我们发现在先知书里，上帝很可能受到同样的指控，如这个犹太人所认为的，因为上帝"不能令人信服"。

此外，若有人认为塞尔修斯的犹太人在这个问题上抓住了耶稣的要害，胜了一筹，那么我得说，《利未记》和《申命记》里记载了大量咒诅的话。如果犹太人想要为它们辩护，捍卫圣经，我们也可以提出我们的辩护，或者用类似的，甚至更好的论证，为他视为"辱骂和威胁"的耶稣的话作辩解。而且，就摩西律法来说，我们比犹太人更能作出辩解，因为耶稣已经教导我们更加聪明地领会律法。此外，如果犹太人理解先知话语的含义，就能表明当上帝说"祸哉"和"我告诉你们"时，他不是"说虚妄的威胁和辱骂"，也会表明上帝说这些话是为了使人归信，虽然塞尔修斯认为"就是一个明智的人"也不会那样做。但是，基督徒相信在先知书里说话的和在主里面说话的，是同一位上帝，所以必证明塞尔修斯视为"威胁"和称为"辱骂"的话是合情合理的。

我要在这个话题上对塞尔修斯这个自称是哲学家，还完全知道我

---

① 《以赛亚书》1:7。

② 《以西结书》2:6。

们的信仰的人多说几句：先生，如果荷马史诗里的赫耳墨斯对奥德赛说："忧郁的人哪，你为何要独自穿越山岭？"① 你是否认为只要说荷马的赫耳墨斯对奥德赛说这话是出于对他的告诫，就足以为此辩解了呢？要知道，海妖塞壬（Sirens）的伎俩之一就是阿谀奉承，她们"周围是一大堆白骨"；她们说："著名的奥德赛啊，是亚该亚人的大荣耀，快到这里来吧。"② 另一方面，如果我的众先知和耶稣本人为了使听众归信而说"灾祸"和"辱骂"的话，如你所认为的，那么使用这样的词难道不是为了适应听众的接受能力吗？他难道不是利用这样的警告来作为医治的良药吗？当然，也许你希望上帝或者同享神性的主，在对人类说话时只考虑他自身的真正本性，以及与他本身相配的属性，不必考虑怎样的话适合那些在他的逻各斯看护下的人，怎样按各人的基本特点说相应的话。此外，他所说的耶稣"不能令人信服"的话难道不可笑？因为这话不仅适用于犹太人，先知书里有大量这样的话，而且同样适用于希腊人。就后者来说，那些因自己的智慧获得盛名的人中，没有一个能够使阴谋反对他们的人信服，或者使审判他们、指控他们的人信服，使这些人不再作恶，而能借着哲学走上美德之路。

77. 然后，他的这个犹太人说，似乎他的话与犹太人的教义是一致的："没错，我们盼望身体得复活，有永恒的生命，那差遣到我们中间来的，成为这种生活的典范和领导，表明上帝使人以同样的身体复活并非不可能。"我们不知道，一个犹太人是否会说盼望的基督要亲自显现为复活的榜样；不妨假设他会这样做，既会这样想，也会这样说。那么当他说他已经"从我们自己的书里为我们引用了"，我们要对他说：先生，你可能读过那些你以为可以用来指控我们的书，但你是否仔细研究过耶稣的复活，是否明白他是从死里首先复生的？③ 或者仅仅因为你不愿意相

---

① 荷马，《奥德赛》X, 281。赫耳墨斯告诫奥德赛要警惕女巫瑟茜（Circe）的诡计。
② 荷马，《奥德赛》，XII, 45, 184。
③ 参《歌罗西书》1:18；《启示录》1:5。

信，就以为对此没有论及？然而，由于塞尔修斯的犹太人接着同意身体复活，我想，现在不是与一个既相信也说有身体复活的人详尽讨论这个问题的时候，不论他对这一教义是否有清晰的领会，是否能够对此作出合理的解释，或者只是出于一种表面肤浅的理解就表示同意认可。

这可以说就是我们对塞尔修斯的犹太人的回答。然后，他说："那么他在哪里，好让我们看见并相信？"我们要回答说，那借着先知说话并行奇事的，如今"在哪里，好让我们看见并相信"你们是上帝的"分"①？或者既然我们不能认为耶稣有同样的权利，那你们可以拿出证据辩解上帝并非时时向希伯来人显现的事实吗？耶稣既复活了，又使门徒相信他的复活，使他们相信至深，乃至他们以自己的受苦向众人表明，他们要寻求永生，寻求复活，因为耶稣的话语和行为已经为他们树立永生和复活的典范，使他们鄙弃生活中的任何困苦。

78. 此后，这个犹太人说："或者他下来的目的就是叫我们不相信？"我对此的回答如下：他下来原本不是要叫犹太人不信，只是借着他的先见知道这样的事会发生，就利用犹太人的不信去呼召外邦人。因他们的罪，"救恩便临到外邦人"②，基督曾在先知书里说到他们："我素不认识的民必侍奉我……一听见我的名声，就必顺从我"；"素来没有访问我的，现在求问我；没有寻找我的，我叫他们遇见。"③显然，犹太人既按他们的方式对待耶稣，就在此生受到了惩罚。犹太人若是批判我们，可能会说"上帝的神意和仁爱真正令你们吃惊，竟然使你们动不动就受到刑罚，甚至使你们丧失了耶路撒冷，所谓的圣坛以及最庄严的敬拜。"他们若说这话来证明上帝神意的合理性，我们就提出更有力也更合理的论证，表明上帝的神意之所以令人惊异，在于他利用了犹太人的罪来呼召外邦人借耶稣进入上帝的国，尽管他们在诸约上是局外人，没有包括在

---

① 以色列是上帝的分，《申命记》32:9。
② 《罗马书》11:11。
③ 《撒母耳记下》22:44—45；《以赛亚书》65:1。

应许里面。① 众先知也预言说，由于希伯来人的罪，上帝要拣选，不是拣选某个国，而是从各地拣选不同的人；他拣选了"世上愚拙的"② 之后，就要使"愚昧的国民"承继神圣的话语，上帝的国要从这个拿走，转到那个手上。《申命记》里关于呼召外邦人的歌里有不少预言，现在只需引用其中之一就足够了，那是主耶和华说的。他说："他们以那不算为神的，触动我的愤恨；以虚无的神惹了我的怒气。我也要以那不成子民的，触动他们的愤恨，以愚昧的国民惹了他们的怒气。"③

79. 然后，这犹太人总结关于耶稣的论述，说："然而，他只是个人，其特点就如事实本身显明的，理性所表明的。"如果他只是个人，我就不知道他怎么胆敢把自己的信仰和教义向全世界传播，怎么能够没有上帝的帮助为所欲为，胜过一切反对他传播教义的人——君王、诸侯、罗马元老、各地的统治者，以及普通的百姓。一个自然人，没有任何不同寻常之处，怎么可能使那么多的人归信？如果只有一些有知识的人归信，那没什么可稀罕的。但还有一些非常狂野的人，那些完全受制于情欲的人，由于缺乏理性，要转向比较自制的生活比普通人更为困难。然而，因为基督是上帝的权能，是父的智慧，④ 所以他成全了这一切，并且至今还在这样做着，即便犹太人和希腊人不愿意接受他，因为他们都不相信他的话。

因而，我们不会停止按耶稣基督教导我们的方式相信上帝，期待那些对信仰缺乏判断的人的归信，即便那些自己盲目无知的人诽谤我们，似乎我们是盲目无知的，即便那些自己被骗与他们同流合污的人，包括犹太人和希腊人，攻击我们，似乎我们蒙骗了人。实在的，一种蒙骗若是努力使人变得自制，而不是放荡，或者至少在自制上有所进步；使人

---

① 参《以弗所书》2:12。
② 《哥林多前书》1:27。
③ 《申命记》32:21。
④ 《哥林多前书》1:24。

成为义的,而不是不义的,至少在义上有所进步;成为明智的,而不是愚蠢的,或者至少走向良知;不是成为胆怯、卑鄙、缺乏男子汉气概,而是变得勇敢、大胆;尤其是在为指向那创造万有的上帝的敬虔而争战时,表现得如此,那么这样的蒙骗岂不是佳美的?于是,耶稣基督在得到预先宣称——不是只有一位先知预告,而是所有的先知全都预告了——之后,就到来了。塞尔修斯把这样的话放入犹太人之口,也是出于他的无知,他说:"一位先知"预告了基督。①

这就是塞尔修斯引入的这个犹太人说的话,似乎这些话与犹太人自己的律法是吻合的。既然他已经准备结束论述,没有再说值得一提的事,我也就在此告一段落,这是我回应他的作品所写的第二卷。如果上帝允许,基督的权能又住在我的灵魂里,我将在第三卷里努力讨论塞尔修斯接下来提出的异议。

---

① 参第一卷,第四十九节;第二卷,第四节。

第 三 卷

1. 塞尔修斯为诽谤我们而编写的书,他厚颜无耻地冠之以"真教义"的名称,为驳回它,我们首先尽我们所能,如你,最高尚的安波罗修所要求的,讨论了他的前言和随后的论述,检查了每一个反对观点,最后得出结论:他的犹太人对耶稣的指责是完全没有根据的。其次,我们也尽我们所能反驳了他的犹太人对我们借基督信上帝的人提出的种种类似指控。现在我们开始第三卷,本卷的目标是讨论他亲自提出的争辩观点。他说如今"基督徒和犹太人非常愚蠢地彼此争论",我们"彼此对基督的争论无异于谚语里所说的关于一头驴的影子的争吵"。① 他认为"犹太人与基督徒的争论中没有一点值得注意的东西,因为他们双方都相信,借着神圣启示,有预言告知某位救主要到来,住在人类中间;他们只是在被预言要到来的那位是否已经到来的问题上意见不一"。我们基督徒相信,耶稣就是根据预言到来的那位;而大多数犹太人完全不相信他,所以那个时代的人设阴谋迫害他,我们这个时代的人则因那时的犹太人胆敢如此迫害他而喜乐,指责耶稣利用了某种巫术,假称自己就是预言宣称要到来的,犹太人传统上称为基督的那位。

2. 请塞尔修斯以及认同他对我们的批判的人告诉我们,犹太人的先知预告了他——他将要成为那些过美好生活并被称为上帝之"分"② 的人的王——的出生地,童女要怀以马内利,所预言的基督要成就某种神

---

① 谚语,表示对虚无之事的争论;参柏拉图,《斐德鲁篇》260C;Dio Chrys. XXXIV, 48;等等。
② 《申命记》32:9。

迹奇事，他的道要迅速传播，他使徒的声音要传遍地极；他们预言他被犹太人定罪之后所受的苦难，以及他将如何复活，①这些是否都是驴的影子。众先知岂是只说了发生在他们身上的事，却没有任何信念驱使他们不仅说出这些事，还认为它们值得记载下来？犹太人这个大能的民族，古昔时代就在那地土建立自己的家，把有些人称为先知，而其他人称为假先知，予以拒斥，这难道不包含某种坚定的信念吗？他们在引导下，把后来世代被认为是先知的那些人的话，与被相信是神圣的摩西经书相提并论，这难道与他们毫无意义吗？指责犹太人和基督徒愚蠢的人能否向我们解释一下，犹太民族中若无一人能预告未来并拥有先见知识，那这个民族是如何凝聚在一起的？周围的民族都相信自己从他们视为诸神的存在者那里接受了神谕和预告，按各自祖先的传统，各有各的说法，难道唯独犹太人，这个早就得到教训要鄙弃其他民族视为诸神的一切存在者——理由是它们不是神，只是鬼（因为他们的先知说过，"外邦的神都属鬼魔"②）——的民族，却没有一个人声称是先知，能劝阻想要知道未来的人偏离正道，投向外邦的鬼魔的欲望吗？这怎么可能呢？所以，请想一想，整个民族都知道鄙弃外邦人的诸神，这样的民族是否必然拥有大量的先知？他们非常清楚地表明，他们说预言的能力比其他任何地方的神谕更出色，更优秀得多。

3. 再者，如果神迹异能出现在任何地方，或者很多地方，如塞尔修斯所认为的，后面③还引用了阿斯克勒庇俄斯（Asclepius）的例子，"他对向他献祭的所有城邑，比如特里卡（Tricca）、埃皮扎夫罗斯（Epidaurus）、科斯岛（Cos）和帕加马（Pergamum）都行了善，预言了将来"，还有"普洛克涅斯人亚里斯泰阿斯（Aristeas the Proconnesian）、某个克拉佐梅尼人（Clazomenian），亚斯提帕利的克勒俄墨得斯（Cleomedes the As-

---

① 《弥迦书》5:2；《以赛亚书》7:14；《诗篇》147:4，18:5；《以赛亚书》53:5；《诗篇》15:10。
② 《诗篇》95:5（参和合本 96:5 "外邦的神都属虚无"。——中译者注）。
③ 参第三卷，第二十二节，第二十四节，第二十六节。

typalean)",然而,我们难道认为唯有在犹太人中,说自己侍奉宇宙之上帝的人中,没有任何神迹奇事来加强并巩固他们对宇宙之造主的信心,以及对另一种更美好生活的盼望?这样的事怎么可能呢?否则,他们就会转而崇拜那些说神谕、行巫术的鬼魔,就会抛弃他们在理论上相信要帮助他们,但并没有给予实际的自我显明的上帝。既然这样的事并没有发生,相反,他们忍受数不胜数的苦难,绝不弃绝犹太教和他们的律法,比如在叙利亚受苦的时候是这样,还有在波斯,在安提阿也如此,这难道不是向那些不相信奇异的历史和预言的人表明,这些事完全可能不是杜撰的,而是神圣的灵居住在众先知纯洁的心里——他们为美德愿意忍受任何困苦——使他们为自己的同时代人预言某些事,为后代子孙预言另一些事,总而言之,预言"有个救主要到来住在人类中间"?

4. 果真如此,那么,当犹太人和基督徒从他们都相信的预言中考察所预言的基督是否已经来临,或者根本没有来,仍在期待之中这个问题时,怎么可能是"彼此争论驴的影子"呢?即使暂且承认塞尔修斯的观点,众先知所宣告的不是耶稣,即便如此,关于预言含义的争论也不是关于驴影子的争论。我们力图对预言宣告的人有清晰的证据,努力阐明所预言的是什么样的人,他要做什么,如果可能,还要追问他何时会来。我们前面说过,耶稣就是所预言的基督,并为此从许多预言中引用了几个。① 所以,无论是犹太人还是基督徒都相信众先知是借着神圣启示说话的,这一点完全正确,但是他们错误地以为所预言的基督仍未到来,还需等候,其实他已经到来,他的特点和出身与众先知的真正意思完全一致。

5. 塞尔修斯接下来的话幻想"犹太人种族上属于埃及人,后因反感埃及社会,就离开了埃及,抛弃了埃及的宗教习俗"②。他说:"他们对

---

① 参第一卷,第五十一节及第五十三节至第五十四节。
② 塞尔修斯在这里使用了流行的反犹太宣传,参 Apion 引自 Jos. c. *Ap.* II, 3, 28;Strabo, XVI, 11, 35-36 (p.761),引自 Jos. *Antiq.* XIV, 7, 2, 228。

埃及所做的，通过那些跟从耶稣并相信他就是基督的人报应到他们头上；两者都是因为反感社会而导致新思想的引入。"请注意这里塞尔修斯做了什么。古代埃及人极其严厉地恶待因为饥荒遍布全犹太地而迁到埃及居住的希伯来人；这个虐待外族人和哀求者的族类，就遭受了按着神意整个国民必须忍受的惩罚，因为他们阴谋反对这些远道来做客，对埃及人没有做过任何恶事的国民。他们受到上帝降瘟疫的打击之后，勉强同意那些遭受他们不公正奴役的人自行离去。这样说来，因为他们极其自私，只尊重自己的族类，不尊重更为虔诚的外族，所以对摩西和希伯来人，凡是能提出的指控，他们一样也没有放过。他们虽然没有完全否认摩西行的神迹奇事，但断言那全是靠巫术而不是神圣权能行的。但是摩西不是巫师，而是个敬虔的人，他按上帝对他的激励为希伯来人立了律法，把真实发生的历史事件记载下来。

6. 塞尔修斯在考察埃及人和希伯来人各自作出不同解释的那些事实上，并没有保持不偏不倚的态度，而是像受了埃及人的符咒一样，偏向他们。虽然他们以前那样虐待客人，他却相信他们会说实话，而对于受到虐待一方的希伯来人，他说他们反叛埃及人，离开了埃及。他没有明白，对于埃及人中这样一群煽动性的民众，因着一场叛乱而聚合在一起的人来说，要在起义之初就成为一个国家，改变语言，使一直在说埃及语的人突然之间改说希伯来语，并且只说这一种语言，① 这是不可能的。但是为了讨论起见，假设他们确实离开了埃及，甚至恨恶他们从小习惯的埃及语；那么，这之后他们为何没有说叙利亚语或腓尼基语，而编出与这两者完全不同的希伯来语？我的论证意在表明，"某个种族上原本属于埃及人的民反叛埃及人，离开了埃及，来到巴勒斯坦，住在如今称为犹太的那块地方"，这样的说法是错误的。因为希伯来人在下埃及之

---

① 参尼撒的 Gregory, *c. Eunomium* II, 256 (Jaeger, I, 288)："有些仔细研究圣经的人说，希伯来语并没有其他古语那么古老，而是随着发生在以色列人中的其他奇迹一起发生的一大奇事，即这个民离开埃及之后，突然一下子得到了这种语言。"

前，早就有自己传统的语言。希伯来文字不同于埃及文字，摩西在写犹太人相信属神的五卷书时，用的就是这种文字。

7. 正如说希伯来人原为埃及人，由于暴动才分离产生的，是错误的一样，其他原本是犹太人的人，在耶稣时代反叛犹太社会，跟从耶稣，这样的说法也是错误的。塞尔修斯和与他同样思考的人不可能指出反叛的任何凭证。如果是一场反叛导致基督徒作为一个独立大队存在（他们源于犹太人，他们拿起武器保卫自己的家庭，参与战争，这是合法的），基督徒的立法者就不会完全禁止取人性命。他教导自己的门徒绝不可害人，即使他是个十恶不赦之徒；因为他认为，无论以什么方式取人性命，都是与他神启的律法不相融的。另外，如果基督徒是由一场反叛产生的，那么他们就不会顺服于如此温和的律法，这律法温和得使他们"如将宰的羊"①，使他们甚至受到逼迫时也不能自卫。然而，对这个问题更深入的研究使我们能够就从埃及地出来的这个民说，如果整个民一下子全都掌握了希伯来语，就如同这种语言从天而降，这岂不令人惊异？所以，他们的先知之一也说："他们出埃及地的时候，他听见他所不明白的言语。"②

8. 由此我们也可以确定，与摩西一同从埃及出来的那些人本来就不是埃及人。如果他们原本是埃及人，他们的名字必然是埃及名字，因为在每一种语言里，名字都是按本国语取的。但是他们的名字是希伯来名（因为圣经里满是希伯来名字，即使那些在埃及地的希伯来人也给自己的儿孙取希伯来名），所以很显然，他们不是埃及人。既然如此，埃及人所说的那些与摩西一同被赶出埃及的人原本是埃及人的话是错误的；非常清楚，按摩西记载的历史来看，他们原是出于希伯来血统，他们说的是自己的语言，也用这种语言给自己的儿孙取名。另一方面，关于基

---

① 《诗篇》43:23（《罗马书》8:36）(和合本为诗篇44:22。——中译者注)。
② 《诗篇》80:6（和合本为81:5："他去攻击埃及地的时候，在约瑟中间立此为证。我在那里，听见我所不明白的言语。"——中译者注)。

督徒，我们说，他们受到教训说，不可反对仇敌；因为他们谨守要求他们对人温和、慈爱的律法，因此他们从上帝领受了诫命，他们若允许制造战争——即使他们完全有能力这样做——就不可能成就这诫命。上帝常常为他们而战，时时消灭反对基督徒的人和想要杀死他们的人。不时有一些人——我们完全可以一一列举他们——为基督信仰的缘故死了，提醒人们，当他们看见一些人为敬虔而奋斗时，就会变得更加坚强，就能视死如归。但是上帝不会让他们整个民族灭绝，因为他希望它确立起来，让整个世界都充满这种最敬虔的拯救教义。再者，软弱的人能够脱离对死的焦虑，上帝的神意关怀信徒；因为他仅凭自己的旨意，就把反对他们的人全都疏散，使君王、诸侯和普通百姓无法过度猛烈地击打他们。这就是我对塞尔修斯的论断——即古代犹太人的产生源于一场反叛，后来基督徒的产生也是如此——的反驳。

9. 他下面的谎言一戳即破，我们来引用他的话："如果所有人都想成为基督徒，基督徒就不会再想要他们。"这显然是个谎言，因为事实恰好相反，基督徒尽其所能，想方设法在世界各地传播信仰。有些不仅走遍城市，还到乡镇村舍做工，使其他人也对上帝敬虔。你不能说他们这样做是为了钱财，因为他们有时候甚至不接受生活必不可少的钱财，即使出于这方面的匮乏，不得不接受，也只接受必须的那一部分，不会多要一点，其实不少人都愿意与他们分享财富，送给他们更多钱财。我承认，目前也许由于众多的人走向信仰，包括腰缠万贯的人和位高权重的人，举止高雅、出身高贵的女士也对信徒表示友好和尊敬，所以有人会胆敢说，有些人成为基督教的领袖是为了微不足道的声望。① 但是最初时候，成为教师的风险特别大，所以不可能产生这样的怀疑。就是现在，教义教导者在非基督徒的人群中更多的是不名誉，比在信徒团契中所谓的声望更大，所以并非任何时候都是如此。因而，所谓"如果所有人都想成为基督徒，基

---

① 参第三卷，第三十节。

督徒就不会再想要他们"纯粹是不攻自破的谎言。

10. 再想一想他这样说有什么证据:"他们刚开始的时候,"他说,"人数极少,一心一意;但他们既已发展成众多人数,就彼此分裂,各自为政,每个人都想有自己的一派。他们一开始就想这样做。"显然,与后来众多的人数相比,刚开始时基督徒的人数很少;但是把所有事情综合起来考虑一下,他们并非极少。因为引起犹太人嫉妒耶稣、刺激他们谋害他的原因乃是众多人跟从他进入旷野;一般有四千至五千人跟从他,还不包括妇女和孩子。耶稣的话是这样具有吸引力,不仅男人想要跟从他进入旷野,连妇女也不顾女性的弱点和形象上的不得体,跟从老师进入旷野;而孩子们通常是最难以打动的,却也与父母一起跟他走,或者因为只是跟从父母,或者因为他们也被他的神性引导,好叫某种神圣的种子根植在他们心里。即使我们承认他们在刚开始时人数极少,这又如何能支持他的观点,即基督徒不愿意使所有人都相信福音?

11. 他还说:"他们原是一心一意",没有看到,即使刚开始时,信徒中间对如何解释视为神圣的书卷也存在不同看法。至少,当众使徒传讲、见证耶稣的人教导他的律例时,在教会里的犹太信徒中间产生过关于外邦信徒问题并非微不足道的争论;争论的问题是,他们是否应当遵守犹太习俗;或者关于洁净和不洁净之食物的担子是否应当放下,免得这些规定成为那些抛弃自己的传统、归信耶稣的外邦人的重担。① 此外,在保罗书信里——保罗与那些亲眼见过耶稣的人同时代——可以找到一些陈述论到关于复活的争论,关于复活已经发生之观点的争论,关于主的日子是否已经到来的争论。② 另外,要"躲避世俗的虚谈和那敌真道、似是而非的学问。已经有人自称有这学问,就在真道上如同船破坏了一般"③,这话也表明从一开始就有某些虚

---

① 《使徒行传》10:14;11:8;15:28。
② 《哥林多前书》15:12 以下;《提摩太后书》2:18;《帖撒罗尼迦前书》5:2。
③ 《提摩太前书》6:20—21;1:19。

妄的解经,只是并非如塞尔修斯所认为的,有许多人相信。

12. 然后,他指责我们基督教里面的派别,似乎这也是对福音的一种批判,说:"由于他们发展成众多人数,就彼此分裂,各自为政,每个人都想有自己的一派。"他说:"他们人数变得太多了,又进一步分裂,相互指责;如果真有什么共同的,可以说,唯有一件事他们仍然认同,那就是名称。无论如何,唯有这个他们羞于放弃,至于其他方面,全都是乱七八糟的。"对此我们要回答,凡是有严肃起源的教义,对生活有益的理论,都导致不同的派别,① 比如,由于医学对人类有益,很重要,关于如何医治身体,方法上存在许多难题,因此希腊人中就出现了好几种得到公认的医学派别,我相信,在化外人中也同样如此,对如何行医有不同看法。再如,由于声称拥有关于实在的真理和知识的哲学教导我们应如何生活,并试图教导什么对我们人类有益,由于所讨论的问题允许有各种各样不同的观点,因此就出现了非常之多的派别,有些非常有名,有些并不有名。此外,犹太教中有一种因素导致派别产生,那就是对摩西作品和先知话语的不同注释。所以,由于基督教在人看来是某种值得认真注意的事物,不仅对低级民众如此,如塞尔修斯认为的,对希腊人中的许多学者也如此,这样,派别就不可避免地出现了,但这绝不是因为内讧和好斗,而是因为一些博学的人认真尝试理解基督教的教理。这样做的结果是,他们对普遍相信为神圣的圣经作出了不同的解释,派别就以那些虽然敬重原话的源头,但出于某些他们所信服的原因作出不同理解的人命名而产生了。但是正如医学上的派别绝不是不要医学的充分理由,也没有哪个努力行善的人会憎恨哲学,宣称因为存在太多派别,所以他有理由憎恨它;同样,我们也不应当因为犹

---

① 关于这一观点,参第二卷,第二十七节;第五卷,第六十一节;Clem. Al. , *Strom.* VII, 89 ff; Isid. Pelus. *Ep.* IV, 55. 背景很可能是怀疑主义的论点:因为在一切严肃的问题上,哲学家都看法不一,所以人完全可以怀疑任何论断;Sextus Emp. *P. H.* I, 165;Philo, *de Ebrietate* 198ff (Aenesidemus)。

太人中存在不同派别,就鄙弃摩西和众先知的圣书。

13. 如果这样的论述是合乎逻辑的,那我们为何不能对基督徒中的派别作出同样的回答。在我看来,保罗关于这一话题论到的话是非常令人敬佩的:"在你们中间不免有分门结党的事,好叫那些有经验的人显明出来。"① 在医学上有经验的人,就是在各个派别上都受了训练,以无私心态对不同思想流派作出考察之后,选择最好一种的人;在哲学上卓越的人就是对各个思想学派都精通,了然于胸,然后跟从能使他信服之理论的人。同样,我可以说,人只要仔细研究犹太教和基督教的各种派别,就会成为非常聪明的基督徒。任何拿派别来批判基督教的人也完全可能批判苏格拉底的教训,因为他的教导演化出许多学派,他的信奉者各持己见。另外,你也可以批判柏拉图的理论,因为亚里士多德偏离他的教导,另创门户,引入新思想;我们前面已经提到这一点。② 但是我想,塞尔修斯已经知道某些异端,与我们完全不同,甚至不奉耶稣的名。他很可能风闻了所谓的奥菲特派(Ophites)和该尼特派(Cainites),或者诸如此类完全抛弃耶稣的理论。不过,这与批判基督徒的教义没有关系。

14. 然后他说:"他们的一致性非常奇怪——可以说,更显得基于根本不可靠的基础上。然而,他们在联合叛乱上,在由此带来的利益以及对外界的惧怕上,有可靠的基础。这些因素巩固了他们的信心。"我们对此的回答是,我们的和谐基于非常重要的基础,或者毋宁说不是基于一个基础,而是基于一种神圣的行为,即最初是上帝借着众先知教导人要等候基督的降临,他要拯救人。这一点并没有真的被拒斥,即便不信者似乎拒斥它。相反,这教义进一步确立为上帝的教义,耶稣被证明是上帝的儿子,无论在他道成肉身之前还是之后。但

---

① 《哥林多前书》11:19。
② 第二卷,第十二节。

我要说，即使在他道成肉身之后，他在那些心眼非常敏锐的人看来，也总是显现出极大的神性，已经真正地从上帝临到我们中间，不是把他的起源或成长归于人的睿智，而是归于上帝的显灵；因为正是他借着各种智慧和各种异能首先建立犹太教，后来建立基督教。不过，福音使那么多人得到革新和改善，这一事实也足以驳斥塞尔修斯所谓的反叛及其带来的利益是最初原因的谬论。

15. 对外界的惧怕也不是维持我们团结的因素，这一点很清楚，因为上帝的旨意使这种情形不再已经很长时间了。然而，当信徒不再受到生命威胁的时候，那些尽一切可能方式攻击基督教的人就会认为，信徒的众多要为当时非常盛行的叛乱负责①，认为这种现象的出现是因为他们不再像以前那样受到当局的逼迫。但是基督教教导我们，平安的时候不可懒散，不可自我松懈，受到世界逼迫的时候也不可失去勇气，放弃对宇宙之上帝在耶稣基督里的爱。我们清楚地表明了我们起源的神圣特点，而不是像塞尔修斯所认为的那样掩饰它，因为即使对刚刚归信的人，我们也谆谆教导他们要鄙视偶像和一切形象，还使他们的思想从侍奉被造物提升到侍奉上帝，使之上升到宇宙之造主的高度。我们清楚地表明，他就是所预言的那位，这既基于关于他的那些预言（这样的预言很多），也基于由那些能够敏锐领会的人传下来的经过检验的传统，也就是福音书和众使徒的话。

16. 哪位愿意，就请说明我们用了什么样 "五花八门的观念说服人跟从我们"，或者 "捏造了" 什么 "恐吓"，如塞尔修斯所写的，但他没有提供任何证据。也许塞尔修斯想把上帝是审判者以及人的所有行为都要受到审判的理论冠以 "捏造的恐吓" 之名，但是这一理论有各种理由支持，既可以从圣经找到根据，也可以根据理性的推断证明。然

---

① 关于基督徒是各种灾难的根源这一异端观点，见 Origen, *Comm. ser. In Matt.* 39；Melito ap. Eus. *H. E.* IV, 25；Tertullian, *Apol.* 40；Arnobius, I, 4；Augustine, *de Civ. Dei*, II, 3；关于基督教的观点，即灾难是由大量坏基督徒引起的，见 Salvian, *de Gubernation Dei*。

而，对于目的（我们心怀对真理的热爱），塞尔修斯说："上帝断不许他们或我或任何人废除不义者受罚，义者得奖赏这样的教理。"你既然把惩罚的教义排除在外了，那么我们捏造了什么恐吓劝诱人跟从我们？此外，他还说："我们把这些与对古代传统的误解结合起来，① 我们预先抚笛弄乐，把人迷倒，就如西布莉（cybele）② 的祭司，用大声叫喊把他们想要令其迷狂的人麻倒。"我们回答他说：我们误解了哪种古代传统？他是指教导地底下存在法庭的希腊传统，还是指除了预言其他许多事之外，还预言了来世生活的犹太传统？他不可能证明我们误解了真理，证明我们是按这种性质的教理生活的——无论如何，我们中间那些努力按理性信主的人不是这样的。

17. 他企图把我们的信仰原则放到埃及人的宗教层次上："靠近埃及人的圣地，可以看到辽阔的辖区，庄严的围墙，精美的大门，辉煌的庙宇，围绕着奇异的幕帐，还有极其迷信的神秘仪式。但当他进到里面时，却看到他们所崇拜的是一只猫，一只猴子，或者鳄鱼、山羊、狗。"③ 然而，我们的信仰里，有什么东西是与埃及人给靠近他们圣地的人留下深刻印象的设施相似的，有哪一样是与经过金碧辉煌的门廊进到里面之后看到的受崇拜的非理性动物相似的？难道我们应当把预言、至高上帝、对偶像的谴责看作他所认为的崇拜对象，把钉十字架的耶稣基督比作被崇拜的非理性动物吗？如果这就是他所讲的意思（我想他不可能指别的意思），我们就要回答说，以上 ④ 我们详尽讨论的与耶稣有关的事表明，即使灾难，从人的观点来看的灾难，降到他身上也对宇宙带来益处，对世界带来拯救。

---

① 参柏拉图，《法律篇》716C, D；《书信》VII, 335A："我们应当始终真诚地相信这些古老而神圣的学说，它们教导我们，灵魂是不朽的，但要受审判，只要灵魂得以脱离身体，就要接受最严厉的惩罚。"
② 古代小亚细亚人崇拜的自然女神，与希腊女神瑞亚（Rhea）等同。——中译者注
③ 塞尔修斯对埃及宗教采取了文学上的通常说法；参 Lucian, *Imagines*, II; Clem. Al., *Paed.* III, 4; Palladius, *Dialogus de Vita S. Joannis Chrysostomi*, IV, p. 27 (ed. Coleman-Norton)。
④ 第一卷，第五十四节和第六十一节；第二卷，第十六节和第二十三节。

18. 然后他论到埃及人的习俗，对非理性动物使用优雅的话语，认为它们是上帝的符号，或者他们所谓的先知刻意赋予它们的什么名字，他说："它们使了解这些事物的人产生一种印象，创立它们不是毫无意义的。"同样，我们教义中的真理向那些借着理性和属灵的恩赐——如保罗所说的，蒙圣灵赐他智慧的言语，也蒙这位圣灵赐他知识的言语①——了解了基督教原则的人显明，然而，在我看来，塞尔修斯对它甚至连基本的观念也没有理解。我的观点不只是基于他这里所说的话，也基于他后面对基督教体系的批判，他说："他们把每个有理智的人赶走，不让他们讨论这种信仰，只邀请愚昧的低层次民众加入。"我们将在看到这段话时再思考这个问题。②

19. 此外，他说我们"取笑埃及人③，但他们显示了许多深刻的奥秘，教导这样崇拜是对不可见之观念的尊敬，而不是如大多数人所认为的，是对朝生暮死的动物的尊敬"；他说我们"是愚蠢的，因为我们在解释耶稣时引入的东西并不比埃及人的羊狗更值得注意"。对此我们回答：尊敬的先生，你有充分理由赞美埃及人显示了许多并非邪恶的奥秘，对他们的动物作出了许多晦涩的解释，但你在批判我们时却没有表现出该有的风度，因为你相信当我们与那些在基督教上得完全的人讨论关于耶稣教义时所说的，无一不是非理性的，粗俗的。但是，保罗教导说，这样的人能领会基督教里的智慧，他说："然而，在完全的人中，我们也讲智慧，但不是这世上的智慧，也不是这世上有权有位将要败亡之人的智慧。我们讲的，乃是从前所隐藏、上帝奥秘的智慧，就是上帝在万世以前预定

---

① 《哥林多前书》12:8。
② 参第三卷，第四十四节和第五十节、第五十五节及第七十四节。
③ 取笑埃及人的动物崇拜是所有护教者共同的做法。见 J. B. Lightfoot, *The Apostolic Fathers*, part II, vol. II, pp. 510ff 中大量的参考文献。关于埃及人的合理化，参 Porphyry, *de Abstinentia* IV, 9。这一观点是学园派—斯多葛学派反对传统宗教的论辩之一（例如 Sextus Emp. *P. H.* III, 219），被犹太人承袭（例如 Jos. *c. Ap.* II, 7, 81; Aristeas, 138），从而也传给了基督徒。

使我们得荣耀的。这智慧,世上有权有位的人没有一个知道的。"①

20. 我们对与塞尔修斯一条路线的人说:当保罗声称要"在完全人中讲智慧"时,他岂是对高级智慧没有任何认识? 按塞尔修斯鲁莽的做法,他会说保罗虽然公然这么说,却对智慧一无所知;那我们就要这样回答他:首先,请对说这话的人的书信有清晰的理解,对这些书信,比如,《以弗所书》、《歌罗西书》、《帖撒罗尼迦书》、《腓立比书》和《罗马书》的每一句话,都深入仔细地研究;然后证明你确实理解了保罗的话,也表明有些是"愚蠢的"或无知的。任何人,只要他尽心研读,我完全可以说,就必敬佩这位使用通常词汇解释伟大真理的使徒的心灵;他若做不到这一点,就必显明自己的可笑,不论他解释自己如何理解这位使徒的含义,还是企图反对并驳斥他自以为理解的含义。

21. 我还没有提到要仔细研究福音书里记载的一切事。每句话都包含伟大的含义,还有对比喻的非常深奥的解释,不仅普通民众,就是有些有学识的人也难以解明。②耶稣对教外的人说这些话,而对那些已经超越了通俗理解并"在家里"③私下里来到他面前的,则要解释其深刻的含义。塞尔修斯若能明白有些话说给外人听,有些话只对"家里"人讲,这里存在的事实意味着什么,他必会感到大为惊异。再者,人若能看到耶稣的变化,他升到山上讲某些教义,或做某些事,或变脸,而在山下医治无法像他的门徒那样跟从他上升的软弱的人,④谁能不惊异万分呢? 福音书里的真理实在是庄严⑤而神圣的,保罗书信里"基督的心"⑥是属智慧和逻各斯的,只是现在不是讨论这些问题的时候。然而,塞尔修斯把上帝教会内在奥秘的教理比作埃及人的猫

---

① 《哥林多前书》2:6—8。
② 参《希伯来书》5:11。
③ 《马可福音》4:11。
④ 参第二卷,第六十四节以下。
⑤ 第三卷,第十九节里塞尔修斯的话。
⑥ 《哥林多前书》2:16。

狗、猴子、鳄鱼、山羊，对于他这种缺乏哲学意义的嘲笑，这样的驳斥已经足够了。

22. 塞尔修斯这个粗鄙的家伙，在反对我们的论证中不放过任何一种形式的嘲笑和奚落，提到"狄俄斯库里（Dioscuri）、赫拉克勒斯、阿斯克勒庇俄斯和狄俄倪索斯"①，全是希腊人相信已经成了神的人。他说，我们"不能容忍他们是神的观点，因为他们首先是人，尽管他们为人类行了许多高贵的事；然而对耶稣，我们却说他死后向他自己的群体显现"。② 他还指控我们说了"他那时甚至只作为一个幽灵显现"这样的话。我们要回答说，塞尔修斯很聪明，因为他既没有清楚地表明他并不把他们敬为诸神（因为他预见到，如果他表明他的真实看法，将来读他书的人就会怀疑他是个无神论者），也没有假装他本人认为他们是诸神；否则，无论哪一条，我们都会给予驳斥。

那我们就先来问问那些不认为他们是神的人吧。这些人是否根本不存在了，他们的灵魂也被毁灭了？正如有些认为人的灵魂在人死亡的瞬间突然毁灭的人所主张的那样。③ 或者，根据那些认为灵魂继续存在，或者灵魂不朽坏的人的观点，这些人是否仍然存在，或者是不朽的？④ 若是后者，他们是否不是神，而是英雄？或者他们也不是英雄，只是灵魂？如果你不认为他们存在，我们就得确立与我们至关重要的关于灵魂的理论。但如果他们确实存在，我们还是得陈述不朽论的依据，不仅基于希腊人在这个话题上的精彩论述，还要根据神圣教义。我们要引用他们的故事表明，这些人离开此生之后，不可能加入到诸神行列，生活在更美好的国家和地区，因为故事里记载了赫拉克勒斯的很多放荡事，读

---

① 这些是护教者的论辩中常用的例子（比如 Clem. Al., *Protr.* 30；Minucius Felix XXIII, 7），源于古代怀疑主义的观点。参 J. Geffcken, *Zwei griechische Apologeten*, pp. 225 f, on Athenagoras, *Leg.* 29。
② 参第二卷，第七十节塞尔修斯的话。
③ 伊壁鸠鲁学派主张人死后灵魂就不再存在。
④ 斯多葛学派相信灵魂继续存活，柏拉图主义者信奉灵魂不朽。参第三卷，第八十节。

到他因软弱受制于翁法勒（Omphale），①读到阿斯克勒庇俄斯被他们的宙斯用一个霹雳杀死。②我们还要提到孪生兄弟狄俄斯库里的故事，他们常常死去，"生死交替，这段时间活，隔段时间死，但他们得到了与诸神同等的尊敬。"③请问，这样的人有哪个能够合理地成为神或英雄？

23. 我们将从预言来证明关于我们耶稣的真理，然后将他的历史与以上这些人比较，表明耶稣的一生中没有任何放荡的疑点。就是那些阴谋害他，寻找假证诬告他的人，也找不到一点似是而非的借口对他提出放荡的诬告。此外，他的死是由人的密谋导致的，与阿斯克勒庇俄斯被雷劈死毫无相似之处。疯狂的狄俄倪索斯，穿着女人的衣服，他博得了什么样的尊敬，应当拜他为神？然而，如果那些编造出这些故事作辩解的人求助于比喻，那我们必须对比喻一个一个地检查，看看它们是否合理，那些被提坦（Titans）④撕得粉碎的人，被从天庭投下去的人⑤能否有真实的存在，是否值得尊敬和崇拜。不过，当我们的耶稣（用塞尔修斯的术语）"向他自己的教团显现"时，他是真实地显现，塞尔修斯说他只是显现为一个幽灵，这是对基督教的诬陷。我们不妨把关于他们的故事与耶稣的故事放在一起检查一下。塞尔修斯是否想要表明他们的故事是真实的，而耶稣的故事是杜撰的？尽管耶稣的故事是由亲眼目睹的人记载的，这些人以实际行为阐明了对他们亲眼目睹之人的理解，为他的教义甘愿忍受逼迫这种精神表明了他们的真诚。凡行事出于正当理性的人，有谁会毫无理性地认同他们的故事，而对耶稣，不作任何考察就断然不相信他的历史？

24. 再者，说到阿斯克勒庇俄斯，"众多的人，包括希腊人和化外人，都承认常常看见，现在仍然能看见阿斯克勒庇俄斯，不只是作为一

---

① 关于赫拉克勒斯和翁法勒，见 J. G. Frazer on Apollodorus, *Bibl.* II, 6, 3 (131-132)。
② 宙斯杀死阿斯克勒庇俄斯，是因为他当医生很成功，参 Frazer on Apollodorus III, 10, 4 (122)。
③ 荷马，《奥德赛》，XI, 303-304。
④ 即狄俄倪索斯。
⑤ 即阿斯克勒庇俄斯。

个幽灵，而且是他本人在治病行善，预言未来"①，塞尔修斯要求我们相信这些证据；只要我们相信这些证据，他就不再批判耶稣的信徒。但是，当我们接受耶稣门徒的证明——他们既看见了耶稣所行的奇事，也清楚地表明了他们的良知，因为从他们的作品里可以看出他们绝对的良善——我们却被塞尔修斯称为"愚蠢的人"。他无法证明他所说的话，有"数不胜数的人，包括希腊人和化外人，相信阿斯克勒庇俄斯"。如果他认为这样能感人至深，我们可以拿出明确的证据表明，有数不胜数的希腊人和化外人相信耶稣。有些人显明因这种信而得了某种神奇的能力，施展在他们所医治的病人身上；对那些需要医治的人，他们不用任何别的符咒，仅凭向至高上帝和耶稣之名及其历史的祈求，就祛病除邪。②我们还看到借着这些，许多人的重病恶疾被治愈，从心理紊乱、精神错乱，以及其他无数无论是人还是鬼魔都束手无策的疾病中恢复健康。

25. 不妨假设我承认一个叫阿斯克勒庇俄斯的神灵有治病能力，能治好身体之疾，我要对敬慕这个神或阿波罗的预见能力的人说，如果医治身体不分善恶，既赐给善人，也赐给恶人，如果对将来的预见也不分善恶（因为能预见未来的人并不必然就是善人），③那请告诉我们，那些治病或有预见的人是否全无恶意，各方面都显然是善的，可以视为神。然而，他们必不能证明那些治病或有预见能力的人全是善的，因为据说有许多甚至不配活着的人都被治好了；对于生活邪恶的人，聪明的医生不会愿意去医治他们。

德尔斐神谕所说的话里，你可以看到一些命令是完全不合理的，这

---

① 参第七卷，第三十五节中的塞尔修斯的话。这是传统的语言，比如 Diodorus Sic. I, 25, 3 - 5, of Isis。关于阿斯克勒庇俄斯的类似的话，比较 J. Geffcken, *Der Ausgang des griechisch-romischen Heidentums* (1920), pp. 7, 249 nn. 36 - 39, 参考 Maximus Tyr. IX, 7 (Hobein, p. 110); "我看见了阿斯克勒庇俄斯本人，这不是梦。"关于阿斯克勒庇俄斯治病奇迹，比较 R. Herzog, *Die Wunderheilungen von Epidauros* (1931)。关于将耶稣和阿斯克勒庇俄斯的比较讨论，见 Dolger in *Antike und Christentum*, VI, 4 (1950), pp. 250 - 257.

② 见第一卷，第六节的注释。

③ 比较第四卷，第九十六节；第七卷，第五节。

里我引用两个。①神谕命令,应当给予克勒俄墨得斯(Cleomedes,我想是个拳师)与诸神同等的荣耀,②也许因为觉得他的拳击中有什么神圣的东西。但这个拳师所得到的荣耀既没有给予毕达哥拉斯,也没有给予苏格拉底。此外,它称阿耳刻罗科斯(Archilochus)为"缪斯的仆人",③但是这个人只在极其低级、淫荡的题目上表现出诗歌天赋,表明他的禀性是恶劣而不纯的;④只是因为他被称为女神缪斯的仆人,神谕就说他是敬虔的。但是我不知道一个未受教育的人是否能说某个不具备节制和其他任何美德的人是敬虔的,出身高贵的人是否可能论到阿耳刻罗科斯的抑扬格诗里所包含的不当之事。若说阿斯克勒庇俄斯的治病和阿波罗的预见没有任何神圣色彩,这一点是不证自明的,那么有理性的人怎么会敬他们如纯洁的神——考虑到论证的目标是他们有这种能力?更糟糕的是,这个神谕之灵阿波罗,完全不受属地身体的束缚,借着坐落于德尔斐洞穴的所谓女先知的生殖器进入她里面。⑤但是我们对耶稣和他的能力不持这样的观点;由一位童贞女所生的身体是由人的基质构成的,像其他所有人一样能受伤、能死。

26. 我们再来看塞尔修斯接下来说了什么。他从历史引用了一些异能奇事,这些事就其本身看来是不可思议的,但他并非不相信;至少,他的话没有暗示不相信的迹象。首先,他提到普洛克涅斯人亚里斯泰阿斯,这样说:"至于普洛克涅斯人亚里斯泰阿斯,神奇地从人群中消失,

---

① 奥利金在这里循伊壁鸠鲁学派驳斥神谕。他所举的两个例子,克勒俄墨得斯和阿耳刻罗科斯,以同样的论辩形式出现在俄诺玛俄斯(公元2世纪)那里,被 Eus. *P. E.* v, 32, 227A 引用。比较苏格拉底 *H. E.* III, 23, 57。
② 第三卷,第三十三节。
③ 当在战争中杀死阿耳刻罗科斯的人进入德尔斐神殿时,神谕把他赶了出去,因为他杀死了缪斯的仆人;Dio Chrysostom XXXIII 12; Glen, *Protrept.* 9; Plutarch, *Mor.* 560E; Aristides, *Or.* 46 (II, 380 Dindorf); Libanius Or. I, 74; Suidas *s. v.* "Archilochus". 比较 Parke, *History of the Delphic Oracle*, pp. 406f。
④ 对俄诺玛俄斯诗歌的道德格调提出批判的还有:Plutarch, *Mor.* 520B; Clem. Al., *Strom*, I, 1; Eus. *P. E.* v, 32, 227A。朱利安的奋兴布道会(Julianic revival)的祭司禁止颂读他的作品。比较 Max. Tyr. XVIII, 9。
⑤ 参第七卷,第三节。

又清晰地重新显现，很长时间之后走访了世界诸多地方，讲述令人惊异的故事，乃至阿波罗要求梅塔庞提尼人（Metapontines）视之为神，这样的一个人，现在没有人仍然认为他是一个神。"他似乎是从品达（Pindar）和希罗多德取了这故事。① 这里我们只要引用希罗多德的《历史》第四卷就足以说明问题，书中这样描述他：

> 我提到过说这话的亚里斯泰斯的出身。我要讲个关于他的故事，是我在普洛克涅斯（Proconnesus）和塞齐库斯（Cyzicus）听到的。他们说，亚里斯泰斯出生时并不比任何公民低劣；当他走进普洛克涅斯的一个漂洗工的商店时，就死了；那个漂洗工就关了店，告知死者的亲戚。但是，当亚里斯泰斯死了的消息早已传遍整个城市的时候，有个塞齐库斯人，原先是从阿尔泰克（Artake）城来的，与那些传讲这个消息的人争论，他说，他看到亚里斯泰斯到了塞齐库斯，还与他有过交谈。当死者的亲属到漂洗店去想把他搬走时，此人激烈地争辩。当店门打开后，却不见亚里斯泰斯，既没有活人，也不见死尸。七年之后，他出现在普洛克涅斯，写下这些希腊人如今称为 Arimaspian 的诗句，写完之后又再次消失。这就是这些城市所传的故事。我知道这些事是在亚里斯泰斯第二次消失二百四十年之后发生在意大利的梅塔庞提尼人身上，正如我通过比较普洛克涅斯和梅塔庞同（Metapontium）所发现的。如今，梅塔庞提尼人说，亚里斯泰斯本人出现在他们国家，命令他们给阿波罗建造一座坛，坛上放一个雕像，上面刻写普洛克涅斯人亚里斯泰阿斯的名字。因为他说，他们的国家是意大利唯一一个阿波罗光顾过的国家，现在步他后尘的就是亚里斯泰斯。不过，当他跟从阿波罗神

---

① Pindar, *frag*. 284, ed. Bowra；Herodotus, IV, 14-15。参 Max. Tyr. X, 2；XXXVIII, 3。

时，他还是只乌鸦。①说完这话，他就消失了。但梅塔庞提尼人说，他们派人到了德尔斐，求问神此人的这种幽灵意味着什么。德尔斐神谕命令他们照幽灵的话去做，只要他们顺从，就会对他们有好处。得到这样的回答之后，他们就依此而行。到了今天，还有一尊刻有亚里斯泰斯名字的雕像立在阿波罗像的旁边，周围全是月桂；市场上也立有这样的雕像。关于亚里斯泰斯，就讲到这里。

27. 我可以这样回答关于亚里斯泰斯的故事，如果塞尔修斯是将它作为一个故事引用，并表明他不承认这是真实之事，那么我们以另外的方式回应他的论述。但他说，亚里斯泰斯神奇地消失，又清晰地重现，走访世界许多地方，讲述奇异的故事，而且还赞同阿波罗命令梅塔庞提尼人要视亚里斯泰斯为神的谕言，所以我们要如下回复他。你若是怀疑耶稣门徒所记载的关于他的神迹奇事完全是虚假的，批判相信它们的人，那你为何不认为这个故事也是不可思议的传说，或者是杜撰之作？你既然相信这些故事，并未引用出处或拿出证据证明它们是真实发生的事，那为何指责别人相信耶稣的神迹异能是非理性的呢？你是否认为希罗多德和品达说的全无虚假？对那些训练有素，预备为耶稣的教义而死，并向后代子孙留下记载他们信仰的作品的人来说，使这些人能如此热忱地奋斗，不顾生命的动荡，死亡的残酷，其动力之源，怎么可能如你所认为的，是杜撰的事物呢？以不带偏见的观点看亚里斯泰斯和耶稣的故事，看看那些已经得到帮助改变了道德品质，致力于至高上帝的人的生活，想一想我们是否该如此说：应当相信关于耶稣的事若不是出于神圣安排，就不可能发生；而对于普洛克涅斯人亚里斯泰斯，则不能这么说。

28. 神意为何要使亚里斯泰斯去行这些神迹，神意——如果想要恩

---

① 关于阿波罗视为神圣的这只乌鸦，参 Aelian, *N. A.* I, 48；Porphyry, *de Abst.* III, 5。

益于人类——为何要显出这些你所认为的大奇事，这些都是你无法回答的问题。而就我们来说，当我们讲述耶稣的故事的时候，我们也提出有力的证据表明它们为何要发生。我们指出，上帝想要确立借耶稣传讲，带给人类救恩的教理；而众使徒可以说是耶稣所创立的基督教这一大厦的根基，他们使这教理得到巩固，就是在最近的时代里，许多人以耶稣的名治病救人，还有其他许多意义重大的圣灵显现，因而这教理一直在发扬光大。

此外，阿波罗命令梅塔庞提尼人把亚里斯泰斯敬为神，那他自己是个什么样的神？他这样做是出于什么动机？梅塔庞提尼人若是把一个不久前还是凡人的存在者视为神，他们这样崇敬亚里斯泰斯，他能给予他们什么样的益处呢？在你看来，还应当提到阿波罗对亚里斯泰斯的举荐，但我们认为他只是一个获得了"酒祭和燔祭"回报的鬼灵。① 但是，你难道不为至高上帝和他圣洁的使者的举荐感动吗？那是耶稣还未住在人中间，而不是他得属人生命之后借着众先知说的，若非如此，你怎能不敬仰得了神圣启示的众先知，以及他们所预言的那位？事实确实如此，好多人在他还远未到来之前，就早已宣告了他要降临此生，乃至整个犹太民族都对他翘首以待，盼望他到来，在他临到之后却彼此争论；其中很多人承认他就是基督，并相信他就是所预言的那位；但那些不相信的人却鄙视信徒的温顺——他们听从耶稣的教导，不想制造一点点骚乱——竟敢以如此的刑罚折磨耶稣，他的门徒对此作了真实而诚实的记载，没有从他的奇异历史中偷偷删除，尽管这些事在大多数人看来是给基督教的教理蒙上了羞耻。

无论是耶稣本人，还是他的门徒，都不希望来到他们身边的人只相

---

① 荷马，《伊利亚特》IV, 49；IX, 500；XXIV, 70。鬼灵以祭品为食，这是当时普遍的观念；比较第七卷，第六节所引用的毕达哥拉斯的话；第八卷，第六十节中塞尔修斯的话；Porphyry, *de Abst.* II, 42；Philo, *de Decal.* 74；Oenomaus 引自 Eus. *P. E.* V, 21, 5, 213B；等等。根据奥利金 *Comm. in Matt.* XIII, 23, 邪鬼对耶稣的教训大为恼怒，因为这教训使它们丧失祭品。比较 Geffcken, *Zwei griechische Apologeten*, pp. 220f.；E. R. Bevan, *Holy Images*, p. 91。

信他的神性和奇迹,似乎他不曾分有人性,没有穿戴与圣灵争战的肉身;① 但是由于他们的信心,他们也看到了降到人性和人的局限性里的大能,他取了人的身体,与神圣特点结合,给信徒带来救恩。基督徒知道,在耶稣里,人性和神性开始交织在一起,好叫人性借着与神性的关系成为神圣的,不仅在耶稣里如此,凡是相信耶稣,并一直按耶稣的教导生活的人都如此,这种生活引导凡按耶稣的诫命生活的人成为上帝的朋友,成为耶稣的同伴。

29. 照着塞尔修斯的话,阿波罗想让梅塔庞提尼人视亚里斯泰斯为神。但是梅塔庞提尼人认为,亚里斯泰斯显然是个人,并且可能不是个好人,这一事实比宣告他是神,或者配得神圣荣耀的神谕更重要,因此他们不愿意顺从阿波罗,于是"没有人认为亚里斯泰斯是神"。但对于耶稣,我们要说,由于接受他为上帝的儿子于人类有益,于是上帝穿上人的灵魂和身体来到人间;也由于这显然与那些溺爱身体、自诩为神的鬼灵们的贪欲无益。所以地上的鬼灵,被那些在鬼灵问题上没有受过教育的人视为神加以侍奉的,企图阻止耶稣教训的传播。他们看到"酒祭和燔祭"——这是他们贪婪享受的——因耶稣的教训成功而被取消了。要知道,差遣耶稣的上帝毁坏了鬼灵的全部阴谋,粉碎了世上各处的鬼魔,好叫人归信,更新;他使耶稣的福音顺利传播,叫教会成立,与迷信、放荡和不义之人的集会作对。各城组建会众的乌合之众就是这种性质的团体。上帝的教会则是受基督教训的,比起城邑之民组成的会众,就是"世界的光"。② 谁能不承认,即便是教会里不那么令人满意的成员,以及那些与优秀的信徒相比还有很大距离的人,也比世俗会众要优秀得多?

30. 比如,雅典的上帝教会是温顺而安静的,因为它只想叫上帝喜

---

① 《加拉太书》5:17。
② 《腓立比书》2:15。这整段话中,"ecclesia"的含义具有双关性,一是指世俗的集会,一是指教会,但在翻译中无法再现这种双关性。

悦。但雅典的会众骚乱不安,根本无法与那里的上帝教会相提并论。对于哥林多的上帝教会和哥林多人组成的会众,或者亚历山大(Alexandria)的上帝教会和亚里山大人组成的会众,也可以说同样的话。听到这话的人若是有无私的胸怀,怀着找出真理的愿望去考察事实,就会感到惊异,这个有计划也有能力在各地建立上帝教会的人,竟住在每个城的市民会众旁边。同样,如果你比较上帝教会的公会议和各个城市的公会议,就会发现教会的某些议员配得掌管属上帝的城,如果宇宙中存在这样的城的话。① 而各城的议员并没有表现出与那使他们高出普通市民的卓越权威相配的道德品行来。同样,比较各城教会的领袖和市民的领袖,你会明白,就是那些在上帝教会里非常失败的议员和领袖,与那些比较积极的人相比显得懒散的人,② 从广义上说,也要比那些城里的议员和领袖在道德上有更长足的进步。

31. 既然如此,以下看法岂不是合乎情理的吗:能成就如此伟大之事的耶稣,在他身上存在异乎寻常的神性,而普洛克涅斯人亚里斯泰斯一点神性也没有,尽管阿波罗要求我们视之为神,他也没有塞尔修斯所列举的那些东西。他说:"尽管北方净土人亚巴里斯(Abaris the Hyperborean)有大能,能被一支箭带着走,③ 但没有人认为他是神。"那使北方净土人亚巴里斯能乘着一支箭飞行的神,赐予他这种能力的动机是什么?

---

① Harnack (*Mission u. Ausbr.* 4th ed. 1924, p. 548) 认为这话的意思是说,如果一个城市完全是基督教的,有些主教可能配做它的执政官。不过,比较第八卷,第七十四节,表明奥利金想到的是银子的比喻(《路加福音》19:12 以下),意思是说,上帝的城在天上。
② 奥利金可能是在痛斥主教;前文第三卷,第九节; *Comm. in Matt.* 25,尤其在第八节中指出:"在许多所谓的教会里,尤其是那些大城市的教会,可以看到上帝百姓的领袖不允许任何人,有时候甚至不允许最高贵的耶稣门徒与他们平等说话。"奥利金这话是经验之谈。
③ 据希罗多德记载(IV, 36),亚巴里斯带着一支箭飞过整个世界,没有进食。后来的作家把它变成箭带着亚巴里斯飞行;在晚期毕达哥拉斯传说中频繁出现。比较坡菲利, *Vita Phthag.* 28 - 29; 亚巴里斯是北方净土人中的祭司;毕达哥拉斯指出他有金腿,阿波罗给他一支箭,带着他越过江河、海洋,以及无法穿越的地方。在 Iamblichus 的 *Vita Pythag.* XIX, 91 里有类似的记载;尼撒的 Gregory, *Orat.* XLIII, 21; *Ep.* 2 (P. G. XXXVI, 524B; XXXVII, 24A); Libanius, *Ep.* CXLIII, 3; Cosmas Hieros., *Ad carm. S. Greg.* LXIV, 274 (P. G. XXXVIII, 509)。讨论见 E. Rohde, *Psyche* (E. T.), 1925), pp. 327 - 328, 他也提到 Himerius, *Orat.* XXV, 2, 4; Monnus, Dionys. XI, 132 - 133; Procopius of Gaza, *Ep.* 36. 也请比较 Lucian, *Philops.* 13ff。

是为了让人类得到某种益处？或者让亚巴里斯本人从这种乘箭飞行的行为中受益？出于讨论的考虑，我且假设这个故事无论如何不是虚假的，这一行为是借着鬼灵的运行发生的。然而，如果按记载我的耶稣是"被接在荣耀里"①，我就能感受到上帝对人的关爱；上帝使这事发生，以便使那些看见主的人赞美他，好叫他们不为人的学识努力，而为神的教训奋斗，全身心地致力于至高上帝，一切只为他的悦纳，以便到了神圣审判的日子，按他们在此生所做的事，或好或坏，各得报应。

32. 然后塞尔修斯又提到克拉佐梅尼人，对论述他的话补充说："他们不是说他的灵魂常常离开身体，在无体状态中飘荡吗？但连他，人们也不认为是神。"②对此我要回答说，很可能某些鬼魔安排写了这故事（我不相信他们也安排让它真的发生），以便对关于耶稣的预言和他的话语进行攻击，似乎它们像这些故事一样是杜撰出来的，或者让人以为它们与其他传说并无两样，因而不会对它们产生敬意。我的耶稣论到他自己的灵魂说，它离开身体不是出于人的胁迫，而是出于赐给他的这方面的神奇大能，他说："没有人夺我的命去，是我自己舍的。我有权柄舍了，也有权柄取回来。"③他因有权柄舍了这命，所以，当他说"父啊，

---

① 《提摩太前书》3:16。

② 克拉佐梅尼的赫耳墨提姆斯（Hermotimus）告诉妻子，入睡时他的灵魂离开了身体；她告诉他那些在他人睡时焚烧他的仇敌；克拉佐梅尼人对他作了补偿，为他建了一座庙宇，不准妇女进入。故事由阿波罗尼乌 Mirabilia 提供（很可能出于 Theopompus；Rohde, *Rhein. Mus.* XXVI, 1871, p. 558）；Priny, *N. H.* VII, 174；Lucian, *Muscae encomium* 7；Tertullian, *de Anima* 44。普鲁塔克，*Mor.* 592C, D 称他为 Hermodorus（如 Proclus, *in Remp.* II, 113, 23 - 5, ed. Kroll，表明在普鲁塔克那里，这不只是"抄写员的错误"；比较 Rohde, *Psyche*, E. T. p. 331）。J. H. Waszink，"在德尔图良那里追寻亚里士多德佚失的对话""Traces of Aristotle's lost dialogues in Tertullian", in *Vigiliae Christianae*, I (1947), pp. 137 - 149 指出 Theopompus 从亚里士多德佚失的"Eudemus"中取了这故事。无论如何，塞尔修斯用的例子都是常用的神奇故事，其他地方也时常被以类似的组合一起出现，比如 Plutarch, *Romulus*, 28（亚里斯泰斯，克勒俄墨得斯）；Pliny, *N. H.* VII, 174 - 176（赫耳墨提姆斯、亚里斯泰斯、厄庇梅尼德、赫拉克利德的无生命妇人——参上文第二卷，第十六节）；Clem. Al., *Strom*, I, 133, 2（亚巴里斯、亚里斯泰斯、厄庇梅尼德）；Proclus, *in Remp.* II, 113, 23 - 25（赫耳墨提姆斯、亚里斯泰斯、厄庇梅尼德）。关于这一主题，见 K. Kerenyi, *Die griechisch-orientalische Romanliteratur* (1927), p. 39；E. R. Dodds, *The Greek and the Irrational* (1951), pp. 140ff。

③ 《约翰福音》10:18；参第二卷，第十六节。

为什么离弃我"时就这样做了,"耶稣又大声喊叫,气就断了"。① 这预先阻止了执行钉十字架之刑的人后来的行为,因为他们要打断被钉十字架之人的腿,免得他们受更多的刑罚。② 当他在门徒中显现时,他又取回自己的灵魂。他在不相信他的犹太人面前预言了这一点,因为他对他们说:"你们拆毁这殿,我三日内要再建立起来。""但耶稣这话,是以他的身体为殿"。③ 众先知的众多预言之一也预告了这一点:"我的肉身也要安然居住。因为你必不将我的灵魂撇在阴间,也不叫你的圣者见朽坏。"④

33. 塞尔修斯为显示自己读过许多希腊故事,还引用了关于亚斯提帕利亚人克勒俄墨得斯的故事。他写道:"他进入一个柜子,把自己关在里面之后,就不见了⑤;当人们打碎柜子抓捕他时,他借着某种神奇的神意从里面消失了。"这样的故事一看就是捏造的,即便不是捏造的也不可能与耶稣的故事相提并论。就塞尔修斯所举的例子来说,人的生活中找不到任何证据能表明归于他们的神性是真实的,而关于耶稣的神性证据很多:由得了帮助的人所组成的教会、关于他的预言、以他的名成就的医治、基督里的知识和智慧,以及在那些知道如何超越单纯的信仰、如何探究神圣经文的含义的人身上体现的理性。当耶稣说"查考圣经"时,就是下这样的命令。保罗教导我们,必须"知道该怎样回答各人",所指的也是这个意思。此外,另有作者说:"有人问你们心中信心的事,

---

① 《马太福音》27:46,50。
② 《约翰福音》19:31—34。
③ 《约翰福音》2:19,21。
④ 《诗篇》15:9—10(和合本16篇。——中译者注)。
⑤ 克勒俄墨得斯在公元前486年的奥林匹亚庆典上杀死了拳击对手。因为被宣布成绩无效,他就疯了,回到亚斯提帕利亚之后,推倒了学校的一个屋顶,压在里面孩子的头上。因被镇上的居民用石头击打,他就躲到雅典圣坛的一个柜子里;当人们把柜子打开后,却发现他消失不见了。人们就到德尔求求问,祭司回答说:"英雄族谱里最后一位就是亚斯提帕利亚人克勒俄墨得斯;要用祭品崇拜他,敬为不朽的。"这个故事出于 Plutarch *Romulus* 28,Pausanias VI,9,6-8;Oenomaus 引自 Eus. *P. E.* V,34,2,230B,C,参第三卷,第二十五节;Rohde,*Psyche*,E. T. pp. 129 f.;Parke,*History of the Delphic Oracle* pp. 362 f.。

就要常作准备，回答各人。"① 但是，塞尔修斯若要我们相信上述故事不是捏造的，就请他告诉我们，超人的力量使他借着某种神奇的神意从柜子里消失是出于什么动机。如果他要表明其中包含某种重要的目的，这目的值得上帝赐予克勒俄墨得斯这样的一种恩赐，那么我们就能决定该如何回答他。然而，他若是对这个问题茫然不知所措，连似是而非的话也说不出（显然因为找不到任何论证），那么我们要支持那些不相信这一故事的人的观点，批判它是虚假的，或者我们要说，这个亚斯提帕利亚人的消失是由于某个鬼魔施用了类似于巫师用来欺骗观众眼睛的障眼法。然而，塞尔修斯认为有"一个神谕"，"宣告他借某种神奇的神意从柜子里消失了"。

34. 我想，塞尔修斯所知道的不过就是这些故事。但他说："我们可以举出许多诸如此类的例子"，以显得他是故意省略其他类似的故事。就算确实如此，确实有许多其他同样的例子，它们也对人类没有产生任何好处；他们的哪个行为可以与耶稣的作为和他的神奇故事——我们已经作了详尽的阐述——相媲美？

然后，他认为，因为我们敬拜这个被捕被处死的人，所以我们的行为与敬拜扎摩尔克西斯（Zamolxis）的基塔人（Getae），崇拜摩普苏斯（Mopsus）的西里西亚人（Cilicians），崇拜安菲罗库斯（Amphilochus）的亚卡尔那尼亚人（Acarnanians），崇拜安菲亚尔奥斯（Amphiaraus）的台伯人（Thebans），以及崇拜特洛福尼乌斯（Trophonius）的莱巴底亚人（Lebadians）② 无异。在这里我们也要表明，他把我们比作他所提到的这些人，是完全不合理的。因为他们为他所列举的崇拜对象建立庙宇，塑造偶像，而我们废除任何这样的拜神方式（我们认为这更适

---

① 《约翰福音》5:39；《歌罗西书》4:6；《彼得前书》3:15（参和合本译文"有人问你们心中盼望的缘由，就要常作准备，以温柔、敬畏的心回答各人"。——中译者注）。
② 见 Rohde, *Psyche*, E. T., pp. 89 ff；下文第七卷，第三十五节。关于这一系列神谕，比较 J. H. Waszink 对 Tertullian *de Anima* 46（p. 497）的评注；关于扎摩尔克西斯，参 A. B. Cook, *Zeus*, II, pp. 226 f.；Dodds, *op. cit.* p. 166。

合以某种不可知的方式局限在某个地方的鬼魔，他们或者占据自己的原始地，或者可以说栖居在那里，因为他们是被某种仪式或魔法符咒带到那里的）。我们崇敬耶稣，他改变了我们的思想，不再思考所有感官对象，不仅包括一切可朽坏的，还包括将要朽坏的，① 他引领我们以正直的行为和祷告敬拜至高上帝。我们借着那位可以说处于非造本性与一切被造本性之间的居间者，② 把这些祷告献给上帝；居间者给我们带来父的恩益，同时作为我们的大祭司，把我们的祷告传给至高上帝。

35. 我不知道他为什么这么说，但我愿意反问他几个相关的问题以作回答。你所列举的这些名称，莱巴底亚的特洛福尼乌斯、台伯的安菲亚尔奥斯圣坛、亚卡尔那尼亚的安菲罗库斯圣坛，以及西里西亚的摩普苏斯圣坛，是否无足轻重，没有任何权能？或者这些地方有某种权能，也许是鬼魔，是英雄，甚至是神，施行超越人的能力之外的奇事？如果他说，这些神谕没有不同寻常之处，既没有鬼魔，也没有神，那么无论如何，请他承认自己的观点，承认他是一个伊壁鸠鲁主义者，与希腊人的观点不同，他既不像希腊人那样承认鬼魔的存在，也不像他们那样崇拜鬼魔。若是那样，就表明他已经引用以及后面所提到的神谕——似乎他相信它们是真实的——的论证是毫无说服力的。另一方面，他如果坚持认为他所提到的人，全都是鬼魔、英雄，甚至是神，那么就请他注意在这样说时，他恰恰表明了他所不想接受的事实，即耶稣就是这样的人。因为耶稣已经向非常多的人表明，他来自于上帝，降临到人间。塞尔修斯只要接受这一点，设想一下，他是否必须得说，耶稣比他拿来与耶稣并列的那些人要强大得多。无论如何，那些人没有一个能阻止人去敬拜他者，但耶稣使人相信他比他们所有人更强大，禁止人去亲近他

---

① 这话反映了柏拉图的观点，虽然宇宙是可毁灭的，但借着神圣护理，事实上它是不会毁灭的。比较第四卷，第六十一节。
② 在 Philo Q. R. D. H. 206，逻各斯既不是像上帝那样是非造的，也不是像我们那样是被造的，而是居于两者之间的。

们。理由是,他们是占据地上处所的邪恶鬼魔,因为他们无法到达更纯洁、更神圣的区域,只能居于粗劣、充满邪恶的地上。

36. 然后他甚至认为"我们对耶稣的尊敬"与埃及的安提诺城(Antinoopolis)居民对"哈德良(Hadrian)特别喜爱的人"[也即男孩安提诺斯(Antinous)①]"所得到的尊敬没有两样"。我们可以表明,他这样说完全是出于敌意。我们耶稣的高贵生活与哈德良宠爱的这个甚至不能割断对妇女的病态迷恋的人,有什么共同之处? 就是那些对耶稣提出数不胜数的指控,传播弥天大谎的人,也不能指控他沾染过哪怕一丁点儿放荡之罪。此外,如果我们真诚而公正地考察人们对安提诺斯的崇拜,就很可能发现,正是由于埃及人的巫术和符咒才使他甚至死后还在安提诺城行异事。有记载说,埃及人和那些精通这种事的人在其他的庙宇也做这样的事。他们在特定的处所树立有能力说神谕或治病的鬼灵,这些鬼灵甚至把痛苦降到那些显然违背了某条关于不洁食物或者触摸死尸的规定的人身上,以便恐吓无知的民众。②这个被认为是埃及安提诺城之神的人也具有这种特点。他的美德是那些一贯欺诈蒙骗的人捏造出来的,而一些被鬼灵蒙骗的人就把他立在那里,还有一些被其软弱的良心判为有罪的人,就以为是这位安提诺斯神降下惩罚在他们身上。这就是他们所称颂的奥秘,他们所认定的神谕的特点。但耶稣的情形与此完全不同。根本没有巫师聚在一起协助某个王,似乎这个王命令他们到来,或者顺从某位长官的法令,以为他们能使他成为神。③乃是宇宙的造主本身,借着他奇异话语的说服能力,表明耶稣是值得敬拜的,不仅向那

---

① 安提诺斯于公元130年溺死于尼罗河,哈德良为纪念他建立了安提诺城,他被正式神化。134年发行了印有他头像的硬币。比较 C. T. Seltman in *Hesperia* 17 (1948) pp. 80ff。关于猥亵的膜拜,参第五卷,第六十三节塞尔修斯的话,这是护教士们共同的论点: Hegesippus ap. Eus. *H. E.* IV, 8, 2; Justin, *Apol.* I, 29; Tatian, 10; Athenagoras, *Leg.* 30; Theophilus, III, 8; *Or. Sib.* VIII, 57; Clem. Al. , *Protr.* 49; Origen in VIII, 9, below; Tertullian, *Apol.* XIII, 9; Athanasius, *c. Gent.* 9; Prudentius, *c. Symm.* I, 271ff。
② 关于魔法术与安提诺斯崇拜之间的关联,参 Dio Cassius. LXIX. 11。
③ 见 Numenius in V, 38; VIII, 61。

些愿意接受他的人显明，也向鬼灵和其他不可见的权能表明；直到今天，这些权能或者敬畏耶稣的名，视之为比他们优越，或者接受他，敬他为他们合法的统治者。试想，这赞颂若不是出于上帝，鬼魔怎么可能顺从，一听到宣告他的名，就离开他们所攻击的人。

37. 如果你将安提诺斯与阿波罗或宙斯比较，在崇拜他的教育中长大的埃及人必会容忍，因为他们很自豪他能与他们相提并论。所以很显然，塞尔修斯说这话"如果你将他①比作阿波罗或宙斯，他们必不会容忍"是扯谎。但基督徒已经了解，他们的永生在于认识那独一的、真正的至高上帝，以及他所差来的耶稣基督。②他们已经知道，"外邦的神"都是贪婪的鬼魔，留恋于祭品、血以及祭品中分得的分，欺骗那些没有逃到至高上帝那里寻求庇护的人。他们明白，神圣而圣洁的上帝的使者与地上的一切鬼魔的本性和特点全然不同，只有极少数对这个题目作理智而深入研究的人，才知道这些不同之处。所以你若是将耶稣与阿波罗或宙斯或其他用燔祭、血和牲品来祭拜的事物相提并论，他们绝不会容忍。有些人因为非常单纯，不知道如何解释自己的行为，这样的人遵循沿袭下来的传统习俗是有充分理由的。但还有些人通过论证来解释自己的行为，这论证不是一目了然的，而是复杂难懂的，如希腊人会说，是深奥而神秘的。他们信奉某种深奥的理论，关于上帝，关于那些借着独生的圣逻各斯得到上帝的极大荣耀，从而分有神圣本性，并因此也得赐这名的存在者的深奥理论。③还有关于圣天使和敌真理者——他们被蒙骗，并因此自称为神，或上帝的使者，或善鬼，或通过善人的灵魂转世而出世的英雄④——的深奥理论。这样的基督徒还会指出，正如在哲学

---

① 在塞尔修斯的原文里，αυτ 必是指耶稣，但奥利金在这里理解为安提诺斯。
② 《约翰福音》17:3。
③ 在《诗篇》81 篇里，上帝"站在诸神的会中"（参和合本诗篇 82:1 经文"上帝站在有权力者的会中，在诸神中行审判"。——中译者注）。奥利金将它理解为天使。
④ 比较第三卷，第八十节；Diog. Laert. VII, 151；Philo, de Plant. 14。见 Rohde, Psyche, E. T., pp. 527ff。

上，许多人会认为自己是正确的，或者因为他们被似是而非的论证蒙骗，或者因为对别人提出的观念不假思索地相信。同样，在无形体的灵魂、天使和鬼灵中，也有一些在似是而非的观念的误导下，自称为神。正是因为这些理论，使人无法准确而完全地发现，人把自己交托给某个存在者将其视为神是不安全的，唯有交托给那像裁判一样支配万有的耶稣基督才是安全的，因为他既认识这些非常深奥的真理，也把它们传给少数人。

38. 可以说，相信安提诺斯或者其他类似的人，无论是在埃及人中，还是在希腊人中，这种信念都是一个厄运的问题。而相信耶稣似乎是出于好运的结果，或者是对证据作了严格考察之后得出的结论。就大多数人来看，这似乎是好运的结果，唯有对极少数人来说，这是经过严格考察证据得出的结论。虽然我使用流行词汇，说某种信仰是好运的问题，但即使在这一点上，我也把问题诉求于上帝，因为他知道分派给各人生活经历的原因是什么。此外，希腊人会说，就是在被认为非常聪明的人中间，许多时候归根结底还是好运的问题，比如，虽然存在意见各不相同的老师，但他们恰好遇到这些老师，并且恰好是持更好观点的老师，于是在优秀的人当中接受教育。而许多人因出生在恶劣的环境中，甚至不可能得到任何关于美好事物的建议；从幼年时代起就与放荡的人为伴、为师，或者出于其他不幸的条件，使他们的灵魂无法追寻更高的事物。①这些不平等的原因很可能完全在于神意，人要对它们作出解释是极其困难的。鉴于他所说的话"这是因为信仰使他们的心灵产生偏见"，我原想用插入语的方式讨论这个问题。他应当说，人中间不同的信念是由不同的成长环境造成的，因而有些人在这一方面运气多些，有些人运气少些。由此他应当接着说，即使是对知识比较多的人来说，也是所谓

---

① 生活环境的不同，是奥利金常常提及的问题；诺斯替主义者在论辩中常引用这一论证（Origen, *de Princ.* II, 9, 5）。这一难题在当代关于神意的争论中颇为重要，参 *de Princ.* II, 9, 3; Clement, *Hom.* XIX, 23 = *Recog.* IX, 5, 7。

的好运和所谓的坏运帮助他们成为知识阶层中的一分子,使他们在许多时候有合乎理性的根据来支持自己的信念。不过,关于这个话题就说到这里。

39. 现在必须思考塞尔修斯的下一句话,他说:"我们的信仰使我们的心产生偏见,使我们对耶稣持有这样的信念。"没错,我们的信仰使我们持有这样的信念;但请想一想,我们的信仰本身是否没有表明它是可赞美的。我们把自己交托给至高上帝,承认对引导我们走向这种信仰的主充满感恩之情,认为没有上帝的大能,他就不可能从事或成就如此伟大的事业。我们也相信福音书作者的真诚目的,从他们表明在作品中的敬虔和良知推导出这一点。因为他们在作品里没有表现出一点伪造、骗人、杜撰和邪恶的东西。我们相信那些不曾学过希腊人的诡辩,那种完全似是而非、耍小聪明的害人把戏所教导的技巧的人,对盛行在法庭上的滔滔不绝的口才一无所知的人,不可能杜撰出如此卓越的故事,乃至他们的作品本身就能使人相信一种信仰,并按这种信仰生活。我想正是出于这样的原因,耶稣选择使用这些人传授他的教义,免得有人怀疑它是出于似是而非的诡辩,①好叫作者清白的目的——如果可以说,那是非常质朴的——在那些能够明白的人看来一目了然;好叫他们看到,这些作者被认为配得神圣权能,成就这项伟大工作,这是靠冗长的篇幅、时髦漂亮的结构,靠条分缕析的逻辑论证绝不可能达到的,是希腊人的精妙技巧所无法实现的。

40. 既然人只要心平气和地聆听我们所说的话,我们信仰的教义就能改变他们的观点,那么请想一想,它们是否与普遍的观念完全吻合。即便悖逆的观念,得到很多知识的支持之后,能够在大众心里灌输这样的思想:偶像就是神,那些由金银、象牙、石头塑成的东西值得崇拜,

---

① 参第一卷,第六十二节。

然而普遍观念①要求我们不能把上帝设想为可朽坏的质料,也不能把他做成无生命的物体,似乎它们就是"按他的形像"②造的,或者是他的符号。所以基督徒论到形象毫不犹豫地说"它们不是神"③,认为像这些被造的物体根本不能与造主相提并论,相对于创造万物、管理宇宙的至高上帝来说,它们算不得什么。可以说,理性灵魂立即就认出那与它相类似的事物,所以迄今为止,一直把它视为神祇的形象弃之一边,呈现出对造主天生的爱戴;因为对他的这种爱,它还接受首先借自己的门徒把这些真理显明给万邦的那位,他亲自训练这些门徒,赋予他们神圣的权能和权威,差他们去传关于上帝和上帝国的消息。

41. 塞尔修斯攻击我们,我都不知道他这样攻击我们已经有多少次了。他说到耶稣,"他虽然由必死的身体出生,但我们认为他是神,并因此认为我们的行为是敬虔的。"没有必要再在这个话题上多说,我们上面已经作了详尽的论述。然而,请我们的批判者务必知道,们认为并相信从来就是上帝和上帝之子的那位,就是逻各斯、智慧和真理本身。我们持定,他可朽的身体和身上属人的灵魂不仅因与他的神性交往,还因与之联合并交织,得到了最大程度的提升,从而分有他的神性,使他转变成为上帝。如果有人因我们这样说他的身体而生气,请他想一想,希腊人对质料是怎么说的,准确地说,它是没有任何性质的,只是包裹着造主愿意给它的性质,它常常脱掉先前的性质,接受更好的其他性质。如果这样说是对的,那么因上帝的旨意,耶稣身体的必死性转化为属天的神圣性质,这又有什么可稀奇的呢?

42. 塞尔修斯的论证不像是一个训练有素的人说的,他把耶稣的属人身体比作金银、石头,④说"他的身体比这些东西更容易朽坏"。严格

---

① 参第一卷,第五节引用的芝诺的话。
② 《创世记》1:26。关于形象的合理性,参第七卷,第六十二节中塞尔修斯的话。
③ 《使徒行传》19:26(参和合本"人手所做的,不是神"。——中译者注)。
④ 塑造偶像的材料。Bader认为塞尔修斯想到的是第七卷,第六十二节(I, 5)引用的赫拉克利特的话。

地说，一种不朽坏的东西并不比别的不朽坏的东西更不朽坏，一种可朽坏的东西也不比别的可朽坏的东西更可朽坏。① 就算朽坏有程度上的差异，我们也可以说，既然一切性质后面的质料可以拥有不同的性质，为何耶稣的肉身不可能改变性质，肉身需要什么性质就变成什么特点，如果它要住在以太以及高于以太的领域，它就不再拥有软弱的肉体才有的属性，那些塞尔修斯称为"令人憎恶的"属性吗？哲学家不会使用这样的词汇。因为准确地说，称为令人憎恶的东西应是具有邪恶本性的东西。而身体的本性不是可憎恶的，因为身体本身并不必然包含恶，而恶是可憎恶之物的发生因。②

然后，他估计我们对他的话会作如何回答，就论到他身体的变化："那么当他脱掉肉身之后，也许就变成了神？他若如此，阿斯克勒庇俄斯、狄俄倪索斯、赫拉克勒斯岂不更是如此？"我们要这样回答：阿斯克勒庇俄斯、狄俄倪索斯、赫拉克勒斯做了什么伟大的工，能与他所成就的相比？他们能表明有人在道德品质上得到改善，因其生活和教训而变得良善，从而支持他们自称为神的宣告吗？我们来看看讲述他们的大量故事，看看他们是否完全杜绝放荡、不义、愚蠢或胆怯。如果他们身上全然找不到这些劣质，那么塞尔修斯的观点，把耶稣放在他所提到的那些人的层次上，倒可以说是有力的。然而，很显然，尽管他们的故事里讲到一些好事，却也记载了他们所做的数不胜数违背正当理性的事，既如此，你还要说脱去必死的身体就成了神的，是他们，而不是耶稣，这怎么能说是更为合理的呢？

43. 然后他说到我们，"我们嘲笑那些崇拜宙斯的人，因为他的坟墓

---

① 参第二卷，第七节斯多葛学派的论点。
② 奥利金采纳斯多葛观点，身体在道德意义上是中性的。比较第四卷，第六十六节。奥利金在这里与柏拉图主义传统有分歧。见 Hal Koch, *Pronoia und Paideusis*, pp. 101f。

出现在克利特,①却不知道克利特人如何及为何这样做;但无论如何我们自己崇拜一位从自己坟墓里复活的人。"请注意,他这里捍卫克利特人关于宙斯的叙述,以及关于他的坟墓的故事,暗示造出宙斯的神话是要传达隐秘的比喻意义。他批评我们,因为我们承认我们的耶稣被埋葬了,但我们认为他也从坟墓里复活了。克利特人并没有接着讲述宙斯的坟墓,然而,他似乎相信宙斯在克利特有坟墓,因为他说"却不知道克利特人如何及为何这样做"。我们要说,昔兰尼人(Cyrenaean)卡利马库斯(Callimachus)读过大量诗作以及几乎每一本希腊历史书,但他不知道关于宙斯和他的坟墓有什么比喻意义。所以,在他写给宙斯的赞美诗里抨击了克利特人,说:"万物之王啊,克利特人常常说谎,关于您的坟墓,那实在是克利特人捏造的。您不曾死过,因为您是永生的。"②他虽然说"您不曾死过,因为您是永生的",也否认克利特有宙斯的坟墓存在,但他说,宙斯经历过死的开端,因为死的开端就是属地的出生。③他说④:"瑞亚结婚后就在帕拉西亚人(Parrhasians)中间生下了你。"他既因为宙斯坟墓的故事而否认他出生在克利特,就当明白出生在阿卡迪亚(Arcadia)的人必也已经死了。关于这一点卡利马库斯这样说⑤:"宙斯,有人说您出生在伊达山脉;宙斯,有人说你出生在阿卡迪亚。父啊,哪个在说谎?克利特人常常是说谎者",如此等等。由于塞尔修斯对待耶稣不公,引出我们说到这些;因为当圣经说到耶稣死了,被埋葬

---

① 这表明塞尔修斯看过基督教护教作者的书。这是引自古代学园派论辩的观点;参 Cicero, *de Nat. Deor.* III, 21, 53; Lucian, *de Sacr.* 10。这在护教作者那里非常普遍: Tatian 27; Athenagoras 30; Theophilus I, 10; Clem. Al. *Protr.* XXXVII, 4; Tertullian, *Apol.* XXV, 7; Minucius, XXI, 8; Clem. *Recog.* X, 23; Arnobius, IV, 14; Athanasius, *c. Gent.* 10。详尽的参考书目见 A. B. Cook, *Zeus* II, pp. 940-943; III, p. 1173, cf. I, pp. 157-163. Guthrie, *The Greeks and their Gods* (1950), pp. 50f。
② Callimachus, Hymn to Zeus, 8-9. 参 Titus I:22。
③ 一句哲学谚语,见 Seneca, *ad Polybium de Consol.* I, 1 'Quicquid coepit et desinit'; Philo, *de Aetern. Mundi* 27; *Qu. in Gen.* I, 10; *de Decal.* 58; Clem. Al., *Strom.* III, 45, 3。
④ Callimachus 10.
⑤ 同上,6—8。

了，他就接受，当圣经又说他从死里复活了，他就认为这是虚构，尽管有无数预言宣告了这样的事，也有众多证据表明他死后再现了，但他拒不相信这一事实。

44. 然后，这个塞尔修斯引用完全与耶稣的教训背道而驰的话，唯有一些被最无知的人，而不是如他所认为的"很有知识的人"视为基督徒的人才会主张的观点。他说："他们的训谕类似这样。'不要让受过教育的人、有智慧的人、有理智的人靠近。因为我们认为这些能力就是恶。至于无知的人、愚昧的人、未受过教育的人，以及幼儿，就让他们大胆地过来吧。'他们自己也承认这些人配得他们的上帝，这一事实表明，他们只希望并只能使愚笨者、卑污者、傻瓜，只能使奴隶、妇女和小孩信服。"以下是我们的回答。事实上，耶稣教导自制，说"凡看见妇女就动淫念的，这人心里已经与她犯奸淫了"①；且不说这一点，假设有人看见大量假称的基督徒中有些人生活放荡纵欲。他若是指责他们的生活方式违背了耶稣的教训，那是完全正当的。但他若是因他们而指责基督教，那就是完全非理性了。同样，如果有人发现有基督徒根本不鼓励人变得智慧，那他的批判应当指向这些满足于自己的无知的人，这些人虽然没有说过塞尔修斯归到他们名下的话（因为虽然有些人可能没有文化、无知愚昧，但就是这样的人也不至于说出如此无耻的话），但他们所说的话太软弱无力，不足以劝勉人去实践智慧。

45. 福音希望我们变得有智慧，这一点我既可以从古代犹太人的圣经，也是我们使用的经文中引证，也同样可以从耶稣之后众教会信为神圣的作品中得知。《诗篇》第五十篇描写大卫向上帝祷告时说："你向我显明了你智慧中晦涩而隐蔽的奥秘。"②只要读过《诗篇》的，就会发现这卷书充满了许多智慧的理论。此外，当所罗门祈求智慧时，得了应

---

① 《马太福音》5:28。
② 《诗篇》50:8（和合本见 51:6 "你在我隐密处必使我得智慧"。——中译者注）。

允。①他用简明扼要的话语表达了深奥的思想，从他的书里可以看到他智慧的痕迹。你会从中找到许多赞美智慧的话，许多劝告人必须掌握智慧的话。事实上，所罗门本人就是个智慧过人的人，以至于示巴女王听到他因耶和华之名所得的名声，就前来用难题试问他。"她来见了所罗门王，就把心里所有的对所罗门都说出来。所罗门王将她所问的都答上了，没有一句不明白、不能答的。示巴女王见所罗门大有智慧"，还有大量财产，"就诧异得神不守舍。对王说：'我在本国里所听见论到你的事和你的智慧实在是真的。我先不信那些话，及至我来亲眼见了，才知道人所告诉我的还不到一半。你的智慧和你的福分，越过我所听见的风声。'"②经上对同一个人还有话记载说："耶和华赐给所罗门极大的智慧聪明和广大的心，如同海沙不可测量。所罗门的智慧超过东方人和埃及人的一切智慧。他的智慧胜过万人，胜过以斯拉人以探，并玛曷的儿子希幔、甲各、达大的智慧，他的名声传扬在四围的列国。他作箴言三千句，诗歌一千零五首。他讲论植物，自黎巴嫩的香柏树直到墙上长的牛膝草；又讲论飞禽走兽、昆虫水族。天下列王听见所罗门的智慧，就都差人来听他的智慧话。"③福音非常希望信徒中间有智慧人，听众有领悟能力，它就可以用谜一般的形式讲述某些真理，用所谓的暗语（dark sayings）讲另一些真理，再用比喻，用难题讲另一些真理。事实上，先知之一何西阿在他的书末说："谁是智慧人，可以明白这些事；谁是通达人，可以知道这一切？"④但以理和那些与他同被囚禁的人对巴比伦王的智慧人所做的事了如指掌，他们表现出的智慧聪明胜过那些人十倍。 ⑤《以西结书》里也有话对以自己的智慧为豪的推罗君王说："你比但以理更有

---

① 《历代志下》1:10—11。
② 《列王纪上》（III Regn.）10:1—7。
③ 《列王纪上》（III Regn.）4:25—30（和合本为4:29—34。——中译者注）。
④ 《何西阿书》14:10（和合本为14:9。——中译者注）。
⑤ 《但以理书》1:20。

智慧吗？什么秘事都不能向你隐藏吗？"①

46. 你若是再看看耶稣之后写的书，就会发现广大信徒听的是外在的比喻，因为他们只能听懂通俗的教义。但门徒私下里能聆听关于比喻的解释。因为"没有人的时候，耶稣就把一切的道讲给门徒听"②，尊重民众之上的那些配得他智慧的人。他应许要差遣智慧人和文士到信他的人那里去，说："我差遣先知和智慧人并文士到你们这里来，有的你们要杀害，要钉十字架。"③此外，保罗在上帝所赐的属灵恩赐里，把智慧的恩赐列在首位，其次是智慧的话语，低于智慧，第三——我想更低一个层次——是信心。他把理性抬升到神奇的作为之上，因此他把"行异能"和"医病的恩赐"放在比智性恩赐更低的位置。④在《使徒行传》里，司提反证实了摩西的学识，毫无疑问他的证明是基于古典文献资料，这些文献还未引起广大民众的注意。他说："摩西学了埃及人一切的学问。"⑤这就可以解释，为何有人怀疑他行的奇事不是如他所宣称的那样，是借着上帝的大能行的，而是借着埃及人的魔咒行的，因为他在这些事上都有才能。埃及王也这样怀疑他，并叫来埃及行法术的、智慧人和术师，但事实表明他们与摩西的智慧相比算不得什么，摩西的智慧胜过埃及人的一切智慧。⑥

47. 不过，很可能是保罗在《哥林多前书》里写的话⑦——那些话是对以希腊智慧自傲的希腊人说的——使一些人以为福音不希望有智慧人。但是这样认为的人，请他明白这段话是针对恶人的抨击，说他们在属理智的、不可见的、永恒的事上并无智慧，他们的兴趣只在于感觉对

---

① 《以西结书》28:3。
② 《马可福音》4:34。
③ 《马太福音》23:34。
④ 《哥林多前书》12:8—10。
⑤ 《使徒行传》7:22。
⑥ 《出埃及记》7:11。
⑦ 《哥林多前书》1:18 以下。

象,因为他们把一切事都归到这一类别下,就成了这世界的智慧人。同样,有许多理论,其中那些把物质的、有形的事物看作根基,认为所有的终极实在都是有形体的,否认有超越于它们的东西存在,不论是称为不可见的东西,还是无形体的东西,这样的体系,他说,都是属于这世界的智慧。既是这世界的智慧,最终必归于虚无,使人愚拙。而当他论到上帝的智慧时,他指的是那些使灵魂从这地上的事转向关心上帝的恩福,关心上帝国之事的理论,这样的理论教导人鄙弃一切感性的、可见的事物,视之为暂时的,而热切追求无形的事物,顾念所不见的。① 保罗作为真理的热爱者,论到希腊人中的某些智慧人,提到正当的理论,"他们虽然知道上帝,却不当作上帝荣耀他,也不感谢他。"他证实他们实际上知道上帝。但他又说若没有上帝的帮助,他们不可能达到这一点,他写道:"上帝的事情,原显明在人心里,因为上帝已经给他们显明。"我想,当他说"自从造天地以来,上帝的永能和神性是明明可知的,虽是眼不能见,但藉着所造之物就可以晓得,叫人无可推诿。因为,他们虽然知道上帝,却不当作上帝荣耀他,也不感谢他"这话时,暗指那些上升到属理智之事的人。

48. 也许还有人因为以下这话,就认为归信的人中没有受过教育的、智慧的、理智的人,"弟兄们哪,可见你们蒙召的,按着肉体有智慧的不多,有能力的不多,有尊贵的也不多。上帝却拣选了世上愚拙的,叫有智慧的羞愧;又拣选了世上软弱的,叫那强壮的羞愧。上帝也拣选了世上卑贱的,被人厌恶的,以及那无有的,为要废掉那有的,使一切有血气的,在上帝面前一个也不能自夸。"② 对有这种想法的人,我们要指出,保罗的话不是说"按着肉体有智慧的没有",而是"按着肉体有智慧的不多"。显然,当保罗描述那些被称为主教的人的特点,叙述主教应当

---

① 《哥林多后书》4:18。

② 《哥林多前书》1:26—29。

是什么样的人时，认为他应当是位老师，说，他必须"能够驳斥对手"，用他的智慧制止那些说空话欺哄灵魂的人。正如他选择主教人选时，更愿意选择只结过一次婚的人，而不是结过两次婚的；选择一个无可指责的人，而不是可指责的人；一个清醒的人，而不是醉酒滋事的人；一个谨慎的人，而不是鲁莽的人；一个守秩序的，而不是任性的人，哪怕只有一点点；所以他希望被选为主教的人应当是位老师，能够"把争辩的人驳倒"①。既如此，塞尔修斯批评我们，似乎我们主张"不可让受过教育的、有智慧的、有理智的人靠近"，这哪有合理之处？相反，我们要让受过教育的、有智慧的、明智的人前来，只要他愿意，同时，也让无知的、愚拙的、未受过教育的、幼稚的人，全都前来。即使这样的人，只要他们前来，道也应许要医治他们，使所有人都"配得上帝"。

49. 说那些教导神圣话语的人只想"说服愚拙的、卑污的、麻木的奴隶、妇女和小孩"，这是谎言。福音不仅呼召这些人，以便使他们有所进步，也呼召比他们高贵得多的人。因为基督是万人的救主，更是信徒的救主，②不论是聪明的人，还是愚笨的人；他为我们的罪在父那里做了中保，"不是单为我们的罪，也是为普天下人的罪。"③说了这些话之后，还要我们回答塞尔修斯以下的问题就是多余的了："无论如何，为何受过教育和学过最好理论是坏事呢，两者不都使人变得并显得聪明吗？"受过真正的教育，这当然不是坏事。因为教育乃是通向美德的道路。但即便是希腊人中的智慧者也不会说，那些持有错误理论的人也可以算作受教育者之列。再者，谁不承认学习最优秀的理论是好事？只是除了那些正确的且劝人追求美德的理论之外，还有什么理论我们可以称之为最优秀的？再者，成为聪明的人是一件极好的事，但不是如塞尔修斯所说的，只是显得如此。事实上，受过教育，学过最优秀的理论，成为有才智的，并

---

① 《提多书》1:9—11；比较《提摩太前书》3:2。
② 《提摩太前书》4:10。
③ 《约翰一书》2:1—2。

不是阻碍我们，恰恰帮助我们认识上帝。这样的话，我们说比塞尔修斯说更适合，他若表明自己是个伊壁鸠鲁主义者，那就更是如此。

50. 我们来看看他接下来说的话："此外，我们看到那些在市场炫耀其神秘知识，四处乞讨的人，从不会进入知识之士的社团，也不敢在他们面前显示其高贵的信念；但只要看见年幼的孩子，一大群奴隶，一伙愚人，他们就闯进去，炫耀开了。"请注意，这里他是如何污蔑我们，把我们比作那些在市场炫耀神秘学问并四处乞讨的人。我们炫耀了什么神秘学问？或者我们与这样的人有什么相似之处？我们通过诵读圣经，解释经文，劝勉人敬虔宇宙的上帝，崇敬同称为敬虔之王（share piety's throne）① 的美德性；同时劝告人不可鄙视神明（the Deity），不可行一切与正当理性相背的事。就是哲学家也渴望聚集如此多的人来听他劝人为善的教导。尤其是有些犬儒学派的人就是这样做的，在公共场合使他们所遇到的人都改宗归信。② 那么，人们会说这些哲学家没有聚集所谓的有文化者，而只是叫街头的人聚拢来听讲，所以就如同那些在市场卖弄神秘学问，四处行乞的人一样？不论是塞尔修斯，还是持有同样观点的其他人，谁都不会指责出于博爱的动机——在他们看来如此——向普通民众讲说教义的人。

51. 既然犬儒学派不会因这样做受到指责，那么我们就要想一想，基督徒难道不是同样劝人为善，甚至比他们做得更好吗？因为在公共场合劝人为善的哲学家并不选择听众，谁有兴趣都可以停下脚步聆听。而基督徒尽其所能，先检查那些想要前来听道的人的灵魂，预先一一考验他们；听众还未进入团契，就似乎已经满怀心愿，渴望过良善的生活，然后他们再引导这些人。他们私下里规范了两类人，一类由初信者组成，这些人正接受初级教导，还没有得到记号表明已经得了洁净；另一类的

---

① 关于这一短语，参 Philo, *Leg. Alleeg.* III, 247。
② 关于基督教传道者与犬儒学派教师的相似之处，参 Aelius Aristides, *Orat.* 4 (Dindorf. II, 394f)，P. de Labriolle, *La Reaction paienne* (1934), pp. 79-87 有过讨论。

成员则尽其所能规定自己的唯一目标,就是全心全意渴求那些基督教所赞成的事物。在后一组人员中,有些担任考查那些想要加入团契的人的生活和行为的职责,免得有沉溺于秘密罪恶的人混入这个共同团契里来;只要没有这种行为,他们就真心接纳,并使其一日比一日良善。对于那些犯罪之人,尤其是那些纵欲之人,他们也以同样的方式,把他们驱逐出团契——然而,在塞尔修斯看来,他们竟然如同那些在市场卖弄神秘学问的人!著名的毕达哥拉斯学派对那些背叛其哲学的人筑立衣冠冢,算他们已经死了。① 基督教对那些受制于放荡或者犯有某种大罪的人,如对死人一样悲叹,因为他们向上帝已经灭了,死了。但以后只要他们表现出真心归信,照样要接纳他们,如同他们从死里复活了一般,只是对他们的考查期比那些第一次加入团契的人要更长。但他们不会挑选那些归信基督教之后又堕落的人在上帝的教会里担任职位或管理事务。②

52. 请注意塞尔修斯此后所说的话:"我们看到在市场卖弄神秘学问并四处行乞的人。"这难道不是明显的谎言,毫不相干的比较吗?塞尔修斯说,这些人——他把我们比作他们,就是在市场卖弄神秘学问并四处行乞的人——"永远不会进入知识之士的社团,也不敢在他们面前表明其高贵的信念;但只要看到年幼的孩子,大群奴隶以及广大愚人,就挤进去卖弄开了。"在这里他对我们的辱骂,完全像一个骂街的妇女,其唯一的目的就是彼此污蔑。试想,我们尽我们所能保证我们的会众由有识之士组成,只要看到有知识的听众,我们也完全敢于在聚会时把我们最高贵而神圣的信念提出来共同讨论。但我们若是看到聚会者全是头脑单纯的民众,就会把比较深奥的道理隐藏起来,忽略过去,因为他们需要那种在比喻意义上称为奶的教义。

---

① 见第二卷,第十二节。
② 关于禁止失足者成为神职人员,参 Cyprian, *Ep.* LXVII, 6; LXXII, 2; Peter of Alexandria、*Ep. Canon.* 10 (M. J. Routh, *Reliquiae Sacrae*, 2nd ed. 1845, IV, p. 35)。

53. 哥林多人原是希腊人，还未在习俗上得洁净，保罗在给他们写信时，就说："我是用奶喂你们，没有用饭喂你们。那时你们不能吃，就是如今还是不能。你们仍是属肉体的，因为在你们中间有嫉妒、纷争，这岂不是属乎肉体、照着世人的样子行吗？"① 这位作者知道有些真理是属于比较完全之灵魂的食物，有些则是给初学者的食物，他把这比作婴孩吃的奶，说："（你们）成了那必须吃奶、不能吃干粮的人。凡只能吃奶的，都不熟练仁义的道理，因为他是婴孩。唯独长大成人的才能吃干粮，他们的心窍习练得通达，就能分辨好歹了。"② 人若是认为这些话说得有道理，还会认为基督教的高贵信念永远不可能在有识之士的社团里讲述，但只要看见年幼的孩子、大群的奴隶和愚人就公开宣讲神圣的理论，向这样的民众卖弄关于这些理论的知识吗？其实，人只要考察一下我们圣经书卷的整体目的，就会清楚地看到，塞尔修斯就像粗俗的暴徒一样，对基督徒恼羞成怒，对问题不作任何证实，到处散播这些弥天大谎。

54. 我们承认，我们确实想要教导所有人认识上帝的道，即使塞尔修斯不愿意相信这一点，这样，我们甚至可以给年幼的孩子适合他们的劝勉，也可以教导奴隶如何获得自主的心灵，从逻各斯领受高贵的出身。我们中间那些能对基督教作出令人满意的阐释的人指出，他们是欠债人，"无论是希腊人、化外人、聪明人、愚拙人"，他们"都欠他们的债"。③ 因为他们不否认他们甚至应当医治愚拙人的心，尽可能使他们脱离无知，真诚地寻求更大的才智；他们听所罗门的话，"愚蒙人哪，你们当心里明白"，"你们中谁是愚蒙人，可以转到我这里来，我是智慧，要劝告那些缺乏明智的人"。"你们来，吃我的饼，喝我调和的酒。你们愚蒙人，要舍弃愚蒙，就得存活，并要走光明的道。"④ 在驳斥塞尔修斯时，

---

① 《哥林多前书》3:2—3。
② 《希伯来书》5:12—14。
③ 《罗马书》1:14。
④ 《箴言》8:5；9:16 (4)；9:5—6。

我还可以说以下的话，这是与本题相关的。哲学家难道没有召年幼的孩子聆听他们的话？他们岂没有劝告年轻人抛弃至恶的生活，转向良善的事物？他们难道不希望奴隶学习哲学？我们会指责哲学家鼓励奴隶追求美德吗？比如毕达哥拉斯对待扎摩尔克西斯，芝诺对待佩尔萨乌斯（Persaeus），还有后来那些鼓励恩皮克泰德（Epictetus）成为哲学家的人。难道说，你们希腊人可以召集年幼的孩子、奴隶、愚昧人学习哲学，而我们这样做就不是出于对自己同胞的爱，尽管我们渴望用逻各斯的医术医治每个理性灵魂，使他们与上帝，万物之造主重修于好？对于塞尔修斯的攻击——那与其说是严厉的批判，还不如说是谩骂——我们就回答到这里。

55. 他因对自己这种辱骂式的异议洋洋自得，又添加了很多类似的话，我们也一一引用，看看究竟是基督徒还是塞尔修斯自己因他所说的话受辱。他声称："在私人家里，我们还看到纺纱工、皮匠、洗衣工，完全没有文化的人，牧羊的乡巴佬，这些人在长老和有知识的导师面前，根本不敢开口言语。但只要他们在没有人的地方逮到孩子，以及与孩子们一起的一些愚昧妇女，他们就大放厥词，说些惊人的话，比如，叫孩子不必在意他们的父亲和学校老师，而要听从他们；他们说，那些人的话毫无意义，都是胡扯，事实上那些人既不知道也不可能行任何好事，只是沉溺于空洞的闲聊。他们说，唯有他们知道如何走正道，如果孩子们能相信他们，就会成为快乐的人，同时也使他们的家庭快乐。如果正当他们这样说着时，看到有个学校老师或者有知识的人，甚至是孩子的父亲走过来，他们中较为小心的人就四处逃散，但较为鲁莽的人就鼓动孩子造反。他们悄悄对孩子们说，在他们父亲和校长面前，他们不能对他们解释什么，因为他们不愿意与愚蠢而无聊的老师有任何瓜葛，这些人是彻底败坏的，深陷邪恶，只会惩罚孩子。但是如果他们愿意，就当离开父亲和师长，与妇女和小玩伴一起去理发店、皮匠店、洗衣妇的店，他们就可以学习完全的知识。他们就用这些话来劝诱孩子。"

56. 我们传福音的老师以各种方式努力将灵魂提升到宇宙之造主的高度,表明人们应当如何鄙弃一切感官的、暂时的以及可见的事物,敦促人们尽其所能获得与上帝的友谊,沉思属理智、不可见之物,达到与上帝同在的有福生活,成为上帝的朋友,但看看塞尔修斯这里是如何讥笑他们的。他把他们比作纺纱工、皮匠、洗衣工以及最愚蠢的乡巴佬,似乎他们向还稚气未脱的孩子和妇女行恶,教唆这些人离开父亲、老师,跟从他们。但是请塞尔修斯向我们指明,我们叫孩子和妇女们离开哪个谨慎的父亲,离开哪个教导高贵理论的老师。请他想一想妇女和孩子在皈依我们的信仰之前和之后的情形,看看他们以前常常聆听的理论是否比我们的更好。请他告诉我们,我们如何使妇女和孩子离弃高贵而美好的教义,诱导他们沾染恶习。他必不能举出任何这样的事来指责我们。相反,我们领妇女抛弃淫荡,改正由其伴侣引发的性变态,① 抛弃对剧场、舞池的狂热,抛弃迷信;同时教导孩子们到了青春期,产生情欲、渴望异性时要自我克制,不仅向他们表明这些罪恶的无耻,还表明这些快乐会在坏人心灵里产生怎样的状态,他们将会受到怎样的刑罚,受到怎样的惩治。

57. 有哪些在我们看来说话无聊,毫无理智,而塞尔修斯辩护说是教导优秀理论的人? 也许他认为那些叫人相信迷信,尊敬淫荡的女神的人就是妇女的好老师,没有说无聊的话;认为那些引导年轻人偏离正道,使他们陷入种种狂野放荡——我们知道他们在许多地方就这么做——的人并非毫无理智。然而,我们尽我们所能号召学习哲学理论的人跟我们一起敬拜上帝,向他们表明这种敬拜之非同寻常的纯洁。塞尔修斯却在他的话里认为,我们没有这样做,只是号召愚蠢的人。我们要对他说:如果你指控我们把那些原本对哲学感兴趣的人拉开,使他们离开哲学,那你说的不是事实,尽管你的观点可能有一定的合理之处。但这里你

---

① 斯多葛学派术语,参 *J. T. S.* XLVIII (1947), p.44。

说，我们使归信我们的人离开优秀的老师。请证明这些老师不同于哲学老师，或者不同于那些费力传授有益知识的老师。然而，他必定什么也无法证明。我们公然地，而不是悄悄地宣称，那些按着上帝的话生活，从上帝的角度看待一切，所行的一切都如同在上帝眼前行的，这样的人必是蒙福的。那么这是纺纱工、皮革匠、洗衣工、全文盲的乡巴佬的教义吗？当然不是。他也不可能证明它们是。

58. 那些在塞尔修斯看来类似于家庭纺纱工，也类似于皮革匠、洗衣工和全文盲的乡巴佬的人，他说，必定无法在孩子的父亲或师长面前讲述什么，不能向他们解释任何事。对此我们要回答说：这位先生，你指的是什么样的父亲，什么样的老师？如果你所指的是赞成美德、防止邪恶、欢迎良善的人，请注意，我们必会非常坦然地把我们的教理说给他的孩子听，因为我们必会得到这样的裁判的认可。如果相反，在反对美德和良善的臭名昭著的父亲面前，在教导违背正当理性之理论的人面前，我们就保持沉默，这不是我们的过错，你若提出这样的指控，是完全不合理的。事实上，你自己虽然会把哲学的奥秘灌输给年轻人和孩子们，即使他们的父亲认为哲学是种毫无结果、没有用处的学习，但你不会在他们邪恶的父亲面前把这样的理论教给他们。如果他们是坏父亲的儿子，而你想要劝勉他们学习哲学，你就会对他们分别对待，寻找机会把哲学理论传授给年轻人。我们要说的也是这样的老师。老师若是教导自己那些不当的喜剧，淫荡的抑扬格诗，教导其他既不能提升说者的品位，也不无益于听者的层次的事物，不知道如何从哲学意义上解释诗歌，如何选择为年轻人谋福利的事物，若我们使他们离开的是这样的老师，那么我们将毫不羞耻地承认这样的行为。但是如果你要向我表明的老师，是教导哲学预备知识，训练人如何学习哲学，那我是不会劝阻年轻人聆听这样的教诲的。他们先是在一般的教育和哲学思考上接受训练，然后我要努力引导他们升向更高的知识，普通大众所不知道的，基督徒的最深奥的理论，向他们教导最大、最高的真理，证明并显明这种哲学是由上帝的众先知和耶稣的众使徒教导的。

59. 然后塞尔修斯意识到他对我们辱骂得太厉害了，于是，似乎自我辩护地说："我对他们的批判不过是迫于真理的压力，这一点任何人都可以看出来。那些召人领受别的奥秘的人，最初往往作出这样的声称：凡是双手纯洁、能言善辩的人，都来吧。另有人说：凡是不沾染任何污秽的、那些灵魂对邪恶一无所知的、行为端正、举止公义的都来吧。那些应许洁净人的罪的人最初的劝告是这样的。然而，我们来听听这些基督徒所召唤的是什么样的人。他们说，凡是犯罪的、愚拙的、年幼的，总而言之，只要是恶人，上帝的国必接纳他。① 你们难道不是说犯罪的就是不诚实的、偷窃的、夜盗的、放毒的、杀人的，以及盗墓的吗？一个强盗还能教唆并召唤什么样的人来？"我们回答说，召唤心灵上生病的人得医治，与呼召健康的人得知识，对属灵真理获得更深刻的理解，这是完全不同的两回事。最初，当我们召唤人得医治时，我们鼓励罪人前来，聆听教导他们不可犯罪的教训，叫愚拙的人来听使他们变得聪明的话语，叫孩子们来听能培养男子汉气概的话语，总而言之，叫那些不幸的人来听快乐的话语，或者用一个更恰当的词，叫人得恩福的话语。当其中一些人已经在鼓励下取得进步，表明已经因逻各斯得洁净，并尽其所能过良善生活，那么我们就召唤他们来认识我们的奥秘。因为"在完全的人中，我们也讲智慧"②。

60. 我们教导"智慧不会进入有恶意的灵魂，也不会住在顺服于罪的身体"③，所以我们说：凡有纯洁的手的，请到我们这里来，向上帝举起圣洁的手，④ 因为献了至高的属天之祭的人可以说："愿我举手祈求，

---

① 参 Julian, 239C; 336A, B。关于加入艾留西斯奥秘（Eleusinian mysteries）所需要的道德准则，参 Cumont, *Lux perpetua*, pp. 240f, 他说，最初并没有设立任何道德要求，但后来要求洁净，如塞尔修斯这里的话所表明的。
② 《哥林多前书》2:6。
③ 《所罗门智训》1 章 4 节。
④ 《提摩太前书》2:8。

如献晚祭。"① 凡是"能言善辩"的，因为他昼夜思想耶和华的律法，心窍习练得通达，能分辨好歹，② 这样的人当不怕吃干粮，理性之粮，为敬虔和各种美德而战的斗士适当吃这样的粮。因为凡以清洁之心热爱教导不朽之教义的老师的，上帝的恩典与他们同在，所以凡纯洁的人，不仅不沾染一切污秽，而且也远离所谓的小罪的，请大胆地接受耶稣信仰的奥秘，这样的奥秘只传授给圣洁而纯洁的人。塞尔修斯的祭司说："凡灵魂对邪恶一无所知的"，请他过来。但根据耶稣的教义，那引导灵魂得了洁净的入会者走向上帝的人会说：凡是灵魂长期对邪恶之事一无所知，尤其是得了逻各斯的医治之后不知邪恶之事的，甚至可以聆听那些耶稣私下里向他真正的门徒显明的教义。所以，他在启蒙希腊人的老师与教导耶稣教理的老师的告诫之间作比照时，不知道呼召坏人得医治与呼召那些已经洁净的人接受更深奥的教理之间有什么分别。

61. 因而，我们召唤不诚实的人、偷窃的、夜盗的、放毒的、杀人的、盗墓的，以及其他塞尔修斯为修辞效果而命名的，叫这些人来不是让他们接纳奥秘，分享"从前所隐藏、上帝奥秘的智慧，就是上帝在万世以前预定使我们得荣耀的"③ 智慧，乃是为了医治。逻各斯的神性里包含某种特点，能帮助医治那些得病的人。论到他们，逻各斯说："康健的人用不着医生，有病的人才用得着。"④ 还有其他特点是显现给那些灵魂和身体都洁净的人，"永古隐藏不言的奥秘……如今显明出来，既是藉着众先知的书，也是藉着我们的主耶稣基督的显现"⑤；这奥秘向每个完全的人显明，照亮他们的心灵，好叫他们获得关于实在的真知识。塞尔修斯罗列了一串令人厌恶的人之后，又说："一个强盗还能教唆并召唤

---

① 《诗篇》140:2（和合本为141:2。——中译者注）。
② 《诗篇》1:2；《希伯来书》5:14。
③ 《哥林多前书》2:7。
④ 《马太福音》9:12。关于这里的基督论，参第二卷，第六十四节。
⑤ 《罗马书》16:25—26；《提摩太后书》1:10。

什么样的人来?"这完全是玩弄词藻的指责。我们对此要回答说,强盗叫这样的人来,是为了利用他们的恶来对付他想要谋害和抢劫的人。但是,即便基督徒也确实呼叫那些强盗也会召集的人前来,那也是出于完全不同的动机,他乃是为了借着福音包扎他们的伤口,① 在因恶化脓的灵魂上撒上福音的药,就如酒、橄榄油和润肤剂,以及其他有助于缓解灵魂之疾的药物。

62. 我们的老师所说,经上所写的告诫,是劝诫过着邪恶生活的人追求美德,要他们的灵魂悔改自新,但他却误解这样的告诫,断言我们"说上帝是差到罪人那里去的"。当他这样说时,就好比他指责某些人说一位非常博爱的国王,因城里生病的民众而派了医生去。神圣逻各斯就如同医生被差到罪人那里去,但对那些已经洁净、不再犯罪的人来说,他是一位传授神圣奥秘的老师。只是塞尔修斯看不出这种分别(因为他不愿意寻找真理),说:"但为何不是差他到那些没有罪的人那里去?没有犯罪算什么恶呢?"我们对此回答说,他说的"没有罪的人"如果指那些不再犯罪的人,耶稣我们的救主也被差到他们那里去,只是不是作为医生去的。但"没有犯罪的人"若是指那些从未犯罪的人(因为他的话没有准确表达要说的意思),那么我们要说,在这个意义上,人不可能全然无罪。② 当然,我们这样说时,把名义上的人耶稣 ③ 排除在外,只有他没有犯罪。④ 塞尔修斯完全是出于恶意诽谤我们,似乎我们说过"不义的人只要意识到自己的邪恶,降卑自己,上帝就必接纳他;至于义人,虽然从一开始就在美德里仰望上帝,他却不会接纳他。"我们说,任何人都不可能一开始就以美德仰望上帝。因为恶必然一开始就存

---

① 参《路加福音》10:34。
② 参第四卷,第九十六节;Origen, *Comm. in Matt.* XIII, 23。
③ 关于这一短语,参第二卷,第二十五节。
④ 《彼得前书》2:22。

在于人中间，如保罗所说："但是诫命来到，罪又活了，我就死了。"①此外，我们并不教导不义的人要被上帝接纳，只要意识到自己的邪恶，降卑自己就够了。唯有当他因自己过去的生活定自己的罪，因过去而行在谦卑之中，因将来而行在诫命之中，上帝才可能接纳他。

63. 然后，他不明白"凡自高的，必降为卑"②这话的含义，甚至不知道柏拉图说过高贵而良善的人行事谦卑而有序③的话。他也不懂我们所说的"所以你们要自卑，服在上帝大能的手下，到了时候，他必叫你们升高"④。他说："被派去主持法律程序的人阻止人们悲泣地哭诉自己的恶行，⑤免得生出怜悯之情影响他们的审判，而希望基于事实作出判断。不过，上帝也许并不基于事实的考虑作出论断，而是受吹捧的影响。"圣经里能找到什么吹捧的话，什么悲泣哭诉？罪人向上帝祈求说："我向你陈明我的罪，不隐瞒我的恶。我说：'我要向耶和华承认我的过犯'"，如此等等。他们在祷告中降卑于上帝手下，他能表明这样的告白不包含使罪人改邪归正的力量吗？他被自己鲁莽的指责弄糊涂了，不免自相矛盾起来。在一处，他显然认识到，人若是从一开始就以美德仰望上帝，就可能是义人，毫无罪恶，但在另一处，他又承认我们所主张的观点，即我们所说的："人是什么，竟算为洁净呢？妇人所生的是什么，竟算为义呢？"⑥因为他说的话似乎是接受这一点的，他说："人天生要犯罪，这很可能是对的。"然后又说："因而，既然所有的人都犯了罪，他就应当在普遍意义上呼召所有人"，似乎逻各斯没有呼召所有人。事实上，我们早已指出，耶稣曾说："凡劳苦担重担的人，可以到我这里来，

---

① 《罗马书》7:9—10。
② 《路加福音》14:11；18:14。
③ 柏拉图，《法律篇》716A。
④ 《彼得前书》5:6。
⑤ "悲泣地哭诉"，柏拉图《斐德鲁篇》267C。塞尔修斯的话是斯多葛学派的，见 *J. T. S.* XLVIII (1947)，p. 47。
⑥ 《约伯记》15:14；25:4。

我就使你们得安息。"① 所以，凡劳苦担重担的人，因其有罪的本性，都被召到上帝的逻各斯这里得安息。因为上帝"发命医治他们，救他们脱离死亡"②。

64. 他问道："究竟为何偏爱罪人呢？"接着以同样的口气说话。我们回答说，罪人先于非罪人得到垂顾，并非没有条件。得到垂顾的往往是认识到自己的罪恶，并因此悔改，因自己的罪降卑自己的罪人，这样的罪人先于那些自认为不是罪人的人得救，后者其实只是罪孽少一些而已，只因某些自以为优秀的品质而自欺，自夸起来。这一点很清楚，只要愿意以无私的心态读一读福音书，书中有比喻论到税吏，他说："开恩可怜我这个罪人！"又论到可恶的傲慢自高的法利赛人，他说："我感谢你，我不像别人勒索、不义、奸淫，也不像这个税吏。"引用了这两人的话之后，耶稣接着说："这人回家去比那人倒算为义了。因为凡自高的，必降为卑；自卑的，必升为高。"③ 因而，我们教导每个人、任何人都要认识到，与上帝的伟大相比，人是多么渺小，所以要恒久地祈求他满足我们本性的需要，因为唯有他才能使我们的缺乏得满足，我们这样做不是"亵渎上帝"，也不是"说谎言"。

65. 他认为我们说这样的事是为劝勉罪人，因为我们不能使真正良善而公义的人归信，这就是我们为何打开门欢迎最不敬、最可憎的人进来的原因。任何人只要以无私的心把我们的百姓看作一个整体，我们都可以向他表明，脱离并非完全邪恶生活的人比脱离十分可恶之罪的人要多。此外，那些有意过更好生活的人，渴望了解那传讲上帝真的可以使人转向更好生活的教理的人，自然比那些一直沉溺在极其邪恶生活中的人要更乐意接受所传讲的道，因为后者的意识本身就不愿意相信以下这

---

① 《马太福音》11:28；参第二卷，第七十三节。
② 《诗篇》106:20（和合本为107:20。——中译者注）。
③ 《路加福音》18:13；11:14（英译本此处注释似有误，似乎应为《路加福音》18:9—14。——中译者注）。

个真理:他们必受到万有之审判者的审判,凡犯有如此大罪的人,都将受到相应的惩罚,万有之法官有充分的理由降灾难于他们。有时候,甚至是坏到极点的人也因悔改所提供的盼望而愿意相信惩罚论,但因犯罪成性,有心无力,因为可以说他们就如深深浸淫在恶里面,① 再也无法轻易抛弃它,去过有序、遵循正当理性原则的生活。甚至塞尔修斯也明白这一点,因为不知什么原因,他后来说道:"然而我想,每个人都明白,谁也无法完全改变出于本性和习性犯罪的人,连惩罚也不能,更不用说仁慈了;因为要完全改变一种习性,实在太难;而那些毫无过犯的人有分于美好生活。"

66. 不过,就是这样说,在我看来,塞尔修斯还是完全错误的,因为他不同意出于"本性"和"习性"犯罪的人有可能完全改变,认为他们甚至不可能因"惩罚"得医治。很显然,所有人都有犯罪的自然倾向,有些人不仅有这样的自然倾向,还养成了习性。但是若说所有人都不能得到完全改变,这是不对的。因为我们从各种哲学学派知道,也从神圣话语得知,有人经历了非常大的面貌的改变,表现出最佳生活的典范。有人说英雄族谱中的赫拉克勒斯和奥德赛就是这样的人,后来时代的苏格拉底,再后来的墨索尼乌斯(Musonius)② 也是。所以,当塞尔修斯说"我想,每个人都明白,谁也无法完全改变出于本性和习性犯罪的人,连惩罚也不能"时,不只是污蔑我们,也是在反对杰出的哲学家,因为他们并不否认人获得美德的可能性。

他没有清晰地表明自己的意思,但即便我们让他受益于模棱两可,我们也将证明他的观点是不恰当的。他说"谁也无法完全改变出于本性和习性犯罪的人,连惩罚也不能"。而我们尽我们所能,根据他话里所表明的含义驳斥了他。

---

① 参第一卷,第五十二节。
② 关于墨索尼乌斯的故事,见 M. P. Charlesworth, *Five Men* (1936), pp. 33-36; C. E. Lutz in *Yale Classical Studies*, X (1947), pp. 3-147。

67. 当然他想要指出的很可能是，人若是不仅本能地倾向于最可恶的人所犯的那种罪行，这种倾向还成了一种习性，那么谁也无法完全改变他，连惩罚也无济于事。但某些哲学家的故事表明，这种看法也是错误的。试问，一个人若是无论怎样都顺从主人的安排，任主人把他放到一个有恶名的人家里，谁想要羞辱他就可以羞辱他，这样的人谁不会把他列为最可恶者之列？这个人据说就是斐多（Phaedo）。那与吹笛女孩以及一群狐朋狗友冲进色诺克拉特（Xenocrates）学校，侮辱一个备受同事尊敬的人的，① 谁会不把他算为最可恶的人之一呢？然而，理性非常强大，连这样的人也改邪归正，并使他们在哲学上大有造诣。柏拉图认为斐多配阐释苏格拉底关于不朽的论述，描绘他在监牢里的勇气——他对芹叶钩吻毒药毫不在意，全无惧意，镇定自若地谈论重大而深奥的哲学问题，就是心灵非常有序，面对任何困难都面不改色的人也很难做到这一步。而波勒摩没有成为醉酒的人，反而成了非常节制的人，接管以道德上一丝不苟闻名的色诺克拉特学派。因而，塞尔修斯的话"谁也无法完全改变出于本性和习性犯罪的人，连惩罚也不能"并不属实。

68. 不过，哲学理论的秩序、规范和风格在我提到的那些人以及其他原本生活在邪恶中的人产生如此影响，根本算不上什么不同凡响的事。当我们想到塞尔修斯称为"粗俗"的理论充满了大能，就如同符咒一般，当我们看到那些话语使众多人立即放弃放荡的生活，转向最平静的生活，从不义转向高贵，从胆怯懦弱转向英勇非凡，甚至为了他们相信是正当的敬虔而视死如归，我们难道不理所当然地敬佩这信息里所透射出的力量？因为那些当初宣扬这些理论并费力创建上帝教会的人所讲的话，所传的道，并不像那些自称有柏拉图或哪位哲学家的智慧的人所说的话那样具有说服力，他们只是普通的人，并没有人性之外的东西。耶

---

① 见第一卷，第六十四节。

稣门徒的明证是上帝赐给的，是靠圣灵和大能使人信服的。① 正因为如此，他们的话传得非常迅速而快捷，毋宁说，上帝的道借着他们运作，改变许多出于本性和习性犯罪的人。那些人甚至用惩罚措施也不可能改变的，道将他们改变了，按着他的旨意改造、塑造他们。

69. 塞尔修斯接着说，"要完全改变一个人的本性是极其困难的"，这话倒与前面所说的吻合。我们认为，每个理性灵魂都有同样的本性，否认任何邪恶本性是由宇宙的造主造成的；我们认为许多人变为恶是由从小的教养、悖逆的行为和环境② 导致的，所以在某些人，恶甚至成了第二本性。我们相信，对神圣逻各斯来说，改变已经成为第二本性的恶不仅可能，甚至不是难事，只要人承认必须把自己交托给至高上帝，行一切事都以他的喜悦（good pleasure）为准则。在上帝，并非"不论好坏皆有同等荣耀"，也不是"懒散人和劳作人同样要灭亡"③。若说有些人非常难以改变，我们要说，那原因在于他们的意志，是他们的意志拒不接受至高上帝要成为审判各人生活中所作所为的公义法官的事实。即使是看起来非常困难，甚至——夸张一点说——几乎不可能的事，只要下定决心，果断实施，也能取得卓越的成效。人已经能做到在剧院中间悬在空中拉紧的绳子上行走，还要背上重物。既然只要努力去练习，去实施，这样的事，人也能成功地完成，那么对有心过美德生活的人来说，即使他先前罪恶滔天，难道做不到吗？④ 另外，请想一想，主张不可能的人是否在指责理性存在的创造主，而不是指责造物，似乎是创造主使人性包含这种能力，能做非常困难却全无益处的事，却不能获得它自己的幸福。对于塞尔修斯的"要完全改变一种本性极其困难"的话，回答到这里已经足够了。

---

① 参《哥林多前书》2:4。
② 斯多葛学派语言，参第三卷，第五十七节。
③ 荷马，《伊利亚特》，IX, 319-320。
④ 斯多葛学派的例子，用来表达同样观点的还有 Saneca, de Ira II, 12, 5; Musonius Rufus, p. 30 (ed. Hense); Epictetus, III, 12, 2; Chrysostom, Hom. de Statuis, XIX, 4 (13); Hom. In Matt. XXI, 3。

接下来他说:"那些没有犯罪的人有分于良善生活。"他没有说清楚,他所认为的没有犯罪的人是谁,是指那些从起初就从未犯罪的人,还是那些归信后不再犯罪的人。人不可能从起初就永不犯罪,不过,可以看到有些人在归信后就再也没有犯罪了,这种情形很少,但还是有的,他们能做到这一点,是因为转向了救人的道。但他们还未来到道面前时,原本不是这样的。若没有道,也就是完全的道,任何人都不可能成为无罪的。

70. 然后他假设我们说过"上帝必能做一切事",于是对这话作出回应。他没有想一想,我们这话是什么意思,在什么意义上我们这里用了"一切事"这个词,又是在什么角度说他"能"。现在没有必要讨论这些,因为他虽然有可能用似是而非的论证驳斥这一观点,却甚至没有驳斥。不过,也许他并不知道能驳倒这一观点的具有说服力的论证是什么;又或者他真的知道,却可能同时意识到他的异议会受到怎样的反驳。在我们看来,上帝能随己愿做一切事,同时并不离弃他作为上帝,而且是良善而智慧的上帝的地位。但是塞尔修斯谈论这一点时,就像一个不知道上帝在什么意义上能做一切事的人,他说"他必不会做任何不义的事",又认为"他甚至能够做不义的事,只是不愿意做"。而我们则主张,正如那本性是甜的东西,就因为它是甜的,它不可能使别的东西变成苦的,因为它只有使物变甜的能力;① 正如本性是照亮的事物不可能使他物变暗,因为它就是光。同样,上帝不可能做恶事,因为行恶的力量与他的神性,与他的整个神圣权能② 相背。如果存在的事物中有哪个能够作恶,具有作恶的自然倾向,它之所以能作恶的原因在于,在它的

---

① "αιτια"的这种特殊含义在奥利金那里很普遍,没有必要修正。这例子本身是斯多葛学派的,比如 Diog. Laert. VII, 103:"正如热的特性是使物变暖,而不是变凉,同样,善的本质是有益于人,而不是有害于人。"参 Clem. Al. , *Strom.* I, 86, 3; VI, 154, 4; Philo, *Leg. Alleg.* I, 5; Athenagoras, *Leg.* 24; Tertullian, *adv. Hermog.* 13。可以追溯到柏拉图,《理想国》335D。
② 关于上帝的全能,参第五卷,第十四节塞尔修斯的话;奥利金,参第五卷,第二十三节; *de Princ.* II, 9; IV, 4, 8; *Comm. ser. in Matt.* 95。见 R. M. Grant, *Miracle and Natural Law* (1952), pp. 127ff。

本性中根本不存在排除这种可能性的东西。

71. 然后，他想当然地把某种有理智的信徒不会接受，有些无知的民众倒有可能接受的观点当成是我们的观点，说："上帝就像那些容易产生同情心的人一样，容易对悔恨悲泣的人产生怜悯，解救恶人，而对不做这类事的善人则弃之不顾，这是不公平的。"①我们相信，还没有得到引导追求美德的恶人，上帝是不会解救他的，也不会受人哀哭影响，看见人哀哭就怜悯——按其通常的意义理解——人；上帝接纳人是基于他们的悔改，只要他们严厉地指责自己过去所犯的罪，并因此悲泣，也可以说哀哭，就如因自己过去的恶行死了的人一般，只要他们以事实表现出名副其实的悔改，那么就是那些从罪恶深渊里改正过来的人，上帝也会接纳。因为赦免这样的人就是美德，人把原先浸淫其中的恶赶出去，美德就住进他的灵魂。即便这不算美德，只是灵魂取得的真正进步，把大量的恶赶走，剔除干净，叫它几乎不可能再在灵魂里存留，那也足够了，是相当大的进步了。

72. 然后他说出以下这话，把它放入我们的一位老师口中："我们的教义让智慧者走开，因为他们被智慧误导和阻碍。"我们要这样回答，不论智慧是指关于圣事和人事以及解释它们的起因的知识，②还是如神圣话语所界定的，是"出于上帝大能的一口气，来自全能者荣耀的纯洁力量"，是"永恒之光的光辉，上帝大能的一尘不染的镜子，是他美善的形象"③，没有哪个智慧者会被赶离深谙基督教教理的基督徒所说的话；他也不会被智慧误导，或受到妨碍，不走正道。因为把人引向歧路的智慧不是真正的智慧，乃是无知；世上唯有确定的实在（sure reality）才是源于智慧的知识和真理。④当然，如果你否认智慧的这种定义，把基于

---

① 参第三卷，第六十三节塞尔修斯的话。关于奥利金为"怜悯"——在斯多葛学派看来，这是一种恶，而不是美德——这个词的辩护，参 Clem. Al.，*Strom.* IV, 38, 1。
② 标准的斯多葛学派的定义。
③ 《所罗门智训》7 章，25—26 节（本段经文根据英文直译。——中译者注）。
④ 关于这话，参柏拉图，《理想国》，508E。

诡辩创立某种理论的人称为智慧者,那我们得说,这种拥有你称为智慧的人事实上偏离了上帝的道,因为他被似是而非的谬论和诡辩误导,被它们阻挡。根据我们的圣经,"邪恶的知识不是智慧"①;那些持有错误观点并被卑琐的诡辩所蒙蔽的人拥有的只是"邪恶的知识"——如果我可以使用这一术语的话,因此,在这种人身上的东西,我宁愿称之为无知,而不是智慧。

73. 然后他又谩骂教导基督教教义的人,断言他阐述了"可笑的观点"。但他没有清楚地表明他主张的什么观点是可笑的。他只是诽谤我们,说:"有知识的人没有一个相信这种教理,因为他们对因它归信的广大民众感到恼怒。"他这样说,就好比有人说:因为广大未受教育的民众遵守法律,所以有知识的人没有一个服从立法者,比如梭伦(Solon),或者莱克格斯(Lycurgus),或者扎流格斯(Zaleucus),或者其他立法者。倘若他承认有知识的人就是按美德生活的人,那这一论点就更加有力了。正如在这些例子里,立法者做了他们认为可能有益的事,用具体的指令和法律规范人的行为。同样,因为上帝借耶稣为各地的人立了律法,就是无知的文盲他也要引领,这样的人也可以被引向更美好的事物。如我们上面所解释的,上帝原就知道这一点,所以借着摩西说:"他们以那不算为神的,触动我的愤恨;以虚无的神惹了我的怒气。我也要以那不成子民的,触动他们的愤恨;以愚昧的国民惹了他们的怒气。"②保罗也知道这一点,所以说"上帝却拣选了世上愚拙的,叫有智慧的羞愧"③。这里在不严格的意义上用了"智慧"一词,泛指那些看起来在学识上取得了进步的人,但他们偏向了有无神论色彩的多神论。因为他们"自称为聪明,反成了愚拙;将不能朽坏之上帝的荣耀变为偶像,仿

---

① 《便西拉智训》19 章 22 节。
② 《申命记》32:31(应为 21 节。——中译者注);前文第二卷,第七十八节有引用。
③ 《哥林多前书》1:27。

佛必朽坏的人和飞禽、走兽、昆虫的样式"①。

74. 他还指责"这位老师寻求愚蠢人"。我们要对他说,你称为愚蠢的人是什么人?严格地讲,每个恶人都是愚蠢的。②如果你称恶人是愚蠢人,那你在引导人学习哲学的过程中,是努力引导恶人还是善人?你不可能去引导善人,因为他们已经是哲学家了。那么应是引导恶人了?你若引导恶人,那就是引导愚人了。你若也努力带领许多这样的人学习哲学,你便也在"寻求愚蠢人"了。我确实在寻求所谓的愚蠢人,但我是遵循博爱的医生的方式去寻求病人,以便解除他们的病痛,恢复他们的力量。但是你说的"愚蠢",若是指那些非常迷信而不是不聪明的人,那我得说,就是这些人,我也要尽我所能改善他们,当然我不希望基督徒会众是由这些人组成的。我寻求更为敏锐、聪慧的人,因为他们能够理解对难题和律法书、先知书以及福音书里所阐述的隐秘真理的解释。你鄙视这些东西,似乎它们无足轻重,但你没有考察它们的含义,也没有试图探究作者的意图。

75. 然后他又说:"教导基督教教义的人就如同答应恢复患者的身体健康,但不让患者的专业医生来照料他,因为在他们面前他就暴露出缺乏医学训练的真相。"对此我们回答:你说的我们让未受教育者离开的医生是谁呢?你没有认识到,我们努力使哲学家转信基督教,是为了叫那些哲学家,就是你认为被我们拒斥的医生,接受神圣的道。他或者不回答,因为他不能叫他们医生,或者到粗俗之辈中去找这样的医生,这些人甚至粗俗不堪地谈论多神崇拜,以及其他无知之民所谈论的话题,并乐此不疲。无论哪种情形,他的回答都只能表明,他说我们的老师不准人接受专业医生照顾的话是软弱无力的。

假设我们说服被蒙骗的人抛弃伊壁鸠鲁的哲学,离开跟从他的观点

---

① 《罗马书》1:22—23。
② 斯多葛学派理论。参 H. V. Arnim, *S. V. F.* III, 657ff。

的那些所谓的医生，使他们远离一种危险的疾病，即否认神意，坚持认为快乐是一件好事，这种疾病产生的原因就是塞尔修斯的医生们，我们这样做岂不是完全合理的吗？我们也可以承认，我们使那些在我们感召下归信于我们的教理的人离开其他哲学家医生，比如否认神意关怀我们，上帝与人之间有关系的漫步学派。当我们使那些相信我们的人脱离由所谓的哲学家的理论所引起的严重伤痛之后，我们岂不是敬虔地训练并医治那些已经诚心跟随我们的人，敦促他们献身于至高上帝？我们还要承认，我们使其他人抛弃斯多葛学派的医生，因为他们认为上帝是可朽坏的，声称他的本质是物质实体，是完全可变的，可以改变，也可以转化，相信某个时候万物都被毁灭，唯有上帝独存。我们为什么不让那些相信我们的人脱离这如此邪恶的理论，引导他们接受敬虔的理论，教导他们献身于造主，敬仰创立基督教义的主——他出于对人的极大的爱，使人归信上帝，安排他的教义传向四境，启示全人类的灵魂？也可以说，我们医治那些被愚蠢的轮回说所伤害的人，教导这种理论的医生有时把理性本性贬低为完全非理性的动物，有时甚至贬低为那没有感知能力的东西。① 我们难道不是训练那些相信福音的人在心灵上变得更好？基督教不是教导上帝将惩罚降到恶人身上，使他意识不清或丧失理性，而是表明上帝用困苦和惩罚作为药物医治恶人，使他们归信。这就是明智的基督徒的观点，但他们用父亲对待年幼的孩子的方式适应比较单纯之人的接受能力。

我们没有"拿呆笨、愚蠢的乡巴佬摆脱困境，对他们说，逃离医生吧"，也没有说"看看你们谁也没有获得知识"，没有说"知识是坏东西"。我们不至于疯狂到说"知识夺走人灵魂的健康。"此外，我们也不会说什么人曾"被智慧毁灭"，我们不会说"请注意我"，即使在我们教导

---

① 柏拉图认为，人的灵魂可以在动物身上轮回。灵魂转世到植物身上，虽然不是柏拉图本人所说，却是后来的柏拉图主义者如普罗提诺（Plolinus, *Enn*. Ⅲ, 42）所主张的。

人的时候；但我们确实说，请留意宇宙的上帝，留意教导他的教理的老师耶稣。我们谁也不会自高到对学生说，那塞尔修斯放入"老师"口中的话，即"唯有我能救你"。因而，看看他是怎样诽谤我们的。我们没有说过真正的"医生毁灭他们自称能医治的人"。

76. 他还举出另一个例子反对我们，说我们的"老师就像醉酒的人走进一个酒会，指责清醒的人喝醉了酒"。请他根据圣经表明，耶稣的门徒，比如保罗，喝醉了酒，说的话不是清醒者的话，或者从约翰的作品表明，他的思想没有吹出灵——表明他是节制的，全无醉酒之恶的灵。事实上，凡是自制的，教导基督教义的人，没有一个是醉酒的；当塞尔修斯这样说时，其实是以一种幼稚的方式污蔑我们。请塞尔修斯告诉我们，我们阐述基督教教义时指控了哪些清醒的人；因为在我们看来，凡是把无生命的物体视为神的，全是醉酒的。我又何必说"醉酒"呢？毋宁说，他们简直就是发疯似地冲向庙宇，把形象或动物当作神来拜。这些人以为人手所造的，有时是非常邪恶的人塑造的事物可以当作真正的神来荣耀，没有比这样的人更疯狂的了。①

77. 然后他说，"这老师就像患有眼炎的人"，学生也像"有眼疾的人"，他说，"老师在患有眼炎的人面前指责目光敏锐的人视力不正常"。然而，在我们看来，究竟是谁不能看见？难道不是那样的人——他们不能从世上的万象中，从造物的美妙中抬眼向上，从而认识到应当敬拜、敬佩、尊敬那造出这些事物的唯一的主，而不可去敬拜任何人手所造、用来作神崇拜的物体，不论这种崇拜是否与神圣的造主相关？无限者在卓越性上是超越一切受造之物的，但缺乏眼光，没有判断力的人把无限者比作无论如何都无法比拟的事物。因而，我们不说目光敏锐的人患有眼疾，或者缺乏视力；但我们确实认为那些因对上帝一无所知、献身于庙宇、形象、所谓的圣月的人，已经在心智上失明了，尤其是当他们沉

---

① 参第一卷，第五节。

溺于不敬和淫荡之中，甚至根本不想做任何可敬之事，反倒做尽一切应当羞愧之事的时候。

78. 然后，尽管他已经对我们提出了如此严重的指控，却还想显出意犹未尽的样子，似乎还能提出更多的指控，只是把它们略过算了。他的话如下："这就是我提出的指控，还有其他类似的指控（我不会一一陈述）。所以我诊断，他们冒犯并侮辱了上帝，以便以虚妄的盼望引诱恶人盲目跟从，劝说他们鄙弃善人，说只要他们远离那些人，就对他们有更大好处。"我们对此的回答将基于那些归信基督教的人的证据，指出被这福音说服的人与其说是恶人，不如说是单纯而（众人会这样说）质朴的人。因为这些人出于对可怕的惩罚的畏惧而努力献身于基督宗教；他们完全被福音吸引，完全畏惧于圣经里所说的永刑，以至对人所谋划的加在他们身上的种种磨难嗤之以鼻，对死亡及其伴随的无数痛苦无动于衷。凡有理智的人都不会说，这是出于邪恶动机的人的行为。有邪恶动机的人怎么可能行贞洁、自制、慷慨之事，或者其他社会公益之事？道利用有益于大众的对上帝的敬畏，劝告那些还不能明白应当选择什么作为终极目标的人，就选择它作为至高的善，甚至超越对它的一切解释。但是，对于故意生活在邪恶中的人，即使是对上帝的敬畏，道也不可能对他产生任何果效。

79. 如果有人设想，在这一方面，那些相信福音的人中大多数是出于迷信，而不是邪恶，从而指责我们的教义使他们变得迷信，那我们要对他说，正如立法者之一① 在回答问他是否为国民立了最好法律的人时说，他为他们所立的不是绝对意义上的最好，而是他们所能接受的最好。同样，基督教教义的作者也可以这样说："我给予民众的是他们所能接受的提升其道德层次的最好的律法和教义，以那真实而非虚假的痛苦

---

① 普鲁塔克讲述的关于梭伦的故事（*Solon*, 15）。

和惩罚威慑罪人，①这对改正那些忍受得住的人是必不可少的，尽管他们完全不明白将惩罚降到忍受痛苦者头上的那位的意图。因为这是出于与人有益的意图，有时候表现得与真理一致，必要的时候则用隐晦的方式表述。"广义地说，那些阐述基督教教义的人并没有"使恶人盲从"，也没有"侮辱上帝"。因为我们讲上帝是讲真实的事和在大众看来清楚的事，只是对他们而言，清楚的方式与对力图从深刻意义上理解基督教教义的少数人的方式不同。

80. 塞尔修斯说，基督徒带着"虚妄的盼望"盲从，攻击关于幸福生活和与上帝关系的教义。我们这样回答他：尊敬的先生，你的攻击暗示，毕达哥拉斯主义者和柏拉图主义者都在虚妄的盼望中盲从，相信灵魂能够上升到天穹，在诸天之上凝视幸福的看者所见的事物。②塞尔修斯，按你所说的，那些相信人死后灵魂续存，并这样生活以便成为英雄，与诸神为伍的人，也因虚妄的盼望盲从。③对于那些相信源于虚无的心灵④是不朽的，在人死后它将单独存活的人，塞尔修斯也很可能会认为是因虚妄的盼望而盲从。既如此，就请他不要再掩饰他所属的学派，老老实实地承认自己就是个伊壁鸠鲁主义者吧。也请他反驳希腊人和化外人所主张的观点，那是不能轻易忽略而过的，即关于灵魂的不朽，或者它的存活，或者心灵的不朽的观点。请他表明这些理论用虚妄的盼望蒙骗了接受它们的人，而接受他自己哲学的那些人则没有被虚妄的盼望所惑，他的学派或者是因美好的盼望赢得人，或者就他的情形而言，应当更恰当地说，他们根本没有提供任何盼望，因为他们断言灵魂在人死的那一刻就完全毁灭了。不过，塞尔修斯和伊壁鸠鲁主义者或许会否认快乐是虚妄的盼望，这对他们来说是最高的善，是他们生活的目

---

① 比照第四卷，第十九节，说到这样的威慑是"虚假的，而非真实的"。
② 参柏拉图，《斐德鲁篇》247，250。
③ 关于斯多葛学派的英雄观，参第三卷，第三十七节。
④ Aristotle, *de Gen. Anim.* II, 3 (736b 5ff)；参 *Placita*, IV, 5, 11 (Diels, *Dox. Gr.* 392)；Ale. Aphrod. *de Anima Libri Mantissa*, 108, 19 ff Bruns。

标,"健康的身体和对此的确信"①,就是伊壁鸠鲁的理想。

81. 我在反驳塞尔修斯时,接受了那些断言灵魂不朽或续存的哲学家的观点,不要以为这是与基督教的教义不一致的。我们在某些思想上与他们有共同之处。但在更适当的时候,我们要表明,有福的未来生活,唯有那些接受了耶稣的信仰,以纯洁无瑕的祭,不沾染任何受造之物的祭,敬拜宇宙之造主的人,才能享有。任何人只要愿意,都可以指出我们劝人鄙弃哪种"善"事。请他想一想,我们视为在基督里——就是逻各斯、智慧和一切美德——与上帝同在的有福结局是什么,那必是按纯洁而无可指责的方式生活,恢复了对宇宙之上帝完整而完美的爱的人,才能体会得到,这必定是上帝恩赐于人的。请他比照一下希腊人或化外人中各个哲学流派所构想的目标(结局),或者某种神秘宗教所宣称的结局。请他表明,这些学派所构想的哪种结局比我们所理解的结局卓越。也请他证明,他们的构想是真实的,所以更适合,而我们所相信的恩福不适合由上帝赐给人,甚至不适合赐给过着良善生活的人。也请他证明,这种盼望不是充满众先知纯洁灵魂的圣灵宣告的。任何人只要愿意,都可以向我们表明,一致公认只是属人的教训倒比证明是属神的、由神的启示宣告的教义更好。我们基于"对他们更好"的原因教人避免的还有什么"好"事?毫不夸张地说,把自己交托给至高上帝,致力于这样一种教导,我们抛弃一切被造之物,引导我们借着给人生命、永生的逻各斯——他既是永生的智慧,又是上帝的儿子——走向至高上帝的理论,不可能构想出比这样更好的事了,这一点是不证自明的。

讲到这里,我们驳斥塞尔修斯作品的第三卷已经达到足够篇幅,我们的论述也在此告一段落,下一卷将反击塞尔修斯后文的异议。

---

① Epicurus, frag. 68 Usener.

第 四 卷

1. 在前面三卷驳斥塞尔修斯的作品时我们已经详尽阐述了所能想到的论点；现在，圣安波罗修，在借基督向上帝祷告之后，我们要开始第四卷对塞尔修斯以下异议的反击。愿上帝赐给我们语言，就像《耶利米书》里所描述的，耶和华对先知说："看哪，我已将当说的话传给你。看哪，我今日立你在列邦列国之上，为要施行拔出、拆毁、毁坏、倾覆，又要建立、栽植。"①我们现在也需要话语，从每一个被塞尔修斯的作品或者类似的观点困扰的灵魂中彻底根除与真理相背的观念。我们也需要话语，拆毁塞尔修斯的作品里一切错误观点和论点。它们就像那些说"来吧，我们要建造一座城和一座塔，塔顶通天"②的人所造的房子。此外，我们需要智慧来攻破各样拦阻人认识上帝的那些自高之事，③倾覆塞尔修斯贬损我们的傲慢夸口。但我们不能只是拔除并毁坏刚刚提到的东西就完了，还要在拔除的地方栽种，那是上帝所耕种的田地，④在毁坏的地方建起上帝的房屋，上帝荣耀的殿，因而我们必须向《耶利米书》里所描述的给予恩赐的主耶和华祈求，愿他也赐我们话语，使我们建立基督的教理，种植属灵的律法和与此相应的先知的话语。

我们现在的主要任务是反击塞尔修斯接着我们所引用的那段话之后说的，表明关于基督的预言全是真实的。因为塞尔修斯同时反对犹太人

---

① 《耶利米书》1:9—10。
② 《创世记》11:4。
③ 《哥林多后书》10:5。
④ 《哥林多前书》3:9。

和基督徒：犹太人否认基督已经来临，但盼望他来；基督徒坚信耶稣就是所预言的基督。以下就是他所说的。

2. "有些基督徒，还有犹太人，都有一种论断，前者说某位上帝或者上帝的儿子已经降到地上做人类的审判者，后者说他将要到来，这种说法是非常可耻的，无需长篇大论地驳斥它。"当他说到犹太人时说，不只是一部分，而是全体犹太人认为某个人将来要降到世上；而论到基督徒时说，只有一些认为他已经降到地上。这似乎是准确的表述。他显然知道那些根据犹太圣经证明基督的降临已经实现的人，并且似乎知道还有些派别否认基督耶稣就是所预言的人。① 前面② 我们已经尽我们所能，讨论了预言所指的就是耶稣这一事实，因此我们不再复述这个话题上可以引证的大量论证，避免任何重复。只是要注意，如果他想要以逻辑论证驳斥对预言的信念，不论是认为基督的到来是将来的事，还是过去的事，他都应当引用基督徒和犹太人在彼此争论中所使用的预言。这样，他至少可以表面上阻止那些他认为被似是而非的论证引上歧路的人接受预言，并因此相信耶稣就是真正的基督。然而事实上，不论是因为他无法反击关于基督的预言，还是因为他甚至根本不知道关于他的预言是什么，反正他没有从先知书引用任何一段话，尽管里面有成千上万的关于基督的预言；他以为对他称之为似是而非的先知论证无需举例证明，就能批驳他们的预言。无论如何，他不知道犹太人当然不会说，将临到的基督就是上帝或上帝的儿子，如我们前面所说的。③

3. 他说在我们看来基督已经降临，而根据犹太人的看法，他作为审判者到来之事仍未实现，然后就认为能把这一观点攻击为最可耻的、无需长篇大论驳斥的。他接着说："上帝这样降到地上出于什么目的？"他不明

---

① 参第一卷，第四十九节。关于马西昂的观点，即犹太弥赛亚完全不同于耶稣基督，参 Tertullian, *adv. Marc.* IV. 6；Harnack, *Marcion* (ed. 2), p. 117。
② 第一卷，第四十九节至第五十七节；第二卷，第二十八节至第三十节。
③ 第一卷，第四十九节。

白，在我们看来，降临的目的首先在于使那些福音称为"以色列家迷失的羊"①的人归信；其次，因为他们的不信，将所称为的"上帝的国"从先前的犹太耕种者手中夺去，把它交给"另外的耕种者"，即基督徒，他们将按着时候交上帝国的果子给他，②他们的每个行为就是属这国的果子。

  对于塞尔修斯所问的"上帝的这样临到地上是出于什么目的"？我们可以有大量答案回驳他，但只从中挑选了几点。他却又说："难道是为了了解人间所发生的事吗？"③这显然是从他自己脑子里杜撰出来的，既不是犹太人的观念，也不是我们的观点。我们谁也没有说过，基督降到此世是为了了解人类在发生什么。然后他假设有人说这就是原因，于是自己反驳自己的问题："他难道不是无所不知吗？"然后，似乎我们回答说他确实无所不知，他又提出一个新的异议，说："既然他知道，为何不使人改邪归正，为何不能借神圣权能这样做？"所有这些问题都是愚蠢的。因为上帝始终在借自己的道使那些聆听他话语的人改邪归正。每个时代，他的道都进入圣洁的灵魂，使他们成为上帝的朋友和先知。④随着基督的降临，他通过基督的福音使人改邪归正，不是不愿意的人，而是那些选择上帝所喜悦的更高生活的人。

  我不知道塞尔修斯想要什么样的改正，因为他又提出另一个问题，说："那么他不差遣某个为特定目标任命的人，仅凭神圣权能就不能使人改邪归正吗？"他难道希望上帝以异像向人显现，并用这种方式彻底除去邪恶，种植美德？别的人很可能会问，这样做是否与本性吻合，本质上是否可能。但我们会说：我们可以承认这是可能的；那么自由意志干什么用呢？接受真理有什么功德，拒斥谬误有什么罪过？再说，如果我们暂时承认这不仅可能，而且恰当，那么有人若是提出一个与塞尔修斯相

---

① 《马太福音》10:6，15:24。
② 《马太福音》21:43，41。
③ 参 Clem. Hom. III, 39, on Gen. XVIII. 21。
④ 《所罗门智训》7 章 27 节。

类似的问题岂不更有道理？即上帝难道不能当初就使需要改正的人变得良善而完全，好叫邪恶根本没有立足之地？这些论证可能使无知而愚笨的人不知所措，但能对问题本质进行分析的人自然不会无言以对。试想，你如果从美德中除去自由意志，也就毁灭了美德的本质。虽然希腊人在论神意的作品中对这个话题有过很多论述，但仍然需要全面讨论。他们永远不会说塞尔修斯所主张的观点，他问："他既知道，为何不使人改邪归正？为何不能借神圣权能这样做？"我们也在许多地方尽我们所能讨论过这些问题，①圣经也向那些能够领会的人显明了真理。

4. 所以，塞尔修斯驳斥我们和犹太人的异议也可以向他自己提出来：尊敬的先生，至高上帝是知道人中间发生的事，还是不知道？你若是认为上帝和神意存在，如你的作品所暗示的，那么他必是知道的。他既知道，为何不使人改正呢？难道对你来说（因为从你的作品看，你根本不是一个伊壁鸠鲁主义者，而是自称相信神意的人），这个问题，即上帝知道人间一切事，却为何不改正他们，并借神圣权能使所有人脱离邪恶，我们请你回答是无理之举，你让我们回答，我们就必须回答？然而我们要毫不羞愧地说，上帝在不停地差遣人去纠正人类。正是因为上帝惠顾人类，人间才有教义呼召人追求最高级的生活。当然，上帝的执事也有许多分别，那完整而彻底地阐述真理，产生道德上的完全革新的人只是极少数人。摩西和众先知属于这一类人。而比所有这些更大的是耶稣所带来的革新，他并非只想医治那些在世界某个角落里的人，②而是要尽可能医治世界各地的人。因为他到来是做"万人的救主"③的。

5. 然后，最可敬的塞尔修斯出于某种不知道的原因，对我们提出异议说，我们认为"上帝将亲自降到人间"。他认为由此推出"他要离开自己的宝座"。他不明白上帝的权能，不知道"耶和华的圣灵充满全世界，

---

① 参第一卷，第五十七节；第二卷，第三十五节；第三卷，第二十八节，*de Princ.* III, 1。
② 参第四卷，第二十三节，第三十六节；第六卷，第七十八节塞尔修斯的话。
③ 《提摩太前书》4:10。

统管每件事，洞悉人所说的每句话"①。他不能领会"耶和华说：'我岂不充满天地吗？'"②也不明白按着基督教教义，我们"生活、动作、存留，都在乎他"③，如保罗在对雅典人的公开讲演中所教导的。所以，即便宇宙的上帝借他的大能与耶稣下降为人，即便"太初与上帝同在"的道，也就是上帝，④来到我们中间，他也没有离开自己所在之处，不会离开自己的宝座，不可能像人一样失去一个处所，由另一个原先不占据此地的人来占据。上帝的大能和神性借着那上帝立志拣选并在他里面找到住所的人来住在人类中间，但没有任何位置上的变化，也没有离开他原先的地方，充满另外的地方。即便假设我们确实说过他离开某处，充满另一处，我们的意思也不可能指空间意义上的处所。⑤我们会说，浸淫于邪恶的坏人的灵魂是上帝所弃的，也会主张渴望美德生活的人的灵魂，或者已经有了一定进步，或者甚至已经按美德生活的人，则充满或者分有神圣的灵。因而，基督的降临或上帝对人的动作根本不需要他放弃某个高贵的宝座，改变地上的事物，如塞尔修斯所认为的，他说："如果你改变地上某个微不足道的事物，你就会打乱并毁灭一切。"但是如果有人说，上帝权能的出现和道之降临人间改变了某些事，我们会毫不犹豫地判断，凡是接受上帝之道进入自己灵魂的，就改邪归正，弃恶从善，从放荡变为自制，从迷信变得敬虔了。

6. 如果你希望我们反击塞尔修斯最荒唐可笑的论述，请听听他下面的说法："此外，如果上帝不为人所知，因此自认为被人看低，他是否会想要让人认识自己，从而试验那些相信他的人和那些不相信他的人，就像刚刚暴富的人想炫耀自己的财富？实在的，这是他们归于上帝的强烈

---

① 《所罗门智训》1 章 7 节（根据英文直译。——中译者注）。
② 《耶利米书》23:24。
③ 《使徒行传》17:28。
④ 《约翰福音》1:1—2。
⑤ 参第四卷，第十二节；第五卷，第十二节。Aristobulus ap. Eus. *P. E.* VIII, 10, 15, 377D; Philo, *de Post. Caini*, 6, 30; Justin, *Dial.* 127; Clem. Al. , *Strom.* VII, 5, 5。

而完全属人的野心。"我们说，上帝——恶人不认识上帝——确实想要让人认识自己，但不是因为他自以为被人低估了，而是因为关于他的知识能使认识他的人脱离不幸。而且，上帝无论是借某种神秘的权能亲自住在某些人里面，还是差遣他的基督到来，完全不是想要"试验那些相信他的人和那些不相信他的人"。他这样做的动机是要让那些相信并领会他的神性的人脱离一切不幸，使那些不相信的人不再有任何借口，说他们不相信是因为没有听说，不曾受教。再者，他根据什么论证能表明，从我们的观点来看，上帝"就像刚刚暴富的人想要炫耀自己的财富"？上帝既然希望我们理解并思想他的优点，就不会想要向我们炫耀。他想要在我们心里浇灌恩福——这恩福是我们的灵魂认识了他之后才有的，所以他有意使我们能够借着基督和道的持久居住获得他的友谊。因而，基督教教义没有把任何"属人的野心"归于上帝。

7. 说了以上所引用的这番徒劳无益的话之后，不知出于什么原因，他接着又说："上帝本身是不需要被人认识的，他赐给人关于他自身的知识是为了我们得救，好叫那些接受它的人变得良善，从而得救，那些不接受它的人显为邪恶，要遭惩罚。"然后他提出一个新的异议，说："是否到了现在，经过那么漫长的世代之后，上帝才想起要审判人的生活？以前他不在意吗？"① 我们要说，上帝没有哪个时候不想"审判人的生活"，他始终关心理性存在者的革新，始终给予追求美德的机会。因为世世代代以来，上帝的智慧都寻找圣洁的灵魂，进入他们里面，使他们成为上帝的朋友和先知。② 事实上，你可以在圣书里找到每个时代的圣人，接受圣灵，全力以赴地劝同时代人归信。

8. 毫不奇怪，某些时代有些先知，因为非常积极和热忱，在接受神圣启示上超过其他先知，其中有些与他们同时代，有些在他们之前或之

---

① 参第六卷，第七十八节塞尔修斯的话。
② 《所罗门智训》7 章 27 节。

后。同样，某个时候发生这样的事也不足为奇：一个特殊的人，比先前的人卓越，甚至比后来的人优秀，临到人类中间。这种现象包含神秘而奥妙的东西，是普通人的能力完全不能理解的。要解释这些事，驳斥塞尔修斯关于基督降临的问题，"是否到了现在，经过那么漫长的世代之后，上帝才想起要审判人的生活，以前他不在意吗？"就必须谈到分界的话题，解释为何"至高者将列邦隔开，将亚当的子孙分开，就照上帝使者的数目，立定万民的疆界。耶和华的分，本是雅各他的百姓，他的产业，本是以色列。"① 也必须解释每个人为何出生在某个地区，为何把他分派在那个地方，"耶和华的分，本是雅各他的百姓；他的产业，本是以色列"为何是合理的。我们必须解释为何先前"耶和华的分，本是雅各他的民；他的产业，本是以色列"，而关于后来的分配，圣父对救主说："你求我，我就将列国赐你为基业，将地极赐你为田产。"② 神意以多种方式关怀人心必是合乎逻辑，前后一致的，但人无法表述，难以详尽阐释。

9. 所以，即使塞尔修斯不想承认，事实仍然是事实，在许多作为古代以色列改革者的先知之后，基督作为整个世界的改革者到来。他不需要用先前的规范方式，用鞭子、捆绑和苦难惩罚人。因为当"撒种的出去撒种"③，他的教义足以把道撒播到世界各地。然而，如果有某个确定的时候，世界必归于终结——它既有开端，就必有结局 ④ —— 如果世界确实有某个指定的结局，然后出现公义的审判者审判众人，那么凡是构建基督教哲学的人都必须以各种证据来论证他的理论的真理性，既引用圣经里的证据，也根据理性论证作依据。不过，单纯的大众不能领会关于上帝智慧的复杂神学，必把自己交托给上帝，给我们人类的救主，

---

① 《申命记》32:8—9（和合本译文为"至高者将地业赐给列邦，将世人分开，就照以色列人的数目，立定万民的疆界。耶和华的分，本是他的百姓；他的产业，本是雅各。"——中译者注）。参第五卷，第二十五节至第三十节。

② 《诗篇》2:8。

③ 《马太福音》13:3。

④ 讨论世界可灭性时用的谚语，参 Philo, de Aetern. 27。

只要有耶稣的亲口所述就心满意足,再不需要其他了。

10. 然后,塞尔修斯一如通常那样,既无论证也无证据,似乎我们对上帝的谈论全是不敬又不洁的胡言乱语,说:"很显然,他们对上帝不敬又不洁地胡言乱语。"他以为我们这样做是"要让无知者感到惊异",我们"没有就对那些犯罪的人必不可少的惩罚讲真话"。因此他把我们比作"那些在酒神奥秘里引入幽灵和可怕之物的人"①。关于酒神奥秘,该由希腊人来说是否有一种令人信服的解释,或者根本就没有;塞尔修斯和他的同僚当听从他们。而我们捍卫自己的教义,认为我们关心的是人类的改善,无论我们使用惩罚的威吓——我们相信这对整个世界来说是必不可少的,对那些遭受这些威吓的人也很可能不是无益的——还是使用应许——为过良善生活之人积聚的美事,包括那些配在上帝手下的人,死后要在上帝的国里得幸福生活的应许。

11. 然后,他想要表明我们对"洪水或大火"②没有说过任何令人瞩目的或原创性的话。此外正是因为我们"误解了希腊人或化外人关于这些事的谈论",才相信我们圣经里对它们的阐述。他是这么说的:"因为他们误解了希腊人和化外人的理论,才会产生这样的观念,即星辰经过长期的环行、回归和连结之后,就出现大火和洪水,当丢卡利翁(Deucalion)时代的最后一次洪水之后,环行需要一次大火以符合宇宙的变化顺序。这可以解释他们的错误观点:上帝要降临,像一个拷问者一样带来火。"对此我们要回答说,不知什么原因,塞尔修斯虽然知识渊博,似乎知道很多故事,却没有注意到古代人摩西,某些希腊作家记载,他生活在福洛纽斯(Phoroneus)的儿子伊那科斯(Inachus)的时代。③埃及

---

① 关于神秘宗教里折磨人的恐吓,参第三卷,第十六节;第八卷,第四十八节塞尔修斯的话。Cumont. *Lux perpetua*. pp. 219ff 的讨论。
② 见第一卷,第十九节;第四卷,第四十一节塞尔修斯的话。
③ 根据通常讲述的故事,伊那库斯是福洛纽斯的父亲,而不是儿子。奥利金很可能对他记忆有误。说摩西是伊那库斯的同时代的人,有门德斯(Mendes)的祭司托勒米(Ptolemy);Apion ap. Africanus ap. Eus. *P. E.* X, 10, 16, 490B;Tertullian, *Apol.* 19;Clem. Al, *Strom.* I, 101, 5;Ps. -Justin, *Cohort.* 9;Eus. Chronic. (p. 7, ed. Helm)。

人也承认他是个古代伟人,那些编撰腓尼基历史的人也这样认为。任何人若有兴趣,可以读读福拉维乌·约瑟夫 (Flavius Josephus) 论古代犹太人的两卷书,①就可以知道摩西比那些说世上很长时期内都出现过洪水和大火的人更为古老。塞尔修斯强调这些人受到犹太人和基督徒的误解,因为后者不明白关于大火的理论,就说:"上帝将降临,像一个拷问者一样带来火。"

12. 要讨论是否有环行,每次环行是否有洪水或大火,圣经里是否提到这种理论,比如所罗门的许多话里就有这样的话:"已有的事,后必再有;已行的事,后必再行"②,如此等等,现在还不是时候。这里我们只要指出,摩西和一些先知作为伟大的古人,并没有从别人接受世界大火的观念,就足够了。事实上,我们只要留意一下他们的年代,就知道是别人误解他们,没有准确复述他们所说的话,从而捏造出这样的观点:同样的事定期发生,无论是本性还是偶性,彼此都无法相互分辨。③ 但我们不认为洪水或大火是星辰的环行和定期相遇导致的。我们认为,这些事件的原因是汹涌的恶流,这恶流要靠大水或大火来洁净。如果先知的话论到上帝的降临,我们要在象征意义上理解,因为他说:"耶和华说,'我岂不充满天地吗?'"④ 上帝下来关心人事,尤其是恶人的事,是出于他自己的伟大和权威。正如人们通常所说的,老师降低到孩子的层次,智慧人或优异的学生降低到那些刚开始学习哲学的人的水平,这意思完全不包含形体上的下降。同样,如果圣经里有什么地方记载上帝说过"下降"的话,就必须在同样的意义上理解。关于"上升"也是如此。

13. 因为塞尔修斯讥笑说,我们说上帝像一个拷问者带着火下来,这

---

① 约瑟夫 (C. Apionem I. 13. 70ff) 引用了埃及作家和腓尼基作家在这个问题上的记载。参 Tatian, 37 - 38; Theophilus, *ad Autol.* III, 21 - 22。
② 《传道书》1:9。奥利金对这节经文的注释 (*de Princ.* III, 5, 3) 激起了哲罗姆 (Jerome, *Ep.* CXXIV) 和奥古斯丁 (*de Civ. Dei* XII, 13) 的怒火。
③ 斯多葛学派理论;参第四卷,第六十八节,第五卷,第二十节。
④ 《耶利米书》23:24。

迫使我们在一个不适当的时候考察深奥的难题，所以我们就略作考察，满足我们的读者，大概回应一下塞尔修斯对我们的嘲弄，然后转向下面的论述。神圣的道说"我们的上帝乃是烈火"①，"从他面前有火，像河发出"②，以及他显现的时候"如炼金之人的火，如漂布之人的碱"③，以便塑造他的百姓。因而，当经文说他是烈火时，我们要探究什么东西可被上帝焚烧。我们说，上帝如火烧尽邪恶以及源于恶的一切行为，就是从比喻意义上被描述为"草木、禾秸"的。无论如何，经上说恶人用"草木、禾秸"在属灵的根基上建造。④如果有人能指出作者所指的另有其意，能证明恶人是真的用草木、禾秸建造，那么显然，火也当理解为质料和感性意义上的火。但是，如果相反，从比喻意义上把恶人的作为称为草木、禾秸，那么烧毁这种木头的是哪种火，岂不是不证自明的吗？因为他说："这火要试验各人的工程怎样。人在那根基上所建造的工程若存得住，他就要得赏赐；人的工程若被烧了，他就要受亏损。"⑤这里所说的被烧毁的工程，若不是指由恶而来的各种作为，还能指什么工程呢？因而，"我们的上帝是烈火"，是在我们所解释的意义上说的。同样，他显现的时候"如炼金之人的火"，改造那已经被恶之铅以及其他不洁之物——可以说，这些东西改变了灵魂中属金银的本性——灌满的理性存在。也是在这个意义上经上说，在上帝面前"有火，像河发出"，因为他使渗透了整个灵魂的恶消失。这足以驳斥塞尔修斯的话："这可以解释他们的错误观点：上帝要降临，像一个拷问者一样带来火。"

14. 我们再来看看塞尔修斯以下的论说发表了什么高见。"此外，"他说，"我们还要以更多的证据支持这一观点。我没有新的东西要说，唯

---

① 《申命记》4:24；9:3；《希伯来书》12:29。
② 《但以理书》7:10。
③ 《玛拉基书》3:2。
④ 《哥林多前书》3:12。
⑤ 《哥林多前书》3:13—15。

有古代的理论。① 上帝是良善的，美好的，快乐的，处于最优美的状态。如果他下降到人中间，就必然经历变化，从善变为恶，从美好的变为可耻的，从快乐的变为不幸的，从最好的变为最坏的。谁会选择这样的变化？经历变化和重组，那是必死者才有的本性，而不朽者的本性应当是始终如一，毫无改变的。所以，上帝不可能有经历这种变化的能力。"我想我在讨论圣经里所说的上帝下降关心人事是什么意思时已经对此作了必要的反驳。在这一点上，我们没有如塞尔修斯所认为的，说"他必然经历变化"；他也不必"从善的变为恶的，从美好的变为可耻的，从快乐的变为不幸的，从最好的变为最坏的"。他按自己的神意下降，关照人事，同时本质上保持不变。我们表明，圣经里也说，上帝是不变的："你却要长存"，"我耶和华是不改变的" ②。而伊壁鸠鲁的诸神，因为是由原子构成的，并因这种复合，必然要分解，所以想尽办法要摆脱可能导致其毁灭的原子。此外，斯多葛学派的上帝是有形体的，有时，当大火出现时，就完全由心灵构成，而当新的世界秩序出现时，就成为了它的一部分。即便是他们，也无法清楚地认识到上帝本性的真正含义，那是完全不朽坏的，单一的，非复合的，因而是不可分的。

15. 下降到人间的那位原本"有上帝的形像"，但出于对人类的爱"反倒虚己" ③，好叫人能接受他。但是他根本没有从善的变为恶的，因为"他并没有犯罪"④；也没有从美好的变为可耻的，因为"他不知罪"⑤。他没有从快乐变为不幸；他虽然"自己卑微"⑥，却仍是快乐的，甚至当他按适宜于我们人类的方式降卑自己时，也是快乐的。此外，他根本没有从最好的变为最坏的。试问，对人的仁慈和爱怎么能说

---

① 以下是柏拉图的观点（《理想国》381B，C；《斐德鲁篇》246D）。
② 《诗篇》101：28（和合本为102：26。——中译者注）；《玛拉基书》3：6。
③ 《腓立比书》2：6—7。
④ 《彼得前书》2：22。
⑤ 《哥林多后书》5：21。
⑥ 《腓立比书》2：8。

是最坏的呢？与此相关的，我们看到，医生为医治病人，总要"看见可怕的事情，触摸讨厌的伤口"①，但他没有从善的变为恶的，从美好的变为可耻的，从快乐变为不幸，尽管看见可怕的事情，触摸讨厌的伤口的医生有时也难免会陷入同样的困境。但那借着神圣的道医治我们灵魂伤口的，自身里面不可能有任何恶。不朽的神圣之道穿戴人的身体和人的灵魂，如果因此在塞尔修斯看来就是易于变化的，就让他知道，道在本质上始终是道。凡属身体或灵魂的经验他全都没有遭受。只是他有时下降到不能仰望神的光芒和明亮②的人的层次，变成属血气的，用物质性术语讲话，直到接受他这种样式的人渐渐被道提升，可以说，甚至能看他的完全样式时为止。

16. 可以说，道有多种不同样式。因为对每个被引来认识他的人，不论他是初学者，是取得了稍稍进步的人，是有相当进展的人，是几乎获得美德的人，还是已经真正获得美德的人，道都以与各人自身的状态相适应的方式向他显现。因此，我们不能说——塞尔修斯及其同类可能会说——当我们的上帝升到高山，显现出另一种样式时，是被改变了。那种样式非常卓越，远不是留在下面的、那些无法跟他升到高处的人所能看见的面貌。因为下面的人没有能看见道变成某种奇异而非常神圣的样式的眼睛。他们甚至无法接受他原来的样子，所以那些不能看见他更高本性的人就说他，"我们看见他的时候，他无佳形美容，倒被藐视，被人厌弃，还不如人子。"③ 那么我们要这样反驳塞尔修斯所持的观点：他没有理解耶稣的"变化"（按这个词在通常的文学中的含义理解）或者变形，不知道他既有不朽的本性，也有可朽的本性。

17. 可以肯定，这些故事，尤其是得到恰当理解之后，必显得比狄俄

---

① 奥利金引用希波克拉特（Hippocrates, *De Flatibus* I）常见的引文；参 Origen, *Hom. in Jerem.* XIV, 1；Eusebius, *H. E.* X, 4, 11；Lucian, *Bis Accus.* i；Plutarch, *Mor.* 291C。
② 措辞上引用柏拉图《理想国》518A。参第六卷，第十七节。
③ 《以赛亚书》53:2—3（不同于和合本译文。——中译者注）。

倪索斯的故事更为深刻。这个故事说，狄俄倪索斯被提坦欺骗，离开宙斯的宝座，被提坦们撕得粉碎，后来被重新合起来，可以说，死而复生，上升到天庭。① 或者难道说希腊人就可以认为这故事是一种比喻，把它解释为是指灵魂，而向我们就关闭这扇门，免得我们作出各方面都与住在纯洁灵魂里的圣灵感动而写的圣经相符合、相和谐的解释？塞尔修斯根本不明白我们的圣经的含义。因此他的批判只触及他自己的解释，没有触及对圣经的理解。如果他理解什么是与一个将有永生的灵魂适合的东西，关于它的本质和起源应有什么样的正确观点，他就不会这样讥笑不朽者进入必朽身体的观念了（我们这里并没有接受柏拉图的灵魂转世论，我们的观念是不同的，也是更高贵的观点）。他也会明白上帝出于对人的大爱，作出一次特殊的下降，以便使那些圣经在神秘意义上称为"以色列家迷失的羊"② 的人归信。这些羊离开了山，在山下游荡。有些比喻说牧羊人已经下山，来找他们，把那些没有迷失的羊留在山上。

18. 尽管塞尔修斯没有理解这些事，但他仍然固执地谈论它们，迫使我们也不得不重复说过的话，因为我们不希望留下他的哪句话没有检查，即使只是表面上看起来如此。他接着说："上帝要么确实变成了必朽的身体，正如他们所说的。但我们已经说过，这是不可能的。要么他没有变化，只是使那些看见他的人认为他变了，导致他们误解，从而说谎。欺骗和说谎除非是用来作为药物医治生病而发疯的朋友，或者为了

---

① 关于这一俄耳甫斯神话，参 Rohde, *Psyche* (E. T.), pp. 340f; A. B. Cook, *Zeus*, II, pp. 1030-1032; Guthrie, *Orpheus and Greek Religion* (1935), pp. 107ff。宙斯的敌人提坦们用玩具赢得了宙斯和珀耳塞福涅的儿子狄俄倪索斯的信任。他们引诱他离开王位，把他撕成碎片。关于这些碎片的结局不同版本有不同说法，一个版本说提坦们吃了碎片。然后宙斯毁灭了提坦，把灰烬撒向人类，因而人就包含神圣和邪恶的双重成分。另有版本（比如 Clem. Al., *Protr.* 17）说，宙斯把碎片交给阿波罗埋葬。在本文这段话里，奥利金似乎知道还有一种版本，把碎片重新聚合，狄俄倪索斯就复活了(Rohde, p. 360 提到 Julian, *c. Chr.* p. 167, 7 ed. Neumann)。对这个神话作重生解释的有：Plutarch, *Mor.* 389A; 996C; Proclus, *in Tim.* 313c。也参 Plotinus, IV, 3, 12。

② 《马太福音》15:24。

避免危险对付敌人，否则在其他任何情形下都是错误的。① 然而，上帝的朋友里没有病人或疯子，他也不惧怕什么人，不必为避开危险蒙骗他。"对此我的回答部分出于神圣的道，也就是上帝的本性，部分出于耶稣的灵魂。关于道的本性，正如食物的性质，母亲要把它变为适合她婴孩的奶，医生出于恢复病人健康考虑要预备相应的食物，而对较为强健的人，消化能力较好的人，则准备另一种食物。同样，上帝为人改变道的权能，按照各人的功德，使他的本性适合滋养人的灵魂。向这人，他就变为"纯净的灵奶"②，如圣经所说的；向软弱的人，就变为"菜蔬"③；向那完全之人，就给予"干粮"④。可以肯定，当他根据各人接受他的能力变为不同的营养时，他并没有欺骗自己的本性，他这样做不是误导，也不是说谎。

关于耶稣的灵魂，如果有人以为它进入身体包含变化，我们就要问，他说的"变化"是什么意思。如果他指的是本质上的变化，我们不会同意，他的灵魂如此，其他任何理性灵魂皆如此。当然他若是指它经历了某些事，因为它已经与身体混合，因为它进入了某个处所，那么道出于对人类的大爱，为人类降下一位救主，这有何困难？先前自称治病救人的人中，没有哪个能像这个灵魂这样，借着所行的异能成就如此伟大的工，甚至自愿下降，为人类接受人的缺点。关于这位神圣之道，圣经里有好多段落不时论到。现在我们只要引用保罗的一个段落就足够了，这段经文如下："你们当以基督耶稣的心为心。他本有上帝的形像，不以自己与上帝同等为强夺的，反倒虚己，取了奴仆的形像，成为人的样式。既有人的样子，就自己卑微，存心顺服，以至于死，且死在十字

---

① 塞尔修斯是在引用柏拉图，《理想国》，382C；389B；459C，D。
② 《彼得前书》2：2。
③ 《罗马书》14：2。
④ 《希伯来书》5：12，14。

架上。所以上帝将他升为至高，又赐给他那超乎万名之上的名。"①

19. 其他人可能会同意塞尔修斯的话，上帝没有变化，只是使那些看见他的人认为他变化了。但我们因为相信耶稣降临到人中间不只是一个表像，而是实体，是一个不容辩驳的事实，所以不会受塞尔修斯的批判影响。我们要这样回答他：塞尔修斯，你不是说有时候可以使用欺骗和谎言作药吗？那么，为了带来拯救出现这样的事，怎么是不可思议的呢？有些人因某些错误而非正确的理论获得革新，正如医生有时用这样的话安慰患者。这原本是我们在另外观点上的辩护。② 不过，"医治生病朋友"的人若是为了医治他所爱的人类，采取了这种若是让他选择，他不会使用，但迫于情势，他不得不用的方式，这没有什么可指责的。既然人类发疯了，就必须使用道看为对疯子有益的方法医治，好叫他们恢复正常理智。塞尔修斯说，人也可以"为避开危险"将这种方法"用于敌人。但上帝不惧怕什么人，因而无需为避开危险误导"那些阴谋反对他的人。对不是论述我们救主的论断，驳斥它完全是多余的，也是不合理的。关于以下的话"没有哪个病人或疯子是上帝的朋友"，我们在辩护其他观点时已经作了讨论。我们在驳斥中指出，神意并不曾为已经成为朋友的病人和疯子做这样的事，但为那些因为其灵魂得了病，其自然推理能力混乱，因而仍是敌人的人，他这样做，好叫他们成为上帝的朋友。此外，经上明确说到耶稣为了罪人的缘故忍受一切，③ 好叫他们脱离罪，成为义的。

20. 然后他说，一方面，犹太人找出种种理由证明他们的信念：基督的降临仍是将来的事，另一方面，基督徒说上帝的儿子降临到人世的事已经发生。那么我们尽可能简洁地看看这段话。塞尔修斯认为，"犹太人说，因为生活充满了各种恶，上帝就必须差遣某人下来，叫恶人得惩

---

① 《腓立比书》2:5—9。
② 参第二卷，第二十四节。
③ 参《马太福音》9:13，等等。

罚，万物得洁净，就如第一次洪水发生时那样。"他既然说基督徒在这些观念外还有别的观念，显然认为这些观点也是他们所持有的。请问，因为有大量的邪恶存在，所以相信洁净世界的那位将要到来，并按各人的功德对待各人，凭什么说这种信念是荒谬的呢？不阻止恶的蔓延，带来道德更新，这才是与上帝的本性不吻合的。希腊人也有一种理论，认为大地定期地被洪水或大火洁净，如柏拉图在一处说："然后诸神降洪水到地上，用诸水洁净它，有些在山中……"① 等等。难道他们说这话时，所提出的观点就是深刻、富有意义的，而我们主张类似于希腊人所赞成的理论，它们就不再是好的理论了？然而那些对圣经里的一切的准确性和正确性有兴趣的人，会力图表明，不仅记载这些事的人是古老的，他们所说的事也是重要的，他们的教义是一致的。

21. 不知什么原因，他认为"塔的倒塌"与犹太人和基督徒所说的"洁净大地的洪水出于类似的目的"。假设《创世记》② 里"关于塔的故事并不包含任何隐秘的真理，而是"如塞尔修斯所认为，是"显而易见的"，即便如此，它的倒塌似乎并不是为了洁净大地而发生的——除非他认为所谓的言语的混乱就是对大地的一种洁净。出色的学生会在更为适当的时候，当他说明这段话的字面意义和比喻意义的时候，对此作出解释。然而，塞尔修斯认为"记载塔"和变乱语言的"摩西在编撰关于塔的故事时改动了关于阿罗优斯（Aloeus）众子的故事"。③ 我回答，我想在荷马之前没有人讲述阿罗优斯众子的故事。而我相信摩西所记载的塔的故事大大早于荷马，甚至早于希腊字母的发明。④ 那么，究竟是谁更可能

---

① 《蒂迈欧篇》22D。参第一卷，第十九节；第四卷，第十一节。
② 《创世记》11:1—9。关于奥利金的寓意解释，参第五卷，第二十九节以下。
③ 荷马，《伊利亚特》，V, 385-387,《奥德赛》VI, 305-320; 地上最高的人奥图斯（Otus）和厄菲阿尔忒斯（Ephialtes），试图把三座山奥萨（Ossa）、珀利翁（Pelion）和奥林匹斯（Olypus）彼此相叠，造"一条通到天上的路"；阿波罗就杀了他们。注意到它与巴别塔故事相类似的有 Philo, *de Conf. Ling.* 4 (cf. *de Somn.* II, 284f) 和 Julian, *c. Chr.* pp. 181ff (ed. Neumann)。
④ 摩西的在先性是犹太人和基督徒护教者最喜爱的主题。参第六卷，第七节；第七卷，第二十八节；Tatian, 31。

改动谁的故事呢？是那些讲述阿罗优斯众子故事的人改编塔的故事，还是那些记载塔和变乱语言故事的人在改编阿罗阿达（Aloadae）的故事？无论如何，没有偏见的听众必会认为，摩西比荷马更古老。

塞尔修斯还将摩西在《创世记》里讲述的"所多玛和蛾摩拉因罪恶被火毁灭的故事"与"法厄同（Phaethon）的故事比较"①。他所做的一切都是出于一个错误：他没有注意到表明摩西古老性的证据。那些叙述法伊松故事的人似乎比荷马更晚，比摩西就更是晚得多了。所以，我们不否认确实有洁净之火，世界的毁灭，以消除邪恶，更新宇宙，因为我们说，我们已经从圣书的先知书里知道了这些事。然而，如我们上面所说的，②既然对将来之事作了许多预言的先知，显然对许多已经过去的事说了真话，证明他们里面确实有圣灵，那么我们也应当相信他们，或者毋宁说相信他们里面的圣灵所说的将来要发生的事。

22. 根据塞尔修斯，"基督徒还在那些犹太人主张的观点之外加了一些理论，认为由于犹太人的罪，上帝之子已经临到，因为犹太人刑罚耶稣，给他苦胆喝，③就为自己惹来了上帝的暴怒。"我说，因为犹太人加给耶稣的这些苦难，整个犹太民族后来毁灭得只剩下不足一代，我敢说，任何人只要愿意，都可以证明这话说得不对。但我相信，从他们把耶稣钉在十字架上，到耶路撒冷毁灭，时间是四十二年。④事实上，自从犹太人存在以来，他们的历史上不曾有过这么长时间被迫抛弃神圣的仪式和敬拜，唯有被某个更强大的民族征服之后才会如此。即便有时候

---

① 《创世记》19：1—29。赫利俄斯（Helios）允许他的儿子法厄同驾着太阳马车在天上穿行一天，但法厄同力量太小，控制不住马匹，于是离地面越来越近，几乎要烧毁；宙斯就杀了他。这个故事最初出于欧里庇得斯（*Hippol.* 735 ff）。
② 参第一卷，第三十六节至第三十七节；第三卷，第二节至第四节。
③ 参《马太福音》27：34。
④ 奥利金在别处说，可以给 42 年悔改的时间（*Hom. in Jerem.* XIV, 13）。Clem. Al. , *Strom.* I, 145, 5 也指出同样的时期（42 年零 3 个月）。奥利金在 *Comm. ser. in Matt.* 40，引用他的话，说明"耶路撒冷大约于提庇留凯撒（Tiberius Caesar）15 年的 40 年之后毁灭的"观点。（这里奥利金稍稍缩短了时间，以便达到受难与圣殿被毁之间的 35 年这个数字；对《但以理书》9：27 的注释使他得出这一点。）

他们似乎因自己的罪被弃绝了，却仍然在上帝的关爱之下，回来重得自己的财产，毫无阻碍地举行传统的仪式。所以表明耶稣就是属神的圣者的事实之一恰好是，因他之故，如今这么巨大而可怕的灾难长期临到犹太人头上。我们可以夸张一点说，他们不会再复原了。因为他们既然在他们原先向神行象征深刻奥秘的传统仪式的城市谋害了人类的救主，就犯了最不敬的罪行。因此耶稣遭受这些耻辱的那个城不得不完全毁灭。犹太民族不得不毁灭，上帝呼召别人——我指的是基督徒——得恩福，教导他们以质朴、纯洁的方式敬拜上帝。他们得了与各地建立的秩序相适应的新律法。先前所立的律法是为一个由同样国籍和习俗的人组成的单一民族立的，如今不可能叫每个人都遵守这样的律法了。

23. 然后，他一如既往地嘲笑"犹太人和基督徒"，把他们全都比作"一群蝙蝠，① 从巢穴出来的蚂蚁，在沼泽地周围聚会的青蛙，② 在肮脏角落聚集的虫子，彼此争论他们中哪个是更恶的罪人。他们说：'上帝预先向我们显明并说明了一切事，他甚至抛弃整个世界，不顾诸天的运动，无视广袤的大地，独独关注我们；他差遣使者只到我们这里来，并一直在差遣使者，从不停止，好叫我们永远与他同在。'"他在捏造出来的话里论断我们就"像虫子，说：'上帝是首位，我们在他之后，因为他把我们造得完全像上帝，把一切事物都放在我们之下，大地、水、空气、星辰；一切事物都是为我们得益而存在，被指定要事奉我们。'"塞尔修斯的虫子，也就是我们基督徒，又说："由于我们中有些人犯了错，上帝必到来，或者要差他的儿子来毁灭不义者，好叫我们余下的与他同得永生。"他还补充说："这些话若是出于虫子和青蛙，而不是出于相互争吵的犹太人和基督徒，反倒更能容忍。"

24. 为驳斥这些，我们要反问那些赞成这种攻击的人：你们是否认

---

① 这一短语出于荷马，《奥德赛》，XXIV，6-8，被柏拉图《理想国》387A 引用。
② "沼泽地周围的蚂蚁或青蛙"出自柏拉图《斐多篇》109B。

为，因为上帝高于所有人，所以他们就是"一群蝙蝠、蚂蚁、青蛙、虫子"？或者你们是主张，其他人因有理性和所立的律法，你们仍然视为人，而对基督徒和犹太人，仅仅因为他们的观点与你们不同，你们就加以蔑视，比作这些动物？无论如何，不论你们对这个问题作出什么回答，我们都要努力表明，不论对全体人，还是对我们，这样说都是不对的。首先，我们不妨设想，你们的意思是说，相对于上帝，所有人都处于这些卑微的动物层次，因为他们非常渺小，根本不能与上帝的权威相提并论。那么，先生们，请回答你们的"渺小"是什么意思？如果是指身体的渺小，请注意，判断高贵与低微的真正标准不是物理上的大小。否则，鹰头狮身带翅膀的怪兽（griffins）与大象都比我们人伟大，因为它们体形比我们大，力气比我们强，寿命也比我们长。① 但是凡有理智的人，谁也不会认为这些非理性动物因有这样的身体就比理性造物高级；因为理性使有理性的造物远远高于非理性造物。对良善而有福的存在者也不是这样，无论他们是——如你们所称呼的——良善的精灵，还是如我们通常所称呼的，上帝的使者，② 任何其他比人高贵的事物也莫不如此。因为得到完全并赐予各样美德的，正是他们里面的理性因素。

25. 如果你们鄙视人形象渺小不是指他的身量，而是指他的灵魂，认为他低于其他理性存在者，尤其低于那些良善的理性存在者，认为他之所以渺小是因为他里面有恶，那么为何基督徒中的恶人和生活在邪恶中的犹太人像"一群蝙蝠、蚂蚁、虫子、青蛙"，而其他民族中的恶人就不是这样？根据这种观点，任何浸淫于罪恶洪水中的人，与其他人相比都应是蝙蝠、虫子、青蛙和蚂蚁。即使某位演说家叫德摩斯梯尼（Demos-

---

① 参 Saneca, de Benef. II, 29。
② 参第五卷，第五节。Philo, de Gigant. 6 "其他哲学家称为鬼灵的那些存在者，摩西通常称为天使"。

thenes），但犯了罪，所做的一切皆出于恶，① 即使某人被认为就是安提丰（Antiphon），甚至在自己的作品"论真理"② ——与塞尔修斯的作品有类似的题目——中否认神意。无论如何，他们都是虫子，在某个未受启蒙的无知的肮脏角落里打滚。然而，不论理性存在者的本性是什么，将他比作虫子都是不合理的，因为他拥有追求美德的倾向。这种对美德的普遍倾向禁止我们将那些拥有潜在美德的人，那些不可能完全毁灭其美德种子的人比作虫子。③ 因而显然从整体来说，人与上帝相比也不可能只是虫子。因为理性源于上帝的逻各斯，它不会允许把理性存在者看作是与上帝格格不入的。犹太人和基督徒中的那些恶人，那些根本不是真正的基督徒或犹太人的人，他们与其他人一样，都不可以比作在某个肮脏的角落里打滚的虫子。既然理性本质不允许我们接受这一点，那么，显然我们不可侮辱为美德而造的人性，即便他因无知而犯罪，更不能将他比作诸如此类的动物。

26. 如果只是因为基督教和犹太人的理论与塞尔修斯不合——尽管他显然对它们一无所知，他们就成了虫子和蚂蚁，而其他人则不是，那么我们就要考察基督徒和犹太人的理论，其本身对任何人来说都是明白可理解的。我们把它们与其他人的理论并列，看看，对那些认为某些人可能是虫子和蚂蚁的人来说，是否可以清楚地看到：真正的虫子、蚂蚁、青蛙，是那些没有正当的上帝观，以似是而非的敬虔拜非理性动物、偶像、受造物的人，他们原本应当为被受造物的美感动，从而敬仰它们的造主，敬拜他，现在却反其道而行之。另一方面，那些遵从自己的理性，能够超越木头、石头，也超越金银、被人视为最宝贵的物质，而且超越世上美妙之物，上升到宇宙造主，把自己交托给他的人，是真

---

① 参 [Plutarch]，*Mor.* 847E, F"有人说他（德摩斯梯尼）生活放荡，穿女人衣服，狂欢作乐……" Aulus Gellius, I, 5, 1; I, 8, 3 - 6; Athenaeus, XIII, 592E (cf. 588C); Aeschines, III, 174; Macrobius, *Sat.* II, 2, 11.
② 这里奥利金把诡辩家安提丰与同名的演说家搞混了。
③ 关于奥利金否认完全堕落，参第二卷，第十一节。

正的人。由于唯有造主才能保守一切存在之物，洞悉所有人的思念，垂听每个人的祷告，所以他们向他送上自己的祷告。他们行一切事都如同在他面前所行；说任何话都如同他在垂听，小心谨慎，免得说了什么传到上帝耳中使他不悦的事。

这种真诚的奉献，没有因痛苦，即将到来的死亡，或者似是而非的论证受到抑制，但如此献身的人或许并不能避免被人比作虫子，即使在他们还未达到这种状态之前，这样比喻还情有可原。然而，那些能够主宰对情欲之乐的炽热欲望——这种欲望使许多人的心变得软弱，像蜡一样容易弯曲①——的人，他们能控制情欲，是因为相信他们若不借着自制上升到上帝那里，就不可能成为与他有亲密关系的朋友。对这样的人，我们难道认为他们是虫子的兄弟，蚂蚁的亲戚，青蛙的同类吗？公义关注邻人和他人的社会权利，难道它的光芒，还有公正、对人类的爱、良善都不能使这样的人免于被人比为蝙蝠吗？那些流连于淫荡妇女身边（大多数男人都是这样的）的人，那些与妓女同住，似乎这种事无足轻重，甚至教导说，这样的事不违背任何道德原则的人，这些人难道不是污泥里的虫子？若是将他们与那些已经知道不可将"基督的肢体"和借给道栖居的身体作为"娼妓的肢体"②，知道理性存在者奉献给宇宙之上帝的身体，就是他们所敬拜的上帝的殿③的人相比，就更清楚地表明他们才是虫子。而后者因对造主怀有纯洁的观念，因而能成为上帝的殿。他们还注意不行不法的性事，免得败坏上帝的殿，而行自制，表示对上帝的敬虔。

27. 到目前为止，我还没有说到人所犯的其他罪恶，就是那些看起来似乎是哲学家的人（哲学界有许多江湖骗子）也很难使自己远离的那些事。我也没有提到那些既不是犹太人也不是基督徒的人中间频频出现的

---

① 措辞出于柏拉图，《法律篇》，633D。
② 《哥林多前书》6:15。
③ 《哥林多前书》3:16；6:19；《哥林多后书》6:16。

邪恶。但是，只要你严格地检查真正的基督徒，就会发现这样的事不可能存在于他们中间；即便发现他们中间有这样的罪，至少在那些"召开会议"（hold council），来到普通的祷告者面前，与他们打成一片的人中间不会有。我承认这样的人很可能会时时出现在大众中间。我们既然能够根据犹太人相信是属神的经书驳斥犹太人，表明所预言的人已经到来，他们被抛弃是因为他们可怕的罪，我们接受了福音的人怀有对上帝的最高盼望——这既因为我们相信他，也因为我们的道德生活使我们能够与上帝交往——洁净一切罪恶（wickedness）和邪恶（evil），所以，我们不是聚集在一起的虫子。任何能自称为犹太人或基督徒的，都不会毫无条件地说，上帝为我们造了"整个世界和诸天的运动"。人唯有如耶稣所教导的，清心、温柔、使人和睦、为自己的信仰甘愿忍受逼迫，① 才有充分理由相信上帝；只要他理解预言里所发现的理论，甚至能说"上帝预先为我们"，就是相信的人，"显明并宣告了一切事"。

28. 他捏造基督徒，即他视为虫子的人，说"上帝抛弃整个世界，不顾诸天的运动，无视广袤的大地，独独关注我们；他差遣使者只到我们这里来，并一直在差遣使者，从不停止，好叫我们永远与他同在"。对此我们的回答是，他把我们从未说过的话归到我们名下。我们读过也知道上帝"爱惜一切存在之物，不会恨恶他所造的任何事物；他若恨恶什么，当初就不会把它造出来。"② 我们还读到："主啊，灵魂的爱人，你允许万物生存，因为它们全是属于你的。万物之中都有你不朽之灵。因此你一点一点地使那些偏离正道的人改正，提醒他们思想自己犯罪的那些事，以此警告他们。"③ 我们既知道，在我们的祷告中，我们必须说且相信"遍地满了耶和华的慈爱"，"耶和华的慈爱临到一切人身上"，因为上帝是善的，所以"他叫日头照好人，也照歹人；降雨给义人，也给不

---

① 《马太福音》5:8，4，9—10。
② 《所罗门智训》11 章 25 节。
③ 《所罗门智训》11 章 27 节；12 章 1—2 节。

义的人"①，我们怎么能说"上帝抛弃整个世界，不顾诸天的运动，无视广袤的大地，独独关注我们"呢？此外，他还劝告我们像他那样做，好叫我们成为他的儿子，教导我们要尽可能把我们的善工做在一切人身上。他也被称为"万人的救主，更是信徒的救主"，他的基督"为我们的罪作了挽回祭，不是单为我们的罪，也为普天下人的罪"。②虽然他们不会说塞尔修斯所写的话，不过犹太人中或许有人会说其他愚蠢的话。但无论如何，这些话肯定不是基督徒说的，因为他们已经知道"为义人死，是少有的；为仁人死，或者有敢作的；惟有基督在我们还作罪人的时候为我们死，上帝的爱就在此向我们显明了"。③耶稣在圣经某种传统的用法中被称为上帝的基督，现如今，从我们的讲道来看，他已经为了罪人临到世界各地，好叫他们抛弃自己的罪，委身于上帝。

29. 塞尔修斯声称那些他称为虫子的人说"首先有上帝，然后我们居他之后"，他很可能是误解了一些人。他的做法就如同因为某个哲学学派中有个鲁莽的年轻人——他学了三天哲学，就自视甚高，贬损其他人，似乎他们全在他之下，对哲学毫不理解——说了某些话，就抨击整个学派。我们知道，有许多存在者比人更尊贵。我们读过"上帝站在诸神的会中"，但这些神不是外邦人所敬拜的（因为"外邦的神都是鬼魔"④）。我们读过，上帝"站在诸神的会中，在诸神中行审判"⑤。我们也知道"虽有称为神的，或在天、或在地，就如那许多的神，许多的主；然而我们只有一位上帝，就是父，万物都本于他，我们也归于他；并有一位主，就是耶稣基督，万物都是藉着他有的，我们也是藉着他有的。"⑥我们还知道天使远比人高贵，当人成为完全之后，就要与天使等同。因为"从死里复活

---

① 《诗篇》32:5（和合本为33:5.——中译者注）；《便西拉智训》18章13节，《马太福音》5:45。
② 《提摩太前书》4:10，《约翰一书》2:8（应为2:2。——中译者注）。
③ 《罗马书》5:7—8。
④ 《诗篇》95:5（和合本为96:5。——中译者注）。
⑤ 《诗篇》80:1（参和合本82:1。——中译者注）。
⑥ 《哥林多前书》8:5—6。

的人，也不娶也不嫁，义人要与天使一样"，成为"与天使等同的"①。我们知道，在宇宙秩序中，有些称为有位的，有些称为主治的，有些是执政的，还有些是掌权的。②我们也明白，虽然我们人远远比不上这些存在者，但我们盼望通过良善生活，按理性做一切事，能够上升到这些存在者的高度。最后，我们"将来如何，还未显明；但我们知道，主若显现，我们必要像他，因为必得见他的真体"。③即使有人坚持主张某人所说的"上帝居先，我们仅次于他居后"，不论这样的人是有知识的，还是缺乏悟性的，误解了正确的理论，我也希望把"我们"解释为理性存在者，特别是指良善的理性存在者。因为在我们看来，一切蒙福存在者的美德都是一样的，正如人的美德与上帝的美德是一样的。④所以，主教导我们要"完全，像我们的天父完全一样"⑤。这样说来，高贵或者良善的人，没有哪个是在污泥里打滚的虫子。没有哪个敬虔的人是蚂蚁。没有哪个义人是青蛙。凡是心灵被真理之光照亮的人，谁也没有理由说他像蝙蝠。

30. 在我看来，塞尔修斯还误解了"我们要照着我们的形像，按着我们的样式造人"⑥的经文。所以，他才会认为虫子们说"我们是上帝所造，凡事都像他"。然而，他若是认识到照上帝的形像造人，与按他的样式造人之间的区别，知道虽然经上记载上帝说过"我们要照着我们的形像，按着我们的样式造人"，但上帝只是照他的形像造人，而不是按着他的样式造人⑦，他就不会认为我们说"我们凡事都像上帝"了。我们没有说，甚至"星辰也置于我们之下"。因为所说的义人的复活，如智慧的

---

① 《路加福音》20:36。
② 参《歌罗西书》1:16。
③ 《约翰一书》3:2。
④ 斯多葛学派理论。参第六卷，第四十八节；*S. V. F.* III, 245 - 254。
⑤ 《马太福音》5:48。
⑥ 《创世记》1:26。
⑦ 这是一种传统注释；参 Irenaeus, V, 6, 1 (Harvey, II, 334); Clem. Al., *Strom.* II, 131, 6; Origen, *de Princ.* III, 6, 1; *Comm. in Rom.* IV, 5。

保罗所理解的，如同日月星辰，他说："日有日的荣光，月有月的荣光，星有星的荣光；这星与那星的荣光也有分别。死人复活也是这样。"① 但以理在久远之前也预言了这一点。② 但是塞尔修斯说我们主张"万物都被指定侍奉我们"，也许因为他不明白我们中智慧的人所说的类似的话，也可能是因为他不知道"我们中间谁愿为大，就必作众人的用人"③ 这话的含义。当希腊人说"日月为必死者所用"④ 时，他们赞成这样的说法，也作出一定的解释。但塞尔修斯在这个问题上对我们的指责是错误的，因为我们根本没有说过归于我们名下的这种话，即使说过，也是在完全不同的意义上说的。

按塞尔修斯的说法，我们，就是他眼里的虫子，说："由于我们中有些人犯了错，上帝必到来，或者要差他的儿子来毁灭不义者，好叫我们余下的与他同得永生。"看看这位高贵的哲学家多像一个粗俗的家伙，把嘲弄、讥笑、辱骂积聚到关于不义的人要受审判，得惩罚，义人要得赏赐的神圣应许上。

他极尽污蔑之能事之后，又加上这样的话："这些话若是出于虫子和青蛙，而不是出于相互争吵的犹太人和基督徒，反倒更能叫人容忍。"但是我们不会学他的做法，对自称知道宇宙本性的哲学家，就是那些彼此争论宇宙如何形成的人说类似的话，这些人争论天地及其里面的一切如何形成，灵魂是否非生，是否并非上帝所造，只是受他规范，⑤ 是否从

---

① 《哥林多前书》15:41—42。
② 参《但以理书》12:3。
③ 参《马太福音》20:26—27；23:11。
④ Euripides, *Phoenissae*, 546 (第四卷，第七十七节的塞尔修斯引文)。
⑤ 认为灵魂先在，是柏拉图的观点。身体和灵魂一起形成的观点是斯多葛学派的。古代思想对这一主题有充分讨论，见 J. H. Waszink 注释德尔图良，*de Anima*, 27 (Amsterdam, 1947), pp. 342 ff. 关于奥利金自己的观点，见 *Comm. in Cant. Cantic.* 2 (VIII, pp. 146f, ed. Baehrens); *in Ep. ad Tit.* (vol. V, p. 291 Lomm.); *de Princ.* I, Praef. 5; *ibid.* I, 3, 3. 在最后一段里他说："通观圣经，有许多话都表明，宇宙是由上帝创造的，没有哪种实体不是从他接受存在；这就驳斥并消解了有些人所教导的错误理论，即有一种质料与上帝同为永恒，或者有非生的灵魂，上帝在这些灵魂里面植的与其说是存在原则，还不如说是它们生命的性质和等级。"(Butterworth 译本) 进一步见 F. J. Dolger, *Antike und Christentum*, IV (1933), pp. 28 ff。

一个身体转向另一身体,是否与它们的身体同时被造,人死后它们是否还存活。对于这些人,我们原也可以嘲笑他们,而不是把他们看作可敬人士,相信他们真诚地献身于对真理的寻求。我们也完全可以诽谤他们,说他们全是世俗生活的肮脏角落里的虫子,因为他们没有认识到自己的局限性,却对宏大话题说三道四,似乎自己能明白这些话题,而且他们还真的认为自己已经找到了难题的正确答案,不知道若没有至高的启示和神圣权能,这些问题是不可能理解的。因为"除了人里头的灵,谁知道人的事?像这样,除了上帝的灵,也没有人知道上帝的事"①。然而,我们没有发疯,所以,我们不会将有渊博知识的人(我是在通常意义上使用"知识"这个词),不是沉溺于普通人的世俗事务,而是致力于探索真理的人,比作蜿蜒爬行的虫子。我们坦率地承认,有些希腊哲学家确实知道上帝,因为"上帝已经向他们显明"。但他们虽然知道上帝,却不"当作上帝荣耀他,也不感谢他。他们的思念变为虚妄,自称为聪明,反成了愚拙;将不能朽坏之上帝的荣耀变为偶像,仿佛必朽坏的人和飞禽、走兽、昆虫的样式"。②

31. 然后,塞尔修斯为了表明犹太人和基督徒不比他上面提到的动物更好,就说:"犹太人是逃离埃及的逃亡奴隶;他们从未做过有意义的事,也从来不曾有什么重要性和杰出的地方。"③我们前面已经说过,他们既不是逃亡的奴隶,也不是埃及人;他们虽然住在埃及,却是希伯来人。④如果他认为他能根据"希腊人中找不到关于他们历史的任何东

---

① 《哥林多前书》2:11。
② 《罗马书》1:19, 21—23。
③ 这是常见的反犹太(anti-Semitic)观点:Apion ap. Josephus, *c. Ap.* II, 12, 135; Apllonius Molon, *ibid.* II, 14, 148。短语"οὔτ' ἐν λόγῳ οὔτ' ἐν ἀριθμῷ"暗指这样的故事:麦加拉学派(Megarians)求问神谕,谁是希腊最重要的人。结果被告知,他们甚至根本不算什么。参 Theocritus, XIV, 48; Callimachus, *Epigr.* 25; Philo, *de Praem. Et Poen.* 111; Plutarch, *Mor.* 682F; Julian, 249D; Agathias in *Anth. Pal.* V, 279; Iamblichus, *V. P.* 259; Libanius, *Orat.* XXXI, 27。亚历山大的克莱门(*Strom.* VII, 110)错误地认为神谕里的话指的是塞奥格尼斯(Theognis)。
④ 参第三卷,第五节至第八节。

西",证明他们从来不具有任何重要性或杰出之处,那么我们要说,如果有人仔细研究他们立法之初的早期社会,就会发现他们是显明天上生活在地上的影儿的人。① 他们只认至高上帝,不会认他者为上帝,凡制造形象的,谁也没有国民资格。他们的社会中没有画像或造像的人,因为律法把这类人排除在外,② 免得为制造偶像提供什么机会,掌控无知的人,把他们的心眼从上帝那里拖到地上。他们中间有这样一条律法规定:"唯恐你们败坏自己,雕刻偶像,仿佛什么男像女像,或地上走兽的像,或空中飞鸟的像。或地上爬物的像,或地底下水中鱼的像。"③ 律法的本意是要求他们在一切事上都要拥有本像,不要造出与本像不同的东西,不要歪曲真实的男人、真实的女人、兽的本性、鸟的类别、爬行动物及鱼的本性。他们的律法也是深刻而富有意义的:"又恐怕你向天举目观看,见耶和华你的神为天下万民所摆列的日、月、星,就是天上的万象,自己便被勾引敬拜侍奉它。"④

　　这就是整个民族的生活方式,他们中间甚至不可能出现带着女子气的人。另外,妓女会引发年轻男子的情欲,所以被他们从社会中驱逐出去,⑤ 这也是令人敬佩的。此外,法庭是由最公义的人组成的,有证据表明他们一直以来都过着良善生活。⑥ 这些人也担当审判的职责,因为他们纯洁的品质超越了人性,一种传统的犹太习惯就把他们称为"神" ⑦。你还可以看到整个民族都在学习哲学;为了有闲暇时间来聆听神圣律法,他们规定了安息日和其他节日。我又何须提到他们祭司的任命,献祭的规定呢?那里面包含着无数象征意义,唯有那些学识渊博的人才能

---

① 参《希伯来书》10:1。
② 类似的有 Philo, *de Gigantibus*, 59。
③ 《申命记》4:16—18。
④ 《申命记》11:19(见和合本 4:19。——中译者注)。
⑤ 《申命记》23:1, 17。
⑥ 《出埃及记》18:21—22;《申命记》1:15。
⑦ 参《诗篇》81:1(和合本为 82:1。——中译者注);《出埃及记》22:28。

解释。

32. 然而，人性里没有什么东西是持久的，就是那样的社会也必然要渐渐改变、消亡。神意改变他们高贵理论中那些需要改变的方面，以便能适应于世界各地的人，又把耶稣高贵的信仰赐给各地相信他的人。耶稣不仅富有智力，还有神圣荣耀，推翻了关于地上鬼魔的教义，那些鬼魔只会沉溺于乳香、牲血和燔祭飘上来的香气里享乐，① 把人从真上帝的教义里拉离出来，就像神话学里的提坦或巨人们那样。耶稣对他们的阴谋不屑一顾（因为他们的阴谋特别针对善人），制定了律法，叫那些按着它们生活的人蒙福，完全无须用祭去取悦鬼魔。这些人就完全鄙视鬼魔，知道上帝的道能帮助那些仰望上帝的人。② 因为上帝希望耶稣的话在人们中间得胜，鬼魔就变得软弱无力，尽管他们想尽办法，企图阻止基督徒的存在和扩展。他们怂恿皇帝、元老，各地的当局，甚至平民，那些没有认清鬼魔非理性的邪恶活动的人，反对福音以及相信福音的人。但是魔高一尺，道高一丈，上帝的道胜过一切鬼魔，它虽然受到阻挡，却把这阻挡化作提升自己的营养，结果，它变得更精湛，也赢得了更多人的心。③ 这乃是上帝的旨意。

这番话纵使有点离题，我想仍是必要的。因为我们想要驳斥塞尔修斯论断犹太人的话"他们是逃离埃及的逃亡奴隶"，说上帝所爱的人"从未做过重要的事"。此外，对于他说的"他们不具备任何重要性或杰出之处"，我们回答说，他们原本是"被拣选的族类，有君尊的祭司"④，所以远离大众，避免与民众接触，免得他们的道德规范受到破坏，而且他们有神圣权能的庇护。他们既不像大多数人那样有吞并邻国的野心，也不是完全孤立无援，不至于因其微不足道而被人轻易吞并，最终完全毁

---

① 参第三卷，第二十八节。
② 可能想起了在第三卷，第六十二节里塞尔修斯的话。
③ 参 Tertullian, *Apol.* 50 "semen est sanguis Christianorum"（种子乃是基督徒的血液）。
④ 《彼得前书》2:9。

灭。他们有上帝的庇护，只要他们的行为相称，这种庇护就不会终止。但是当整个民族犯罪，需要借着苦难归信上帝的时候，他们就被抛弃，有时历时很长，有时历时短暂，直到归在罗马人之下，因为他们犯了最大的罪，杀死了耶稣，于是就被彻底抛弃了。

33. 然后塞尔修斯攻击摩西的第一卷书《创世记》，说"他们恬不知耻地把自己的族谱追溯到巫师和骗子的第一代子孙，祈求粗俗、模糊、晦暗不明的话语来作见证，对无知而愚昧的人歪曲解释它们，尽管事实上整个漫长的历史中根本不曾阐述过这样的思想①。"在我看来，他这些话表述的意思非常模糊。当然，这个话题上的模糊性很可能与他的目的适应，因为他知道证明犹太民族出于古老的祖先的证据非常有说服力。另一方面，他不想显得对犹太人及其族谱一无所知，那原本就不是可轻易略过的。无论如何，很显然，犹太人将自己的族谱追溯到三位祖先：亚伯拉罕、以撒和雅各。他们的名字一旦与上帝的名连在一起，就变得强大无比，以至于"亚伯拉罕的上帝，以撒的上帝，雅各的上帝"这样的公式，不仅为犹太人在向上帝祷告时使用，驱赶鬼魔时使用，几乎所有施魔法念咒语的人都使用。 在魔术故事中常常可以看到用这个公式祈求上帝，在赶鬼的咒语中，上帝的名也与这些人的名紧密相连，一起使用。我想，犹太人和基督徒为证明犹太民族的祖先亚伯拉罕、以撒、雅各是圣人而引证的这些论据，塞尔修斯不会全然不知，只是他没有把自己的意思表述清楚，因为他无法反驳这样的观点。

34. 我们向所有使用这种祈求上帝的咒语的人发问：先生，请告诉我，阿伯拉罕是谁，以撒是怎样的伟人，雅各拥有什么大能，当"上帝"的名与他们的名连在一起时，能产生这样的神迹？你们是从

---

① 在最后一个短语里奥利金缩略了塞尔修斯的话。在第四卷，第三十五节以下有完整的引用，意思就比较清晰了。

谁或者能从谁那里了解这些人？是谁记载了他们的历史，不论因这些人神奇的能力而直接赞美他们，还是向那些能够领会伟大而神奇的真理的人提供隐秘的线索？无论何时回答我们的问题，没有人能证明哪种历史是这些人的故事的源头，不论是希腊人的，还是化外人的。尽管没有历史，但至少有些神秘的记载，我们就提出称为《创世记》的书卷，它记载了这些人的作为，以及上帝对他们所说的圣言。我们说：你们使用这个民族的这三位祖先的名，如经验所表明的，一旦求告他们的名，就产生相当可观的异能，这不就表明了这些人的神圣品质吗？我们就是从犹太人的圣书，而不是从其他地方接受关于他们的传说的。此外，"以色列的上帝"，"希伯来人的上帝"，"把埃及王和埃及人淹没在红海的上帝"①，这些惯用语常常用来对付鬼魔或某些恶势力。我们从希伯来人那里了解这些惯用语里提到的事件的历史，对这些名字的解释，因为他们在自己的传统书卷和语言中表达了对这些事的自豪，以及对它们的解释。这样说来，犹太人努力"将自己的族谱追溯到"那些塞尔修斯臆想为"巫师和骗子"的人的"第一代子孙"，将自己的起源上溯到这些人，他们的名字因是希伯来名字，从而见证希伯来人是与他们相关的一个民族。他们的圣书都是用希伯来语和字母写成的，这有什么可"羞耻"的呢？何况，直到今天，犹太人的名字都属于希伯来语言，或者是从圣经里来的，或者一般地出于在希伯来语里显示出清晰含义的词汇。

35. 请读过塞尔修斯作品的读者想一想，他以下的话是否暗示了这一点。他说："他们把自己的族谱追溯到巫师和骗子的第一代子孙，祈求粗俗、模糊、晦暗不明的话语来作见证。"这些名字可能是模糊的，许多话也没有提示和启示的知识加以解释，但在我们看来，它们不是含糊不

---

① 关于异教莎草纸卷轴中求告"希伯来人的耶和华上帝"的符咒，参 Preisendanz, *Pap. Gr. Mag.* 22B 18。犹太人对巫术著作的影响是很强的。 见 W. L. Knox, "Jewish Liturgical Exorcism", in *Harv. Theol. Rev.* XXXI (1938), pp. 191-203； *idem, St Paul and the Church of the Gentiles* (1939), pp. 208 ff。

清的，即使它们常被在我们信仰之外的人这样使用。但不知什么原因，塞尔修斯把它们搁在一边，对所谓的模糊的词没有举出任何例子。他若是想要对这族谱——他认为犹太人使用这样的族谱，夸口亚伯拉罕和他的后裔，是十分"可耻"的——作出真诚的驳斥，就当对这个问题作出充分的论述，首先提出他认为令人信服的观点，然后基于他认为的真理和围绕它的论证对相关观点作出合理的驳斥。然而，无论是塞尔修斯，还是别的讨论行异能时所用之名字的本质问题的人，都不可能对这些问题作出准确的阐述，也不可能证明这些人不值得注意。要知道，唯有他们的名字具有这样的能力，不仅在他们自己的民族如此，就是在其他民族中也不例外。

他应当解释我们如何向"无知、愚昧的人"歪曲解释这些名字，"蒙骗"——如他所认为的——那些听我们讲话的人，而他自己——这个夸口既不是无知的，也不是愚昧的人——如何对它们作出真正的解释。在他对这些名字——犹太人把自己的血统追溯到这些名字——所说的话中，他指出虽然"在过去漫长的历史中不曾有人对这些名字主张权利，如今犹太人在回应某些人（他没有具体说明是谁）时却声称他们是自己的祖先"。任何人，只要能够，都可以提出相反的主张，甚至提出似是而非的证据，证明犹太人和基督徒关于所提到的这些人名的观点是错误的，其他人提出了最明智也最真实的关于他们的故事。然而，我们相信，他们不可能这样做，因为毫无疑问，这些名字是从希伯来语来的，唯有在犹太人中才能找到。

36. 然后，塞尔修斯从圣经之外引用故事，讲到"自称古老的民族，比如雅典人、埃及人、阿卡迪亚人（Arcadians）、弗里吉亚人（Phrygians），说他们中有人是从泥土里出生的，每个都能对这样的话提出证据"。① 他说："犹太人在巴勒斯坦的某个角落里卑躬屈膝，完全未受过教育，从未听到过这些久远之前赫西奥德和其他成千上万受灵感动的人用诗歌吟唱的事。他们编撰出一个完全不可能、且粗俗不堪的故事，说上帝用双手造出一个男人，再吹给他气息，从他肋旁取出肋骨造出女人；上帝立下诫命，有蛇违背诫命，甚至似乎战胜了上帝的规定②——一个向老妇人讲的故事，对上帝毫无敬虔，一开始就把他变成一个软弱者，甚至不能使自己所造的人信服。"学识渊博的塞尔修斯指责犹太人和基督徒无知，缺乏教养，他在这些话里清楚地表明他对希腊的和化外的每位著作家的了解是如何准确。他真的以为"赫西奥德"和他称为"受灵启示的其他成千上万的人"早于摩西及其作品。要知道，摩西被证明是生活在特洛伊战争还远未爆发的时代。③ 因而，不是犹太人"编撰了一个完全不可能且粗俗不堪的故事"，说人出于泥土，而是塞尔修斯所说的"受灵启示"的人、赫西奥德以及他所说的"其他成千上万的人"，他们从来不知道或从未说过巴勒坦斯所发现的古老得多也神圣得多的传统，却写了古代人的故事：比如《妇女目录》(Eoiae) 和神谱 (Theogonies) ④，说他们出生于诸神，还有其他成千上万的荒诞故事。[柏拉图把荷马和那些编写这类诗歌的人逐出他的理想国是非常正确的，因为他们坑害年轻人。⑤] 柏拉图显然不认为留下诸如此类的诗歌的这些人是"受灵启示"的。不过，伊壁鸠鲁主义者塞尔修斯，如果他就是写了

---

① 关于最初的人生于泥土的观念，参在第一卷，第三十七节奥利金引用的斯多葛学派的观点。许多族类都自称是地球上最古老的民族。参 Cicero, *de Rep.* III, 15, 25（阿卡迪亚人、雅典人）；Dio Chrys. LXIV, 12（雅典人）；Strabo, VIII, 1, 2, p. 333（雅典人）；*idem*, VIII, 8, 1, p. 388（阿卡迪亚人）；Diodorus Sic. I, 9, 3（埃及人）；Pausanias, II, 14, 4（雅典人）；Clem. Al. *Protr.* VI, 4（弗里吉亚人、阿卡迪亚人、埃及人）；the Naassene in Hippolytus, *Ref.* V, 7, 3；Censorinus, *de Die Nat.* IV, 11；Aelius Aristides, *Orat.* 23 (42), 26 (Keil, II, 38)；Cosmas Hieros, *ad Carm. S. Greg. Theol.* IX, 131 (*P. G.* XXXVIII, 477)；Lucian, *Philops.* 3.
② 《创世记》2:21 以下。
③ 参第四卷，第二十一节。
④ 这是赫西奥德作品的名称。这一短语可能是插入正文的一种注释。
⑤ 《理想国》，379C, D。Wifstrand 认为这个句子是个旁注，破坏了正文的连贯性。

另外两部反对基督徒的著作的人,那就是比柏拉图更胜任的评判者,虽然他很可能只是为了攻击我们而称他们为受灵启示,事实上并不认为他们真的是受灵启示的。

37. 他指责我们引入"上帝用手造了男人"这样的观念。但是《创世记》里没有提到上帝的手,论到人的被造时没说,论到他造人时也没说。是约伯和大卫说"你的手创造我,造就我的四肢百体"①。在这点上我们要详尽解释,表明说这话的人指的是什么意思,不仅解释创造和造就的区别,还要解释上帝的手。人若是不理解圣经里这样的话以及类似的说法,就会以为我们把至高上帝描述为具有人体一样的样式。在他们看来,我们必是认为,上帝有带翼的身体,若按字面意思理解,圣经里也是这样说他的。②但我们目前的任务不要求我们解释这些事,我们已经在注释《创世记》时,尽我们所能首先对这些问题作了思考。

再请看塞尔修斯以下的话,可见他是个多么可恶的人。我们的圣经论到人的形成,说:"耶和华上帝将生气吹在他脸上,他就成了有灵的活人。"③但他一如既往地想要可恶地嘲笑"他将生气吹在他脸上"的话。事实上,他甚至没有理解这话的意思,就写道"他们编出故事说人是由上帝用手造出来,再得生气的",叫人以为"得生气"的意思就如同皮肤充气膨胀,从而嘲笑"他将生气吹在他脸上"这种观念。事实上,这话是从比喻意义上说的,需要作出解释,表明上帝把他不朽的灵分给人,如经上的话所说的"你不朽的灵在万物之中"。④

38. 因为他的目标是攻击圣经,所以接下来他又嘲笑"耶和华上帝使他沉睡,他就睡了;于是取下他的一条肋骨,又把肉合起来。耶和华上

---

① 《约伯记》10:8;《诗篇》118:73(和合本为119:73。——中译者注)。
② 参《出埃及记》19:4 等等。
③ 《创世记》2:7(与中文和合本翻译略有不同。——中译者注)。
④ 《所罗门智训》12 章 1 节。

帝就用那人身上所取的肋骨造成一个女人"①等等经文。但他没有引用另一段话,唯有听了那段话才能明白,这话是要从比喻意义上理解的。事实上,他想要找借口伪称这样的故事不是比喻,但在他接下来的话里他又说"比较通情达理的犹太人和基督徒对这些事感到羞耻,力图多少按寓意去解释它们"②。你的"受灵启示"的赫西奥德以神话形式讲述的关于女人的故事,比如讲到宙斯把女人看作邪恶赐给人类,作为盗火的代价,是否应当从比喻意义上解释?那你为何认为上帝从恍惚入睡的男人身上取下肋骨造出女人的故事里却完全不包含更深刻的隐秘含义?

显然,对前者不当作神话传说加以嘲笑,反而敬仰它所包含的哲学真理,而对圣经故事,却讥笑嘲讽,认为它们毫无价值,这样讨论问题是不公正的,你的判断只基于字面意思。如果我们只是按照字面意义来批判用隐秘的迹象表示的事物,那请想一想,是不是赫西奥德的故事更应受到嘲笑,虽然他是受灵启示的人,如你所说的。以下就是他写的故事③:

但宙斯聚集云层,恼怒地对伊阿珀托斯(Iapetus)的儿子,机智过人的普罗米修斯说:你以机智胜过了我,偷取了火,你很开心,但将有一场大瘟疫降到你自己和人们头上。作为火的代价,我要给人降下一样恶事物,他们全都会满心欢喜地接纳,却不知拥抱的是他们自己的毁灭。人类和诸神之父说到这里,就命令有名的赫菲斯托斯赶快抓把泥土混合水,放进人的声音和力量,造出一个甜美可爱的少女形状,脸像不朽的诸神;命令雅典娜教她刺绣和编织各种织物;命令金色的阿芙洛狄特在她头上施以优雅、令人痛苦的渴望和令肢体疲惫的焦虑。他责成赫耳墨斯,就是阿耳戈斯

---

① 《创世记》2:21—22。
② 参第四卷,第八十九节;第一卷,第十七节;第四卷,第四十八节至第五十节。
③ Hesiod, Op. 53-82. 以上译本是 *Loeb Classical Library* 的 Evelyn-White 本,措辞做了修改。

(Argus)的向导和杀手,把无耻的心灵和善骗的本性放入她里面。他这样命令。他们全都服从主宙斯,克洛诺斯之子。有名的跛足神立即用泥土造出一个端庄的少女,如克洛诺斯的儿子所设想的样子。眼睛明亮的女神雅典娜给她束带穿衣,神圣的美惠三女神和威严的佩斯威西翁(Persuasion)给她挂上黄金项链,一头浓发的时序女神在她头上戴上春花。雅典娜用各种精美装饰点缀她的形体。阿耳戈斯的向导和杀手还按照宙斯雷鸣般发出的旨意,设计出各种谎言、巧妙的话语和蒙骗的本性放在她里面,诸神的使者再把口才放在她嘴里。他把这个女人叫做潘多拉(Pandora),因为住在奥林匹斯山上的每位神都给她一种天赐,是吃粮之男人的一大瘟疫。

关于缸的这段话也显然是荒唐可笑的[①]:

> 这之前,人类部落住在地上偏僻的地方,没有忧愁,无需劳作,不生重病,全然没有命运三女神降给人间的这些不幸;因为人在不幸中会迅速变老。但女人用双手揭开那个缸的大盖子,把所有这些东西以及她的引起忧愁和伤害的念头全撒向男人。唯有希望(Hope)仍然留在那里,在大缸的废墟下面一个牢不可破的避难所里,没有从门里飞出来;因为在她还未放飞之前,缸盖挡住了她。

若有人对这些句子作出深奥的寓意解释,不论他的解释成功与否,我们都要对他说:难道只允许希腊人在隐秘之处寻找哲学真理,还有埃及人,以及其他以奥秘及其包含的真理为豪的化外人这样做?你是否认为犹太人,他们的立法者,他们文献的作者,都是所有人中最愚蠢的,认为唯有这个民族完全不分有上帝的权能,尽管他早就得到最好的教育,

---

① Hesiod, Op. 90-98。

要上升到非造的上帝，只仰望他，把盼望完全寄托于他？

39. 塞尔修斯还取笑蛇的故事，说它违背上帝给人的命令，认为这如同那些讲给老妇人听的传说。他故意没有说上帝的乐园，也不说经上如何记载上帝"在东方的伊甸"立了这个园子，然后"使各样的树从地里长出来，可以悦人的眼目，其上的果子好作食物。园子当中又有生命树和分别善恶的树"①。他没有提到关于这些事的记载，而这记载本身就能够引导有善心的读者明白，所有这些事都具有某种重要的寓意。那么，就让我们来比较一下柏拉图《会饮篇》里苏格拉底谈论厄洛斯（Eros）所说的话吧。这段话归于苏格拉底名下，是因为他比《会饮篇》里参与谈论厄洛斯的其他所有人都重要。以下就是柏拉图的话②：

当阿芙洛狄特诞生的时候，诸神举行宴会，出席的有智谋女神墨提斯（Metis）的儿子波鲁斯（Porus）。他们宴饮结束时，匮乏神佩尼亚（Penia）见有宴席就前来行乞，站在门口。波鲁斯因多喝了几杯琼浆（因为那时还没有酒），就走进宙斯的花园，昏昏沉沉地睡着了。佩尼亚由于贫乏，就想出一个计划，要与波鲁斯生个孩子；于是她就和他睡在一起，怀上了厄洛斯。由此厄洛斯成了阿芙洛狄特的随从和仆人，因为他是在她生日那天投的胎，还生性爱美，而阿芙洛狄特是很美的。爱神厄洛斯因为是丰饶神波鲁斯和匮乏神佩尼亚的儿子，所以注定要处于这样的境遇中：首先，他永远是贫乏的，远没有大多数人所以为的那样文雅和俊美，反倒是粗鲁、不修边幅的，赤着脚，无家可归，总是睡在露天地上，无遮无盖，在人家门口、大街上栖身，生来和他母亲一样永远伴随着贫困。但是另一方面，他也像他父亲一样追求美的东西和好的东西，勇敢豪爽，

---

① 《创世记》2:8—9。
② 《会饮篇》203B-E（中译文参考了王太庆译的《柏拉图对话集》，商务印书馆，2004年1月。——中译者注）。

精力充沛，是一个很能干的猎人，总在设计各种谋略，热爱知识，足智多谋，终身追求智慧，一个技艺精湛的魔法师、毒药配制者和诡辩家。他不像不死的神灵，也不像会死的凡夫，在同一天内，他一会儿繁荣滋长——只要条件适宜，一会儿枯萎凋谢，但借着他父亲的本性能死而复生。他得来的东西总是在不断地流失，所以厄洛斯总是既不穷，也不富。他也总是处于智慧与无知之间。

如果读者仿效塞尔修斯的恶意（没有基督徒会这样做），就会嘲笑神话，奚落像柏拉图这样的伟人。但他们若是能从哲学意义上考察柏拉图以神话形式表达的故事，从而找出他想说的含义，那么就会对他深感敬佩，他出于对人众的考虑，把他看为伟大的真理隐藏在神话里面，但对那些知道如何从神话挖掘出作者所意指的真正含义的人，则说必须说的话。我引用柏拉图的这则神话，是因为他提到"宙斯的花园"，这似乎与上帝的乐园有相似之处，而佩尼亚如同圣经里的蛇，佩尼亚设计的对象波鲁斯就像是蛇阴谋对付的人。我们不是很清楚，柏拉图恰好与这些事合上是出于偶然，还是如有些人认为的，在他访问埃及时甚至遇到那些从哲学上解释犹太人传统的人，向他们学到了一些思想，有些他吸收了，有些稍稍作了改变，因为他得当心，免得原封不动地保留源于犹太人智慧的理论，而冒犯了希腊人。因为犹太人当时因其奇怪的律法和独特的社会而受到大众的指责。当然，现在不是解释柏拉图神话的时候，也不是解释蛇、上帝的乐园，以及圣经里所记载的园子里所发生的一切事的时候。我们在《创世记》注释里已经尽我们所能，把它们作为主要问题作了讨论。

40. 他声称摩西的叙述"极其不敬地"表现上帝，"一开始就把他变为一个软弱者，连他自己造出来的那个人也不能令其信服"，对此，我们要回答说，他的话完全如同某个反对邪恶存在的人说，因为上帝无法阻止人犯罪，甚至阻止一个人也做不到，所以根本找不到有人从起初就没有犯罪经历的。①正如在这个问题上,那些有意捍卫神意论的人会详尽陈述自己的正当理由,提出强有力的论证;同样,亚当及其犯罪的故事也被那些人从哲学层次上解释,因为他们知道亚当在希腊语里的意思是"anthropos"(人),看起来摩西是在说亚当,其实他是在说人的本性。比如,圣经里说:"在亚当里众人都死了","因亚当的过犯",众人都被定罪。②这里圣道说这话,与其说是对一个人说的,不如说是就整个人类说的。此外,后面的话③看起来是指个人,但亚当的咒诅要由所有人共同担当。同样,对夏娃所宣告的咒诅,没有哪个女人不适用。与女人一起被赶出伊甸园的男人穿着"皮子做的衣服"④,这是上帝为那些因人类的过犯而犯了罪的人做的,包含某种神秘而奥妙的意思,比柏拉图关于灵魂下降的理论高明,柏拉图说,灵魂失去了双翼,下坠到这里,"直到找到某个坚固的安息之地"⑤。

41. 他接着说:"然后他们讲到洪水和容纳一切的巨大方舟,鸽子和乌鸦是信使。这是丢卡利翁故事的低劣而无耻的版本。⑥我想他们并不指望这个故事为众人所知,完全是向小孩子讲述的神话。"这里也可见这个人对犹太人极其古老的圣经心怀毫无道理的恨恶。其实他对洪水的故事说不出反对的话,他甚至不知道对方舟和它的尺寸能说什么诽谤的话。如果我们按照大众的观点,接受方舟长三百肘尺,宽五十肘尺,高三十肘尺的说法,那么就不可能主张说,它的空间能容纳地上所有的活

---

① 参第四卷,第三节。
② 《哥林多前书》15:22,《罗马书》5:14(参18节——中译者注)。
③ 即《创世记》3:17—19 所列的咒诅。
④ 《创世记》3:21。诺斯替主义把皮做的衣服解释为身体;参 Cassianus 引自 Clem. Al., *Strom*. III, 95, 2; Irenaenus, I, 5, 5 (Harvey, I, 50); Tertullian, *de Resurr. Carnis*, 7; Clem. Al., *Exc. Theod*. LV, 1。Methodius, *de Resurr*. I, 4, 2; I, 23, 3 认为这是奥利金的观点。但在 *Sel. In Gen*. (vol. VIII, p. 58 Lomm.) 奥利金说,这是可能的,却绝不是确定无疑的。他的学生,尼撒的格列高利把它解释为人的体格状态的一种恶化;参 K. Holl, *Amphilochius von Ikonium* (1904), p. 202。
⑤ 柏拉图《斐德鲁篇》246B, C;参 VI,第四十三节。
⑥ 关于挪亚就是丢卡利翁,参第四卷,第十一节;Philo, *de Praem. et Poen*. 23;Justin, *Apol*. II, 7, 2;Theophilus, *ad Autol*. III, 19。

物，洁净的每种十四个，不洁净的每种四个。塞尔修斯只是说它"巨大，能容纳一切"。但是它怎么个"巨大"法？经上说这个方舟的建造用了一百年时间。它的底部长三百肘尺，宽五十肘尺，然后一点点向上收缩，直到顶部，高度是三十肘尺，最后在顶端留一肘尺见方的透光处。这样一个类似于巨大城市的建筑，我们怎能不敬佩呢？我们只要算一下方舟的大小，就会得出这样的结论：它的底部有九万肘尺长，二千五百肘尺宽①。按计划，这方舟要造得坚固耐用，能够抵挡如此大的洪水所带来的风暴，我们能不敬佩这样的设计吗？而且，它的里外不是用树脂（pitch）或诸如此类的东西涂抹，而是用密封防水的松香涂抹。每一种活物的幸存者都按上帝的神意被带进方舟，好叫地上重新拥有各种活物的种子，上帝还使用了一位最公义的人，使之成为洪水过后出生的一切生命的父亲。这难道不令人惊异吗？

42. 塞尔修斯为了表示自己读过《创世记》，故意提到鸽子的故事，但他无法说任何话来证明关于鸽子的记载是杜撰的。然后，如他一贯所做的，把圣经里的话转变为某种可笑的东西，把 RAVEN 变成 CROW，并且认为摩西写这个故事，只是提供了希腊人中盛行的"丢卡利翁故事的低劣而无耻的版本"——他或许认为此书不是摩西所作，而是几个作

---

① 方舟的大小不合适，这一难题是马西昂的学生 Apelles 提出来的（参第五卷，第五十四节）。奥利金在 Hom. In Gen. II, 2 里引用了他的观点；这段话的希腊文本保存在 Catenae 和 Procopius of Gaza 里（见柏林文集里的 Baehrens 版本，VI, pp. 23 ff）。在那里，奥利金回答说，他曾从一个博学的犹太人处得知，肘尺应当理解为几何学上的肘尺，这样算出来的大小应当是，底部面积为 90000 × 2500 肘尺，高为 900 肘尺。"一个全面接受过埃及智慧的教育，尤其在几何学方面有造诣，并且是在王宫里长大的人，若没有认识到，如果 300 肘尺长，50 肘尺宽，30 肘尺高指的是通常的度量，那很可能连容纳四只大象以及它们要吃的一年饲料，都是不可能的。而上帝吩咐的是，把所有不洁活物的一公一母都带上方舟，这岂不十分荒唐可笑？"

不过，拉丁本里有一个句子，是希腊残篇里所没有的（Baehrens, p. 29）："Apud geometras enim secundum eam rationem quae apud eos virtus vocatur, ex solido et quadrato vel in sex cubitos unus deputatur, si generaliter, vel in trecentos, si minutatim deducatur."（大意是：在几何学家看来，根据他们称为第二权能的计算法，一个正方体的 1 肘尺，如果从整体看，相当于 6 肘尺，如果单独看，相当于 300 肘尺。）按几何学家的看法，1 肘尺等于 600 或 300 肘尺，这样的说法与希腊残篇里的记载不吻合。但它使奥古斯丁的话[Quaest. in Hept. I, 4（Migne, P. L. XXXIV, 549）; de Civ. Dei, XV, 27]有了依据。奥古斯丁说，在奥利金看来，方舟的尺寸应当按几何学上的肘尺算，一肘尺等于 6 个常规肘尺。

者合写的，因为他说"他们提供了丢卡利翁故事的低劣而无耻的版本"，又说"我想他们并不指望这个故事为众人所知"。然而，给整个民族写下作品的人，怎么可能不指望它们"为众人所知"呢？事实上，他们甚至预言这种信仰将传到万邦的民中。当耶稣对犹太人说："上帝的国必从你们夺去，赐给那能结果子的百姓"①时，他的目标岂不是，借着神圣权能，他能阐明那包含着上帝国之奥秘的整部犹太圣经，叫众人知晓？所以，当人们读希腊人的神谱，十二神的故事，就通过寓言解释使它们成为神圣的。当然，他们若是想嘲笑我们的历史故事，就说它们"完全是给小孩子讲述的"。

43. 他还说："父母年老色衰时还怀胎生子，是完全荒唐的。"他虽然没有明确说明，但很显然指的是亚伯拉罕和撒拉的故事。②他还拒斥"兄弟间的阴谋"，或者指该隐设计害亚伯，或者也包括以扫与雅各的故事。③他提到"父亲的悲伤"，可能指以撒对雅各的离去感到悲伤，也可能指雅各因约瑟被卖到埃及感到的悲伤。④当他写到"母亲的奸诈阴险"时，我想他是指利百加设计让以撒的祝福给予雅各，而不是以扫。⑤我们若说"上帝与这些人建立了最亲密的关系"，我们所说的有何"荒唐"之处？因为我们相信，他的神性永远不会离弃这些献身于他，过着良善而健康生活的人。他嘲笑雅各在拉班那里所得的财产，因为他不明白"未有标记的羊归拉班，有标记的羊归雅各"⑥这话所指的是什么。他说，"上帝把驴、羊和骆驼作礼品送给众子"。他不明白"他们遭遇这些事都要作为鉴戒，并且写在经上，正是警戒我们这末世的人"⑦。在我们看

---

① 《马太福音》21:43。
② 《创世记》21:1—7。
③ 《创世记》4:8，25:29—34；27:18—29。
④ 《创世记》28:1—5；37:33—35。
⑤ 《创世记》27:5—17。
⑥ 《创世记》30:42（见和合本译文"瘦弱的就归拉班，肥壮的就归雅各"。——中译者注）。
⑦ 《哥林多前书》10:11。

来，不同的国家①变成有标记的，服在上帝的道之下，因为他们已经作为一种财产归给他，就是比喻意义上的雅各。圣经里关于拉班和雅各的故事，意指那些相信上帝的外邦人。

44. 当他说"上帝还把井赐给口渴的人"②时，未领会圣经的意思。他没有注意到，义人是不建造蓄水池的，他们只挖井，③努力寻找有丰富营养的里面的源泉和源头④，因为他们已经得到命令——也必须从寓意解释——说："你要喝自己池中的水，饮自己井里的活水。你的泉源岂可涨溢在外？你的河水岂可流在街上？惟独归你一人，不可与外人同用。"⑤在许多段落里，道都利用关于实际事件的记载来阐述更深的真理，通过暗示表明出来。这类故事有井、婚姻、义人与不同女人的交合。关于这些，我们可以在更适当的时候，专门解释这些观点时，尝试作出某种阐释。井是由义人在非利士人（Philistines）的地上挖出的，如《创世记》所记载的，从阿斯卡龙（Ascalon）所看到的奇异的井可以证明这一点，这些井与其他井相比，其建构上非常奇特、非同寻常，所以值得注意。⑥

并非我们教导"雀鸟和侍女"要寓意解释，我们乃是从我们之前的智慧人接受这一点的。其中之一在敦促听者理解比喻含义时，说过："你们这愿意在律法以下的人，请告诉我，你们岂没有听见律法吗？因为律法上记着，亚伯拉罕有两个儿子：一个是使女生的，一个是自主之妇人

---

① 可能暗示《诗篇》第二篇第 8 节。奥利金很可能将这个故事与好牧人联系起来，好牧人能得到的羊，不是自己羊群里的羊，也就是外邦信徒。
② 参《创世记》16:14；21:19；26:22。
③ 奥利金采纳斐洛在 de Fuga et Inventione, 200 中的观点，不义者不会像智慧的亚伯拉罕和雅各那样挖井，只会建那些必须从外面供水的蓄水池。
④ 措辞出于柏拉图，《斐德鲁篇》243D。
⑤ 《箴言》5:15—17。
⑥ 安提阿的 Eustathius (*de Engastrim*. 21, p. 48 Klostermann) 指责奥利金把亚伯拉罕挖的井作寓意解释，"但直至今天，仍然可以看到那地上挖出来的井。"关于阿斯卡龙的井，参 Eusebius, *Onomasticon* (p. 168. ed. Klostermann)。在记载公元 570 年去圣地朝圣时，作者论到非利士国，说"这些地方有亚伯拉罕和雅各挖出来的井。"他接着说："我们继续向前到了阿斯卡龙。有一个口径更大的平安井，形状就像剧场，人可以沿着台阶下到水面。"[text in P. Geyer, *Itinera Hierosolymitana* (C. S. E. L. 39), p. 180] 参 William of Tyre (12 世纪) in Migne, *P. L.* CCI, 697A。

生的。然而那使女所生的,是按着血气生的;那自主之妇人所生的,是凭着应许生的。这都是比方,那两个妇人就是两约。一约是出于西奈山,生子为奴,乃是夏甲。"稍后又说:"那在上的耶路撒冷是自主的,她是我们的母。"① 凡是愿意读读《加拉太书》的人,都会知道如何在比喻意义上解释关于婚姻和与使女交合的故事。因为道不是要我们仿效那些在身体上行这些事的人,像通常人所理解的那样,而是要效仿他们灵性上的行为,如同耶稣的使徒通常称呼它们的那样。

45. 塞尔修斯原本应当赞赏圣经作者们的真诚,因为他们甚至没有隐瞒羞耻的事,也应当心悦诚服,进而认为其他更惊人的故事也不是捏造的,然而他刚好相反。关于罗得和他女儿的故事,他既没有考察其通常的意义,也没有分析它神秘的意义,就说这故事"比堤厄斯提亚(Thyestia)的罪更邪恶"。不过,现在没有必要讨论这段话的寓意,解释所多玛意指什么,天使的话是什么意思——他们对出逃的人说:"不可回头看,也不可在平原站住,要往山上逃跑,免得你被剿灭"②,解释罗得意指什么,他那因为朝后看了一眼,就变成盐柱的妻子意指什么,他的女儿指什么人,为何使她们的父亲喝醉,好从他得子做母亲。不过,我们还是稍作解释,使故事的可耻方面的特点减少一点。希腊人考察行为的性质,把行为分为善的、恶的、不善不恶的。对这个问题深有研究的人认为,决定一个行为是善是恶的标准是动机。③ 他们还声称,严格地讲,凡是没有动机所成就的行为都是不善不恶的,行为正当,动机就是可赞美的,否则,就是该指责的。因而,论到不善不恶的事,他们说,严格地讲,与自己的女儿交合是道德上不善不恶的事,但是在文明社会我们不可做这样的事。为讨论起见,为表明这样的行为是道德中立的,他们假设,这位智慧人孤身一人,唯有女儿与他一起,整个人类的其他人全都毁灭了。于

---

① 《加拉太书》4:21—24, 26。
② 《创世记》19:17。
③ 关于这一斯多葛学派理论,参 Epictetus, *Diss.* III, 10, 18; Clem. Al., *Strom.* IV, 113, 6; II, 66, 1。

是他们问，如果父亲为避免整个人类从此终结而与女儿交合，就如这里所提到的例子，那么是否可以说这是符合道德原则的呢？

由重要的斯多葛学派倡导的希腊人的这一观点是否正确？假设年轻的姑娘们听说过世界大火，但对此没有清晰的观念。然而她们看到人类唯一的命脉，就在于她们的父亲和她们自己身上。在这样的前提下，她们希望世界能够继续存在。① 那么请问：她们难道比斯多葛学派所举的例子里的智慧人——当所有人都已毁灭的时候，他与自己的女儿交合，丝毫不算违背道德原则——卑劣吗？我知道，有些人对罗得的女儿们的欲望感到恼怒，因而认为她们的行为是不敬的，说，可咒诅的两族人，摩押人和亚扪人，就是从这种非法的交合中诞生的。② 确实，圣经里找不到有话明确地赞同这种行为，表明他们做得正当；但也没有话指责批评它。然而，这一事件必须真正理解，它是包含某种比喻含义的，当然，在某种程度上，我们也可以按照现在这样的回答为它辩护。

46. 塞尔修斯反对"恨恶"，我想，指的是以扫对雅各的恨恶。③ 圣经认为以扫是个恶人。另外，他没有清楚地引用故事，就批判西缅和利未的故事——他们因妹子所受的玷污，在她受到示剑王的儿子的强暴后就前去报复。④ 他说到"弟兄的交易"，意指雅各的儿子们，说到"一个弟兄被卖"，指约瑟，"蒙骗的父亲"，指雅各，当他的儿子们拿约瑟的彩衣给他看，他毫不怀疑，相信他们的话，以为约瑟死了，悲恸不已，其实他在埃及为奴。⑤ 看看塞尔修斯从历史中收集这些点滴的方式是多么缺乏哲理，又充满敌意。只要他认为能从故事中找到指责的缝隙，他就引用。但凡显示感人的自制的地方，比如约瑟没有顺从他女主人的情

---

① 奥利金依循斐洛 *Quaest. in Genes.* IV, 56, 爱任纽的长老, IV, 31, 2 (Harvey, II, 252-253)。奥利金在 *Hom. In Gen.* V, 4-5 里的寓意解释拒斥爱任纽的长老在 Iren. IV, 32, 1 里的解释方法。
② 参《创世记》19:37—38。
③ 《创世记》27:41—45。
④ 《创世记》34:2, 25—31。
⑤ 《创世记》37:26—36。

欲,不论她恳求也好,威胁也好,这样的故事① 塞尔修斯甚至提都不提。他若引用了这故事,我们就能看到,约瑟远远比所记载的柏勒洛丰(Bellerophon)的行为更高贵,② 因为他宁愿被投入监牢,也不愿失去自己的节制。事实上,他完全可以为自己辩护,对指控他的女人提出反诉,但他高贵地保持沉默,把自己的申诉交给上帝。

47. 然后,为结构完整起见,塞尔修斯非常模糊地提到法老的酒政和膳长做的"梦",以及"对它们的解释",结果,法老把约瑟从监牢里提出来,委以埃及人中仅次于法老的第二权威。③ 这故事即便是从字面意义上理解,又有何荒唐之处,他竟把它作为他指控的一部分?(因为他虽然给自己的书冠以《真教义》之名,书中却没有任何肯定性的理论,唯有对犹太人和基督徒的批判指责。)他说,"这个被卖的人,当卖他的哥哥们遭遇饥荒,受差牵着驴子来做买卖时,对他们甚是友好"④,但塞尔修斯没有具体引用他对他们做了什么。他还提到约瑟"使自己闻名的时间",不过,我不知道他这样做的意图,也不知他从约瑟使自己闻名这一事实中提出什么谬论。我们完全可以说,就是莫摩斯(Momus),⑤ 也不可能拿什么理由来指责这个故事,因为这个故事除了包含寓意之外,还有好几个吸引人的特点。他说,约瑟,"这个被卖身作奴的人,得了释放,带着庄严的队伍浩浩荡荡回到他父亲的墓地"⑥。他认为这故事包含拒斥的理由,于是说:"犹太人在埃及时已经变得人数众多,由于他(显然指约瑟),这个显赫而奇异的民族奉命住在某个偏远之地,在那毫无价值的土地上放牧他们的牛羊。"他之所以添加"他们奉命在那毫无

---

① 《创世记》39:7—12。
② 荷马,《伊利亚特》VI, 155—195。柏勒洛丰杀了人,逃到阿耳戈斯(Argos)王那里,王后爱上了他。但他拒绝她的求爱,于是她就向丈夫指控他勾引她。
③ 《创世记》40—41 章。
④ 《创世记》40—44 章。
⑤ 莫摩斯:批判天才。参柏拉图,《理想国》487A; Lucian, *Hist. Conscr.* 33。
⑥ 《创世记》50:4—14。

价值的土地上放牧他们的牛羊",乃是出于他恶意的目的。但他没有指出埃及人的家乡歌珊地①有哪一方面是毫无价值的。他把百姓离开埃及的行为称为"逃离",但根本没有提到《出埃及记》里记载的希伯来人离开埃及地的情节。我们引用这些例子,以表明塞尔修斯以指责和嘲弄的口气所说的这些事中,没有一件看起来是该受批评的,即使从字面解释来看,也如此。事实上,他并没有提出任何论证表明,我们的圣经在他看来有什么错误之处。

48. 然后,他说:"比较有理智的犹太人和基督徒就按寓意解释这些事"②,似乎他唯一的目标就是恨恶、敌视犹太人和基督徒的教义。他声称"因为他们对这些事感到羞耻,就找比喻当庇护"。我们可以对他说,如果有哪个神话传说因其字面含义被认为可耻,不论它是隐含着深层解释,还是其他意义,那还有哪些故事比希腊人的那些故事更该被认为是可耻的呢?在他们的故事里,神子阉割他们的神父;做神的父亲吞噬自己的神子;做神的母亲把石头代替儿子交给众人和众神之父;父亲与自己的女儿交媾;妻子捆绑自己的丈夫,还请被绑者的兄弟和女儿帮她一起捆。③我又何必列举希腊人那些关于诸神之残暴的故事,就是按寓意解释,它们也是非常可耻的。无论如何,索利的克里西普(Chrysippus of Soli)——人们认为他的许多有智慧的论述为斯多葛学派增光添彩——曾在一处论到萨摩斯(Samos)的一幅画的含义,这幅画的内容是赫拉与宙斯在行难以启齿的淫秽之事。这位可敬的哲学家在他的论述中说,质料从上帝接受了生产原则,为宇宙的秩序在自身里包含它们。因

---

① 《创世记》47:1—5。
② 参第一卷,第十七节;第四卷,第三十八节。
③ 参第一卷,第二十五节。克洛诺斯阉割乌拉诺斯(Ouranos)(Hesiod, *Theogony*, 164-182)并吞噬了宙斯(同上,453—467)。盖娅(Gaia)把一块石头而不是孩子给克洛诺斯吞吃(同上,481—491)。宙斯强暴珀耳塞福涅,这是俄耳甫斯传说 [见 H. J. Rose, *Handbook of Greek Mythology* (1928), p.51]。赫拉、波塞冬和雅典娜设计捆绑宙斯(荷马,《伊利亚特》I, 400)。参 Lucian, *Philops.* 2。

为在萨摩斯的那幅画里，质料就是赫拉，上帝就是宙斯。① 正是因为有这样的神话以及成千上万诸如此类的故事，所以我们不愿意把至高上帝称为宙斯，甚至不愿使用这一名字，或者称太阳为阿波罗，月亮为阿耳忒弥斯。相反，我们对造主奉行纯洁的敬虔，赞美他所创造的美好事物，甚至不用污秽的名称来玷污属上帝的事物。我们赞同柏拉图在《斐利布篇》（Philebus）所说的一句话，他不承认快乐就是神，说："普罗塔库，我对诸神的名字是非常尊敬的。"② 同样，我们对上帝的名和他所创造的美好事物的名怀有真正的敬意，所以我们不会接受任何即使从寓意理解也会伤害年轻人的神话。③

49. 如果塞尔修斯能毫无偏见地研究圣经，就不会说我们的书卷"不能按寓意解释"。预言里记载的是历史事件，但我们可以从并非历史才有的方式认识到，作者在记载历史故事时，考虑到了某种比喻意义，所以对叙述作了精妙的安排，使它们既完全适合广大单纯的信徒，也适合极少数有愿望或有能力以智慧考察问题的人。如果那些按寓意解释圣经的犹太人和基督徒，在塞尔修斯看来是"有理智的"，只是到了我们这个时代才有，那么可以认为塞尔修斯说的话还有点合理性。但是，既然教义的创立者本人和圣书的作者都按寓意解释这些故事，那我们岂不只能认为，这些故事的记载原本就是为了叫人从比喻意义上理解的？

这样的例子不胜枚举，我们可以引用几个，以表明当塞尔修斯说圣经不能按寓意解释时，是在徒劳无益地诋毁圣经。耶稣的使徒保罗说："就如摩西的律法记着说，'牛在场上踹谷的时候，不可笼住它的嘴。'难

---

① 对克里西普解释的批评也出现在 Diog. Laert., VII, 187 - 188; Theophilus, *ad Autol*, III, 8; *Clem. Hom.*, V, 18. cf. Dio Chrys. XXXVI, 55 (Celsus in VI, 42)。关于宙斯和赫拉的神圣婚姻，参 A. B. Cook, *Zeus*, III, pp. 1027ff。 安提阿的居普良（Cyprian of Antioch）在承认自己是法术师时，把宙斯和赫拉的婚姻解释为以太与空气的结合。参 M. P. Nilsson, "Greek Mysteries in the Confession of St. Cyprian of Antioch", in *H. T. R.* XI (1947), pp. 167ff。 再参 Doxopater, *Hom. In Aphthon.* II, 151 Walz。
② 《斐利布篇》12B, C, 已经在第一卷，第二十五节引用。
③ 正是因为它们有害于年轻人，柏拉图才把荷马和诗人全都赶出他的理想国（377—378）。

道上帝所挂念的是牛吗？不全是为我们说的吗？分明是为我们说的。因为耕种的当存着指望去耕种；打场的也当存得粮的指望去打场。"① 在另一处，还是这位使徒说："为这个缘故，人要离开父母，与妻子结合，二人成为一体。这是极大的奥秘，但我是指着基督和教会说的。"② 又在另一段里说："我们知道，我们的祖宗从前都在云下，都从海中经过，都在云里、海里受洗归了摩西。"③ 然后他解释吗哪以及所记载的从磐石上神奇地流出来水的故事，说了以下的话："并且都吃了一样的灵食，也都喝了一样的灵水；所喝的是出于随着他们的灵磐石，那磐石就是基督。"④ 亚萨指出，《出埃及记》和《民数记》里的故事全是"谜语"和"比喻"，如《诗篇》里所记载的。当他准备讲这些故事时，在叙述之前这样作序说："我的民哪，你们要留心听我的训诲，侧耳听我口中的话。我要开口说比喻，我要说出古时的谜语。是我们所听见、所知道的，也是我们的祖宗告诉我们的。"⑤

50. 此外，倘若摩西律法里不包含任何隐秘含义需要寓意解释的话，先知就不会在向上帝的祷告中说："求你开我的眼睛，使我看出你律法中的奇妙。"⑥ 显然，他知道有一块无知的帕子蒙在那些读经文但不明白其中的比喻含义的人心上。⑦ 这帕子因上帝的恩赐揭去，他就看到人能凭自己的能力行一切事，用自己的心窍分辨好歹⑧，又在祷告中不停地说"求你开我的眼睛，使我看出你律法中的奇妙"。当我们读到埃及河中有一条大鱼，河中的鱼都贴住它的鳞甲，读到埃及人的群山都要布满法

---

① 《哥林多前书》9:9—10。
② 《以弗所书》5:31—32。
③ 《哥林多前书》10:1—2。
④ 《哥林多前书》10:3—4。
⑤ 《诗篇》77:1—3（和合本为78:1—3。——中译者注）。
⑥ 《诗篇》118:18（和合本为119:18。——中译者注）。
⑦ 参《哥林多后书》3:13—16。
⑧ 参《希伯来书》5:14。

老的粪便时，岂不是立即就认为要查明，以自己如此肮脏的粪便布满埃及人的群山的人，究竟是谁，埃及人的群山是指什么意思，埃及的江河，法老刚刚还在夸口说"这河是我的，是我为自己造的"①，又是什么意思，与对江河所作出的解释相对应，应当如何理解大鱼和贴紧它鳞甲的鱼？其实这些问题根本无须证明，我又何必详尽争辩呢？关于这些事，经上有话说："谁是智慧人，可以明白这些事；谁是通达人，可以知道这一切？"②

我斗胆展开这番论述，只想表明塞尔修斯所说的话是不对的，"比较明智的犹太人和基督徒想方设法按寓意解释这些事，但它们无法按这种方法解释，反显得是非常愚蠢的谎言。"事实上，倒不如说，希腊人的传说不仅是"非常愚蠢的"，而且极其不敬。因为我们的圣经记载下来要完全适合广大单纯的信徒，而那些编造希腊人的虚假故事的人，根本不考虑这样的因素。因此柏拉图禁止有这种特点的神话和诗歌进入他的理想国，并非完全出于恶意。③

51. 在我看来，他似乎也听说过，有些论述包含着律法的比喻。但他若真的读过，就不会说："无论如何，它们中所记载的比喻远比神话可耻、荒谬，因为它们关联的是一些令人吃惊的，完全没有意义的愚蠢观念，无论怎样都不可能解释得通的思想。"他这话显然是指斐洛的作品，甚至更早的，比如亚里斯托布鲁斯（Aristobulus）的作品。④但是我敢说，塞尔修斯没有读过这些书，因为我想，他们在许多地方都非常成

---

① 《以西结书》29：3；32：6。
② 《何西阿书》14：9。
③ 《理想国》379C, D。柏拉图因傲慢地把荷马排除在外，受到 Dionysius of Halicarnassus 的批判，*Ep. ad Pomp.* 756 （ed. Roberts, p. 94）。
④ 亚里斯托布鲁斯是爱母者托勒密（Ptolemy Philometor）的老师（参 II Macc, I, 10），归于他名下的作品被亚历山大的克莱门（*Strom.* V, 97, 7）和优西比乌（*P. E.* VIII, 10；XIII, 12）引用。它们的主题是完全从比喻意义上理解的神人同形同性论，似乎是讲亚里士多德和漫步学派受旧约圣经启示得来的，亚里斯托布鲁斯的作品没有保存下来。这篇作品是否亚里斯托布鲁斯本人的真实作品，仍是个有争议的问题。但有理由认为，这是犹太人伪造的作品，就像亚里斯泰斯的书信一样，并且写作日期早于斐洛。

功,甚至希腊哲学家都被他们所说的折服。他们不仅有吸引人的风格,还利用圣经里的"神话"(如塞尔修斯所认为的)讨论思想和教义。我也知道,毕达哥拉斯主义者努梅纽(Numenius)① 对柏拉图作出非常巧妙的阐释,这个主张毕达哥拉斯主义理论的人,在自己作品的许多段落里都引用了摩西和先知书,对它们作出并非不可能的寓意解释,比如在冠以"Hoopoe"(Epops,戴胜鸟)的书里,在"论数"以及"论处所"里都有。在"论至善"第三卷里,他甚至引用了一个耶稣故事,虽然没有提到他的名字,还作了寓意解释。至于他的解释是否成功,我们换个时间可以讨论。他还引用摩西、雅尼和佯庇的故事。② 倒不是说这是我们引以为傲的资源,而是说我们赞同他,因为他比塞尔修斯和其他希腊人更有心考察我们的经书,甚至以学者风格考察,从而认为它们是必须按寓意解释而且完全不是愚蠢的书卷。

52. 然后,他从包含比喻、经过艺术处理、以文学风格写成的所有经书中挑选了一篇毫无意义的作品,虽然可能对单纯民众的信心有些帮助,却肯定不可能给比较聪明的人留下什么印象,说:"我知道一篇这样的作品,是某个帕庇斯库斯(Papiscus)和雅松(Jason)的一则对话,③连嘲笑也不配,倒不如说该同情和憎恶。驳斥这种无聊之作不是我的职责,因为我想,每个人都看得明白,尤其是有耐心和忍耐,充分注意现行经书的人。至于我,宁愿教导自然的秩序,说上帝没有造出必死之

---

① *Frag.* XXIV Thedinga;*frag.* 19 Leemans.
② 优西比乌保存了这段话(*P. E.* IX, 8, 411D):"然后有雅尼和佯庇,埃及的圣文士,被认为在法术上不比任何人逊色的人,当犹太人被驱逐出埃及的时候还在世。事实上,这两人是埃及民众选出来反对犹太人的首领墨沙乌斯(Musaeus)的,后者在向上帝祷告上有大能。百姓认为他们俩有能力阻止墨沙乌斯带给埃及的那些可怕瘟疫。"关于这个普林尼(Pliny, *N. H.* XXX, 11)和 Apuleius (*Apol.* 90)都知道的故事,见对《提摩太后书》3:8 的注释。
③ 这篇对话没有保存下来。克莱门显然认为它是路加所写(参 Stählin 版, III, p.199)。哲罗姆知道这篇对话。有个非洲人塞尔修斯,很可能是 3 世纪后期的人,编了一个拉丁本(Harnack, *Chronologie*, II, 391)。他的附信保存在居普良的附录里(ed. Hartel, III, pp. 119 ff)。根据认信者马克西姆(7 世纪),这篇对话是 Aristo of Pella 写的(参 Eus. *H. E.* IV, 6, 3)。见 Harnack, *Gesch. D. altchr. Litt.* I, I, 92-95;A. L. Williams, *Adversus Judaeos* (1935), pp. 28-30。

物。凡是不朽的存在者都是上帝的作品,而必死的存在者则是他们所造。①灵魂是上帝的作品,身体的本性则不是。事实上,在这方面,无论是蝙蝠,是虫子,是青蛙,还是人,其身体都没有什么分别。它们全是由同一种质料所造,全都同等地要朽坏。"然而,我真希望凡听了塞尔修斯这种灵巧的论断,说名为"雅松与帕庇斯库斯关于基督的对话"的书不值得嘲笑,倒值得恨恶的人,能拿出这本小书在手上,并且耐心、忍耐地阅读它的内容。这样他立即就会指责塞尔修斯,因为他会发现书中根本没有该恨恶的内容。人只要不带偏心地读它,就会发现此书甚至不会使他发笑。书中描写的是一个基督徒与一个犹太人争论犹太圣经,表明关于弥赛亚的预言与耶稣相吻合。犹太人反对这一论证时的回答至少不是粗俗的,也不是与犹太人的特点不相称的。

53. 不知出于什么原因,他把人的经验中相互矛盾、不可能同时出现的感情放在一起,说这卷书"该同情和憎恨"。每个人都会承认,一个人若得到同情,在作为同情对象的同时就不可能是憎恨对象;当他被人憎恨时,就不可能同时得到这个人的同情。然而,塞尔修斯说,"反驳这个"不是他的职责,因为他认为,即使没有提出任何合理的反驳,"每个人都很明白",它很糟糕,"该同情和憎恶"。但我们恳请读过我们为驳斥塞尔修斯的批判所写的答辩的读者拿出耐心,注意我们的书,运用他全部能力从经书里找出作者们的意图,以及他们的诚实和真挚。他必会看到为其所领受的事物热心奋战的人,其中有些表明他们要写的是自己亲眼所见的历史,他们认为那是奇异的,值得记载下来,以有益于将来的听众。谁若有胆,就让他主张每种益处的源泉和源头不在于相信宇宙之上帝,做一切事皆为了使他喜悦,甚至不愿有任何使他不悦的事,因为不仅话语和作为,就是意念也必受到他的审判。除了相信至高上帝必看见我们所说所做,甚至所想的一切这种信念之外,还有什么其他教义能

---

① 参柏拉图,《蒂迈欧篇》,69C,D。

对人类产生更大影响，使他们转而追求良善生活呢？我不相信有人能提出可与之相提并论的方法，既能改变又能提高人们，不是一个人，两个人，而是一大批人的道德层次，从而将两种方法比较，明白究竟哪种理论使人向善。

54. 我所引述的塞尔修斯的这一段落是从《蒂迈欧篇》中意译过来的，其中，他作了一些注释，大意是上帝没有造出任何必朽之物，唯有不朽之物，必朽之物是别人的作品。"灵魂是上帝的作品，身体的本性则不是。事实上，在这方面，无论是蝙蝠，是虫子，是青蛙，还是人，其身体没有什么分别。它们全是由同一种质料所造，全都同等地要朽坏。"我们就简单地讨论一下这个问题，表明或者他是假装不持有他的伊壁鸠鲁主义观点，或者如有人会说的，他经历了一次姗姗来迟的改善，甚至可以说，他只是伊壁鸠鲁的同名人。既然他提出的观点不仅与我们的矛盾，也与那并非无名的学派，芝诺的学生们相冲突，[①] 那么他就应当表明，动物的身体不是上帝的作品，它们错综复杂的构想不是源于至高的心灵。关于数量众多，品种繁多的植物，由一种内在固有的本性滋养，没有感知觉，造出来是要在宇宙中发挥重要作用，服务于人类以及为人所利用的动物，或者还可能作其他所用。无论如何，他都应当不仅声称他自己的观点，还应"教导"那在构成植物的质料中创造了大量性质的，[②] 为何不是完全的心灵。

他一旦认定诸神是一切身体的造主，就把大量受造物分配给许多神，唯有灵魂是上帝的作品，那么我们是否可以合乎逻辑地要求他提出一种有说服力的论证，解释一下各个神之间的不同，为何有些造出人的身体，有些造出比如家禽的身体，还有的造出野兽的身体？如果他认为诸神是龙、角蝰和蜥蜴的创造者，有的是各类昆虫的创造者，有的是各

[①] 参 S. V. F. II, 1152-1167。
[②] 参第四卷，第五十六节至第五十七节。

类动物和植物的创造者,那他就应当拿出理由来说明这种分工。因为他若是致力于对这一话题的精深研究,就可能保守这样的信念:独一的上帝是万物的造主,造每一事物都有确定的目标,出于明确的理由;他若没有保守这一信念,就应当知道他对以下这种批判要作出什么回答,即可破坏性(destructibility)本质上是一种不善不恶的中立东西;① 可以毫不困难地主张,虽然世界是由不同的元素构成的,却源于一位大工匠(Artificer),他为着整体的利益,建造了丰富多彩的样式。最后,如果他不打算提出论证支持他声称要"教导"的观点,就根本不应对如此复杂的话题提出任何论断——除非他这个批判别人接受简单信仰的人,② 自己却妄图使我们相信他的论断,尽管他声称他不是要论断,而是要"教导"这些论断。

55. 我还没有提到一个事实,如果他有"耐心和忍耐,充分注意",如他所说的,摩西五经和先知书,就应当思考为何"上帝创造(造出)"这个词用于天地和所谓的空气,也用于行星和其他星辰,然后用于大鱼和"水中所滋生各样有生命的动物,各从其类","各样飞鸟,各从其类",这些之后又造出地上的野兽,各从其类,地上一切昆虫,各从其类,最后造出人;但"他造出"这个词没有用于其他事物的产生。③ 在造光时,道只说"要有光"就够了,使天下的水聚在一处时,就说"事就这样成了"。同样,对于从地里长出来的东西,他只是说:"于是地发生了青草和结种子的菜蔬,各从其类;并结果子的树木,各从其类,果子都包着核。"他还会提出这样的问题:圣经里论到世界各个部分的创造时,上帝的命令是对哪个存在者或哪些存在者说的;④ 他不会鲁莽地指责关

---

① 斯多葛学派认为,世界定期地被火毁灭,因而可毁灭性必是一种道德上中立的东西。
② 参第一卷,第九节以下塞尔修斯的话。
③ 《创世记》1:1以下。
④ 参第二卷,第九节。奥利金说,这些命令是对逻各斯说的;*Ep. Barn.* V. 5;本书第六卷,第五十一节,塔提安的话。这一观点有益于驳斥拉比,他们认为上帝是在对自己说话,就像人常常自言自语一样(Justin, *Dial.* 62)。关于斐洛的观点,见 W. L. Knox, *St Paul and the Church of the Gentiles*, p. 83。

于这些事的记载是可笑的,没有任何神秘含义——不论它们是摩西写的,或者如我们会说的,由摩西里面的圣灵写的,这圣灵也启示他说预言。因为"他知道现在、将来和过去"①,胜过诗人们所说的那些知道这些事的预言家。

56. 此外,塞尔修斯还说:"灵魂是上帝的作品,身体的本性则不是。事实上,在这方面,无论是蝙蝠,是虫子,是青蛙,还是人,其身体没有什么分别。它们全是由同一种质料所造,全都同等地要朽坏。"对于他的这一观点,我反驳说,如果构成蝙蝠、虫子、青蛙和人的基础是同一种物质,那么这些身体彼此之间就没有什么分别,显然这些身体也与太阳、月亮、星辰、天空,或者任何其他希腊人称为可见的神的事物没有分别。②严格地讲,作为一切身体之基础的同一物质,是没有性质和形状的,③但我不知道塞尔修斯认为它是通过什么途径获得性质的,因为他必不会接受可朽之物是上帝所造的观点。按塞尔修斯自己的观点,任何事物的可朽部分,是由同一种基本质料构成的,必然是类似的。不过,若是那样,他就会因陷入困难,可能离开柏拉图,因为柏拉图认为灵魂源于一只碗,④而求助于亚里士多德和漫步学派,他们认为以太是不朽的,是由四大元素之外的第五种元素构成的。⑤反对这种理论的柏拉图主义者和斯多葛学派都完全立住了脚跟。⑥我们这些被塞尔修斯鄙视的人也将站稳脚跟,因为我们必须阐释并捍卫以下这段先知所说的话:"天地都要灭没,你却要长存;天地都要如外衣渐渐旧了。你要将天地如里衣更换,天地就都改变了。惟有你永不改变。"⑦关于塞尔修斯

---

① 荷马,《伊利亚特》,I, 70。
② 见第五卷,第十节。
③ 参第三卷,第四十一节。
④ 《蒂迈欧篇》41D, E。
⑤ 关于这一理论,见 W. Scott, *Hermetica*, III, pp. 39-41 收集的参考书目。
⑥ 关于柏拉图的反对观点,参 Atticus ap. Eus. *P. E.* XV, 7;关于斯多葛学派的反对观点,参 Zeno ap. Cicero, *Acad. Post.* I, 11, 39; *de Fin.* IV, 5, 12。
⑦ 《诗篇》101:26—28 (和合本为102:26—28。——中译者注)。

的"灵魂是上帝的作品，但身体的本性不同"的说法，反驳到这里就足够了。因为从他的观点可以推出，蝙蝠或虫子或青蛙的身体与以太这种质料没有任何分别。

57. 请想一想，一个人批评基督徒时提出这样的理论，我们是否应当接受，一种哲学解释身体的多样性时，提出假设说它们获得了不同的性质，我们是否应当抛弃这种哲学。因为我们知道，"有天上的形体，也有地上的形体"，天上形体的荣光是一样，地上形体的荣光又是一样；就是天上的形体，荣光也各不相同；日有日的荣光，星有星的荣光；就是在星辰里，"这星与那星的荣光也有分别"。因而，我们既相信死人复活，就论断不同身体的性质会发生变化，比如"所种的是必朽坏的，复活的是不朽坏的；所种的是羞辱的，复活的是荣耀的；所种的是软弱的，复活的是强壮的；所种的是血气的身体，复活的是灵性的身体"。① 我们接受神意存在的所有人都坚持认为，基础质料能够接受造主随己愿赐给它的性质。按着上帝的旨意，一种性质加到这一具体事物上，但后来它必获得另一种性质。我们可以说，那是一种更好、更高级的性质。

此外，由于世界从开端到终结，身体上的变化按照规定的各种方式变化，世界毁灭之后有可能出现一种新的不同的方式，我们的圣书称之为末了。② 所以，现在，"如流行观点所认为的，死人变成蛇，从脊椎的骨髓中生出来，③ 牛变成蜜蜂，马变成黄蜂，④ 驴变成甲虫，广而言之，大多数动物都变成了虫子"，没有什么稀奇的。但塞尔修斯认为，这支持他的观点，即这些东西没有一个是上帝的作品，借某种不知名的动力，从一种品质变为另一种品质的各种性质，都不是改变质料之性质的神圣逻各斯的作品。

---

① 参《哥林多前书》15:40—44。见上文第三卷，第四十一节。
② 参《马太福音》13:39；《希伯来书》9:26。
③ Ovid, *Metam.* XV. 389-390，Pliny, *N. H.* X, 188，Aelian, *N. A.* I, 51.
④ 描绘尸体腐烂变成蜜蜂的过程，见 Vergil, *Georg.* IV, 281 ff，Philo, *de Sp. Leg.* I, 291。

58. 对于塞尔修斯所说的"灵魂是上帝的作品,但身体的本性则不是",我们还有另一点要指出,即他抛出一番庞大的教义陈述,却没有提供任何证据,甚至没有界定自己的术语。因为他没有说清楚,每个灵魂都是上帝的作品,还是唯有理性灵魂是上帝的作品。于是我们对他说:如果每个灵魂都是上帝的作品,显然,这包括最卑微的非理性动物,所以,每个形体都有不同于灵魂的本性。事实上,后来他说"非理性动物"比我们"更为上帝所爱",有"更纯洁的神观"①。他似乎是说,不仅人的灵魂是上帝的作品,非理性动物的灵魂更是如此。从他所说的它们比我们更为上帝所爱的话可以推出这一点。但如果唯有理性灵魂是上帝的作品,我的第一点驳斥就是,他没有将这话说清楚。其次,从他在没有界定术语的情况下对灵魂所说的话可以推出,如果不是每个灵魂,只是理性灵魂才是上帝的作品,那就不能说,每个形体都有不同于灵魂本性的本性。既然每个形体的本性并非不同,每个动物的形体都与其灵魂相对应,那么显然,其灵魂属于上帝作品的事物的形体,应当比其灵魂不是上帝作品的事物的形体高级。因而,说蝙蝠、虫子、青蛙的形体无论哪一方面都与人的身体没有不同,这必是错误的。

59. 此外,若说形体之间没有任何分别,分别在于它们是居住于理性事物还是非理性事物,是更好的理性存在者,还是更恶的理性存在者,那么说某些石头和建筑因是为上帝的荣耀而建的就更纯洁,其他石头和建筑因用于最卑微而污浊的形体就更不洁,就是荒谬的。② 无论如何,假设有这样的一种分别,这已经使某些人走得更远,以至于把杰出人士的身体神化,因为他们接受了好的灵魂,而对极恶的人则拒斥或贬损。我并不是说这完全是正当的。它乃是源于一种具有一定正当性的观念。阿尼图斯(Anytus)和苏格拉底死后,哪个智慧人会像关注苏格拉底的

---

① 参下文第四卷,第八十八节。
② 参下文第五卷,第二十四节;Augustine, *de Cura pro Mortuis*, 5。

坟墓那样关注阿尼图斯的坟墓,能为两人建造同样的坟墓?我讲到这些是因为他说"这些全不是上帝的作品","这些"指的是人的身体,或者从人体变来的蛇的身体,还有牛的身体或者由牛的身体变来的蜂的身体,以及马的身体或者驴的身体,从马变来的黄蜂的身体,从驴变来的甲虫的身体。正是因为这些例子,我们不得不回到塞尔修斯的论断:"灵魂是上帝的作品,身体的本性则不是。"

60. 接下来他说:"我提到的所有形体都有一个共同的本性,经过许多形式的变化之后,又回到它原来的所是。"我对此驳斥说,从我前面所说的话可见,这一本性不仅是他所提到的形体所共同的,也是天上形体所有的。果真如此,那么显然,在塞尔修斯看来(我不知道这是否他真实的想法),"所有形体的单一本性通过各种形式的变化之后,再重新回到原来的所是。"在那些认为世界是可灭的人①看来,情形显然如此。而那些不认为世界可灭,不承认第五种实体的人,②必也同样努力表明,在他们看来,"所有形体的单一本性通过各种形式的变化之后,再重新回到原来的所是。"因而,就是那可灭的东西也在变化过程中保持不变;因为质料,就是作为可灭性质的基础的实体,在那些主张它是非造的人看来始终存在。然而,如果有论证能证明,它不是非造的,而是出于某种目标进入存在的,那么显然,它就不可能有始终不变的本性,只要假设它是非造的,就会如此。不过,我们现在既然在驳斥塞尔修斯的攻击,讨论世界的本性问题就不是我们的任务。

61. 他还说:"质料的产物没有一个是不朽坏的。"对此可以驳斥说,如果质料的产物无一是不朽坏的,那么或者整个世界是不朽坏的,因而它不是质料的一个产物;或者它是质料的产物,那么它就完全不是不朽之物。假设世界是不朽的,那些认为唯有灵魂是上帝的作品,认为它源

---

① 即斯多葛学派。
② 即柏拉图主义者。

于一个碗的人,①就主张这种观点,那就请塞尔修斯指明,世界不是源于没有任何性质的质料,以便与他所说的"质料的产物没有一个是不朽的"保持一致。然而,如果世界是质料的一个产物,它并非是不朽的,那么世界是否必朽,注定毁灭?它若注定要毁灭,就必然毁灭,尽管是上帝的作品,也不例外。那就请塞尔修斯告诉我们,灵魂,作为上帝的作品,在世界毁灭之时会做什么。不过,他若是滥用不朽这个概念,论断说它虽是有可能毁灭,但事实上没有毁灭,虽然能够死,但实际上没有死,所以是不朽的。那么显然,他必认为它是某种既可朽又不朽的东西,因为它既有朽坏的能力,也有不朽的能力。它虽然不死,但必是朽坏的。那本性上并非不朽的事物因某种特定的用法,也可以称为不朽,因为它事实上不会死。②这样说来,他要赋予他的话"质料的产物没有一个是不朽的"什么意思呢?你们看,他书里的概念一旦加以准确界定和缜密检查,就显得如此苍白无力,根本没有哪一个理论是无可辩驳、自圆其说的。

他接着说:"关于这个话题就说到这里。如果有人能够进一步领会和考察,就必获得那种知识。"③那就让我们这些在他看来"愚蠢"的人,看看凭我们的能力,哪怕只有一点点"领会"能力和"考察"能力,得出了什么样的结论。

---

① 柏拉图《蒂迈欧篇》41D, E。
② 这段话放在同时代的柏拉图主义争论如何理解《蒂迈欧篇》这一背景下,是可以理解的。正统的学园派从比喻意义上理解《蒂迈欧篇》,认为它不是描述世界的创造,而是论断世界虽然是永恒的,却是依赖于上帝的。2 世纪的中期柏拉图主义者阿尔比努斯(Albinus)和托洛斯(Taurus)主张这种观点。但另一学派的代表人物是普鲁塔克和阿提库斯(Atticus)则认为,《蒂迈欧篇》应当从字面意义上理解,它讲述世界是被造的,唯有借上帝的旨意才是永恒的;为此他们诉诸《蒂迈欧篇》41A。("我所造的事物都是不灭的,因为我愿意它们这样。")关于这次争论的记载,见 K. Praechter in P. -W. VA, 63ff. s. v. 'Tauros'; Hal Koch, *Pronoia und Paideusis*, p. 261。奥利金在 *de Princ*. II, 3, 6 里提到它。参第四卷,第七十九节;第六卷,第五十二节塞尔修斯的话。这术语是常用的:Aetius, *Placita*, II, 3, 1-2 (*Dox. Gr.* 330-331); Galen, *Hist. Phil*. 17 (同上, 609); Philo, *Q. R. D. H*. 246; *Decal*. 58; Irenaeus, II, 34, 2 (Havey, I, 382); Arnobius, II, 56; Augustine, *de Civ. Dei*, XI, 4; Alex. Aphrod. *Quaest*. I, 18. 也可见 Grant, *Miracle and Natural Law*, pp. 35 ff。
③ 参第七卷,第五十八节塞尔修斯的话。

62. 然后，他以为自己能以寥寥数语教导我们关于恶之本性的各种问题——这个话题是许多重要讨论的主题，引发了各种不同的回答——他说："在现存世界中，恶没有减少，也没有增加，过去，现在，将来莫不如此。"① 这似乎是他从《泰阿泰德篇》里意译过来的，柏拉图在其中记载，苏格拉底说："恶既不可能从人中间消灭，也不可能在诸神中找到一席之地"② 等等。我想他甚至没有准确理解柏拉图的意思，尽管他企图在这一段论述里把所有真理都囊括在内，并为他批判我们的书冠以《真教义》之名。要知道，《蒂迈欧篇》里论到"当诸神洁净大地"③ 的那段话表明，当地被水洁净之后，就比它未被洁净之前的世代里少一些邪恶。我们同意柏拉图的观点，认为恶有时候会少一些，因为《泰阿泰德篇》里的话说"恶不可能从人中间消灭"。

63. 虽然从他在此书的措辞可知，他是接受神意的，但我不知道他为何说，恶既不会变多，也不会变少，可以说是固定的，废除了那种认为恶和诸恶不是固定的，严格地说，是不确定的杰出理论。④ 如果恶不变多也不变少，过去如此，现在如此，将来也如此，那么似乎可以由此推出，正如有些人认为，世界是不灭的，神意使各元素相互制衡，不让任何一种占据支配地位，免得世界毁灭。⑤ 同样，可以说，神意决定了有多少种恶，它们不会变多，也不会变少。

另一方面，塞尔修斯关于恶的言论受到那些考察善恶问题的哲学家们的反驳。他们从历史表明，开始时是妓女受雇到城外那些戴着面罩的欲求者那里。后来他们轻蔑地摘掉面罩，但因为法律不允许他们进入城

---

① 参 Seneca, de Benef. I. 10; M Aurelius VII. I; Alexander Lycop. 12。
② 《泰阿泰德篇》176A。参第八卷，第五十五节塞尔修斯的话。
③ 《蒂迈欧篇》22D。
④ 参 Plotinus, I, 8, 9; 尼撒的 Gregory, de Hom. Opif. 21 (P. G. XLIV, 211B, C)。
⑤ 斯多葛学派的大火理论（参 VIII, 72）的批评者认为，四元素不断地相互转化，土变成水，水变成气，气变成火，如此循环不已，从而保持一种永恒的平衡。见 Philo, de Aetern. Mundi, 107—112; 116; Seneca, N. Q. III, 10, 3; III, 29, 5; Cicero, de Nat. Deor. II, 84—85; Plolinus, II, 1, 1; 尼撒的 Greg., c. Eunom. III, II, 142 (II. 93 Jaeger)。

里，所以他们仍住在外面。但随着悖逆日益增加，他们甚至胆敢进到城里来了。这是克里西普在他的"善恶之题的导论"里说的。有一个事实可以证明恶确实是有增有减，那就是所谓的"可疑的"男人[①]曾经是作娼的，屈从于那些来到他们面前的人的淫欲，为他们作出安排，满足他们的欲望；但后来政府当局把他们赶走了。数不胜数的淫邪从恶的洪水中进入人类生活，我们可以说，这些淫邪早先是不存在的。无论如何，最古老的历史，尽管对那些偏离正道的人提出难以计数的批评，但不知道有人犯过不堪启齿的极恶。

64. 根据这些及诸如此类的事实，塞尔修斯所谓的"恶永远不可能有增减"的言论岂不显得荒唐可笑？即使宇宙的本性是一且是同一的，恶的起源也不可能总是同样的。虽然某个人的本性是同一的，但就他的心灵，他的理性，他的行为来说，事情不可能总是同样的。有时候他可能有理性能力，但有时候理性被恶损害，而且不同的时候损害的程度有大有小，有多有少；有时候他可能转向高尚的生活，取得或多或少的进步，有时候到达了完全，通过或多或少的沉思把握了美德本身。一个人尚且如此，宇宙岂非更是如此，即便一般意义上它始终是同一的，然而其中发生的各种事件并非总是同样的，也不是同一类的。比如，时令并非总是生产时期，或总是饥荒时期，也并非总是下大雨或干旱。这样说来，善人的生活中并无注定的丰收或饥荒时期，恶人的数量也有增有减。事实上，对那些想要尽自己所能对各样事拥有最准确知识的人来说，一个不可避免的理论就是，恶在数量上并非总是保持同一，因为神意或者审视着地上的事，或者用洪水和大火洁净它们，[②]很可能不只是地上的事，而是包括整个宇宙的事，只要哪里的恶变多了，需要洁净，就发水放火来洁净。

[①] 即阉人，因为他们的性别是可疑的，故有此称法。
[②] H. von Arnim (*S. V. F.* II 1174) 认为奥利金这一节里在改编并引用克里西普的作品，就是他在 63 节所提到的作品。

65. 然后，塞尔修斯说："没有读过哲学的人要知道恶的起源是什么可不那么容易。不过，对于广大民众，只要告诉他们以下这些就够了：恶不是由上帝引起的，① 而是根植在质料里，居住在必死者中；② 必死者的生命阶段从开始到终结都是相似的，由于确定不变的循环，同样的事情总是重复发生，现在发生着，将来还要发生，这是不可避免的。"③ 塞尔修斯声称"没有读过哲学的人要知道恶的起源是什么可不那么容易"，似乎只要是哲学家，就能轻而易举地知道恶的起源，而不是哲学家的人，就不能轻易知道它们的起源，但是并非不可能知道，尽管要经过大量艰辛的工作。对此，我们的回答是，即使对读过哲学的人，要知道恶的起源也不是轻而易举的，很可能连这些人都不能完全知道，唯有靠上帝的启示才能清楚地表明恶是什么，表明它们是怎样产生的，叫人知道怎样才能把它们剔除。无论如何，不认识上帝也被列为恶之一，而最大的恶莫过于不知道如何敬拜上帝，如何对他敬虔，甚至连塞尔修斯也不得不承认，读过哲学的人中，有些对这一切完全一无所知，这从哲学上的不同派别可以看出来。但在我们看来，人若没有认识到，"在通常意义上遵守既定律法就是保有敬虔"这种想法就是一种恶，那谁也不可能知道恶的起源。人若是没有领会关于所谓的魔鬼及其天使的真相，他变为魔鬼之前是谁，他是如何变为魔鬼的，是什么导致他的所谓的天使与他一同悖逆，不知道这些就不可能知道恶的起源。凡想要知道这一点的，都必须准确地理解什么是鬼魔，要知道就他们是鬼魔来说，不是上帝的造物，只是某种理性存在者。他也必须明白他们是怎样渐渐变成这样，最终他们的心灵把他们放在鬼魔的位置上。所以，若说在人需要研究的那些话题中有哪个话题是令我们大为困惑的，那恶的起源问题就可算为一个了。

---

① 参柏拉图，《理想国》，379C。
② 柏拉图，《泰阿泰德篇》，176A。
③ 柏拉图，《政治家篇》269C-270A。参第四卷，第十一节；第八卷，第五十三节。

66. 然后，似乎他对恶的起源问题还有某些更神秘的事可说，只是因为他在谈论的是适合于大众的事，故而省略了。他说：关于恶的起源"只要告诉大众它们不是上帝引起的，而是根植在质料里，居住在必死者中①"就够了。没错，恶不是上帝引起的。因为根据我们的耶利米的书，显然"善恶并不出于我们的主耶和华之口"②。在我们看来，恶的罪魁祸首并不是"住在必死者里面的质料"③。每个人的心灵对存在于自己里面的恶负责，这就是恶的所是。恶就是源于心灵之恶的行为。我们认为，严格地讲，除此之外再没有别的恶了。然而，我知道这个问题需要详尽地讨论和论证，而这样的任务唯有借着上帝照亮心灵的恩典，上帝判断为配得关于这个话题之知识的人才能担当。

67. 我不知道塞尔修斯在写作反对我们时，为何认为抛出一个需要大量论据的观点，或者至多是似是而非的观点，就能够令人信服地表明"可朽的生命从开始到结束都是相似的，由于决定了的循环，同样的事总是重复发生，现在发生着，将来还要发生，这是不可避免的"。果真如此，自由意志就被毁灭了。因为既然"由于决定了的循环，同样的事总是重复发生，现在发生着，将来还要发生，这是不可避免的"，那么显然，同样不可避免的是，苏格拉底必定永远是个哲学家，被指控引入新的神祇，败坏年轻人；阿尼乌斯和梅勒图斯（Meletus）要永远指控他，阿勒奥帕古斯（Areopagus）的众议院必定投票通过对他的定罪，判他喝毒酒而死的判决。④因而根据那预定的循环，同样不可避免的是，法拉里（Phalaris）永远是个暴君，佩拉伊的亚历山大（Alexander of Pherae）

---

① 关于这种流行的二元论，是某些柏拉图主义者教导的，但他们并非真的相信，参 W. R. Inge, *The Philosophy of Plotinus*, I, pp. 148 f.
② 《耶利米哀歌》3:37（参和合本 38 节："祸福不都出于至高者的口吗？"似乎与文中意思大有出入。——中译者注）。
③ 参第三卷，第四十二节。
④ 这一论证中引用的例子非常常用，参第五卷，第二十节；Tatian, 3；Eusebius, *Theophan.* II, 21；Nemesius, *de Nat. Hom.* 38；Augustine, *de Civ. Dei*, XII, 13. 奥利金在 *de Princ.* II, 3, 4 里举出圣经的例子说明这一论点。

总是实施同样的暴行，那些判处喂法拉里公牛的人，就永远在公牛里面悲号。如果接受这样的观点，我就不知道自由意志还能怎样保守，赞美和谴责还能怎样合理地实施。对塞尔修斯的这种设想，我们要这样回答：如果"可朽的生命从开始到结束都是相似的"，"由于决定了的循环，同样的事总是重复发生，现在发生着，将来还要发生，这是不可避免的"，那么，根据预定的循环，摩西将永远与犹太百姓一起出埃及。耶稣将再次临到此世，将永远重复他已经做过的事，不只是重复一次，而是按照循环无穷无尽地重复下去。此外，在决定了的循环里，同样的人成为基督徒，塞尔修斯也必再次写他的书，即使他此前已经写过无数次了。

68. 塞尔修斯断言，唯有"必死的生命阶段"，才根据"决定了的循环"，不可避免地永远重复，现在如此，将来也同样如此。但是大多数斯多葛学派的人说，不仅必死生命阶段如此，不朽的生命以及他们视为神的那些生命也如此。① 通常宇宙大火发生之后，还将无数次地发生，万物从开端到终结的同种秩序不仅已经重复出现，而且还将继续出现。斯多葛学派试图对荒唐之处作此修正，于是说，在每次循环中，所有人必以某种不可知的方式难以与先前那些循环中的人分辨。为避免有人认为苏格拉底再次活过来，他们说，必有某个与苏格拉底难以区分的人，要娶某个与克珊西帕（Xanthippe）无法区分的人，必受到与阿尼图斯和梅勒图斯难以区分的人的指控。② 但是，既然世界上的万事万物不是完全相同，而是难以分辨，那我就不知道世界怎么可能总是相同的，相同的世界可不只是彼此难以分辨而已。不过，我们将在更适当的时候，在另外的地方重点讨论如何反驳塞尔修斯和斯多葛学派的话，因为目前这与我们这里要进一步讨论的直接目标不相干。

69. 然后，他说："也没有可见的世界给人，而是如我前面说过的，

---

① 斯多葛学派的神不被排除在"*ekpyrosis*"和"*diakosmesis*"过程之外。参 Philo, *de Aetern. Mundi*, 45—51。
② 参第五卷，第二十节；*de Princ.* II, 3, 4；Nemesius, *de Nat. Hom.* 38。

每个事物都按照彼此转化的过程为整体而生成、灭亡。"① 再花时间去反驳这种论断实属多余，因为我们已经尽我们所能这样做了。以下这话也已经给予驳斥："必死者中的善恶都不能有增加。"我们也讨论过"上帝没有必要再来一次更新"。此外，"上帝借洪水或大火洁净世界时，并非强迫世界改正，不像人因技艺拙劣，造了有缺陷的东西，要加以补正。"但是上帝这样做是为了阻止恶进一步蔓延。我想，他为有益于宇宙，甚至以某种有序的方式使它完全消失。至于是否有理由认为，恶消失之后又会产生，这样的问题将在主要讨论这一话题的那卷书里论述。② 所以，上帝总是希望借着"新的更新"，使不当之物成为良善之物。即便他在创造宇宙时，原本安排万事万物都非常完美，非常坚固，他仍然不得不为因罪得病的人以及被罪玷污了的整个世界提供某种治疗。事实上，上帝从未也不会忽视任何事物，他在每个季节都创造着在一个变化不居的世界里应当创造的各样事物。正如农夫③在地上种庄稼，按一年中不同时令做不同农活。同样，上帝也考虑整个世代，可以说，它们就如同年月。在每个时期，他都做其本身合乎宇宙之理的事，当然唯有上帝自己才能非常清楚地知道是什么样的事，也唯有他能成就这样的事，因为唯有他知道真理。

70. 塞尔修斯关于恶说了以下这段话："即使某事在你看来是恶的，也不能明确断定它就是真正的恶；因为你不知道什么东西对你、对别人、对宇宙是有益的。"这话显出一点谨慎；但他暗示恶的本性并非完全有害，因为有些事某个人认为是恶的，却可能对宇宙有益。④ 不过，为

---

① 第四卷，第五十七节和第六十节塞尔修斯的话。塞尔修斯采纳柏拉图《法律篇》903B-E 的观点。
② 参第八卷，第七十二节。
③ 关于上帝与农夫的比较，参 de Princ. III, 1, 14。
④ 这一观点引自斯多葛学派的神正论；参 Plutarch, Mor. 1050E, 1065B [亦见 P. Wendland, Philos Schrift uberdie Vorsehung (Berlin, 1892), p. 78 n. 2 列出的参考书目]。关于奥利金对它的使用，参 de Princ. II, 9, 2; Hom. In Jerem. XII, 5 "同样，上帝并非只关心一个人，乃是关心整个世界；他看护天上的事，也看护地上各处的事。所以，他注意对整个世界以及对存在的万事万物适宜的东西；他还尽可能留意对每个人有益的事，但要确保对个人有益的事不能导致对世界的损害。"

防止有人误解我的观点，从中找到犯罪的借口，说他的罪对整个世界有益，或者至少可能有益，我得说，上帝虽然保护各人的自由意志，利用坏人的恶为整体的秩序服务，使它们有益于宇宙；但这样的人，罪行一点也不减少。他被指定担当一种角色，对个人来说可憎，对整体来说有益，这不能作为免罪的借口。举一个城邦的例子，这就好比说，一个人犯了某些罪行，因此被判去做一些有益于共同体的工作，有人就说他是在做有益于整个城邦的事，尽管他本人所做的是令人厌恶的任务，他所处的位置，只要有一点点理智的人都不会羡慕。①

另外，耶稣的使徒保罗教导我们，就是最可恶的人也可能对整体的利益有所帮助，但就他们本人来说，所做的必是最可憎的事。而非常良善的人必对整体发挥最大的益处，并因其自身的原因担当最高贵的职责。他说："在大户人家，不但有金器银器，也有木器瓦器，有作为贵重的，有作为卑贱的。人若自洁，脱离卑贱的事，就必作贵重的器皿，成为圣洁，合乎主用，预备行各样的善事。"②我想，必须引用这段话才能驳斥塞尔修斯所说"即使某事在你看来是恶的，也不能明确断定它就是真正的恶；因为你不知道什么东西对你、对别人、对宇宙是有益的"。因为我希望能避免有人拿我在这个话题上所说的话作犯罪的借口，声称他的罪会对共同体有益处。

71. 然后，塞尔修斯因为不理解圣经里论到上帝的段落，所以嘲笑它们，似乎上帝有人的情感，因为经文里说有"愤怒的话"对不敬者说，"威吓"犯了罪的人。我回答说，正如当我们与小孩子讲话时，我们不会用所能用的最精致的语言来说，而是以与说话对象的软弱相适应的语言说，并做在我们看来有助于改变并纠正孩子的事。同样，上帝的逻各斯似乎对圣经作了安排，使用适应于听者的能力，并对他们有益的方式说

---

① 奥利金在 *Hom. In Num* XIV, 2 中用同样的例子说明同样的观点。
② 《提摩太后书》2:20—21。

话。事实上，在《申命记》里，上帝的这种说话方式非常普遍，比如"在你们的路上，耶和华你们的上帝容忍你们，就如人容忍自己的儿子一般"①。逻各斯这样说话，可以说，是因为他为人的利益取了人的特性。对大众来说，上帝之口所说的话，原本就是要对他们说的话，没有必要非得与他自己的真实本性对应不可。当然，人若有兴趣阐释圣经，如经上所说的，将属灵的话解释属灵的事，②就会发现对软弱者所说的话的含义，以及那些对智慧者所说的话的含义，对知道如何领会经文的人来说，这两种含义往往存在于同一句经文里。

72. 当我们论到上帝的愤怒时，我们不认为这是他的一种情绪上的反应，他只是借用这些情绪，以便用严厉的方式改正那些犯了许多可怕之罪的人。所谓的上帝的烈怒，他的忿怒，都有一种改正错误的目的，并且这是圣经的教义，这是很清楚的，《诗篇》6 篇有话说："耶和华啊，求你不要在怒中责备我，也不要在烈怒中惩罚我"③，耶利米有话说："耶和华啊，求你从宽惩治我，不要在你的怒中惩治我，恐怕使我归于无有。"④人若是读到《列王纪下》里描述的，上帝的烈怒如何催促大卫去数点百姓，在《历代志上》里记载魔鬼做了这事，⑤然后将段落相互比较，必会明白忿怒是为什么目的而定的。保罗说："我们本为可怒之子，和别人一样"⑥，他说的正是这种愤怒，所有人都是它的孩子。

从保罗的话里也可以清晰知道，上帝的烈怒不是一种情绪反映，而是各人因自己的罪引到自己身上的。保罗说："还是你藐视他丰富的恩慈、宽容、忍耐，不晓得他的恩慈是领你悔改呢？你竟任着你刚硬不悔改的心，

---

① 《申命记》1:31（参和合本经文"耶和华你们的上帝抚养你们，如同人抚养儿子一般"。——中译者注）。
② 《哥林多前书》2:13。
③ 《诗篇》6:2（和合本为6:1. ——中译者注）。
④ 《耶利米书》10:24。
⑤ 《撒母耳记下》(II Regn.) 24:1；《历代志上》21:1。
⑥ 《以弗所书》2:3。

为自己积蓄忿怒，以致上帝震怒，显他公义审判的日子来到。"① 如果把忿怒理解为一种情绪反映，各人怎么能"为自己积蓄忿怒，以致上帝震怒"呢？忿怒的情绪怎么可能是可改正的呢？另外，《诗篇》36 篇里有话教导我们完全不可发怒，说"当止住怒气，离弃忿怒"②，保罗也说："现在你们要弃绝这一切的事，以及恼恨、忿怒、恶毒、毁谤，并口中污秽的言语。"③ 忿怒若是指情绪，他就不会将他希望我们完全弃绝的情绪归于上帝本身。从关于上帝入睡的描述里也可以看出，关于上帝忿怒的话必须从寓意上解释。先知好像要把他从睡眠中叫醒似的，说："主啊，求你睡醒，为何尽睡呢？"又说："那时，主像世人睡醒，像勇士饮酒呼喊。"④ 倘若这里的睡眠意指别的事，而不是这个词的表面所指，那么为何不能以同样的方式理解忿怒呢？

此外，"威胁"只是对要发生在恶人身上的事的宣告。同样，如果一个医生对病人说"你若不按我的命令如此这般地规范自己的行为，我就把你砍了，用烙铁烧烙"⑤，你完全可以说这是威胁。因而我们不认为上帝有属人的情欲，也不主张对他的不敬看法。当我们根据圣经本身通过比较经文提出对他的解释，我们的做法没有错误。我们中那些努力对基督教作出明智阐释的人，其任务就是尽可能使我们的听众脱离愚昧，变得聪明。

73. 由于他不理解关于上帝忿怒的经文，所以他说："当某个人对犹太人忿怒时，他就毁灭他们的男女老少，烧毁他们的城市，于是他们就灭绝

---

① 《罗马书》2:4—5。关于奥利金所认为的忿怒是各人引到自己身上的观念，参 Hom. In Ezech. III, 7 "dues non facit poenas, sed ea quae patimur ipsi nobis praeparamus"; de Princ. II, 10, 4 "unusquisque peccatorum flammam sibi ipse proprii ignis accendat…" Iamblichus, de Myst. I, 13 解释说，诸神的忿怒不像有些人认为的，是一种根深蒂固的怒，而是由于我们偏离他们仁慈的关爱，导致黑暗临到自己头上，就同如正午时分我们把自己藏起来，从而使自己失去了诸神的美好恩赐。

② 《诗篇》36:8（和合本为 37:8。——中译者注）。

③ 《歌罗西书》3:8。

④ 《诗篇》43:24；77:65（和合本分别为 44:23 和 78:65。——中译者注）。

⑤ 参第二卷，第二十四节。关于借医生之口说的这句话，参 Hom. in Jerem. XX, 3。

了。而当至高上帝——如他们所说——忿怒、震怒,并差他儿子带来威胁时,他儿子却遭受这些耻辱,这岂不荒唐可笑吗?"若说犹太人在如此肆无忌惮地恶待耶稣之后,男女老少,全族毁灭,城市被火烧尽,那么他们之所以遭受这些事,完全在于他们为自己积蓄了忿怒。于是,上帝审判他们的日子就临到,那是上帝早就安排预定好的。这种审判在传统的希伯来用语里被称为"忿怒"。如果说至高上帝的儿子受苦,那是为了人的得救,是他甘愿忍受的,正如我们在前面已经尽我们所能表明的。①

此后,他说:"然而,这一讨论可能不只是局限于犹太人(那不是我的主题),而是关乎整个人性,如我所允诺的,②我会更清楚地表明刚刚说过的意思。"普通的读者,只要知道人性之软弱的,读到这些话,对一个允诺要阐释"整个人性"的家伙,傲慢到给自己的书冠以如此头衔的人,对他的令人恼怒的傲慢能不退避三舍吗?我们就来看看,他允诺要对整个人性展开的讨论是什么,他能清楚地表明什么。

74. 接着他就开始长篇大论地讨论,指责我们"论断上帝为人创造了万物"。他考察了动物史和它们所表现出的聪明,想以此表明"所造的一切既是为人造的,也同样是为非理性动物造的"③。在我看来,他说话更像这样一类人,他们因仇恨敌人,就在他们最好的朋友取得信誉的事上指控他们。因为在这个例子里,敌意蒙住人的眼睛,使他认识不到他们的攻击甚至指向了最好的朋友,却还以为是在攻击敌人。同样,塞尔修斯头脑发昏,不知道他的批判也指向斯多葛学派的哲学家。他们把人和一般的理性动物放在所有非理性动物之上,还说神意主要是为了理性造物的缘故,才造了万事万物,这是完全正确的。理性存在者是最初的事物,其价值如同出生的孩子;而非理性、无生命的事物其价值,如

---

① 参第一卷,第五十四节至第五十五节,第六十一节;第二卷,第十六节和第二十三节。
② 第四卷,第五十二节塞尔修斯的话。
③ 这个话题从这里开始讨论到本卷结束。关于背景和材料出处,见英译者在 *J. T. S.* XIVIII (1947) I. pp. 36f 的译述, MPohlenz. *Die Sloa* (1948) I. pp. 81ff 有精湛的讨论。

同与孩子一起出来的胎盘。① 另外,我想,正如在城里,那些掌管货摊和市场的人只关心人,尽管狗和其他非理性动物也分享多余的食物。同样,神意首先关照理性存在者,而非理性动物也分有为人所造的事物,这是顺带而来的结果。正如人若说管理市场的当局关心人,也同样关心狗,因为它们也分有市场上多余的食物,这是错误的。同样,塞尔修斯和那些赞同他的观点的人,更是对关心理性存在者的上帝大大不敬,因为他们说:"这些事物因何只为人提供营养而造,而不同样为植物、树木、青草和荆棘而造呢?"

75. 他首先认为,"雷电和暴雨不是上帝所造",终于更加清楚地暴露出他的伊壁鸠鲁主义观点。其次,他说"即使承认这些事是上帝所造,它们也不是只为人提供营养而造,不顾植物、树木、青草和荆棘",像一个真正的伊壁鸠鲁主义者那样,承认这些事物是偶然出现的,不是出于神意。试想,如果这些事物对我们的益处并不多于对植物、树木、青草和荆棘的益处,那么显然,这些事物不是出于神意,或者至少不是出于关心我们甚于关心树木、青草和荆棘的神意。但是这两种说法,无论哪一种都显然是不敬的,而且驳斥一个指责我们"不敬"的人提出的诸如此类的论证,显然也是可笑的。任何人都可以从他的话里看出,究竟是谁不敬。

然后他说:"即便你们说这些事物(显然指植物、树木、青草和荆棘)是为人生长的,你们为何说它们只是为人生长,而不也是为野生的非理性动物生长?"请塞尔修斯说清楚,地上生长的大量事物不是靠神意产生的,而是原子的偶然碰撞产生了大量性质,如此众多品种的植物、树木、青草彼此相似是出于偶然,没有任何谋划的理性引发它们存在,它们不是源于不胜敬仰的卓绝心灵。然而,我们基督徒献身于创造这些

---

① 奥利金对斯多葛观点的概述解释了普鲁塔克,*Mor.* 1000F (*S. V. F.* II, 1158) 引自克里西普的那个句子:"不能说提供精子的人就是胎盘的父亲,尽管它也源于他的精子。"关于斯多葛学派的一般观点,见 *S. V. F.* II, 1152 - 1167。

事物的独一上帝,承认我们因它们而向它们的造主感恩,因为他为我们预备了这样的一个家,并为我们的利益考虑,为我们预备为人所用的动物。"他使草生长,给六畜吃,使菜蔬发长,供给人用,使人从地里能得食物,又得酒能悦人心,得油能润人面,得粮能养人心"。① 即使他也为野生动物提供营养,也没有什么可吃惊的。其他哲学家也说过,甚至这些动物也是为训练理性存在者而造的。② 我们的智慧人之一在某处说:"不可说,这是什么? 那有什么用? 被造之物,皆有其用";又说:"不可说,这是什么? 那有什么用? 适当时候,一切皆有答案。"③

76. 然后,塞尔修斯想要阐明,神意造出地上生长之物与其说为我们,还不如说为野生动物,说:"我们虽然奋力拼搏、坚持不懈,生存依然非常困难而艰辛,而它们'不种不稼,地上就长出一切'④。"他不知道,因为有欲望,人可以在任何地方发挥自己的聪明才智。上帝把人造为有需要的存在者,免得他们游手好闲,对技艺一无所知。正是有缺乏,有需要,他不得不去发明技艺,有的用于求食,有的用于保护。⑤ 此外,对那些不求上帝之事,不学习哲学的人,最好让他们陷入困境,好叫他们用自己的智力去寻找技艺,而不是处在丰衣足食中,完全荒废自己的才智。事实上,生活的需要是农业、耕种葡萄园、园艺的起源,也是木匠业、铁匠业的源头,因为它们为各种服务于人类生存的技艺制造工具。保护的需要引发梳毛业、纺纱业和编织业,还有造房子的技艺,这样一步步,心灵还进展到了建筑业。缺乏生活必需品还促使人们把其他地方生产的东西,通过运输和航海技术运送到需要它们的人手中。出于这些原因,我们完全可能敬仰神意,他为理性造物的利益,造他们比非理性动物更有需要。非理性动物只以现成的东西为食,因为它们没有动机激励它们施展技能,它们

---

① 《诗篇》103:14—15 (和合本为104:14—15。——中译者注)。
② 参第四卷,第七十八节。这是斯多葛学派观点。
③ 《便西拉智训》39章21, 27节。
④ 荷马,《奥德赛》, IX, 109;参 Lucretius, V, 218 ff。
⑤ 关于需要是文明之母,参 Vergil, *Georg.* I, 121 ff; Diod. Sic. I, 8, 5-9。

也有天然保护能力，因为它们有毛发、羽翼、鳞片、壳。① 我们就用这些话来驳斥塞尔修斯的话："我们虽然奋力拼搏、坚持不懈，生存依然非常困难而艰辛，而它们'不种不稼，地上就长出一切'。"

77. 之后，他忘了自己的目标是指控犹太人和基督徒，去驳斥欧里庇得斯抑扬格诗里与他观点相左的诗句，假想那是对他观点的反动。他攻击诗句，指责它是错误的。塞尔修斯的话是这样说的："如果你们引用欧里庇得斯的诗句'太阳和黑夜为人类效力'②，那么它们为什么只为我们存在，而不同样为蚂蚁和飞蝇存在？因为对它们来说，黑夜同样是用来休息的，白昼同样可以见物和做事。"显然，不只是有些犹太人和基督徒说过，太阳、黑夜和其他天体为我们效力，这位听过阿那克萨哥拉（Anaxagoras）论自然讲座的舞台哲学家③——有人这么称呼——也这么认为。他举了一种理性存在者，即人，来说明这一点，还说宇宙中的事物注定要服务于一切理性造物，他还举出太阳和月亮作前者的例子。或许还有一种可能，悲剧作家把白昼称作"太阳"，是因为太阳产生了白昼，告诉我们，那些特别需要昼夜的存在者位于月亮之下即是地上的存在者，其他存在者并不像地上存在者那样需要昼夜。因此，既然昼夜服务于人类，它们就是为理性存在者而存在的。昼夜既然为人类产生，它们的益处即使被蚂蚁和飞蝇分享，使它们能够在白昼干活，在夜晚休息，我们也不应当说，昼夜是为蚂蚁和飞蝇存在的，也不是为其他东西存在的。我们应当认为，它们原是神意为人类所造的。

78. 然后他又提到对他观点的异议：人具有优越性，非理性动物是为他们而造的。他说："如果有人因为我们狩猎、饱餐非理性动物，就称

---

① 参柏拉图，《普罗泰戈拉篇》（*Protag*）321A，B；Cicero，*de Nat. Deor.* II，47，121；Plutarch，*Mor.* 98D。
② *Phoenissae*，546（奥利金在第四卷，第三十节引用过）。
③ 亚历山大的克莱门，*Strom.* V，70，2；Athenaeus，158E，561A；Sextus Emp. *adv. Math.* I，288。他是阿那克萨哥拉的学生，这一点许多作家都提到过 [Diog. Laert. II，10；Strabo，XIV，1，36 (p.645)；Cicero，*Tusc.* III，14，30；Gellius，*N. A.* XV，20，4]。

我们是它们的统治者，那么我们可以反问，它们也追捕我们，吃我们，为何就不说我们是为它们而造的呢？何况，我们需要网罗、武器、许多人手，还要狗帮助我们追捕猎物。而它们天生就在自己的自然能力中拥有武器，使它们很轻易就能制伏我们。"然而，正是在这里，你可以看到我们的智力给予我们的是多大的帮助，它比塞尔修斯认为的野兽们拥有的任何武器都更高级。虽然在体格上，我们确实比许多动物要弱，与某些动物相比，甚至可说是极其微小的，但我们靠智力战胜野兽。我们能捕猎巨型的大象。可以圈养的动物，我们一一驯服。而不能驯服的，或者我们认为即使驯服它们也对我们没有任何用途的，我们就把自己严密保护起来，不受它们伤害；什么时候希望最大的野兽关进笼子，就把它们关进笼子，什么时候要吃它们的肉，就杀死它们，似乎它们与家养的动物没有什么两样。所以，造主所造的一切都是为理性存在者和他的天然智力所用。为某些目的，我们需要狗，比如为了看护羊群和牛群，或者为了看家护院；我们需要牛耕地，需要其他牲畜挑担负重。① 同样，狮子、熊、豹、野猪，以及这一类动物被赐给我们据说是为了操练种植在我们里面的勇敢种子。②

79. 然后他对那些知道人类比非理性动物高级的人说："为驳斥你们所说的，上帝赐给我们抓捕野兽并使用它们的能力，我们要说，在城邦、技艺以及诸如此类的社会结构存在之前，在没有武器和网罗之前，人很可能被野兽抓捕、吞吃，而野兽被人捕猎的，却极其罕见。"在这一点上，请注意，即便在人擒拿兽和兽掠夺人的事上，那些利用智力制伏野性十足、比人凶猛的动物的人，与那些不使用智力避免遭受野兽伤害的人之间，也存在着许多分别。不过，讲到"城邦和诸如此类的社会结构存在之前"的时候，我想他是忘了自己先前所说的话，"世界是非造的，不可灭的，唯有地

---

① 参 Cicero, *de Nat Deor*. II. 60. 150-152 沦陷的斯多葛学派；*Maximus Tyr*. XXXI, 4 (Hobein, p. 364)。关于狗和牛，亦参 Cicero, *loc. cit*. II. 63, 158-159。

② 参第四卷，第七十五节，关于斯多葛学派的类比，见 *J. T. S*. XLVIII (1947), p. 38 n. 2。

上的事物被洪水和大火吞噬，但它们也并非同时遭遇这些灾难。"① 正如主张世界是非造的人不可能谈论世界的开端，同样，他们也不能说有一个时间拥有各种技艺的城邦还没有建立。然而，假设我们承认他可以这样说，因为这与我们的理论是一致的，尽管与他前面所说的话不一致。那么，这与起初人总是被野兽抓捕、吞噬，而不是野兽被人抓捕这一事实有什么关系呢？试想，如果世界是借着神意形成的，如果是上帝赐给宇宙存在，那么人类的火星②必然从一开始就受到高级存在者的照看，所以起初神圣存在者与人之间有交往。那位阿斯克莱诗人（Ascraean poet）也认识到这一点，因而说③："因为那时，不朽的神和必朽的人之间，有共同的宴席和共同的会议。"

80. 此外，摩西所写的圣经表明，最初的人能够听见神圣的声音和谕言，有时候还有上帝的使者光顾他们，看见天使的异象。所以，创世界之初人性很可能得到更多的帮助，直到人在智力和其他美德上取得进展，渐渐发现了各种技艺，能够独立生活，不再需要那些天使按着上帝的旨意常常眷顾他们，以某种奇异的形象关照他们了。由此可知，说起初"人被野兽拖走、吃掉，而野兽被人抓捕却极其罕见"，这是不符合事实的。

从这些因素来看，很显然，塞尔修斯的以下说法也是错误的："因而，在这一方面，至少更应当说，上帝使人顺服于野兽。"上帝没有使人顺服于野兽；他乃是使野兽在人的智力和通过智力设想出来抓捕它们的

---

① 奥利金在前面没有引用过这段话；它们可能出于塞尔修斯关于不同民族古老传统的讨论（I, 14, 16）。关于世界灾难，参第一卷，第十九节；第四卷，第四十一节塞尔修斯的话。他在第六卷，第五十二节中没有提出关于世界永恒的观点。并非世界的各个部分都在同一时间遭受灾难，这一点很可能是根据柏拉图《蒂迈欧篇》22E 的一个推论，因为其中提到，埃及祭司告诉梭伦，尼罗河会救埃及脱离阶段性的洪水。关于埃及的豁免，参 Diod. Sic. I, 10, 4；Varro ap. Aug. *de Civ. Dei* XVIII, 10。根据柏拉图主义传统，灾难是局部性的，因而允许少数人幸存下来。Lucretius, V, 324ff, 对奥利金的论点作了一个很好的注释。亦参 Macrobius, *In Somn. Scip.* II, 10。

② 参柏拉图，《法律篇》，667B（洪水的幸存者）。

③ Hesiod, *fr.* 82 (216), ed. Rzach。

装置下更容易被抓捕。因为人设想出各种方式保护自己不受野兽伤害，并且获得对它们的支配能力，并非完全没有神圣的帮助。

81. 这位卓尔不群的先生，没有看到有多少哲学家相信神意，并且认为万物是为理性存在者造的，因而尽其所能摧毁那些与基督教结合起来颇有价值，在这些方面也与哲学一致的理论。他没有认识到，相信在上帝眼里人并不比蚂蚁和蜜蜂有更好的观念，将产生多大的伤害，对敬虔产生多大的阻碍。他说："若说人显得比非理性动物好的原因在于，他们住在城里，有政府、权威和领导的地位，那这根本表明不了什么。因为蚂蚁和蜜蜂有也是这样的。①无论如何，蜜蜂有蜂王，有侍卫，有仆从，②有战争和战利品，杀死被征服者，有城池，③甚至有郊区，④它们一个接一个地传递工作，它们谴责懒惰者和恶者——至少它们要把懒惰的雄蜂赶出去，惩罚它。⑤"这里他同样没有看到，出于理性和思想所成就的行为，与那些非理性之物只是出于自然本性所做的行为之间，究竟有什么分别。这些行为的原因不可能是根植于行为者里面的理性（因为它们没有理性）；而是至高的上帝之子，一切存在者之王，造出一种非智性的本能，帮助那些不配有理性的存在者。

有各种技艺和法律的城邦只能存在于人类中间。人类的政府、权威、领袖之位，或者是专门意义上所说的善的管理和行为，或者是比较宽泛意义上所说的这些东西，因为它们与前者非常相似。⑥成功的立法

---

① 蚂蚁和蜜蜂是常用的例子，也与 Philo, *de Prov.* I, 25 相关。
② 参 Pliny, *N. H.* XI, 53。
③ 参 Dio Chrys. XLVIII, 16; *Geoponica*, XV, 3, 2。
④ 这显然是 προπολι 的罕用语。它通常意指"蜂胶"或"propolis"，一种含树脂的物质，是工蜂从树芽里汲取，用作黏合剂，把蜂房粘牢（参 Varro, *de Re Rustica*, III, 16, 23; Pliny, *N. H.* XI, 16）。塞尔修斯（或者他所引用的资料的作者）可能没有理解这个词的含义。有趣的是，在 Artemidorus (IV, 22) 里有一个故事说，一个人患了痛风，做梦时梦见自己在郊外行走；他被告知用蜂胶，即 propolis 作药医治。[我把出处归于 C. Blum in *Eranos* XLI (1943), p. 29。]
⑤ 对雄蜂的惩罚，参 Pliny, XI, 27-28; Varro, *op. cit.* III, 16, 8; *Geoponica* XV, 3, 19。关于蜜蜂的战争，见 Vergil, *Georg.* IV, 67-87; Varro, III, 16, 9; Pliny, XI, 58; Aelian, *N. A.* V, 11; Philo, *Alexander*, 21。
⑥ 奥利金是在引用斯多葛学派的定义。

者在引入最好的政府、权威和领袖之位时已经先对它们作了考虑。在非理性动物中间不可能找到这些东西，即便塞尔修斯把应用于理性社会的名称，比如城邦、权威和领袖之位，把它们应用于蚂蚁和蜜蜂。我们不应因蚂蚁和蜜蜂的这些行为赞美它们，因为它们这些行为不是出于理性。我们倒应当敬仰神性，竟如此无所不顾，赐给非理性存在者具有——可以说——复制理性存在者行为的这种能力，也许这是为了叫后者知耻，叫他们想想蚂蚁都能这样做，自己是否应当更加勤勉，更加珍惜节约有用之物；叫他们了解蜜蜂的行为方式，更加遵从自己的治理者，分工协作，做有益于政府的事，这政府就必保守他们的城邦。①

82. 在所谓的蜜蜂的战争中，也很可能包含这样的教训，人的战争——如果必不可少——必须是正义的、有序的。蜜蜂没有城邦和郊区，但它们有蜂巢和六角形蜂房，在里面酿蜜，并彼此传接，因为人在很多方面需要蜂蜜，用于医治病人，②用作洁净的食物。但是不可把蜜蜂攻击雄蜂，与城邦里谴责懒惰的恶人并惩罚他们相提并论。如我前面所说的，我们应当敬仰这些动物所具有的本性，并且相信人既能深入思考一切，把一切安排有序，一旦明白他是与神意一起工作的，他所做的工，就不只是出于上帝的神意赋予他的自然本能，还出于他自己的独立思考。

83. 塞尔修斯论述了蜜蜂，借这种论证的力量说明城邦、政府、权威和领导职责、为国家而战——不仅指我们基督徒的国家，还包括所有人的——这些东西全无意义，然后就发表了对蚂蚁的歌功颂德。他赞美它们的目的在于贬损人对食物的欲求，并借他关于蚂蚁所说的话，把人的预见撇在一边，认为人为冬天的预先考虑与蚂蚁非理性的"预见"——认为蚂蚁拥有这种能力——相比，根本没有优越之处。塞尔修斯论到蚂蚁说"它们一看到谁辛苦劳作，就彼此分担重任"，他这话岂不完全可能

---

① 关于奥利金这里的驳复，参 Seneca, *Ep.* CXXI, 21-3; *de Clementia*, I, 19, 3—4; Philo, *Alexander*, 78。
② Pliny, *N. H.* XXII, 108 说，蜂蜜对治疗咽喉疾病和扁桃腺炎非常有效。

使一个单纯的人,不知道如何探究万物之本性的人大为挫败,不敢再去帮助负荷太重的人,分担他们的困苦吗?因为在论辩上没有受过训练,对此一无所知的人会说:既然我们并不比蚂蚁优秀,那么当我们看到人遇到困难,背着沉重的负荷而上前帮助他们时,我们这样做是否有什么利可得?蚂蚁的活动虽然可以与人的行为相媲美,但它们毕竟只是非理性动物,不会上升到能骄傲思考的层次。而人因有理性,能够明白他们的互帮互助如何受到贬损,所以完全可能因塞尔修斯的话里所隐含的意思而受到伤害。他企图让看了他的书的读者抛弃基督教,却不曾料到,他同时也使那些不是基督徒的人抛弃对担负重担的人的同情心。如果他原是对自己的同胞有责任感的哲学家,就应当避免在诋毁基督教的同时,毁灭所有人共同拥有的有益信念,而要尽他所能支持那些美好的理论,其实那是基督教和其他人所共同拥有的。

即便"蚂蚁确实能挑选出所结果子中完全成熟的果子,不必再等它们成熟,为整年储备粮食"①,我们也不应认为,蚂蚁之所以能这样做是因为它们心里有推理过程。这是本性所致,本性乃是万物之母,②也同样规范非理性动物,连最微小的事物也不弃之不顾,总使它们带着一定的自然法之痕迹。不过,塞尔修斯可能想要暗示,每个灵魂都有同样的形象③(因为在许多问题上,他喜欢跟随柏拉图),暗示人的灵魂与蚂蚁和蜜蜂的灵魂完全没有分别。这样的观点是那个使灵魂从天穹贬落下来,不仅落到人体里,甚至坠入其他形体里的人所主张的。④基督徒不会相信这些理论,因为他们已经得知,人的灵魂是按着上帝的形象造的,他们也知道,灵魂既是按着上帝的形象造的,就不可能完全抛弃自己的特性,完全接纳

---

① 参 Pliny, *N. H.* XI, 109; Plutarch, *Mor.* 968A; Aelian, *N. A.* II, 25; Cassianus Bassus, *Geoponica* XV, 1, 26; Basil, *Hexaemeron* IX, 3 (*P. G.* XXIX, 196A)。关于蚂蚁为冬天储备,参 Philo, *Alexander*, 42; Greg. Naz., *Orat. Theol.* II, 25 (Mason, p. 61)。
② 参 Clem. Al., *Paed.* II, 85, 3, 以及 Preisendanz, *P. G. M.* IV, 2917 里的巫术求告。
③ 参第四卷,第五十二节塞尔修斯的话,意译《蒂迈欧篇》69C, D; Plotinus, VI, 5, 9; 阿尔比努斯(Albinus) *Epit.* 25, 说身体虽然有多种样式,灵魂却是"μονοετδής"(单一的)。
④ 根据柏拉图,《斐德鲁篇》, 246B - 247B, 在轮回过程中, 堕落的灵魂可能进入动物身体。

其他特性，我不知道按着某种非理性存在者的形象造的是什么，是哪个。

84. 他还说："活着的蚂蚁专门为死去的蚂蚁留出一块特定的地方，那就是它们祖传的墓地。①"我回答说，他越是赞美非理性动物，就越是无意识地放大了逻各斯使万物井然有序的工作；也越是表明人有能力用理性支配非理性动物的卓越的本能力量。但是，既然那些按每个人的普遍观念来说被称为非理性的，在塞尔修斯看来却似乎不是非理性的，那我又何必说"非理性动物"呢？至少，这个声称要对"整个本性"作出说明，②还在自己的书名上夸口知道真理的人，甚至不认为蚂蚁是非理性的。因为他谈论蚂蚁时，似乎它们在彼此讨论，他这样说："事实上，当它们遇到一起时，就相互讨论，正因为如此，它们不会迷路，③所以，它们也有一种完善的理性能力，对某些一般问题有普遍观念，还有声音把它们的经历和意思表达清楚。"如果一人要与另一人展开讨论，就必须用声音把某种意思表达清楚，这往往可以叙述他所称为经历的。若说蚂蚁就是这样讨论的，那岂不是荒唐至极吗？

85. 他甚至恬不知耻地更进一步，以便向后代子孙展示他可耻的观点："那么，如果有人从天上往地下看，请问，我们所做的事与蚂蚁、蜜蜂所做的事会有什么分别呢？"就拿他的例子来说，当人从天上往地下看，看到人类所做的事和蚂蚁所做的事，他难道只想到人和蚂蚁的身体，而不理解理性思想是推理激发的，而非理性心灵是由本能和非推论的联想激发的，出于一种基础的本能结构？断然不会。设想人从天上看地上的事物，从那么远的距离看，却只想看人和蚂蚁的身体，而不是更想看心灵的本性和冲动的原因，不论是理性的，还是非理性的，这是何等荒谬。只要他明白一切冲动的原因，就能明确地看见人的杰出和优

---

① Pliny, *N. H.* XI, 110；Cleanthes ap. Plutarch, *Mor.* 967E；Aelian, *N. A.* VI, 43, 50, 说到他亲眼目睹了蚂蚁的一场葬礼。
② 第四卷，第七十三节塞尔修斯的话。
③ Pliny *N. H.* XI, 109-110 说，蚂蚁从不同地方收集食物，并且有固定的时间聚在一起，清查存货。

越，不仅远在蚂蚁之上，也在大象之上。人从天上看地上的非理性动物，尽管它们的身体可能显得很大，但可以说，除了非理性，他看不到它们的冲动还有别的起源。而当他看理性存在者时，他必看到理性，那是人类与神圣、属天的存在者共有的，很可能也是与至高上帝本身共有的。这就可以解释为何说他是按着上帝的形象造的；因为至高上帝的形象就是他的理性（逻各斯）。①

86. 然后，他似乎还要进一步贬损人类，把它比作非理性动物，凡有讲述动物的优越性的故事，一个也不想漏过，于是甚至说有些动物拥有巫术能力，因而，即使在这点上，人也不可不当地骄傲，或者以为比非理性动物卓越。他是这样说的："人若是在巫术上自夸，但就是在这样的事上，蛇和鹰都比人更聪明。无论如何，它们知道许多解毒剂和预防药，还知道某些石头的力量可以保护它们的幼仔避开伤害。人若是偶然遇到这些，就认为自己拥有奇异的财富。"首先，我不知道他为何用巫术这个词来称呼动物所拥有的关于自然解毒剂的知识，不论这是凭经验还是本能的感知觉找到的。"巫术"这个名称一般用于另一种意义。当然，因为他是个伊壁鸠鲁主义者，他或许想要秘密地攻击这种技艺的整套习俗，暗示它依赖于巫师的声称。然而，不妨假设他认为人以这些事上的知识为傲——不论他们是否巫师——这种想法是对的。即便蛇能利用茴香看清楚目标，②迅速移动，它们也不是根据推论得到这种本能力量，只是因为它们被造时就是这样的而已，那么怎能说蛇比人聪明？人获得这样的能力，不仅是像蛇那样出于本性，而且是部分出于经验，部分出于理性，有时还是基于知识推导的结果。因而，即使鹰为保护窝里的小鹰衔来所谓的鹰石，③怎么能由此得出结论说，鹰就是聪明的，甚至比

---

① 《歌罗西书》1∶15。
② 参 Pliny, *N. H.* viii, 99；Aelian, *N. A.* IX 16；Plutarch, *Mor.* 974A；Basil, *Hexaemeron* IX, 3 (P. G. XXIX, 193A)。
③ 关于老鹰把石头衔到窝里帮助雌鹰孵小鹰，参 M. Wellmann, "Der Physiologus" in *Philologus*, Suppl. Bd. XXII, 1 (1931), pp. 88f。

人更聪明？因为大自然赐给鹰的帮助，人因自己的推理能力靠着经验早已发现，并能加以明智地利用。

87. 也可设想，动物还知道其他解毒剂，这难道能证明动物找到这些东西是因为它们有理性，而不是出于本能吗？ 如果这种发现是出于理性，那情形就不可能是这样：某种解毒剂只在蛇中间发现，就算有第二种、第三种——假设它们存在——解毒剂，也是如此，而另一种解毒剂只在鹰中存在，每种动物莫不如此；而应当像人那样拥有多种解毒剂。然而，事实上，每种动物本性上就倾向于使用唯一的一种帮助方式，由此显然可以知道，它们没有智慧或理性，只有某种逻各斯所造的自然结构，这使它们倾向于某种特定的解毒剂来治它们的病。

我若是愿意在这一点上附和塞尔修斯，可能就会讨论《箴言》里所罗门的下面这些话："地上有四样小物，却甚聪明：蚂蚁是无力之类，却在夏天预备粮食；沙番是软弱之类，却在磐石中造房；蝗虫没有君王，却分队而出；守宫用爪抓墙，却住在王宫。"① 但是，我并不关心话里的字面含义，而要根据书名（此名既称为箴言），检查这些话，找出它们的隐秘意义。要知道，这些人习惯把具有明显含义的事物与包含隐秘意义的事物加以分别，把它们分成许多类别，其中之一就是箴言。所以，福音书里记载，我们的救主曾说："这些事，我是用比喻对你们说的；时候将到，我不再用比喻对你们说。"② 由此可见，说蚂蚁比聪明人更聪明不是指真的蚂蚁，而是暗指比喻意义上的蚂蚁。其他动物也莫不如此。但塞尔修斯认为犹太人和基督徒的经书是粗俗不堪的，完全没有文理，以为那些按比喻解释它们的人，这样做是把自己的意思强加给作者。③ 那么这就是我们的证明，表明塞尔修斯对我们的攻击是毫无意义的，也驳斥了他关于蛇和鹰的论证，以及所得出的它们比人更聪明的结论。

---

① 《箴言》24:59—63（和合本为30:24—28。——中译者注）。
② 《约翰福音》16:25。
③ 参第一卷，第十七节以及第四卷，第三十八节和第五十一节中的塞尔修斯。

88. 他进而还想详尽指出，甚至人类关于上帝的观念也不比其他必死存在者的上帝观念更卓越，事实上，有些非理性动物也有上帝观，而在最聪明的人们中间，无论是希腊人，还是化外人，关于上帝的观念都存在着巨大的分歧。他说："倘若因为人有上帝观，就认为他比其他动物优秀，那么请主张这种观点的人注意，对许多其他动物也可以持同样的观点。这是有充分理由的。试问，谁能说还有什么比预知并宣称将来之事更神圣的？① 那好，人的这种能力就是从其他动物学来的，特别是从雀鸟。而那些能够明白它们所指示的征兆的人，就是占卜家了。既然雀鸟和其他上帝赐给预见能力、预示将来的动物通过各种迹象教导我们，它们自然就与上帝联合得更紧密，也更聪明，更为上帝所珍爱。聪明的人说，雀鸟有社群，显然比我们的更神圣，还认为他们多少知道雀鸟所说的话，并用事实表明他们确实知道，因为他们前面先说雀鸟宣布了要去某个地方，要做这事或那事，然后证明它们确实去了预告要去的地方，做了预告要做的事。② 看起来，没有哪种动物比大象更守信誓，更忠实于神明，这无疑是因为它们拥有关于他的知识。"③ 哲学家，包括希腊的和化外人的观察发现，或者从某些鬼神得知，雀鸟和其他动物具有某种预见能力，能够向人类作出预告，但他们是把这作为难题讨论的，看看这里，塞尔修斯却如此轻率地得出结论，把它作为公认的真理提出来。首先，是否真的有一种占卜技艺，动物是否真的普遍具有预言能力，这是个悬而未决的问题。其次，在那些确实相信雀鸟真的有预言能力的人间，关于预言方式的原因意见不一，有些人说动物的活动归因于某些鬼神或说预言的神，他们迫使雀鸟做出不同的飞行姿势，发出不

---

① 参第六卷，第十节中的奥利金。
② 斐罗斯特拉图斯（Philostratus, *V. A.* IV, 3）讲述了阿波罗尼乌（Apollonius）的这样一个故事。参坡菲利, *de Abstinentia*, III, 5, "雀鸟比人类更能敏锐地领会诸神，它们一旦领会了，就尽自己所能宣告出来，它们是诸神的传令者，向人显现，这种鸟是这个神的传令者，那种鸟是那个神的传令者，雕是宙斯的，鹰和渡鸦是阿波罗的，鹅是赫拉的，秧鸡和猫头鹰是雅典娜的，鹤是得墨忒耳的，如此等等，每个神都有自己的传令鸟。"
③ 见第四卷，第九十八节的注释。

同的声音，迫使其他动物做出这种或那种动作；另一些人则认为它们的灵魂具有更大的神性，适合担当这种任务，这显然是完全不可能的。①

89. 因而，塞尔修斯若是想要通过我们正在思考的这些话来证明，非理性动物比人更神圣，更聪明，那他就应当展开冗长的论证，表明这种占卜、预言确实是存在的，然后更清楚地表明他这种辩护的根基，再提出证据推翻那些否认真有这种预言的人的论证，提出合乎逻辑的论证，驳斥那些说鬼神或诸神驱使动物显示预兆的人的观点。然后，他还应当证明他自己的观点，非理性动物的灵魂在更大程度上是神圣的。他若能一步步地完成这些，并在讨论这样困难的问题上显示出哲学技能，那我们必将尽我们所能驳斥他似是而非的观点。我们必将驳倒所谓的非理性动物比人类更聪明的论断，揭示它们有比我们更神圣的上帝观念，彼此有某种神圣团契这种说法的虚假性。事实上，这个指责我们相信至高上帝的人，却要求我们相信雀鸟的灵魂有比人类更神圣且更清晰的观念。果真如此，雀鸟的上帝观念也比塞尔修斯的更清晰——他既如此贬损人类，这在他也就没有什么可稀奇的了。从塞尔修斯的观点可以推出，雀鸟有更杰出也更神圣的观念，我不是说只比我们基督徒或与我们一样使用圣经书卷的犹太人杰出，而且也比那些希腊人中教导上帝理论的人杰出，因为他们也是人。因而，根据塞尔修斯，能说预言的雀鸟比腓勒西德（Pherecydes）、毕达哥拉斯、苏格拉底、柏拉图更能领会上帝的本性！我们应当向我们的雀鸟老师求教，正如它们像塞尔修斯所认为的通过预示告诉我们将来之事，它们也会解除人对上帝的疑惑，把它们所获得的清晰的上帝观念传授给人。

90. 关于这个问题我们有许多论证，但我们只说其中几点，然后，再表明他的错误观点是对造他的主的忘恩负义。因为"人"（也就是塞尔修

---

① 前一观点是斯多葛学派的，后者是漫步学派的。参 Cicero, *de Divin.* I, 38, 81, 他相信亚里士多德持有这样的观点，即占卜真有其事，但不是超自然的。

斯)"在尊贵中而不醒悟"①,因此之故,甚至不如他所认为有预言能力的雀鸟和其他非理性动物。他把它们置于首位,比敬非理性动物为神的埃及人有过之而无不及,他贬损自己,不仅如此,从他的字里行间看,甚至认为整个人类对上帝的领会都不如非理性动物,比它们更卑劣。

现在我们要首先思考这样的问题,雀鸟和其他动物的预兆是否真的具有预言能力。任何一方提出的论证都不可轻易抛弃。一方面,论证能使我们不接受它,免得理性存在者抛弃神奇的神谕,转而使用雀鸟。另一方面,论证指向许多人可作见证的无可辩驳的事实,许多人因为相信雀鸟的预言而得以脱离巨大的危险。现在我们不妨假设占卜是真有其事,在这一假设之下,我可以向受了偏见损害的人表明,即便这样,人也大大胜过非理性动物,甚至胜过那些有预言能力的动物,绝不可相提并论。所以,我得说,如果它们有某种神圣本能,使它们对将来之事显示预见,并且这种知识非常丰富,任何人想要知道将来,它们就可向其显明,那么显然,它们必在远未知道别人的未来之前就知道自己的未来。它们若是知道自己的未来,就不会那么漫不经心地飞入人设置陷阱网罗它们的地方,或者猎人瞄准、向它们射击的地方。② 同样可以肯定,如果鹰预先知道网罗其幼子的图谋,不论是蛇潜行到它们身边吃掉它们,还是一些人抓捕它们作乐,或者做其他用途,它们都不会把窝筑在容易受到攻击的地方。总而言之,这些动物若是比人更神圣而聪明,就没有一个会被人抓捕。

91. 此外,如果鸟与鸟相争,而且如塞尔修斯所说的,说预言的鸟和其他非理性动物有神圣本性,有上帝观念以及对将来之事的预见;如果它们预先向他者宣告这些事,那么荷马史诗里的麻雀就不会把巢筑在蛇

---

① 《诗篇》48:13,21(和合本为49:20。——中译者注)。
② 奥利金很可能想到了约瑟夫(c. Ap. I, 22, 201-204)引自赫卡泰奥斯(Hecataeus)的故事:一个名叫 Mosollamus 的射箭高手,射中了一只预言家正在观察的鸟。当预言家提出抗议时,他回答说,如果这只鸟有知道未来的能力,就不会飞到要被他的箭射死的地方。

能吃掉她和她的幼子的地方,这位诗人笔下的蛇也不会陷入被老鹰抓住的命运。请看,杰出的诗人荷马对前者是怎样描述的:

> 当时出现了一个大征兆,一条背部血红的可怕的蛇,是奥林匹亚之神亲自派遣到日光之下的,从坛下爬出来,迅速爬向水榆树。那里有一窝麻雀,稚嫩弱小,栖息在枝头,安卧在树叶底下;八只小麻雀加上母麻雀,共九只,小麻雀在痛苦的吱吱声中被蛇一口吞噬。母麻雀焦虑地拍着翅膀,为自己的幼子悲啼不已;而蛇蜷缩身子,在她凄厉的尖叫声中逮住了她的翅膀。当他吞噬了小麻雀和母麻雀之后,显明他的神就把他变成一个预兆,因为克洛诺斯狡猾的儿子提议把这蛇变成石头。我们立在一边,吃惊地看着所发生的事。因而,可怕的预兆阻止了诸神的大屠杀。①

关于后者,他说:

> 正当他们急切地要跨过去的时候,有一只鸟向他们显现,是一只高飞的老鹰,在队伍左侧盘旋。它的爪子抓着一条血红的巨蛇,蛇还活着,仍在挣扎,似乎还没忘记厮斗的快乐,突然扭转身躯朝抓住它的老鹰猛击,击中老鹰的颈旁及前胸,老鹰在剧烈的疼痛中把它扔向地面,落在人群中,然后尖叫着迅速乘风飞去。特洛伊人看到闪着微光的蛇落在他们中间,大为惊吓;这是披着羊皮的宙斯的一个预兆。②

---

① 荷马,《伊利亚特》,II, 308-321 (出于 Lang, Leaf, and Myers 的译本)。西塞罗也在 de Divin. II, 30, 63-64 引用了这一段落说明同一观点。
② 荷马,《伊利亚特》,XII, 200-209, 柏拉图,《伊安篇》(Ion), 539B-D 和西塞罗 (op. cit. I, 47, 106) 也引用过。显然,荷马史诗里的这两段话是争论占卜问题时经常引用的例子。

难道只有鹰有预言能力，蛇没有吗？占卜家不是也利用蛇吗？既然可以轻易证明，选择这种动物而不是那种动物，完全出于任意武断，岂不可以证明，这两者全都没有预言能力？如果蛇具有预言能力，它为何不能避免遭受老鹰的折磨？我们还可以找出成千上万的例子表明动物本身并没有预言的灵魂。按照诗人和大多数人的观点，乃是"奥林匹亚的宙斯本人派遣它到日光之下的"。阿波罗也用鹰作信使，预示某种象征意义。因为有话说"阿波罗的鹰是敏捷的信使"①。

92. 我们认为，有某些邪恶鬼魔，如果我可以说，有些提坦或巨人已经变得对真上帝和天上使者不恭，从天上堕落，在地上粗俗不洁的身体上漫游。他们对将来之事有某种感知，因为他们没有穿戴属地的身体；他们从事这类活动，是因为他们企图引导人类偏离真上帝。他们潜入最贪婪的野兽和其他极其可恶的动物体内，强迫它们去做他们想做的事，或者把这些动物心里的形象变成某种飞行姿态和运动方式。他们的企图是，使人被非理性动物身上的预言能力迷惑，不再去寻求包容整个世界的上帝，或者寻求敬拜他的纯洁途径，而使自己的推理能力坠落到地上，与鸟、蛇同等水平，甚至与狐狸②和狼同一层次。对这些事有专门研究的人已经注意到，借这样的动物能更清楚地知道将来，因为鬼魔对这些动物有一定支配能力，而对较温顺的动物却没有同样的能力。这是因为这类动物包含某种类似恶的东西，虽然不是恶，但很像恶。③

93. 就此而言，不论我敬佩摩西另外哪些方面，我得说以下这一点实在令人敬佩至极，即他懂得不同本性的动物，或者因为他从上帝了解了

---

① 荷马，《奥德赛》，XV, 526。参 Porphyry, *de Abst.* III, 5。
② 关于狐狸在占卜中的应用，参 Pliny, *N. H.* VIII, 103。
③ 这是斯多葛学派观点，参 Seneca, *de Ira*, I, 3, 8（关于野兽）："ex eo procursus illorum tumultusque vehementes sunt, metus autem sollicitudinesque et tristitia et ira non sunt, sed his quaedam similia." （大意是：所以可以说，野兽能够迅速地奔跑，凶狠地吼叫，但它们没有恐惧、不安、忧伤、愤怒，只是有类似于这些的东西。）与亚里士多德和普西多纽（Posidonius）不同，古代斯多葛学派认为动物不可能有情绪，比如愤怒。参 J. H. Waszink on Tertullian, *de Anima*, XVI (pp. 233-234)。坡菲利（*de Abst.* III. 22）不认同。

它们，了解与每种动物相关的鬼魔，或者因为他在智慧上得到提升之后，自己发现了这些事的真理，所以他在立动物之法时说，凡是埃及人和其他人认为有预言能力的动物，统统都是不洁净的，广而言之，那些不被认为有这种能力的动物，全是洁净的。摩西称为不洁的动物有狼、狐狸、蛇、雕、鹰及其同类。①一般来说，你不仅能在律法书里，也能在先知书里看到，这些动物是拿来说明可恶之物的，②从未提到狐狸或狼是与美好的含义相关的。因而，各种鬼魔的样式与各种动物的样式之间似乎有某种相似性。正如人有强有弱，但这与他们的道德品质毫无关系。同样，有些鬼魔可能在道德中立的事上比其他鬼魔更有能力，有些遵照"这世界的王"③——如我们的圣经所称呼的——的旨意，利用这些动物骗人，另一些利用另外的样式预示将来。有些甚至利用黄鼠狼预告将来，④看看这些鬼魔是多么可憎。请你自己判断两种观点接受哪种更为恰当：一种是至高上帝和他的儿子影响雀鸟和其他动物说预言，另一种是影响这种动物的存在者（人虽然在场，但不是人）是邪恶而——如我们的圣经所称呼的——不洁的污鬼。⑤

94. 若说因为雀鸟预告了将来，因而它们的灵魂是神圣的，那我们岂不更应当说，由于人接受了征兆，那些我们借之听到征兆的人的灵魂是神圣的？按着这种原则，荷马史诗里种玉米的女奴就是某个得到神圣启示的人，她论到求婚者说"愿他们最后一次在这里用餐"⑥。她得了神的启示，而荷马时代的雅典娜的朋友，伟大的奥德赛，却没有，只是在领会了

---

① 《利未记》11 章。
② 参《以赛亚书》11:6；65:25；《耶利米书》5:6；《以西结书》12:4，22:27；《诗篇》62:11（和合本为 63:10。——中译者注）；《雅歌》2:15。
③ 《约翰福音》12:31；14:30；16:11；《哥林多后书》4:4。
④ 在路上遇到一只黄鼠狼是个坏兆头，参 Aristophanes, *Eccles.* 792；Theophrastus, *Charact.* 16；Ammianus Marcellinus, XVI, 8, 2. Aelian, N. A. VII, 8 说，如果黄鼠狼吱吱叫，就预示严冬。关于把动物分派给鬼灵，参柏拉图《政治家篇》271D，E；恶鬼住在有害动物身上的观念出现在 Iamblichus, *de Myst* II, 7。
⑤ 参《马太福音》10:1；12:43，等等。
⑥ 荷马，《奥德赛》，IV, 685（参 XX, 105 以下）。

受神启示的磨工说出的征兆之话后兴高采烈,如诗人所说:"高贵的奥德赛对征兆兴高采烈。"① 现在请想一想,如果雀鸟真的有神圣的灵魂和对上帝的感知,或者如塞尔修斯会说的,认识诸神,那么显然,当我们人打喷嚏时,我们这样做也是由于我们里面有神性,我们灵魂里有预言能力。这也是得到许多人证实的。因此诗人还说:"她祷告,他就打喷嚏。"珀涅罗珀 (Penelope) 也说:"你难道没有看到我的儿子听到你的话就打喷嚏吗?"②

95. 关于将来之事的知识,真上帝既没有使用非理性动物,也没有利用普通的人,而是利用神圣而圣洁之人的灵魂,启示他们,使其成为先知。因此我们应当将以下这一命令看作摩西律法里最可敬的言论之一:"你们不可用法术,也不可观兆"③,在另一处说:"因耶和华你的上帝要从你面前彻底毁灭的那些国民,都听信观兆的和占卜的;至于你,耶和华你的上帝从来不许你这样行。"接着又说:"耶和华你的上帝要从你们弟兄中间兴起一位先知。"④ 上帝曾想借一位占卜者使他们转离占卜,就造了一个灵放在占卜者里面说:"断没有法术可以害雅各,也没有占卜可以害以色列。 到时必有人论及雅各,就是论及以色列说:'上帝为他行了何等的大事!'"⑤ 我们既然知道这些以及诸如此类的命令,就要遵守用神秘意义说的诫命"你要切切保守你心"⑥。我们不希望任何鬼魔占据我们的心灵,不愿任何恶灵随心所欲地扭转我们的思想。我们祈求,上帝的圣灵住在我们的思想里,把上帝的事向我们显现,使我们心里有上帝照耀的光,叫我们得知他荣耀的光。⑦ "因为凡被上帝的灵引导的,都是上帝的儿子。"⑧

---

① 荷马,《奥德赛》,XX, 120 (参 XVIII, 117)。
② 荷马,《奥德赛》,XVII, 541, 545。关于打喷嚏是一个预兆,参 Cicero, de Divin. II, 40, 8 (见 A. S. Pease's *commentary ad loc*)。
③ 《利未记》19:26。
④ 《申命记》18:14, 12, 15。
⑤ 《民数记》23:23 (巴兰)。
⑥ 《箴言》4:23。
⑦ 《哥林多后书》4:6。
⑧ 《罗马书》8:14。

96. 我们必须知道，关于将来的预见并不必然是属神的；① 就其本身来说，这种预见在道德上是中立的，可以是恶，也可以是善。无论如何，医生出于自己的医学知识能预知某些事情，但他们在道德上可能是恶人。同样，领航员即使是恶的，也能凭经验和观察预知天气变化，风力大小，以及大气状况的改变。② 人若是道德品质正好是邪恶的，我不认为他能因这种能力而自称为神圣的。因而，塞尔修斯的话是错误的——"谁能说还有比预知并宣告将来之事更神圣的"？同样，"许多动物也可声称有上帝观念"也是不对的，因为非理性动物没有一个对上帝有什么观念。至于"非理性动物与上帝的联合更紧密"，也是假话。事实上，即便是那些灵性上已经进展到一定高度的人，也仍然是恶的，远不能与上帝紧密联合。唯有那些真正智慧、真正敬虔的人，才与上帝亲密交往。我们的众先知和摩西就是这样的人，经上有话证实说，因摩西有大大的纯洁，"惟独摩西可以亲近耶和华，其他人却不可亲近。"③

97. 这个指控我们不敬的家伙，说非理性动物不仅比人更聪明，甚至比人更亲近上帝，这不是真正的不敬吗？ 人若是听从别人说蛇、狐狸、狼、雕、鹰比人性更亲近上帝，谁能不厌恶他呢？从他的观点可以推出，如果这些动物比人更亲近上帝，那么他们也显然比苏格拉底、柏拉图、毕达哥拉斯、腓勒西德以及教导上帝之事的人——他刚刚还在吟唱他们的赞美诗④——更亲近上帝。实在的，我们完全可以这样祝愿他，说：如果这些动物比人更亲近上帝，愿你变成那些在你看来比人更亲近上帝的动物，与它们一同亲近上帝。希望他不要以为这是咒诅；试想，

---

① 参第三卷，第二十五节。但在第六卷，第十节，"对将来之事的宣告是占卜的标志"。坡菲利（*Ep. ad Aneb.* 46）说："那些有预测之恩赐的人能预见未来，但并不是有福的；因为他们虽然能预见未来，却不知道如何正当使用这种能力。"

② 关于这些对比，见 *J. T. S.* XLVIII (1947), p. 38n. 1, 那里补充了 Plutarch, *Mor.* 581F；Athanasius, *Vita Antonii*, 33；Augustine, *de Civ. Dei*, X, 32；*de Divinat.* V, 9 (*C. S. E. L.* XLI, 607)。Macrobius(*Sat.* I, 20, 5) 认为医学与占卜是相关学科，因为医生能预见未发之事。

③ 《出埃及记》24:2。

④ 参第一卷，第十六节塞尔修斯的话。

谁不祈求自己彻头彻尾地变得与那些他相信更亲近上帝的事物一样？好叫他也像它们那样得到上帝的垂爱。

塞尔修斯既然想要表明"动物的社群比我们的更神圣"，就把这故事归到聪明人名下，而不是普通民众。但是，真正聪明的人是良善之人；没有哪个恶人是有智慧的。他是这样说的："聪明人说，雀鸟有社群，显然比我们的更神圣，还认为他们多少知道雀鸟所说的话，并用事实表明他们确实知道，因为他们前面先说雀鸟宣布了要去某个地方，要做这事或那事，然后证明它们确实去了预告要去的地方，做了预告要做的事。"然而，事实上，没有哪个人说过这样的话，也没有哪个智慧人说，非理性动物的社群比人的更神圣。如果为了检查塞尔修斯的观点，我们看一看从他的观点引出的结论，就很显然。在他看来，非理性动物的社群比著名的腓勒西德、毕达哥拉斯、苏格拉底、柏拉图和其他哲学家的社群更神圣。这显然不仅是荒谬的，也是极其可恶的。不过，假设我们相信有人从雀鸟莫明其妙的声音里听出它们要飞走，去做这样或那样的事，并且事先作出预报，我们得说，这也是鬼魔借着外在的迹象向人显明的，目的是使人受鬼魔蒙骗，使他的心灵离开天上，偏离上帝，下坠到地上，以及更低的地方。

98. 我不知道塞尔修斯怎会听说大象的誓言，认为它们比我们更忠实于上帝，还有关于上帝的知识。我诚然听过许多故事讲述动物的本性和它的温顺，但我确实不知道有什么人谈论过大象的誓言。① 唯有一种

---

① 普林尼（*N. H.* VIII, 2-3）和 Dio Cassius（XXXIX, 38）记载，大象崇拜月亮；上船时，船工若不向它们郑重起誓说它们必定回来，它们是不会上船的。大象崇拜日月这一论断见 Aelian, *N. A.* VII, 44; IV, 10。参 F. J. Dolger, *Sol Salutis* (2nd ed. 1925), p. 31. F. Munzer, *Beitrage zur Quellenkritik der Naturgeschichte des Plinius* (Berlin, 1897), pp. 411-422 指出，普林尼 *N. H.* VIII 的直接来源是 Mauretania 的博学多才的国王 Juba II（约公元前 50—约公元 23 年）的记载，这似乎也是 Aelian 的主要资料[参 M. Wellmann in *Hermes*, XXVII (1892), pp. 389-406]。M. Wellmann, "Der Physiologus", in *Philologus*, Suppl. Bd. XXII, I (1931), pp. 7-9 认为，奥利金的话表明，塞尔修斯直接或间接依赖于 Juba 的作品，而奥利金本人不曾读过他的作品，不过这并非必然的结论，从奥利金下面的句子可以清楚得知这一点。在 Juba, 起誓的是船工; 在塞尔修斯, 起誓的是大象自己。正是后一种说法，奥利金说，他从未听说过。无论如何，可以看到，F. Jacoby, *Die Fragmente der griechischen Historiker*, IIIA (1943), p. 343 很怀疑 Juba 在多大程度上是普林尼和 Aelian 的主要源泉，即使仅就大象的故事来说。

可能，那就是据他说的忠信誓言是指它们温顺的本性，以及一旦与人立约，就遵守不怠的习惯（可以这么说）。① 但即便这一点，其实也是不对的。因为就算它们已经被驯服成温顺的大象，也会野蛮地攻击人，置人于死地，并因此被认定不再有任何用途，而予以处死。这样的事虽然极少发生，但至少是有记载的。

然后，为证明——如他认为的——"鹳鸟比人敬虔"，他举了鸟的故事，说它"以爱报爱，衔来食物给父母"②。我同样可以如此驳斥，鹳鸟这样做，不是因为推断出什么是道德正当，也不是经过推理，乃是出于本能，因为它们的自然结构趋向于在非理性动物中树立榜样，在对自己的父母感恩戴德方面能使人也望尘莫及。塞尔修斯若是认识到借理性做这些事与没有思想仅凭本能做这些事之间有何等分别，就不会说鹳鸟比人更敬虔了。

为进一步表明非理性动物的敬虔，塞尔修斯还列举了"阿拉伯鸟，长生鸟，多年之后来到埃及，带着死去的父亲，葬在一个没药球里，置于太阳的圣地。"③ 这是一个传说。但即便它是真实的，这也同样可能出于本能。因为上帝的神意创造了如此众多、各不相同的动物，以向人类显明世上存在之物的结构之多样性，这也包括雀鸟在内。上帝若是造了一种"独一无二的"造物，那是为了叫人因此不去敬拜造物，而敬拜造出造物的造主。

99. 最后塞尔修斯加上以下这段话："因而，并非万物全是为人所造，而不为狮子、老鹰、海豚所造，上帝造出世上万物，乃是为了使这

---

① 关于大象的温顺，参 Pliny N. H. VIII 23。
② 亚里士多德 *Hist. Anim.* X, 13 (615b 23) 提到这个故事，把它看作一个民间盛行的故事。复述这个故事的有 Philo, *Alexander*, 61；*de Decal.* 116；Plutarch, *Mor.* 962E；Aelian, *N. A.* III, 23；X, 16；Pliny, *N. H.* X, 63；Artemidorus, II, 20；Basil, *Hexaemeron*, VIII, 5；Horapollon, *Hierogl.* II, 58。
③ 这个故事出现在希罗多德 (II, 73) 以降的众多作者笔下。关于参考资料见 J. B. Lightfoot, *The Apostolic Fathers*, part I, ii, pp. 84f.。Aelian, N. A. vi, 58 像塞尔修斯一样认为，长生鸟的智力高于人。亦见 P. -W. *s. v.* "Phoenix"，and J. Hubaux and M. Leroy, *Le mythe du Phenix dans les littératures grecque et latine* (Liege, 1939)。

世界在各个方面都全备而完美。为着这个目标，万事万物都有一定比例，不是彼此效力，一些偶然现象除外，乃是为了宇宙整体。上帝关注宇宙，神意从未放弃它，它也没有成为恶的世界；上帝没有在一段时间之后把它收回，他没有因人而发怒，就如同他没有因猴子或飞蝇而发怒一样；他也没有威吓它们。因为万物都各自领受自己的命运。"我们要非常简练地回答这一段话。我想，我以上所说已经表明，万物是如何为人和一切理性造物而造的。事实上，万物最初就是为理性造物而造出来的。塞尔修斯若是喜欢，可以说造物并非只是为人，同时也为狮子或那些他所提到的兽类。但我们要说，造主造出这些事物不是为狮子，为雕鹰，为海豚，乃是为理性存在者创造万物，这样，"这世界作为上帝的作品才可能在一切方面都全备而完美"。我们承认，在这一点上他是对的。但上帝并非如塞尔修斯所认为的那样，只关心"宇宙整体"，他还对每一个理性存在者都特别关注。神意永远不会抛弃宇宙。即便它的某一部分因为理性存在者犯罪而变得非常败坏，上帝也安排洁净它，一段时间之后，把整个世界转回到自己身边。此外，他不会对猴子和飞蝇发怒，他只对人降下审判和惩罚，因为他们违背了出于本性的欲望。他借着众先知，借着临到整个人类的救主威吓他们，借着威吓，叫听从的人改邪归正，而不听从令其改正的话的人，则要按着他们的功过受罚。没错，上帝就是为了整个世界的益处，随己愿把这些强加给需要医治、需要这种纠正以及这样严厉对待的人。

第四卷到这里也够长了，所以我们要在这里结束讨论。愿上帝借着他的儿子，就是神圣逻各斯、智慧、真理、公义，以及圣经冠以的其他神圣头衔，叫我们开始写作第五卷，帮助那些可能读它的人，使第五卷也因住在我们心里的他的逻各斯得以顺利完成。

第 五 卷

1. 尊敬的安波罗修,现在我们开始写第五卷,以驳斥塞尔修斯的论述;我们这样做不是想要多言多语,高谈阔论——那是断然不可的,因为那样做我们并不能避免罪孽①——而是要尽可能对塞尔修斯的言论进行一一检查,尤其是那些在一些人看来巧妙地对我们或犹太人提出指控的地方,就更不应当遗漏了。如果我们的论证有可能渗透到阅读塞尔修斯作品的每个读者的意识里,能够拔掉那伤害还未得到上帝所赐全副军装②完全保护的人的标枪,能用某种属灵的药医治塞尔修斯所造成的创伤——人若是听从他的论证,在信心上就不能再纯全无疵③——那么我们早就这样做了。然而,唯有上帝才能借着自己的灵和基督的灵住在他认为值得居住的人里面,人是看不见的。但这是我们的目标,因为我们要借着论证和论述确立人类的信心,要尽我们的所能去做,好叫我们得称为"无愧的工人,按着正意分解真理的道"④。对我们而言,这其中之一的目标就是,尽我们所能驳倒塞尔修斯似是而非的观点,忠诚地完成你所嘱托我们的工作。我们已经分析了塞尔修斯前面的观点(读者会判断我们是否同时驳倒了它们),接下来就引述他的以下观点,并一一加以反驳。愿上帝允许,我们不是只凭着我们属人的心灵和理性来从事这样的任务,而未受神圣的启示;我们祈求,叫那些可能得到帮助的人不

---

① 《箴言》10:19。
② 《以弗所书》6:11。
③ 《提多书》2:2。
④ 《提摩太后书》2:15。

在属人的智慧里得信心,而能从基督的父那里领受基督的心① ——唯有他的父才能给予这样的心 ——帮助我们分有上帝的逻各斯,叫我们"将各样拦阻人认识上帝的那些自高之事一概攻破"②,甚至攻破那拦阻我们并我们的耶稣,进而拦阻摩西和众先知的自高的塞尔修斯的傲慢。我们祈求那赐"话语给以大能讲道的人"③的,也为我们配备这样的话语,赐下这样的大能,好叫信心借着上帝的话语和大能,在读到本卷反驳书的人心里生根发芽。

2. 现在我们的目的就是反驳塞尔修斯的如下观点:"犹太人和基督徒,无论是上帝还是上帝之子,都未曾降临,也不可能降临。如果你们说的是某些天使,那么你们说的这些天使是谁呢,是诸神呢,还是另外的存在者?猜想你们可能是指另外的存在者——即鬼魔。"塞尔修斯又在自我重复了(因为他前面已经多次讲过这些话),④所以我们没有必要对此详尽讨论,我们在这个问题上已经说过的话足以驳斥他了。我们还可以说出很多,我们认为都是与已经讲过的话相呼应的,只是内容上并不完全相同。不过,我们这里只提几句。我们要表明,塞尔修斯把"无论是上帝,还是上帝之子,都未曾降临"这样的话当作普遍原则,由此取消大多数人所持的有关上帝显现的观点,他自己前面也曾提到过。⑤ 如果塞尔修斯将"无论是上帝,还是上帝之子,都未曾降临,也不可能降临"这一论断作为普遍原则是正确的话,那么显然,"地上有诸神,他们从天上降下,或带给人神谕,或用神谕医治人"这一思想就被排除了。也就是说,无论是德尔斐的阿波罗,是阿斯克勒庇俄斯,还是其他被认定能做这些事的人,都不可能是从天上降下来的神;即使是神,他的命

---

① 《哥林多前书》2:5, 16。
② 《哥林多后书》10:5。
③ 《诗篇》67:12(和合本找不到相应经文。——中译者注)。
④ 参第四卷,第二节至第二十三节。
⑤ 参第三卷,第二十二节至第二十五节塞尔修斯的话。

运可能就是永远住在地上,并且可以说,他是一位被迫离开诸神之所的流亡者,或许他是那些无权与天上诸神为伍的存在者中的一个;阿波罗、阿斯克勒庇俄斯以及所有人们相信对地上之事有一定作用的存在者,都不可能是神,只是某些鬼魔,远远低于因其美德甚至升上了天穹的智慧人。①

3. 请注意,塞尔修斯在整个论述中始终不承认自己是伊壁鸠鲁主义者,但透过他想推翻我们的教义的妄图,就可以看出他转向了伊壁鸠鲁主义的观点。你若读了塞尔修斯的论述,并同意他所说的话,那么现在你就要或者拒斥上帝降临,按神意关怀每一个人这一思想,或者坚信这一点,证明塞尔修斯的理论是错误的。你若是完全拒斥神意,以便维护你自己的观点是正确的,那你就得证明他论到坚信诸神和神意的地方是错误的。②当然,你若仍然坚信神意,因而不认可塞尔修斯所说的上帝或上帝之子不曾也不会降临人间的话,那你为何不仔细地考察我们关于耶稣所说的话,考察关于他的预言,搞明白更应当把谁看作是已经降临人世的上帝或上帝的儿子?耶稣既已成就并施行了如此伟大的异能,我们难道还不认为他是神圣的吗?而那些依靠神谕和占卜给人治病的人,并没有改善那些得病之人的道德观念,更有甚者,使那些听从他们的人偏离对宇宙之造主纯洁而圣洁的敬拜,反而去崇拜多神,迫使其灵魂离开那一位显现的独一真上帝,难道这样的人反倒是神圣的?

4. 然后,塞尔修斯说"如果他是你们所说的某些天使",似乎耶稣或基督徒会回答说,那些下降到人间的乃是天使。接着他又问:"你们说的他们是指谁呢?是诸神还是某种别的存在者?"然后他又推测对此的回答"很可能"是,"他们是某种别的存在者,即鬼魔"。那我们也来思考这一点。无可否认,我们确实论到天使"是服役的灵、奉差遣为那将要承

---

① 参柏拉图《斐德鲁篇》247B。
② 参第一卷,第五十七节;第四卷,第四节及第九十九节;第七卷,第六十八节;第八卷,第四十五节塞尔修斯的话。

受救恩的人效力"①。他们带着人的祷告上升到宇宙中最纯洁的天穹，② 甚至比这些地方更纯洁、超越诸天之上的处所。③ 然后他们又从那里下降，按上帝的吩咐，服务于那些要领受他的恩惠的人，按各人的功德给他们带来相应的恩益。虽然我们知道从他们的行为要称他们为天使，因为他们是属神的，但我们发现圣经里有时候也称他们为"神"；④ 当然这并不是说，我们不再敬拜上帝，而必须去敬拜那些服役于我们，为我们带来上帝恩福的天使。我们必须借着众天使的大祭司，永生的神圣逻各斯，把恳求、祷告、代求、祝谢⑤ 上传给至高上帝。我们若能明确地领会祷告的绝对和相对意义，甚至要直接向逻各斯本人恳求，向他代求，向他感恩，也向他祷告。⑥

5. 根本没有获得关于天使的超乎寻常的知识，就去求告他们，是不明智的。但是，即使出于论证的目的，掌握了关于他们的某种奇妙而神秘的知识——因为这种知识能表明指派给各位天使的本性和目的——我们也绝不可冒昧地向任何别的存在者祷告，我们只能向至高上帝祷告，对万物来说，有他就足够了，并借着我们的救主，上帝的儿子；他就是逻各斯，是智慧，是真理，以及上帝众先知的圣经和耶稣的众使徒给他的其他种种头衔。为了让上帝的圣使者恩待我们，尽其所能为我们服务，我们只要尽人性所能，像他们一样敬虔地对待上帝——因为他们就是效仿上帝的——尽可能使我们对他儿子，逻各斯的观念，与圣天使所

---

① 《希伯来书》1:14。
② 在 *de Princ.* I, 8, 1 这是天使长米迦特有的职责，在犹太传统中也一样 [见 W. Bousset and H. Gressmann, *Die Religion des Judenthums* (1926), p. 327].
③ 暗示柏拉图《斐德鲁篇》247C。
④ 参《诗篇》49:1；81:1；85:8；95:4；135:2。
⑤ 参《提摩太前书》2:1。
⑥ 这里，奥利金指出，严格地讲，祷告应当只向父献上，"甚至不是向基督本人祷告"，因为他也要求祷告。当然我们向至高上帝的祷告必须借着大祭司传达。因而向基督祷告，可以说是合理的，但这样的祷告是在相对的意义上，不是绝对的意义上说的。见下文，第八卷，第二十六节及第八十七节奥利金的话以及 C. Bigg, *The Christian Platonists of Alexandria* (Znd ed. 1913), pp. 228-229，他从拉丁布道书里引用了大量向圣子的"进发式简洁"祷告。

拥有的更清晰的圣子观不相互冲突，在清晰性和明确性上，一日比一日更靠近他们的观念。①因为塞尔修斯没有读过我们的圣经，自己回答自己的问题，却把它当成是我们的观点，似乎我们回答说，为人的益处而从上帝降临的天使是"某种别的存在者"；还说，我们"很可能"会说是"鬼魔"。塞尔修斯没有注意到，鬼魔这个名称不像人这个名称那样，在道德上是中立的，人中间有善人，也有恶人；它也不像诸神的名称那样是善的，诸神这个词不可能用于邪恶的鬼魔或偶像或动物，知道上帝之事的人只会把它应用于真正神圣的蒙福的存在者。鬼魔这名字总是指称没有粗俗形体的恶鬼，他们引导人偏离正道，迷惑人，把人拖离上帝，从诸天之上的世界坠落到属地的事物上。②

6. 然后他对犹太人作了如下陈述："关于犹太人，最令人惊异的一点在于，他们虽然敬拜天和天上的使者，③却拒斥它最神圣也最强大的部分，即日月和星辰，包括恒星和行星在内。他们的行为就好比说，整体可能是上帝，但里面的各部分却不是神圣的。或者说，人由于受巫术蛊惑，陷入黑暗，丧失判断力，崇拜据称靠近他的存在者，或者崇拜做梦看到的模糊的幻影，以为这种崇拜是完全正当的。而那些对每个人如此清晰而明确地说预言的存在者，云、雨、雷、电、热这些为人所崇拜的东西，以及生产和一切具有生产能力的事物，都借着他们得到控制④，上帝也借他们向人显明：他们是高处权能的最明确的传令者，是天上真正的使者（天使）。而这些存在者却被认为无足轻重。"在我看来，塞尔修斯在这些论述中始终是糊涂的，他的阐述建立在他并不理解的传言之上。对于那些检查犹太人的观念，并将它们与基督徒的观念联系起来的

---

① 坡菲利说，天使应当效仿之，而不是求告之：de Regressu Animae frag. 6 Bidez（Aug. de Civ. Dei, IX, 26）。
② 奥利金知道，在希腊圣经里，"δαιμων"这个词从来不在好的意义上使用。参 Augustine, de Civ. Dei, IX, 19。
③ 见第一卷，第二十六节注释。
④ 关于天体是天气的控制者，参 Varro ap. Tertullian, ad Nat. II, 5. 也参 [柏拉图]《伊庇诺米篇》。关于向太阳和星辰祷告的意义，参 Plotinus, IV, 4, 30。

人而言，很显然，犹太人遵循律法书里所记载的上帝所说的话："除了我以外，你不可有别的神。不可为自己雕刻偶像；也不可做什么形像仿佛上天、下地，和地底下、水中的百物。不可跪拜那些像；也不可事奉它。"① 也就是说，他们只敬拜那创造天地和其他一切事物的至高上帝。那么显然，既然那些按照律法生活的人敬拜造天的上帝，他们就不会拿天与上帝一同拜。此外，事奉摩西律法的人，谁也不会敬拜天上的使者；同样，他们也不会敬拜日月星辰，"天上的世界"，他们避免拜天和天上的使者，谨守律法所说的："又恐怕你向天举目观看，见耶和华你的上帝为天下万民所摆列的日、月、星，就是天上的万象，自己便被勾引去敬拜事奉它。"②

7. 此外，塞尔修斯先是想当然地认为，犹太人把天看作上帝，然后说这是荒谬的，指责他们崇拜天，却不崇拜日、月、星辰，因为犹太人这样做"就好比说，整体是上帝，而部分却不是神圣的，这种情形是可能的"。他说的整体似乎是指天，而部分指日月星辰。但是，很显然，无论是犹太人，还是基督徒，都没有说过天就是上帝。不过，我们不妨假设他是对的，犹太人确实断言天就是上帝，也承认日、月、星辰就是天的组成部分（这种说法并非完全正确。同样，地上的动植物就是地的组成部分，这也并非绝对正确）。即使按照希腊人的观点，又怎能说如果某个整体是上帝（神），它的各部分就是神圣的？当然，他们认为整个世界就是神。斯多葛学派说它是第一神，③ 柏拉图主义说它是第二神，④ 还有些人称之为第三神。⑤ 但是，这些人难道认为既然整个世界是上

---

① 《出埃及记》20:3-4。
② 《申命记》4:19。
③ 参 Cicero, *de Nat. Deor.* II, 17, 45; Seneca, *N. Q.* II, 45, 3; Diog. Laert. VII, 137-140; Diels, *Dox. Gr.* 464。
④ 参 Diels, *Dox. Gr.* 305。
⑤ 奥利金很可能想到 Numenius of Apamea, 此人相信三位神，"称第一位神为父，第二位为造主，第三位为产品；在他看来，宇宙就是第三位神……"（Proclus, *in Tim.* 93A = Numenius, *frag.* 36 Thedinga, *frag.* 24 Leemans）。普洛克鲁斯还在 268A, B = *frag.* 39 Thedinga 间接提到这一理论。

帝（神），它的各部分就是神圣的。也就是说，不仅人，而且所有非理性动物都是神圣的，因为它们全是世界的组成部分。此外，植物也莫不如此？既然山川、河流、海洋是世界的组成部分，而世界就是神，所以山川、河流、海洋也就是诸神，能这样推论吗？① 不能。没有希腊人会这样说，当然他们可能会说，掌管江河、海洋的存在者——不论是鬼魔，还是他们所称的诸神——是神。即便在相信神意的希腊人看来，塞尔修斯笼而统之的话，即如果某个整体是上帝（神），这个整体的各部分必然就是神圣的，也是不对的。从塞尔修斯的话可以推出，如果世界是上帝，世界里的一切作为它的部分就必都是神圣的。照此观点，就是苍蝇、跳蚤、虫子及各种蛇类，直至雀鸟和鱼类，也必是神圣的。这种观点，即便那些主张世界就是上帝的人也不会赞同。然而，纵然是那些照着摩西律法生活的犹太人，也不知道如何阐释包含某种神秘教义的律法句子的隐秘含义，也没有说过天或天使就是神。

8. 我们说过，塞尔修斯由于误解了道听途说得知的东西，变得糊里糊涂。那就让我们来尽自己所能把它阐述清楚，我们也要表明，虽然塞尔修斯以为拜天和天使是犹太习俗，但这根本不是犹太人的做法，倒是对犹太教律法的一种违背，正如拜日月星辰，拜偶像是违背犹太教一样。无论如何，你尤其能在《耶利米书》里看到，上帝有话借着先知批评犹太百姓，因为他们拜这些东西，把祭献给天后，献给天上万象。② 基督徒的圣经在指责犹太人的罪恶时，明确指出，当上帝因那个民族所犯的某些罪而抛弃他们时，其中就包括了这种罪。《使徒行传》写到犹太人时说："上帝就转脸不顾，任凭他们事奉天上的日月星辰，正如先知书

---

① J. Geffchen, *Zwei griechische Apologeten*, p.263 注意到，奥利金的话与 Carneades 的话相似，如 Sextus Emp. *adv. Math.* IX, 182-190 引用的 "如果宙斯是神，那波塞冬也是神……如果波塞冬是神，阿刻罗俄斯（Achelous）也必是神；如果阿刻罗俄斯是神，奈洛斯（Neilos）也是；奈洛斯若是，那每条河都是；每条河都是，每条溪也必是；溪若是，那湍流也是。然而，溪流不是神，依此类推，宙斯也不是神。但是，假如真的有神，宙斯就应当是神。因而，根本没有神……"（Loeb 丛书 R. G. Bury 译本）类似的有 Cicero, *de Nat. Deor.* III, 17, 44 ff; Lactantius, *Div. Inst.* II, 5。

② 参《耶利米书》51:17; 7:17—18; 19:13。

上所写的说：以色列家啊，你们四十年间在旷野，岂是将牺牲和祭物献给我吗？你们抬着摩洛的帐幕和理番神的星，就是你们所造、为要敬拜的像。"① 保罗在犹太教义上受过严格的系统教育，后来因看到耶稣的异象而转变为基督徒，他在《歌罗西书》里说了这样的话："不可让人因着故意谦虚和敬拜天使，就夺去你们的奖赏。这等人拘泥在所见过的，随着自己的欲心，无故地自高自大，不持定元首。全身既然靠着他，筋节得以相助联络，就因上帝大得长进。"② 塞尔修斯既不曾读过也不曾听过这些话，出于某种不明的原因，他就得出结论说，犹太人拜天和天使并不违背律法。

9. 他因为仍处于困惑状态，没有仔细思考这个话题，就猜测，既然人一念符咒，就会出现鬼魔，那么犹太人拜天使是受了法术、巫术中使用的符咒的驱使。他没有认识到，这里也同样，做这些事的人违背了律法上所说的"不可偏向那些交鬼的和行巫术的；不可求问他们，以致被他们玷污了。我是耶和华你们的上帝"③。既然他注意到犹太人是守法的，④还说他们就是按着律法生活的人，那么他就完全不应当把这样的事归到犹太人头上；如果他要这样做，就应当表明，他们只要做这样的事，就是违背律法的犹太人。此外，正如"拜存在者"的人是违背律法者，因为他们"受巫术蛊惑，陷入黑暗，丧失判断力"，"做梦看到模糊的幻影"，崇拜"据称靠近"这些人的事物。同样，那些向日月星辰献祭的人，也完全可以视为违背律法者。同一个人，既说犹太人避免拜日月星辰，又说他们不忌讳拜天和天使，这实在是不明智的。

10. 我们这些不拜天使，不拜日月星辰的人，若是要在拒斥拜可见、

---

① 《使徒行传》7:42—43。
② 《歌罗西书》2:18—19。
③ 《利未记》19:31。
④ 参第五卷，第二十五节塞尔修斯的话。

可感的诸神（希腊人这样称呼他们①）时捍卫自己的观点，就会说，摩西律法知道，上帝把这些事物分派"给天下万民"，而没有分派给那些上帝从地上万民中拣选出来，作为某种特定的"分"②的人。无论如何，《申命记》里记着："又恐怕你向天举目观看，见耶和华你的上帝为天下万民所摆列的日、月、星，就是天上的万象，自己便被勾引敬拜事奉它。耶和华将你们从埃及领出来，脱离铁炉，要特作自己产业的子民，像今日一样。"③因而，希伯来民被上帝称为"被拣选的族类"，"有君尊的祭司"，"是圣洁的国度"，"是属上帝的子民"④。关于他们，主耶和华有声音给亚伯拉罕，对他说："'你向天观看，数算众星，能数得过来吗？'又对他说：'你的后裔将要如此。'"⑤一个民族既有望成为天上众星，就不可能再崇拜它们。他们只要领会并谨守上帝的律法，就必能成为如同众星。此外，经上有话对他们说："耶和华你们的上帝使你们多起来。看哪，你们今日像天上的星那样多。"⑥《但以理书》里也有预言说复活的时候他们必这样："那时，你本国的民中，凡名录册上的，必得拯救。睡在尘埃中的，必有多人复醒，其中有得永生的，有受羞辱、永远被憎恶的。智慧人必发光，如同天上的光；那使多人归义的，必发光如星，直到永永远远。"⑦也正因此之故，保罗在讨论复活时说："有天上的形体，也有地上的形体。但天上形体的荣光是一样，地上形体的荣光又是一样。日有日的荣光，月有月的荣光，星有星的荣光；这星和那星

---

① 参第四卷，第五十六节。斐洛 de Poif. 27 说，天乃是"可见、可感之诸神"的家。亦见 de Sp. Leg. I, 13-14；de Aetern. Mundi, 46。
② 参《申命记》32:9。
③ 《申命记》4:19—20。亚历山大学派 (the Alexandrines) 解释这句经文说，上帝把天体赐给异教徒崇拜，免得他们完全没有对上帝的信念，也叫他们上升到更高的事物。参 Clem. Al. Strom. VI, 110, 3；Origen, Comm. in Joann. II, 3。
④ 《彼得前书》2:9。
⑤ 《创世记》15:5。
⑥ 《申命记》1:10。
⑦ 《但以理书》12:1—3。

的荣光也有分别。死人复活也是这样。"①

这样,那些得了教训,高贵地上升到一切受造物之上的人,因过着十分良善的生活而有望从上帝获得佳美恩福的人,听过经上的话"你们是世上的光","你们的光也当这样照在人前,叫他们看见你们的好行为,便将荣耀归给你们在天上的父"②的人,训练自己获得熠熠发光、纯洁无瑕的智慧,甚至获得那永恒之光的光辉③的人。这样的人,不可能惊异于可见的日月星辰的光,更不可能因为它们可见的光就莫名其妙地自视为在它们之下,从而崇拜起它们来。因为他们拥有伟大的理智和知识之光、"真光"、"世界的光"、"人的光"④。即便他们要拜它们,也不应因着使大众惊异的可见之光而拜,乃要因着理智的真光,假设天上的星辰也是理性的、良善的存在者,⑤被那源于"永恒之光的光辉"⑥即智慧的知识之光照亮。此外,尽管它们的理智光可能出于它们所拥有的自由选择,但它们的可见光乃是宇宙之造主的作品。

11. 然而,能看见并明白真光的人,甚至不会去拜它们的理智之光,因为星辰唯有分有真光才能发光,不是因哪个看见上帝,真光之父的人而发光。经上有句话说得好:"上帝就是光,在他毫无黑暗。"⑦那些因日月星辰的光可见又属天而崇拜它们的人,就不会拜地上的火花和灯,因为他们看到,他们认为值得一拜的光比起火和灯的光来,具有无可比

---

① 《哥林多前书》15:40—42。
② 《马太福音》5:14,16。
③ 参《所罗门智训》6 章 13 节;7 章 26 节。
④ 《约翰福音》1:9;8:12;9:5;1:4。
⑤ 星辰是属灵的存在者,是柏拉图(《蒂迈欧篇》40B)和斯多葛学派 (*S. V. F.* II, 686 ff) 的观点。奥利金在《约伯记》25:5 发现这一观点,"在他眼前,星宿也不清洁",这暗示它们必可能犯罪 (*Comm. in Joann.* I, 35)。参下文第八卷,第六十七节以下,*de Princ.* I, 7, 2;*Comm. in Matt.* XIII, 20。他在 *de Princ.* II, 11, 7 并不这样肯定,而认为这是一个当圣徒上天之后才能回答的问题。关于这一讨论,见 Huet's *Origeniana* II, 8 (Lommatzsch, XXIII, 115 ff)。有趣的是,安波罗修 (*Ep.* XXXIV, 7) 采纳了奥利金的观点。
⑥ 《所罗门智训》7 章 26 节。
⑦ 《约翰一书》1:5。

拟的优越性。同样，那些已经知道为何"上帝就是光"，明白上帝之子为何就是"那真光，照亮一切生在世上的人"①，也理解他所说的"我是世界的光"所指的含义的人，不可能去拜日月星辰的光，因为与上帝也就是真光之光相比，它不过是一点幽暗的火花而已。

我们这样论说日月星辰，不是想要贬损上帝的众多造物，也不是因为我们对阿那克萨哥拉（Anaxagoras）说它们是"一块块的热金属"②，而是因为我们认识到上帝那无以形容的卓越神性，以及他那远在万物之上的独生子的卓越神性。我们还相信，太阳本身以及星月都是借着他的独生子向至高上帝祷告，所以我们认为不可把自身也要祷告的事物当作垂听祷告的对象，因为即便它们也希望我们求助于上帝（它们也向上帝祷告），而不是把我们降低到它们的水平，或者离开上帝擅自回应我们的祷告，并妄自居功。

我还会用这一例子阐明我对它们的看法。③当我们的救主和主一次听到有人称他"良善的夫子"，就引导说话人诉求于他的父，说："你为什么称我是良善的？除了上帝一位之外，再没有良善的。"④父之爱子⑤这话若是说得没错，他是上帝良善的像，那么太阳岂不更应对拜它的人说："你为何拜我呢？'当拜主你的上帝，单要事奉他。'⑥我和我的同伴都拜他、事奉他。"有人若是不如太阳高贵，就应当同样地向那能使他健全的上帝的逻各斯祷告，更不要说向他的父祷告了，这位父还向早期的义人"发出道，医治他们，使他们脱离困苦"⑦。

12. 上帝出于良善临到人，不是空间意义上的临到，乃是在他神意中

---

① 《约翰福音》1:9。
② Diog. Laert. II, 8 "他主张，太阳是块热金属，比伯罗奔尼撒半岛（Peloponnese）大。"参 Diels, *Dox. Gr.* 348；Josephus, *c. Ap.* II, 265, 等等。
③ 奥利金在 *Exh. Mart.* 第七节里用同样的例子阐明同样的观点。
④ 《马可福音》10:17—18；《路加福音》18:18—19。
⑤ 《歌罗西书》1:13。
⑥ 《马太福音》4:10。
⑦ 《诗篇》151:20（和合本无此章节，中译者根据英文直译。——中译者注）。

临到，①上帝的儿子不只是在那段特定时期与门徒同在，而且永远与他们同在，以成全他所应许的"我常与你们同在，直到世界的末了"②。既然"枝子若不常在葡萄树上，自己就不能结果子"③，那么显然，逻各斯的门徒，真葡萄树即逻各斯的属灵枝子，若不常在这真葡萄树上，就不能结美德的果子，这真葡萄树就是上帝的基督，他在空间上降到地上，永远与我们同在。他处处与那些紧靠他的人同在，甚至处处与那些不知道他的人同在。福音书作者约翰清楚地表明了这一点，他引用施洗约翰的话，说："有一位站在你们中间，是你们不认识的，就是那在我以后来的。"④这位充满了天地，又说："耶和华说：'我岂不充满天地吗？'"⑤他与我们同在，在我们身边（因为我相信他说的话："耶和华说：'我是近处的上帝，不是远处的上帝'"⑥），因而，试图向并未渗透整个世界的事物诸如太阳、月亮或某个星宿祷告，是错误的。

但是，不妨假设——引用塞尔修斯的原话——"日、月、星辰确实预示了云、雨、雷、电、热"。它们既然预言了如此重要的事，我们岂不应当敬拜它们，通过显示预兆事奉的上帝，敬畏他，而不是他的预言者？假设它们还预言"生产和一切有生产能力的事物"，所有这类事物都在它们的掌控之下，即便这样，我们也不会因此去拜这些自身拜上帝的事物，正如我们不会拜摩西和他之后的人，尽管他们借着神圣启示预言了比云、雨、雷、电、热、果以及物质世界的整个生产力更为重要的事。此外，即使日、月、星辰能预言比雨等更重要的事，即便如此，我们也不会拜它们，而要拜那借着它们显示预兆的创造者，拜为它们做中保的上帝的逻各斯。

---

① 参上文第四卷，第五节和第十二节；Philo, *de Conf. Ling.* 134 ff。
② 《马太福音》28∶20。
③ 《约翰福音》15∶4—6。
④ 《约翰福音》1∶26。
⑤ 《耶利米书》23∶24。
⑥ 《耶利米书》23∶23（和合本此节译文为："我岂为近处的上帝呢？不也为远处的上帝吗？"——中译者注）。

另外，假定它们是他的"传令者"，"真正属天的使者"，那又怎样呢？我们岂不应当拜它们所宣告和传扬的上帝，而不是他的传令者和使者？

13. 塞尔修斯以为我们把日、月、星辰看作是无足轻重的。但我们相信，即便是它们，也在等候"上帝的众子显出来"，并"因那叫它们如此的"，暂时服在物质形体的虚空之下。① 塞尔修斯若是读过我们关于日月星辰所说的其他数不胜数的话，诸如"放光的星宿，你们都要赞美他！""天上的天和天上的水，你们都要赞美他！"② 他就不会认为我们说过大大赞美上帝的众多天体是无足轻重的这样的话。塞尔修斯也不知道以下这段话："受造之物切望等候上帝的众子显出来。因为受造之物服在空虚之下，不是自己愿意，乃是因那叫他如此的。但受造之物仍然指望脱离败坏的辖制，得享上帝儿女自由的荣耀。"③

到此，我们对指控我们不拜日月星辰的驳斥和辩护就可以告一段落了。接下来我们要引用下一段话，然后借着上帝的恩典对之进行批驳，这是真理之光要赐给我们的。

14. 以下就是他说的话："他们还愚蠢地认为，上帝一用上火（像个厨子！），④ 其他所有人都要被烧死，唯有他们能幸存下来，不仅包括那些当时活着的人，还有那些老早死去，却要从泥土里复活，穿戴和以前一样身体的人。⑤ 这只是虫豸们的盼望。试想，什么人的灵魂能妄想再得已经腐烂的身体呢？事实上，你们[犹太人]中有些人，还有些基督徒都并不接受这样的教义，⑥ 这就表明其令人厌恶之处。它既是令人厌恶

---

① 《罗马书》8：19—20；类似的解释见 de Princ. I, 7, 5; Exh. Mart. 7; Comm. in Rom. VII, 4。
② 《诗篇》148：3—4。
③ 《罗马书》8：19—21。
④ 关于地狱之火，参第四卷，第二十三节；第七卷，第九节塞尔修斯的话。
⑤ 参第八卷，第四十九节塞尔修斯的话。Tertullian, Apol. 48; de Anima, 56; de Carnis Resurr 代表了教会奉行的观点。
⑥ 犹太人中拒斥复活教义的有撒都该人，还有其他一些人[见 Bousset and Gressmann, Die Religion des Judenthums (1926), pp. 273 f]；基督徒中有诺斯替主义者。参 Irenaeus, V, 13, 2 (Harvey, II, 356); Tertullian, de Carnis Resurr. pp. 48-49。

的，也是不可能的。请问，有哪种身体在完全朽坏之后，还能恢复原初的本性，回到它未分解前所具有的状态？他们因无言以答，于是就拿最可耻的话作遁词，说'在上帝，什么事都是可能的'①。 然而，事实上，上帝既不能做可耻的事，他也不希望有逆性的事。你们若是出于邪恶向往某种可憎之事，即便是上帝也不能做这样的事，你们也根本不能指望自己的愿望会实现。因为上帝不是罪恶欲望的发动者，也不是混乱无序的制造者，乃是本质上公义而正当之事的主。上帝完全可以为灵魂提供永生，但如赫拉克利特所说：'当尸体变得比粪土还臭时，就得扔掉了。'② 至于肉身，因充满了羞于提及的东西，上帝既不会愿意，也不可能违背理性使它永恒。因为上帝本身乃是一切存在之物的理性，因而他不能做任何违背理性或他自己特性的事。"

15. 首先来看看，他怎样讥笑世界大火的观念——这是某些希腊人也主张的理论，而他们的哲学是不容忽视的，③企图表明当我们教导世界大火的教义时，就是把上帝变成厨子。他没有认识到，按照某些希腊人的观点（很可能是从非常古老的希伯来人那里借用来的④），降临到世界的火具有洁净功能，并且很可能应用于每一个需要用火及其治疗功能来审判的人。火能燃烧，但对那些并无需用火来烧毁物品的人，它并不完全烧灭他们，而那些以自己的行为、言语、思想在根基上建造"草本、禾秸"⑤的（如比喻意义上所说的），火烧起来，把他们全都烧灭。圣经说，主耶和华"如炼金之人的火，如漂布之人的碱"⑥，哪个人需要，就临到哪个人，因为这些人可以说已经掺杂了源于罪的质料之邪恶

---

① 关于这个问题的讨论，见英译者在 *Harv. Theol. Rev.* XLI (1948), pp. 83 ff 的评注，以及 R. Walzer, *Galen on Jews and Christians* (1949), pp. 28 ff。
② *Frag.* 86 Diels.
③ 斯多葛学派。
④ 参第四卷，第二十一节。
⑤ 《哥林多前书》3:12。
⑥ 《玛拉基书》3:2。

洪水。所以我说，他们需要火，使那些掺杂了铜、锡、铅的人得到提炼。任何有兴趣的人，都可以从先知以西结那里了解这些事。①

我们没有说"上帝像厨子那样用火"，而是说上帝是那些需要苦难和烈火来锤炼的人的施恩者，这一点先知以赛亚也可以作证。经上记载他曾对一个罪恶的民说："因为你们有炭火可坐其上，它必对你们有益。"② 逻各斯使自己成为众多圣经读者所能接受的样子，明智地借助隐喻说出威胁的话，以恐吓那些无法以其他途径脱离邪恶之洪水的人。然而，即便这样，敏锐的人还是会发现一点迹象，洞悉用威胁和患难来折磨这些人究竟是为了什么目的。现在，我们只要引述《以赛亚书》里的话就足够了，"我为我的名暂且忍怒，为我的颂赞向你容忍，不将你剪除。"③ 尽管单纯的信徒只能接受与他们自己的水平相当的初级语言，不能对他们直接讲真理，但是我们不得不提及真理，免得有人以为当塞尔修斯说"上帝像厨子一样用火"时，我们任其攻击，而不作任何驳斥。

16. 稍有智力的人都会从以上所述清楚地知道，我们该如何应对以下的异议："其他所有人全都被烧死，唯有他们将幸存下来。"若是我们中那些经上有话称之为"这世上愚拙的、卑贱的、被人厌恶的，以及那无有的"人持有这种观点，那倒不足为奇，因为"世人凭自己的智慧，既不认识上帝，上帝就乐意用人所当作愚拙的道理拯救那些信的人，这就是上帝的智慧了"④，这些人没有能力清楚认识问题，也不愿意花时间去查考圣经，尽管耶稣说要"查考圣经"⑤。如果他们对上帝所用的火以及将要临到罪人头上的事也持这样的看法，也没有什么稀奇的。我们完全可以这样设想，正如有些话适用于孩子，与他们幼稚的心理相

---

① 参《以西结书》22:18。
② 《以赛亚书》47:14—15（和合本译文为"这火并非可烤的炭火，也不是可以坐在其前的火"，意思似乎与这里相反。——中译者注）。
③ 《以赛亚书》48:9。
④ 《哥林多前书》1:21。
⑤ 《约翰福音》5:39。

应,以便劝勉他们向善,因为他们还太小,只能接受这样的话。同样,就经上称为"这世上愚拙的、卑贱的、被人厌恶的"① 那些人来说,对惩罚的通常解释适合他们,因为他们没有能力接受别的方式皈依、悔改,脱离众多邪恶,唯有用恐吓和惩罚警戒他们。于是圣经说,唯有那些在教义、道德和心灵上完全洁净的,才免遭火的烧灼,才不受惩罚。它又说,不具备这种特点的人,需要按其功过接受火的锤炼的人,就要遭受这些惩罚,直到某个指定的期限。对那些虽然是按着上帝的形象造的,但一直违背作为他的形象的本性意图生活的人,上帝认为何时可以终止惩罚,就何时终止。这就是我们对塞尔修斯所谓的"其他所有人全都被烧死,唯有他们将幸存下来"的驳斥。

17. 此后,由于他或者误解了圣经,或者误解了自己也不知所云的人,于是认为我们说过这样的话:到了借洁净之火临到世界的审判之时,唯有我们基督徒幸存下来,不仅包括当时还活着的人,还有那些早已死去的人。他不明白耶稣的使徒以某种神秘的智慧所说的话是什么意思:"我们不是都要睡觉,乃是都要改变,就在一霎时,眨眼之间,号筒末次吹响的时候。因号角要响,死人要复活,成为不朽坏的,我们也要改变。"② 他既将他们与他自己以及与他处于同样状态的人区分开来——因为他本人绝不是死人,就应当知道说这些话的人究竟是指什么意思。使徒说:"死人要复活成为不朽坏的",又说"我们也要改变"。为证实这就是使徒写下这段我引自《哥林多前书》的话时的本意,我再从《帖撒罗尼迦前书》引用一段话,在那段话里,保罗作为一个活着、醒着、不同于那些睡着之人的人,说"我们现在照着主的话告诉你们一件事:我们这活着还存留到主降临的人,断不能在那已经睡了的人之先,因为主必亲自从天降临,有呼叫的声音和天使长的声音,又有上帝的号吹响"。

---

① 《哥林多前书》1:27—28。
② 《哥林多前书》15:51—52。

然后，他因为知道在基督里死了的人同他本人及与他处于同样状态的人有区别，于是接着说："那在基督里死了的人必先复活，以后我们这活着还存留的人必和他们一同被提到云里，在空中与主相遇。"①

18. 塞尔修斯进而取笑肉身的复活，但这一教义在教会里传讲时，有学识的人能更清楚地理解。我们已经引述过他的话，这里没有必要再次提及。现在我们要尽我们所能，以完全适合于我们读者的方式简要地阐述这一问题，因为本文原是针对信心之外的人的驳斥，是为那些仍然作婴孩，"中了人的诡计和欺骗的法术，被一切异教之风摇动，飘来飘去，就随从各样的异端"②的人而写的。无论是我们自己还是圣经，都没有说过，那些早已死去的人不需要任何改善就能从地里复活，住在同样的身体里面，塞尔修斯说这话是在污蔑我们。我们也听过圣经里许多话以与上帝相配的方式论到复活，但此时只要引述保罗《哥林多前书》里的话就足够了，他说："或有人问：死人怎样复活，带着什么身体来呢？无知的人哪，你所种的若不死就不能生。并且你所种的不是那将来的形体，不过是子粒，即如麦子，或是别样的谷。但上帝随自己的意思给他一个形体，并叫各等子粒各有自己的形体。"③请注意，他这里说所种的不是"那将来的身体"，不过是播撒在地里的子粒，可以说，复活就是从这样的子粒发生的，因为上帝赐给各等子粒各自的形体。种下去的子粒有长成麦穗的，也有长成树木的，如芥子树，或者更大的树，如结橄榄或其他果子的树。

19. "上帝随自己的意思给他一个形体"，所种的子粒是这样，那些可以说种在死里的人也是这样，在适当的时候，上帝按各人的功过，指定给他什么形体，他就从所种的形体里取什么形体。我们也听过圣经里许多段落教导说，那种下去的形体与那复活的形体是有区别的。它说：

---

① 《帖撒罗尼迦前书》4:15—17。参第二卷，第六十五节。
② 《以弗所书》4:14。
③ 《哥林多前书》15:35—38。

"所种的是必朽坏的,复活的是不朽坏的;所种的是羞辱的,复活的是荣耀的;所种的是软弱的,复活的是强壮的;所种的是血气的身体,复活的是灵性的身体。"有能力的人可以进一步领会另一段话所指的含义:"那属土的怎样,凡属土的也就怎样,属天的怎样,凡属天的也就怎样。我们既有属土的形状,将来也必有属天的形状。"使徒虽然想把这个问题上的神秘真理隐藏起来,因为单纯的人领会不了,普通大众的耳朵接受不了,对他们,要按其已有的信念引导他们追求良善生活,然而,为防止有人误解他的话,他在"将来也必有属天的形状"这话之后,不得不接着说:"弟兄们,我告诉你们说,血肉之体不能承受上帝的国,必朽坏的不能承受不朽坏的。"他因为意识到这一教义里包含某种隐秘而神奇的东西,而且对一个把自己深思熟虑的思想写下来,留给子孙后代的人来说是适合的,于是他接着说:"我如今把一件奥秘的事告诉你们。"① 这话通常是针对大众完全看不出来的更深刻、更奥秘的教义说的。因而《多比传》里也写道,"保守国王的秘密是好事";但涉及充满荣耀且适合民众的事,它又说"上帝所做的工应当大大地宣扬"②,用他们所能理解的语言阐述真道。

因而,我们的盼望不是虫豸的盼望,我们的灵魂也不是渴望已经腐烂的身体。灵魂虽然可能需要一个形体,以便能从此地到彼地,但它只要学过智慧,如经上所说的"义人的口学习智慧"③,就明白在地上房屋里所建要拆毁的帐棚与义人所背的帐棚本身是不同的,义人因背着这帐棚而叹息,不是因为他们愿意脱去这个帐棚,乃是因为愿意穿上那个帐棚,"好叫这必死的被生命吞灭了"④。既然身体的本性是必然要完全朽坏,这必死的帐棚就必穿上不朽坏,而它的另一部分,就是那因罪而

---

① 《哥林多前书》15:42—44,48—49,50—51。
② 《多比传》12章7节。
③ 《诗篇》36:30(和合本为37:30,译作"义人的口谈论智慧"。——中译者注)。
④ 参《哥林多后书》5:1—4。

成为必死的、能死的部分，就必穿上不死；这样，必朽坏的就穿上不朽坏的，必死的穿上不死的，到那时，久远之前众先知所预言的话，即死被得胜吞灭，① 就要应验，因为它曾征服我们，做我们的王；死的毒钩也被吞灭，它曾用这毒钩刺痛还未得到完全保护的灵魂，使灵魂在因罪而来的伤痛中备受折磨。

20. 到此，我们已经尽可能地对复活教义作了部分阐述（我们在另外地方专门写过这一教义，对这个话题作了详尽的论述②）。现在，合乎情理的事是，我们得回过头来处理塞尔修斯的话。他既没有理解我们圣经里的教训，也没有能力判断以下这种观点是不当的：认为那些对基督教教义仅有信仰而没有任何深刻理解的人，可以表述那些智慧人所说的含义。我们要表明，有些人纵然有理性洞察力、辩证思维能力，不可等闲视之，却相信完全荒诞的观念。人若是可以讥笑别人相信老妇人才信的无聊故事，那么他们岂不比我们更该为人耻笑。

斯多葛学派主张，宇宙定期经历一次大火，大火之后又恢复秩序，万事万物与先前的样子没有什么分别。凡尊重这种理论③的人都说，此一时期与前一时期发生的事件之间只有一点点极其细微的分别。这些人又说，在随后的时期发生的事就完全相同：苏格拉底又将是苏夫洛尼司库（Sophroniscus）的儿子，又是雅典人；法厄娜勒特（Phaenarete）又嫁给苏夫洛尼司库，生下这个儿子。因此，他们虽然没有用"复活"这个词，但他们既说苏格拉底又由苏夫洛尼司库的精子孕育在法厄娜勒特的肚腹里，在雅典受教育，然后成为哲学家，又产生与他先前的哲学相似的思想，与先前的苏格拉底没有什么分别，那么至少他们有复活这种观

---

① 参《哥林多前书》15:54。
② 这是一篇早期作品，de Princ II, 10, 1 提到过。奥利金对复活写过两本书和两篇对话，合起来可算作四卷。唯有残篇保存下来；收在 Lommatzsch, XVII, 53-64 里出版。
③ 关于这一理论，见第四卷，第六十七节及第六十八节。有些后期斯多葛主义者拒斥这种理论，著名的有 Panaetius (Diog. Laert. VII, 142; Cicero, de Nat. Deor. II, 46, 118; Diels, Dox. Gr. 469) 和 Boethus (Philo, de Aetern. Mundi, 78 ff)。克莱门暗示它与基督教的复活观相似 (Strom. V, 9)。

念。此外，阿尼图斯和梅勒图斯也作为苏格拉底的指控者复活，阿勒奥帕古斯的大会（council of the Areopagus）再次定他的罪。更为可笑的是，苏格拉底将穿上与前世没有什么分别的衣服，同样贫穷，住在一个与先前没有分别的称为雅典的城里。法拉里（Phalaris）重新成为一个僭主，与前世同样残忍，要定与先前没有分别的那些人的罪。我又何须列举斯多葛学派哲学家关于这些事所主张的理论呢？尽管塞尔修斯并不取笑它，甚至很可能尊敬它，因为他认为"芝诺比耶稣有智慧"。

21. 另外，毕达哥拉斯主义和柏拉图主义虽然认为整体是不可毁灭的，但仍然陷入同样的谬论。因为在某些固定的循环中，星辰采取同样的构造，彼此之间保持同样的关系，所以他们说，既然宇宙中星宿的彼此关系不变，地上的一切也保持与上次同样的位置。① 根据这种理论就不可避免地推出，经过一个长时期之后，星宿的相互关系变得与苏格拉底时代曾有过的关系一样，苏格拉底必再次出生于同样的父母，忍受同样的抨击，受到阿尼图斯和梅勒图斯的指控，被阿勒奥帕古斯大会定罪。此外，埃及人中有类似传统的博学者是否受到塞尔修斯及其同类的尊敬，而不是嘲笑？至于我们，我们认为上帝按着各人自由意志的状况关注宇宙，并尽可能始终引导它向更好的方向变化，也知道我们的自由意志必接受各种各样的可能性（因为它不可能获得上帝完全不可变的本性），在他看来，难道我们是在说根本不值得探索和研究的事吗？

22. 但是，不要让人以为，我们这样说，就成了那些虽然被称为基督徒，但否认圣经里的复活教义的人。因为他们的观点导致的结果是，可以这样说，他们根本不能表明，麦穗是从麦种来的，树木是从树种来的。而我们相信，种下的若不死，就不能重生，也相信所种的不是那将来的形体。因为"上帝随自己的意思给它一个形体"。所种的是必朽坏

---

① 参柏拉图《蒂迈欧篇》39D。关于大年（Great Year），见 W. L. Knox, *St Paul and the Church of the Gentiles* (1939), pp. 2 ff；W. Gundl, art. "Planeten", in P.-W. XX, 2 (1950), 2095 f。

的，复活的是不朽坏的；所种的是羞辱的，复活的是荣耀的；所种的是软弱的，复活的是强壮的；所种的是血气的身体，复活的是灵性的身体。① 我们既保守基督教会的教义，也保守上帝伟大的应许，确定它不仅可以论断，也同样可以论证。因为我们知道，即使天地及其间的事物都废去，论到每一个教义的话也绝不会废去，它们就像一个整体的各个部分，一个类别的各种形式，是那太初就与上帝同在的神圣逻各斯②说出来的。因为我们愿意听从那说"天地要废去，我的话却不能废去"③的人。

23. 因而，我们不会说身体朽坏之后将"恢复其原初的本性"，正如麦粒朽坏了，就不会再恢复成为原来的麦粒。我们所主张的是，正如从麦粒长出麦穗，同样，身体里存在某种原则是不朽坏的，身体就从这种原则复活为不朽坏的。而正是斯多葛学派说"身体完全朽坏之后，就恢复到原初的本性"，因为他们相信这样的理论，世界的各个时期都是没有分别的；也正是他们说，它将重新成为"分解之前曾有的最初状态"，以为基于逻辑必然性就可以证明这一点。我们没有逃避到最可耻的避难所，说在上帝任何事都是可能的。我们知道自己不会把"任何事"这个词理解为不存在或难以想象的事物。④ 不过，我们确实认为"上帝不可能做可耻的事"，否则，上帝就不可能是上帝了。也就是说，上帝若做什么可耻的事，他就不是上帝。⑤

但当他论断上帝也"不希望有逆性的事"时，我们不得不对他的话作出一点区分。如果有人说恶就是有逆性的东西，那我们也主张上帝不

---

① 参《哥林多前书》15:36—44。
② 《约翰福音》1:1。
③ 《马太福音》24:35。
④ 关于上帝全能（divine omnipotence）的限定，参第三卷，第七十节；de Princ II, 9; IV, 4, 8; Comm. ser. in Matt. 95. （拉丁语的大意是）："就上帝的能力来说，不论义与不义，在他凡事都是可能的；但就他的公义来说，在他不义之事是不可能的。"
⑤ Euripides, frag. 292 ει θεοι τι δρωσιν αισχρον, ούκ εισιν θεοι。（大意是：只要有什么不名誉的事，神都是没有参与的。）引语已是陈词滥调；参 (Ps. -) Justin, de Monarchia 5; Plutarch, Mor. 21A, 1049F。

希望有逆性的事物,既不想有出于罪的事物,也不想有以非理性方式做成的事。但如果他的意思是指按着上帝的道和他的旨意成就的事,那么显然,那必不是与本性相逆的事;因为上帝的行为尽管可能是不可思议的,或者在某些人看来似乎如此,但绝不是背逆本性的。我们若是必须得用不可思议这个词,我们会说,与通常认为合乎本性的事相比,上帝有时所做的有些事确实超越于本性,比如超乎人的本性把他提升起来,使他变成更优秀、更神圣的人,并且使他保守这样的状态,只要被保守的人以自己的行为表明他渴望上帝这样做。

24. 我们既已表明上帝不愿意做任何不正当的事,否则就意味着他不再是上帝,现在就要说,如果有人出于邪恶,渴望什么"可憎之事",上帝是不会允许的。不过,这里我们不是意在与塞尔修斯唱对台戏,而是认真地考察它们,愿意承认"上帝不是罪恶欲望的发动者,也不是混乱无序的制造者,乃是本质上公义而正当之事的主",因为他是一切善事的始作者。另外,我们承认"他能为灵魂提供永生",还要说,他不仅能够,而且实际上就是这样做的。对于塞尔修斯最后的话,我们没有任何异议。他所引的赫拉克利特的句子"当尸体比粪土还臭时,就得扔掉了",也没有问题。但有人甚至可能就此事说,尽管粪土应当抛弃,但对人的尸体,出于对曾住在里面的灵魂的尊重,不可抛弃,倘若那是一个具有美好品质的灵魂,就更是如此了。因为按照好的习俗,应当以与他们的品性相称的最大荣耀埋葬他们,尽可能不要在灵魂离开身体之后就把身体抛弃,就像对待动物尸体那样,① 免得侮辱曾住在里面的灵魂。因而,我们不可以为上帝会违背理性希望麦粒永生,而不是从它长出来的麦穗永生,或者希望种在朽坏里的身体永生,而不是复活为不朽坏的身体永生。再说,在塞尔修斯看来,"万物的理性就是上帝本身"。但是我们相信这理性应是他的儿子。用我们

---

① 参第四卷,第五十九节。

关于子的哲学来说，"太初有道，道与上帝同在，道就是上帝。"① 我们也愿意认为"上帝不能做任何与理性或与他自己的特性相反的事"。

25. 我们再来看看塞尔修斯下面的段落，这段话如下："现在，犹太人成了一个单独的民族，按照他们国家的习俗制定律法。他们目前在本民族中遵守这些律法，并且遵守一种可能非常独特但至少属于传统的崇拜。在这一方面，他们与其他民族一样，因为每个民族都遵从自己的传统习俗，不论所确立的是什么样的习俗。情形之所以会如此，不仅因为不同的人开始以不同的方式思考，保护既定的社会习惯必不可少，而且因为起初地上的各部分被划分给不同的管理者，这样就在一些权威之间分而治之。② 事实上，每个民族所奉行的习惯只要使管理者喜悦，就是正当的；而抛弃从一开始就存在于各地的习俗，则是不敬的。"这里，塞尔修斯认为，犹太人最早是埃及人③，后来成为一个单独的民族，制定了现在仍然遵守的律法。他还说——我们不是要重复已经引述的塞尔修斯的话——最终他们遵守自己的传统仪式，就如同其他民族遵守自己的传统习俗一样。关于犹太人最终为何遵守自己的传统习俗，他阐述了比较复杂的理由，暗示每个民族的律法都是那些有幸成为地上管理者的人与立法者合作制定的。因而，他似乎指出，某人或某些人监管着犹太人的土地和土地上的居民，而犹太人的律法就是由他或他们与摩西合作制定的。

26. 他说，人应当遵守律法，"不仅因为不同的人开始以不同的方式思考，保护既定的社会习惯必不可少，而且因为起初把地上的各部分划分给不同的管理者，这样就在一些权威之间分而治之。"然后他似乎忘了先前说过指责犹太人的话，现在也把他们纳入恪守自己的传统习俗的人中间，予以普遍赞赏，说："事实上，每个民族所奉行的习惯只要使管理者喜悦，就是正当的。"请想一想，从他的话里岂不可以明显看出，他希

---

① 《约翰福音》1:1。
② 参第八卷，第三十五节，第五十三节和第六十七节。
③ 参第三卷，第五节以下。

望那按自己的律法生活的犹太人不要抛弃律法，因为若那样做了，就是不敬的。他说："而抛弃从一开始就存在于各地的习俗是不敬的。"

为驳斥这一点，我想问他或那些与他持有同样看法的人，究竟会是谁从起初时把地上的各个部分分配给各个管理者，尤其是把犹太人的地和民分给那得以管理他们的存在者（beings）？是宙斯——塞尔修斯会用这个名称——把犹太民族及其土地分派给某个或某些神灵（power），并且希望获得犹太地的神灵为犹太人制定这样的律法吗？抑或这样的事是违背他的旨意的？不论塞尔修斯怎样回答，你都会看到，这样的观点必陷入重重困境。而如果地上各部分不是由某者分配给各自的管理者，那么各人占有各自的疆域只能是出于机遇，是偶然的，不曾委托什么管理者。① 然而，这是荒诞无稽的，在很大程度上也取消了至高上帝的神意。

27. 谁若愿意，可以解释地上各部分如何在某些权威之间分而治之，如何得到那些管理它们的人治理。也请他告诉我们，每个民族所奉行的习俗为何只要能取悦于管理者就是正当的，比如，斯基台人（Scythian）允许弑亲的法律是否正当，波斯人不禁止母亲嫁给自己的儿子或者父亲娶自己的女儿的法律是否正当。我又何必选择那些致力于不同民族的法律的人所收集的例子，反驳各个民族只要以取悦于管理者的方式守法就是正当的？请塞尔修斯告诉我们，违背允许男人娶女儿为妻的法律，或者认定被勒死是有福的法律，或者断言把自己投入火中和自焚而死的人就得完全的洁净的法律，为何是不敬的。我们知道，陶立亚人（Taurians）把陌生人作祭品献给阿耳忒弥斯（Artemis），有些利比亚人把孩子献祭给克洛诺斯，违背这些人的法律怎么就是不敬的呢？② 从塞尔修斯的观点可以合乎逻辑地

---

① 参 Origen, *Hom. In Iesu Nave*, XXIII, 3 关于天使的类似论述。
② 奥利金所列举的四个例子，在关于道德规范和宗教习俗关系的传统讨论中是常用的例子；参英译者在 *J. T. S.* XLVIII (1947), p. 35 的论述，关于这一主题，参例如，Lucian, *Jupp. Trag.* 42. 关于绞死的宗教意义，参 J. G. Frazer, *The Golden Bough* (3rd ed.), *Adonis, Attis, Osiris* (1914), I, pp. 288-297; 关于火葬有利于人死后灵魂上升，参 Cumont, *Lux perpetua*, p. 390, 但这种观点并不普遍；参 A. D. Nock, "Cremation and Burial in the Roman Empire", in *H. T. R.* XXV (1932), pp. 321-359.

推出这样的结论,犹太人若是违背传统律法的规定,即不可拜别的上帝,只能拜宇宙的造主,乃是不敬的。按照他的看法,敬虔不是本性神圣的,而是一个任意决定和武断的问题。因为在某些人中,拜鳄鱼,吃其他民族所拜的动物是敬虔的,而在另一些人中,拜牛犊就是敬虔的,还有些人把山羊视为神就是敬虔的。这样说来,同一个人按一种律法行事是敬虔的,按另一种律法行事却是不敬的,这岂不是最荒谬之事。

28. 不过,对此完全可以这样回答,人恪守传统习俗就是敬虔的,只要他不同时遵守其他民族的习俗,就绝不是不敬的;再者,有些人认为不敬的人,只要他按传统习俗拜自己的神,反对并销毁那些立有相反律法的人的神,就不是不敬的。请想一想,他对公义、圣洁、敬虔这些概念的理解,岂不显得相当混乱不堪,没有明确的界定,也没有独特的本性,没有标出什么样的行为能使人成为敬虔的人?如果把敬虔、圣洁和公义看作是相对的,以至同样的事在不同的环境中,根据不同的法律,既是敬虔的,又是不敬的,那我们岂不也该合乎逻辑地把自制、勇敢、明智、知识和其他美德都看作是相对的?① 没有比之更荒谬的事了。

以上所说虽是简单而普通的论证,却足以驳斥我们所引的塞尔修斯的话。但是我们考虑到,有些对这些问题能够更深入考察的人可能会读本书,所以我们要冒昧阐述一些较为深奥的真理,对地上不同的区域如何从一开始分派给不同的管理者这个问题包含某种深奥而神秘的解释。我们要尽我们所能表明,我们提到的这一教义没有任何荒谬之处。

29. 在我看来,塞尔修斯似乎误解了关于地上区域划分的某些极其神秘的真理。甚至希腊历史也以一定方式触及这些真理,因为它引入这样的观念,某些所谓的神为阿提卡(Attica)彼此争战,② 借诗人之笔让

---

① 斯多葛学派否认美德和邪恶是相对的,参 Chrysippus ap. Galen, *de Hippocr. et Plat. decr.* 7, p. 583, ed. Muller (*S. V. F.* III, 259)。亦见 *S. V. F.* II, 399 - 404。

② 关于雅典娜与波塞冬为阿提卡争战,见 J. G. Frazer on Apollodorus, *Bibl.* III, 14, 1 (117 - 119); A. B. Cook, *Zeus* III, pp. 750 ff。

某些所谓的神声称某些地方与他们密切相关。野蛮人的历史,尤其是埃及人,也表明在所谓的埃及行省的划分问题上有类似的事,因为它说,获得了萨伊斯(Sais)的那个雅典娜还拥有阿提卡。①这样的事,埃及学者可以举出数不胜数的例子,但我不知道他们是否把犹太人及其土地包括在划分之中,是否也把它们分派给某个神灵掌控。关于圣道之外的话,就谈到这里。

我们相信摩西是上帝的先知,是他真正的仆从。摩西在《申命记》里阐述了地上各个民族的划分,"至高者将列邦划定,将亚当的子孙分开,就照上帝使者的数目,立定万民的疆界。耶和华的分,本是他的百姓雅各,他的产业,本是以色列。"②在《创世记》里摩西用故事形式论到列邦的划分,他说:"那时,天下人的口音言语都是一样。他们离开东边迁移的时候,③在示拿地遇见一片平原,就住在那里。"稍后,他说:"耶和华降临,要看看世人所建造的城和塔。耶和华说:'看哪,他们成为一样的人民,都是一样的言语,如今既作起这事来,以后他们所要作的事就没有不成就的了。我们下去,在那里变乱他们的口音,使他们的言语彼此不通。'于是,耶和华使他们从那里分散在全地上,他们就停工不造那城了。因为耶和华在那里变乱天下人的言语,使众人分散在全地上,所以那城名叫巴别(就是变乱的意思)。"④《所罗门智训》论到言语变乱,列邦划分时期的智慧和人民,论到智慧有话说:"此外,当列邦聚在一起策划的邪恶计谋遭到挫败时,她认出义人,保守他在上帝面前无罪,当他想念自己的孩子时就给他力量,使他坚强。"⑤

---

① 参第五卷,第三十四节塞尔修斯的话。关于萨伊斯女神奈伊士(Neith)就是雅典娜,见 Herodotus, II, 62;柏拉图,《蒂迈欧篇》, 21E; Plutarch, *Mor.* 354c; Diod. Sic. V, 57; Pausanias, II, 36, 8; IX, 12, 2。亦见 Hoefer in Roscher's *Lexikon d. Mythologie*, IV, 275-276。
② 《申命记》32:8—9 (和合本译作:"至高者将地业赐给列邦,将世人分开,就照以色列人的数目,立定万民的疆界。 耶和华的分,本是他的百姓;他的产业,本是雅各。"——中译者注)。
③ 这里的"离开东边迁移",和合本则为"往东边迁移",意思大有出入。——中译者注
④ 《创世记》11:1—2, 5—9。
⑤ 《所罗门智训》10 章 5 节 (此段经文为中译者根据英文直译。——中译者注)。

这个问题包含一种非常奥秘的本性，引用"保守国王的秘密是好事"①的话很适合它。因为我们不希望把灵魂如何受困于身体（虽然不是通过轮回转世）的真理扔在一个未受教育的无知听者面前，也不想把圣物给狗，把珍珠丢在猪前。②否则就是不敬，因为那样就意味着泄露上帝智慧的神秘谕言，经上说得好："智慧不会进入图谋诡诈的灵魂，不会住在因罪被押的身体。"③对于以故事的形式一步一步隐晦地阐述出来的教义，这样说明一下就足够了，那些有能力的人可以自己参透这段话的含义。

30. 我们不妨设想，地上列邦原本都使用一种语言，只要他们彼此同意，就继续使用这种神圣语言。他们只要留意属光的事，永恒之光的光辉④，就不会离开东边。这些人一旦离开东边，去留意与东边无关的事物，就发现"示拿地的一平原"，其意思就是"牙齿的摇动"⑤，表示他们事实上已经丧失了赖以维生的东西；他们就住在那里。然后他们渴望收集物质性的东西，与本性上不可能与天联合的事物结合，妄图以物质性之物对抗非物质性之物，说："来吧，我们要做砖，把砖烧透了。"于是，他们使物质性的泥土变得坚硬有力，还想使砖变为石头，把灰泥变成石漆，想借此建造一座城和一座塔，"塔顶通天"，他们这样想，就像拦阻人认识上帝的那些自高之事。⑥每个人都被交给天使，天使多少有点严厉，其性格如何，要看人离开东边的距离远近，是已经走了很远，还是只走了一点点，也要看有多少砖制成了石头，多少灰泥变成了石漆，还有他们所建造的塔造到了什么程度。他们一直在天使手下，直到其放肆行为受到惩罚。每个人都由天使引导，天使把各国的语言放在各人口

---

① 《多比传》12 章 7 节。
② 《马太福音》7:6。
③ 《所罗门智训》1 章 4 节（此节经文根据英文直译。——中译者注）。
④ 《所罗门智训》7 章 26 节。
⑤ 斐洛（*de Conf. Ling.* 68）这样解释；词源基于希伯来词 shēn = tooth, na'ar = shake。
⑥ 参《哥林多后书》10:5。

中，把他们放到该得的地土上。比如有些被引到热带；有的放到备受严寒折磨的国家；有的到了难以耕作的地土；有的引到稍好一点的地方；有的去到满是野兽的地方，而有的来到没有那么多野兽的地方。

31. 以故事形式表述的经文，从字面意思看包含一定真理，同时也暗示某种神秘的真理，如果有人有能力参透，请他也思考一下那些一直保守着一开始所操那种语言的人，那些因为没有离开东边迁移，所以一直住在东边，说着东边语言的人。他要明白，唯有那样的人才成为耶和华的分和他的百姓，也就是雅各，以色列才成为他的产业。① 唯有他们能得到这样一位统治者，他不像别人那样接受臣民是为了惩罚他们。有能力参透的人也要尽他属人的领悟力知道，这些人分派给耶和华做优秀的份，在他们中间，起初所犯的罪是可容忍的，还没有到该完全抛弃他们的程度；即使后来他们的罪在数量上加增，也仍然是可容忍的。他还要认识到，这样的历史经历了很长时间，药方也一直在使用，他们也能不时地迷途知返。他要知道，他们的罪有多大，就在多大程度上把他们弃绝给那些早已获得其他国家的人。起初，他们受到惩罚，得到小小的报应，可以说得到了责罚，于是返回到自己的本地。请他看看，后来他们又如何被交到更严厉的统治者手上，先是叙利亚人，后是巴比伦人，圣经会这样称呼这些人。然后请他注意，虽然用了药方，他们的罪却愈演愈烈，因此就被其他国家的统治者赶走，分散到其他各地。当他们被其他国家的统治者赶走时，他们的统治者故意对他们毫不注意，这样，他——似乎要亲自报复似的——就有充分理由施展所拥有的权能，把他们从其他国家带走，为他们立法，向他们指明应当奉行的生活，他的目的在于，引导他们走向他曾引导没有犯罪的先民走向的目标。

32. 有能力的人要由此学会洞察这样一个大真理，即获得了早期先民中那些没有犯罪的人作为臣民的那位，要比其他人强大得多，因为他

---

① 《申命记》31:9。

能够从所有民族中带走被拣选出来的人，使他们脱离为惩罚他们而接受他们的存在者，引他们走向律法，走向能帮助他们抛弃先前所犯的罪行的生活。然而，如我们已经声明的，我们隐晦地说过这些话，所确立的真理被人误解，这些人就说"把地上的各部分划分给不同的管理者，这样就在一些权威之间分而治之"。塞尔修斯说的那些话，即我们引述的话，就是从这些观念借用而来的。

因为那些离开东边的人犯了罪，上帝就任凭他们"存邪僻的心"，任凭他们"放纵可羞耻的情欲"，"逞着心里的情欲行污秽的事"①，好叫他们对罪饱腻，从而恨恶它，② 所以我们不会赞同塞尔修斯所说的，因为地上的各部分分派给了各位管理者，"每个民族所奉告的习俗都是正当的"。此外，我们不愿意"以取悦他们的方式"遵行他们的习惯。我们知道，违背"各地一开始就存在的习俗"，接受耶稣为我们设立的更好也更神圣的律法，是敬虔的，因为耶稣是最大能的人，"要救我们脱离这罪恶的世代"，脱离"这世上有权有位将要败亡的人"③。另一方面，他既已表现且显明比一切统治者更纯洁、更大能，人若不委身于他，就是不敬的。众先知在许多世代之前就预言，上帝要对他说："你求我，我就将列国赐你为基业，将地极赐你为田产。"④ 他成了我们这些相信他并他的父——至高上帝的外邦人的盼望。⑤

33. 我们这些话不仅驳斥了以上所引述的关于管理者的话，也在一定程度上预先驳斥了塞尔修斯对我们说的以下这些话⑥："现在我们来看第二乐章。我要问他们，他们是从哪里来的，或者说，他们传统律法的

---

① 《罗马书》1:28, 26, 24。
② 类似的参 de Orat. XXIX, 13, 和 VI, 44; de Princ II, 8, 3 论到理性存在者的堕落。
③ 《加拉太书》1:4,《哥林多前书》2:6。
④ 《诗篇》2:8。
⑤ 参《创世记》49:10。
⑥ 塞尔修斯的这话，脱离了原文的顺序；见第五卷，第五十一节。它原本在第五卷，第四十一节之后。参 Bader, p. 31.

创立者是谁。他们必会说，没有创立者。事实上，他们就起源于犹太教，此外，他们不可能为他们的老师和领唱找出另外的起源。然而他们背叛了犹太人。"① 我们每个人都是在"末后的日子"②，当我们的耶稣到来之后，"登上耶和华可见的山"，接受远在一切话之上的道，来到上帝的家中，这家就是"永生上帝的教会，真理的柱石和根基"③。我们也知道他怎样在"山顶上"建造，这山顶就是众先知的话，众先知就是他的根基。上帝的家高举"过于万岭"，这"万岭"就是那些似乎声称在智慧和真理上有某种独特能力的人。"万民"都流归这山，有"许多国的民"前往，我们彼此劝勉，要借着那在末后日子里闪耀的耶稣基督敬拜上帝，说："来吧！我们登耶和华的山，奔雅各上帝的殿；主必将他的道教训我们，我们也要行他的路。"因为有属灵的律法从锡安的人显现出来，变为我们的律法。此外，"耶和华的言语"出于耶路撒冷，好叫他在"列国中"掌权，施行审判，拣选出他看为顺服的，责罚许多悖逆的国民。

对那些问我们源于何处或者谁是我们造主的人，我们回答说，我们按着耶稣的吩咐，来将劈砍并侮辱我们的刀打成犁头，把先前攻击我们的枪打成镰刀。我们不再举刀攻击别国，也不再学习战事。我们原本"在所应许的诸约上是局外人"，但我们不再遵循传统习俗，而是借着耶稣，我们的元帅，④已经成为平安之子。⑤我们领受了一种律法，我们为此感谢他使我们脱离错谬，"因为我们列祖所承受的，不过是虚假的偶像，没有一个能降雨。"⑥我们的"指挥和老师"从犹太人中出来，凭他教训的道征服整个世界。虽然塞尔修斯的这段话按原文的顺序还在很

---

① 参第三卷，第五节。
② 《以赛亚书》2:2—4，下一部分是对这几节经文的简短布讲。
③ 《提摩太前书》3:15。
④ 参《使徒行传》3:15；5:31；《希伯来书》2:10；12:2。
⑤ 参《路加福音》10:6。
⑥ 《耶利米书》16:19；14:22。

后面，但我们把它摘出来放在这里，尽我们所能，将它与前面引述的话一起批驳得体无完肤。

34. 塞尔修斯在前面所引的两段话之间所说的话，我们也不可略过，引述如下："我们也完全可以说希罗多德见证了这一点，因为他说：'马勒亚（Marea）和阿庇斯（Apis）城里的居民住在利比亚边境的埃及地，他们认为自己是利比亚人，不是埃及人，就反对神庙崇拜，不愿禁吃母牛；于是他们派人到阿蒙神（Ammon）那里，说他们与埃及人没有任何共同之处，因为他们住在德尔塔（Delta）之外，与那里的居民不同；他们希望阿蒙神允许他们吃任何肉食。但神不允许他们这样做，说尼罗河流经的地方就是埃及，凡住在埃勒凡泰尼（Elephantine）城之下并饮用这河水的人，全是埃及人。'① 这就是希罗多德讲的故事。阿蒙神完全有能力阐释上帝的事，并不比犹太人的天使逊色。因而，每个民族遵守自己的崇拜规范完全没错。事实上，我们会发现，每个民族之间的差异非常之大，然而每个民族都似乎认为自己的是最好的。住在梅洛伊（Meroe）的埃塞俄比亚人（Ethiopians）只拜宙斯和狄俄倪索斯。② 阿拉伯人只崇拜奥拉尼娅（Ourania）和狄俄倪索斯。③ 埃及人崇拜奥西里斯（Osiris）和伊西斯（Isis）；④ 萨伊斯人崇拜雅典娜，⑤ 瑙克拉提特人（Naucratites）求告萨拉庇斯（Sarapis），⑥ 尽管并非久远前开始的；其他民族根据各自的法律各行其是。有些不吃绵羊，⑦ 敬其为圣，有的不吃山羊，

---

① Herodotus, II, 18。
② 同上, II, 29。
③ 同上, III, 8; I, 131。
④ 同上, II, 42.
⑤ 同上, II, 28, 59, 169-170, 175。参第五卷, 第二十九节。
⑥ 关于对萨拉庇斯的崇拜，参 Strabo, XVII, 1, 23, p. 803。根据塔西佗（Tacitus, *Hist.* IV, 81）和普鲁塔克（*Mor.* 361-362），这种崇拜是托勒密一世（约公元前367—前283）引入的。
⑦ Herodotus, II, 42.

有的不吃鳄鱼，①有的不吃母牛，②有的不吃猪肉，因为厌恶猪。③其实，在斯基台人中，人吃人是件好事；④而有些印第安人认为吃父亲是敬虔之事。还是这位希罗多德（我要再次引用他的原话，以保证引文的真实性），在某处讲述了以下故事：'如果有人提议，把所有人都召来，然后让他们选择哪一种法律最好，考虑之后，每个人都会选择自己的法律。因而，若不是疯子，不可能有人会嘲笑这些事。所有人都相信自己的法律是最好的，这一点还有许多其他证据可证明，以下即是其一。大流士（Darius）做王时，把他身边的希腊人叫来，问给多少钱他们愿意吃自己死去的父亲。他们回答说，多少钱他们也不会做这样的事。后来，大流士叫来那些称为卡拉提亚人（Calatians）的印第安食父母族，当着希腊人的面，通过翻译问花多少钱他们愿意焚烧死去的父母。他们就号啕大哭，叫他闭嘴。这些习俗确实存在过，品达（Pindar）说过，习俗是一切之王，在我看来，一点没错，一直如此。'⑤"

35. 在塞尔修斯看来，从这些事实可以引出这样的结论，所有人都应当按自己的传统习俗生活，不应因此受到指责；但基督徒抛弃自己的传统律法，不像犹太人那样是个独立的民族，却接受耶稣的教训，因而必须受到指责。那就请他告诉我们，教导人不可迷信的哲学家抛弃传统习俗，甚至吃自己国家禁止的食物，他们这样做是正当的，还是违背了道德原则？理性告诫他们不可沉溺于偶像、雕塑，甚至上帝的造物，而要上升到它们之上，将灵魂显现给造物主。如果塞尔修斯或赞同他观点的人试图为他所提出的观点辩护，说读过哲学的人也会遵守传统习俗，那就意味着哲学家，比如埃及哲学家，若是为遵守传统习俗，刻意不吃洋葱，或者避免接触身体的某些部位，比如头和肩，免得违背父辈传下来的传统，那就显得十分可笑。我

---

① Herodotus, II, 69；Strabo, XVII, 1, 39 (p. 812), 44 (p. 814).
② Herodotus, II, 41。
③ 同上，II, 47。
④ 同上，I, 216；IV, 26。
⑤ 同上，III, 38 (cf. 99)；Pindar, *frag.* 152 Bowra。

还没有提到那些因患了微不足道的肠胃气胀,就吓得发抖的埃及人。① 如果这样的人成了哲学家,要谨守传统习俗,那他必是个可笑的哲学家,因为他的行为完全是非哲学的。所以,人既被逻各斯引领敬拜宇宙之上帝,却为了传统习俗之故,始终处于低级的偶像和人造雕像中间,不愿意进而献身于造主,那就如同那些学了哲学,却仍然害怕并不吓人的东西,认为吃某种食物就是不敬的人。

36. 希罗多德的阿蒙神 —— 塞尔修斯引用他的话来证明每个民族都应当保守自己的传统习俗 —— 究竟是什么样的存在者?他们的阿蒙神不允许位于利比亚边境的马勒亚和阿庇斯城的居民不关心母牛的使用,尽管这不仅本质上是道德中立的事,也不会妨碍人成为高贵和良善的。如果他们的阿蒙神禁止他们吃母牛,是因为这种动物有益于耕作,此外还因为它们的种主要是靠母性繁殖的,那这理论可能还有合理之处。然而事实上,他只是想说,喝尼罗河水的人都应当遵守关于母牛的埃及法。塞尔修斯以此来嘲笑犹太人的天使,就是解释上帝之事的天使,还说"阿蒙神完全有能力阐释上帝的事,并不比犹太人的天使逊色。"他并没有考查天使所说的话语和显现的样子,以明白他们所指的意思。否则他就会看到,即便在看起来是为牛或其他非理性动物立法的地方,"上帝所挂念的也不是牛"②。这样的律法,外表上看似乎是关乎非理性动物的,事实上是为人写的,包含某种关于本性的教训。

塞尔修斯说,每个民族只要遵守各自的崇拜规范就没有错。从他的观点可以推出,斯基台人按照传统习俗放纵食人没有错。那些印第安人吃自己的父母,还以为自己的行为是敬虔的。按塞尔修斯的观点,这些人也是正当的,或者至少一点没错。无论如何,他引用了希罗多德的一段话,这段话认为每个族类遵循自己的传统习俗在道德上是正当的,他也似

---

① 参 Minucius Felix, XXVIII, 9; Jerome, Comm. in Isai. XIII, 46 (Migne, P. L. XXIV, 467A); Clem. Recog. V, 20。

② 《哥林多前书》9:9 (和合本译为"难道上帝所挂念的是牛吗?"——中译者注)。

乎赞同大流士时代称为卡拉提亚人的印第安人吃父母的习俗,当大流士问他们给多少钱他们愿意抛弃这个习俗时,他们放声大哭,叫他闭嘴。

37. 须知,有两类法律我们需要考虑。一类是完全的自然法,很可能源于上帝,另一类是城邦的成文法。① 成文法若是与上帝律法不抵触,那很好,国民就无须因引入外来法而困惑。但自然法,也就是上帝的律法规定的律例,若是与成文法相矛盾,请想一想,理性岂不是要迫使人抛弃成文法和立法者的意图,让它们远离自己的心灵,从而致力于神圣立法者,选择按他的话语生活,即使他这样做必定承受种种危险,无数麻烦,面临死亡和毁誉。此外,如果上帝所喜悦的行为不同于城邦法所要求的行为,如果不可能既使上帝喜悦,又使那些实施这类法律的人喜悦,那么抛弃能使人得到宇宙造主的恩惠的行为,而选择上帝所不能悦纳的行为,显然是不合理的,尽管他可能受惠于那不是法律的法律,受惠于那些喜欢这些规条的人。

如果有另外的例子表明,选择自然法,因为这是上帝的律法,舍弃与上帝律法相背的人制定的成文法,是合理的,那么就关乎敬拜上帝的律法来说,我们岂不更应如此吗?我们不会学住在梅洛伊的埃塞俄比亚人,像他们那样只拜宙斯和狄俄倪索斯,也不会像他们那样尊崇所有的埃塞俄比亚神。我们不会学阿拉伯人,认为唯有奥拉尼娅和狄俄倪索斯才是神。我们认为,他们甚至根本不是神,因为在他们中间,男女性别受到尊崇(阿拉伯人把奥拉尼娅作女神拜,狄俄倪索斯作男神拜)②。我们不学埃及人,把奥西里斯和伊西斯视为神,也不照着萨伊斯人的意见视雅典娜为神。即使早期的瑙克拉提特人认为应当拜别的神,而近代的瑙克拉提特人开始拜从不曾当作神来拜过的萨拉庇斯,我们也没有任

---

① 这一对比是斯多葛学派的老生常谈,见 VIII, 26, *S. V. F.* III, 314-326; Maximus, Tyr. VI, 5 (Hobein, p. 72); Porphyry, *de Abst.* I, 28; Dio Chrys. LXXX, 5-6; Cicero, *de Leg.* I, 15, 42-43。参柏拉图《法律篇》793A。

② Herodotus, III, 8。

何理由说，先前原本不是神，甚至不为人所知的新神确实存在。然而，就是上帝的儿子，"首生的，在一切被造的以先"①，似乎是新近成为人的，但他事实上并不因此而是新的。因为圣经知道，他在一切被造者之前，而且上帝论到造人时所说的话"我们要照着我们的形像，按着我们的样式造人"②，正是对他说的。

38. 我要表明，塞尔修斯说每个民族拜自己本土的传统神祇，是多么不合理。他说，住在梅洛伊的埃塞俄比亚人只认两位神，宙斯和狄俄倪索斯，只拜他们，阿拉伯人也只有两位神，狄俄倪索斯（与埃塞俄比亚人一样）和他们独有的奥拉尼娅。按他的叙述，埃塞俄比亚人不崇拜奥拉尼娅，阿拉伯人不崇拜宙斯。那么，如果一个埃塞俄比亚人因某种情势来到阿拉伯人中居住，因不崇拜奥拉尼娅就被认为是不敬之人，并因此面临生命之忧，那么这个埃塞俄比亚人是否应当宁死也不违背自己的传统习俗，去崇拜奥拉尼娅？如果他违背自己的传统习俗是正当的，按塞尔修斯的观点来说，他就不可能行敬虔之事。但如果他被带去处死，请塞尔修斯说明，选择死亡是合理的；如果埃塞俄比亚人按照传统法敬拜所谓的神，我不知道他们是否有一种理论，教导他们从哲学上思考灵魂的不死和敬虔的奖赏。我们也可以同样举阿拉伯人为例来说，如果出于某种情势，他们来到梅洛伊，住在埃塞俄比亚人中间，那会怎样。因为他们也从传统得知，只能拜奥拉尼娅和狄俄倪索斯，所以必不会与埃塞俄比亚人一同拜宙斯。那就请塞尔修斯告诉我们，如果他们被认为不敬，要被捉拿处死，他们应当怎样做才是合理的行为。

现在我们不必去叙述奥西里斯和伊西斯神话，那是多余的，时间也不合适。不过，即使从比喻意义上解释神话，它们也教我们去拜无生命

---

① 《歌罗西书》1:15。
② 《创世记》1:26；参 II, 9。

的水和土，那是人和一切动物的基本元素。所以，我相信，他们把奥西里斯解释为水，伊西斯解释为土。① 关于萨拉庇斯的故事很长，各种版本差异也很大。② 只是到了最近，他才借着托勒米的骗术出现，后者想要向亚历山大人指出他是可见的神。我们在毕达哥拉斯主义者努梅纽笔下读到萨拉庇斯的形成，他说，萨拉庇斯分有所有相关的动物和植物本性，因而不仅造偶像者借助于不敬的仪式和祈灵求鬼的法术符咒把他立为神，连法术家、巫术师以及受制于他们的符咒的鬼魔也如此。③

39. 我们必须力图分辨，对一个有理性、有教养、在一切事上三思而后行的人来说，什么可吃，什么不可吃；我们不可胡乱地拜绵羊、山羊、母牛。不吃这些动物并非坏事，因为人们从他们得到很多益处。但敬奉鳄鱼，以为它们是献给神话学里某个不为人所知的神——这未免太可笑了吧？试想，敬重丝毫不关心我们的动物，崇拜为人享用的动物，岂不荒谬至极？但塞尔修斯赞成人们按某种传统习俗崇拜、敬仰鳄鱼，所写的话没有一句是反对他们的。相反，在他眼里，基督徒倒是错误的，因为他们得到教训，把罪恶视为可憎的，避免由罪

---

① 参 Plutarch, *Mor.* 366A；376F；Hippolytus, *Ref.* V, 7, 23；Porphyry ap. Eus. *P. E.* III, 11, 51, 116A；*Clem. Recog.* X, 27；Heliodorus, *Aethiopica*, IX, 9。
② 亚历山大的克莱门（*Protr.* 48）对萨拉庇斯的起源给出了三种不同说法。关于托勒密的引入，参第五卷，第三十四节的注释；关于现代对这种崇拜起源的看法，见 A. B. Cook, *Zeus*, I (1914), p. 188, U. Wilcken, *Urkunden der Ptolemaerzeit*, I (1927), pp. 82 ff；A. D. Nock, *Conversion* (1933), pp. 35 ff；P. Jouguet, "Les premiers Ptolemees et l'Hellenisation de Sarapis", in *Hommages a J. Bidez et a F. Cumont* (Brussels, n. d.), pp. 159-166。
③ 努梅纽（*frag.* 33 Leemans）谈到萨拉庇斯像的竖立。关于萨拉庇斯与动植物的关系，参 Aelius Aristides, *Orat.* XLV (8), 32 (Keil, 361, 23)。
  要立像，光有工匠是不够的，还必须有适当的材料，比如有魔性的石头，还要念咒驱使神附于偶像身上。关于这些事的知识是祭司最神秘的学问。关于这些思想，参占星学家老底迦的朱利安（Julian of Laodicea, 约公元 500 年）在 *Cat. Codd. Astr.* VIII, 4, pp. 252f 的短文"论诸神的竖立"，新柏拉图主义者普洛克鲁斯"论祭司的技艺"（ed. Bidez in *Catalogue des Manuscrits Alchimiques Grecs*, VI, pp. 150f）。类似的有 Psellus 的作品 *de Op. Daem.* (ed. Bidez, *ibid.* pp. 128f)。坡菲利（*de Abst.* II, 49）说："无论哪位神的祭司都擅长竖立偶像的技术。" Iamblichus, *de Myst.* V, 23 说："我们不是必须憎恨一切质料，只厌恶那与诸神格格不入的东西；凡是与他们有亲和力的，我们都要挑选出来，因为可适用于建造诸神，竖立形象，也可用于献祭。亦见第三卷，第三十六节；第八卷，第六十一节奥利金的话；E. R. Bevan, *Holy Images* (1940), pp. 31ff；Festugiere's commentary on *Corp. Herm.*, *Asclepius*, 37-38 (Nock-Festugiere, II, pp. 347ff)；Cumont, *Lux perpetua*, pp. 436-443；Plotinus, M. P. Nilsson, *Greek piety* (1948), p. 169。

引发的行为，敬崇美德，那是上帝所造，是上帝的儿子。我们不可以为智慧和公义因有阴性的名称就以为她们的存在（being）是属女性的。①在我们看来，上帝的儿子就是这些事物，如他真正的门徒论到他时所宣称的："上帝使他成为我们的智慧、公义、圣洁、救赎。"②因而，我们虽然可以称他为第二位上帝，但必须明白，我们这样说不是指别的东西，就是指包括一切美德在内的美德，囊括每个逻各斯的逻各斯——任何照着本性造的存在者，不论是那些原生的存在者，还是那些为整体的利益被造的存在者，都有各自的逻各斯。③我们认为，这位大逻各斯住在耶稣的灵魂里，比其他灵魂更亲密地与他联合，因为唯有耶稣能够完全分有他，他就是逻各斯，就是智慧，就是公义本身。

40. 塞尔修斯接着对不同的法律也这样说："品达说过，法律（习俗）是一切之王，在我看来，一点儿没错，一直如此。"我们也要讨论这个问题。请问先生，你所说的一切之王是什么样的法律？如果你指的是每个城邦的法律，那是谎言，因为万民并非统帅在同一种法律之下。并且你若真的是指那个意思，那应当这样说："所有法律是一切之王。"因为每个民族都有一种作为一切国民之王的法律。但是，如果你在专门的意义上理解法律，它本质确实是所有人的王，即使有些人，比如盗贼，讨厌法律，否认这一点，过着强盗和罪犯的生活。我们基督徒认识到，法律只要是与上帝的律法一致，其本性就是一切人的王；我们努力按它的规定生活，同时宣告弃绝那些根本不能算是法律的法律。

41. 我们来看看塞尔修斯下面要说什么，他几乎没有论到基督徒，对犹太人倒说得很多。他说："如果犹太人真的按照这些原则遵守自己的法律，我们就不可指责他们，而应指责那些抛弃自己的传统，反而

---

① 斐洛（de Fuga 51）有类似说法。
② 《哥林多前书》1:30。关于逻各斯是第二位上帝，参第六卷，第六十一节；第七卷，第五十七节。
③ 参第四卷，第七十四节以下；*de Princ* I, 2, 2。

公开承认犹太人的传统的人。① 如果他们自高自大，似乎拥有某种更深邃的智慧，远离别人的社群，说那些人与他们的敬虔不在同一层次上，② 那么他们已经听说，就是他们关于天的理论也不是他们自己的，不说别人，也是波斯人远古时候就有的，如希罗多德在一处表明的。他说：'因为他们的习俗就是上到诸山之顶，去拜宙斯，把整个天界称为宙斯。'③ 因而，我想，无论我们把宙斯称为至高者，还是 Zen，Adonai，Sabaoth，④ 或者像埃及人那样称为 Amoun，斯基台人那样称为 Papaeus，⑤ 没有任何分别。而且，他们也不会因受了割礼就比其他民族更圣洁。事实上，埃及人和科尔奇亚人（Colchians）在他们之前就有这样的习俗。⑥ 他们不吃猪肉也没什么特别，因为埃及人也不吃，此外还不吃山羊、绵羊、牛和鱼。⑦ 毕达哥拉斯和他的门徒甚至不吃豆和一切生物。⑧ 他们也根本不可能特别受惠于上帝，比其他民族更得上帝宠爱，上帝只将天使派给他们，似乎他们真的得到了某处蒙福的土地。因为我们知道他们是怎样的民，也知道与他们相称的土地是哪一类土地。⑨

那就请这支合唱团因傲慢受了惩罚之后离开吧。他们其实并不认识伟大的上帝，只是在摩西的巫术引导下受骗上当，而且了解那些事并非出于任何良善目的。"⑩

42. 显然他这里是在控告犹太人错误地自以为是唯一被至高上帝拣

---

① 关于异教徒对外邦皈依者的恨恶，参 Tacitus, *Hist.* V, 5; Juvenal, *Sat.* XIV, 100 ff。
② 关于犹太 "apanthropia"，参 Hecataeus ap. Diod. Sic. Xl, 3 (= Photius, *Bibl.* 244); Posidonius, *frag.* 109 Jacoby = Diod. Sic. XXXIV, 1 (Photius, *loc. cit.*); Dio Cassius, XXXVII, 17, 2; Apollonius Molon, ap. Jos. *c. Ap.* II, 148; Philostratus, *V. A.* V, 33。
③ Herodotus I, 131。
④ 参第一卷，第二十四节塞尔修斯的话。关于 Hypsistos（至高者）是宙斯的头衔，参 A. B. Cook, *Zeus* II, pp. 876 - 890; III, pp. 1162 - 1164。
⑤ 参 Herodotus，II, 18, 42; IV, 59; Plutarch, *Mor.* 354C。
⑥ 参第一卷，第二十二节塞尔修斯的话。
⑦ 见第五卷，第三十四节。
⑧ 参 Diels, *Dox. Gr.* 557, 2ff; 590, 10; Diog. Laert. VIII, 34, etc.; 参第八卷，第二十八节塞尔修斯的话。
⑨ 参第八卷，第六十九节塞尔修斯的话。
⑩ 参第一卷，第二十三节塞尔修斯的话。

选的分。①无论如何，他指责他们傲慢地夸口认识伟大的上帝，其实并不认识他，只是被摩西的巫术误导，受他蒙骗，从他了解知识，却不为任何良善目的。我们在前面所说的话中②已经部分解释了，当上帝的城和他的殿，以及在殿的坛上敬拜的祭司制度以象征形式向犹太人显现的时候，他们的社群是圣洁而独特的。如果有人运用自己的心灵去考察这位立法者的意图及其建立的社群，并将他们与其他民族当今的行为比较，就会对他们敬佩得五体投地，因为他们尽人之所能剔除了一切与人类无益的事物，只接受美好的东西。因此，他们中间没有体育竞技、戏剧表演、赛马，也没有女子向哪个只想求取性乐、不想生儿育女、企图卑鄙地违反性能力的自然目的的人卖弄美貌。③

他们从孩提时代就接受教训，要超越一切感性之物，不可以为上帝在于感性世界的哪个部分，而要在一切物质事物之外寻求他，这是多么可敬的事啊！几乎他们一出生，只要能够完全理解，就教导他们关于灵魂不死、阴司的审判法庭，④以及行为端正的人要得奖赏的思想，这是多么值得称颂的事！这些真理一直以故事的形式讲述，因为他们还是孩子，只有孩子的领悟能力；但如今，这些迄今为止一直是神话——我若可以用这个词——的故事，对那些寻求其真正意义，想要深入领会的人，已经显现为原本一直隐藏不露的内在真理。我想，他们配称为上帝的分，因为他们鄙视一切法术占卜，那只能使被符咒迷住的人徒劳无益，只是出于恶鬼；而不是出于某种高级的存在者，也因为他们力图向那些因其大大的纯洁而从至高上帝领受了启示的人了解将来之事。

---

① 《申命记》32∶9。
② 参第四卷，第三十一节。
③ 参《利未记》19∶29；《申命记》23∶17—18。
④ 柏拉图《斐德鲁篇》249A。

43. 我又何必指出，禁止犹太人给同为信徒的同胞做奴超过六年①的律法是多么合理，既不伤害主人，对奴仆也无有不利。所以，犹太人若是遵守自己的律法，那不是因为他们与其他民族遵循同样的原则。因为他们若是以为自己的律法是与其他所有民族的法律一样写的，那就会误入歧途，无法领会自己律法的优越性。虽然塞尔修斯不会同意，但犹太人确实拥有"某种更深邃的智慧"，不仅比大众更深刻，还比那些看起来是哲学家的人更深刻，因为哲学家尽管有令人印象深刻的哲学教导，却坠落到偶像和鬼魔上，而最卑微的犹太人也完全信靠至高的上帝。他们至少在这点上有权利自豪，有权利避免其他污秽而不敬的社群。他们若是没有犯罪，违背律法，包括早先杀死先知，后来谋害耶稣，②那又会怎样！果真如此，我们就完全可能有天上之城的典范，对这样的地方，甚至柏拉图也试图作过描述，③当然我怀疑他是否像摩西及其追随者那样成功，因为他们训练了一个"被拣选的族类"，"圣洁的国度"④，凭借完全不带迷信成分的教义献身于上帝。

44. 塞尔修斯企图把犹太人的神圣律法与某些族类的法律相提并论，我们就来看看这一点。他认为关于天的理论与关于上帝的理论没有任何分别，并说，波斯人像犹太人一样，上到诸山之顶向宙斯献祭。他不明白，正如犹太人只认一位独一上帝，他们也同样只有一个祷告之所，一个燔祭之坛，一个香炉，一位上帝的大祭司。⑤因而，犹太人与上到诸山之顶去向至高者献祭的波斯人没有任何共同之处，因为这样的山顶有很多，与摩西律法中的献祭没有任何相似之处。根据摩西律法，

---

① 《出埃及记》21:2；《申命记》15:12；《耶利米书》41:14。
② 参《马太福音》23:37。
③ 柏拉图，《理想国》，369-372，427-434。参 Clem. Al., *Strom.* iv, 172, 3。
④ 《彼得前书》2:9。
⑤ 这一主题在希腊化犹太文献中是常规题目，见 W. L. Knox, *St Paul and the Church of the Gentiles*, p. 194.

犹太人的祭司供奉的事,"本是天上事的形状和影像"①,他们隐秘地讨论关于献祭的律法和它们所代表的真理的含义。就算波斯人确实把整个天庭称为宙斯,我们说,这天既不是宙斯,也不是上帝。因为我们知道,即使一些较低的上帝造物,也上升到诸天和一切感性事物之上。这就是我们对经上之话的理解:"天上的天和天上的水,你们都要赞美上帝;愿这些都赞美耶和华的名。"②

45. 然而,塞尔修斯以为,无论我们把宙斯称为至高者,还是 Zen, Adonai, Sabaoth,或者像埃及人那样称为 Amoun,像斯基台人那样称为 Papaeus,没有任何分别,③我们就来简要地讨论这个问题,同时提醒读者回忆前面,我们为驳斥塞尔修斯的话讨论这些事时就这个问题所说的话。④这里我们再就名称的本性问题指出,它们并非如亚里士多德认为的那样,是命名者任意约定的。因为人所使用的言语,起源并非在于人,那些能够仔细留意语言创始人根据不同的语言和不同的发音改编的拼写之本性的人,对此非常清楚。我们上面简略地讨论了这个问题,因为我们说过,在某种特定语言里非常有力量的名称,若是译成另一种语言,就不会再有原来那种语音所发挥出来的效力。这种现象也可以在人的名字中看到。如果我们把某人的名字,或者一生下来就取的希腊名字翻译成埃及语或罗马语或其他语言,就不可能反映出叫他最初所取的名字时可能产生的经历或行为。同样,原本叫罗马名字的,我们若把它翻译成希腊名字来叫,就不可能产生叫他最初的名字所能发挥的效力。

人的名字尚且如此,我们不论出于什么原因应用于上帝的那些名字,岂不更应如此?比如,亚伯拉罕这个词的某个方面可以译成希腊

---

① 《希伯来书》8:5。
② 《诗篇》148:4—5。参第六卷,第十九节。
③ 关于塞尔修斯的观点,参 Seneca, *de Benef.* IV, 7, 1-2; Ps.-Aristotle, *de Mundo* 5; Augustine, *de Civ. Dei* IV, 11 以及 E. Peterson, Eιζθεoζ (Gottingen, 1926), p.254。
④ 见第一卷,第二十四节至第二十五节。

语，以撒这个名字表示某种意义，雅各的发音包含一定含义。如果有人念咒或起誓时称"亚伯拉罕的上帝，以撒的上帝，雅各的上帝"①他就能导致某些事产生，这或者是因着这些名字的性质，甚至是出于它们的权能。因为说这些名字的人把鬼魔制伏了，使他们臣服于他。但他若说：被拣选的效仿者之父的上帝，②笑者的上帝，③用脚跟敲打之人的上帝，④那么这样的话重复了又重复，也不会产生任何果效，与完全没有力量的名字毫无分别。因而，我们若是把以色列的名字翻译成希腊语或其他语言，就不可能产生任何作用。我们唯有保守它的本来面目，将它与在这些问题上的专家认为适合与它相联的话语联结起来，用这样的表述乞灵祷告才可能产生某种异象。对 Sabaoth 这个在符咒中时时会用到的词，⑤我们也可以这样说，因为我们若是将它译成"有权有势者的主"或"万军的主"或"全能的"（不同的解释者对它有不同的解释⑥），就没有任何影响力。而保持它自己的发音，就能引发某些果效，精通这些事的专家是这么认为的。我们也可以这样看待 Adonai。既然 Sabaoth、Adonai 译成希腊语，就不可能产生原本有的效力，那对认为"无论我们把宙斯称为至高者，还是 Zen，Adonai，Sabaoth，没有任何分别"的人来说，岂不更不可能产生任何效力？岂不更加软弱无力？

46. 因为摩西和众先知都明白这些事以及类似的神秘教义，所以他们禁止百姓嘴里提及"别神的名"⑦，这嘴已经学会只向独一的至高上

---

① 见第四卷，第三十三节至第三十四节。关于亚伯拉罕、以撒和雅各出现在巫术咒语中，参 K. Preisendanz, *Pap. Gr. Mag.* IV, 1230 ff., XIII, 815 f., 975‑976; XII, 287 f.; Justin, *Dial.* 85; Villefosse 在 *Florilegium Melchior de Vogue* (1999), pp. 289‑290 里公开了一个诺斯替教徒的护身符。
② 参 Philo, *de Gig.* 64; *de Abrah.* 82; *de Mut. Nom.* 66, 71, etc。
③ Philo, *Leg. Alleg.* I, 82; *de Mut. Nom.* 137, 157, etc。
④ Philo, *Leg. Alleg.* I, 61; III, 15; *de Mut. Nom.* 81; Clem. Al. *Strom.* VI, 60, 3。
⑤ 参 Preisendanz, *op. cit.* II, 15, 116; III, 55, 76 f., 446 f., 以及 *passim*。
⑥ "有权有势者的主"是七十士希腊译本和塞奥多提翁译本（Theodotion）普遍的译法；"万军的主"是阿奎拉本（Aquila）译法；"全能的"常见于七十士希腊译本。参 Origen, *Hom. In Isa.* IV, 1。
⑦ 《出埃及记》23:13；《诗篇》15:4（和合本为《诗篇》16:4。——中译者注）。

帝祷告，也禁止他们心里记住别神的名，这心也已经受过教训，要远离一切虚妄的念头和话语。因此之故，我们宁愿忍受侮辱，也不愿承认宙斯是神。因为我们不认为宙斯和 Sabaoth 是同一的。相反，我们认为宙斯没有任何神圣之处，只是某个喜爱被人这样称呼的鬼魔，不是人的朋友，也不是真上帝的朋友。即便埃及人威胁说 Amoun 要惩罚我们，我们宁死也不会称 Amoun 为上帝，因为这个名字很可能被用于求告这个鬼魔的某些埃及咒语。再假设斯基台人也说 Papaeus 是至高上帝，我们同样不会相信它。我们坚持相信至高上帝，但不会称上帝为 Papaeus，似乎这是他的真名，我们认为它只是那个掌控了斯基台人的赏罚、他们的民族和语言的鬼魔所喜爱的名字。当然，如果有人拿他在斯基台语或埃及语或其他母语的称谓来称呼他，那不会有错。

47. 犹太人受割礼的原因不同于埃及和科尔奇亚人受割礼的原因，因此不能认为凡割礼都是一样的。正如人献祭，即使用同样的方式，并不就是向同一位上帝献祭；正如人祷告，即使说同样的求告，也不一定向同一位上帝祷告；同样，此人受割礼，也完全可能不同于彼人受割礼，目的可能大相径庭。行割礼之人的目的、法律、意图决定它属于哪一种类型的割礼。① 为使这一点显得更加清楚明白，我们可以说，"公义"这个词在所有希腊人中都是同一个词，但伊壁鸠鲁理解的公义显然是一回事，而斯多葛学派领会的又是另一回事。他们不承认灵魂由三部分构成。② 柏拉图主义的公义观又有新的含义，他们认为公义是灵魂各部分的个别行为。③ 同样，伊壁鸠鲁的勇敢是指忍受患难以避免更多的患难，而斯多葛学派的勇敢是为美德本身选择美德。柏拉图则认为这是灵魂的属灵部分的一种美德，并为它在腹部周围指定一个处所。④ 因

---

① 类似的见 *Hom. In Jerem.* V，14。
② 斯多葛学派的灵魂有八部分，参 Diog. Laert. VII，110。
③ 关于这一定义，参 Clem. Al.，*Strom.* VI，126；Porphyry，*Sent.* XI，6；Iamblichus，*de Myst.* IV，5；Greg. Thaum. *Paneg.* XI，139；Athenag. *Res.* 22。这一定义概括了柏拉图《理想国》441-443。
④ 柏拉图，《理想国》442C；《蒂迈欧篇》69E-70A。

而，同样是割礼，行这一仪式的人所奉行的教义不同，割礼的性质也不一样。不过，鉴于本书的性质，我们这里没有必要讨论这个问题。如果有人想进一步思考我们在这个问题上的看法，可以参阅我们对保罗《罗马书》的注释。①

48. 虽然犹太人可能以割礼为傲，但他们不仅有别于科尔奇亚人和埃及人的割礼，也不同于以实玛利的阿拉伯人的，尽管以实玛利生于他们的先祖亚伯拉罕，并与他一同受割礼。犹太人坚持认为，割礼要在出生后第八天行才是正确的，除非情势所限，才允许不在那个时候行割礼。② 立下这一命令也许是因为某个敌犹太民族的天使有能力伤害他们中那些未受割礼的，而对受了割礼的就无能为力了。我们完全可以说，《出埃及记》里的记载表明了这一点，摩西在以利以谢未受割礼前，天使有能力攻击他，但他既受了割礼，天使就无从下手了。西坡拉正是因为知道这一点，所以她"拿一块火石，割下她孩子的阳皮"；按通常的抄本记载，她说的是"这证明确是我孩子割礼的血"，但希伯来经文上说的是"你真是我的血郎了"。③ 因为她知道这个天使的真相，流血前有权能，但割礼的血就将他遏制住了。正因如此，她就对摩西说："你真是我的血郎了。"

我放胆所说的这些话，对普通民众来说，似乎显得有点刺目，听来也很刺耳，尽管如此，我还要进一步指出一点更独特的基督教教义，然后再转向下一个话题。我相信，这个天使有能力攻击那些未受割礼的人，一般而言，攻击一切敬拜独一造主的人；只要耶稣没有穿戴身体，他就有这种力量。但耶稣一旦穿戴了身体，并且身体受了割礼，这天使攻击未受割礼

---

① *Comm. in ep. ad Rom.* II, 12 - 13 (Lommatzsch, vi, 116 - 143).《罗马书注释》很可能写于《驳塞尔修斯》成书三至四年前，VIII, 65 也提到了。
② Josephus, *Antiq.* I, 12, 2, 214 将犹太人第八日行割礼与阿拉伯人推迟到十三岁的做法相对比，以实玛利就在那个年龄受的割礼。
③ 《出埃及记》4:24—26。第一种译法是七十士希腊译本的译文。参 F. Field, *Origenis Hexaplorum quae supersunt* (1875), I, p. 87。

的人以及信从这种宗教的人的力量就被废除了。也就是说，耶稣以一种难以言喻的神圣权能毁灭了他。所以耶稣的门徒被禁止受割礼，经上有话告诉他们说："你们若受割礼，基督就与你们无益了。"①

49. 另外，犹太人不以禁吃猪肉为傲，似乎猪是某种了不起的东西，只是因为他们知道活物有洁净和不洁净之分，知道为何要作这种区分的原因，而猪属于不洁净的活物。在耶稣到来之前，这些全是某些真理的符号。但是他到来之后，他的门徒若还不明白这些事的道理，还说"凡俗物和不洁净的物，我从来没有吃过"，就要对他说："上帝所洁净的，你不可当作俗物。"② 因而，埃及祭司不吃猪，"还不吃山羊、绵羊和鱼"，与犹太人和我们都毫无关系。只是"入口的不能污秽人"③，"食物不能叫上帝看中我们"④，因而我们不会因为不吃什么而骄傲，也不会对食物贪得无厌。所以，为了我们所关爱的众生，毕达哥拉斯主义者就当一如既往地禁吃一切活物。但也要注意毕达哥拉斯主义者不吃活物的原因与我们中间那些苦修士不吃的原因是不同的。⑤ 他们不吃活物是基于灵魂轮回的荒谬说法。"愚不可及的人哪，谁会把自己的儿子举起来，又用咒诅把他杀死？"⑥ 而我们奉行节制，乃是因为我们要磨炼身体，使它顺服，希望"治死我们在地上的肢体，就如淫乱、污秽、邪情、恶欲"；我们要尽我们所能治死身体的恶行。⑦

50. 塞尔修斯又进一步谈论犹太人说："他们也根本不可能特别受惠于上帝，比其他民族得到上帝更多的宠爱，上帝只将天使派给他们，似乎他们真的得到了某处蒙福的土地。因为我们知道他们是怎样的民，也

---

① 《加拉太书》5:2。
② 《使徒行传》10:14—15。
③ 《马太福音》15:11, 17。
④ 《哥林多前书》8:8。
⑤ 参第七卷，第四十八节。
⑥ 恩培多克勒 *frag.* 137 Diels. 相信灵魂转世到动物（毕达哥拉斯和恩培多克勒相信）意味着如果杀一只动物吃掉，就很可能杀死了一个亲人。
⑦ 参《哥林多前书》9:27；《歌罗西书》3:5；《罗马书》8:13。

知道与他们相称的土地是哪一类土地。"①我们也要驳斥这一点说,事实表明这个族类受惠于上帝,因为至高上帝被称为希伯来人的上帝,甚至与我们的信仰格格不入的人②也这样称呼。他们只要不被抛弃,就受惠于上帝,尽管他们在数量上极少,却一直得到神圣权能的保护,所以即使在马其顿的亚历山大时代(Alexander of Macedon),他们也没有在他手里遭受什么苦难,尽管因为某种协议和誓言,他们不能拿起武器反对大流士。他们还说,当时大祭司穿上了祭司服,亚历山大就向他弯腰鞠躬,说他曾有过一个异象,有个人就穿着这样的服饰向他宣告,要带整个亚细亚来归他统治。③于是我们基督徒认为,他们肯定得到过上帝的恩惠,比其他人更受宠爱;但是当耶稣将在犹太人中运行的大能转给那些相信他的外邦人之后,这种关爱和恩典也转而成为我们的。正因如此,尽管罗马人想方设法攻击基督徒,妄图把他们完全消灭,使其不复存在,却一直不曾得逞。因为上帝的手在为他们而战,希望将上帝的话语从犹太地的一个角落④散播到整个人类中去。

51. 对于塞尔修斯对犹太人及其教义提出的指控,如我们上面所引的,我们已经尽我们所能给予驳斥,现在我们就来引述下一段落,表明我们声称"认识伟大的上帝"不是傲慢,也不像塞尔修斯所认为的"被摩西的巫术引导",或者甚至被我们的救主耶稣本人的巫术引导。此外,正是为着美好的目标,我们才既听从摩西记载的上帝话语,接受耶稣为上帝的儿子,摩西证实他就是上帝;我们也按他的话语生活,盼望得到最好的赏赐。

我们前面教导"我们从哪里来","把谁看作我们的创始人",他所立的"律法"是什么⑤时已经引用过的那些话,这里有意省略,不再重复

---

① 参第八卷,第六十九节塞尔修斯的话。
② 法术师,参第四卷,34。
③ 这个(传说的)故事出于约瑟夫,*Antiq.* XI, 8, 3-5, 317-339。
④ 参第七卷,第六十八节;第四卷,第三十六节塞尔修斯的话。
⑤ 见第五卷,第三十三节。

驳斥。如果塞尔修斯企图表明我们与拜山羊、公羊、鳄鱼、牛、河马、犬脸狒狒、猫①的埃及人之间没有任何分别,那是他以及在这个问题上与他有同样看法的人的事。我们前面已经尽我们所能多次论证,捍卫我们对耶稣的敬拜,也表明我们已经找到更好的事物。虽然只有我们认定,纯洁、未受错谬玷污的真理就是耶稣基督的教训,但我们并不举荐自己,而是举荐至高上帝以多种方式为其作见证的老师,不仅有犹太圣经里的预言为其作见证,还有不证自明的事实本身作见证。试想,一个人能做如此宏伟的事,显然不可能没有上帝的协助。

52. 我们现在要检查的塞尔修斯的段落如下:"我们先把驳斥他们关于他们老师所说的话的论述放在一边,不妨假设他真的是某个天使。那么他是第一个且是唯一一个来到人世的吗?或者在他之前还有别的天使到来?如果他们回答说,他是唯一一个,那可以断定他们是在说谎,而且自相矛盾。因为他们自己也说还有别的天使常常到来,事实上,一次就有六七十个,这些天使已经变成邪恶的,受到惩罚,被锁上铁链扔到地狱。他们说,他们的眼泪就是引发温泉的原因。②此外,他们还说,一个天使来到这个人的墓前(有的说是一个天使,有的说是两个③),对妇女们说他已经复活了。看起来,这位上帝之子自己不能打开坟墓,需要别人移去石头。更有甚者,马利亚怀孕时,有个天使来到木匠面前为她辩解,又来一个天使,是为搭救婴孩,逃离险境。④我又何必仔细地罗列出全部名单,列举出那些据称被派给摩西和其他人的天使呢?既然受差遣的还有其他天使,那么耶稣也自然出于同一位上帝。只不过他显然有更为重要

---

① Bader (p.134) 认为这不是塞尔修斯的新残篇,他这样驳斥 Koetschau 是对的;奥利金是回过头来提到第五卷,第三十四节。
② 如奥利金所指出,塞尔修斯的资料(不论直接或间接)是《以诺书》(Enoch) 6—10 章, 67—69 章。关于温泉参 67 章 11 节。七十这个数字出于《以诺书》89 章 59 节以下;关于后来拉比的传统,参 Strack-Billerbeck, *Kommentar zum Neuen Testament aus Talmud und Midrasch*, III, pp. 48f。
③ 《马太福音》(28:2) 和《马可福音》(16:5) 说是一个天使,《路加福音》(24:4) 和《约翰福音》(20:12) 说是两个天使。
④ 《马太福音》1:20;2:13。参第一卷,第六十六节塞尔修斯的话。

的使命，因为——比如——犹太人做错了什么事，或者鄙视自己的宗教，或者行了不敬之事。①因为这些事都有暗示。"

53. 我们在检查关于我们的救主耶稣基督的各个观点时已经说过的话，完全可以用来驳斥塞尔修斯的这番话。但为防止有人以为我们是故意遗漏他书里的段落，似乎我们无法驳斥他，所以即便要重复已经说过的话，塞尔修斯迫使我们这样做，我们也要尽我们所能简要地讨论一下。回顾一下同样的根据，我们可能还会使问题变得更加清晰，或者可以从一个新的角度去看。他说，他先把驳斥基督徒关于他们老师所说的话的许多论述放在一边，但他并没有放过所能说的任何话。这可以从他先前所说的话看出；另外地方他还利用修辞技巧这样做。②此外，我们关于我们伟大的救主的话并没有被驳倒，我们的指控者只是似乎要驳斥我们，读者只要真诚而细心地看过关于救主的全部预言和记载，就必能清楚地知道这一点。

然后，他以为自己能够以退一步的方式谈论救主，"我们不妨假定他确实是某个天使"，我们说，我们不认为塞尔修斯这样做是一种让步。我们只要思考一下我们救主所做的工，他借着他的话语和教训临到整个人类，好叫凡相信他的人，都能领受他。这不是普通天使做的工，乃是——如关于他的预言所说的，"奇妙策士的天使"③所做的工。他向人类表明，上帝和宇宙之父的奇妙策士关心他们，叫那些过着纯洁敬虔生活的人因自己的伟大行为上升到上帝面前，叫那些不相信的人远离上帝，并因其不信上帝而走上毁灭之路。④

然后他说：他若是临到人的天使，"他是第一个且是唯一一个"临到人的吗？或者"在他之前还有别的天使到来"？他认为提出几个论据就能驳倒其中之一。但是真正的基督徒谁也不会说，基督是唯一一个临到人类的。

---

① 参第四卷，第二十二节塞尔修斯的话。
② 参第二卷，第十三节；第三卷，第七十八节。
③ 《以赛亚书》9:6。
④ 参《马太福音》7:13。

我们若是这样说了，塞尔修斯就会回答说，其他天使也向人类显现过。

54. 然后他驳斥了自己可能提出的异议："目前他是唯一一个据记载从存在（being）临到人类的，那些因着耶稣之名的教训离弃了造主的人，认为造主是次级存在，所以转而归向他们认为更高的上帝，就是那到来之人的父。这些人说，在他之前也有天使从造主临到人类①。"我们是在真诚地研究这个题目，所以必须注意，马西昂（Marcion）的门徒阿佩勒斯（Apelles）成了一种异端的创始人，认为犹太人的作品是传奇故事书，说唯有耶稣曾临到人类。②因而，他既说唯有耶稣从上帝临到人类，塞尔修斯就有理由驳斥他说"还有别的天使也临到过"。如我们所说的，阿佩勒斯不相信记载神迹异能的犹太经典。他更不会承认塞尔修斯因误解《以诺书》里的记载而论断的话。这样说来，没有人能判定我们说了谎话，或者自相矛盾，似乎我们既说唯有我们的救主临到过人，又说还有许多其他使者临到人类。然而，因为他在讨论临到人类的天使时，不可救药地陷入了混乱状态，所以他引用了《以诺书》里的例子，其实并不明白这些例子的意义。他似乎既没有读过它们，也不知道对于冠以《以诺书》的作品，教会一般都不认为是神圣的，③但是他所说的有六十或七十个天使一次性下来，变成了恶天使，可能就是出于这一文本。

55. 不过，我们应当毫无偏见，就暂且同意他的观点，按照《创世记》里他并未注意的话，"上帝的儿子们看见人的女子美貌，就随意挑选，娶来为妻"。即使如此，这里我们也要使那些能够理解先知的意思的人相信，我们的前辈之一曾认为这些话意指灵魂论，即灵魂渴望住在人体里的生活，被这种欲望折磨受苦。这人体，他说，在比喻意义上称为"人的女子"④。不论欲求女子的上帝的儿子们真正意指什么，这一

---

① 塞尔修斯心里想到的是马西昂主义者（参 Harnack, *marcion*, 2nd ed. p. 275）；参第五卷，第六十二节；第六卷，第七十四节；第七卷，第十八节。
② 阿佩勒斯的残篇收集在 Harnack, *op. cit.* pp. 404-420。参第四卷，第四十一节。
③ 关于教父对《以诺书》观点，见 R. H. Charles, *Apocrypha and Pseudepigrapha of the O. T.* II, pp. 181-184。
④ 《创世记》6:2；见 Philo, *de Gig.* 6-18。参 Origen, *Comm. in Joann.* VI, 42 (25)。

思想根本不能帮助他表明，耶稣——若是天使——并非唯一临到人的天使。事实上，他显然已经成为一切人的救主和恩惠者，使他们的生活脱离邪恶的洪流。

然后，他把多少听说了一点、在某本书上记载的、不论基督徒是否视为神圣的东西弄混、搞乱了，说"一次就有六七十个天使下来，受到惩罚，被锁上铁链扔到地狱"。他虽然没有说明从哪里引用，其实就是从《以诺书》里来的，"他们的眼泪就成了引发温泉的原因"，这样的观念在上帝的教会里既没有提到过，也没有听说过。因为没有谁会愚蠢到以为从天上下来的天使的眼泪就是像人一样流出的眼泪。如果我们认为塞尔修斯对我们认真提出的异议根本不值得一驳，我们就可以说，没有人会说温泉是天使的眼泪，因为大多数泉水是淡水，而眼泪必定是咸的，除非塞尔修斯的天使流的眼泪是淡的！①

56. 然后他把彼此矛盾的话合在一起，把不可比较的事物相互比较。因为他先是说六七十个天使下来，他们的眼泪在他看来就成了温泉，然后接着说，有些人记载两个天使，有的记载只有一个天使，来到耶稣本人的坟墓前。我不认为他注意到了《马太福音》和《马可福音》记载的是一个天使，而《路加福音》和《约翰福音》记载的是两个。但这些话并非自相矛盾。认为只有一位天使的作者说，这位就是滚走墓石的使者，②而记载有两位天使的作者说，他们的衣服放光，站在来到墓前的妇女面前，或者见他们"穿着白衣"，在坟墓里头坐着。③ 不过，虽然有可能证实这些话每一句都是对的，既是历史事件，也显示了某种比喻含义，其所揭示的真理对已经作好预备接受逻各斯复活的人来说，是清楚明白的，但

---

① 瓦伦廷主义者（Valentinians）认为，所有湿的东西都源于 Achamoth 的眼泪；爱任纽（adv. Haer. I, 4, 2-4, Harvey, I, 35 f）用奥利金这里所说的关于淡水的玩笑驳斥他们。它也出现在 Tertullian, adv. Val. 15。毕达哥拉斯主义者认为，大海是由克洛诺斯的眼泪产生的，这似乎更为合理一些：Clem. Al. Strom. V, 50, 1。

② 《马太福音》28：2；参《马可福音》16：4。

③ 《路加福音》24：4；《约翰福音》20：12。

它与目前的主题无关,而与福音书的注释有关。

57. 有些希腊人也记载,人曾见过神迹奇事。这样的故事,不仅那些可能受到杜撰神话传说的怀疑的人讲过,甚至那些在许多方面表明自己是真正的哲学家的人,那些把亲耳听到的故事真诚描述出来的人也讲过。我们读过索利的克里西普的书以及毕达哥拉斯的一些书里有这样的故事,还有些离我们不远的近代作家,比如克罗尼亚的普鲁塔克(Plutarch of Chaeronea)论灵魂的书,① 毕达哥拉斯主义者努梅纽的论灵魂不灭第二卷书,② 也有这样的故事。若说希腊人,尤其是他们中的哲学家,讨论这样的故事,就能认为他们的叙述不是荒谬可笑的,也不是"编造虚构的"③,而那些献身于宇宙之上帝,宁愿被凌辱致死,也不愿对上帝之事口说谎言的人,如果他们声称见过天使的面,怎么就能认定他们不值得相信,他们的话不能算为真话?

对于人是在讲真话还是说谎言,这样任意断定是不合情理的。那些力求避免一切错误的人,尽最大努力探求、考察对每个话题的论述,在判定那些叙述神迹奇事的人中,哪些人在讲真话,哪些人在说谎言时,非常缓慢且谨慎。并非所有人都有足够的证据表明自己是可信的,也不是所有人都清楚地表明他们告诉人的是"编造的故事和荒诞的神话"。对耶稣从死里复活可以进一步说,如果当时有一两位天使显现,宣告他已经复活,并借他的神意眷顾那些为自己的益处而相信这一神迹的人,这没有什么不同寻常之处。在我看来,那些任何时候都相信耶稣复活,从他们的信心中显现出累累硕果,表明自己的道德生活是健康的,已经脱离邪恶洪流的人,有天使相伴,帮助他们归信上帝,这样的事并非不合情理。

---

① 仅有残篇留存。优西比乌在 *P. E.* XI, 36, I, 563 - 564 保存了这样的故事。见 Bernardakis 版的普鲁塔克版,VII, 18 以下。
② *Frag.* 31 Leemans, 45 Thedinga.
③ 参第三卷,第二十七节塞尔修斯的话。

58. 塞尔修斯还反对论到天使滚开耶稣墓前石头的话，就像学校里的哪个少年人接受任务，要把某种论述撕得粉碎。然后，他似乎找到了一种聪明的批判方法指责福音，说："看起来，这位上帝的儿子自己没有能力打开坟墓，需要别人来移开石头。"我不想在这里作寓意解释，免得涉及与这个问题无关的话，似乎选了一个不当的时机从哲学上讨论这些事，所以我要就这故事本身的含义来说。这故事本身表明，为了人的利益，让低级的仆人滚开石头，比他复活之后亲自来做这样的事更显尊贵。我根本不必说，事实上，那些当初谋害逻各斯，只想要他死的人，现在向所有人表明他已经死了，他无足轻重。他们根本不愿意让他的坟墓开启，免得有人看见逻各斯在他们的阴谋施行之后仍然活着。然而，上帝的使者，① 为人的得救而来的那位，与另一位天使合作，比那些谋害他的人更强大，滚开了沉重的石头，好叫那些隐约记得逻各斯已经死了的人相信，他没有死，而是活着。相信凡愿意跟从他的，他就来到他们面前，以便向那些初归信时还没有能力领会更深真理的人指明下一步该怎么前进，这更深的真理是与他先前指明的真理一脉相承的。

然后，出于某种不知道的原因，他进而说出这样的话：一个天使来到约瑟面前论到马利亚的怀胎之事，后来又为使他们救出已经出生的婴孩，因为有个阴谋加害他，让他们逃往埃及。但我不明白这些话于他的目标有什么益处。这也是我们前面驳斥他的话时已经讨论过的话题。② 塞尔修斯说，按圣经记载，有多位天使出现在摩西和其他人面前。他说这话的目的是什么呢？在我看来，这与他的目标毫无帮助，尤其是因为他们没有一个尽其所能使人类脱离自己的罪恶。因而，我们不妨承认"上帝还差遣了其他使者"，耶稣"有更重大的使命"，"因为犹太人正在做错事"，"轻视自己的宗教"，"行为不敬"，他就把上帝的国转给"别

---

① 耶稣（第五卷，第五十二节塞尔修斯的话）。
② 参第一卷，第三十四节至第三十八节。

的园户"①，就是世界各地那些掌管着教会的人，他们尽其所能带领别人跟从耶稣教训的引导，过纯洁的生活，引向宇宙之上帝的生活，讲与这种生活一致的话。

59. 塞尔修斯接着说："因此犹太人和这些人有同样的上帝"，后者他显然是指基督徒。他似乎得出了一个可以接受的结论说："显然，伟大教会的成员承认这一点，且相信犹太人中流行的世界被造的故事是真实的，甚至包括六天创世，第七天"按圣经记载，上帝歇了他的工②，退入自我深思之中③，但是塞尔修斯因为没有认真读过圣经，不明白这些，说第七天上帝"安息了"，这不同于经上所用的词。然而，论到世界的被造和为上帝的子民存留的另一安息日的安息，④我们有好些奇妙、深奥的话，并且难以解明。⑤

然后，在我看来，他似乎想要使自己的书膨胀，看上去像巨著。因为他加上一些毫不相干的话，比如关于第一人的这些话，大意是：我们"跟犹太人一样认为他是同一个人"，我们"也像他们一样把族谱追溯到他"。我们虽然确实知道该隐谋害亚伯，以扫加害雅各，但我们却对"弟兄间相互谋害"⑥一无所知。因为亚伯不曾谋害该隐，雅各也没有加害以扫。否则，塞尔修斯就完全可以说我们"与犹太人讲述同样的弟兄之间相互谋杀的故事"。就算我们真的"像他们那样谈到离开埃及"，同样的从那里返回（不是如塞尔修斯所说的"逃跑"），这有助于他批判我们或犹太人吗？他以为可以借希伯来人的故事嘲笑我们时，就用"逃跑"这个词，但该他去考察根据圣经记载，上帝降到埃及的灾难

---

① 《马太福音》21:41，43。
② 《创世记》2:2—3。参第六卷，第六十一节。
③ 奥利金引用柏拉图《政治家篇》(*Politicus*) 272E。Bader 对 Koetschau 的驳斥是对的，他认为这些话不是出于塞尔修斯。
④ 《希伯来书》4:9。
⑤ 《希伯来书》5:11。
⑥ 参第四卷，第四十三节塞尔修斯的话。

故事时,他却故意闭口不语。

60. 塞尔修斯认为我们与犹太人对他所引的故事持有同样的观点,我们若是可以对他的话作出准确的回答,那么我们会说,我们与犹太人都承认圣经书卷是因受圣灵感动而写的,但关于书中内容的解释,我们与他们说的就不再相同。事实上,我们之所以没有像犹太人那样生活,原因在于我们认为对律法书的字面解释没有体现法条的真正含义。我们主张"每逢诵读摩西书的时候,帕子还在他们心上",因为还未热切地跟从耶稣基督的道路的人,摩西律法的含义就向他们隐藏。我们知道,"他们的心几时归向主,帕子就几时除去了,主就是那灵",可以说,"敞着脸得以看见主的荣光",这荣光包裹在经文所隐藏的思想里,于是,所说的神圣荣光转变为自己的荣光。① 这里的"脸"是比喻用法,如有人会说的,是对心灵的较为简单的说法;这是"按着里面的人"说的脸,一旦律法的真正含义得到领会,这脸就充满荣光。

61. 然后他说:"谁也不可以为我不知道他们中有些人会承认,他们与犹太人拥有的是同一位上帝,而另一些人认为另有一位与前者相对的上帝,而圣子是从这后者来的。"② 如果他认为这是指控基督教在基督徒中有多个派别,照此类推,这岂不也是指控哲学,不同学派的哲学家之间不仅在微不足道的琐碎问题上各抒己见,而且在极为重大的话题上也意见不一?我们也可以指责医学,因为它也有各种派别。③ 不过,我们不妨承认,我们中间有些人不认为上帝就是犹太人的上帝。那也不是他们从同样的圣经里证明犹太人的上帝就是外邦人的上帝应当受到指责的理由。保罗也是从犹太人接受基督教的,他说得非常清楚:"我感谢上帝,就是我接续祖先用清洁的良心所侍奉的上帝。"④

---

① 见《哥林多后书》3:15—18。
② 参第五卷,第五十四节。
③ 见第三卷,第十二节。
④ 《提摩太后书》1:3。

我们也可以承认，"还有第三类人，他们称有的是属自然的，有的是属灵的"——我想他是指瓦伦廷主义者。①这与我们有什么关系呢？我们是属于教会的，对那些主张各人得救还是被弃取决于他被造的方式的人持批评态度。我们也不妨承认，"还有些人自称是诺斯替主义者②"，就像伊壁鸠鲁主义者自称为哲学家一样。但是，那些弃绝神意的人不是真正的哲学家，引入与从耶稣所领受的传统教义不相融的怪异新奇观念的人，也不能算是真正的基督徒。我们暂且承认，"有些人也接受耶稣"，并因此夸口自己是基督徒，"但他们仍然想要像大多数犹太人那样，按犹太律法生活"。有两个伊便尼主义派别，一个像我们一样承认耶稣出生于童女，另一个认为他虽是这样出生的，但与其他人没有分别。③然而，这样的话有哪一点是指责那些属于教会的人，即塞尔修斯称为"大众"的？④他说"还有些人是西比尔主义者（Sibyllists）"，也许因为他误解了某些人，这些人批判以为西比尔（Sibyl）是个女先知的人，从而把后者称为西比尔主义者。⑤

62. 然后他把一大串名称堆到我们头上，说他"还知道有些西门主义者，尊崇赫勒那（Helena）或赫勒努（Helenus）为师，被称为赫勒那主义者（Helenians）。"⑥但塞尔修斯没有注意到西门主义者根本不承认耶稣是上帝的儿子，而主张西门是上帝的大权者，⑦讲述关于他的一些不可思议的传言。因为他以为，耶稣是假装行神迹奇事，只要他也像耶稣那样

---

① 参 Irenaeus, I, 7, 5 (Harvey, I, 64-66); Clemen, *Exc. Theod.* 54; Tertullian, *adv. Val.* 29。
② 这个词最初似乎用于奥菲特派，他们"自称为诺斯替主义者，声称唯有他们知道深奥的事"(Hippolytus, *Ref.* V, 6, 4)。见 R. P. Casey in *J. T. S.* XXXVI (1935), pp. 45 ff。
③ 参第二卷，第一节；第五卷，第六十五节。
④ 参第五卷，第五十九节"伟大的教会"。
⑤ 犹太西比尔神谕 (Sibylline Oracles) 被某些基督教护教者如克莱门大大引用。参第七卷，第五十三节塞尔修斯的话。我们不知道具体的"西比尔主义"派别的任何情况。奥利金本人显然不认为西比尔神谕是可尊敬的；他在自己的作品中从未引用过它们。
⑥ 参 Justin, *Apol.* I, 26; Irenaeus, I, 23, 3 (Harvey, I, 191); Tertullian, *de Anima*, 34; Hippolytus, *Ref.* VI, 19; Epiphanius, *Panar.* 21-22。关于西门 (Simon)，见 Lietzmann in P. -W. IIIA, 180-184; 关于海伦 (Helen)，见 Bousset, *Haupt probleme der Gnosis*, pp. 78 ff; G. Quispel. *Gnosis als Weltreligion* (1951), pp. 45-70。
⑦ 《使徒行传》8:10。

假装行那样的事,耶稣怎样在民众中大有威信,他也照样能够在人中得权威。然而,不论是塞尔修斯还是西门,都不可能明白,耶稣作为上帝之道的"好农夫"①是怎样将自己的教训传播到大部分希腊地区和野蛮人居地,使他们全都接受教灵魂脱离一切邪恶、走向宇宙之造主的教义。塞尔修斯"还知道跟从玛塞丽娜(Marcellina)的玛塞丽娜主义者,②跟从萨洛米(Salome)的哈波克拉特主义者(Harpocratians)③,跟从玛里娅米(Mariamme)的人,④以及跟从玛莎(Martha)的人"。然而,我们虽然尽我们所能研究,不仅考察基督教教义及其内部的各种观点,还尽最大能力真诚而充分地考察了哲学家的各种教训,却从来没有看到过这些名称。塞尔修斯还提到"以马西昂为首领的马西昂主义者"。

63. 然后,为了让人以为他除了知道以上提到的名字之外,还知道别的名字,他按着惯常的习惯说,有的找到这个老师和鬼魔做首领,有的找到另外的老师和鬼魔做首领,他们以各种邪恶方式偏离正道,走上歧路,在大黑暗中徘徊,这黑暗比埃及安提诺斯的狂欢者⑤的黑暗更邪恶、不洁。在我看来,关于这些事,他所说的"有的找到这个老师和鬼魔做首领,有的找到另外的老师和鬼魔做首领,他们以各种邪恶方式偏离正道,走上歧路",在无知的"大黑暗中徘徊"似乎有点道理。只是,前面当他把安提诺斯与我们的耶稣相比时,我们已经论述过安提诺斯的

---

① 《雅各书》5:7。
② 玛塞丽娜是埃及诺斯替主义者卡尔波克拉特(Carpocrates)的信徒,她于阿尼塞图教皇(Pope Anicetus)时代来到罗马,引许多人偏离正道,走上歧路(Irenaeus, I, 25, 6, Harvey, I, 210)参 Epiphanius, *Panar.* XXVII, 6, 1; Augustine, *de Haeresibus* 7。
③ 塞尔修斯可能搞混了埃及神哈波克拉特(Harpocrates = Horus)与卡波克拉特(Carpocrates)。在公元3世纪的一种文本中,哈波克拉特神被称为卡波克拉特;参 A. D. Nock in *Class. Philol.* XLV (1950), p. 50。撒罗米在埃及人看来是福音书里的重要人物(Clement Al, *Strom.* III, 45, 63, 66, 92);撒罗米和玛莎都出现在 *Pistis Sophia* 中。
④ 奥菲特派认为他们的理论是主的弟兄雅各传授给玛里娅米的(Hippolytus, *Ref.* V, 7, 1; X, 9, 3)。腓利行传中记载了她与他们的关系,说腓利与玛里娅米同去奥菲特人的土地(M. R. Jame, *Apocryphal N. T.* p. 446.)
⑤ 关于安提诺斯,参第三卷,第三十六节至第三十八节;关于卡波克拉特主义者的道德败坏,见 Clem Al. *storm.* III, 10;他们宴乐之后,就把灯打翻,随之而来的是骇人听闻的罪恶行径。

耳语者，这里就不再重复了。

他说："这些人以可怕的难以启齿的侮辱话语彼此攻击。他们不会作出哪怕一点点让步，达成协议；因为他们彼此恨恶至深。"我们已经回答了这种异议，无论是在哲学界，还是在医学界，各学派之间都存在着激烈争斗。然而，我们这些听从耶稣的话语，在思想、言语和行为上遵行他的教导的人，"被人咒骂，我们就祝福；被人逼迫，我们就忍受；被人毁谤，我们就善劝。"①对那些与我们持不同意见的人，我们不会用"难以启齿的侮辱话语"辱骂。但只要可能，我们会尽一切可能使他们归向更良善的生活，使他们完全信靠造主，在一切事上都作为一个要受到审判的人那样去行。如果不能说服异端分子，我们就遵循经上的话，要这样对待他们："分门结党的人，警戒过一两次，就要弃绝他。因为知道这等人已经背道，犯了罪，自己明知不是，还是去做。"②此外，那些明白经文所说的"使人和睦的人有福了，温柔的人有福了"③的人，不会去"厌恶"那些"贬低"基督教教义的人，也不会把犯错的人称为"瑟茜（Circes）和疯狂煽动者"④。

64. 在我看来，他似乎误解了使徒说的话："在后来的时候，必有人离弃真道，听从那引诱人的邪灵和鬼魔的道理。这是因为说谎之人的假冒，这等人的良心如同被热铁烙惯了一般。他们禁止嫁娶，又禁戒食物，就是上帝所造，叫那信而明白真道的人感谢着领受的。"⑤同时他显然也误解了用使徒的这些话驳斥贬低基督教教义者的那些人。这就解释

---

① 《哥林多前书》4:12—13。
② 《提多书》3:10—11。
③ 《马太福音》5:9, 4。
④ 亚历山大的克莱门（*Strom.* VII, 94, 1）把异端分子比作那些被荷马史诗里的女巫瑟茜麻倒的人。
⑤ 《提摩太前书》4:1—3。

了为什么塞尔修斯说在基督徒中"有些被称为'耳朵上的烙铁'"①。他还说"有些被称为'谜'",对此我们一无所知。当然,"绊脚石"一词在这些作品中很普遍,因为这个词我们通常用指那些使容易被误导的单纯之人偏离合理教训,走上歧路的人。但我们不知道"有些人被称为瑟茜,是行为可耻的骗子,把说服过来的人的耳朵堵住,使他们的脑袋像猪脑一样"②。我想,无论是教会的人,还是哪个派别的人,谁也不曾听说过这样的人。

然而,他这个自称无所不知的人还说这样的话:"你还将听到所有那些如此针锋相对的人,彼此争斗,自我驳斥到毫无廉耻的地步的人,说:'就我而论,世界已经钉在十字架上;就世界而论,我已经钉在十字架上。'③"这似乎是塞尔修斯记得的唯一一句保罗的话。④只是我们难道就不能引用其他段落,比如:"因为我们虽然在血气中行事,却不凭着血气争战。我们争战的兵器,本不是属血气的,乃是在上帝面前有能力,可以攻破坚固的营垒,将各样的计谋、各样拦阻人认识上帝的那些自高之事一概攻破了?"⑤这样的段落数不胜数。

65. 他既说"你还将听到所有那些如此争锋相对的人,说'就我而论,世界已经钉在十字架上;就世界而论,我已经钉在十字架上'",我们就要证明,即使这一点也是不对的。因为有些派别不接受使徒保罗的书信,比如两类以便尼主义者和那些被称为英克拉提主义者(Encratites)

---

① 根据 Heracleon (ap. Clement, *Ecl. Proph.* XXV, 1 = *frag.* 49 Brooke),"有些在那些受其约束的人耳朵上用火烙上印记。" Irenaeus (I, 25, 6) 及 Harvey (I, 210) 说有些卡波克拉特人"在其门徒的右耳垂背部烙印"。参 Hippolytus, *Ref.* VII, 32, 8;Epiphanius, *Panar.* XXVII, 5, 9……关于宗教入教仪式中的文身,参 A. B. Cook, *Zeus*, II (1925), p. 123。
② 参荷马,《奥德赛》,X, 239,瑟茜把奥德修斯的人民变成猪。
③ 《加拉太书》6:14,瓦伦廷主义者根据 Irenaeus, I, 3, 5 (Harvey, I, 30) 引用。
④ 参第一卷,第九节塞尔修斯的话。
⑤ 《哥林多后书》10:3—5。

的人。① 因而，那些不使用这位使徒的话，也不认为他是蒙福的有智慧者的人，不会说"就我而论，世界已经钉在十字架上；就世界而论，我已经钉在十字架上"。因而，这里塞尔修斯还是在说谎话。他把批判的重点放在各派间的分歧上，但在我看来，他似乎对自己要说的意思根本没有清晰的认识，也没有深入仔细地考察它们，不明白为何"在教育上取得一定进步的基督徒说自己比犹太人知道得更多"，因为他没有具体说明，他们是否接受了圣经，只是在解释意义上有不同理解，或者他们甚至不接受犹太人的经书。我们可以看到，这两种观点都存在于各派别之中。

然后他说："然而，即便他们没有因自己的理论获得权威，② 我们也不妨来考察一下其真实的教义。首先我们必须讨论他们因无知而对真理造成的误解和败坏。③ 因为他们粗俗地讨论基本原则，擅自论断自己根本不知道的事。"随即他就对信徒仍然使用于基督教教义的某些措辞与出于哲学家的引语作了比较，妄图指出，基督徒所主张的教义里那些在塞尔修斯看来正确的观点，哲学家已经更好且更清晰地阐述过了，由此把那些被自身显明为美好而虔诚的理论感动的人引离基督教，引向哲学。我们的第五卷就写到这里，对下一段的讨论就放到第六卷。

---

① 关于以便尼主义者参第二卷，第一节；第五卷，第六十一节。关于塔提安（Tatian）的信徒英克拉提主义者，参 Irenaeus, I, 28, 1 (Harvey, I, 30); Eusebius, *H. E.* IV, 29。他们拒斥保罗 (Hippolytus, *Ref.* VIII, 20, 1) 和《使徒行传》(Eusebius, *H. E.* IV, 29, 5)。
② 参第三卷，第十四节；第五卷，第三十三节塞尔修斯的话。
③ 参第三卷，第十六节塞尔修斯的话。

第 六 卷

1. 敬虔的安波罗修，在第六卷我们要开始驳斥塞尔修斯对基督教的攻击，但我们的目的并非如有些人可能会设想的，要在本卷里与塞尔修斯从哲学引来的观点一较高低。塞尔修斯特别从柏拉图引用了不少段落，将它们与一些能感动明智之士的圣经选段对比，说"这些观点希腊人已经作了更好的表述，但他们并没有夸大其词地声称，也没有说他们原是得到某个神或神的儿子宣告得来的"。我们说，那些教导真教义的人的任务就是，尽可能帮助更多的人，尽其所能借着对人类的爱说服每个人归向真道——不只是有知识的人，也包括愚昧的人，同样，不仅只是希腊人，也要包括野蛮人在内。有人若是能够甚至使"极其愚昧，未受教育的庄稼汉"归信，那是件非常了不起的事。因而显然，当这样的老师讲道时，得费力使用某种能帮助每个人明白，要求所有人听懂的词汇。另一方面，凡是抛弃未受教育者，把他们看作低层次的、无法欣赏文雅流畅的文风和严谨有序的叙述的人，只注意在学识和学术上受过训练的人，这样的人就是把原本应当恩惠于大众的理论，局限在一个非常狭隘而有限的圈子里。

2. 我在驳斥塞尔修斯和其他人的批判时说过，圣经采取了一种简单的风格，与宏大的文学作品相比，有点相形见绌。① 因为我们的先知、耶稣及其使徒有意使用一种不仅包含真理，还能说服民众的教导方法。

---

① 关于异教批评圣经风格粗俗，参例 Lactantius, *Div. Inst.* V, 1, 15-16; Jerome, *Ep.* XXII, 30; Aug. *Conf.* III, 5, 9。

等他们归信并进入教会之后，各人就按自己的能力，上升到看起来简单的字句所包含的隐秘真理。如果可以，我要冒昧地说，柏拉图和那些写作风格类似的人，其华美而精致的风格若真的有益于什么人，也只有益于不多的几个人；而较为简单的风格则实实在在适宜于大众，老师和作者采用这样的风格，就能使众多的人受益。无论如何，只有那些似乎学识渊博的人手中才有柏拉图的作品，① 而恩披克泰德（Epictetus）甚至受到普通民众，那些有意接受益处的人尊敬，因为他们的生活受到他的话语影响，得到了提高。

我们这样说不是要批判柏拉图（因为伟大的人类世界也从他获得了帮助），而是要阐明那些说以下这话的人的意思："我说的话、讲的道，不是用智慧委婉的言语，乃是用圣灵和大能的明证，叫你们的信不在乎人的智慧，只在乎上帝的大能。"② 圣经说，所说的话即使其本身是正确的，且非常具有说服力，但上帝若不赐给说话者某种能力，并且为所说的话加上恩典，就不足以影响人的灵魂；那些讲道成功的人，唯有借着上帝的恩赐，才能拥有这种能力。因而，在《诗篇》67 篇里，先知说："耶和华必赐话语给那以大能讲道的人。"③

假设我们承认，在某些方面，希腊人与那些相信我们教理的人持有同样的观点，但他们还是不具有同样争取人心，使他们坚信这些教义的能力。因此耶稣的门徒，虽然就希腊哲学而言，可以说是无知的人，但他们穿越世界众多国家，按每个听者的功德和逻各斯的意愿，对他们产生影响。人听他们讲道而归信，远比按其自由意志的倾向接受良善生活要好得多。

3. 那么，我们不妨承认"古老的智慧人向有能力领会的人显明他们的意指"，同时"阿里斯通的儿子柏拉图在一封书信里指明了关于至善的

---

① 普鲁塔克说（*Mor.* 328E）："我们很少有人看过柏拉图的《法律篇》。"（对比 711C，论到孩子记住简单的柏拉图对话）。
② 《哥林多前书》2:4—5。
③ 《诗篇》67:12（和合本无此节经文，中译者据英文直译。——中译者注）。

真理。他说，至善根本不能用言语表达，乃是凭着长期的熟识，突然临到的，就像突然迸发的火花点燃了灵魂里的光"。①当我们听到这话时，也承认这话说得好，因为上帝向他们显明了这些事，以及他们叙述正确的其他真理。正因如此，我们说，那些已经领会上帝的真道，但实际上没有按与这种真理相称的方式敬拜上帝的人，很容易遭受临到罪人头上的惩罚。保罗以这样的话论到这样的人说："原来，上帝的忿怒，从天上显明在一切不虔不义的人身上，就是那些行不义阻挡真理的人。上帝的事情，人所能知道的，原显明在人心里，因为上帝已经给他们显明。自从造天地以来，上帝的永能和神性是明明可知的，虽是眼不能见，但藉着所造之物就可以晓得，叫人无可推诿。因为，他们虽然知道上帝，却不当作上帝荣耀他，也不感谢他。他们的思念变为虚妄，无知的心就昏暗了。自称为聪明，反成了愚拙；将不能朽坏之上帝的荣耀变为偶像，仿佛必朽坏的人和飞禽、走兽、昆虫的样式。"②他们既认为"至善根本不能用言语表达"，还说"由于对话题本身长期熟识，与它朝夕相处，终于有一天它突然降临，就像突然迸发的火花点燃灵魂里的光，一旦形成，就成为不证自明的东西"③，就是"阻挡真理"，如我们的圣经所证实的。

4. 然而，那些关于至善写下这些段落的人，却下到比雷埃夫斯（Piraeus）去向女神阿耳忒弥斯祈求，去看没有教养的人举行的节庆。④那些教导这种深奥的灵魂哲学，教导过着生活良善的灵魂将来要走怎样路径的人，却抛弃上帝向他们显明的伟大真理，去留意卑微而琐碎的事，还向阿斯克勒庇俄斯祭献一只公鸡。⑤虽然上帝无形的事、世界和有形宇宙被造的观念已经向他们显明出来，使他们由此上升到理智世界，而且他们还细

---

① 塞尔修斯引用柏拉图《书信》Ⅶ，341C。
② 《罗马书》1:18—23。
③ 奥利金引用柏拉图的整个段落，无疑（如 Bader 正确注意到的）是为了表明他本人清楚塞尔修斯的一手资料是什么。
④ 见柏拉图，《理想国》，327A。
⑤ 见柏拉图，《斐多篇》，118A。类似的有：Tertullian, *Apol.* XLVI, 5；*de An.* I, 6；Prudentius, *Apoth.* 203 ff。

致入微地洞察到他的永能和神性,但他们的思念仍然变为虚妄,一涉及对上帝的敬拜,愚蠢的心就在黑暗和无知中打滚。甚至有可能看到那些以自己的智慧和上帝观自豪的人屈膝拜倒在"必朽坏的人的样式"前,说这是荣耀上帝,有时候甚至与埃及人一起下降到飞禽、走兽和昆虫偶像上。即使有些人似乎超越于这些事物,仍然可以发现他们把上帝的真实变为虚谎,去崇拜侍奉受造之物,不敬奉那造物的主。① 因而,希腊人中的智慧人和博学者在其宗教习俗中的上帝观是错误的,所以,"上帝拣选了这世上愚拙的",叫有智慧的羞愧,又拣选了卑贱的,软弱的,被人厌恶的,以及那无有的,为要废掉那有的,使一切有血气的,在上帝面前一个也不能自夸。②

我们的智慧人,最古老的摩西和继他之后的众先知,最先明白"至善根本不能用言语表达",因为看到上帝向那些配领受他且预备领受他的人显明自身,就写道,上帝向 —— 比如 —— 亚伯拉罕,或以撒,或雅各显现。③ 至于显现为谁,什么样的人,以什么方式显现,显现给我们中哪些人,这些问题他们就留给那些能表明自己与配得上帝显现之人一样的人去考察。因为他们不是用肉身上的眼睛看见上帝,乃是用清洁的心灵。如我们的耶稣所说的:"清心的人有福了,因为他们必得见上帝。"④

5. 至于"就像突然迸发的火花点燃灵魂里的光"的思想早在柏拉图之前就为道所认识,如先知书里所说的:"你们要为自己点亮知识之光。"⑤ 耶稣之后的约翰也说:"生命在道里头,这生命就是人的光",这是"真光,照亮每个"生在真实而属理智的世界上的人,使他成为"世上的光"⑥。这光"已经照在我们心里,叫我们得知上帝荣耀的光显在耶稣基督的面上。"⑦ —

---

① 参《罗马书》1:20—25。
② 参《哥林多前书》1:27—29。
③ 参《创世记》12:7; 26:2; 35:9。
④ 《马太福音》5:8。
⑤ 《何西阿书》10:12(和合本译为"你们要为自己栽种公义"。——中译者注)。
⑥ 《约翰福音》1:3—4;《马太福音》5:14。
⑦ 《哥林多后书》4:6。

位非常古老的先知,在距居鲁士(Cyrus)许多世代之前就说预言(比居鲁士早十四代①),说:"耶和华是我的亮光,是我的拯救,我还怕谁呢?""你的话是我脚前的灯,是我路上的光";"耶和华啊,求你仰起脸来,光照我们!""在你的光中,我们必得见光。"②《以赛亚书》里的道告诫我们接受这光,说:"耶路撒冷啊,兴起,发光!因为你的光已经来到!耶和华的荣耀发现照耀你。"③这位先知,在预言耶稣——就是使我们抛弃偶像和鬼魔崇拜的人——到来时,说:"在黑暗中行走的百姓看见了大光;住在死荫之地的人有光照耀他们。"④

由此可见,柏拉图关于至善的精致言论与众先知关于蒙福之人所得的光的言论之间有何种分别。请注意,虽然柏拉图的话是对的,但并没有帮助他的读者走向纯洁的信仰,甚至柏拉图本人,尽管确实在教导这种如此高深的至善哲学,也没有走向这样的信仰。而圣经简单的风格却使真诚的读者受到启示。这光保守在圣经里面,靠的是一个比喻里提到的五位聪明童女掌灯时所用的油。⑤

6. 塞尔修斯还从柏拉图书信里引用了另一段落:"倘若在我看来,为公众考虑,应当采取适当的篇幅,将这些问题写成论文或讲演的形式,那么在我们一生中,还有什么比写就对人类有巨大益处,把事物的本质向众人揭示出来的作品更杰出的成就呢?"⑥我们来简要地讨论这个问题。柏拉图是否有什么比他写下来的理论更神圣的东西,比他留给后代的作品更非凡的东西,这个问题我们留给各人尽其所能去研究。我们要表明的是,另一方面,我们的先知在自己心里还有某些真理,太崇高无法写下来,因而没有记载的。比如,以西结收到一卷书,内外都写着

---

① 根据《马太福音》1:17 推出来。
② 《诗篇》26:1,118:1—5,4:7,35:10(和合本为诗篇 27:11,119:105,4:6,36:9。——中译者注)。
③ 《以赛亚书》60:1。
④ 《以赛亚书》9:2。
⑤ 《马太福音》25:1 以下。
⑥ 柏拉图,《书信》,VII,341D。

字,其上所写的有哀号、叹息、悲痛的话;① 然后道吩咐他吃了这书卷,免得他写下来,向不配的民泄露了书中的内容。经上记载约翰也看见并做了同样的事。② 此外,保罗听到隐秘的言语,是人不可说的。③ 耶稣比所有这些人更杰出,据说他私下里把上帝的道讲给门徒听,④ 尤其是在隐退静修之处。但他所说的话没有记载下来。因为在他们看来,并不认为"为公众考虑,应当采取适当的篇幅将这些问题写成论文或讲演的形式"。倘若对如此伟大的人说实话并非不合宜,我得断言,因为他们是借着上帝的恩典得到思想的,所以这些人比柏拉图更明白什么样的真理应当付诸笔墨,应当如何写作,什么应当毫无条件地写给大众,什么可以口头讲说,什么不具有这种性质。另外,约翰教导我们可以写下来和不可以写下来的事物之间有分别,因为他说,他听到七雷发声教他一些话题,同时禁止他把七雷所说的写出来。⑤

7. 摩西和众先知不仅比柏拉图早,也比荷马和希腊人发明的书写要早,⑥ 在他们笔下可以看到许多这样的话,都是与上帝赐给他们的恩典相配的,充满了深奥的含义。他们说这些事,并非如塞尔修斯所认为的,是"因为他们误解了柏拉图"。他们怎么可能听到一个根本还未出生的人的话语呢?不过,假设有人将塞尔修斯的话用于耶稣的使徒身上,因为他们比柏拉图要迟,那么请想一想,制帐棚的保罗、打渔的彼得和抛弃父亲渔网的约翰教导这样的上帝论,是因为他们误解了柏拉图在门徒中传讲的话,这岂不明显没有说服力吗?塞尔修斯常常喋喋不休地说基督徒"要求直觉的信念"⑦,这里又说了,似乎他以前根本没说过,

---

① 《以西结书》2:9—10;3:1—2。
② 《启示录》10:9—10。
③ 《哥林多后书》12:4。
④ 《马可福音》4:34。
⑤ 《启示录》10:4。
⑥ 参第四卷,第二十一节。
⑦ 参第一卷,第九节;第六卷,第十节至第十一节。

是全新的话。但我们对此的驳斥已经很充分了。

　　他又引用了柏拉图的另一短语，说通过"'使用问答法'①，就开启那些跟从他哲学的人的领悟能力"。现在我们要引用圣经的话表明，圣道也教导我们要学习辩证法。所罗门在一处说："未受到挑战的教育，使人误入歧途。"②另一处，西拉的儿子耶稣，就是给我们留下智慧书的人，说："愚笨人的知识是未经查验的话语。"③所以，在我们这些早已知道引领福音的人必"能把争辩的人驳倒"④的人中间，就更可以说"考验全是友好的"⑤。然而，若是有人出于懒惰，不费力去留意圣经读物，不去查考圣经，⑥不遵照耶稣的命令寻找⑦圣经的意义，祈求上帝显明，叩问封在它们里面的真理，那就根本没有理由说圣经里全无智慧。

　　8. 他引用了柏拉图的其他话，大意是：至善只为"少数人"所知，而大众"因为了解了一些神圣真理就充满不当的轻视和高傲而空洞的野心"⑧，就说某些事是真的；然后他又说：柏拉图说了这话之后，并没有叙述不可思议的故事，对想要询问他所宣称的究竟是什么的人，也没有勒住他们的舌头，没有立刻命令人们"要相信上帝是这样的，他有一个儿子是那样的，后者下来，与我说话"⑨。我驳斥说，我相信，阿里斯坦德（Aristander）写到柏拉图时说，他不是亚里斯通的儿子，而是以阿波罗的样式来到安菲克提翁的某个占卜者的儿子。⑩许多其他柏拉图主

---

① 柏拉图，《书信》，VII, 344B。
② 《箴言》10:17（参和合本译文，"违弃责备的，便失迷了路。"——中译者注）。
③ 《便西拉智训》21 章 18 节。
④ 《提多书》1:9。
⑤ 柏拉图，《书信》，VII, 344B。
⑥ 《约翰福音》5:39。
⑦ 《马太福音》7:7；《路加福音》11:9。
⑧ 柏拉图，《书信》，VII, 341E。
⑨ 参 Hermas, *Mand.* I: 1: "首先相信上帝是一……"
⑩ 阿里斯坦德很可能是亚历山大大帝的占卜者（Clem. *Strom.* I, 134, 4; Lucian, *Philopatris* 21 - 22），写了一本充满难以置信的奇迹的书（Pliny, *N. H.* XVII, 243）。关于他写的柏拉图的故事，参 Plutarch, *Mor.* 717E - 718B; Diog. Laert. III, 2; Apuleius, *de Plat.* I, 1; Olympiodorus, *Vita Plat.* I (in Hermann's *Plato*, VI, 191, 2); Suidas, *s. v.* 'Plato'; Jerome, *adv. Jovin.* I, 42。

义者叙述柏拉图生平时也谈到这个故事。还有毕达哥拉斯，我们该怎么说，他讲过大量虚幻的故事，还向整个希腊民众显示他的大腿是象牙做的，说他认出了当他是福欧福耳玻斯（Euphorbus）时用过的盾牌，据说他同一天出现在两个不同的城市。① 任何想要批判柏拉图和苏格拉底的故事是不可信的传说的人，都会引用与苏格拉底在梦中来往的天鹅的故事，当人把这个年轻人介绍给他时，这位老师说："那么这就是那只天鹅了。"② 此外，柏拉图看见自己拥有的第三只眼也可以视为不可信的传说。③ 心怀恶意的人，若是想要对那些能力上超越于大众的人的占卜经历挑出毛病，可以找到很多可攻击可指责的东西。他们还可以嘲笑苏格拉底的精灵是捏造的谎言。④

因而，当我们解释关于耶稣的理论时，我们没有说任何不可信的故事，他的真正门徒也没有记载这类故事。而塞尔修斯这个自称无所不知，引述了大量柏拉图的话的人，尽管柏拉图在致赫尔米亚（Hermeias）和科里司库（Coriscus）的信里论到神的儿子，但他对此什么也没引（我想，是故意的）。柏拉图的话如下："要指着万物之神起誓，他是现在所是和将来所是之一切的统治者；要指着心灵和原因的父和主起誓，只要我们是真正的哲学家，蒙福之人对他认识到什么程度，我们也能清晰地认识他到什么程度。"⑤

9. 塞尔修斯还从柏拉图引用了另一段落："我已决定详细地讨论一

---

① 奥利金这里有些搞乱了；通常的故事是说盾牌是象牙做的，大腿是金制的（Diog. Laert. VIII, 5, 11）。参 Amm. Marc. XXII, 16, 21。关于欧福耳玻斯的故事，参 E. Rohde, *Psyche* (E. T.) pp. 598 f, 及他的大量参考资料；关于金腿，参 A. B. Cook, *Zeus*, II (1925), p. 223 n. 6。（奥利金认为它是象牙做的，可能是搞混了 Pelops 的象牙肩膀，参同上 p. 224）关于毕达哥拉斯在两地同时出现的行为，参 Pophil Vita Phthag. 27, 坡菲利说，毕达哥拉斯同一天既出现在意大利的梅塔庞提乌（Metapontius），又出现在西西利的陶洛美纽（Tauromenium）。
② 参 Pausanias, I, 30, 3; Diog. Laert. III, 5; Apuleius, *de Plat.* I, 1; Tert. *de Anima*, XLVI, 9; Suidas, *s. v.* 'Plato'; Olympiodorus, *Vita Plat.* 4。
③ 其他地方似乎没有提到过。
④ 梅勒图斯在指控中嘲笑过这一点（柏拉图《申辩篇》31D）。
⑤ 柏拉图，《书信》, VI, 323D, 亚历山大的克莱门 *Strom.* V. 102 提到父和子时引用该段话。关于新柏拉图主义的解释，参 A. E. Taylor. *The Parmenides of Plato* (1934), pp. 145ff。

下这个主题；因为我若这样做了，就很可能使我正在讨论的这些事变得更加清楚。有一种真学说，凡是胆敢在这样的问题上有所论述的人都会遇到，我以前也常常讲到，但现在似乎还需要重述。凡存在的事物，每一个都有三大因素，关于事物的知识必然是由这三因素而来的；而知识本身则是第四因素，我们还必须界定第五因素就是那可知的真实对象。前面所说的这些因素，第一个是名称，第二个是话语，第三个是形象，第四个是知识。"[1]我们可以根据这一定义说，约翰作为"在旷野喊叫的声音"[2]先于耶稣而来，对应于柏拉图所说的"名称"；约翰之后是耶稣，则对应于柏拉图的第二因素"话语"，约翰引人注意耶稣，"道成了肉身"[3]的话讲的也是他。柏拉图说"第三个是形象"。我们更准确地把"形象"这个词应用于另外的对象；[4]但我们完全可以说，道之后，心灵上就刻下了伤口的印记，这就是每个人心里的基督，源于这位道基督。[5]有能力的人还可以认真思考，基督——我们相信他就是"在完全的人中"[6]的智慧——是否对应第四个因素，即"知识"。

10. 然后他说："你们看，柏拉图虽然强烈主张它不可能'用言语描述'[7]，却仍然艰难地为此说明理由，免得有人以为他是回避问题，不予讨论；须知，就是'无'的本质或许也可以用言语界定。"既然塞尔修

---

[1] 柏拉图，《书信》，VII, 342A, B。
[2] 参《马太福音》3:3。
[3] 《约翰福音》1:14。奥利金利用了公认的"logos"（一种理性话语）与"phone"（一种叫喊）之间的区别。这种区别自柏拉图《泰阿泰德篇》203B 以来为人所熟知。在 Comm in Joann. II, 32 (26) 他也写了类似的话，但他不会接受 Heracleon 对这种区别的使用 [同上，VI, 20 (21)]。关于这种区别的历史及其在基督教作品中的使用，见 Lightfoot on Ignatius, Rom. II, 1; F. J. Dolger, Antike u. Christentum, V (1936), pp. 218-223。
[4] 在犹太基督教用法中，"ειδωλον"是指异教的神祇。
[5] 奥利金很可能故意模棱两可。关于每个基督徒心中的基督，参下文第六卷，第七十九节；Comm. in Joann. VI, 6 (3)。在 Comm. in Cant. Cantic. III, 76 (VIII, 194) 里，他对经文"我因爱受伤"有一个精致的神秘解释，可以辅助解释这里所说的"伤口"。这话很可能暗指《加拉太书》6:17。
[6] 《哥林多前书》2:6。
[7] 柏拉图，《书信》，VII, 341C。

斯提到这点来证实他的观点，即人不仅需要相信，还必须拿出理由说明他的信念，我们也就引用保罗的一句话，就是他在批评人随意相信时说的"你们若不是徒然相信"①。

塞尔修斯又重复说过的话，迫使我们也不得不重复；他就像一个自夸的人，刚刚说过傲慢的话，接着又说："柏拉图并不傲慢，也没有说谎，宣称发现了新的东西，或者说他是从天上宣告此事的；他实事求是地承认这些理论的出处。"凡是力图驳斥塞尔修斯的人，都会说这样的话：即便是柏拉图，也是傲慢的，比如他在《蒂迈欧篇》里把这样的话放入宙斯之口："诸神之神啊，我是你们的创造者，是你们的父……"②等等。然而，如果有人为这话辩护，说这是宙斯的想法，柏拉图只是代表他说出来而已，那么那研究先知书里上帝之子或造主的话的含义的人，为何不能有比《蒂迈欧篇》里宙斯的话更富有意义的话可说呢？对将来之事的宣告是神性的标记，因为它们不是靠自然人的能力预言的。③从连续发生的事件我们可以得出结论说，宣告这些事的乃是神圣的灵。

我们并非"对每个来到我们面前的人说：'先要相信我要告诉你们的这位就是上帝的儿子。'"我们仍是按各人的品质和条件把福音放在他们面前；因为我们已经学会"该怎样回答各人"④。有一些人，我们确实直接劝导他们相信，因为他们无法接受更多的理论，但对于其他人，我们尽我们所能"通过问答法"⑤用理性论证接近他们。我们肯定不会说塞尔修斯嘲笑着加到我们头上的话："要相信我告诉你们的那位就是上帝的儿子，尽管他被极其可耻地抓捕，遭受充满耻辱的刑罚，而且他最近又在所有人面前极其可耻地徘徊。"⑥我们也不会说："这更是相信的理

---

① 《哥林多前书》15:2。
② 《蒂迈欧篇》41A。
③ 参第三卷，第二十五节；第四卷，第九十六节；参第四卷，第八十八节塞尔修斯的话。
④ 《歌罗西书》4:6。
⑤ 参柏拉图，《书信》，VII, 344B。
⑥ 参第一卷，第六十二节；第二卷，第九节塞尔修斯的话。

由。"①事实上,我们力图对每个人提出比以前所提出的更为广泛的论证。

11. 此后塞尔修斯说:"如果这些人(指基督徒)宣扬耶稣,另一些人宣扬别的什么人,而且全都举着同样轻率的口号'想要得救就相信,不相信就要被抛弃',那么那些真正想要得救的人会怎么做?难道他们要掷骰子来占卜该转向哪里,要跟从谁吗?"对此我们可以基于事实本身的不证自明性予以迅速驳斥。倘若真的有记载说有许多像耶稣一样的人作为上帝的儿子临到人间,他们每个人都吸引了一些信徒跟从,于是,由于他们基本相似的宣称,有相信他们的人的见证,究竟哪一个是真正的上帝之子就成了悬而未决的问题。倘若是这样,那么他就有理由说,"如果这些人宣扬耶稣,另一些人宣扬别的什么人,而且全都举着同样轻率的口号'想要得救就相信,不相信就要被抛弃'",如此等等。然而事实上,耶稣已经传遍世界各地,因为他是唯一临到人类的上帝之子。那些塞尔修斯之类的人以为耶稣行的是难以置信的骗术,因而也想行同样的事,似乎他们也可能有类似的超越于人的能力,但事实表明这些人毫无价值。撒玛利亚术师西门和来自同一个国家的多西修斯就是这样的人。一个说自己是上帝的大能者,②另一个说自己就是上帝的儿子。现在世上没有什么地方有西门主义者,尽管西门为争取更多的信徒允许门徒不冒任何死亡风险,而基督徒得到的教训是宁死不屈,要视偶像崇拜为无足轻重之事。此外,西门主义者从未曾遭受任何系统的驳斥,因为谋反耶稣教训的恶鬼知道,他的任何具体意图都不会被西门的教训挫败。多西修斯主义者也同样,即使在初期,也没有兴旺起来。时至今日,他们

---

① 道成肉身的羞耻就是相信道成肉身的理由,关于这一常被引用的句子(*locus classicus*),见 Tertullian, *de Carne Christi*, 5。

② 《使徒行传》8:10。参第一卷,第五十七节;*Comm. in Joann.* XIII, 27 "撒玛利亚人中起来一个多西修斯,自称是所预言的基督;直至今天还有从他而来的多西修斯主义者;他们研读多西修斯的书籍,解释关于他的一些神话,大意是说他并没有死,仍然活在某个地方。"奥利金另外提到他的地方有:*Comm. ser. in Matt.* XXXIII;*Hom. in Luc.* XXV;*de Princ.* IV, 3, 2。

的数量已经变得微乎其微,总数据说不足三十。① 据路加的《使徒行传》记载,加利利人犹大也想表明自己是个了不起的人,在他之前的有丢大。但由于他们的教训不是属上帝的,他们被杀之后,凡信他们的人全都一下子散掉了。② 因而,我们不会"掷骰子来占卜该转向哪里,要跟从谁",似乎有好几个人自称受上帝差遣来到人间,能引领我们。这个话题就谈到这里。

12. 我们接下来看塞尔修斯的另一异议,他因为不知道我们圣经的确切经文,胡乱理解,说我们"说人所拥有的智慧,在上帝看是愚拙"。其实保罗的原话是这样的:"这世界的智慧,在上帝看是愚拙。"③ 塞尔修斯还说"这理由早已提到过"。他以为,我们之所以使用这一句子的"理由"在于,我们"的目标只是使未受教育的愚昧人皈依"。但是如他自己所表明的,他"前面已经说过这一观点"④,而我们也尽我们所能回应了这一观点。然而,他这里既想表明"这一观念是我们杜撰的",又想表明"它是从那说过人的智慧与神的智慧是两回事的希腊智慧者那里接收过来的"。所以他引用了赫拉克利特的诗句——在某处他说:"人的特性没有普遍的意义,上帝的特性则有普遍意义。"另一处说:"人在神面前是愚拙的,就像孩子在大人面前是愚拙的一样。"⑤ 他还从苏格拉底的申辩中引用这样的话,在《申辩篇》中,柏拉图写道:"雅典的公民们,我得到这样的名声无非就是因为智慧。那么这是一种什么样的智慧

---

① 在第一卷,第五十七节里说西门主义者的人数是三十。从 Clement. Recog. II, 8—11 可以明白这种混乱的原因,那里解释说,施洗约翰死后,多西修斯提出异端学说,带领一个由三十门徒组成的固定圈子。大西门申请加入这个圈子,因为当时有人过世,有空缺,就接纳他加入。他最终赶走西门,成为这个派别的领袖。(Clement. Hom. II, 23-24 的描述与此非常相似,不过这里说的是,施洗约翰有三十门徒。)重要的是,要在这种关联中注意到,奥利金似乎知道 Clementine 作品背后的 2 世纪文献资料,而我们今天看到的这些文献标注时间是 4 世纪。
② 参《使徒行传》5:36—37。
③ 《哥林多前书》3:19;参第一卷,第九节塞尔修斯的话。
④ 参第一卷,第二十七节;第三卷,第四十四节,第五十节,第五十五节,第五十九节,第七十四节,第七十五节;第六卷,第十三节至第十四节塞尔修斯的话。
⑤ 赫拉克利特, fragg. 78-79 Diels。

呢?一种人有可能获得的智慧;就此而言,我确实敢于冒昧地断言,我是个有智慧的人。"① 这些是塞尔修斯举出的引语。就我来说,我还想加上柏拉图写给赫尔米亚、厄拉斯托和科里司库的信里的以下这些话:"我虽然已是垂垂老者,但我要说,为了形相(Forms)的这种美妙的智慧,厄拉斯托和科里司库需要保护他们远离恶人和不义之徒的智慧,以及某种自卫能力。因为他们大半生都与我们这些温文尔雅而非道德败坏的人在一起,所以缺乏经验。所以,我才说他们需要这些能力,免得他们迫不得已忽视真正的智慧,却过分地关注属人的和必要的智慧。"②

13. 所以,这些话区分了属神的智慧和属人的智慧。人的智慧就是我们所称的"这世界的智慧",它"在上帝看是愚拙"③。而属神的智慧,只要真的是属神的,是借着上帝的恩典来的,上帝把它赐给那些自我显明配得这一恩典的人,④ 尤其赐给那些因为已经认识到两种智慧之间的区别,因而在向上帝的祷告中说"一个人即使在人子中是完全的,但若没有从上面来的智慧与他同在,也将被认为毫无可取之处"⑤ 的人。我们坚持认为,人的智慧是灵魂受教育的一种途径,而神圣智慧则是终极目的。因而《希伯来书》作者说后者是灵魂的"干粮":"惟独长大成人的,才能吃干粮,他们的心窍习练得通达,就能分辨好歹了。"⑥

没错,这一观点非常古老,但并非如塞尔修斯认为的"这种分别的古老性可以追溯到赫拉克利特和柏拉图"。他们之前,众先知早已区分了两种智慧的不同。现在我们只要引述大卫的话就足够了,他论到富有属神智慧的人时说,这样的人"看见智慧人死,但必不看见朽坏"⑦。属

---

① 柏拉图,《申辩篇》,20D。
② 柏拉图,《书信》,VI,322D,E。
③ 《哥林多前书》3:19。
④ 关于上帝的知识只能靠恩典获得,参第七卷,第四十四节。
⑤ 《所罗门智训》9章6节。
⑥ 《希伯来书》5:14。
⑦ 《诗篇》48:10—11(和合本49:10有"他必见智慧人死"的话,但后面的句子与这里的英文有出入。——中译者注)。

神的智慧与信心并不是一回事,在一切被称为上帝属灵的恩赐中,这种智慧位居首位;在那些对这些事有明确领悟的人看来,其次应该是知识;信心列第三,因为头脑简单的民众,只要尽其理解能力在虔诚上有进步,也必然可得救恩。所以保罗说:"这人蒙圣灵赐他智慧的言语,那人也蒙这位圣灵赐他知识的言语;又有一人蒙这位圣灵赐他信心。"① 因而,你不可能看到普通人分有神圣智慧,唯有那些能力卓绝,在所有基督教信徒中鹤立鸡群的人才能分有。没有谁能"向那些完全未受教育者或为奴者或完全无知者解释神圣智慧的真理"。

14. 塞尔修斯认为那些不明白他要说的话,在希腊人的学问上没有受过熏陶的人,就是"完全未受教育者"、"为奴者"和"完全无知者"。但我们所说的未受教育者是指那些不顾廉耻向死物祈求,② 祈求脆弱的赐给他们健康,祈求僵死的赐给生命,祈求毫无指望的给予援助的人。即使有人主张这些事物不是诸神,只是真神的仿造物,是它们的符号,③ 但他们仍然还是"未受教育者、为奴者和无知者",因为他们以为艺术家之手能够造出神的仿造物。④ 所以我们说,我们基督徒中最微不足道的人,也不属于这类缺乏教育的无知者,而最有智慧的人则能明白、领会属神的盼望。但我们还认为,在属人的智慧上并未受过训练的人,也有可能获得更为神圣的智慧,认为与神圣智慧相比,一切属人的智慧全是愚拙。

要支持他的论断,他应当进行论辩,但他没有,只是称我们为"巫师",说我们"迅速逃离有文化的人,因为他们可不愿意受骗,转而去罗网无知的民众"⑤。他没有看到,从一开始,我们的智慧人就在外邦人

---

① 《哥林多前书》12:8—9。
② 参《所罗门智训》13章17—18节。
③ 参第三卷,第四十节;第七卷,第六十二节塞尔修斯的话。
④ 参第一卷,第五节。
⑤ 参第一卷,第二十七节。

的学问上受过熏陶——摩西学过埃及人的一切学问，①但以理、哈拿尼雅、亚撒利雅、米沙利通晓叙利亚的所有作品，②因而他们的智慧聪明显得比那里的所有智慧人胜过十倍。就是在今天，教会里也有智慧人，就是在我们所说的属人的智慧上受过熏陶之后归信的人，尽管与大众相比，这些人的数量很少；也有人已经从属人的智慧转向属神的智慧。

15. 因为塞尔修斯只是道听途说地了解一点我们关于谦卑的教训，不曾费神去理解它，因而接着他就企图诽谤我们的理论。他以为这是"对柏拉图的话的误解，柏拉图在《法律篇》里说过：'如古老的谚语所说的，神有一切存在之物具有的开端、结局和过程，沿着直道前进，按着本性行走。公正作为对违背神圣法律行为的制裁，总是跟随他的左右，凡是紧紧地、谦卑地、一丝不苟地跟随她的，必是幸福的。'③"他不知道远比柏拉图早的人就祷告过："耶和华啊，我若不谦卑，我的心就不可能升高，我的眼也不可能高大；重大和测不透的事，我也不可能触及。"④这段话也清楚地证明他所说的以下这话是错误的：谦卑的人以可耻而不体面的方式辱侮自己，动不动就匍匐在地，穿乞丐的褴褛衣服，头上堆满灰土。⑤因为按这位先知的记载，谦卑的人行在重大而测不透的事上，就是真正的大教义和奇妙的见识，因为他自卑，"服在上帝大能的手下"⑥。

---

① 《使徒行传》7:22。
② 《但以理书》1:17 以下。
③ 柏拉图，《法律篇》，715E。
④ 《诗篇》130:1—2（和合本 131:1—2 译为："耶和华啊，我的心不狂傲，我的眼不高大，重大和测不透的事，我也不敢作。"——中译者注）。
⑤ 塞尔修斯描述的是基督教的悔罪体系。披麻、蒙灰，在教会的长老面前自我降卑，是这一过程中必不可少的部分，如德尔图良描述的。从德尔图良接下来的叙述（同上，11）可知，许多基督徒对这种习俗望而生畏，认为这是不体面的，令人厌恶的。

希腊人认为伏地跪拜是野蛮人迷信的标志。Theophrastus (*Char.* 16) 说，"双膝跪地"是迷信之人 (the Superstitious Man) 的特点。普鲁塔克 (*Mor.* 166A) 也有类似说法。希腊人厌恶"跪拜"的证据由 A. Alfoldi 收集在 *Mitteil. d. Deutschen Archaol. Inst.*, *röm. Abt.* XLIX (1934), pp. 11 ff, 46 ff。

⑥ 《彼得前书》5:6。

然而，如果因为有些人缺乏教育，对谦卑理论和他所描述的行为方式没有明确的理解，那错不在于福音。那些缺乏教育的人，虽然意图很好，但因这方面的缺陷，心有余而力不足，我们应当对他们宽容。比柏拉图认为谦卑而一丝不苟的人更谦卑而一丝不苟的，乃是那因"行在重大而测不透的事上"而一丝不苟的人，是因心灵甚至因这些见识而提升之后仍然自愿自卑的人，他不是服在普通人手下，乃是借着教导他这些理论的耶稣"服在上帝大能的手下"。"他不以自己与上帝同等为强夺的，反倒虚己，取了奴仆的形像，成为人的样式。既有人的样子，就自己卑微，存心顺服，以至于死，且死在十字架上。"① 这一谦卑的理论是多么伟大，教导我们的不是普通的老师，乃是我们伟大的救主本人。他说："我心里柔和谦卑，你们当负我的轭，学我的样式，这样，你们心里就必得享安息。"②

16. 这之后，他说，耶稣对富人所作出的论断——"骆驼穿过针的眼，比财主进上帝的国还容易呢！"——③ 显然是从柏拉图借用来的。但耶稣误用了柏拉图的原话，原话是说"一个特别良善的人不可能特别富裕"④。不论什么人，即便只能对事实有一丁点儿注意，不要说是相信耶稣的信徒，就算是普通的非信徒，听到塞尔修斯说耶稣（生于犹太人，长于犹太人，被认为是木匠约瑟的儿子，甚至不曾读过希腊人或希伯来人的著作，如他的信徒在所写的经卷里坦然证实的⑤）读过柏拉图的作品，赞成他关于富人所作的评论，"特别富裕的人不可能特别良善"，又对它作了篡改，变成这样的话"骆驼穿过针的眼，比财主进上帝的国还容易呢"，谁能不觉得可笑呢？

---

① 《腓立比书》2:6—8。
② 《马太福音》11:29。
③ 《马太福音》19:24；《马可福音》10:25；《路加福音》18:25。
④ 柏拉图，《法律篇》，734A。
⑤ 《马太福音》13:54。

如果塞尔修斯是真诚的，毫无恨恶和敌意地读过福音书，就会认真地想一想，耶稣为何拿骆驼这种本性狡诈的动物来比喻富人，那说"引到永生，那门是窄的，路是小的"① 的人用狭小的针眼意指什么。他就会注意到，这种动物按律法算为不洁净之物，因为它有某种倒嚼的本能，还因为不分蹄，是令人厌恶的。② 他还应当检查，圣经里是如何频频提到骆驼，在什么样的上下文中提到，从而体会到这句关于富人之话的含义。他也不会不考察耶稣所宣扬的贫穷的人有福，③ 富足的人有祸④ 的话，搞明白这些话是否指那些在可感之物上贫穷、富足的人，或者道所意指的有福之贫穷没有任何限定，富足也无一例外是可指责的。其实，就算是愚笨的人，也不会毫不区分地歌颂贫穷，要知道大部分穷人都有非常糟糕的品质。这一点就讲到这里。

17. 然后，因为他妄图贬损我们圣经论到"上帝的国"所说的话，⑤ 这些话他连一句也没引用，似乎这些话甚至根本不配记录在他的书中，事实上很可能是因为他甚至不知道这些话。他引用了柏拉图《书信》和《斐德鲁篇》里的段落，似乎这些话是"受灵启示的话"，我们的圣经却完全不是这样。那么，我们就拿一些例子，与柏拉图的话作一对比。他的话虽然并非不令人信服，但肯定没有使这位哲学家在对宇宙之造主的敬虔之事上表现出与他本人相配的行为。他原本不该让他的虔诚受到我们所说的偶像崇拜，或者用通俗用语里的词，就是迷信所污染和掺杂。

《诗篇》17 篇论到上帝，说"他以黑暗为藏身之处"⑥。这是一种希

---

① 《马太福音》7:14。
② 《利未记》11:4。参 Origen, *Hom. in Lev.* VII, 6, 尤其是 *Comm. in Matt.* XV, 20, 其中的讨论与此非常相似。斐洛 (*de Agric.* 131 f) 指出《利未记》里的律法因为骆驼倒嚼反刍，又不分蹄，就将它划为不洁净之物。若从字面意义上解释，这是完全非理性的。他进而作出一种精致的比喻意义上的解经。
③ 《马太福音》5:3；《路加福音》6:20。
④ 《路加福音》6:24；16:19—31。参 Clem. Al. *Strom* IV. 25. 4："他宣称为有福的并非是毫无界定的穷人，而是那些为了义渴望成为穷人的人。"类似的见 *Quis Dives*, XVII, 4。
⑤ 参第一卷，第三十九节；第三卷，第五十九节；第八卷，第十一节塞尔修斯的话。
⑥ 《诗篇》17:12（见和合本 18:11。——中译者注）。

伯来说法，表明人们按自己的功德明白的上帝观是模糊不清、无法理解的，因为上帝向那些不能承受他的知识之光的人，① 不能见他的人把自己隐藏起来，就像藏在黑暗里，部分是因为与人"卑贱的身体"② 绑在一起的心灵受了污秽，部分则是因为他领会上帝的能力有限。为清楚地说明人经历认识上帝的机会是不多的，有这样经历的人就更是少之又少。经上说摩西挨近"上帝所在的幽暗之中"③。又说："惟独摩西可以亲近上帝，其他人却不可亲近。"④ 另外，这位先知为显明上帝深奥的道理，而不拥有那参透万事，就是上帝深奥的事也参透了的圣灵的人，⑤ 是不可能猜测这样的道理的，他说："这洪大的深奥遮盖着，犹如他的衣裳。"⑥

此外，我们的救主和主，上帝的逻各斯，显明了父之知识的深奥，也表明，那些心灵被神圣逻各斯本身照亮的人，虽然也拥有分流出来的知识，但对父的绝对领会和认知，因着他的功德，唯有他自己拥有，因为他说："除了父，没有人知道子；除了子和子所愿意指示的，没有人知道父。"⑦ 子是非造的，首生的，在一切被造的以先，⑧ 没有人配像生他之父那样知道他；也没有谁能像永生的逻各斯，就是上帝的智慧和真理那样知道父。他脱掉父原作为"藏身之处"称为黑暗的东西，脱去称为衣裳的东西，就是"洪大的深奥"，从而显明父。凡有能力知道父的，都可以借着对子的分有这样做。

---

① 暗示柏拉图《理想国》518A；参上文第四卷，第十五节。
② 《腓立比书》3:21。
③ 《出埃及记》20:21，对上帝超然性的理解，Philo, *de Post. Caini* 14；*de Mut. Nom.* 7；Clem. Al. *Strom.* II, 6, 1。
④ 《出埃及记》24:2 (见和合本"惟独你可以亲近耶和华，他们却不可亲近"。——中译者注)。
⑤ 《哥林多前书》2:10。
⑥ 《诗篇》103:6 (见和合本104:6:"你用深水遮盖地面，犹如衣裳。"这里中译者根据上下文及英文翻译。——中译者注)。
⑦ 《马太福音》11:27；《路加福音》10:22。
⑧ 参《歌罗西书》1:15。

18. 圣人们经过深思熟虑写下关于上帝的大量言论，我想引用这几个例子就可以表明，对那些能洞悉圣经的深奥真理的人来说，众先知的非凡记载，包含着比塞尔修斯所崇敬的柏拉图的话更深刻的东西。塞尔修斯引用的柏拉图的段落如下："万物都以万物之王为中心，都以他为目的，而他就是一切良善之物的原因。第二类事物以第二王为中心，第三类事物以第三王为中心。人的心灵渴望了解这些事，力图找出它们的本性，于是他凝视与自己相关的事物，但它们没有一样是完全的。而就我所说的王和原理来说，完全不是这一类事物。"① 我原本可以引述关于撒拉弗的叙述，这是希伯来人的称呼，以赛亚说是遮盖上帝的脸和脚的六翼天使，关于以西结描述的基路伯，他们的各种形象（可以说），以及他们怎样负载上帝，② 但这些事都是以极其晦涩的形式表述的，考虑到那些卑鄙而不敬的人无法明白上帝教义的深邃和神圣，我以为在本卷中不宜讨论这些问题。

19. 此后，塞尔修斯说：正是因为某些基督徒误解了柏拉图的话，他们才以一位超越于诸天之上的上帝夸口，把他置于犹太人相信比天还高的地方。③ 这里他没有说清楚，他们是把他置于比犹太人的上帝更高的地方，或者只是比他们借以起誓的天更高。④ 但是，我们现在的任务不是讨论那些宣称另一位上帝，而不是犹太人所敬拜的上帝的人，而是要自我辩护，表明犹太先知——我们相信他们——不可能从柏拉图那里接受了什么。因为他们比他要早。因此，我们没有借用柏拉图的话"万物

---

① 柏拉图,《书信》, II, 312E, 被查士丁, *Apol.* I, 60, 7; 亚历山大的克莱门, *Strom.* V, 103, 1 用来解释三位一体。参 Athenagoras, *Leg.* 23。按希坡律陀的说法 (*Ref.* VI, 37, 5), 瓦伦廷从这一段落获得了他的 Pleroma 观念。关于新柏拉图主义的注释，参 A. E. Taylor, *The Parmenides of Plato*, pp. 145 ff, and Numenius of Apamea (ap. Eus. *P. E.* XI, 18)。

② 《以赛亚书》6:2;《以西结书》1:5—27, 10:1—21。

③ 犹太人偏爱数字七，就把他们的上帝放在第七层天；而基督徒利用某种八的体系，把上帝的住处定位于第八层，七大行星之上的恒星领域。见 W. L. Knox, *St Paul and the Church of the Gentiles*, pp. 6 ff; F. Dölger, 'Die Achtzahl in der altchristlichen Symbolik', in *Antike u. Christentum* IV (1934), pp. 153-187。

④ 参《马太福音》5:34。

都以万物之王为中心,以他为目的"。相反,我们从众先知学到比这讲得更好的理论,因为耶稣和他的门徒解释了在先知里说话的灵的含义(那灵不是别的,就是基督的圣灵)。这位哲学家也不是第一个讲到诸天之上还有领域的人。大卫早已指出那些上升到感知事物之上的人所拥有的上帝之异象是何等高深宽广,他在《诗篇》里说:"天上的天和天上的水,你们都要赞美他!愿这些都赞美耶和华的名。"①

我倒相信柏拉图《斐德鲁篇》里的话是从某些希伯来人那里学来的,如一些作家所说的。② 正是学了众先知的言论之后,他才写了这样的段落:"尘世的诗人没有一个恰如其分地歌颂过或能够歌颂诸天之上的领域",下一段话也同样如此:"终极存在就住在这个地方,他无形无色,不可触摸,唯有统帅灵魂的理性能见,围绕着他的就是真知识。"③ 无论如何,我们的保罗了解那些先知书,渴求另一世界和天上之天的事,一切行为皆以那些事为标准,以便达到它们的高度。他在《哥林多后书》里说:"我们这至暂至轻的苦楚,要为我们成就极重无比永远的荣耀。原来我们不是顾念所见的,乃是顾念所不见的;因为所见的是暂时的,所不见的是永远的。"④

20. 在明白人看来,他称之为"所见的"事,显然就是指感性世界,而他称之为"所不见的"事,其实就是指唯有靠心灵才能领会的理智世界。⑤ 他也知道感性事物是暂时而可见的,而理智之物是永恒而不可见的。因为渴望继续深思这些理智之事,希望对它们的渴念能帮助他沉思,他就把一切困苦视为粪土,视为至轻之事。即使在深受患难和困苦

---

① 《诗篇》148:4—5。
② 柏拉图和希腊哲学家盗用了希伯来先知及摩西的话,这是犹太护教中的老生常谈,基督教作家承袭了这一说法。参 Josephus, *c. Ap.* II, 36, 256-257; Justin, *Apol.* I, 59-60。这一主题在克莱门笔下尤为常见;参 W. Bousset, *Judisch-christlicher Schulbetrieb in Alexandria und Rom* (1915), pp. 205 ff,认为克莱门用了某种相关的资料讨论这一话题。
③ 柏拉图,《斐德鲁篇》,247C。
④ 《哥林多后书》4:17—18。
⑤ 暗指《斐德鲁篇》,247A。

折磨的时候,他也绝没有被它们压倒,而是看轻一切困难,因为他正在深思这些理智之事。我们有一位大祭司,凭着他的大能和大智"已经升入高天尊荣的大祭司,就是上帝的儿子耶稣"①,他对那些真心学习上帝之事,那些过着与这些事相配的生活的人说,他会引领他们走向这世界之上的事物。所以,他说:"我在那里,叫你们也在那里。"②因此之故,我们希望经历这里的"困苦和艰难"③之后,就能走向高天,并且按着耶稣的教导,能领受"泉源,直涌到永生"④,能容纳异象的江河,能与经上所说的"赞美耶和华之名"的"天上的水"⑤同在。只要我们赞美他,就不会被带离"天穹"(the circumference of the heaven),⑥而必始终沉醉于对上帝不可见之事的沉思,我们不再"藉着造天地以来所造之物"⑦理解它们,而是如耶稣的真正门徒所说的,要"面对面"观看,"等那完全的来到,这有限的必归于无有了。"⑧

21. 上帝的教会所承认的圣经没有说过有"七重天"⑨,其实根本没有提到明确的数字,尽管圣经似乎确实教导有多重天,可能是指希腊人所说的行星的领域,或者是指什么更奥秘的事物。塞尔修斯还跟从柏拉图说,"灵魂降到地上又从地上回来的道路穿过行星。"⑩但我们最古老的先知摩西说,在一个神圣的梦里,我们的先祖雅各得到一个异象,看到一个梯子通到天上,上帝的使者在梯子上,上去下来,耶和华站在梯子顶端。⑪摩

---

① 《希伯来书》4:14。
② 《约翰福音》14:3。
③ 《斐德鲁篇》247B。
④ 《约翰福音》4:14。
⑤ 《约翰福音》7:38;《诗篇》148:4—5。
⑥ 柏拉图《斐德鲁篇》247C。
⑦ 参《罗马书》1:20。
⑧ 《哥林多前书》13:12,10。
⑨ 亚历山大的克莱门 (Strom. IV, 159, 2) 论到"有人视为一重重叠加的七重天"。参 Porphyry, ap. Eux. P. E. IX, 10, 5, 413C。关于拉比,参 Strack-Billerbeck, Kommentar z. N. T. III, p. 532。奥利金 (de Princ, II, 3, 6) 知道有人"诉求巴录书 (Book of Baruch) 以支持这种理论"。
⑩ 《斐德鲁篇》248C-E;《蒂迈欧篇》41D-42E。参 Origen, de Princ. II, 11, 6。
⑪ 《创世记》28:12—13。

西在这个故事里可能暗示这些真理，或者更深奥的教义。斐洛也写过一本书论到这样的梯子，值得那些希望找到真理的人深入而明智地研究。①

22. 此后，塞尔修斯为在攻击我们时炫耀他的博学，还描述了一些波斯奥秘，他说："波斯人的教义和关于他们的源头密特拉神（Mithras）的奥秘都隐约表达了这些真理。按他们的说法，有一个符号表示天上的两条轨道，一条是恒星的，一条是分派给行星的，灵魂的通道就穿过这些行星。这符号是这样的。有一个梯子七个门，顶上还有第八个门。第一个门是铅做的，第二个是锡，第三个是铜，第四个是铁，第五个是合金，第六个是银，第七个是金。他们把第一个与克洛诺斯（土星）相联，认为铅就代表此星的缓慢；第二个与阿芙洛狄特（金星）相联，将她比作锡的明亮和柔软；第三个与宙斯（木星）相联，因为这门有铜底座，很坚固；第四个与赫耳墨斯相联（水星），因为铁和赫耳墨斯用于任何工作都很可靠，可挣钱，很努力；第五个与阿瑞斯（火星）相联，这门是合金所制，不匀称，性质各异；第六个与月亮相联，是银门；第七个与太阳相联，是金门，这些金属与他们的颜色相似。"②

---

① Philo, *de Somniis*.
② 关于灵魂穿越行星上升的密特拉观念，参 F. Cumont, *The Mysteries of Mithra* (1903), pp. 144 f。关于这段话的文献相当多，其中最重要的讨论有：W. Bousset, "Die Himmelreise der Seele" *in Archiv fur Religionswissenschaft* IV (1901), pp. 136 - 169 and 229 - 273, 从比较宗教的角度讨论了灵魂上升的主题；A. B. Cook, *Zeus*, II (1925), pp. 114 - 140；P. Wendland, *Die hellenistisch-romische Kultur* (3rd ed. 1912), pp. 170 - 175；Cumont, *Testes et Monuments figures relatifs aux Mystères de Mithra*, I (1899), pp. 117 f；*Luxperpetua*, pp. 282 ff, and in *Rev. d'hist. des Rel.* CIII (1931), pp. 46 ff。塞尔修斯所描述的体系类似于 1885 年奥斯提亚（Ostia）发现的密特拉体系（Mithraeum）（Cumont, *Testes et Mon.* II, pp. 243 - 245），有连续的七个门，各门上画有行星图像；很可能有祷告文要在每个门前诵读。坡菲利（*de Antro Nympharum*, 6）谈到洞穴里（朝拜室）朝拜密特拉神的人，说他们"刻有行星和梯子的符号"。参同上，29，"神学家们说日月是灵魂的门，灵魂经太阳上升，经月亮下降"（参 Macrobius, *in Somn. Scip.* I, 12, 1 - 3）。在 *Logia Chaldaica*（对此参 Bidez in *Camb. Anc. Hist.* XII, p. 637）提到"有七个门的梯子"。坟墓里找到过铜制小梯子形的护身符（Cook, p. 125）。Cook 在许多地方探索这一主题，比如在奥菲特教（Orphism）、巴比伦宗教、2 世纪演说家患忧郁症的阿伊流·阿里斯提德（Aelius Aristides），在 *Passio S. Perpetuae* 和许多后来的圣徒，以及但丁与比阿特丽斯（Beatrice）的一起上升中。关于这一主题的圣方济会资料（Franciscan sources），参 G. G. Coulton in Cook, II, p. 1215。在穆斯林的"liber Scalae Machometi"（13 世纪早期）——但丁的"*Divina Commedia*"受其启发——穆罕默德在加百列引导下经开启的门穿越八重

他接着考察了以各种物质名称为记号的星宿的这种特定安排的原因。他将音乐理论与他所描述的波斯人的神学联结起来。他对这些事越来越有热情，又拿出包含"音乐理论"的"第二个解释"①。在我看来，这里引用塞尔修斯的话是可笑的，因为那样就无异于做他自己已经做过的事，他为了批判基督徒和犹太人，不仅不恰当地将他们的教义与柏拉图的话相比，他很可能对此心满意足，还如他所说的，与"波斯密特拉奥秘及对它们的解释"相比。且不说他对信奉密特拉理论的波斯人所说的话是否叙述正确，只问他为何要描述这些，而不描述其他奥秘及其解释？希腊人不认为密特拉奥秘与艾琉西斯（Eleusis）秘仪相比，或者

（接上页）天。这八重天全是由金属和宝石制成：(1) 铁；(2) 铜；(3) 银；(4) 金；(5) 珍珠；(6) 绿宝石；(7) 红宝石；(8) 黄宝石。文本见 E. Cerulli, *Il Libro della Scala e la questione delle Fonti arabo-spagnole della Divina Commedia* (Studi e Testi 150, Vatican City, 1849)。H. W. Bailey 教授使我注意到 G. Levi della Vida, "Nuova Luce sulle Fonti islamiche della Divina Commedia", in *Al-Andalus*, XIV, 2 (1949), pp. 377 - 407 对这一作品的重要讨论。

关于行星与某些金属相联，一个明显的现代例子就是水星。Cook, *op. cit.* I (1914), pp. 625f 引自拜占庭世界的资料与塞尔修斯的原文相类似，只是名单有变化。此外没有别的名单与塞尔修斯的完全对应：(1) 一位荷马评论者 Cramer, *Anecd. Paris.* III, 113, 4 ff 列出的名单是：克洛诺斯——铜，宙斯——金，阿瑞斯——铁，赫利俄斯（Helios）——金银合金（elektron），阿芙洛狄特——锡，赫耳墨斯——铅，塞勒涅（Selene）——银。 更为普遍的一个名单是，(2) 赫利俄斯——金，塞勒涅——银，阿瑞斯——铁，克洛诺斯——铅，宙斯——金银合金，赫耳墨斯——锡，阿芙洛狄特——铜。与此相同的有 Proclus, in *Tim.* I, 43, 5 ff Diehl, 注释家 *ad loc.* In *ibid.* I, 460, 22 ff；Olympiodorus, in *Arist. Meteor.* III, 6 on 377a 29 (Stuve, pp. 266 f)；Schol. Pindar, *Isthm.* V, 2 (Drachmann, III, p. 242)；这名单由 C. O. Zuretti, *Catalogue des manuscrits alchimiques grecs*, VIII (1932), p. 1. 印刷出版；(3) Epiccolomini in *Rivista di Filologia* 出版了由13世纪拜占庭僧侣 Maximus Planudes 制作的世俗作家和教会作家的选段集[参 Wendel in P. -W. XX. 2 (1950), 220 - 253]。Fr, 57. p. 158 有一个由校对者插入行间的名单，还对每个行星分派了动物：克洛诺斯——铅——驴，宙斯——银——雕，阿瑞斯——铁——狼，赫利俄斯——金——狮子，阿芙洛狄特——锡——鸽子，赫耳墨斯——铜——蛇，塞勒涅——水晶——公牛（参第六卷，第三十节塞尔修斯的话）。关于行星的特性，参 Servius *ad Aen.* VI, 714. 关于土星的缓慢，[柏拉图]《伊庇诺米斯》（*Epinomis*）987C；Albinus, Epit. 14；Vettius Valens, VI, 2, etc。

① 这个密特拉名单中的行星顺序不是通常的基于古人根据行星与地球的距离排列的顺序（土星、木星、火星、太阳、金星、水星、月亮），而是按周天数排列的。显然，塞尔修斯提到的关于这一顺序的解释源于毕达哥拉斯的音乐理论。Dio Cassius (XXXVII, 18-19) 也提出了行星周的两种解释。其中第二种现在被认为是正确的。 第一种基于四弦琴原理，并且无疑是塞尔修斯所提到的两者中之一。见 F. H. Colson, *The Week* (1926), pp. 43 ff, 75 ff；A. D. Nock in *Amer. Journ. Arch.* I (1946), pp. 153, 164。

与埃伊那岛（Aegina）向入教的人显明的赫卡特（Hecate）奥秘①相比，有什么特别之处。如果他想要描述野蛮人的奥秘及其解释，他为何不选择许多埃及人引以为傲的埃及奥秘，或者在科马那（Comana）拜阿耳忒弥斯（Artemis）的卡帕多西亚人的奥秘，②或者色雷斯人的奥秘，③甚至成为最高贵的元老院议员的那些罗马人自己的奥秘？④他若是认为提出这些奥秘不合宜，因为它们对批判犹太人或基督徒这个目标没有任何益处，那么描述密特拉奥秘对他来说，岂不同样是不适当的？

23. 如果有人想要对灵魂进入神圣领域的道路的深层真理提出什么建议，不是根据塞尔修斯所提到完全无足轻重的学派，⑤而是根据那些经典，有些是犹太人的，在他们的会众中诵读，也是基督徒所相信的，有些是完全属于基督徒的，那就请他读读先知以西结在他预言结束时所看到的异象，他描述了各个不同的门，⑥以隐蔽的方式传达了关于灵魂进入的各种不同道路的理论，越圣洁的灵魂，就越进入更高的生命。也请他读读约翰的《启示录》，书上描述了上帝之城，天上的耶路撒冷，它的根基和大门。⑦如果他还能凭着记号认出向那些旅行到神圣之国的人指明的道路，就请他读读摩西的《民数记》，他可以向任何有能力的人求教，关于以色列子民扎营的描述，那些最先提到的安营在东边的人是什

---

① 关于埃伊那岛对赫卡特的崇敬，参 Pausanias, II, 30, 2, and P. -W. VII, 2781。
② 卡帕多西亚女神玛（Ma）被认为就是阿耳忒弥斯；参 G. Wissowa, *Religion und Kultus der Romer* (2nd de. 1912), pp. 348 - 350。关于科马那的奥秘，参 Strbo, XII, 2, 3 (p. 535)。Procopius, *Hist. Bell.* I, 17, 13 对阿耳忒弥斯庙的建立作出了病理学上的解释，还谈到科马那的两座神庙未加任何改变地成为基督教教会。
③ 关于色雷斯的萨巴芝奥斯（Sabazios）奥秘，参 Wissowa, *op. cit.* pp. 375 f。
④ 对大母（the Great Mother）的崇拜在罗马贵族中有一批强大的信奉者，如 S. Aurigemma 所表明的，'La protezione speciale della Gran Madre Idea per la nobilta Romana', In *Bullettino della Commissione Archeologica comunale id Roma*, XXXVII (1909), pp. 31 - 65。亦参 H. Graillot, *Le Culte de Cybele* (1912), pp. 108 ff。
⑤ 奥菲特派，参下文。
⑥ 《以西结书》48:31—35。
⑦ 《启示录》21章。

么人，那些扎在西南或南边的是什么人，那些临海的是什么人，最后提到的安在北边的是什么人。① 他必会领会这些段落里所蕴藏的相当深奥的真理，而不会如塞尔修斯所认为的，得到"只适合于愚者和奴隶聆听的事"。他必明白这里所指的是什么样的民，所罗列的这些地点的各支派的数目究竟是什么意思。不过，我想现在并不适宜解释这些问题。

但是，请塞尔修斯和读他书的人明白，我们相信必是真实而神圣的经书根本没有提到过"七重天"。我们的众先知或者耶稣的众使徒或者上帝的儿子自己，并非因为从波斯人或迦贝里人（Cabeiri）借用了什么才说什么。

24. 塞尔修斯在引用密特拉奥秘这一节之后声称，人若是认真将基督徒的奥秘与上面提到的波斯人的奥秘一对一地研究，一对一地比较，也把基督徒的教义展示出来，他就会看到它们之间的分别。凡他知道自己能说出派别名字的，他就毫不犹豫地提到这些名字，似乎他很了解它们。但是当他若真的知道那个名字，就有责任说出来的时候，当他应当告诉我们这个使用了他们所描画的图表的派别究竟是哪个派别时，他却没有这样做。

在我看来，从下面的叙述可知，他对他作了部分描述的图表的解释，是基于对奥菲特派的误解，而奥菲特派在我看来，是名不见经传的平庸一派。经过费力的搜寻，我们终于找到这一图表②，并在其中发现了保罗所描述的那等人的意图："那偷进人家，牢笼无知妇女的，正是这

---

① 《民数记》2 章。在 *Hom. in Num.* I. 3 中，奥利金解释说，各支派围着四个点安营，意指死者复活；参同上，III，3，认为这是指《希伯来书》12:18—23 提到的天上的四个层次（有人到达锡安山，有人到达天上的耶路撒冷，有人到达有千万天使之处，而最美善的到达长子的教会）。

② 塞尔修斯与奥利金两人对图表的描述有诸多出入（参第六卷，第三十节），不能确定他们看到的是否同样的文献。E. de Faye [*Gnostiques et Gnosticisme* (2nd ed, 1925), p. 359] 谈到，如果第六卷，第三十节的"archontes"（首领的名称）真的在塞尔修斯之前早就存在，很奇怪他为何没有提到它们。W. Bousset [*Hauptprobleme der Gnosis* (1907), p. 10] 认为奥利金比塞尔修斯更接近原本。我复制了经 T. Hopfner 改造的奥菲特图表 [*Charisteria Alois Rzach dargebracht* (1930), pp. 86 - 98]。魔表在这种诺斯替体系中的位置，见布鲁斯纸草文献（Bruce papyrus）中的博彩书（C. Schmidt, *Koptisch-gnostische Schriften*, I, 1905, pp. 257 - 334）。关于奥菲特派，见 Salmon in *Dict. Chr. Biogr. s. v.* 及 F. Legge, *Forerunners and Rivals of Christianity*, II, pp. 25 - 82。亦见 H. Leisegang, *Die Gnosis* (3rd ed. 1914), pp. 111 - 185，这些概述很有用。

等人。这些妇女担负罪恶，被各样的私欲引诱，常常学习，终久不能明白真理。"①这图表完全不能令人信服，所以就连最容易受骗的妇女也没有相信，最愚蠢的乡巴佬，任何有一丁点儿表面合理性的东西都能令其信服的人，也没有相信。无论如何，我虽然游历过世上许多地方，每到一处，就求教于那些自称有学识的人，却从未遇到相信这图表的教义的人。

第一个圈：父、子、爱（Agape）、横隔膜（与第二个圈交叉部分）。

第二个圈：十二位"父系"埃罗希姆（Elohim）使者、光明界（黄色）、黑暗界（蓝色）、生命、智慧（索菲亚，Sophia）。

第三个圈：乐园、巴录（Baruch）、蛇、火界（恒星）、地、地狱（Tartarus）、利维坦（Leviathan）或世界灵魂、十二位"母系"埃罗希姆使者。

第四个圈：乐园、火界、地狱、利维坦。

第五个圈：生命、知识、本性、智慧（索菲亚的）、智慧（索菲亚）的神意，悟性（Synesis）。

25. "它是由十个圆圈组成的一幅图，十个圈彼此分立，又被另外一个圈合在一起，这个圈被认为是宇宙的灵魂，称为利维坦。"②犹太圣经

---

① 《提摩太后书》3:6—7。
② 利维坦（Leviathan）就是《以赛亚书》27:1 里的一种"古蛇"（ophis）（参《约伯记》3:8；41:1；《以西结书》32:2）。关于诺斯替主义所认为的世界由一条大蛇环绕，参 *Pistis Sophia*, 126（Schmidt, *op. cit.* p. 207；Horner's Eng. Trans. p. 160）；"外面的黑暗就是大龙（蛇），尾巴含在嘴里，盘踞在整个世界之外，环绕着全世界。" Acts of Thomas 32 [James, *Apocr. N. T.* p. 379；G. Bornkamm, *Mythos und Legende in den Thomasakten* (1933), pp. 28 f]，遇到使徒的蛇说："我是包围天宇者的儿子；我是环绕海洋者的亲人，他的尾巴含在自己的嘴巴里。" A. B. Cook, *Zeus*, I (1914), pp. 191-192 画有一个铜盘，最初由 Cumont 出版，显明宙斯四周有一条头尾相衔的蛇围绕。Cook 还引用 Horapollon, *Hierogl.* I, 2 的话，"因为想要描画世界，他们就画了一条吃自己尾巴的蛇"；Macrobius, *Sat.* I, 9, 12 "当腓尼基人用他们的神圣艺术形象地表述世界时，他们就画一条蛇盘成圆圈，口含自己的尾巴，象征这样一个事实，即世界是自我滋养，回归自己的轨道的"；Lydus, *de Mensibus* III, 4 "埃及人遵从神圣传统，在金字塔上刻上口含自己尾巴的蛇"（象征年的循环）；*Mythogr. Vatic.* III, 1, 1 (Mai, *Class. auct. e vatic. codicibus tom.* III, p. 162) 用吐火龙口咬自己尾巴表示土星。关于魔法草纸文献，参 K. Preisendanz, *P. G. M.* I, 135；VII, 586。Cook 还以同样的图案画出"诺斯替主义"的精义。关于类似图案的精义，J. H. Iliffe in *Amer. Journ. Arch.* XXXV (1931), pp. 304-309 有过讨论（我认为参考了 Cook, III, p. 1137）。*Corp. Herm.* I, 4 的开头（根据 A. D. Nock 的很可能经过修复的文本）描绘黑暗就像蛇一样。关于灵魂，或普纽玛（pneuma），像蛇一样弥漫世界，参 Horapollon, *Hierogl.* I, 64。关于世界灵魂像一个圈，参 Plotinus IV, 4, 16。

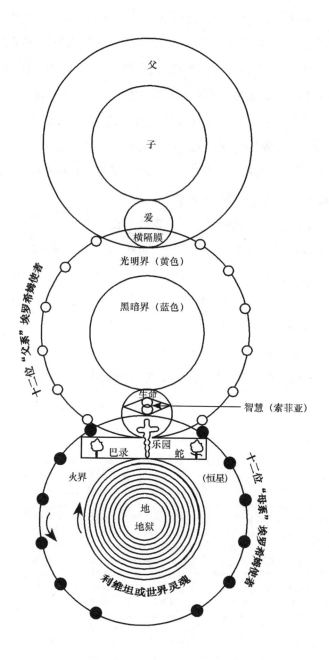

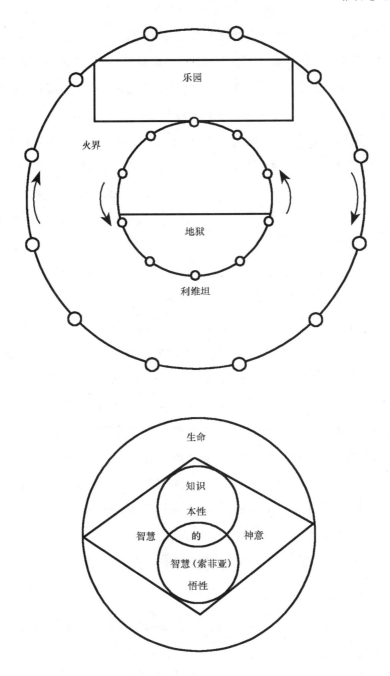

蕴含隐秘含义，它曾说这个利维坦是上帝造出来当玩物的。因为在《诗篇》里我们看到这样的话："你所造的……都是你用智慧造成的，遍地满了你的丰富。这是海，又大又广，那里有船行走，大小活物都有，还有你造来玩耍的大蛇（serpent）。"① 希伯来文本里的词不是"大蛇"，而是"利维坦"。这不敬的图表说，这利维坦——显然，在先知看来是如此令人厌恶的东西——就是渗透宇宙的灵魂。我们还发现图表中提到比蒙巨兽（Behemoth），② 似乎它是固定在最底圈下面的存在者。设计这个图表的人描述利维坦在圈的圆周上，又在圈的中心，两次提出这个名字。

塞尔修斯进而说，这图表被一条深黑线划分；又说，他们告诉他，"这就是欣嫩子谷（Gehenna），也叫塔尔塔卢斯（Tartarus）。"我们知道福音书里把欣嫩子谷描写为惩罚之地，③ 所以我们要查考古书里有否提到过它，尤其是从犹太人对这个词的使用角度。我们发现，圣经某一段提到"以诺姆（Ennom）儿子的裂口"，但我们得知希伯来文本中写的不是"裂口"，而是"以诺姆和欣嫩子谷的裂口"，④ 其实意思是一样的。通过对经文的认真研读，我们还看到，欣嫩子谷或以诺姆的裂口包括在分配给便雅悯支派的财产之中，⑤ 耶路撒冷也是他的一部分财产。想一想，分给便雅悯的财产里有一个天上的耶路撒冷和一个以诺姆的裂谷，从这一事实可以推出什么结论？我们发现这里暗指惩罚教义，把惩罚转化为使灵魂借磨难得洁净的手段。所以经上说："耶和华如炼金之人的火，如漂布之人的碱。他必洁净熬炼他们像金银一样。"⑥

---

① 《诗篇》103:24—26（和合本为诗104:24—26。——中译者注）。
② 在《以诺一书》60章7节以下，利维坦是个公兽，住在海洋里，而比蒙是母兽，住在乐园东边的旷野里，参 IV Ezra VI. 49-52；II Baruch XXIX. 4。
③ 《马太福音》5:22，等。
④ 马索拉的（Masoretic）希伯来文本没有这些词。参《耶利米书》7:31 以下；39:35 (32:35)。
⑤ 《约书亚记》18:16。类似的注释见 Comm. ser. in Matt. 16。
⑥ 《玛拉基书》3:2—3。

26. 耶路撒冷周围的惩罚是为那些被熬炼的人预备的，因为他们已经把由恶而产生的作为纳入了自己的灵魂本质之中。有些地方从比喻的意义称恶为铅，如在《撒迦利亚书》里，罪恶就坐落在一"塔兰特铅"上。①

向每个人详尽阐释这个问题并不恰当，现在也不是谈论的适当时机。撰写对这些问题的解释很危险，因为大众只要知道惩罚必然降临到罪人头上就够了，并不要求了解更多。虚谎就在真理后面，不断地迈向真理并无好处，因为有些人几乎不会因畏惧永罚而克制自己远离恶的洪水，以及因恶而犯的罪。

因而，欣嫩子谷的教义，图表没有阐明，塞尔修斯也没有理解。否则，奥菲特派人若是知道这一教义，就不会郑重其事地作画绘表，似乎他们这样做显明了真理，塞尔修斯也不会在自己驳基督徒的书里，把基督徒根本不主张的观点——只是某些很可能已经不在、完全消失了的人，即使确实在世，也是极少一部分无足轻重的人的观点——包括在他对基督徒的批判之内。正如叫柏拉图主义哲学家们去为伊壁鸠鲁及其不敬理论辩护是不当的。同样，我们完全没有责任为图表辩护，驳斥塞尔修斯对它的异议。所以，我们把塞尔修斯就这个话题所说的话弃之一边，视为多此一举，毫不相干。事实上，如果我们遇到那些被这样的理论胜过的人，我们必会比塞尔修斯更加严厉地批评他们。

27. 继图表讨论之后他要说的话，甚至不是出于对"印记"——这是教会的人所用的术语②——教义的误解。他提到一些奇怪的理论和一篇对话，"对话里，看护封印的，被称为父，受印的，被称为少年和子；他

---

① 《撒迦利亚书》5:7。
② 早期基督徒作家把"印记"一词用于洗礼或通常称为坚信礼的入教仪式部分，坚信礼包括油膏或圣礼仪式。参 G. W. H. Lampe, *The Seal of the Spirit* (1951)。

回答说'我已经受生命树上的白色油膏涂抹'。"① 这完全是他在自己头脑里杜撰出来的。即使在异端分子中间,我们也未曾听到过这样的事。然后,他举出准确的数字,说"那些传授封印的人说,当身体死去时,灵魂两边分别站立着七位天使,一边是光明天使,另一边是掌权天使 (archontic angels)。"② 他说:"那些称为掌权天使的,为首的据说是一个受咒诅的上帝。"

然后他驳斥这样的说法,理由充分地批判那些胆敢这样说的人。就此而言,对这样的人,如果有这样的人,"认为犹太人的上帝,虽然是降雨送雷的上帝,创造这个世界的上帝,而摩西在他的《创世记》里描述的上帝,却是可咒诅的",我们与指责他们的人一样感到厌恶。但是,塞尔修斯说这些话不是出于完全纯正的动机,他因恨恶我们——这对一个哲学家来说是多么不合身份——就对我们产生了深深的偏见。他企图让根本不了解我们教义的人读了他的书后攻击我们,似乎我们主张这世界的良善造主是

---

① 塞尔修斯可能是在描述第八卷,第十五节提到的"属天对话"。引文出自诺斯替主义版的耶稣受洗,这一点见 Clement. Recog. I, 45, 他认为上帝的儿子之所以称为基督,其原因在于"他是父用取于生命树上的油膏抹的第一人"。油取自生命树这一观念出现在非正统的犹太教里;参 Vita Adae et Evae, 36, 亚当派夏娃和塞特作为悔罪者接近乐园:"或许上帝会垂怜,派他的使者越过他那流出生命之油的怜悯之树,会赐给你们一滴这样的油膏,拿来膏我,好叫我脱离这些痛苦……"在 Acta Pilati 3 (19) (James, Apocr. N. T. p. 127) 里,塞特受亚当差遣,"去到乐园门边向上帝苦苦祈求,请他派他的使者领我到怜悯之树,让我取上面的油来膏我的父亲,使他脱离疾患……"等等。在《以诺二书》8章3—5节里,油膏是生命之树的果子。参 Apoc. Mos. IX, 3 (in R. H. Charles, Apocr. and Pseudepigr. II, p. 143); Acta Thomae 157。关于 Ignatius, Ephes. XVII, 1 的观念隐含了这种观点,参 W. L. Knox, St Paul and the Church of the Gentiles, p. 157 n. 2。关于诺斯替主义各派中普遍奉行的油膏礼,参 Irenaeus, I, 21, 4; Clem. Al, Exc. Theod. 82; Hippolytus, Ref. V, 9, 22。Discussion in Bousset, Hauptprobleme der Gnosis, pp. 297 ff。

② 这个句子含意不清;它可以理解为赐给封印的正是天使。在这里奥利金对塞尔修斯的原文极为浓缩,所以无法断定准确的含义是什么。至于两边各有两组天使的话,我们可以比较瓦伦廷记到的右边是善天使,左边是恶天使。Clement, Exc. Theod. XXIII, 3, XXVIII, XXXIV, XXXVII, XLVII, 2; Irenaeus, I, 30, 2-3。这一观念出现在 Peratic Gnostics of Hippolytus, Ref. v, 14, 7-8 [拉弗尔 (Raphael) 和苏里尔 (Suriel) 属于左边天使] 记载的佩拉底的 (Peratic) 诺斯替主义, Nicolaitans (Filastrius, 33), Pistis Sophia, cc. 139 - 140。还有 Bardesanes, de Fato, 21 [ed. Nua in Patr. Syr. II (1907), at p. 577]。执政天使的角色在 4 世纪的一个派别 Archontici 中得到很大发展,"这显然是古代奥菲特的一个支派" (Hort in Dict. Chr. Biogr. s. v.)。关于这些人,参 Epiphanius, Panarion XL; Theodoret, Haer. Fab. Comp. I, 11 的概述。他们主张,Sabaoth, 犹太人的上帝是第七重天的主,而魔鬼是他的儿子。(H. -C. Puech in Reallexikon für Antike und Christentum I, s. v. 'Archontiker.')

可咒诅的上帝。他的行为很大程度上类似于某些犹太人的做法，这些人在基督教教义开始宣讲的时候，就对福音散布恶毒的谣言，大意是说，基督徒拿孩子作祭，分吃他的肉；又说，福音的信奉者若想要行黑暗之事，就关上灯，每个男人都与首先遇到的女人交欢。① 一段时间之前，这种恶毒谣言不可思议地影响了一大批人，使对福音一无所知的人以为基督徒真的就是这样的人。即使在今天，这样的谎言还在蒙骗人，使人对基督徒产生反感，远离他们，甚至不愿与他们作简单的交谈。

28. 塞尔修斯既声称"基督徒说造主是可咒诅的上帝"，在我看来，显然与上述犹太人的做法差不多，他的动机在于，如果可能，使相信他所说的诬陷我们的这些事的人，当下就认定基督徒是所有人中最不敬的人。他接着说明摩西的宇宙论中的上帝为何被认为是可咒诅的，从中可以看出，他其实是在把问题搞乱。他说："这样的上帝，在持这种观点的人看来，甚至也是可咒诅的，因为他竟咒诅把分辨善恶的知识传授给初人的蛇。"②

他应当知道，那些认为蛇的故事意指他与初人合谋是对的人，那些超越神话学里的提坦和巨人，因而被称为奥菲特派的人，根本不是基督徒，他们对耶稣的反感并不逊色于塞尔修斯。人若不首先咒诅耶稣，他们就不接纳他进入他们的聚会。③ 你看，塞尔修斯批判基督徒的行为是多么不合情理，竟然把那些甚至不愿听到耶稣这个名字——只承认他是

---

① 参第六卷，第四十节以下（塞尔修斯论诺斯替主义，第五卷，第六十三节）。关于这样的指控，参 Aristides, 17（Syriac）; Justin, *Apol.* I, 26, 7; II, 12; *Dial.* 10; Tatian, 25; Athenagoras, *Leg.* III, 31; Theophilus, *ad Autol.* III, 4; Minucius Felix IX, 28; Eus. *H. E.* V, 1, 14, 52; Tertullian, *Apol* IV, 11; Salvian, *de Gub. Dei* IV, 17……

值得注意的是，塞尔修斯见闻广博，却从未对"伟大的教会"提出指控。不过，占星家 Vettius Valens（第四卷，第十五节）的话很可能有一定参考价值。他说在某些时候"有些人会不认神祇（deities），而奉行另外的崇拜，甚至吃不可吃之物"。参 A. D. Nock, in *Journ. Bibl. Lit.* LXVII(1948), p. 153。

② 参 Ps. -Tertullian, *adv. Omn. Haer.* 2, 他说："除了这些之外，还有那些称为奥菲特派的异端分子。他们把蛇抬升到极高的位置，甚至认为他就是基督本身。他们说，因为正是蛇最初给予我们分辨善恶的知识……"伊比芬尼（*Panar.* XXXVII, 3, 1）里也说"这些所谓的奥菲特派把一切知识归于这蛇，认为他是最先把知识传授给人的……"

③ 参奥利金（*Catena fragm.* 47 *in I Cor* XII 3）："有这样一个派别，人若不对耶稣咒诅，它就不承认其为信徒；这一派别真是名副其实，因为它就是所谓的奥菲特派，他们在赞美蛇的时候说渎神的话语。"

个智者或品性谦卑的人——的人也算作基督徒。因而,有谁比那些选择用蛇作名字,相信他是美好恩赐的制造者的人,比认为对奥菲特派的指控就是对基督徒的指控的塞尔修斯更"可笑或疯狂"呢?先前,酷爱贫穷的希腊哲学家自称为犬儒,① 树立了快乐生活的典范,表明彻底一无所有并没有妨碍他快乐。而这些不敬的人却以被称为奥菲特而自豪,从蛇这种极为令人厌恶,也非常可怕的爬虫动物给自己取名,似乎他们不是人——因为人是与蛇为敌的——而是蛇。他们还夸口说,有个叫幼发拉底(Euphrates)的人就是传授他们这些不敬言论的人。②

29. 当他责难那些说摩西和他律法的上帝是可咒诅的人时,以为那些持有这种观点的人就是基督徒,似乎他是在嘲笑基督徒,然后又说:"还有什么比这种傻瓜智慧更可笑或疯狂的?犹太人的立法者为何犯错误?既然他犯了错,你们为何接受他的宇宙论或犹太人的律法,把它解释为一种比喻,如你们所说的?其实你们这些最不敬的家伙,你们只勉强赞美世界的造主,尽管他向犹太人应许了一切,声称要使他们的族类增多,满了地极,③ 要使他们从死里复活,有同样的血肉之躯,④ 又启示众先知,你们甚至还对他谩骂不已。但是当你们被犹太逼入困境时,又承认你们拜的是同一位上帝。当你们的主人耶稣和犹太人所相信的摩西制定了自相矛盾的律法,⑤ 你们就试图找到另一位上帝,以取代这一位父。"

这里也同样,当他说这些人,每当犹太人使他们陷入困境时,就承认所拜的是同一位上帝,而当耶稣制定与摩西相反的律法时,就试图寻找另

---

① 也即像狗一样生活的人(Dog-man)。奥利金想到的是 Crates(参第二卷,第四十一节),*Comm. in Matt.* XV, 15 提到非常相似的话。
② 希坡律陀(*Ref.* IV, 2, 1; V, 13, 9; X, 10.1)提到幼发拉底是佩拉提体系的两大主要来源之一。佩拉底派还表现出对蛇极大的兴趣(*Ref.* V, 16, 6 ff)。毫无疑问,奥菲特派和佩拉底派的理论很大一部分都是从幼发拉底的一本书中汲取的。
③ 参《创世记》8:17; 9:1, 7; 12:2—3; 15:5, 等等。
④ 参第五卷,第十四节塞尔修斯的话。
⑤ 参第七卷,第十八节塞尔修斯的话。

外的上帝，取而代之，最高贵的哲学家塞尔修斯显然是在诬告基督徒。无论我们是与犹太人争论，还是在我们自己中间讨论，我们都承认同一位上帝，犹太人久远以前一直敬拜，现在也一样承认的上帝，我们绝不会对他行不敬之事。我们也没有说，上帝要使人以同样的血肉之躯从死里复活，这一点我们在上文已经说过。① 因为我们认为，自然身体是种在朽坏、耻辱和软弱里的，复活时不可能与种下时有同样的样式。② 然而，我们早些时候已经适当地讨论过这些问题。

30. 然后他回到"七个掌权鬼魔"，基督徒没有讲过，我想，肯定是奥菲特派讲过。在我们基于他们的描述而勾勒出来的图表中，我们发现其结构与塞尔修斯描述的非常相似。塞尔修斯说，第一个样式是狮子的形状，③ 但他没有告诉我们，这些人，这些真正"完全不敬的人"，把它称为什么。然而，我们看到，造主的使者，圣经是充满敬意地谈到的，那可恶的图表却认定他是像狮子一样的米迦勒。另外，塞尔修斯还说，"其次是一头牛"。我们所掌握的图表说苏里尔（Suriel）④ 像牛。然后塞尔修斯说，第三个有双重本性，发出可怕的嘶嘶声，而图表则说第三个是拉菲尔，像蛇一样。再者，塞尔修斯说，第四个有雕的模样，而图表说加百利像雕一样。塞尔修斯说，第五个有熊的脸，而图表说陶塔巴

---

① 第四卷，第五十七节；第五卷，第十八节、第十九节及第二十三节。
② 《哥林多前书》15:42—44。
③ 令人瞩目的是，在这段话里，塞尔修斯没有提到天使的名字，唯有第七个除外，也许他之前的版本都没有出现名字。但是，在第七卷，第四十节里他提到"那些卑鄙地记住了看门者名字的人"，这表明他可能知道奥利金所列举的名字。很可能他的版本有一个体系，类似于第五卷，第三十一节里的体系，有第五卷，第三十节里的名字。

关于有动物的头和形状的掌权者，参 R. Wunsch, *Sethianische Verfluchungstafelnaus Rom* (1898), pp. 86 f. （有驴头的 Typhon-Seth），C. Schmidt. *Kopt. -gnost. Schr.* 334。在 *Pistis Sophia* 126 （Schmidt, p. 207）里，我们看到十二个有动物样式的掌权者。Theodore bar Kuni（8世纪晚期）描述奥菲特体系，十重天由动物形状的天使掌管。最底层天由撒米尔（Samiel）掌管，他有猪的样子；第二层由法龙（Pharon）掌管，他像狮子，等等。[H. Pognon, *Inscriptions Mandaites des Coupes de Khouabir* (1898), pp. 212-214] 参伊比芬尼, *Panar.* XXVI, 10, 6 "有人说 Sabaoth 有驴的形状，也有人说他有猪的形状"。

④ 苏里尔，或乌里尔（Uriel），在诺斯替主义的护身符里是"第二层天的主宰"，但在 Preisendanz, *Pap. Gr. Mag.* XXXV, 4 是第三层天的主宰。参 E. Peterson in *Rhein. Mus.* LXXV (1926), p. 418。

特（Thauthabaoth）像熊一样。塞尔修斯说"他们声称第六个有狗脸"，而图表说他就是厄拉陶特（Erathaoth）。塞尔修斯说"第七个有驴脸"，"他被称为塔法巴特（Thaphabaoth）或奥诺尔（Onoel）"，而在图表里，我们看到这一个也叫奥诺尔或塔尔塔劳特（Thartharaoth），也有驴脸。我们认为我们也应当把这些事一一阐明，免得有人以为我们不知道塞尔修斯声称知道的事，同时也表明我们基督徒比他知道得更清楚，而且它们不是基督徒的教义，而是完全在救恩之外的人的教义。这些人根本不认耶稣为救主、上帝、主和上帝的儿子。

31. 如果有人甚至想要了解那些术师的伎俩——他们耍伎俩是为了用他们的教训引导人偏离正道，他们假称拥有某些神秘的真理，尽管他们几乎没有得逞过——就请他听听他们穿越所谓的"恶的屏障"① 之后，在教唆之下，在永远上锁的掌权者（Archons）的门前所说的话。

　　独居的王，被盲目、无意识的遗忘捆绑，我向您致敬，至高的权能，由神意的灵和智慧保守；我是从你而来，纯洁无瑕的，已是子和父之光的一部分。愿恩典与我同在，父啊，请让它与我同在。

他们说，奥格多阿德（Ogdoad）的权能就源自于他。然后当他们经

---

① 诺斯替主义一个普遍的观念就是，宇宙的低级领域，黑暗之国，与高层领域，光明之国是分开的，中间被一个屏障（phragmos）隔开；例如巴西利德（Basilides）体系中的苍穹，瓦伦廷体系里的 Horus，等等。H. Schlier, *Christus und die Kirche im Epheserbrief* (1930), pp. 22 f. 举出了曼德恩人（Mandean）的类似物，还发现了圣保罗的思想（《以弗所书》2:14）。另外，*Acta Thomae*, 32（参 Bornkamm, *Mythos und Legende*, p. 29）蛇告诉使徒说："我就是穿过屏障进入乐园的那位，对夏娃说了我父吩咐我对她说的事。"

显然，奥利金的口令表最上面从第八层即最高层天开始，而不是从最底层开始，因而他从反顺序描述奥菲特仪式。奥菲特灵魂上升中遇到的第一个权能应当是荷拉俄斯。关于灵魂上升的一般性主题，参第六卷，第二十二节的注释。普罗提诺说，(I, 6, 7)"对那些走近奥秘圣典的人，有指定的洁净仪式，脱去先前所穿的衣服，赤身进入——在向上的路上经去除上帝之外的其他一切，直到每个人在孤独的自身中看见那独居的存在，自存者、未混合者、纯洁者。万物无不依于他，众人仰望、生活、行为、认知无不因为他，他是生命、知识和存有的源泉"（Mackenna's trans.）。参 Cumont, *Religions orientales* (1929), p. 292 n. 69, 以及 Festugiere 注释 on *Corp. Herm.* I, 25。

关于上升灵魂穿越诸门，参 *Odes of Solomon* XVII, 8。

过那称为伊阿达巴特（Ialdabaoth）时，他们被教导说出以下的话：

> 伊阿达巴特啊，您是第一位，也是第七位，生来就英勇无比，支配纯洁心灵的道，那是子和父的完全之工，我身上印有记号，画有生命之图，① 既然您原本为您的永恒而关闭的门已向世界开启，我就再一次借您的大能悠然而过。愿恩典与我同在，父啊，请让它与我同在。

他们说，土星与像狮子一样的掌权者对应。② 然后他们认为经过伊阿达巴特到达伊奥（Iao）的人必须说以下的话：

> 执掌子和父隐藏之奥秘的掌权者啊，到了夜晚明亮无比，您是伊奥，③ 是第二位，也是第一位，死亡的主宰，无辜者的分，我已刻有您的身……作为记号，预备借您的大能通过；因为借着永生的道我已胜过从您而生的那位。愿恩典与我同在，父啊，让它与我同在。

接下来就是撒巴特（Sabaoth），他们认为对他应当说：

> 位居第五的掌权者，大能的撒巴特，虽然一个更强大的五个一

---

① 灵魂要经过掌权者，除了要有正确的表达式之外，还必须有护身符。就连亚历山大的克莱门（*Strom.* IV, 116, 2）也说，良善人向掌管上升之路的天使出示"一个圣洁符号"，表示公义的闪亮标记。关于口令的必要性，参 Irenaeus, I, 21, 5；Plotinus, II, 9, 14。

② 在 *Pistis Sophia*, 31 中，伊阿达巴特也有狮子的样子（Schmidt, p. 28；Horner, p. 24）。在密特拉艺术（Mithraic art）中，土星通常以狮头的样子出现，参 Cumont, *Textes et Monuments*, I, p. 78。关于伊阿达巴特—土星—克洛诺斯的同一，参 Bousset, *Hauptprobleme der Gnosis*, pp. 351 - 355。

③ 参 E. Peterson, Εἷζθεος (1926), p. 307, 证明伊奥对应于太阳和光（参 Macrobius, *Sat.* I, 18, 19 f；A. B. Cook, *Zeus*, I, pp. 233 ff）。Peterson 认为"是第一位和第二位"的意思是指，太阳不仅白昼在天上放光，晚上也在阴司照明［参 Vergil, *Aen.* VI, 641；Pindar, Rohde, *Psyche*（E. T.），p. 444 n. 38. Macrobius, *Sat.* I, 21, 22］。

组正在毁坏您赐给造物的恩典,您却要捍卫它的律法,[1] 请看看您技艺的纯洁符号,请让我经过,在一幅画像的保护下,使身体脱离了五个一组的束缚。愿恩典与我同在,父啊,让它与我同在。

* * * * * * * * [2]

之后出现的是阿斯塔法俄斯(Astaphaeus),他们相信对他应当说以下的陈式:

第三门的掌权者,阿斯塔法俄斯,水之源头的看管者,请看看这个入道者,我已经得童女之灵的洁净,请让我通过,并看见世界的本质。愿恩典与我同在,父啊,让它与我同在。

之后是阿伊劳俄斯(Ailoaeus),对他,他们认为应当这样说:

第二门的掌权者,阿伊劳俄斯啊,我为您带来您母亲的符号,[3] 一种被执政者的权能隐藏的恩典,请让我通过。愿恩典与我同在,父啊,让它与我同在。

最后,他们提到荷拉俄斯(Horaeus),认为应当这样对他说:

您这无畏地越过火墙,[4] 得着能力通过第一个门的荷拉俄斯

---

[1] 五卷摩西律法书暗示五个组与撒巴特有联系。关于五个一组的神秘主义,参 W. L. Knox, *St Paul and the Church of the Gentiles*, p. 155 n. 1 收集的参考书目;Irenaeus, II, 24, 4 以及 W. E. Crum in *J. T. S.* XIIV (1943), pp. 176-179 出版的科普特的诺斯替(Copitic Gnostic)残篇。
[2] 原文省略了经过阿多奈(Adonai)的口令(参第六卷,第三十二节)。
[3] 关于母亲在诺斯替主义体系中的形象,参 Bousset, *Hauptprobleme*, pp. 58-83。
[4] 火墙(the *phragmost*)把光明之国与黑暗之国分开。参 Bornkamm, *Mythos und Legende in den apolryphen Thomas-Akten*, p. 78, 比较 *Acta Thomae*, 124, 那里说天上的婚姻"基于闪耀着恩典的火桥"。

啊，请看您能力的符号，它受制于生命之树的图画，取自那按纯洁无瑕之人的样式造的形象，请让我通过。愿恩典与我同在，父啊，让它与我同在。

32. 正是塞尔修斯所谓的学识——其实毋宁说是无用的废话——迫使我们讨论这些问题，因为我们希望向阅读他的作品也看我们所写的驳斥的读者表明，塞尔修斯用来诬告基督徒——其实基督徒既不相信这些事，也不知道这些事——的学问根本没有给我们造成什么困难，尽管我们得费劲地去了解它们，引述它们。但我们这样做，是为了防止巫师借机宣称他们比我们知道更多的事，从而蒙骗那些被耀目的名字诱惑迷失方向的人。我们还可以引用其他一些例子表明，我们虽然确实知道蒙骗者教导的是什么，但我们否弃它，视之为与我们格格不入，是渎神的，是与我们至死不渝认信的真正基督徒的教义不相吻合的。

不过，必须认识到，那些编撰出这些表述法的人把一切都胡乱混合在一起，根本不理解魔术，对圣经也没有任何清晰的认识。他们从魔术取了伊阿达巴特、阿斯塔法俄斯和荷拉俄斯，从希伯来圣经借了伊奥，希伯来人用的一个名字，拿了撒巴特、阿多奈和厄罗俄斯(Eloaeus)。① 但取自圣经的名字全是同一位上帝的头衔。② 上帝的仇敌不明白这一点，这是连他们自己也承认的，以为伊奥是一位上帝，撒巴特是另一位，

---

① 关于这些名字，参 Irenaeus, I, 30, 11 (Harvey, I, 237) 和 30, 5, 在这里他说，诺斯替主义者（这里就是奥菲特派或塞提特派）说："最初从圣母出来的称为伊阿达巴特；从他而出的是伊奥；从伊奥出来的是撒巴特；第四位是阿多那俄斯，第五位是厄罗俄斯，第六位是奥流，第七位即最后一位是阿斯塔法俄斯。"根据科普特 (Coptic) 的诺斯替作品（仍未出版）——这是爱任纽 adv. Haer. I, 29 的资料来源[C. Schmidt, in *Philotesia P. Kleinert dargebracht* (1907), pp. 317-336]——七重天的主宰者分别是：伊奥特 (Iaoth)，有狮子形状；厄罗俄斯，驴相；阿多那俄斯，龙形；阿多尼……形（佚失）；撒巴塔俄斯，烈火状。但接着文中又几乎马上列出七个名字：伊奥特、厄罗俄斯、阿斯塔法俄斯、伊奥、撒巴特、阿多那俄斯、撒巴塔俄斯 (Schmidt, pp. 332-333)。亦参 Campbell Bonner, *Studies in Magical Amulets* (1950), pp. 135-138 讨论的奥菲特护身符，及插图 IX, no. 188。从正面看，右边刻着有狮头的神和伊阿达巴特，左边是阿里尔（阿里尔很可能意指上帝的狮子）反面的名字是伊阿(Ia)、伊奥、阿多奈、厄罗伊、荷勒奥 (Horeos)、阿斯塔菲奥 (Astapheos)。
② 爱任纽, II, 35, 3 (Harvey, I, 384-386) 表达了同样的看法。

阿多那俄斯（Adonaeus）是第三位（圣经称他为阿多奈），厄罗俄斯，就是众先知的希伯来文称为伊罗欣（Eloai）的，是第四位。

33. 接着塞尔修斯描述另外的寓言，大意是说，"有些归回到掌权者的样式，从而，有的变为狮子，有的变为公牛，其他的有蛇、雕、熊、狗"①。在我们手头的图表上，我们也看到塞尔修斯称为"矩形图"的，还有那些恶者谈论"乐园之门"的。发着火焰的剑守护着知识树和生命树，画下来如同火圈的直径。然而，那些按这些不敬之人的寓言所说，通过各个门时必须背诵的口令，塞尔修斯不愿或不能引述。但我们已经引述了，以便于向塞尔修斯和他的读者表明，异教奥秘的目的与基督徒对上帝敬虔的崇拜，完全是两回事。

34. 塞尔修斯叙述了我们所引用的这些话，以及类似我们所补充的问题之后，接着说："他们进而接二连三地加上众先知的言论，加上一个圈又一个圈，还有某个地上教会的发散，割礼的发散，从某个童贞的普卢尼库（Prunicus）流溢出来的权能，②永生的灵魂，天被杀死，以便得生命，地被刀剑杀死，许多人被杀死，以便得生命，当世界的罪死了，世上的死也便停止，又有狭窄的下降之路，按他们的自愿开启的门。③

---

① 推想奥菲特派入教者戴上与掌权者的动物形状对应的各种面具，这一点就很可能得到解释。从坡菲利 de Abstinentia, IV, 16 (Nauck 254, 4 ff.) 可知，密特拉入教者就戴这样的面具（文本有误），有些级别的密特拉奥秘领受者还有动物的名字。 [哲罗姆，(Ep. CVII, 2) 说，密特拉的敬拜者以乌鸦、新郎、战士、狮子、波斯人、太阳的信使、父亲这些名字入教。] 参 Cumont, Textes et Monuments, I, p. 315; Wendland, op. cit. p. 173。

② 如奥利金所说（第六卷，第三十五节），普卢尼库是瓦伦廷主义者给智慧索菲亚（Sophia）取的名字，他们在被耶稣治好血漏的妇女身上看到索菲亚的比喻。关于普卢尼库就是索菲亚的名字，参 Irenaeus, adv. Haer. I, 29, 4; 30, 3-9。爱任纽没有解释这个名字。这个词在通常的希腊用法里往往指"送信人"，或者作形容词用，意指"猥亵的"、"淫荡的"。伊比芬尼在后一种意义上解释普卢尼库为淫秽之意。M. P. Nilsson, 'Sophia-Prunikos' in Eranos, XLV (1947), pp. 169-172 注意到，教会教父们急于赋予这个词淫乱的意思，以便羞辱诺斯替主义。但事实上，在诺斯替主义思想中，这个词是在"送信人"的意义上使用的，因为索菲亚从神圣国带来某些东西到物质世界。当然，诺斯替主义者很可能就因这个词有双重含义才使用它的。索菲亚的淫荡在瓦伦廷主义理论中是个重要特点。 Apocryphon Johannis (Schmidt, op. cit. p. 329) 认为，Nillsson 的观点，即这个词指淫欲是教会教父的解释，而不是诺斯替主义者的意指。

③ 自动打开的门在法术里很普遍，参第二卷，第三十四节; J. Kroll, Gott und Holle (1932), pp. 482-485。这观念在诺斯替主义论述里也很普遍，比如 Pistis Sophia II (Schmidt, p. 12; Horner, p. 10)。

他们到处讲说他们经书中的生命之树，① 肉身借这树的复活——我想这是因为他们的主被钉在十字架上，又是做生意的木匠。② 所以，假如他恰好是被扔进悬崖，被推入深坑，被绞死，或者他恰好是个鞋匠、石匠、铁匠，那诸天之上就会有生命的悬崖，复活的深坑，不朽的绳索，或者蒙福的石头，慈爱的铁块，圣洁的皮革。就是哼唱故事哄孩子睡觉的老妇人，岂能不羞于呢哝这样的传说故事？"③ 在我看来，这里塞尔修斯是把他所误解的思想胡乱地混合在一起。 看来他可能听到过哪个学派的某个蹊跷术语，但未弄清楚其真正的含义，于是就堆砌词汇，以便向那些既不了解我们的教义，也不知道那些学派的理论的人表明，他对基督徒的所有理论都一清二楚。④ 从我们面前的这个段落可以清楚地看出这一点。

35. 没错，我们确实利用"众先知的言论"，证明耶稣就是他们预先宣称的基督，也根据预言表明福音书里记载的耶稣的事迹应验了这些预言。但是"一个圈又一个圈"这个词可能属于前面提到过的那个派别，他们用一个圈，就是他们所说的宇宙灵魂和利维坦，把七个执政权能的圈包在里面。⑤ 也许这也是对《传道书》里所说的话"风不住地旋转，而且返回转行原道"⑥ 的一种误解。

至于"地上教会和割礼的发散"可能出于某个论到天上教会的人，他说地上的教会是从更高世界发散而来的，⑦ 律法里所描述的割礼是发

---

① 关于诺斯替主义圆圈中生命之树的神秘解释，参第六卷，第二十七节塞尔修斯的话及注释；诺斯替主义者查士丁，参 Hippolytus *Ref.* V, 26, 6; *Pistis Sophia*, pp. 134 (Schmidt, pp. 158, 229)。关于基督的十字架就是生命树，参 Ignatius, *Trall.* XI, 2; *Smyrn.* I; Justin, *Dial.* 86; Clem. Al, *Paed.* III, 25, 3; *Strom.* V, 72, 3; Tertullian, *adv. Jud.* 13.
② 查士丁（*Dial.* 88）指出，耶稣作为木匠造了犁和轭——代表公义和活泼的生命。
③ 关于"garrula nutrix"（饶舌的乳母）是不可靠的宗教教导的来源，参 Prudentius, *Apotheosis*, 297。安提阿的优斯塔西乌（Eustathius of Antioch）(*de Engastrim.* 29, p. 61 Klostermann) 如塞尔修斯那样（第六卷，第三十七节）认为这样的乳母有醉酒的倾向。
④ 参第一卷，第十二节塞尔修斯的话。
⑤ 参第六卷，第二十五节，那里有十个圈。
⑥ 《传道书》1:6。
⑦ Ecclesia（教会）是瓦伦廷主义的 Ogdoad，第八个成员；Irenaeus, I, 1, 1; I, 2, 2; I, 5, 6; Tertullian, *adv. Val.* 25, 等等。

生在天上某种洁净仪式中的割礼的记号。"普卢尼库"是瓦伦廷主义者按他们自己的坑人智慧，给智慧所取的名称，他们企图说明，那个患血漏十二年的妇女是智慧的象征。① 这个家伙，把从希腊人、野蛮人和异端分子那里引来的东西全都混成一团，正因为他误解了这一切，才谈论"从某个童贞的普卢尼库流溢出来的权能"。

"永生的灵魂"可能是某个瓦伦廷主义者秘密用来指他们所谓的"通灵的造主"(psychic Creator) ②。也可能有人为与死的灵魂对立，论到得救之人的灵魂是永生的灵魂。这并没有什么令人不快的。只是我不知道有人提到过"被杀的天，被刀剑杀死的地，许多人被杀，以便得生命"。塞尔修斯这些想法完全可能是从他自己头脑里想出来的。

36. 我们在解释使徒以下这段充满奥秘的话语"等他把一切仇敌都放在他的脚下。尽末了所毁灭的仇敌就是死"③ 时，或许可以说，"当世界的罪死了，世界的死就被终止"。经上还说："这必朽坏的（身体）既变成不朽坏的，那时经上所记'死被得胜吞灭'的话就应验了。"④ 不过，那些持有轮回观的人或许会谈到"又有狭窄的下降之路"。有些人在解释经文"给我敞开义门，我要进去称谢耶和华！这是耶和华的门，义人要进去"⑤ 时使用模糊术语，提到"自动开启的门"，这并非不可能。另外，《诗篇》9篇说道："你从死门把我提拔起来，好叫我在锡安女子的门前述说你的一切美德。"⑥ 道说，把人引向毁灭的罪就是死亡之门，相反，良善行为就是锡安之门。同样，也有公义之门，等同于美德之门。这些门随时准备向热切地尝试行美德之事的人敞开。

我们若是在注释《创世记》记载的上帝所栽种的乐园故事时解释"生

---

① 参 Irenaeus, I, 3, 5; II, 20, 1-2; Epiphanius, *Panar.* I, 31, 14, 10。
② 更有可能的出版是《创世记》2:7。参第八卷，第四十九节塞尔修斯的话。
③ 《哥林多前书》15:25—26。
④ 《哥林多前书》15:54。
⑤ 《诗篇》117:19—20（和合本为诗118:19—20。——中译者注）。
⑥ 《诗篇》9:14—15（参和合本9:13—14。——中译者注）。

命之树",那该是更适合的时机。但塞尔修斯不断地嘲笑他根本没有弄明白的"复活",也不满足于前面已经说过的话,现在又在谈论"肉身从树而来的复活",我想因为他误解了经文上的比喻说法,即死因一树而来,生也因一树而来;在亚当里死了,就要在基督里复活。① 然后他嘲笑论到树的短语,基于两个原因对经文讥笑不已,认为我们谈论树的真实原因或者在于我们的"主被钉了十字架",或者因为"他原是做生意的木匠"。但是,他没有看到生命之树是在摩西经书里描述的。此外,他也没有注意到,教会所接受的福音书里没有哪个地方说耶稣本人是个木匠。②

37. 他还设想,我们杜撰出生命之树是为了将十字架的故事寓言化。由于他在这个问题上的错误理解,所以他说,"假如他恰好是被扔下悬崖,被推入深坑,被绞死",我们就会捏造出"诸天之上生命的悬崖,复活的深坑,不朽的绳索"。他还说,如果因为他是个木匠就编造出生命之树的故事,那就可以推出,他若是个鞋匠,故事就会变成"圣洁的皮革"故事,或者他若是个石匠,就会编出"蒙福的石头"故事;或他若是个铁匠,那就是"慈爱的铁块"故事了。谁不会立即看出他的指责是毫无意义的?他只不过是在尽情侮辱那些他以为被误导,自称要使他们改变信仰的人。

他下面的话对那些编造出狮相、驴头、蛇形的掌权者的人,对任何捏造出诸如此类胡言乱语的人来说可能是适合的,但对教会的人肯定不适合。没错,"就是醉酒的老妇人也羞于哼唱这样的故事来哄小孩子入睡",对孩子"呢哝"这些编造出驴头神,编造出要在每个门前背诵的口令的人所说的胡话。而教会的人所持的教义,却不为塞尔修斯所知。唯有极少数人努力去理解它们,这些人如耶稣所吩咐的,③ 将整个生命投

---

① 参《罗马书》5:12 以下;《哥林多前书》15:21—22。
② 对于《马可福音》6:3("这不是那木匠吗?"),奥利金的文本与许多权威文本,比如旧拉丁本一致,都使经文与《马太福音》13:55("这不是木匠的儿子吗?")相同。
③ 《约翰福音》5:39。

人考查圣经中，刻苦研究圣经的含义，比寻求某种假想知识的希腊哲学家更加勤奋。

38. 这个受人尊敬的人并不满足于阐述图表，为了加大对我们这些与那图表毫无共同之处的人的指责力度，他企图用插入语的方式提出另外的异议，然后回到异端分子的学说，似乎那是我们的理论。他说："在他们，那根本不是什么非同寻常的事。因为他们还解释刻写在诸天之上的上圈（upper circles）之间的一些词，尤其是其中两个圈，一个大圈，一个小圈，他们认为这两个圈是子与父的圈。"我们在这图表中看到大圈和小圈，小圈套在大圈里面，在直径上写着"父"和"子"。另一个大圈由两个圈组成，外圈黄色，里圈蓝色，我们发现，在这两个大圈之间刻有一道屏障，状似双面斧。① 它上面有一个小圈与第一对圈中的大圈相切，这个小圈中写着"爱"这个词。它下面的小圈里写着"生命"。第二个圈里包含两个交叉的圆和一个菱形，这个圆里写着"智慧的神意"。在它们重叠的地方写着"智慧的本性"。重叠部分上面的圈里写着的词是"知识"（Gnosis），下面的圈里写的词是"悟性"（Synesis）。

我们把这些话作为我们驳斥塞尔修斯的内容之一，以便向我们的读者表明，我们比他知道得更清楚，而且对这些我们也持批判态度的理论学说的了解不是出于道听途说。但是，那些因这些理论自豪的人是否"还自称有某种魔法巫术，这在他们看来是智慧的顶点"，我们无法确定，因为我们不曾看到过这样的陈述。我们已经屡屡发现塞尔修斯作假证，提出不合理的控告，这里他也该知道自己是否在说谎，或者是从某些信仰之外、毫无信心的人那里得知这类事，他论述中的话语也源自这些人。

39. 然后就那些如他所说的"使用某种魔法和巫术，以粗俗的名字求

---

① 关于斧作为崇敬符号，见 A. B. Cook, *Zeus*, II (1925), pp. 513-704, 尤其是讨论这一段落的 610—611。他认为"同心圆的颜色，黄色和蓝色，可能表示两个地带，aither, '燃烧的天空'和 aer, '潮湿的天空'"。Cook 还从 Kyranides（早于公元 408 年编辑的魔法医学材料）引用葡萄神（the Vine）的祈语："……您揭示凡人心里的一切，隐藏的神秘念头，葡萄神啊，你有不可言喻的知识，能显明一切由独特的作品或特效的疗方所成就的事，显示刀或双斧的隐秘含义。"

告某些鬼魔"①的人,他说,"这些人的行为与另一些人非常相似,他们虽然求告同样的鬼魔,但使用了不同的语言,使不知道这些名字在希腊人中是这种说法,在斯基台人中则是另一种说法的人大为迷惑。"然后他引用希罗多德证明他的论断,"斯基台人称阿波罗为高哥西鲁(Gongosyrus),波塞冬为塔基马萨达(Thagimasada),阿芙洛狄特为阿基姆帕莎(Argimpasa),赫斯提亚(Hestia)为塔比提(Tabiti)。"②任何有能力的人都可以考察这一点,看看即使在这个问题上,塞尔修斯和希罗多德都并非只是几分错误,明白斯基台人对假想的诸神并非与希腊人一样理解。有什么令人信服的论证表明阿波罗在斯基台人中间被称为高哥西鲁?我可不认为高哥西鲁译成希腊语时,能表明它的词源是阿波罗,或者在斯基台人的语言里,阿波罗是指高哥西鲁。同样,对其他名字我们也不能说它们有同样的含义。希腊人以这套观念和词源为基础,以此给他们假想为神的存在者命名,而斯基台人始于另一套观念和词源。同样,波斯人、印第安人、埃塞俄比亚人、利比亚人,全都是出于不同的观念体系,每个民族都按各自独特的方式命名。之所以如此,乃因为他们不再坚持最初对宇宙造主所拥有的纯粹的观念。然而,我们前面力图表明撒巴特和宙斯不是一回事,还从圣经引用有关语言问题的段落时已经充分阐明了这一话题。因而,在这些事上,凡因塞尔修斯之故,我们有可能重复的话,我们都有意略过。

然后,他又对魔法巫术提出一些混乱不清的话。他的异议很可能对谁都不适用,因为没有哪个法术师假借一种具有这种道德品质的宗教施法,当然他也许是想到某些人使用这样的方式去蒙骗易受骗的人,好叫人以为他们是借神力行某种神迹。他说:"我又何必一一列举那些人:教导洁净仪式、使人解脱的咒语、避开邪恶的套语,那些发出

---

① 爱任纽,I, 21, 3 (Harvey, I, 183 - 185) 保存了诺斯替主义使用的这希伯来套语,并指出他们的目的在于给入教者留下深刻印象。参 Jerome, *Ep.* LXXV, 3。
② Herodotus, IV, 59。参 E. H. Minn, *Scythians and Greeks* (1913), p. 85。

嘈杂的碰撞声，①制造虚假的神迹、各种各样的预防物品——衣服、数字、石头、植物、根茎，以及其他各种物体的人？"②既然我们根本没有这种习俗之嫌，理性要求我们不必在这些事上作任何辩护。

40. 然后，在我看来，他的做法就如同那样一些人，他们因为仇恨基督教，就在那些对基督徒的惯例一无所知的人面前断言，他们凭经验发现基督徒吃小孩子的肉，毫无节制地与会中的妇女交欢。③如今，这些论断甚至受到民众和与我们的宗教完全相异的人谴责，认为它们是对基督徒的诽谤污蔑。同样，也可以看到，当塞尔修斯断言，他在某些持有我们观点的长老中间看到涉及粗俗的鬼魔名字和魔法公式的书籍。④他说，"这些人（所谓的持有我们观点的长老）宣称的事没有一样是好的，全是对人有害的。"我希望塞尔修斯对基督徒的异议全是这样的。因为普通民众就可以将它驳倒，他们凭经验知道这样的指控是虚假的，因为他们虽然与许多基督徒生活在一起，却从未曾听说过基督徒有这类事。

41. 此后，他似乎忘了他的目标是写文批判基督徒，转而谈到"某个狄俄倪索斯，一位埃及音乐家，曾与他有过交谈，告诉他说，魔法术对未受教育的人，对丧失道德品质的人有效，但对学过哲学的人，就不可能有什么影响，因为他们谨心引导健康的生活方式"。⑤我们现在的任务若是讨论

---

① Herter (ap. Bader, p. 160 n.) 指出这些东西意在产生避邪作用。关于撞击金属吓走恶灵，参 J. G. Frazer, *Folk-lore in the Old Testament*, III (1918), pp. 446 ff；A. B. Cook, "The Gong at Dodona", in *Journ. Hell. Stud.* XXII (1902), pp. 5-28.
② 关于植物和石头在魔法上的用途，参第八卷，第六十一节。
③ 见第六卷，第二十七节及注释。
④ 这很可能是因为塞尔修斯了解诺斯替主义，魔法是它的一个重要因素。
⑤ 参 Plotinus, IV, 4, 43. 普罗提诺说："他（智慧人）的灵魂对魔法有免疫力；他的推论理性不会受魔法影响，他不可能偏离正道。但他里面还有非理性因素，那是从（物质）大全来的，在这里，他就要受魔法影响，或者毋宁说，他里面的这一部分要受影响。"同上，IV, 4, 44 说："他受到其总体存有 (total being) 的外在部分的牵拉，唯有借着对魔法的免疫力，才把持住不接受它们的价值标准，唯有当他的真我看见并知道那是善时才认为它是善的，既不被吸引，也不去追求，只是平静地拥有，因而，永远不会着魔迷倒"(Mackenna's trans.). Philostratus, *Vit. Sophist.* p. 590 Boissonade "受过教育的人不会被迷惑，误入歧途，相信魔法师的骗人把戏。"参坡菲利 (*V. Plot.* 10) 讲述的普罗提诺和奥林匹乌斯 (Olympus) 的故事。

魔法，除了我们前面讲过的内容①，我们还会就这个话题另外补充一些话。但我们这里的任务是驳斥塞尔修斯的书，我们必须阐述与之相关的话。关于魔法话题，我们就说，人若有兴趣考察甚至哲学家是否有时也受它迷惑，可以阅读摩伊拉格尼（Moiragenes）写的魔术家和哲学家提亚那的阿波罗尼乌（Apollonius of Tyana）的传记。②作者不是基督徒，是哲学家，他在书中评论说，有些并非名不见经传的哲学家虽然未见阿波罗尼乌之前，都认定他只是个吹牛家，但见了他之后，却被他的魔法征服。就我所记来说，这些人中，他甚至提到了赫赫有名的幼发拉底③和某个伊壁鸠鲁主义者。然而，我们认为，我们凭经验就知道，那些按基督教方式借耶稣敬拜至高上帝，按他的福音生活的人，始终使用指定的祷词，昼夜以适当的方式祷告的人，既不会被魔法也不会被鬼魔迷住。因为事实上，"耶和华的使者，在敬畏他的人四围安营搭救他们"④脱离一切邪恶。教会里小子们的使者也受差遣作他们的看护者，经上说这些使者在天上常见天父的面⑤——且不论这"面"指什么意思，也不论"见"是指什么意思。

42. 这些话之后，塞尔修斯又从另一角度对我们提出以下异议："他们犯了某些非常渎神的错误，这也可以从这个表明他们极端无知的例子中看出来，这种错误同样使他们离开神圣谜语的真正含义，因为他们造出一个与上帝对立的存在者：魔鬼。在希伯来语里，他们给这个存在者取名为撒但。无论如何，这些概念完全是人想象出来的，而且说当最伟

---

① 参第二卷，第五十一节；第四卷，第三十三节；第六卷，第三十二节。
② 摩伊拉格尼（公元2世纪）写了四卷本的阿波罗尼乌生平的书，书中显然把他描述为一个魔术师。斐罗斯特拉图（Philostratus）也写过《阿波罗尼乌生平》，其明确的目的是为了表明他的主人公始终是个哲学家，不是魔法师，所以他强烈地批判摩伊拉格尼的作品（V. A. I, 3；III, 41）。
③ 推罗的幼发拉底，流行的斯多葛哲学的传讲者，死于公元118年（Dio Cass. LXIX, 8），受到小普林尼（*Ep.* I, 10）和恩彼克泰德（III, 15, 8；IV, 8, 17 ff）的高度重视，斐罗斯特拉图声称他卷入了反对阿波罗尼乌的阴谋，还指控阿波罗尼乌是魔法师（V. A. I, 13；V, 33, 37 etc.）。 von Arnim, in P. -W. *s. v.* "Euphrates" （4）认为斐罗斯特拉图的故事没有什么可信之处。Pohlenz（*Die Stoa*, II, p. 146）认为幼发拉底与阿波罗尼乌之间的冲突"肯定是历史事件"，但斐罗斯特拉图以传说形式将它进一步发展。
④ 《诗篇》33：8（和合本为34：7。——中译者注）。
⑤ 《马太福音》18：10。

大的上帝真的想要把某种益处赐给人时，却有一种与他敌对的权能反对他，因而无法成事，① 这是渎神的。然后，上帝的儿子被魔鬼击败，还受到他的苦待，好教导我们也同样鄙视魔鬼加在我们身上的刑罚。② 他宣称，就是撒但本身表面上也会以类似的方式，做他所做的事，表现出伟大而惊人的作为，抢夺上帝的荣耀。我们万不可被这些蒙蔽，也不可企图转向撒但，而要相信他一人。这就是一个魔法师，一个出来谋利的人的公然表白，他小心翼翼地提防有人反对他的意见和祈求。"

然后他想要阐述他认为我们在教导撒但理论时所误解的"谜语"，说："古人暗示了一种神圣战争。因为赫拉克利特说：'我们必须知道战争乃是双方的事，公正就是竞争，万事都是通过斗争和必然性生成的。'③ 腓勒西德比赫拉克利特早得多，他讲到一支军队在战争中被另一支军队逼近，说克洛诺斯是一边的领袖，奥菲奥纽（Ophioneus）是另一边的首领；他讲述了他们的挑衅和争斗，然后双方达成协议，无论哪个掉入奥格努斯（Ogenus），就算是战败方，而赶走另一方的征服者则应拥有天。"④ 塞尔修斯说，"这也是关于提坦和巨人与诸神争战的奥秘里所包含的意思，也是埃及人讲述的堤丰（Typhon）、荷鲁斯（Horus）和奥西里斯（Osiris）的奥秘里的含义。"⑤

---

① 关于塞尔修斯对二元论（柏拉图《政治家篇》290A）的异议，参第八卷，第十一节。关于魔鬼这个形象使基督徒护教者陷入某种困境，参 Athenagoras, *Leg.* 24。

② 参第二卷，第三十八节，第四十五节，第四十七节及第七十三节塞尔修斯的话。关于祈求，参第一卷，第九节；第二卷，第五十五节。

③ Heraclitus, *frag.* 80 Diels……提到赫拉克利特观点的其他资料有亚里士多德《尼各马可伦理学》Ⅷ.2 (1155b 6)；Plutarch, mor. 370D；Diog. Laert. IX, 8。

④ Pherecydes of Syros, *frag.* 4 Diels. 关于克洛诺斯战胜世界主宰奥菲奥纽的神话，见 E. Wust in P. -W. XVIII, 1 (1939), 643-646 的讨论。Philo of Byblus（= Sanchuniathon）谈到："腓勒西德在其神学中论及的一位神，他称之为奥菲翁（Ophion）和奥菲奥尼达（Ophionidae），这一思想取自腓尼基人。"关于奥格努斯［即俄刻阿诺斯（Oceanus）］，参 Pherecydes ap. Clem. Al. *Strom.* VI, 9, 4。

⑤ 关于提坦，参塞尔修斯下文论及雅典 "*peplos*" 的话。普鲁塔克对伊西斯—奥西里斯神话做了类似的解释："事实上，这世界的创造和结构是很复杂的，因为它是由相反的力量构成的，这些力量诚然不对等，优势在美善一方，但要让邪恶一方完全消失也是不可能的，因为在很大程度上，它是宇宙之体内固有的，也同样是宇宙灵魂固有的，并总是与美善者激烈争战。因而，在灵魂里，理智和理性，一切良善者之主宰和主，就是奥西里斯，在地上，风中，水里，诸天，星辰，一切有序的，确定的，健康的事物，是由季节、温度、旋转周期表明的，就是奥西里斯的流溢，他所反映的形象。但堤丰是灵魂中易受影响的、冲动的、非理性的、狂暴好斗的那一部分，是可灭的、败坏的、混乱的身体部分；反常的季节和温度，对太阳的观察，月亮的消失，堤丰的怒火（可以这么说）爆发，以及种种难以控制的活动，都表明这一点。"

他说了这些话之后,虽然没有解释这些神话如何包含深奥的意义,也没有说我们的教义怎样误解了它们,却对我们大肆辱骂,说:"这些神话不同于讲述魔鬼,也就是鬼魔的故事,也不同于(这里他们更接近真理)讲述一个行法术并宣称相反观点的人①的故事。"他还在这个意义上理解荷马,说他"与赫拉克利特、腓勒西德以及那些教导提坦和巨人奥秘的人暗示了同样的真理,比如赫菲斯托斯对赫拉所说的话:'一旦我想要捍卫你,他就抓住我的脚,把我拖离神圣门槛。'②宙斯对赫拉说的话也颇为相似:'你难道忘了,当你悬吊在高处时,我让人把两块铁砧挂在他腿上,将镀金的牢不可破的链锁捆在你的双臂上?你悬挂在以太和云层中。诸神从遥远的奥林匹斯山过来,但他们只能站在一旁,无法将他释放;而我抓住他,把他扔出门去,直到他软弱无力地坠到地上。'③"论到荷马的话,他说"宙斯对赫拉说的话就是上帝对质料说的话"④,又说,"对质料说的话模糊地暗示,起初质料处于混沌之中,上帝将它按一定比例分开,又连接起来,制定秩序。⑤他把它周围所有傲慢的鬼魔全都驱逐出去,惩罚他们降到地上。"他坚持认为,"腓勒西德就是这样理解荷马以下这些话的:'那地下面是塔尔塔卢斯地,有波里斯(Boreas)的女儿哈庇斯(Harpies)和梯厄拉(Thyella)看护;只要有神变得傲慢,宙斯就把它驱逐出去。'⑥"他说,"雅典娜的衣袍表达了这样的观念,观看帕那塞那亚(Panathenaea)

---

① 即敌基督者。
② 《伊利亚特》I, 590—591。
③ 《伊利亚特》XV, 19—24。
④ 关于宙斯对应上帝,赫拉对应质料,参上文,第四卷,第四十八节克里西普的话。
⑤ 对柏拉图《蒂迈欧篇》37A 关于世界灵魂的一点回忆。
⑥ Pherecydes, *frag.* 5 Diels。关于赫菲斯托斯被宙斯赶到塔尔塔卢斯(冥府下面的深渊),参赫西奥德《神曲》868;关于风精灵 Wind‑Spirits,哈庇斯和阿伊罗(Aello)或梯厄拉,参同上 267。哈庇斯为波里斯的女儿,这显然是唯一一处表明,通常的故事是这样说的,她们是陶马斯(Thaumas)和厄勒克特拉(Electra)的女儿,伊里斯(Iris)的姐妹。参 H. J. Rose, *A Handbook of Greek Mythology* (1928), pp. 27‑28。

游行队伍的人都能看到这衣袍。"① 他说，"因为它表明这样一位女神，她没有母亲，纯洁无污，② 胜过那些鲁莽放肆的地上出生者。"

他接受了希腊人编造出来的神话传说之后，接着继续攻击我们的学说，说："上帝的儿子受到魔鬼的苦待是为了教导我们，当我们受到同个存在者苦待时，当耐心忍受。这一切也同样是可笑的。在我看来，他应当惩处魔鬼才对，他自然不该威吓早已受到魔鬼攻击的人。"

43. 这个人指控我们犯了"极其渎神的错误"，被误导"偏离了神圣谜语的真正含义"，想一想此人自己是否也明显犯了错，因为他没有理解这样的事实，正是摩西的经书，不仅比赫拉克利特和腓勒西德要古老得多，也比荷马更早的作品，③ 教导这个从天上坠落的恶天使的存在。蛇的故事暗示了这样的学说，这蛇是腓勒西德的奥菲奥纽的源头，是人被驱逐出神圣乐园的原因。他诱骗女人，应许她必得神圣权能，必得更大事物。我们知道男人也跟从她。《出埃及记》是摩西所写，里面的毁灭者④ 不就是使那些顺从他、不抵制他、与他的邪恶作斗争的人毁灭的那个吗？除他之外还会有谁？另外，《利未记》里的赎罪者，希伯来文本里称为阿撒泻勒的，⑤ 不是别人，就是他。拈阄儿抓到的人，要送到旷野去，用作祭，以避邪。因为凡是因自己的罪，属于恶天使之分，与上帝产业的子民相对的人，⑥ 都被上帝抛弃。还有，拿《士师记》里魔鬼彼勒的子孙来说，⑦ 这些人因着大恶被称为彼勒的子孙，除了彼勒，还能称他们

---

① 在帕那塞那亚，雅典为雅典娜生日举行周年庆典，有一个游行队伍把一件刺绣袍子放在装轮子的船上带给女神。袍子上装饰着与巨人作战的场景。参 L. R. Farnell, *The Cults of the Greek States*, I (1896), pp. 294 ff, 以及论文 "Panathenaia" in P. -W. XVIII, 3 (1949), 459 f (L. Ziehen); 古代对雅典娜争战巨人的描述，参 Waser in P. -W., Suppl. Bd. III (1918), 678 ff。
② 关于雅典娜是 "παρθενοζόμήτωρ"（无母的童女），参 Julian 352B。关于雅典娜由宙斯出生，参 A. B. Cook, *Zues*, III (1940), pp. 662 ff。关于她永恒的童贞，同上，p. 224。
③ 参第四卷，第二十一节。
④ 《出埃及记》12:23；参 Origen, Princ. III, 2, 1。
⑤ 《利未记》16:8, 10。
⑥ 《申命记》32:9。对《利未记》16章的注释，参 *Hom. In Lev.* IX, 4-5。
⑦ 《士师记》19:22；20:13。

为谁的子孙呢？比这些更清楚的一个例子记载在《约伯记》里，约伯甚至比摩西还要早。正是在此书上写着，魔鬼站在上帝身边，请求赐他大能击打约伯，以便以极其严重的灾难去困扰他，首先让他的所有家产毁灭，所有孩子死去，其次折磨约伯的身体，用称为毒疮的疾病狠狠击打他。① 我不引用福音书记载魔鬼试探救主的段落，免得有人说我引用较近的经书中对这个问题的论述来驳斥塞尔修斯。② 此外，《约伯记》的最后章节里，主耶和华借旋风和云对约伯说话，《约伯记》里记载了这话，有好几段论到蛇，③ 可以引用。我还没有提到《以西结书》里的例子，他在书中谈到法老，尼布甲尼撒，推罗的王；④ 也没有提到《以赛亚书》里记载唱给巴比伦王的哀歌的段落。⑤ 从这些经卷里，我们对邪恶，对它的起源和开端的特点将会有不少的了解，也知道恶如何因为某些天使丧失翅膀，跟随第一个丧失翅膀的堕落天使而出现。⑥

44. 对偶然地、后来才成为善的事物，不可能与那本性为善的事物具有同等意义上的善；⑦ 前一种意义上的善，可以说，人若领受了生命之粮为自己保存，就永远不会缺失这种善。如果缺失，其原因在于，这人疏于分有生命的粮和真正的水。⑧ 当翅膀得到这些粮和水，它就得以恢复，甚至如最富智慧的所罗门论到富有真正财富的人时所教导的："他为

---

① 《约伯记》1:6—2:7。
② 《马太福音》4:1—11；《马可福音》1:12—13；《路加福音》4:1—13。
③ 《约伯记》40:1, 20（和合本为41:1, 12, 其中"蛇"译为"鳄鱼"。——中译者注）。
④ 《以西结书》26 章—32 章。
⑤ 《以赛亚书》14:4 以下。
⑥ 暗示柏拉图，《斐德鲁篇》246B, C；参第四卷，第四十节。
⑦ 关于两者的区别，参 de Princ, II, 9, 2（关于被造的理性存在者）"存在于其存有（being）中的善不论是什么，都不是本来存在于他们之中的，乃是出于他们造主的恩慈。因而，他们的所是既不是他们自己的，也不是永恒的，乃是上帝所赐的。"同上，I, 2, 4 里指出："被造物中，有些因里面的善性是一种偶性，不是本性，也就是说，不是本质意义上的性质（substantialiter），因而最终不能立住脚跟，坚定不移，不能永远保持对原初恩福适当而制的使用……"（Butterworth 译本）；Comm. in Matt. XV, 10。
⑧ 《约翰福音》6:51。

自己造了如鹰的翅膀，回到他头领的家。"①上帝知道一切，甚至知道如何为需要的目的利用恶的结果，他必须把那些因此变恶的人放在宇宙的某个特定部分，然后为那些想要按规矩争取②获得美德的人建立一个美德学校。他的目的是，就像金子在火里锤炼，当他们在地上受了恶的试炼，尽了一切努力，不再有什么不洁之物进入他们的理性本性，这之后，他们就可能配进展到神圣王国，被逻各斯逼上至高的恩福——我若可以这样说——上到善的山顶。

希伯来词撒但（Satan），有些人拼为更希腊化的形式撒但那斯（Satanas），译成希腊语就是仇敌的意思。③任何人，若是选择了恶，过着邪恶生活，从而，所做的一切事无不与美德相对，那他就是一个撒但，也就是上帝儿子的仇敌，他乃是公义、真理和智慧。④但更严格地说，这仇敌是一切原本住在平安、恩福里的存在者中第一个丧失翅膀，从蒙福状态坠落的。按以西结的记载，他原本所行的都完全，直到后来在他里面察出不义；他在上帝的乐园里"无所不备，全然美丽"⑤，可以说，他耽于美物，⑥反而走向毁灭，如道以神秘方式对他所说的话告诉我们的："你变为毁灭，不再存留到永远。"⑦

我们在本卷中大胆而匆促地写下这寥寥数语，也许并没有触及到非常重要的内容。若是有人愿意花时间去考察圣经，从各种资料收集经文，对恶作出连贯的阐述，既表明它最初是如何产生的，又表明它是怎样被毁灭的，那么他就会明白，摩西和众先知关于撒但的含义是塞尔修

---

① 《箴言》23：5（和合本译为："你岂要定睛在虚无的钱财上吗？因钱财必长翅膀，如鹰向天飞去。"——中译者注）。
② 《提摩太后书》2：5。
③ 《路加福音》10：18；《帖撒罗尼迦后书》2：4。
④ 这三个名词应当是与格形式。
⑤ 《以西结书》28：15，12—13。
⑥ 类似的话见 de Princ，II，8，3，被君士坦丁堡公会议（543 年）绝罚、经 koetschau 重新编辑的文本：理性造物"突然对神圣的爱和沉思感到厌烦，从而转向追求恶的东西，各人在此路上滑到多远取决于他的倾向多大"（Butterworth 译本，p. 125）。比照上文第五卷，第三十二节。
⑦ 《以西结书》28：19（和合本译为："你令人惊恐，不再存留于世，直到永远。"——中译者注）。

斯甚至做梦也想不到的，凡是被这个恶鬼拖下来，灵魂远离上帝，丧失关于上帝及其道的正当概念的人，都完全意想不到。

45. 塞尔修斯虽然没有读过《但以理书》里论到敌基督者的段落，也没有读到保罗笔下的话，更不知道救主在福音书里关于他的到来的预言，① 但他既然也反对关于敌基督者的理论，我们就得对此稍说几句。"正如脸与脸各不相同，同样，人心也彼此各异。"② 显然，人心与人心是有分别的，不仅在那些倾向善的人中间有分别，因为他们的被造并非全都一样，对善的倾向并非彼此相同。即使在那些因忽视善的事物，从而迅速滑向对立面③的人中间也有分别，因为在后者中间也同样，有些人完全受恶之洪水支配，有些则还未陷得这么深。那么，我若可以说，人中间应当有两个极端，一个是善端，一个是恶端，善之极端存在于耶稣的人性之中，④ 因为皈依、医治和改善的大工从他传到人类，而另一极端存在于称为敌基督者身上，这样说有什么荒谬之处？上帝借他的预见看到这一切，知道有两个极端，所以愿意通过众先知将这些事告知人，好叫那些明白他们话的人成为爱美善之人，并警醒提防对立面。同样，两极之一，即至善，因其卓尔不群，应当称为上帝的儿子。而与他截然对立的，当称为恶鬼之子，就是撒但，魔鬼。然后，到了恶的洪水泛滥至极点的时代，其标志就是恶假装成善的，因此，那恶者借着他父魔鬼的同谋，就有异能、神迹和虚假的奇事相伴。⑤ 心怀不轨的巫师为了蒙骗人，诚然也得到鬼魔的帮助，而魔鬼亲自协助恶人欺骗人类，更胜于他那些徒子徒孙。

保罗在他的教训里论到称为敌基督者的人，他以非常谨慎的语言表

---

① 《但以理书》8:23 以下；11:36；《帖撒罗尼迦后书》2:3—4；《马太福音》24:27；《路加福音》17:24。
② 《箴言》27:19（和合本译为"水中照脸，彼此相符；人与人，心也相对。"——中译者注）。
③ 关于疏忽是罪之源头，参 de Princ, II, 9, 6。
④ 关于这个希腊短语，见上文第二卷，第二十五节。
⑤ 参《帖撒罗尼迦后书》2:9（修订版，略有改动）。

明这人将怎样临到人类，何时来，以及为何要来。也请想一想，保罗岂不是对这些真理提出了极其感人的阐述，岂有一丁点儿可笑之处？

46. 他是这样说的："弟兄们，论到我们主耶稣基督降临和我们到他那里聚集，我劝你们：无论有灵、有言语、有冒我名的书信，说主的日子现在到了，不要轻易动心，也不要惊慌。人不拘用什么法子，你们总不要被他诱惑。因为那日子以前，必有离道反教的事，并有那大罪人，就是沉沦之子，显露出来。他是抵挡主，高抬自己，超过一切称为神的和一切受人敬拜的，甚至坐在上帝的殿里自称是上帝。我还在你们那里的时候，曾把这些事告诉你们，你们不记得吗？现在你们也知道那拦阻他的是什么，是叫他到了时候，才可以显露。因为那不法的隐意已经发动，只是现在有一个拦阻的，等到那拦阻的被除去，那时这不法的人必显露出来，主耶稣要用口中的气灭绝他，用降临的荣光废掉他。这不法的人来，是照撒但的运动，行各样的异能、神迹和一切虚假的奇事，并且在那沉沦的人身上行各样出于不义的诡诈，因他们不领受爱真理的心，使他们得救。故此，上帝就给他们一个生发错误的心，叫他们信从虚谎，使一切不信真理、倒喜爱不义的人都被定罪。"①

要解释这段话中的每一点，那与我们目前的旨趣不一致。《但以理书》里也有关于他的预言，能够说服聪明而真诚的读者相信，在他预言将来的王国，从但以理时代一直到世界毁灭的各个王国的那个段落里的话是真正"受灵感动的"②，预言式的。③虽然感兴趣的人都可以去读，但我还是把有关敌基督者的段落引述如下："这四国末时，犯法的人罪恶满盈，必有一王兴起，面貌凶恶，能用双关的诈语。他的权柄必大，必行非常的毁灭，事情顺利，任意而行，又必毁灭有能力的和圣

---

① 《帖撒罗尼迦后书》2:1—12。
② 参第四卷，第三十六节；第六卷，第八十节；第七卷，第四十一节；第八卷，第四十五节塞尔修斯的话。
③ 《但以理书》7章。

民。他用权术成就手中的诡计，心里自高自大，在人坦然无备的时候，毁灭多人。又要站起来攻击万君之君，至终却非因人手而灭亡。"① 我上面引述的保罗的话所提到的事件，即"坐在上帝的殿里自称是上帝"，但以理以下这话也提到了："殿里有行毁坏可憎的，到了末了之时，有结局临到那行毁坏的身上。"②

我想，从诸多段落中引出这几个，可以让读者对教导魔鬼和敌基督者的圣言至少有所明白。关于这个问题就谈到这里，接下来我们要思考塞尔修斯的另一个句子，并尽我们所能驳斥它。

47. 继我所引的这些话之后，他接着说："但我可以告诉你们，就是他们称他为上帝之子这一观念，他们是如何想到的。古代的人常常把这世界称为上帝的孩子和次神（demigod），③ 因为它源于他。事实上，耶稣和那个上帝之子是非常相像的。"他幻想我们称耶稣为上帝的儿子是仿照古人关于世界所说的话，即世界源于上帝，是上帝的儿子，也是上帝。他没有考察摩西和众先知是什么时代的，所以不知道总的来说，预言上帝儿子存在的犹太人的先知都早于希腊人以及塞尔修斯所说的"古代的人"。他也不想引用我们上面引过的柏拉图书信里的话，大意是，规范这个宇宙的是上帝之子。他常常怀着敬意提到柏拉图，却不引他的这段话，免得迫于柏拉图的权威，自己也得承认这宇宙的造主就是上帝的儿子，那最初的至高上帝就是他的父。

当我们论断，耶稣的灵魂借着至高的分有与上帝儿子的权威结合时，我们若没有在他们之间作出进一步的区分，那也没有什么可吃惊的。因为圣经的圣言也提到其他事物，就各自的本性来说是分别的两个，但被看作并且真正地合二而一。比如，论到男人和女人，有话

---

① 《但以理书》8:23—25。
② 《但以理书》9:27（和合本此节译为："那行毁坏可憎的如飞而来，并且有忿怒倾在那行毁坏的身上，直到所定的结局。"——中译者注）。
③ 关于宇宙的神性，参第五卷，第七节。

说"夫妻不再是两个，乃是一体的了"①。论到与真主、逻各斯、智慧、真理结合的完全人，有话说"与主联合的，便是与主成为一灵"②。既然"与主联合的，便是与主成为一灵"，有谁比耶稣的灵魂更靠近主，就是那逻各斯、智慧、真理和公义？没有这样的人，甚至有几分可比较的也没有。果真如此，耶稣灵魂与那在一切造物以先首生的，③神圣逻各斯，就不是两个分立的存在者。

48. 斯多葛学派的哲学家说，人和上帝有共同的美德，至高上帝并不比智慧人更幸福，两者的幸福是同等的④，塞尔修斯并没有大肆嘲笑奚落这一理论。而圣经论断完全人因其美德与逻各斯本身紧密相靠，与他联合，于是我们根据这一原则进一步推论说，耶稣的灵魂与一切造物的首生者之间没有任何分立，他就讥笑耶稣就是上帝儿子的论断，因为他不明白圣经里论到他的话里包含着神秘而深奥的含义。

人若是想要获得理论的结论，从结论得益处，从而相信这理论是可接受的，那我们要对他说，根据圣经的教义，基督的灵魂乃是上帝的儿子，他的身体就是上帝的全体教会，⑤这身体的肢体，必须看为一个整体，就是那些信主的人，不论他们是谁。我们知道，灵魂给身体以生命，并推动它活动，因为身体不像生命之物那样有自我运动的力量。同样，逻各斯为必要的目的推动整个身体活动，推动教会和教会成员的每个肢体活动，他们离开了逻各斯就无所作为。这一例子在我看来值得深思，如果这是个好的类比，那么设想耶稣，真正的毫无限定的耶稣，由于他与逻各斯本身那种至高无上的，无可比拟的合一，他的灵魂与在万物之先独生的、首生的不相分离，没有分别，这有什么难处呢？不过，

---

① 《创世记》2:24；《马太福音》19:6。
② 《哥林多前书》6:17，类似的见上文第二卷，第九节。
③ 《歌罗西书》1:15。
④ 参第四卷，第二十九节。Seneca, *Ep.* LXXII, 15。
⑤ 《歌罗西书》1:24。

这个问题就谈到这里。

49. 我们再来思考以下论述。他反对摩西讲述的创世故事,但仅仅提出论断,甚至没有说出任何看似合理的理由。"此外,宇宙产生的理论也是非常愚蠢的。"他若是提出理由说明,为何在他看来这是愚蠢的,提出一些看似合理的论证,我们就能一一作出驳斥。但我想我们不必为驳斥他的论断去解释为何它不是愚蠢的。

有人若是想要知道是什么理由使我们相信摩西关于世界被造的故事,这些理由得到在我们看来合理的论证的支持,那就请他查阅我们对《创世记》开头直至"这是记载人类后代的书卷"①的研读。我们力图根据圣经本身论证那"起初"被造的天是什么,地是什么,地上空虚混沌的部分是什么,深渊是什么,渊面上的黑暗是什么,水是什么,运行在水面上的上帝的灵是什么,被造的光是什么,与起初所造的光相区别的天空是什么,如此等等。

他声称"关于人起源的记载也是非常愚蠢可笑的",既没有引用经文,也没有驳斥经文。我想他根本提不出论证来驳斥经上所说的人是按上帝的形象所造的话。②此外,他也不明白"上帝所栽种的园子,人最先住在里面的生活,当人因犯罪被逐出乐园,不得不过与丰衣足食的乐园生活相反的生活之后,迫于环境的压力所发生的事"。他说"这些叙述都是极其愚蠢的",请他首先注意每个要点,尤其注意"他安设基路伯,和四面转动发火焰的剑,要把守生命树的道路"③。也许"摩西写下这些故事是因为他什么也不明白,完全如同写古老喜剧的诗人嘲弄地写

---

① 《创世记》5:1(和合本译为"亚当的后代记在下面"。——中译者注)。奥利金的《创世记注释》只注到前四章。参 Jerome, *EP*. XXXVI, 9, 我们从中得知, 奥利金在第十二卷和第十三卷注释了《创世记》4:15。关于这个注释集, 有的说共有十三卷 (Jerome ap. Rufin. *Apol. Adv. Hier*. II, 20), 有的说只有十二卷 (Eus. *H. E.* VI, 24, 2)。关于幸存的残篇, 参 Preuschen in Harnack. *Geschichte der altchristlichen Litteratur*, I, pp. 343f。

② 《创世记》1:27。

③ 《创世记》3:24。

道:'普洛托斯(Proetus)嫁给了柏勒洛丰,珀伽索斯(Pegasus)来自阿卡迪亚'①。"他们编写这种故事是为了搞笑。然而,摩西要为整个民族留下书卷,为百姓制定律法,希望他们相信自己是上帝的子民,他这样一个人,若是记载毫无意义的故事,而且当他说"他安设基路伯,和四面转动发火焰的剑,要把守生命树的道路",或者其他希伯来智慧者从哲学意义上领会的关于人类起源的叙述时,心里根本不信,这是不合情理的。

50. 然后他堆积起对他"提到过的一些古人关于世界和人类起源的不同观点"的单纯论断,②说"给我们留下书卷的摩西和众先知根本不知道世界和人类的真正本性是什么,只是把十足的垃圾堆放在一起"。他若是说出理由,为什么他认为圣经是"十足的垃圾",我们就会尽一切努力粉碎在他看来合理,使他相信圣经是"十足垃圾"的那些论证。但现在我们要像他一样做,我们也要嘲笑地说,塞尔修斯对众先知的思想和理论一无所知,只是把十足的垃圾收集起来,恬不知耻地冠以"真教义"之名。

然后他对创造世界的日子提出异议,似乎他清楚而准确地知道它们的含义。有些日子在造出光、天之前,日、月、星辰存在之前,就过去了,而另一些则在这些被造之后过去。③我们只用这一个论述来驳斥他。摩西难道忘了他刚刚说过,被造的世界在六日之内完成了,难道因为他忘了这一点,所以接着说"人的后代,上帝创造天地的日子,记在下面"?④若说因为摩西什么都不明白,故而说了六日的话之后又说"上帝创造天地的日子",这是完全没有道理的。如果有人以为后一种说法可

---

① T. Kock, *Comicorum Atticorum Fragmenta*, III, p. 406, *frag.* 42. 关于柏勒洛丰和他的马,珀伽索斯的故事,见 H. J. Rose, *Handbook of Greek Mythology*, pp. 270 f。
② 这里奥利金略去了塞尔修斯的话。
③ 参第六卷,第六十节塞尔修斯的话。
④ 《创世记》5:1; 2:4。

以指"起初上帝创造天地"①，那他应当知道，"起初上帝创造天地"的话出现在"要有光，就有了光"，以及"上帝称光为昼"②之前。

51. 我们目前的任务不是解释关于可理知之事和可感知之事的理论，各个日子的性质在两种事物之间如何区分，或者研究这段话的文本。我们需要完整的论著来解释摩西关于世界被造的叙述。我们早在写这篇驳斥塞尔修斯的作品之前，就尽我们所能写了这样的论著，许多年前就使用我们所拥有的这种能力讨论了摩西的创世论。③然而，我们必须认识到，道借以赛亚向义人宣扬，日子必将恢复，不是日头，而是耶和华要亲自作他们永远的光，上帝要为他们的荣耀。④但我想他是误解了某种错误解释"要有光"这话的可恶异端，似乎造主说这话是作为一种祷告，⑤因为他说："此外，造主并没有像人借用邻人的灯光那样使用上面的光。"正是因为他误解了另外一种不敬的异端邪说，他才会说："如果是与伟大上帝作对的可咒上帝⑥违背前者旨意造出这些事物来，那他为何要借给他光呢？"我们非但不会对此辩驳，反而要对他们的错误观点作出更加透彻的批判，不会像塞尔修斯那样对我们不知道的观点作出反击，而是对我们准确了解的事加以驳斥，我们的准确知识部分源于异端分子自己的讲述，部分出于我们对他们书籍的仔细研读。

52. 此后塞尔修斯说："但我现在不讨论世界的开端和毁灭，不论它是非造的，不可灭的，还是被造的，可灭的；或者反之。"⑦因此，我们

---

① 《创世记》1:1。
② 《创世记》1:3，5。
③ 奥利金的《创世记注释》（参 IV, 37; VI, 49）的写作约早于《驳塞尔修斯》十八年。
④ 《以赛亚书》60:19。
⑤ 这是塔提安的观点，"塔提安说'要有光'这话是一种祷告，对此驳斥如下：如果说祷告的人知道一位高于他自己的上帝，那他为何说'我是上帝，我之外没有别的上帝'？"奥利金"因为塔提安没有领会祈使句'要有光'并不总是表示恳求，有时候也表示命令，所以他对说'要有光'的上帝持有极其渎神的观点，以为他是在祈求，而不是命令要造出光来，'因为上帝原本处在黑暗之中'，如他从无神论思想阐述的那样。"
⑥ 参第六卷，第二十七节塞尔修斯的话。
⑦ 参第四卷，第六十一节，第七十九节塞尔修斯的话（及注释）；"非造的、不可灭的"可能是斯多葛理论。

现在也不论述这些问题，因为本文的主旨不要求讨论这些问题。然而，当我们说"上帝的灵运行在水面上"时，我们并没有说"至高上帝的灵来到地上人中间，如同来到外人中间"①。我们也没有说"另有一个造主不同于伟大上帝，当这位更高上帝约束他时，他违背他的灵造出一些事物，因而这些事物必然是要毁灭的"。这样说来，对于那些持有这些观点的人，对于没有对他们作出任何合理批判的塞尔修斯，我们全都可以不予考虑。塞尔修斯或者不该提到这些观念，或者应当以他认为对人有益的方式对它们作出认真阐述。我们也不曾听说"伟大上帝把圣灵赐给造主之后，又要求把它归还"。

接着他对如此不敬的话提出愚蠢的批判："上帝怎会赐给什么他要求返还的东西？因为要求什么乃是有所缺乏者的行为，而上帝无所缺乏。"②似乎他在对某些人说巧妙的话，还补充说："他出借自己的灵的时候，为何不知道他是将灵出借给一个恶者？"还说："他为何要容忍与他作对的邪恶造主？"

53. 然后，我想，他把某些学派与另一些混淆了，没有注意到有些理论是这个学派的，有些是另一个学派的。他提出我们对马西昂的异议，但就是这些异议，他很可能是从某些以低劣粗俗而绝不是明智的论述批判这一理论的人那里获得的歪曲版。他提出针对马西昂的异议，但丝毫没有注意到他所讨论的其实是马西昂，③说："他为何悄悄地去毁坏这位上帝的造物呢？他为何要用阴谋和诡诈介入，引人误入歧途？为何要将那些，如你们所说的，造主谴责、咒诅的人④引开，像奴隶贩子一样带

---

① 马西昂（Marcion）把他的良善上帝称为"大外人"（Stranger），而他所救赎的那些人则称为"众外人"（strangers）（参第六卷，第五十三节）。
② 老生常谈。参第八卷，第二十一节塞尔修斯的话。
③ 关于塞尔修斯对马西昂的了解，参第五卷，第五十四节及第六十二节。Aarnack, *Marcion*：*Das Evangelium von fremden Gott*（2nd ed. 1924），pp. 325ff 的讨论，作者认为，塞尔修斯读过反马西昂的论辩作品也并非不可能。
④ 马西昂说，主下到阴司救该隐、可拉、大坍、亚比兰、以扫，以及所有不顺从犹太人之上帝的民，比如所多玛人和埃及人。参 Irenaeus, I, 27, 3；Epiphanius, *Panar*. XLII, 4。

走他们？他为何教唆他们离开自己的主人？他们为何要逃向父？他为何没有得到父的同意就把他们收继为他的孩子？他为何自称为外人（strangers）的父？"①这些问题之外他又补充说，似乎所说的是奇妙的话："实在是一位令人印象深刻的上帝，他渴望成为受另一上帝谴责的罪人们的父，成为贫穷可怜之人的父，这些人，如他们自己所说的，全是粪土；②而当造主抓住那个受差遣去把他们带到他面前的人时，他也没有能力向造主报仇。"

这之后，他似乎是针对我们这些相信这世界不是某个"外在的、异己的上帝"所造的人说话，他说："如果这些全是造主的作品，上帝怎么会造出恶来呢？他怎么可能无法劝服并训诫人呢？当他们变得忘恩负义、罪恶滔天时，他怎么会感到后悔，③指责他自己的作品，憎恨、恐吓并毁灭自己的子孙？他要把他们从他自己所造的世界赶到哪里去？"我想，这里也同样，因为他没有讲清楚邪恶事物是什么，尽管希腊人中间对善恶也有多种各不相同的观点，他只是一下子得出结论说，既然我们论断这个世界也是至高上帝的作品，那么可以推断出，我们相信上帝也是邪恶之物的造主。

不论关于恶的真理究竟是什么，它是上帝造的，抑或不是，而是作为主要造物的副产品产生的，④我们现在不去关注。我只是怀疑，他认为从我们所论断的这个世界也是至高上帝的作品，就可以推出上帝造了

---

① 参第六卷，第五十二节及注释；关于"Stranger"是马西昂学说里对良善上帝的称呼，参 Harnack, *op. cit.* p. 265. 爱任纽，adv. Haer. IV, 33, 2 (Harvey, II, 257) 有类似的一连串问题质问马西昂："他若引客人离造他们的主，召他们进他自己的国，那他怎能算良善呢？为何他没有救所有人，他的良善就是有缺陷的？为何就人来说他是良善的，但对造人的主却极其不公，剥夺他的所是……"等等。

② 按 Harnack (*op. cit.* pp. 126, 312) 的说法，马西昂认为保罗在《腓立比书》3:8 里指的是他自己，Harnack 将这一观点诉诸塞尔修斯的这一段落。这是个可疑的结论。塞尔修斯心里可能只想到自我贬低的倾向，比如，伊格纳修把自己描述为"垃圾"(Ign. *Ephes.* 8；*Ep. Barn.* IV, 9；VI, 5)。他想到的，可能不只是马西昂主义者。

③ 参《创世记》6:6—7。(参 Philo, *Quod Deus sitimm.* 21 对这段话的批判。)

④ 参第六卷，第五十五节，第七卷，第六十八节；第八卷，第六十八节。这是斯多葛主义的区分。克里斯普（引自 Aulus Gellius. *N. A.* VII, 1.7ff = *S. V. E.* II, 1170）认为疾病不是本性上存在的，只是由本性而来的结果。进一步的讨论和参考资料见本人在 *J. T. S.* XLVIII (1947), pp. 38f 的论述。

恶这个结论，但这个结论是否也同样可以从他自己所说的话里推导出来？因为我们完全可以对塞尔修斯说——如果这些全是造主的作品，上帝怎么能造出恶的事物？他怎么可能无法劝服并训诫人呢？论证中最大的毛病就是，当一个人批判那些与他相左的人在其所持有的某些理论上逻辑不当时，他自己的理论却更容易受到同样的批判。

54. 我们要按照圣经简要地思考善恶问题，看看我们可以对他的话作出怎样的驳斥。他说："上帝怎么能造出恶的事物？他怎么可能无法劝服并训诫人呢？"从圣经来看，严格意义上的善正是美德以及符合美德的行为，而它们的对立面就是严格意义上的恶。① 目前我们只要引述《诗篇》33 篇就足够了："寻求耶和华的，什么好处都不缺。众弟子啊，你们当来听我的话。我要将敬畏耶和华的道教训你们。有何人喜好存活，爱慕长寿，得享美福，就要禁止舌头不出恶言，嘴唇不说诡诈的话。要离恶行善。"② "离恶行善"既不是指某些人所说的身体上的善或恶，也不是指外在的事，而是指灵魂中的善恶。③ 抛弃这种意义上的恶，行这种意义上的善，爱慕真正的生活，这样的人才会拥有这样的生活。凡"喜见好日子"——逻各斯是其公义的日头④——的，必得享美福，因为上帝要救他脱离这罪恶的世代，⑤ 脱离保罗所提到的邪恶的世代，他说："要爱惜光阴，因为现今的世代邪恶。"⑥

55. 从不严谨意义上讲，凡是本性对生命有益的事，无论是身体上的，还是外在的，都可以认为是善的，而与此相反的，则是恶。在这个意义上，约伯对妻子说："难道我们从耶和华手里得福，不也受祸

---

① 奥利金的意思是，严格意义上说，恶只是道德上的恶，不是自然的恶，善恶都是道德术语，不是自然术语。类似的观点参 J. T. S. loc. cit. p. 45。

② 《诗篇》33:11—15（和合本为 34:10—14。——中译者注）。

③ 按亚里士多德主义的说法，善有三类，道德的、自然的、外在的。柏拉图主义者认为，自然的善与外在的善不是严格意义上的善，只是在不严谨的意义上可以这样说。

④ 《玛拉基书》4:2。

⑤ 《加拉太书》1:4。

⑥ 《以弗所书》5:16。

吗?"①所以,可以看到,圣经里有的地方描述上帝说这样的话"我施平安,又降灾祸",另一处又记载他说的话:"灾祸从耶和华那里临到耶路撒冷的城门,马车和马夫的嘈杂声。"②这些经文使许多圣经读者感到困惑,因为他们无法参透圣经论到善恶时所指的是什么意思。很可能因为这种原因,塞尔修斯提出这样的难题,说"上帝怎能造出恶的事物?"或者他写下我上面所引的这些话,可能是因为他听某人以极其无知的方式阐释这些问题。

我们认为上帝没有制造任何恶,包括形而上的恶,以及由此而来的行为。如果上帝造了真正的恶,人怎么可能大胆地传讲他审判的信息?须知,它教导的就是,恶人要按其所犯的罪遭报应,按美德生活的人或者行美德之事的人要蒙福,得上帝所赐的奖赏。我完全知道,那些想要放肆提出恶也是源于上帝的论断的人,虽然不可能提出内在相关的经文系列,③但必会从圣经引用某些句子。因为圣经虽然指责罪人,赞美义人,却也有为数不少的话可能使初学的读者对圣经感到困惑。不过,我想,使人困惑的段落虽然很多,现在却不适合阐释这些经文,因为与我们手头这篇论著的主题不合,而且要解释它们,得展开详尽的论述。

总而言之,只要在严格意义上理解这里所使用的恶,就可以说,上帝没有造恶。与整个宇宙的有序排列相比,恶是极少数的,它们乃是伴随出于上帝初衷的作品产生的,正如木匠做工时会产生螺旋形刨花和锯屑,建筑工人在建房时会产生一些垃圾,比如从石头和灰泥上掉下来的污物。④

56. 如果有人提到那些不严谨地描述为恶的事,即自然的和外在的恶,我们可以承认,有时候上帝造出这样一些恶,目的是要借这些恶叫

---

① 《约伯记》2:10。
② 《以赛亚书》45:7;《弥迦书》1:12—13(和合本里没有后一句)。
③ 类似的见 Clem. Al., *Strom.* VII. 96. 2。
④ Maximus Tyrius, XLI, 4; Marcus Aurellius, VIII, 50 以同样的例子说明同样的观点。参 *J. T. S. loc. cit.* pp. 38f Sextus Emp. P. H. I, 129; Plotinus, IV, 4, 41。

某些人归信。这样的理论有什么可指责的呢？正如从宽泛意义上说，我们把那些受到父亲、老师和校长管教的人所忍受的痛苦理解为恶，或者人为治病而让医生做手术、忍受烧灼，理解为恶，我们说，父亲对儿子行恶，或者校长、老师、医生行了恶，但不会认为那些体罚孩子的家长、给病人手术的医生是在行可谴责之事。同样，如果圣经论到上帝降下这种性质的痛苦，以便转变并医治那些需要这种责罚的人，就没有任何理由指责圣经里所说的话，即使我们读到这样的经文："灾祸从耶和华那里临到耶路撒冷的城门。"① 恶在仇敌引起的患难中有具体的形式，但患难本身降下来是为了医治的目的。 同样，当我们读到抛弃上帝律例的人，他就要用杖责罚他们的过犯，用鞭责罚他们的罪孽；② 或者他说"你们有炭火，坐在其上，对你们有帮助"③，也当这样理解。 对于"我施平安，又降灾祸"④的话，我们也要作这样解释。因为他造出身体上的或外在的恶，以洁净并教化那些不愿意接受理性和合理教义教导的人。关于他的问题"上帝怎能造出恶的事物"，我们就回答到这里。

57. 对于"他怎么能无法劝服并训诫人"的问题，我们已经说过，如果这算得上一种反对观点的话，塞尔修斯的话适用于一切相信神意的人。⑤ 然而，我们完全可以回答，上帝并非无法训诫人。事实上，他透过整部圣经，通过那些借上帝的恩典教导人的人告诫聆听他的人。不过，"训诫"这个词可能具有某种特定的含义，也就是说，它还表示，老师的话在被告诫的人身上结出果子，但这个意思与通常用法中确立的含义相反。

至于"他怎么可能无法劝服"的问题，也同样适用于一切相信神意

---

① 《弥迦书》1:12。
② 《诗篇》88:33, 31（和合本为89:31, 32。——中译者注）。
③ 《以赛亚书》47:14—15（和合本此节经文中有"这火并非可烤的炭火，也不是可以坐在其前的火"，与这里的意思大有出入。 ——中译者注）。
④ 《以赛亚书》45:7。
⑤ 参第四卷，第三节，第四十节；第六卷，第五十三节。

的人，在回答的时候我们得说，劝说一个人类似于被称为"双向的"那种关系，比如一个人想要理发，他是主动方，要把自己交给理发师。劝服不仅需要劝告一方的行为，还需要，可以说，对劝告方的顺服，或者接受他所说的话。因此我们不可以说，未被说服的人之所以没有信服，是因为上帝无法说服他，使他信服。这里的原因毋宁说是他们不接受上帝有说服力的话。

若有人把这一点也用到那些被称为"说服的创造者"(creators of persuasion)①的人身上，相信他也不会有错。因为即使对一个已经完全掌握了修辞原则，并且正确使用的人来说，也有可能出现这种情形，就算他尽其所能劝导人，仍因为没有赢得对方的心意，而没有使对方信服，由此显得他似乎说服力不够。同样，即使劝人的话是上帝说的，接受的行为却不是上帝引发的，这一点保罗说得非常清楚，他说："劝导不是出于那召你们的。"② 以下这段经文说的也是这个意思："你们若甘心听从，必吃地上的美物；若不听从，反倒悖逆，必被刀剑吞灭。"③ 为了使人愿意听从劝导他的人告诉他的话，从而成为配得上帝之应许的人，必须赢得听者的意愿，得到他对所说之话的接受。我想，这就是《申命记》里之所以要强调以下这些话的原因："以色列啊，现在耶和华你的上帝向你所要的是什么呢？只要你敬畏耶和华你的上帝，遵行他的道，爱他……遵守他的诫命。"④

58. 接下来我们要回答"当他们变得忘恩负义、罪恶滔天时，他怎么会感到后悔，指责他自己的作品，憎恨、恐吓并毁灭自己的子孙？"这里他误解了《创世记》里记载的话，这段话是这样的："耶和华见人在地上罪恶很大，终日所思想的尽都是恶，耶和华就生气造人在地上，心中忧

---

① 柏拉图，《高尔吉亚篇》543A ff；参 Plutarch, *Mor.* 801C。
② 《加拉太书》5∶8。
③ 《以赛亚书》1∶19—20。
④ 《申命记》10∶12—13。

伤。耶和华说：'我要将所造的人和走兽，并昆虫，以及空中的飞鸟，都从地上除灭，因为我造他们生气了。'"① 塞尔修斯说的话并不是圣经里记载的，但他当作是圣经里的话来说。事实上，经上这段话里并没有提到上帝的懊悔，也没有说"他指责并恨恶自己所做的工"。

若说上帝拿洪水来威吓，并在洪水中毁灭自己的子孙，我们得说，由于人的灵魂是不死的，理解为威吓的话其实意在使听者归信，而用洪水毁灭人，是对大地的一种洁净，某些著名的希腊哲学家也说过"当诸神洁净大地时"类似的话。② 至于描写上帝，似乎他有人的情感的那些话，我们前面也作过较为详尽的阐述。③

59. 然后，因为塞尔修斯猜想，或者他自己甚至知道，人若回答有关被洪水毁灭的人的问题，会拿出什么答案，所以他说：如果上帝没有毁灭自己的子孙，那"他会把他们从这个他自己所造的世界赶到哪里去呢？"对此我们回答说，他并没有把那些遭受洪水的人赶出这个由天地构成的世界。事实上，他使他们脱离肉体生命，而且因为他把他们从身体中释放出来，也就同时带他们脱离了地上的存在，这地在圣经的很多地方都称为世界。特别是在《约翰福音》里，可以看到属地区域时时被称为世界，比如"那光是真光，照亮一切生在世上的人"，"在世上你们有苦难，但你们可以放心，我已经胜了世界。"④ 这样说来，如果我们认为"他把他们赶出世界"意指这属地的区域，那这话没有什么大问题。但我们若是把天地称为世界，那么那些遭受洪水的人当然没有被逐出这个意义上的世界。然而，人若是理解"我们不是顾念所见的，乃是顾念所不见的"，"自从造天地以来，无形之物是明明

---

① 《创世记》6:5—7 [这里的"生气"（angry）和合本译为"后悔"。——中译者注]。
② 柏拉图，《蒂迈欧篇》22D。参第四卷，第十一节至第十二节，第六十二节、第六十三节、第六十九节。
③ 参第一卷，第七十一节；第四卷，第七十一节至第七十二节。
④ 《约翰福音》1:9；16:33。

可知的，虽是眼不能见，但藉着所造之物就可以晓得"①，就完全可能说，如果他成了那些无形体的事物之一，就是一般意义上称为所不见的，那他就已经脱离了世界，因为逻各斯带领他离开这个属地的存在，把他送到诸天之上，沉思美的王国。②

60. 继我们作了考察的那个段落之后，他又说了一段虽然措辞不同但与我们稍前刚刚考察过③的段落意思相同的话，似乎他的目的是在自己的书上塞满冗长乏味的说辞。他说："但更为愚蠢的是在还未有日子存在时，就把某些日子分出来创造世界。试想，天还未造出来，地还未聚合，太阳还未环行，何来日子的存在？"④这些话与下面这话有什么分别呢？"此外，我们从问题的起头来思考这一点。最初且最大的上帝命令要有这个存在，要有那个出现，这样，他在第一天造出这么多事物，在第二天造出那么多事物，第三天、第四天、第五天和第六天分别造出如许多，这岂不荒唐？"⑤

我们引述经文"他说有，就有；他一吩咐便都造成"，⑥又解释说，即时的造主，也可以说，这世界的直接创造者，原是上帝的儿子，逻各斯，而逻各斯的父乃是第一位造主，因为他吩咐圣子，就是逻各斯，去创造世界，我们这样做也就尽我们所能驳斥了所谓的"命令有这个存在，要那个出现，等等"的话。

关于论到光在第一日形成；天空在第二日出现；天下面的水在第三日聚合到一起，使地产出全由本性控制的植物；第四日造出光体和

---

① 《哥林多后书》4：18；《罗马书》1：20。
② 参柏拉图，《斐德鲁篇》247C。
③ 第六卷，第五十节至第五十一节。
④ 关于这个难题，参 Philo, *Leg. Alleg.* I, 2-3；Augustine, *de Civ. Dei* XI, 5-7；XII, 15。柏拉图在《蒂迈欧篇》里说，先有日子造出来作为度量单位："日夜月年并非存在于天被造之前。"(37E)
⑤ 参 Galen 对《创世记》创世故事所隐含的上帝全能理论的批判，*de Usu Partium*, XI, 14 (Helmreich, pp. 158-159)。见 R. Walzer, *Galen on Jews and Christians*, pp. 23-37；Grant, *Miracle and Natural Law*, p. 130 的讨论。
⑥ 《诗篇》32：9（和合本中为33：9。——中译者注）；148：5；参第二卷，第九节。

星辰；第五日造出水中游的生物，第六日造出地上行的动物和人；这些我们已经尽我们所能在对《创世记》的研读中作过讨论。在我们前面所说的话里，我们批判了那些跟从表面解释，认为世界的被造发生在六天这么长的时期内的人，引述了经文："创造天地的来历：在耶和华上帝造天地的日子，乃是这样。"①

61. 然后他又没弄明白以下这段经文："第六日，上帝造物的工已经完毕，就在第七日歇了一切的工，安息了。上帝赐福给第七日，定为圣日，因为在这日上帝歇了他一切创造的工。"②他以为说"他在第七日歇了一切的工"就是说"他在第七日安息了"③，因而说："这之后，上帝实在像个不怎么样的工匠，筋疲力尽了，需要放假休息。"他甚至不知道创世之后的日子的含义，只要世界存在，这日子就是他活动的目的，就是上帝安息、停工的日子。在这个日子里，那些在第六日完成了一切工的人都要与上帝一同欢庆，因为他们没有忽视任何职责，所以他们必升到对上帝的沉思之中，升到参与其中的义人和蒙福之人的会中。

然后，似乎圣经说过，或者我们自己阐释时说过，上帝安息了，因为他累了，于是他说："说第一位上帝累了，或者用手做工，或者规定秩序，是不恰当的。"④这里，塞尔修斯断言，说第一位上帝会累是

---

① 《创世记》2:4。参第六卷，第五十节。de Princ. IV, 3, 1 "凡有理智的人，谁会认为真的存在第一日、第二日、第三日，有晚上，有早晨，却没有日月星辰？" Comm. in Matt. XIV, 9 奥利金驳斥那些认为最后的审判发生在时间里的人："如果有人不相信上帝权能在这方面的速度，他就还没有明白，创造整个世界的上帝不需要时间来完成天地及其中一切的伟大创造。即使这些事似乎是在六日内造出来的，因为有这话（创2:4），故要求理智明白'六日'究竟意指什么……" Sel. in Genes. VIII, p. 54 Lomm。
② 《创世记》2:2—3（和合本首句译作"到第七日，上帝造物的工已经完毕"。——中译者注）。
③ 参上文第五卷，第五十九节。这种区分回溯到 Aristobulus ap. Eus. P. E. XIII, 12, 11, 667B, C, Philo, Leg. Alleg. I, 5-6; Clem. Al., Strom. VI, 141, 7; Augustine, de Civ. Dei XI, 8 都依循之。
④ 关于上帝太密切地参与世界的创造和管理是不当的这种观点，参 Ps.-Aristotle, de Mundo 6 (398b I ff) "若说薛西斯亲自管理一切事情，执行他自己的意愿，监督他王国的管理，有损于他的尊严，更何况神，做这些事岂不更不体面。不仅如此，他应当在最高处登位，他的权能四处延伸，渗透整个宇宙，推动日月运行，使整个天旋转，成为维系地上一切存在的原因，这才与他的高贵相配，更符合他的身份……神圣者最大的特点就是能够轻松自如地，只凭简单的活动就能成就各种各样纷繁复杂的工……"等等（trans. E. S. Forster）。

不当的。事实上，我们会说，不仅神圣逻各斯不会感到累，任何属于这一高级层次的属灵存在者，都不会。因为劳累乃是那些住在身体里面的人的属性。① 然而，你可能会问，住在身体里的人，不论什么样的身体，都如此，还是只有那些住在属地身体里以及比之稍好一点的身体里的人如此。再说，第一上帝用手做工也是不当的。如果你在严格意义上理解"用手做工"，那这样的话同样不适用于第二位上帝，② 也不适用于其他任何神圣权能。但我们不妨设想，"用手做工"是在不严谨或者比喻意义上使用的，这样我们就可以解释经文"穹苍传扬他手做的工（手段）"，"他的手造了天"③，以及其他类似的说法。因为我们从比喻意义上解释上帝的手和其他肢体。那么，在这个意义上说上帝用手做工，有什么荒谬之处呢？正如上帝在这个意义上用手做工并不荒谬，同样，他发布命令也不荒谬，好叫领受命令者所成就的工显得异常美妙，值得赞叹，因为正是上帝指引了它们的造就。

62. 同样，塞尔修斯可能是因为误解了"这是耶和华亲口说的"④，也许还因为某些无知的人对诸如此类的话作了草率的解释，也因为他没有明白圣经使用身体上肢体的名称来描述上帝的权能是出于什么目的，所以他说"他没有口，也没有声音"。没错，如果声音指的是空气的回响，空气的震动，或者某种空气，或者这些问题上的专家对声音作出的任何一种定义，那上帝不会有任何声音。⑤ 然而，有经文说百姓看见了同样称为上帝的声音的东西："众百姓看见了上帝的声音。"⑥ "看见"

---

① 参西塞罗，(de Nat. Deor. 11，23，59) 提到的斯多葛学派，他（依循柏拉图《蒂迈欧篇》33A，B）提出，宇宙和星辰不会感到疲惫，因为它们没有血脉、神经、骨头和消化器官；因为伊壁鸠鲁（Epicurus）的诸神有人的样式，他不得不使他们无所事事。
② 关于逻各斯是第二位上帝，参第五卷，第三十九节；第七卷，第五十七节。
③ 《诗篇》18:2，101:26（和合本为 19:1 "穹苍传扬他的手段"，102:25 "天也是你手所造的"。——中译者注）。
④ 《以赛亚书》1:20。
⑤ 见第二卷，第七十节及注释。
⑥ 《出埃及记》20:18（和合本译为"众百姓见雷轰、闪电、角声、山上冒烟"。——中译者注）。

这个词要从属灵意义上理解，如果我可以使用圣经的通常术语的话。此外，他说"上帝也没有其他我们所知道的特性"。但是他没有说清楚，他说的"我们所知道的特性"指什么。如果他指的是肢体，假设我们所知道的特性只是身体上的，以及那些靠通常的感知觉知道的特性，那么我们同意他的话。但我们若是认为"我们所知道的"是指一切事，那么我们知道许多可以用来描述上帝的特性，比如他拥有美德、恩福和神性。但如果有人在更超然的意义上理解"我们所知道的"，由于我们所知道的一切都低于上帝，因为上帝是真正的所是（He really is），所以，我们接受上帝完全没有我们所知道的特性这一观点也没有错。上帝的属性不仅高于人性所知道的，也高于已经上升到人性之上的存在者所知道的。大卫说过："唯有你永不改变"，如果我没记错，玛拉基也说："我耶和华是不改变的。"① 塞尔修斯若是读过先知的这些话，就会知道我们谁也没有说上帝在行为或思想上有过什么改变。他永不改变，同时控制着一切可变之物，因为可变乃是它们的本性；理性本身迫使我们认为，这些事物在上帝的控制之下。

63. 然后，塞尔修斯没有看到"照着上帝的形像"② 与"上帝的像"③ 之间的区别。他没有认识到，上帝的像就是一切造物之先首生的，就是逻各斯和真理，进而也是智慧本身，是"他良善的像"④，而人才是"照着上帝的形像"造的，而且，基督是各人的头，男人是上帝的形像和荣耀。⑤ 另外，他也没有明白"照上帝的形像造"这话所指的是人的什么特性，不知道这种特性存在于这样的灵魂里，它或者不曾拥有，或者不再拥有"旧人和旧人的行为"，因为不拥有这个，故被称为"如造他主的

---

① 《诗篇》101：28（和合本为《诗篇》102：27。——中译者注）；《玛拉基书》3：6。
② 《创世记》1：27。
③ 《歌罗西书》1：15。
④ 《所罗门智训》7 章 26 节。
⑤ 《哥林多前书》11：3，7。

形像"①。塞尔修斯说:"他并没有把人造为他的形像,因为上帝并不像人,他也根本不像其他任何样式。"假设按上帝形像造的那一部分位于合成之人的低级部分,即身体里,那么身体,如塞尔修斯所解释的,就是照他形像造的那一部分,这可能吗?②倘若按上帝形像造的部分单单在身体里,那么人的高级部分,即灵魂就不可能有上帝的形像,这形像只存在于可朽坏的身体里。我们谁也不会主张这种观点。再假设"照上帝的形像造"适用于两者,那上帝必成了合成的,③并且可以说,他自己也必是由灵魂和身体构成的,这样,高级部分的形像在灵魂里,低级部分的形像在身体里。但我们谁也没有说过这样的话。剩下的可能性就只有,那照上帝形像造的,必须理解为里面的人,如我们所称呼的,他渐渐更新,有了力量成为造他主的像,④此时人就成了完全的,像他的天父完全一样,⑤他听到"要圣洁,因为我耶和华你们的上帝是圣洁的"话,知道"该效法上帝"⑥的话,把上帝的特性接纳到自己的高尚灵魂里。于是,这取了上帝特性的人,因其是按上帝的形像造的,他的身体就是上帝的殿,⑦也就是说,他拥有的灵魂是按上帝的形像造的,他在灵魂里拥有上帝。

64. 他继续提出论述,似乎它们是我们应当同意的观点,但凡有理智的基督徒都不会同意它们。我们谁也没有说"上帝分有形状或颜色"。⑧也

---

① 《歌罗西书》3:9(和合本中为3:10。——中译者注)。
② 参 Philo, *Opif.* 69;*Leg. Alleg.* I, 31-32。
③ 参 Origen, *de Princ*, I, 1, 6:"上帝是万物之始,必不可看为合成体。"关于相信上帝可以有形体的基督徒,参 Clement. Hom. XVII, 8; Clem. Al. *Exc. Theod.* 10-17。
④ 《以弗所书》3:16;《歌罗西书》3:10。
⑤ 《马太福音》5:48。
⑥ 《利未记》11:45;《以弗所书》5:1。
⑦ 《哥林多前书》6:19;3:16。
⑧ 参柏拉图,《斐德鲁篇》247C "无色无形、难以感知的本质";奥利金在 *de Princ* I, 1, 6 说:"心智活动、运行并不需要物理空间,也不需要感官能辨别的数量大小,不要形体或颜色。"(Butterworth 译本) Justin, *Dial.* 4,"一切可理知事物的造主,无色无形无大小,凡眼睛所看见的属性都没有;它是某种超越于一切存在者的事物……" Max. Tyr. XI, 11。

没有说他"分有运动";因为他的本性乃是确定不变的,他呼召义人在这点上要效法他,他说:"至于你,可以站在我这里。"① 然而,若有某些经文暗示上帝会有某种运动,比如有这样的经文说:"天晚了,他们听见耶和华上帝在园中行走"②,我们要这样理解这些话,上帝被那些犯了罪的人触动了,或者应当在比喻意义上解释这些经文,就如同我们解释上帝的睡眠、忿怒以及诸如此类的事。③

此外,"上帝甚至不分有存在"④。因为他是被分有,而不是分有;他被那些拥有上帝圣灵的人分有。我们的救主在公义上也不是分有,因为他原本就是公义,是被义人分有。然而,对难以领会的存在(being)问题有许多话要说,我们若是在严格意义上把"存在"理解为不动的、无形的,就更是如此。我们得确定上帝是否"在等级和权柄上超越存在"⑤,允许那些按他的逻各斯分有的人分有存在,也让逻各斯本身分有,或者他本身就是存在,尽管有话说他本性上是不可见的,如论到救主的话里所说的:他"是那不能看见之上帝的像"⑥。"不能看见"这个词就表明了他是无形体的。我们还要探究,我们是否应当说,那独生的,在一切造物之先首生的,是否就是一切存在者之存在,一切观念之观念,是开端,而他的父和上帝则超越所有这一切。

65. 塞尔修斯承认上帝"万物都从他而来",但出于某种不得而知的原因,他将万物与他相分离。⑦ 而我们的保罗说"万有都是本于他,倚靠他,归于他"⑧,"本于他"说明了万有之存在的开端;"倚靠他"说明

---

① 《申命记》5:31。
② 《创世记》3:8(和合本译为"天起了凉风,耶和华上帝在园中行走。那人和他妻子听见上帝的声音"。——中译者注)。
③ 参第四卷,第七十二节。
④ 至善超越存有:柏拉图,《理想国》509B。
⑤ 柏拉图,《理想国》509B;参第七卷,第三十八节以下;*Comm. in Joann.* XIX, 6 "没有人知道或看见上帝,然后领会后来的真理;他首先知道真理,从而渐渐领会存在或超越于存有的上帝的权柄和本性。"
⑥ 《歌罗西书》1:5(此处原文有误,应为1:15。——中译者注)。
⑦ 参第四卷,第五十二节塞尔修斯的话:"上帝没有造任何必死之物。"
⑧ 《罗马书》11:36。

它们之能持续的原因;"归于他"指明它们的结局。没错,"上帝不是从任何事物来的"。但是当他说"理性也不能领会他"时,我要作出一点分别,对他说:如果你的理性是指我们里面的理性,不论是构想的,还是表达的,①我们也会说,上帝是理性不能领会的。但是我们已经知道"太初有道,道与上帝同在,道就是上帝"②,所以,如果我们断定这道是能领会上帝的,并且不仅他能领会,只要他愿意向人指示父,③人也能领会,那么我们就证明了塞尔修斯说"上帝是理性所不能领会的"是不对的。

至于"他不能被命名"的话,④也要作出准确的界定。如果他的意思是说,任何言语或表述都不能描述上帝的属性,那这话是对的。但是有许多性质是说不出来的。试想,谁能用言语描述枣椰子的甜与干无花果的甜有什么分别?谁能找到名称来区分它们的味道,表明各自独特的性质?所以,在这个意义上说上帝不可言说,绝无不同凡响之处。但你若是把这个词理解为,有可能用名称显明他的某些属性,以便引导听者,使他领会就人性来说可能领会的上帝的某些属性,那么说上帝可被言说,也完全没错。

同样,我们也要对"因为他没有任何可用某种名称领会的经验"这话作出区分。同样,"上帝在一切情感经验之外"⑤也是正确的。这点就说到这里。

66. 我们再来看他下面的话,可以说,他把这些话放入某人之口,这人听了他前面所说的话之后,说:"我怎么能知道上帝?我如何能找到通

---

① "*logos endiathetos*"(内在逻各斯,普遍理性)与"*logos prophorikos*"(外在逻各斯,表达出来的话语)之间的区分隐含在柏拉图《泰阿泰德篇》189E,《智者篇》263E 和亚里士多德,《形而上学》76b 25,经过斯多葛学派和学园派的争论,成了共同的表达方式。

② 《约翰福音》1:1。

③ 《马太福音》11:27。

④ 参第七卷,第四十二节塞尔修斯的话;Justin, *Apol.* II, 6; Clem. Al., *Strom.* V, 82; Cicero. *de Nat. Deor.* I, 12, 30; Dio Chrys. XII, 78; Max. Tyr. VIII, 10; *Corp. Herm.* V, 1;"他至大无比,所以不能称之为上帝"(参同上,10)。关于斐洛,参 H. A. Wolfson, *Philo* (Cambridge, Mass. 1947), II, pp. 110 - 126 以及本人在 The Classical Review LXIII, 1 (1949.5), p. 24 的论述。

⑤ 参第四卷,第七十二节奥利金的话。

向他的道路？你如何能向我显明他？因为你正把黑暗笼罩在我眼前，我什么也看不清楚。"然后，他就如同回答这个处于这种困境中的人，以为自己在解释为何黑暗会罩到说出上面这话的人眼前，他说："如果有人领百姓从黑暗走入耀眼的光里，他们就无法忍受明亮的光线，认为自己的视力受伤、损坏，不能看见事物了"。① 对此我们要说，凡是盯住画家、雕塑家和造像者的作品的人，全都坐在黑暗中，定居在里面，因为他们不愿意抬头仰望，在心里脱离一切可见、可感的事物，上升到万物之造主，就是光；而凡是跟从逻各斯之光芒的，就全在光里，因为逻各斯已经向他表明，对上帝缺乏认识，导致人去拜这些造物，而不拜上帝本身，这是多大的无知和不敬。他还引领想要得救的人的心灵，归向非造的至高上帝。"那坐在黑暗里的百姓"，就是外邦人，"看见了大光；坐在死荫之地的人，有光发现照着他们"②，这光就是上帝耶稣。

因而，没有哪个基督徒会拿"我怎么能认识上帝"这样的话来驳斥塞尔修斯或其他批判圣道的人。他们各人都按各自的能力认识上帝。没有人说"我如何能找到通向他的道路？"因为他们已经听到说"我就是道路、真理、生命"③的那一位的声音，已经在沿着这道路前行中感受到旅程所带来的益处。没有基督徒会对塞尔修斯说：你如何能向我显明上帝？

67. 在我们看到的塞尔修斯的这些话里，无论如何，有一点是正确的，凡是听到他的话，看到他的话乃是黑暗之话的人，都会回答说"你正把黑暗笼罩在我眼前"。塞尔修斯及其同类妄图把黑暗罩在我们眼前，但我们借着道的光，使不敬理论的黑暗荡然无存。塞尔修斯没有说出任

---

① 参柏拉图，《理想国》518A 的洞穴理论，正如有人从黑暗中走入光亮时看不见东西，同样，灵魂从无知进入知识，或者相反，都会在光芒中变得盲目而愚钝。关于这个基督教难题，参第七卷，第三十三节塞尔修斯的话。

② 《马太福音》4:16；《以赛亚书》9:2。

③ 《约翰福音》14:6。

何别具一格或令人印象深刻的话,所以基督徒完全可能对他说:"在你的话里我看不出什么独特之处。"塞尔修斯不是要将我们领出黑暗,走向明亮的光,他仍是要把我们从光明送入黑暗,"使暗成为光,使光成为暗",正应了以赛亚的绝妙说法,大意是"祸哉!那些以暗为光、以光为暗的人"①。但是由于逻各斯开启了我们的心眼,我们能看见光与暗之间的分别,并尽一切努力选择站在光里,绝不愿意走进黑暗。那真光②因是永活的,故知道应当向谁显示光芒,向谁只显出光,不显出他明亮的光芒,因为人眼里依然有与生俱来的软弱。③

如果我们要说哪个人,他的视力受伤、损害,那么除了对上帝一无所知,被自己的情欲拦阻不能看见真道的人,我们还能说谁遭受了这种痛苦?须知,基督徒肯定不会认为自己因塞尔修斯的话或者其他不知道对上帝的真正敬拜的人的话而变瞎。那些意识到自己因跟从受蛊惑的民众和过节纪念鬼魔之民而眼睛变瞎的人,请他们靠近赐予视力的逻各斯,好叫他们得到怜悯,就像那些倒在路边的穷人、盲人得到耶稣的医治,因为他们对他说:"主啊,大卫的子孙,可怜我们吧!"也叫他们领受上帝的逻各斯所造的崭新而美好的眼睛。

68. 所以,如果塞尔修斯问我们,我们为何认为自己能认识上帝,为何设想自己能靠他得救,我们就要回答说,上帝的逻各斯是完满的。他来到那些寻找他,或者当他显现出来并指示父的时候接受他的人中间,他未到来之前,父是不能看见的。除了圣逻各斯,谁还能拯救人的灵魂,引它到至高上帝面前?他"太初与上帝同在",④但考虑到那些依附

---

① 《以赛亚书》5:20。
② 《约翰一书》2:8。
③ 参第二卷,第六十四节以下,de Princ I, 2, 7 说,"(逻各斯的)明亮光芒轻轻地、柔柔地照到必死之人稚嫩而脆弱的眼睛上,一点一点地训练它们,可以说,使其慢慢习惯接受耀眼的光亮……"等等(Butterworth 译本)。
④ 《约翰福音》1:1。

肉身并成为肉身的人,他就成了肉身,① 好叫那些不能看见他——因按他的本性来说,他原是逻各斯,与上帝同在,就是上帝——的人能够接受他。经上说他在身体的样式之下,② 宣告他成了肉身,于是他呼召那些属肉身的人到他身边,使他们先是变得与成了肉身的逻各斯一样,然后引导他们向上看见他成肉身之前的真身,帮助他们,使他们脱离第一阶段,就是肉身阶段前进,并说:"我们虽然凭着外貌认过基督,如今却不再这样认他了。"③ 所以,他成了肉身。成了肉身之后,就住在我们中间,没有离开我们。当他栖息、居住在我们中间时,他并没有保留他原初的形式。他引导我们上升到灵性的"高山"之后,就向我们显明他荣耀的样式,他衣服的光芒,不只是他自己的,还有属灵律法的光,那就是在荣耀里与耶稣一同显现的摩西。他还向我们显明所有预言,即便在他道成肉身之后,预言也没有消失,而是被接到天上,以利亚就是它的一个象征。④ 于是,见了这些事的人就会说:他"充充满满地有恩典,有真理。我们也见过他的荣光,正是父独生子的荣光"。⑤ 然而,塞尔修斯无知地捏造出他以为我们会对他的问题"我们为何认为自己能认识上帝,为何设想自己能靠他得救"作出的回答。但我们要作出的是上面所提出的回答。

69. 然而,塞尔修斯说我们作出了如下回答,还断定他"对我们的回答猜想得八九不离十":"由于上帝伟大而难以领会,他就把自己的灵魂推入一个像我们一样的身体里,派他下到这里,好叫我们能够听他教导,从他学习。"但是在我们看来,上帝和宇宙之父并非唯一伟大的存在,因为他让在一切造物以先首生的独生子 ⑥ 分有他自身并他的伟大,

---

① 《约翰福音》1:14。
② 参第四卷,第十五节。
③ 《哥林多后书》5:16。
④ 《马太福音》17:1—3。
⑤ 《约翰福音》1:14。
⑥ 《歌罗西书》1:15。

好叫独生子作为上帝不可见的像,在其伟大上也保守父的像,与父一样。事实上,可以说,不能看见之上帝的一个比例恰当、俊美无比的像,若不是与上帝一样伟大,那是不可能的。

此外,在我们看来,因为上帝是无形的,因而是不可见的。但那些用心,也就是用心灵(mind)领会的人,有可能领会他,当然不是普通的心,乃是清心。① 受到玷污的心不可能仰望上帝;配领受清洁的,其自身必也是清洁的。我们不妨承认"上帝是难以领会的"。但他并非唯一难以领会的存在,神圣逻各斯也同样难以领会,上帝用以创造万物的智慧② 也是这样。试问,谁能明白上帝用来创造每个个体事物的智慧?因而,并非因为上帝难以领会,他才派下容易领会的儿子。正是因为塞尔修斯没有弄明白这一点,他才会说,"由于上帝难以领会,他就把自己的灵推入一个像我们一样的身体里,派他下到这里,好叫我们能够听他教导,从他学习",把它看作是我们的回答。但是如我们所说的,子也是难以领会的,因为他乃是神圣逻各斯,万有都是借着他造的,他栖居在我们中间。

70. 如果塞尔修斯明白我们论到上帝的灵所说的话,以及"凡被上帝的灵引导的,都是上帝的儿子",③ 他就不会捏造出我们的回答,说"上帝把自己的灵推入一个身体,派他下到这里来"。上帝总是把自己的灵赐给那些能够分有的人,叫他们分有,他住在那些与他相配的人里面,不是通过把自己分成部分,割给各人。④ 因为在我们看来,圣灵是非形体的,正如火是非形体的一样,圣经中说上帝就是这样的火,"耶和华我们

---

① 《马太福音》5:8。
② 《诗篇》103:24 (和合本为104:24。——中译者注)。
③ 《罗马书》8:14。
④ 参 de Princ I, 1, 3:"虽然许多圣徒都分有圣灵,但不能因此认为圣灵就像一个身体,分割成物质性的各部分,分配给各个圣徒;他乃是一种成圣的权能,凡是表现出配借着他的恩典成圣的人都拥有一份。"(Butterworth 译本)。关于这个观念,参 Philo, *Gigant*. 25;Justin, *Dial*. 61. 128;Athenag. *Leg*. 10;Tert. *Apol*. 21;Clem. Al., *Strom* VII, 5. 5。

的上帝是烈火"①。所有这些表述都是比喻,意在用通常用于有形之物的术语来表明可理知世界的本性。

正如若说罪是草木、禾秸,我们不能因此就说罪是物质性的,若说正直的行为就是金、银、宝石②,我们也不能说正直行为是物质性的。同样,即使说上帝是烧毁草木、禾秸和一切罪恶之物的烈火,我们也不能认为他是有形的。正如当我们称上帝为火时,并不认为他是有形的。同样,若是把上帝称为灵,我们也不认为他是物质性的。③圣经常常把可理知之事物称为灵或属灵的,以此与可感知事物相对。比如,保罗说:"我们所能承担的,乃是出于上帝。他叫我们能承当这新约的执事,不是凭着字句,乃是凭着精意。因为那字句是叫人死,精意(或圣灵)是叫人活。"④他把对圣经的感性解释称为"字句",理智解释称为"精意"或"圣灵"。

经文"上帝是个灵"也同样如此。因为撒玛利亚人和犹太人按字面意思和外在意思成全律法的诫命,所以救主对撒玛利亚妇人说:"时候将到,你们拜父也不在这山上,也不在耶路撒冷。上帝是个灵,所以拜他的,必须用心灵和诚实拜他。"⑤他用这样的话教导我们,必不可用血气的、属肉的祭品拜上帝,乃要用心灵拜。此外,对于耶稣本人,人在多大程度上用心灵和诚实崇拜他,就在多大程度上把他理解为圣灵。而且,崇拜父不可用外在的记号,乃要用诚实,这真理是在摩西所立的律法之后由耶稣基督传来的。⑥"每逢诵读摩西书的时候,帕子还在他们心上,但他们的心几时归向主,帕子就几时除去了。主就是那灵"。⑦

---

① 《申命记》4:24;9:3;《希伯来书》12:29。
② 《哥林多前书》3:12。
③ 参 *Comm. In Joann.* XIII, 21(阐释《约翰福音》4:24"上帝是个灵")。
④ 《哥林多后书》3:5—6。
⑤ 《约翰福音》4:21, 24。
⑥ 《约翰福音》1:17。
⑦ 《哥林多后书》3:15—17。

71. 因为塞尔修斯不理解关于上帝的灵的理论（"属血气的人不领会上帝圣灵的事，反倒以为愚拙，并且不能知道，因为这些事唯有属灵的人才能看透"①），他头脑里摄入了这样的观念：当我们说上帝是灵时，在这点上我们与希腊人中的斯多葛学派没有分别，他们认为上帝是渗透万物之中，并把万物容纳在自身之中的灵。②上帝的看护和神意确实渗透万物，但不像斯多葛学派的灵那样渗透。神意确实容纳一切顺服于神意关照的事物，并包含它们。但它不是作为一个包容的实体容纳它们，即使被包含的是有形的物质，它乃是作为一种神圣权能，把所容纳之物包含在内。③

根据斯多葛学派的观点，第一原则是有形的，因此他们认为万物都是可灭的，甚至胆敢使至高上帝本身也成为可灭的④（除非在他们看来这实在难以容忍），即便是下降到人、到完全无足轻重之物的上帝之逻各斯，也不过是一个物质性的灵。但我们基督徒力图表明，理性灵魂高于任何物质性的东西，是一种不可见、无形体的存在，所以在我们看来，神圣逻各斯不是物质。万物都是借着他造的，为了使万物都借着逻各斯而造，他不仅渗透到人，甚至还临到受本性控制的被认为无足轻重的事物。斯多葛学派若是愿意，可以将一切毁灭在大火里。但我们不认为无形的存在是大火烧毁得了的，不认为人的灵魂可以溶解在火中，⑤也不认为天使、在位的、掌权的、执政的，这些存在者会发生这样的事。

72. 因为塞尔修斯不懂上帝圣灵的教义，因而说出毫无意义的话，"由于圣子是从上帝而来的灵，出生在人的身体里，所以就是上帝的儿子也不可能是不死的。"再者，他在混乱中捏造说，我们中有些人不会接受

---

① 《哥林多前书》2：14。
② 参 Cleanthes ap. Tert. *Apol.* XXI, 10；Galen, *Introd. Medic.* 9；Alexander Aphrod. *de Mixtione*, p. 216。
③ 斐洛（*Quod det. pot. insid.* 83）提出，斯多葛学派把灵魂理解为移动的空气（aera kinoumenon），而它真实的本性则是神圣权能的一种印象。
④ 参 *S. V. E.*, II, 1049—1056。参第四卷，第六十八节及注释。
⑤ 根据芝诺的观点，人的灵魂由火构成，这火在世界大火发生时被吸收到圣火之中。参 Cicero, *de Fin.* IV, 5, 12；*Tusc. Disp.* I, 9, 19。

上帝是灵的观点，只会承认圣子是灵。他以为可以回应这一点，只要指出"灵的本性肯定不是能永久存在的。"同样，如果我们说"上帝是烈火"①，他就会说"火的本性肯定不是能永久存在的"。②他不知道当我们说"我们的上帝是火"时 指的是什么意思，不知道他焚烧的东西乃是罪和恶。当每个人经过努力，清楚了自己能作出怎样的争斗之后，良善上帝就用责罚之火毁灭邪恶，这一点没错。③

然后，他再次把自己臆想出来的观点归到我们头上，"上帝必须重新获得④自己的灵。由此可以推出，耶稣不可能带着身体复活，因为上帝不可能收回已经受到身体本性玷污的灵。"我们永远不会说这样的话，他却把它放入我们之口，我们不必回应，否则岂不愚蠢。

73. 虽然前面他取笑上帝从童贞女出生时已经讲过很多话，我们也尽我们所能作了驳斥，⑤但接下来他又重复说："如果他真的想派下自己的灵，为何非得把它吹入妇女的肚腹呢？他已经知道如何造人。他原本可以为这位造一个身体，而不必把自己的灵推入如此肮脏的污物之中。⑥若是那样，他若是直接从上面生的，就不会得不到人的相信。"他说这话是因为没有认识到，帮助人得救的身体有纯洁的出生，是从童贞女来的，不是出于任何不道德的行为。他虽然引述斯多葛学派理论，还确实声称知道中性的事物，⑦但他仍然认为神圣的东西若是存在于妇女的身体里，直到它的身体形成，或者如果它穿戴了身体，那就是被推入污浊之

---

① 《希伯来书》12:29。
② 关于学园派—斯多葛学派之间争论这个观点的背景，见本人在 *J. T. S.* XLVIII (1947)，p. 36 的讨论。
③ 奥利金认为，一切惩罚归根结底表示上帝的恩典和良善，关于这一观点，见 Hal Koch, *Pronoia und Paideusis* (1932), pp. 112-145 中的绝妙讨论。
④ 这里指的不是上帝呼出他的灵，而是在复活的时候，重新获得灵。
⑤ 参第一卷，第三十二节至第三十七节。
⑥ 比较奥利金对德尔斐女祭司的神灵感应的批判，第三卷，第二十五节；第七卷，第三节。对于塞尔修斯的难题马西昂也意识到了 (Tert. *adv. Marc.* III, 10 f)。关于希腊文化认为身体是不洁的，参第五卷，第十四节；坡菲利 (*Vita Plotini*, I) 指出"普罗提诺……似乎对住在身体里深以为耻。"
⑦ 斯多葛学派认为，对智慧人来说，婚姻和性是中性的：Clem. Al., *Strom.* II, 138, 5。塞尔修斯讨论这个观念的段落未被奥利金引用。

中,受了污染。他的论调与那些认为太阳的光线落到粪堆和腐烂尸体上就会受到玷污,在那些地方就不能保持纯洁的人几乎没有区别。①

即使我们采纳塞尔修斯的假设,认为耶稣的身体不是生出来的,那些看见这身体的人也不会立即相信它不是生出来的,因为被看见的对象并不同时宣扬自身的起源本性。比如,有某种蜂蜜不是蜜蜂生产的,但谁也不可能品尝一下,或看一下就能说出这不是蜜蜂生产的蜂蜜。即使是蜜蜂生产的蜂蜜,也不向感官呈现出它的源头,是经验告诉我们,蜜蜂生产蜂蜜。同样,经验使我们知道酒是葡萄酿的,而品尝并不能表明,它从葡萄而来。同样,可感知的身体,并没有告诉我们,它是怎样形成的。你只要想一想天体,就能信服并接受这一观点。当我们抬头看天体,意识到它们的存在和光芒,但我们的感官并没有向我们表明,它们是被造的还是非造的。事实上,这是一个各种思想流派都提出过的问题,而且,那些说它们是被造的人对于它们以何种方式被造也各抒己见。即使理性迫使我们去发现它们是被造的,我们的感知觉也没有表明它们是怎样被造的。

74. 然后他回到不断提到的马西昂观点,对马西昂的学说有些作出了正确阐述,有些误解了。我们没有必要驳斥,甚至没有必要表明其错谬之处。接着他提出支持和反对马西昂的论据,说"他们规避了一些批判,也遇上了一些批判"。当他想要同意断言耶稣得到众先知预言的观点,② 以便攻击马西昂及其信徒时,就说:"要表明一个受到如此责罚的人是上帝的儿子,若不是有预言宣称这样的事将发生在他身上,还有什么证据能表明呢?"

---

① 参 Diog. Laert. Vi, 63 论及犬儒派的狄奥根尼:"有人谴责他走进了脏地方,他回答说,太阳也照到污秽之处,却丝毫未受污染。"Julian, 140D (赞美 Helios 王)"就是照到地面的太阳光也没有混合任何东西,也没有沾染灰尘污垢,仍然完全纯洁,毫无污点……"(W. C. Wright 译本) 这个例子在后来的作家笔下时时出现,如 Eus. D. E. IV, 1, 3, 170A; Theophaneia, III, 39; Laus Constant. 14, 等等。

② 马西昂相信,旧约众先知所预言的基督不是耶稣,耶稣是外邦上帝的基督,出现在提庇留·凯撒(Tiberius Caesar) 15 年,没有预先的告知和警戒。参 Harnack, Marcion (2nd ed. 1924), p. 283。所以,良善的上帝和公义的上帝都有叫做基督的儿子。

然后，他又一如既往地嘲弄、取笑，引入"两个儿子"，一个是造主的儿子，一个是马西昂的上帝的儿子。他描写了"他们一对一的争斗"，说"这些争斗以及圣父们之间的战争就像鹌鹑之间的格斗"①。他说："由于上了年纪，父亲们自己变得没用，成了老朽，他们彼此之间不再有动作，但允许各自的儿子继续争战。"我们要用他先前说过的话②对他说：有哪个哄孩子睡觉的老妇人会像他那样，对自己在冠以"真教义"的书里所说的话不以为耻？他应当提出能够说服人的抨击。但是他扔下事实，一味地讥笑，倾泄低级的谩骂，以为写些讽刺挖苦的话就可以了。他没有看到，这样的论证方式是与他的目标背道而驰的，因为他的目标是要使我们抛弃基督教，接受他的理论。他若是严肃地讨论，倒有可能令人信服。但他既竭尽讽刺、讥笑和低级谩骂之能事，我们就要说，正是因为缺乏严肃的论述（他没有过这样的论述，甚至不知道有这样的论证），他就不可避免地陷入了如此愚蠢的胡言乱语。

75. 之后他说："如果一个神圣的灵在身体里面，它必然在大小、俊美、力量、声音、惊人的外表或说服能力上与其他身体有所区别。因为一个比其他身体拥有更神圣之物的身体，若是与其他身体没有任何分别，这是不可能的。③然而，耶稣的身体与别的身体没有任何不同，相反，如他们所说，它渺小、丑陋、平凡。"④看来他在这里又故伎重演，

---

① 关于斗鹌鹑的古代习俗，参 D'Arcy Thompson，*A Glossary of Greek Birds*（2nd ed. 1936），p. 217；Epictetus，Ⅲ，25，5；Plutarch，*Mor.* 207B；487E；Lucian *Anacharsis*，37，等等。
　　大英博物馆有三枚塔色斯（Tausus）硬币，都刻有"ὀρτνγοθήρα"[G. F. Hill，Catalogue of the Greek Coins of Lycaonia, Isauria, and Cilicia (1900)，pp. 182-183，nos. 123-125]。根据 Hill，这"有待解释"，他认为这是个专有名称。A. B. Cook 提示我它是指捕鹌鹑的罗网，很可能塔色斯与这种运动有某种密切关系。
② 第六卷，第三十四节。
③ 对比奥利金在第一卷，第三十二节的论述；参第一卷，第六十九节至第七十节塞尔修斯的话。
④ 参 Clem. Al.，*Paed.* Ⅲ，3，2："主本人长着一张不体面的脸，这是由圣灵借着以赛亚证实了的……"（参《以赛亚书》52∶14；53∶2—3）。
　　塞尔修斯认为耶稣的声音应当是不一样的，关于这个观点参 F. J. Dölger，*Antikeund Christentum* Ⅴ (1936)，pp. 218-223；关于上帝的声音非常洪亮，他比照 Ignatius，*Philad.* Ⅶ，1；Lucian，*Icaromenippus*，23；*Acta Philippi*，22。

他若是想要批判耶稣,就引用在他看来有利于他批判的经文,似乎他相信圣经。但凡有可能与他的批判目的相矛盾的经文,虽然出自同样的圣经,他却假装甚至不知道它们。

诚然,据经上记载,耶稣的身体是丑陋的,但并没有如他所断言的,还说它是平凡的,也没有明确的话语说他是渺小的。在《以赛亚书》的段落里,以赛亚预言耶稣要来到众人中间,没有佳形美容,也没有异常的美,这段话如下:"耶和华啊,我们所传的有谁信呢?耶和华的膀臂向谁显露呢?我们传讲他在耶和华面前如孩子,像根出于干地。他无佳形美容,我们看见他的时候,也无美貌;相反,他的相貌不雅,被人厌弃,还不如人子。"① 塞尔修斯注意到这些话,因为他认为这些话对他攻击耶稣有用;但他没有注意《诗篇》44篇里的话,它说:"大能者啊,愿你腰间佩刀,大有美丽和俊秀;尽力挥洒,登车前往,主宰一切。"②

76. 我们不妨假设他没有读过这预言,或者他若读过,也被那些误译的人引入歧途,以为这不是关于耶稣基督的预言。③ 福音书里记载,他上了高山,就在门徒面前变了形象,满脸荣光,同时摩西和以利亚在荣光里显现,论到他要在耶路撒冷成全的死。④ 对此塞尔修斯能说什么呢?假若一位先知说"我们看见他的时候,没有佳形美容",等等,塞尔修斯承认这预言是指耶稣说的,但他只是盲目地赞同这话,并不明白就算耶稣看起来并无佳形美容,却仍相信他是上帝的儿子,这样的信念可以从这样一个事实里找到相当有力的支持,即在他远未出生之前,即使

---

① 《以赛亚书》53:1—3(与和合本略有出入:"……他在耶和华面前生长如嫩芽……我们看见他的时候,也无美貌使我们羡慕他。他被藐视,被人厌弃,多受痛苦,常经忧患。他被藐视,好像被人掩面不看的一样,我们也不尊重他。"——中译者注)。
② 《诗篇》44:4—5(本节经文系中译者根据英文直译。参和合本45:3—4经文:"大能者啊,愿你腰间佩刀,大有荣耀和威严。为真理、谦卑、公义赫然坐车前往,无不得胜。"——中译者注)。
③ 参上文第一卷,第五十五节。
④ 《马太福音》17:1—3。

是他的相貌，也成为预言的话题。然而，当另一位先知说他"美丽而俊秀"时，难道他就不再相信那预言是指耶稣基督说的？如果有可能在福音书里找到清晰的话表明"他无佳形美容，相反，他相貌不雅，被人厌弃，还不如人子"，那完全可能有人说，塞尔修斯的话不是基于预言，而是基于福音书里的话。然而，事实上，无论是福音书，还是众使徒都没有表明他无佳形美容。显然，他必须承认预言的话是与基督相吻合的。而这使他对耶稣的批判不攻自破。

77. 同样，当他说"如果一个神圣的灵在身体里面，它必然在大小、俊美、力量、声音、惊人的外表或说服能力上与其他身体有所区别"时，他怎么能没有注意到，他的身体是按看它的人的不同能力而有分别，并因而以有利于各人视力之需要的样式显现出来的？① 我们不必惊异，质料本性上就容易变化、改变，按造主己愿，想变什么就变什么，也能拥有造主所希望的任何性质，有时候拥有的性质如经上所说的"他无佳形美容"，有时候的性质则是如此荣耀、炫目、令人惊奇，使跟耶稣同上山的三个门徒看见这奇异之美，不由自主地匍匐在地。

但他会说这些故事是虚构的，比神话传说好不到哪里去，正如关于耶稣神迹奇事的其他故事一样。② 但是，对于这样的指控，我们前面已经作了详尽的回驳。这理论甚至包含更神秘的含义，因为它宣称耶稣的不同样式必然适用于神圣逻各斯的本性。他并非对大众和对那些我们所提到的能够跟从他上到高山的人以同样的形式显现。对那些仍然在山下的，还未预备上升的人，逻各斯显得"无佳形美容"。他的样式在这样的人看来是不雅的，被人厌弃的，还不如从人而来的教训，就是这一段落

---

① 关于这一观念，见第二卷，第六十四节以下；第四卷，第十六节；第六卷，第六十八节。参 *Comm. Ser. In Matt.* 100 "关于耶稣有一种传说流传到我们时代，其大意是说，他不仅有两种样式：一种是各人看见的样式，另一种是在山上向门徒变形象时的样式，当时他的脸明亮如日头；他甚至向各人显现与各人相应的样式……"这种"传说"源于诺斯替主义，这一点在 Acts of John 93 里有暗示，圣约翰说，"有时候当我抱他时，我感受到一个坚固的物质身体，有时候我感觉他，感受到这实体又是非物质的，并且如同根本不存在一样"（James, *Apocr. N. T.* p. 252）。

② 参第三卷，第二十七节；第五卷，第五十七节塞尔修斯的话。

里比喻为"人子"的。我们可以说,哲学家的教导,也就是"人子",表面上比传给众人的上帝的逻各斯漂亮得多。他向他们显明的是愚拙的道理,①因为这表面的愚拙道理,那些只能看见这点的人就说:"我们看见他的时候,也没有佳形美容。"然而,那些跟随他,得了能力,甚至能跟他上到高山的人,在他们看来,他有更神圣的形容。谁像彼得一样,谁就能看见这一点。因为彼得能借着逻各斯让教会建造在他上面,得了这样的能力,使阴间的权柄不能胜过他。②逻各斯把他从死门抬升,叫他在锡安女子的门前述说上帝的一切美德。③如果有人的出生因雷鸣般的话语而来,那他们必不缺乏灵雷里的一切。④

然而,塞尔修斯和那些敌视圣道的人,不是怀着寻求真理的欲望去考察基督教教义,他们怎么可能认识到耶稣不同形象的含义呢?我还想加上他一生中的不同阶段,他受难之前,从死里复活之后所行的各种事,他们全都不可能理解。

78. 塞尔修斯接着说了一些话,大意如下:"此外,如果上帝像喜剧诗人笔下的宙斯那样,长期昏睡之后醒来了,想要带人类脱离邪恶,那他究竟为何要派你们提到的这个灵进入某个角落?⑤他应当以同样的方式向多个身体吹气,把他们派到世界各地。喜剧诗人写道,宙斯醒来之后,把赫耳墨斯派到雅典人和斯巴达人中间,因为他想要逗引看戏的观众发笑。然而,你们难道不认为把上帝的儿子差遣到犹太人中间更可笑吗?"这里你又看到塞尔修斯的不敬。他以与哲学家不配的方式引述一个只想搞笑的喜剧诗人,将我们的上帝,宇宙的造主,与戏剧里表演的醒

---

① 《哥林多前书》1:21。
② 《马太福音》16:18。Comm. in Matt. XII, 32 以同样的例子说明同样的观点。
③ 《诗篇》9:14—15。
④ 参《马可福音》3:17,Comm. in Matt. XII, 奥利金说:"雷子是从上帝的高声来的,上帝在天上向那些能听见的智慧人打雷,喊出大事。"
⑤ 与喜剧的比较,参第六卷,第四十九节塞尔修斯;关于"某个角落",第四卷,第三十六节;关于上帝的静止状态,第四卷,第七节。Geffcken (*Zwei griechische Apologeten*, p. 256) 指出,塞尔修斯采纳了伊壁鸠鲁驳斥斯多葛学派创世观的论证。

来之后差遣赫耳墨斯的宙斯作比较。我们前面已经说过，上帝差耶稣到人中间，并非在他长期昏睡之后醒来作出的行为；如今，尽管出于正当理由，他已经成就道成肉身的工，但他一直对人类行善。因为若没有神圣逻各斯临到那些能够领受他的这些运作的人的灵魂，哪怕只有短短的时间，人中间也不可能有任何善事出现。①

此外，虽然耶稣降临在某个角落里，但这是完全合理的，因为被预言者临到那些早已知道会有一位上帝，那些正在诵读他的先知书，了解他们所传讲的基督的人中间，这是必不可少的，而且他也必然在适当的时候，就是教义要从某个角落传遍全世界的时候到来。

79. 也因为这样的原因，没有必要派多个身体到多个地方，拥有许多像耶稣这样的灵，以便叫整个人类世界得到上帝之道的照亮。因为道只要一位就足够了，他起来像"公义的日头"②，把自己的光芒从犹太地发出来，射到那些愿意接受他的人的灵魂里。如果有人想要看见许多身体充满圣灵，像一位基督那样辅助人类得救，他就当认识到，那些在许多地方正确传讲耶稣教义，过着正直生活的人，圣经里有话把这些人也称为基督："不可难为我的基督，也不可恶待我的先知。"③

此外，正如我们听过"那敌基督的要来"，也同样知道世上有"好些敌基督的来了"④，同样，因为知道基督已经到来，所以我们看到，因着他，这世上就有许多基督出现，像他一样"喜爱公义，恨恶罪恶"，所以上帝，就是基督的上帝，甚至用喜乐油膏他们。⑤只是他比他的同伴更喜爱公义，更恨恶罪恶，因而，可以说，取了整个喜乐油膏中的初果。而他的同伴，各人按各自的能力，分有他的油膏。由此才说，因为

---

① 参 Justin, Apol. I, 46。
② 《玛拉基书》4:2。
③ 《诗篇》104:15（和合本为105:15，其中"基督"为"受膏者"。——中译者注）。同样地，参 Comm. in Joann. VI, 6 (3)；Methodius, Symp. VIII, 8, 191。
④ 《约翰一书》2:18。
⑤ 《诗篇》44:8（和合本为45:7。——中译者注）；《希伯来书》1:9。

基督是教会之首，① 所以基督和教会是一个身体，那油浇在亚伦头上，流到胡须，又流到他的衣襟。②

这就是我对塞尔修斯不敬的话——"他应当以同样的方式向多个身体吹气，然后派他们到世界各地"——的回答。喜剧诗人为引人发笑，让宙斯入睡，醒来，派赫耳墨斯到希腊人中间。但知道上帝从不睡觉的道教导我们，上帝始终在关注世上之事，如理性所要求的。然而，如果因为上帝的审判伟大，难以解释，未受教育的人就偏离了正道，③ 而塞尔修斯也与他们一样，这没有什么稀奇之处。所以，上帝的儿子被差遣到众先知与之同住的犹太人中，好叫他以身体形式从那里开始，把权柄和圣灵抬升到灵魂的世界，就是那些再也不愿被上帝弃绝的灵魂，这样的事没有任何可笑之处。

80. 此后，塞尔修斯认为，可以说"迦勒底人是个从起初就赋有最高灵感的民族"，尽管骗人的占星术正是从他们传播给世人的。塞尔修斯还认为"Magi"是最受神灵启示的族类之一，但魔术就是从他们这个民族的名称起源，传到其他民族，导致使用的人败坏、毁灭。"埃及人"，塞尔修斯前面也提到过，④ 迷入歧途，把他们所谓的庙宇搞得非同凡响，但里面供奉的却是猫、鳄鱼、山羊、蛇，或者其他动物。然而，塞尔修斯却认为，可以说"埃及人"也赋有最高的神灵启示，⑤ 并且一开始就如此，（他这样说）很可能因为他们从一开始就与犹太人作对。波斯人，这个娶自己的母亲、与自己的女儿交欢的民族，在塞尔修斯看来，也是一个受神灵启示的民族；⑥ 印第安人，他在前面提到，有些还吃人肉，⑦

---

① 《歌罗西书》1:18。
② 《诗篇》132:2（和合本为133:2。——中译者注）。
③ 《所罗门智训》17章1节。
④ 第三卷，第十七节塞尔修斯的话。
⑤ 参第一卷，第十四节和第二十节塞尔修斯的话。
⑥ 参第五卷，第二十七节及注释。
⑦ 第五卷，第三十四节塞尔修斯的话。

在他看来也是其中的一个。然而，犹太人，尤其是早期的犹太人，全然没有这样的事，但他不仅不以为他们"赋有最高灵启"，甚至说"他们不久就要灭亡"。① 他就像一个先知，对他们作出这样的论断。他没有看到上帝对犹太人，对他们的古人和神圣社群的种种关照，只因他们的过失，救恩便临到外邦人，"他们的过失，为天下的富足，他们的缺乏，为外邦人的富足……等到外邦人的数目添满了"，到那以后，"以色列全家"——塞尔修斯全然不理解这是什么意思——"都要得救"。②

81. 不知什么原因，他论到上帝说："他知道一切，却没有认识到他是在把自己的儿子差到将犯罪并责罚他的恶人那里去。"但这里，他似乎故意装作不知道有话说，上帝的先知借着圣灵预见了耶稣将遭受的一切事，并对此作了预言。③ 说上帝不知道正差自己的儿子到将犯罪并责罚他的恶人那里去，显然与这样的话不一致。但他马上接着说，我们声称"这些事久远之前早有预言"④，以之为此辩护。

我们第六卷的篇幅已不短，我们就此结束论述，并按上帝的愿意，开始第七卷的写作。塞尔修斯认为自己能驳斥我们说的众先知预言了耶稣的一切事这一观点。考虑到这是个宽泛的话题，需要详尽讨论回驳，我们不希望因本卷的篇幅而不得不将它缩短，也不希望为避免简化论述，使第六卷的篇幅过长，超过适当的尺度。

---

① 参第八卷，第六十九节塞尔修斯的话。
② 《罗马书》11:11—12, 25—26。
③ 参《路加福音》24:26—27。
④ 第七卷，第二节塞尔修斯的话。

第 七 卷

1. 圣洁的安波罗修弟兄,在前面第六卷里,我们已经尽我们所能驳斥了塞尔修斯对基督徒的抨击,尽我们所能对每一句话都做了检查和探讨,力求不留死角,免得还有什么观点未予批驳。我们求告上帝,借着耶稣基督,就是塞尔修斯所指控的那位,因为他就是真理,我们祈求他让论证之光照在我们心里,① 使我们能顺利地驳倒谬误,然后我们开始第七卷的写作,同时引用先知祈求上帝时说的话"求你凭你的真理灭绝它们"②,显然这里的"它们",就是指与真理相对的理论,因为这些理论就是被上帝的真理毁灭的理论。它们被灭之后,那些从一切困境中释放出来的人,就可以说这样的话——"我要把甘心祭献给你"——并向宇宙之上帝献上理性的、无烟的祭。

2. 基督耶稣的历史由犹太人中的先知作了预言,塞尔修斯的目标就是要批判这一论断。首先,我们考察他的这一观点,即那些教导与犹太人的上帝并列的另一位上帝存在的人根本不能回答他的难题,我们这些坚持主张同一位上帝的人,则求助于关于基督的预言。对此他说:"我们来看看他们会怎样找借口。那些教导另一位上帝存在的人拿不出什么借口,而那些坚持同一位上帝的人又会说同样的话——巧妙的回答——'这样发生的事件原本就是无可避免的',证据就是'这些事久远之前早有预言'。"③

---

① 参《约翰福音》14:6;《哥林多后书》4:6。
② 《诗篇》53:7—8(见和合本54:5—6,"真理"为"诚实"。——中译者注)。
③ 参第六卷,第八十一节。

我们要回答说，他稍前①对耶稣和基督徒说的话完全没有力量，就是那些教导另一位上帝存在的人，尽管在这点上是渎神者，也能轻易驳斥塞尔修斯的话。若说对软弱的人可以给他们机会接受坏理论，那我们也可以作出这样的回答，以便表明说那些教导另一位上帝存在的人对塞尔修斯的指责毫无辩护余地，这是谎话。但我们现在要驳斥他关于先知的观点，我们前面对这个话题已经有过论述，②这里再进一步阐述。

3. 他说："皮提亚（Pythia）女祭司的预言、多多纳（Dodona）女祭司的预言、克拉里亚（Claria）的阿波罗的预言，或者布兰奇达（Branchidae）的、宙斯阿蒙神庙的预言，③以及其他无数先知的预言，都被认为毫无意义，尽管整个大地很可能借着它们才变成繁华的人间。④而犹太人以通常方式说的预言，不论是否真的说过这样的预言，甚至就是如今住在腓尼基和巴勒斯坦周围的人的习俗，⑤却被认为奇妙无比，是不可改变的。"关于所列举的这些神谕，我们可以指出，若要推翻关于德尔斐神谕和其他神谕的论断，我们完全可以从亚里士多德和逍遥学派哲学家那里收集大量论据。⑥我们还可以引用伊壁鸠鲁和那些在同样问题上与他的观点一致的人的话，⑦表明有些希腊人也同样拒斥在整个希腊受到尊崇的所谓的预言式神谕。

然而，我们不妨承认德尔斐女祭司的预言和其他神谕不是假装得到

---

① 参第六卷，第七十二节至第七十五节及第七十八节。
② 参第一卷，第三十五节至三十七节；第二卷，第二十八节至第二十九节，第三十七节；第三卷，第二节至第四节；第六卷，第十九节至第二十一节。
③ 皮提亚（Pythia）女祭司的神谕在德尔斐；多多纳神谕是最古老的宙斯神谕，在伊比鲁斯（Epirus）；布兰奇达，阿波罗神谕，在爱奥尼亚（Ionia）；阿蒙是利比亚的宙斯。关于这些神谕的论述，参 Strabo, XVII, 1, 43 (p. 814)，作者说在他的时代，神谕几乎完全被人忽视；Lucian, *Alex.* 8。
④ 在冒着大危险送侨民到殖民地之前必须求神谕，这非常重要，参 H. W. Parke, *A History of the Delphic Oracle* (1939), pp. 47-87；亦参第八卷，第四十五节塞尔修斯的话。
⑤ 参第七卷，第九节塞尔修斯的话。
⑥ 占卜预测依赖于神意，亚里士多德认为世俗世界不存在神意这种活动，因而他否认占卜式预测。参 Eus. *P. E.* IV, 2, 13, 136A；IV, 3, 14, 139B。关于神谕的自然主义解释，参 Ps. -Arist. *de Mundo* 4, 395b 26ff，亦参下文第八卷，第四十五节。
⑦ H. Usener, *Epicurea*, *frag.* 395, p. 261. 参奥利金论逍遥学派和伊壁鸠鲁的巫术观 (I, 24); Oenomaus ap Eus. *P. E.* V, 19。

圣灵启示的人捏造出来的。我们就来思考一下，那些真诚地考察这个问题的人是否可能证明，就算对接受这些神谕是真实的这一观点的人来说，是否必须承认它们是由某些神产生的。相反，更有可能的是，它们是某些恶鬼和仇视人类的恶灵产生的，这些鬼灵阻止灵魂通过美德的上升之途，妨碍恢复对上帝的真正的敬虔。事实上，关于德尔斐女祭司的神谕——这一神谕似乎比其他神谕更有名——记载说，当阿波罗的女祭司坐在卡斯塔利亚（Castalian）洞口时，就通过自己的肚腹领受到灵；① 当灵充满之后，她就说出谜一样的话，这些话被认为是神圣的。那就想一想，这是否表明那个灵的本性是不纯的、污浊的，因为他进入女先知的灵魂里，不是从张开的但看不见的毛孔进去，而是从远没有毛孔纯洁的肚腹进去，对一个自制而明智的人来说，看这个部位，或者我完全可以进一步说，甚至触摸这个部位，都是不当的。而且这样的事不是发生一次两次（若这样似乎还可以容忍），而是每一次当人们相信她在阿波罗灵启之下说预言的时候都如此。

此外，带领所谓的女祭司进入迷狂、出神状态，从而丧失自己的意识，这不是圣灵的工作。受到圣灵启示的人应当比其他可能得到神谕指示的人更多地从中受益，使其行为有助于塑造节制的符合本性的生活方式，或者有益的、适宜的生活。因此，他应当在神与他交通之际保持最清晰的感知力。②

---

① 参第三卷，第二十五节；Chrysostom, *Hom. in I Cor.* XXIX, 1；也许还有 Strabo, IX, 3, 5 (p. 419)"他们说赐下神谕的地方是个山洞，很深，但不宽；洞里出来一个能导致人迷狂的灵；洞口设有一个很高的三角架，德尔斐女祭司就爬到上面去领受那个灵……"关于皮提亚是阿波罗的新娘，见 A. B. Cook, *Zeus*, II, pp. 207-209.［同上，p. 1216 提到普鲁塔克，Mor. 566D，德尔斐三角架上的忒弥斯（Themis）从中心光柱，即阿波罗受孕］。亦参 Preisendanz, *Pap. Gr. Mag.* VIII, 2：进入我里面吧，主赫耳墨斯，就像婴儿进入母亲的子宫"，以及 Rohde 的论述，*Psyche* (E. T.), pp. 312f。P. Amandry, *La mantique Apollinienne a Delphes* (1950), pp. 21-23 剔除了奥利金的故事，认为它有倾向性。 但这个故事不太可能是奥利金自己创作的。
② 根据柏拉图的观点，神圣灵启使心智清晰，而不是混乱。参柏拉图，《蒂迈欧篇》71，《斐德鲁篇》244，及 Apuleius 对叙利亚女神（Dea Syria）祭司的评注（*Met.* VIII, 27）："有一个人比其他人更疯狂，他从心底引出许多深奥的符号，似乎他的灵被强夺了，或者充满了神圣大能，然后假装陶醉和迷狂，似乎诸神的临到往往不是使人变得比以前更好，而是变得软弱、病态。"(Adlington-Gaselee 译本)。

4. 由此，我们收集圣经里的证据，表明犹太人中的先知是最早得到上面圣灵临到的人，因为他们得到圣灵的启示，只要这启示与他们说预言有益。可以说，由于所说的圣灵触及他们的灵魂，他们就拥有清晰的心理图像，灵魂变得更加明亮，甚至身体也如此，它不再行任何与美德生活对立的事，因为按着"体贴肉体的心"，如我们所说的，它被治死了。我们相信，"身体的行为"与从那与上帝作对的"体贴肉体的心"中出来的敌意被圣灵治死了。①

既然德尔斐女祭司说预言的时候处于疯狂和失控状态，那我们就得想一想，将黑暗罩到她心智和理性思维上的灵究竟是什么样的灵？它必有类似于许多基督徒从着魔的人身上赶出去的鬼魔一族的特点。他们赶鬼不用奇异的法术或巫师的手段，只是祷告，用非常简单的恳求和固定表述法，再单纯的人也能使用。②因为一般来说，做这类工的正是未受教育的人。基督话里的大能表明鬼魔是渺小和无能的，因为要把他们挫败，乖乖地从人的灵魂和身体里出去，并不需要一个精于对信仰提供理性证明的智慧人来做。

5. 而且，不仅基督徒和犹太人，许多希腊人和野蛮人都相信，灵魂离开身体之后仍然活着，仍然存在，并用这样的理论证明这一点，即纯洁的灵魂不会被恶的沉重负荷压倒，③而是被带到更高更纯洁的地方，进入属天的身体，抛弃地上的粗糙身体以及附着于他们的污秽；④而坏的灵魂，即被身体的罪拖到地上，甚至没有能力恢复原态的灵魂，就被带到这里，四处游荡，有时候在墓地，就是可以看到影子灵魂的幽灵出没的地方，⑤有时候只盘旋在地上。这些灵，可以说，整个时代都束缚

---

① 《罗马书》8:6—7, 10, 13。
② 参第一卷，第六节。
③ 参《哥林多后书》5:4；柏拉图，《斐德鲁篇》246-247，《理想国》519B。
④ 参第六卷，第七十三节塞尔修斯的话。
⑤ 柏拉图，《斐多篇》81C, D；参第二卷，第六十节。Cumont. *Lux perpetua* (1949), pp. 81f。

在房子和其他空间里，或者是因为某种魔咒，①或者甚至是因为自己的邪恶。试想，我们得把他们看作哪一类灵呢？理性要求我们应把这样的灵看作恶灵。他们利用自己的能力知道未来，这在道德上原本非善非恶，②但他们蒙骗人，使人离开上帝，丧失对上帝的纯洁敬虔。这就是鬼魔的特点，这一点也可以从以下事实看清楚，即他们的身体以祭品的烟火，以及从他们所喜爱的带血的燔祭中分得的东西为食，③可以说，在这里找到他们心里的欲望，就像品行不端的人不欢迎没有身体的纯洁生活的前景，只喜爱住在属地身体里的生活，好享受身体之乐。

如果德尔斐的阿波罗是神，希腊人是这么设想的，他岂不应当选择某个智慧人，或者如果这样的人找不到，至少选择一个在智慧上已经有所进展的人，做他的先知？他为何不愿意通过男人而选择女人说预言？他之所以更愿意选择女人，可能是因为他没有能力用男人说预言，或者因为他唯一的喜乐之源在于女人的阴私部位，即便如此，他岂不也应选择一位处女，而不是已婚妇女来预言他的旨意？

6. 事实上，希腊人所崇拜的德尔斐的阿波罗并不认为任何智慧人，或者其实任何人，与希腊人认为是神圣启示的东西相配。他没有从女性中选择处女，也没有选择一个受过哲学熏陶的智慧人，而是选择了一个庸俗的妇女。④很可能较完美的人太良善，不适宜接受他的灵启。此外，他若是神，就当利用自己的预见作为一种激励，可以这样说，鼓励人悔改、医治，以及道德革新。然而，事实上，历史上没有讲到他有这类事。尽管他曾说，苏格拉底是最智慧的人，⑤但他的赞美力度因他关

---

① 关于魔法是强迫某个鬼魔住在某个特定圣所的手段，参第三卷，第三十四节；第五卷，第三十八节；第七卷，第六十四节。
② 类似的，见第三卷，第二十五节；第四卷，第九十六节。
③ 参第三卷，第二十八节。
④ 刚开始时，德尔斐女祭司是个年轻女子；但塞萨利（Thessaly）的艾克格拉底（Echecrates）暴乱之后，她成了一个五十开外但打扮得像个童女的妇人；参 A. B. Cook, *Zeus*, II, p. 209 n. 3; Parke, *History of the Delphic Oracle*, p. 257。
⑤ 柏拉图，《申辩篇》21A。

于欧里庇得斯和索福克勒斯(Sophocles)的话而受损:"索福克勒斯是智慧的,欧里庇得斯更智慧。"①因而,虽然苏格拉底被认为高于神谕称为智慧的悲剧诗人,因为前者在舞台和乐队演奏处为世俗的奖赏而努力,有时候使观众忧伤、痛苦,有时候引发他们放肆大笑(因为这就是讽刺剧的目的),但对苏格拉底的这种论断无论如何并不基于对他价值的评价,对他的赞美不是基于他的哲学和他的观点的正确性。他说苏格拉底是最富智慧的人,很可能不是就他的哲学来说,而是就他献给他和其他鬼魔的祭品和燔祭来说的。②

鬼魔满足人们向他们提出的请求,与其说是因为人的美德行为,还不如说是因为人们献上的祭。正因如此,最杰出的诗人荷马在描绘所发生的故事,告诉人什么东西最能打动鬼魔满足向他们献祭的人的愿望时,就向克律塞斯(Chryses)建议,用一些花环、公牛和山羊的腿骨作祭品求得他为女儿之故所求的事,即让希腊人受瘟疫困扰,把克律塞伊斯(Chryseis)让给他。③我记得读过某个毕达哥拉斯主义者④写的一本书,论到诗人以隐晦形式表述的理论,说正是克律塞斯对阿波罗说的话,以及阿波罗降到希腊人头上的瘟疫,教荷马知道,某些恶鬼喜爱燔祭和祭品,只要崇拜者献上祭品,即使要求毁灭别的民族,他们也欣然应允,作为对拜他们之人的回报。

那个"统治多风暴的多多纳城"⑤,他的先知"不洗脚,睡在地

---

① Suidas, *s. v.* "σοφσζ"引述:"索福克勒斯很有智慧,欧里庇得斯更智慧,而苏格拉底是所有人中最智慧的。"讨论和更多的参考资料见 Park. *op. cit.* pp. 412ff。
② 参第六卷,第四节。
③ 荷马,《伊利亚特》I, 34-53。
④ Thedinga (*frag.* 64) 和 K. S. Guthrie, *Numenius of Apamea* (Grantwood, New Jersey, 1917), p. 50 认为,这是引自阿帕米的努梅纽(参第一卷,第十五节;第四卷,第五十一节;第五卷,第三十八节)。努梅纽肯定是从比喻意义上解释荷马;参 Porphyry, *de Antro Nympharu*, 34。但如果奥利金是在引用努梅纽的话,那他更可能会道出他的名字,如他在别处那样的;Leemans 也没有把这话包括在努梅纽的残篇里。
⑤ 即宙斯:荷马,《伊利亚特》XVI, 234-235。关于多多纳的女祭司,参 K. Buresch, *Klaros* (1889), p. 36 n. 5。不过,奥利金以为那里也没有男祭司,似乎是错的。参 Cosman Hieros. *ad Carm. S. Greg.* LXIV, 257 (Migne, *P. G.* XXXVIII, 500)。

上",他也在说预言上拒斥男性,使用"多多纳的女祭司",如塞尔修斯本人指出的。但即使我们承认克拉罗斯有一个与这些类似的神谕,在布兰奇达有一个,宙斯阿蒙的圣庙里有一个,或者地上其他地方有神谕,又如何能证明他们全是神,而不是某些鬼魔?

7. 关于犹太先知,有些还未领受预言的恩赐和神圣灵启之前,就富有智慧,有些则是在心灵受到真正的说预言恩赐启示之后才变得智慧。神意拣选他们,把圣灵和话语委托他们,他启示他们是基于他们的生活品质,他们具有无可比拟的勇气和自主。① 因为面对死亡,他们完全没有恐惧。理性要求至高上帝的先知就应是这样的人。他们使安提西尼 (Antisthenes)、克莱特、狄奥根尼的勇气显得像小儿科。② 实在地,因为他们讲说真理,直率地谴责罪人,因而"被石头打死,被锯锯死,受试探,被刀杀,披着绵羊、山羊的皮各处奔跑,受穷乏、患难、苦害,在旷野、山岭、山洞、地穴飘流无定,本是世界不配有的人"。③ 他们常常仰望上帝和肉眼所不见的,因而是永远的无形之物。④

每位先知的生平都可以在圣经里找到。但现在我们只要提到摩西的生活(因为他说的预言也可以在律法书的记载里找到);耶利米的生活,记载在以他的名字命名的预言里;以赛亚的生活,他露体赤脚行走三年,⑤ 超越了任何一种苦修行为。也注意年轻的但以理及其同伴旺盛的生命力,看看他们怎样维生,喝的是白水,吃的是结荚植物,因为他们禁食动物食品。⑥ 如果能够,还请留意他们之前所发生的事,挪亚怎样说预言,以撒如何预言式地祝福儿子,雅各对十二个儿子说:"你们都来

---

① 类似地,*Hom. in Jerem.* XV, 1 指出:"我们可以从许多段落概括出祭司具有无可比拟的品质——他们的自主,他们的勇敢,他们的警醒……"等等。
② 安提斯泰创立的犬儒学派。关于克莱特和狄奥根尼,参第二卷,第四十一节。
③ 《希伯来书》11:37—38。
④ 《哥林多后书》4:18。
⑤ 《以赛亚书》20:2—3。
⑥ 《但以理书》1:11—16。

聚集，我好把你们日后必遇的事告诉你们。"①这些以及数不胜数的话都预言上帝和耶稣基督的故事。所以，我们认为德尔斐女祭司说的预言、多多纳女祭司说的预言、克拉罗斯的阿波罗神谕、布兰奇达神谕、宙斯阿蒙圣庙的神谕，或者其他所谓的先知所说的预言，全都毫无意义。唯独对犹太先知说的预言大为敬仰，因为他们强壮、勇敢、圣洁的生活与上帝的灵相配，他们的预言以全新的方式传授，与鬼魔灵启的预言毫无共同之处。

8. 我不知道，塞尔修斯为何要在"犹太人按通常方式所说的话"后面加上"不论这些话是否真的说过"，似乎他并不相信这事，怀疑有可能这些话甚至根本没有说过，圣经可能包括根本不曾说过的话语。他没有注意到日期，或者不知道他们提前很多年就说了无数预言，他们也论说了关于基督降临的事。再者，因为他妄图误译古代先知的话，所以他说，他们说预言，就如同如今那些住在腓尼基和巴勒斯坦周围的人的习俗。但他没有说清楚，他是指某些抵触犹太人和基督教理论的人，还是指犹太教内部按先知的样式说预言的人。不论他指什么，都可以证明他是错的。基督信仰之外的人没有谁像先知那样行事的，基督降临以来，任何时代也没有记载说有哪个犹太人说预言的。众所周知，圣灵已经抛弃他们，因为他们对上帝不敬，反对他们中的先知曾预言的那位。不过，最初当耶稣开始教训人时，圣灵的神迹已经显明出来，他升天之后就更多了，尽管再后来就没有那么多了。然而，一直到今日，在一些因遵照逻各斯的教义行事并借着他灵魂得了洁净的人身上，还有他的迹象存在。②"严谨的

---

① 《创世记》9:25—27；27:27—29；49:1。
② 参第一卷，第二节；第二卷，第八节及第三十三节论到奥利金时代教会里偶尔保存下来的奇事异能。关于这里的基督教思想的发展，参 K. Holl, *Gesammelte Aufsatze* II, p. 89 n. 2；爱任纽 (*adv. Haer.* II, 31, 2, Harvey, I, 370) 把奇事异能看作仍然以一定频率在教会里发生的事，还说，经常会出现这种情形，在所有弟兄祷告的时候，死者的灵就回来了。"那个时候事物的真实状态是什么，我们可以从这样的事实得出结论，即孟他努派的先知从未尝试用奇事异能来证明他们的宣称是真理。" (Holl) 奥利金 (*Hom. in Jerem.* IV, 3) 把神迹奇事看作过去的事。优西比乌 (*H. E.* V, 7) 只援引爱任纽作为新约时代之后神迹的见证。关于 *Vita Antonii*, 参 Augusitine, *Conf.* VIII, 6, 14；Chrysostom, *Hom, in Matt*, XXXII, 7 (*P. G.* LVII, 386-387) 很重要。

圣灵必远离诡诈，必弃绝毫无悟性的思想。"①

9. 因为塞尔修斯声称要描述腓尼基和巴勒斯坦的预言风格，似乎他听说过，并且对它有完全的直接认识，所以我们也要思考这一点，他先说"预言有几类"，但并没有举出任何例子，因为事实上他什么例子也不知道，只是把这个短语当作虚张声势的招牌炫耀而已。我们来看看他的断言——"那个地区的人中最完美的类型"——是什么。他说，"有许多无名之辈，寻找最微不足道的借口，为某种琐碎的事，包括殿里的和殿外的，而说预言。②还有些人流浪乞讨，在城邑、军营游荡；他们假装受灵感动，似乎能说一些神谕式的话语。通常而普遍的做法是，每个人都可以说：'我是上帝（或者上帝的儿子，或者神圣的灵）。我来了。③这世界已经毁灭。啊，你们这些人哪，要因自己的罪而毁灭。但我愿意拯救你们。你们必看见我带着天上的权柄回来。现今敬拜我的人有福了！但其他人，我要降下永火在他们头上，降在城邑，也降在乡村。不知道刑罚已为他们堆积的人必徒劳地懊悔、叹息。但信服我的，我必永远保护他们。'④"然后他又说："炫耀了这些威胁之后，他们接着加上难以理解、毫不连贯、完全模糊不清的话，有理智的人没有谁能明白它们的含义，其实它们毫无意义，全是胡言乱语，倒给傻瓜或巫师提供机会，爱怎么理解就怎么理解。"

10. 他若是真诚地批判，就当逐字逐句地引用预言的话，不论是说话

---

① 《所罗门智训》1 章 5 节（根据英文直译。——中译者注）。

② 参 Maximus Tyrius, XIII, 3c, 为上文第一卷，第六十八节引用。

③ 关于这个庄严的套语 "ἥκω", Reitzenstein[*Poimandres* (1904), pp. 222 f]比较《约翰福音》8:42 指出："我本是出于上帝，也是从上帝而来（καιήκω）……你们为什么不明白我的话呢？无非是因你们不能听我的道。你们是出于你们的父魔鬼，你们父的私欲，你们偏要行……"等等。也参 E. Norden, *Agnostos Theos* (1913), pp. 188ff. 尤其是 O. Weinreich in Archiv fün Religions-Wissenschaft XVIII (1915), pp. 34ff.

④ 关于这个著名段落的文献浩如烟海。这样的流浪预言者在叙利亚很普遍，这一点可能性很大 [参 Didache 的证据，诸如 Alexander of Abonuteichos 和 Peregrinus Proteus 这样的人，参 E. Fascher, προφήτης (Giessen, 1927), pp. 190ff]。 但他们所宣称的内容是"塞尔修斯对后尼西亚基督教所传讲的一种极其完美、充满热情的预言的拙劣模仿"[W. L. Knox, *Hellenistic Element in Primitive Christianity* (1944), p. 83 n. 2]。

者自称为全能的上帝的段落，还是说话者相信自己是上帝的儿子或圣灵的段落。由此他倒可能摧毁那些话，表明那些叫人脱离罪恶，指责他们目前的状态，预告将来之事的话全不是灵启的。正因此之故，众先知的同时代人把他们的预言记载下来，保证子孙后代读到它们，就敬它们为上帝的话语，不仅从指责和劝诫的话受益，也从预言的话受益，并因着已经应验的事件而深信，对这些事作出预告的乃是圣灵，叫他们信服律法和众先知，继续按照道的教训遵行信仰。

先知按照上帝的旨意说预言，没有任何模糊不清的地方，无论说什么，总是可以理解为对听者有益，又有助于实现道德革新。但凡是比较神秘、深奥的真理，包含人的悟性所不能领会的思想，他们就通过谜语、比喻、所谓的模糊不清的隐语，以及比方或箴言来表达。①他们的目的在于，叫那些不怕艰苦工作，愿意付出任何艰辛以获得美德和真理的人，通过研读挖掘出它们的含义，发现真义之后，能如理性所要求的使用它。然而，尊贵的塞尔修斯似乎因为不理解先知的这些话，一怒之下对他们大肆谩骂，说什么"炫耀了这些威胁之后，他们接着加上难以理解、毫不连贯、完全模糊不清的话，有理智的人没有谁能明白它们的含义；其实它们毫无意义，全是胡言乱语，倒给傻瓜或巫师提供机会，爱怎么理解就怎么理解"。我想他说这话完全出于有预谋的恶意，因为他企图尽其所能阻止读者考察、研究预言的真实含义。他的行为类似于经上记载的那些人，当某个先知到来见一个人，向他预告未来，他们就论说这个先知："这狂妄的人来见你有什么事呢？"②

11. 很可能有我的智力不能及的论证，可以证明塞尔修斯的这些话是在说谎，而那些预言则是受圣灵感动说的。无论如何，我们已

---

① 参《民数记》12:8；《哥林多前书》13:12；《箴言》1:6；第三卷，第四十五节。
② 《列王纪下》(IV Regn.) 9:11。

经在我们研读《以赛亚书》、《以西结书》以及十二先知中的一些书时，①尽我们所能逐字逐句地解释了塞尔修斯所说的"毫不连贯的、完全模糊不清的话"。上帝若是允许我们在他选定的时间进一步领会他的道，我们会在那些对这些书卷已经作出注释的基础上，再对其他书卷或者对那些至少我们还有时间研读的书卷作出注释。②还有别的人也渴望研读圣经，拥有智慧，他们也能挖掘出它的含义。事实上，虽然许多地方经文的含义很模糊，但可以肯定，绝不是如塞尔修斯所说的"毫无意义"。也没有"哪个傻瓜或巫师"能解决难题，或者"喜欢怎么解释，就怎么解释"。唯有那智慧的，真正在基督里面的人，才可能"将属灵的话解释属灵的事"③，对经文里遇到的每个词，都根据它在圣经其他地方的常用法来解释，从而对先知书里模糊的段落作出连贯而完整的解释。

塞尔修斯说他是"亲耳"听到这样的人说话，这无法令人相信。因为在塞尔修斯时代，不曾有像古代那样的先知，假若真有，那他们的预言应当由那些相信他们且敬仰他们的人记载下来，正如古代的圣经所做的那样。在我看来，很显然，塞尔修斯说"他所亲耳听到的所谓的先知"已经被他"反复诘问"，并向他承认"他们是骗子，他们的话时而指这事，时而指那事，原是他们自己编造出来的"，这些全是谎言。他也应当交待他所说的亲耳听到的这些人的名字，他若能够给出名字，也好叫那些善于判断的人从这些名字看出来，他究竟是在说真话，还是说谎话。

12. 他还认为"那些基于先知书为基督理论辩护的人，只要指出关于上帝的某句话是邪恶的，或无耻的，或不洁的，或令人厌恶的，他们就无话可说了"。于是，似乎没有人能驳斥他的话，他接着就基于未被承认的前提得出无数的结论。他应当认识到，那些渴望按圣经生活的人，知

---

① 奥利金这些注释写于凯撒利亚时期（Eus. H. E. VI, 32），很可能是在公元238—244年（Harnack, Chronologie, II, p. 34），但它们已经佚失。
② 《驳塞尔修斯》是奥利金最后的大作。
③ 《哥林多前书》2:13。

道"愚者的知识如未经检验的话"①，读过"有人问你们心中盼望的缘由，就要常作准备，以温柔、敬畏的心回答各人"②的人，不会只说这些事全是有预言的，以此作为挡箭牌。他们也要努力解决表面上的谬论，表明经文里没有任何邪恶或可耻或不洁或令人厌恶的内容，只是在不知道如何正确理解圣经的人看来才会如此。塞尔修斯若是真的在先知书里看到有邪恶的话，令人厌恶的话，就应当从里面引出在他看来邪恶的话，或者他认为令人厌恶的话。果真如此，他的论证就会较为深刻，有助于实现他的目标。然而，事实上，他没有举出一个例子，只是炫耀他吓人的论断，说这样的话出现在圣经里，提出完全不属实的指控。因而，对这些毫无理由的话，出于理性考虑，我们根本不必驳斥，先知书里完全没有邪恶、可耻、不洁、令人厌恶的话，这是不言自明的。

13. 此外，上帝没有"做或遭遇极其可耻的事"，也没有"帮凶助恶"。没有"预言说"过这样的事。如果他说"有预言说上帝要帮凶助恶，或者做且遭遇极其可耻的事"，他就得从先知书里引出这样的段落，而不是想方设法毫无理由地玷污听众的心灵。基督要遭遇的，先知确实作了预告，而且他们说明理由他为何要受苦。上帝原本就知道他的基督要遭遇的事。只是这怎么如塞尔修斯所说的，成了"极其厌恶、不洁"的事？他以为能告诉我们基督遭遇的苦难为什么是极其令人厌恶的，不洁的，因为他说"当上帝吃羊肉，③喝醋或苦胆④时，岂不就是在吃污秽？"然而，在我们看来，吃羊肉的不是上帝。即使可以说耶稣有吃喝，他也只是因为穿戴了身体才吃才喝。再说，关于醋和苦胆，原是经上预言的"他们拿苦胆给我当食物；我渴了，他们拿醋给我喝"⑤。我们前面已经论述过，但塞尔修斯迫使我们又重复说起。情形总是这样，那些

---

① 《便西拉智训》21 章 18 节。
② 《彼得前书》3:15。
③ 塞尔修斯是指逾越节；参第一卷，第七十节。
④ 参第二卷，第三十七节塞尔修斯的话。
⑤ 《诗篇》68:22（见和合本 69:21。——中译者注）。

商量反对真道的人，拿他们自己的罪恶之醋，他们自己转向恶道的苦胆，给上帝的基督。但他尝了，就不肯喝。①

14. 然后，为摧毁那些因耶稣的故事是先知预言的，故而相信它的人的信仰，他说："如果众先知预告了，伟大的上帝要做奴仆，遭恶，死去（不必说其他更令人厌恶的事），岂不必然要从这预言的事得出，上帝必然死亡，必然做奴仆，遭恶，以便通过他的死叫人相信他原本就是上帝？但是众先知不可能预告这一点，因为这是邪恶而不敬的。所以我们不必考虑他们是否真的对此作了预言，而是思考这样的行为是否与上帝相配，是否善的。我们不可相信无耻而罪恶的事物，即使所有人都处于疯狂状态预言这样的事。说耶稣遭遇的事就是上帝遭遇的事，这岂不是十足的渎神吗？"

从这些话来看，他似乎以为耶稣是被预言的这一论据对说服听众非常有力。他试图以另一句似是而非的话来推翻这一点，他说"我们不必考虑他们是否真的对此作了预言"。然而，他若是真想用完全合乎理性的推论驳斥基督徒的论断，证实自己的话，他就应当说："所以我们必须证明他们没有预告这事，或者证明他们就基督说的话没有按他们所预言的在耶稣身上应验。"他还应当加上对他有用的证据。果真那样，就会清楚地表明预言所说的是什么，我们归于耶稣的是什么，也表明他是如何误解我们的解释。那样也可以揭示出他要推翻我们应用于关于耶稣学说的先知的话，是出于高尚的动机，还是出于无耻的欲望，是用歪曲的话否认那显然正确的真理。

15. 他推想有些事上帝是不可能也不适当做的，他说："如果对至高上帝预言这样的事，我们是否因为它们是被预言的，就应当相信上帝有这样的事？"他认为自己可以主张"即使众先知真的对上帝的儿子预言了这样的事，也不可能相信他会遭遇并行这些事的预言"。我们可以回答

---

① 《马太福音》27:34。

说，他的猜想是错误的，可以从他假定的前提推出自相矛盾的结论。这一点可以说明如下：(1) 如果至高上帝的先知说上帝要做奴仆，或者遭恶，甚至说他要死亡，那么这些事必发生在上帝身上，因为伟大上帝的先知说的话必然是真的。(2) 另一方面，如果至高上帝的真先知说这些事，由于本质上不可能的事就不是真实的，先知就上帝所说的事就不可能发生。当两个假设的前提通过三段论（就是两个相反命题的三段论）演绎得出相反的结论，两个前提中的前一个就被否定，在这个例子里就是"众先知预告了伟大的上帝必做奴仆，或必遭恶，或必死"。因而结论就是，先知没有预告伟大上帝必做奴仆或必遭恶或必死。这推论可以这样表述：如果 A 是真的，B 也真；如果 A 是真的，B 就不真；所以 A 不是真的。

斯多葛学派对此提供了如下具体的例子，他们说：如果你知道自己死了，你就死了；如果你知道自己死了，你就没死；所以，你不知道你死了。他们就是这样设置前提的。如果你知道自己死了，你所知道的事是真的，那么你真的是死了。相反，如果你知道自己死了，同样真实的是，你确实知道自己死了。但是死人不可能知道什么，显然，如果你知道自己死了，说明你没死。如我前面说的，从这两个前提可以推出，你不知道自己死了。当塞尔修斯说出以上我们引用的话时，他的假设里也包含这种论证。

16. 然而，我们为论证之故使用的方法与关于耶稣的预言毫无相似之处。预言没有说上帝要被钉十字架，他们只论到接受死的那位："我们看见他的时候，也没有佳形美容，相反，他的相貌不雅，被藐视，被人厌弃，还不如人子；是个多受痛苦，常经忧患的人。"① 请注意，他们说得非常清楚，受痛苦经忧患的那位乃是一个人。而耶稣本人，非常明确地知道赴死的是人，所以他对谋害他的人说："我将在上帝那里听见的真

---

① 《以赛亚书》53:2—3（与和合本略有出入。——中译者注）。

理告诉了你们,现在你们却想要杀我(一个人)。"① 若说他的人性有什么神圣的东西,那就是上帝的独生子,一切被造者以先首生的,说"我就是真理","我就是生命","我就是门","我就是道路","我是从天上降下来生命的粮"②的那位。实在地,耶稣里面的神圣者的位格和本质与他的人性是完全不同的事物。

因此,就是非常单纯、不曾在精致的辩证法上受过训练的基督徒,也不会说,那死的是真理、生命、道路、从天上降下来的生命的粮,是复活。正是住在表现为人的耶稣里面的那位,说他是复活,如他所教导的"复活在我"③。另外,我们谁也不会愚蠢到说生命死了,或者复活死了。我们若是主张先知预告过神圣逻各斯或真理或生命或复活会死,或者他们说过自称为其他种种头衔的上帝儿子会死,那么塞尔修斯倒有某种合理性。

17. 因而,当塞尔修斯说"但众先知不会预言这事,因为这是邪恶而不敬的"时,在这个题目上唯有一点是对的。他说的"这事"不就是指"伟大的上帝必做奴仆或必死"吗?然而,先知预言的事是与上帝相配的,因为他们预言的是,神性的某个"光辉和真像"④将成为人的生命,与耶稣的道成肉身的圣洁灵魂结合,好叫某种教义得到传播,使凡是接受它、放在自己的灵魂里、培植它的人,都成为上帝的朋友;只要他在自身里拥有神圣逻各斯的权柄,他要住在人的身体里,这教义就会领着他到达至善。他是要住在人的身体里,但不能说他的光芒仅仅包裹在那个人里面,也不能以为那光,也就是神圣逻各斯,就是产生这些光芒的光,不存在于任何别的地方。

---

① 《约翰福音》8:40。(中文里没有译出"A MAN")。
② 《约翰福音》14:6;10:9;14:6;6:51。
③ 《约翰福音》11:15(应为11:25。——中译者注)。奥利金在这里描述基督的人性的话,参本人在 H. T. R. XLI (1948), p. 100 n. 30 的论述。
④ 《所罗门智训》7章26节。(希伯来书1:3)。

因而，做在耶稣身上的事，就它们被认为适用于他里面的神圣性质来说，是敬虔的，与我们所接受的上帝观是不冲突的。但就他是一个人来说，这人比其他任何人更多地得到逻各斯和智慧本身的崇高之分，他作为一个智慧而完全的人，经受了一个尽自己所能为整个人类和一切理性存在者必须经受的事。一个人死了，他的死不仅树立了如何为信仰而死的典范，而且也开辟了颠覆恶者——就是魔鬼，在整个地上做王的①——的道路，并向前迈进了一大步。颠覆的标记就是许多地方的人因着耶稣的降临，赶走了原本紧附在他们身上的鬼魔，并且因为他们已经从鬼魔得释放，就全身心地事奉上帝，对他敬虔，尽他们所能在纯洁敬虔上日益进步。

18. 塞尔修斯接着说："他们难道不重新思考那样的事吗？如果犹太人的上帝的先知预告，耶稣将是他的儿子，那他为何让摩西给犹太人立法，叫他们变得富有、强大，②满了全地，③屠杀仇敌，包括他们的子孙及众人，杀死他们全族？④这是他自己在犹太人眼前做的，所以摩西就这样说。⑤此外，他们若是不顺服，他为何就威胁他们说，他对他们的仇敌所做的事也要向他们行？⑥然而他的儿子，这个拿撒勒人，却立了相反的律法，说人若是富有、爱权、自以为聪明、尊贵，⑦就不可能走向父，人不可比贪婪的乌鸦更关注食物或他的仓库，不可比纯洁的百合穿更多的服饰，若有人打他一次，他就得让那人再打一次。⑧摩西和耶稣，哪个是错的？或者当父差遣耶稣下来时忘了原先给摩西的吩咐？或

---

① 参《希伯来书》2:14—15；《约翰一书》5:19；《启示录》12:9。
② 《申命记》15:6；28:11—12。
③ 《创世记》8:17，9:1，7，等等。参第六卷，第二十九节。
④ 《出埃及记》17:13—16；《民数记》21:34—35；《申命记》25:19。
⑤ 《出埃及记》34:11；《申命记》29:2—3。
⑥ 《申命记》1:26—45；7:4；9:14；28:15—68。
⑦ 《马太福音》19:24；20:25—27。（参第六卷，第十六节塞尔修斯的话）。《马太福音》11:25。
⑧ 《马太福音》6:26—29；5:39。塞尔修斯似乎在引用马西昂主义的资料（参第七卷，第二十五节奥利金的评述）。

者他是否痛恨自己的律法，改变心意，再为完全相反的目标差来信使？"

这里，自称无所不知的塞尔修斯①对圣经的理解陷入了非常低级的错误。他以为在律法书和先知书里，唯有字句的表面意义，没有更深的理论蕴含在背后。他没有注意到，若这样，道就不会应许那些过正直生活的人物质财富，因为那显然是不能令人信服的；非常公义的人明显生活在极端贫困之中。事实上，众先知因其纯洁的生活而领受了圣灵，但他们"披着绵羊、山羊的皮各处奔跑，受穷乏、患难、苦害，在旷野、山岭、山洞、地穴飘流无定"②。如《诗篇》作者所说："义人多有苦难。"③

塞尔修斯若是读过摩西律法，就不太可能会认为"你必借给许多国民，却不至向他们借贷"④这句原是对守法的人所说的话，应当理解为是对义人的应许，以为他要加给义人大量盲目的财富，⑤由于他家财万贯，不仅可以借给犹太人，也可以借给其他国家的国民，甚至不只是一个、两个、三个国家，而是许多个。这样说来，如果义人根据律法得到财富作为公义的奖赏，那他必须得到多少财富才能借给许多国民？从这样的解释中可以推出，我们也当假定，义人从不借贷，因为经上写着"你不可借贷"。所以，如果塞尔修斯是对的，那么这个民就必清楚地看到他们的立法者不是在说真话，果真如此，他们还能如此长时间地忠实于摩西信仰吗？没有记载说哪个人聚集了如此多的财富，可以让他借给许多国民。然而，若如塞尔修斯所设想的，他们得到教导要在这个意义上理解律法，但又清楚地看到律法中的应许是虚假的，那他们就不可能还会为律法而战。

然而，如果有人拿圣经里所描述的百姓的罪来证明他们鄙视律法，

---

① 参第一卷，第十二节塞尔修斯的话。
② 《希伯来书》11：37—38。
③ 《诗篇》33：20（参和合本34：19。——中译者注）。
④ 《申命记》15：6；28：12。
⑤ 参柏拉图，《法律篇》631C；上文第一卷，第二十四节。

说也许因为他们认为律法是虚假的,所以拒斥它,那我们得对他说,他该读读那些场合的故事,经上记载说,原先整个百姓在耶和华眼前行了恶,但现在改邪归正,按着律法过着更良善的生活,敬拜上帝。

19. 此外,如果当律法说"你必管理许多国民,他们却不能管辖你"时,就是应许他们会变得强大,如果这些话里没有指示任何深奥的含义,那么显然,百姓就会有更加充分的理由拒斥律法的应许。塞尔修斯对某些指明全地都布满希伯来人的话作了一番解释。这是发生于耶稣降临之后的一个历史事件,可以说是因为上帝发怒,而不是因为他祝福而发生的。此外,关于应许犹太人他们要屠杀仇敌的话,我们得说,如果我们仔细揣摩研究这些话,就会发现,字面意思是不可能的。现在我们只要引述《诗篇》里的话就足以说明问题,《诗篇》引入义人说了很多事,其中说到:"我每日早晨要灭绝国中所有的恶人,好把一切作孽的从耶和华的城里剪除。"① 请注意讲话者的措辞和意图,他在前面一个段落里叙述了伟大事迹,有兴趣的人都可以去读一读,继而又说了这样的话,请想一想,若按字面意思理解,这是否可能——他不是在其他时间,就是在早晨灭绝地上所有罪人,不留一个活口。再想一想,他是否灭绝了耶路撒冷的每个恶人,不论他在行什么恶事。你还会发现律法中有许多类似的说法,比如:"我们将……尽都毁灭,没有留下一个。"②

20. 塞尔修斯还说,"有预言对他们说,如果他们不顺从律法,就会与他们的仇敌遭受同样的命运。"在塞尔修斯对此提出论证,引用在他看来与律法相背的基督的教训之前,我们必须说到他前面的话。我们主张,律法具有两重含义,一重是字面的,另一重是属灵的,如我们的一些前辈所教导的。③ 在一篇先知书里,与其说是我们,还不如说是上帝说话,描述字面上理解的律法是"不好的律例,不美的典章";在同一篇先知

---

① 《诗篇》100:8(和合本 101:80。——中译者注)。
② 《申命记》2:34,《民数记》21:35。
③ 比如 Philo, *de Spec. Leg.* I, 287 及各处。

书里又描述上帝说按属灵解释的律法是"好的律例，美的典章"①。显然，先知在同一段落里说这样的话，并不是自相矛盾的。当保罗说"字句是叫人死"，也就是这个意思，字句也就是字面解释的含义。而"精义是叫人活"②，对应于属灵解释。事实上，我们可以从保罗笔下找到一些话，是与先知书里塞尔修斯认为自相矛盾的话相类似的。以西结有一句话说："我任凭他们遵行不美的律例，谨守不能使人活的恶规"，另一句话说"我给他们立下美的律例，使人活的好规"，或者至少是与此意思差不多的话。同样，保罗在一处批评对律法作字面解释时说："那用字刻在石头上属死的职事尚且有荣光，甚至以色列人因摩西面上的荣光，不能定睛看他的脸，这荣光原是渐渐退去的，何况那属灵的职事岂不更有荣光吗？"③但在另一处他尊敬并赞同律法，称它为属灵的，说"我们原晓得律法是属乎灵的"，还以赞许的话论到它说"这样看来，律法是圣洁的，诫命也是圣洁、公义、良善的"④。

21. 倘若律法的字句应许义人财富，塞尔修斯可以跟从那叫人死的字句，认为这应许说的是盲目的财富。但我们认为它是有敏锐洞察力（视力清晰）的财富，⑤于是，作为一个"凡事富足，口才、知识都全备"的人，我们要"嘱咐那些今世富足的人，不要自高，也不要依靠无定的钱财；只要倚靠那厚赐百物给我们享受的上帝。又要嘱咐他们行善，在好事上富足，甘心施舍，乐意供给人"。⑥此外，根据所罗门，在真善之事上富有的人，其"资财，是他生命的赎价"，而与此相反的穷乏则使人毁灭——因这种穷乏"穷乏人却听不见威吓的话"⑦。

---

① 《以西结书》20:25。
② 《哥林多后书》3:6。
③ 《哥林多后书》3:7—8。
④ 《罗马书》7:14, 12。
⑤ 柏拉图，《法律篇》631C。
⑥ 《哥林多前书》1:5；《提摩太前书》6:17—18。
⑦ 《箴言》13:8。

这是我们对财富所作的解释，与此类似，我们还可以对能力作出这样的解释：经上讲到一个义人能追赶千人，两个义人能使万人逃跑。①既然对关于财富的话可以这样解释，那么岂不可以认为上帝的应许是指人要"凡事富足，口才、知识都全备"②，在一切智慧和善工上都富足，从而把他在口才、智慧、知识上的财富借给许多国民，正如保罗借给他所到之地的一切国民，从耶路撒冷直转到以利哩古，到处传了基督的福音？③既然神圣真道向他显明，叫他知道，而且他是借着逻各斯的神性，灵魂受到启示，因而他不曾借人的，也不需要任何人向他传道。我们也在这个意义上理解经文"你必管理许多国民，他们却不能管辖你们"。借着逻各斯所授予的权柄，他叫外邦人顺服于基督耶稣的教义，管辖他们，却从不曾服于什么人，不曾有人做他的上司，哪怕一小时也没有。正是在这个意义上，他"满了全地"。

　　22. 如果当我们解释义人的权柄胜过一切时，同时解释屠杀仇敌，我们要说，在"我每日早晨要灭绝地上所有的恶人，好把一切作孽的从耶和华的城里剪除"这话里，他在比喻意义上把肉体称为"地"，体贴肉体的，就是与上帝为仇；④"耶和华的城"指的是他自己的灵魂，里面是上帝的殿，⑤因为它拥有正当的上帝观，因而凡看见的，都对之敬仰不已。所以，当"义人的日头"⑥的光芒照耀他的灵魂时，可以说，他就因此得了力量，变得强大。于是他就能灭绝所有"属肉体的心"，也就是这里的"地上的恶人"，剪除耶和华城里"作孽的"，就是去除他灵魂里一切"作孽"的念头，与真理作对的欲望。

　　也正是在这个意义上，义人毁灭一切源于恶的还存留的仇敌，从而

---

① 《申命记》32:30。
② 《哥林多前书》1:5。
③ 《罗马书》15:19。
④ 《罗马书》8:7。
⑤ 《哥林多前书》3:16—17；《哥林多后书》6:16。
⑥ 《玛拉基书》4:2。

甚至连刚刚种下去的罪的苗头也不留一点。我们对《诗篇》136篇的话也这样理解:"将要被灭的巴比伦城啊,报复你像你待我们的,那人便为有福! 拿你的婴孩摔在磐石上的,那人便为有福!"① 巴比伦的婴孩,意指混乱,②就是由刚刚种下去,正在灵魂中生长的恶产生的混乱念头。拿住他们的人,用坚硬而坚固的道摔断他们的头,就是把巴比伦的婴孩摔在磐石上;由此他成了有福的。这样说来,就算上帝真的吩咐人杀死作孽的工,"孩子和众人","杀死他们全族",他的教训与耶稣的宣告也绝没有不一致之处。我们也可以承认,上帝在那些里面做犹太人③的人面前使他们的仇敌及由恶引发的一切工全都灭绝。我们可以认为,当那些不顺服上帝的律法和道的人被比作仇敌时,指的就是这个意思;因为他们的性质由恶塑造,于是就受到抛弃上帝的道的人应受的责罚。

23. 由此可以明确,耶稣,"拿撒勒人",并没有制定与那些我们引用的关于财富和放弃财富的人的律法相背的律法,当他说富人很难进入上帝的国时,可以从单纯的意义上把"富人"理解为人被财富困扰、受阻,就如道被荆棘挤住了,不能结出果实④,或者理解为在错误观点上富足的人,关于这类人,《箴言》里说:"行为纯正的穷乏人,胜过行事乖僻的富足人。"⑤

塞尔修斯很可能是根据"你们中间谁愿为大,就必作你们的用人","外邦人有君王为主治理他们",以及"那掌权管他们的称为恩主"⑥,引出耶稣抛弃了对权柄之爱的观念。 然而不可认为这是与"你必管辖他许多国民,他们却不能管辖你"这话是矛盾的,主要就是因为我们在解释这一经文时所给出的原因。

---

① 《诗篇》136:8—9(和合本为137:8—9。——中译者注)。
② 参 F. Wutz. *Onomastica Sacra* (*T. U.* 41. 1914),p. 153。
③ 《罗马书》2:29。
④ 参《马太福音》13:22。
⑤ 《箴言》28:6。
⑥ 《马太福音》20:25—27;《路加福音》22:25。

然后塞尔修斯对智慧提出异议,他认为耶稣教导智慧人不能"到父那里去"。我们可以对他说:什么样的智慧人?如果你指的是按那被称为这世上的智慧装备起来的人,那种智慧在上帝是愚拙,①那我们也会声称,这个意义上的智慧人不能到父那里去。但如果我们把智慧理解为基督,由于基督是上帝的能力,上帝的智慧,②我们不仅认为这个意义上的智慧人能够到父那里去,还得说这人装饰了称为"智慧的言语"③的属灵恩赐,那是圣灵授予的,这样的人比没有这种装饰的人要卓越得多。

24. 再者,我们说,在人中间求名不仅是耶稣的教导所禁止的,也是旧约所不允许的。无论如何,一位先知曾祈求,若是他犯了罪,就让咒诅临到他头上,他说属世的荣耀是可能出现在他身上的最大的恶。他的话是这样说的:"耶和华我的上帝啊,我若行了这事,若有罪孽在我手里,我若以恶报那与我交好的人,(连那无故与我为敌的,我也救了他。)就任凭仇敌追赶我,直到追上,将我的性命踏在地下,使我的荣耀归于灰尘。"④

此外,"不要为生命忧虑吃什么,喝什么;你们看那天上的飞鸟,也不种,也不收,你们的天父尚且养活它。你们不比飞鸟贵重得多吗?""何必为衣裳忧虑呢?你想,野地里的百合花怎么长起来?"⑤以及后面的话,与律法书里的祝福并不矛盾,律法书教导义人要吃得饱足,⑥所罗门有话说:"义人吃得饱足,灵魂满足;恶人肚腹缺粮,灵魂饥饿。"⑦我们应当注意,律法的祝福里所表明的乃是灵魂之粮。这粮所填饱的不是合成的人(身体和灵魂合成),只是灵魂而已。我们也许应当对福音作

---

① 《哥林多前书》3:19。
② 《哥林多前书》1:24。
③ 《哥林多前书》12:8。
④ 《诗篇》7:4—6(和合本为3—5。——中译者注)。
⑤ 《马太福音》6:25—28。
⑥ 参《利未记》26:5:"你们要吃得饱足。"
⑦ 《箴言》13:25(和合本译作"义人吃得饱足;恶人肚腹缺粮"。——中译者注)。

出两种解释，一种是深奥的，另一种是浅显的，后者是指，人不必心里忧虑吃什么、穿什么，只要过简单的生活，相信自己在上帝神意的保护之下，只要关心必不可少的东西就行了。

25. 塞尔修斯没有从律法书引用任何明显与福音书里的话矛盾的段落，否则我们也可作一比较。他说："若有人打他一次，他就得让那人再打一次。"但我们要说，我们知道"古时候有话说：'以眼还眼，以牙还牙。'"而我们读到"只是我告诉你们：有人打你的右脸，连左脸也转过来由他打"①。我想，塞尔修斯肯定从那些说福音书的上帝不同于律法书的上帝的人那里取了一些模糊的概念，从而说出这样的话。我要这样驳斥他的异议：旧约也知道这教义，即有人打你的右脸，把左脸也转过来让他打。至少在《耶利米哀歌》里写着："人在幼年负轭，这原是好的。他当独坐无言，因为这是耶和华加在他身上的……他当由人打他的腮颊，要满受凌辱。"②因而，福音并没有制定与律法中的上帝矛盾的法条，即使我们从字面解释打脸这话，也不矛盾。无论摩西还是耶稣，都没错。也不是父"在差遣耶稣下来时忘了原先给摩西的吩咐"，更不是他"痛恨自己的律法，改变主意，再为完全相反的目标差来信使"。

26. 如果我们可以稍稍谈论犹太人先前习惯的，按着摩西律法的规定奉行的生活方式，也就是基督徒如今想要根据耶稣的教训，加以改正的生活方式，那我们就会注意到，要外邦人照着摩西律法的字面意思，规范他们的社群，这是与他们的呼召不吻合的，因为他们在罗马人统治之下。要将古犹太人的生活结构毫不改变地保留下来，又要他们遵守福音书所吩咐的生活方式（比如说），这是不可能的。要基督徒遵守摩西律法规定的杀灭仇敌或者那些行为不合法，按律法规定要用火烧死、石头打死的人，也是不可能的。事实上，甚至犹太人也做不到，即使他们真

---

① 《马太福音》5:38—39。
② 《耶利米哀歌》3:27—29。

的想要按律法的命令，执行这些处罚，也无法做到。再者，那个时代的犹太人有自己的政治生活，自己的国家，你若是禁止他们去与自己的仇敌争战，为自己的传统习俗而战，对通奸者、杀人者，或者犯了诸如此类罪行的人，禁止取其性命，或者任何时候都不能惩罚他们，那么不可避免的结果只能是，一旦仇敌攻打他们的国家，他们就会全军覆没，彻底毁灭，因为他们的律法剥夺了他们的力量，禁止他们抵抗仇敌。然而，久远之前立了律法，如今又赐下耶稣基督的福音的神意，不希望犹太人的习俗继续存在，因而毁了他们的城池、神殿，以及在殿里对上帝的祭祀方式和所规定的崇拜礼仪。正如神意不愿意这些事继续遵行，因而毁灭它们，同样，神意也让基督徒顺利发展，将人数天天加给他们，① 还赐给他们大胆勇敢，尽管事实上世上有数不胜数的绊脚石拦阻耶稣教义的传播，但是因为正是上帝希望外邦人也得到耶稣基督的教义的帮助，所以凡是设计谋害基督徒的人都被挫败；越是有皇帝和统治者以及许多地方的百姓羞辱他们，他们在人数上就增加得越快，于是，他们变得"极其强盛"。②

27. 这之后，塞尔修斯详细引述我们没有说过的对上帝的论述，似乎它们直接表现了我们的观点，其大意是："他本性上是有形的，有一个像人一样的孩子。"③ 既然他试图推翻我们根本没有讲过的概念，那就没有必要引述这些话，驳斥它们也是多余的。如果我们说过他认为我们论断上帝的话，如果这是他抨击的对象，那么我们就必须引述他的话，为我们的教义辩解，粉碎他的指控。然而，他只是从自己头脑里臆想出来，不是从谁那里听说，或者就算是他从什么人那里听来的，也是从某些单

---

① 《使徒行传》2:47。
② 《出埃及记》1:7。
③ 参第六卷，第六十二节至第六十四节；奥利金驳斥教会里坚持神人同形同性的上帝观的人，参 Comm. in Rom. I, 19；"教会里有些人说，人的形体就是上帝的形象。"德尔图良常常强调，凡不是有形的，就不是真实的（斯多葛学派观点）：adv. Prax. 7；de Carne Christi 11。参 Clement. Hom, XVII, 7ff，其中彼得反驳大西蒙的观点，指出上帝是无形的。

纯、幼稚、不知道圣经含义的人那里听来的，那我们就根本没有必要致力于无所谓的论证。圣经清楚地说，上帝是无形的。所以，"从来没有人看见上帝"，"那首生的，在一切被造的以先"的，被认为是"不能看见之上帝的像"①——"不能看见"的意思就是"无形的"。不过，前面当我们考察在什么意义上理解以下经文"上帝是个灵，所以拜他的，必须用心灵和诚实拜他"②时，我们已经适当地论述了我们的上帝观。

28. 所以这是他误解我们所说的上帝观，这之后，他又问我们："我们要去哪里？我们有怎样的盼望？"然后他妄断我们会说以下的话，似乎这就是我们的回答："去另一个世界，比这个更好的地土。"针对这话他说："古代受圣灵启示的人说，幸运的灵魂有幸福的生活。有的称之为福岛，③有的称之为乐土（Elysian Fields），因为在那里他们就脱离了世上的各种邪恶。因而，荷马说：'不死的必送你到乐土，就是生活极其安逸的地极。'④柏拉图认为灵魂是不死的，他非常坦率地把灵魂要去的地方称为一个地土（a land），他说："这世界非常巨大，我们居住的区域位于费西斯河（Phasis）与赫丘利（Hercules）柱石之间，只是其中一个极小的部分，就像沼泽地周围的蚂蚁、青蛙在大海边生活一样；其他许多人住在许多与此类似的地方，因为大地周围的许多地方都有山谷，形状、大小各异，都有水、雾、气汇聚。但地土本身是纯洁的，位于纯洁的天上。"⑤

于是，塞尔修斯认为我们从古代某些在他看来受了圣灵启示的人，尤其是从柏拉图——他在《斐多篇》里从哲学上论到纯洁的天上有一个纯洁的地土——那里取了另一世界的学说，说那一世界远比这一世界美

---

① 《约翰福音》1:18；《歌罗西书》1:15。
② 《约翰福音》4:24；参第六卷，第七十节。
③ 参 Hesiod, *Op.* 171。
④ 荷马，《奥德赛》IV, 563—556。
⑤ 柏拉图，《斐多篇》109A, B。

好得多。他没有看到摩西这位甚至比希腊字母表要早得多的先知，① 早就教导过，上帝向那些按他的律法生活的人应许了一个纯洁之地，就是"宽阔美好流奶与蜜之地"②。这美地不是如有些人所认为的，是属地的犹太地，因为犹太地事实上存在于从一开始就因亚当的悖逆而受到咒诅的地上。要知道，经上的话"地必因你的缘故受咒诅；你必终身劳苦，才能从地里得吃的"，③是指整个地。凡是在亚当里面死了的人，都要劳苦，也就是经受种种患难，才能从这地上得吃的，而且他终身都要如此，因为全地都受了咒诅，因而它必给人长出荆棘和蒺藜，终身如此。人在亚当里被赶出了乐园，每个人必汗流满面才得糊口，直到他归了土，他原本就是从土而出的。要解释这些经文，必须从这个话题引出许多论述。但目前我们只作这样一个简单的讨论就行了。我们只希望消除这样的错误想法，以为关于上帝应许给义人的美好之地所说的话，就是指犹太地所说的。

29. 因而，既然整个地本身因亚当的缘故及那些在他里面死了之人的缘故而受了咒诅，那么显然，它的任何一部分也分有这一咒诅，包括犹太地。因而，"宽阔美好流奶与蜜之地"这话不可能指它，即使犹太地和耶路撒冷显然是一种象征，是存在于纯洁天上，也就是属天耶路撒冷所在的天上，宽阔美好的纯洁之地的影子。使徒讨论过这地，他与基督一同上升，寻求上面的事，④发现了犹太人的任何神话学解释（即荒谬的言语）⑤都不能包含的意义，他说："你们乃是来到锡安山、永生上帝的城邑，就是天上的耶路撒冷。那里有千万的天使。"⑥

如果有人希望我们拿出证据让他相信，我们关于摩西记载的宽阔美

---

① 参第四卷，第二十一节；第六卷，第七节。
② 《出埃及记》3:8。
③ 《创世记》3:17；《哥林多前书》15:22。
④ 《歌罗西书》3:1。
⑤ 参《提多书》1:14。
⑥ 《希伯来书》12:22。

好之地没有说与圣灵意指的含义矛盾的话，就请他留意先知教导过那些迷失方向、偏离正道的人必有一次向耶路撒冷的回归，①一般而言，他们要回到那地，有人称之为上帝之城，就是那说"他的居所在于圣安"，论断"耶和华本为大，在我们上帝的城中，在他的圣山上，该受大赞美，为全地所深切喜悦。"②

目前我们只需引用《诗篇》36篇，它论到义人之地说："惟有等候耶和华的必承受地土。"稍后又说："谦卑人必承受地土。"再后说："蒙耶和华赐福的，必承受地土。"又说："义人必承受地土，永居其上。"此外，在同一诗篇里说："你当等候耶和华，遵守他的道，他就抬举你，使你承受地土。"这岂不是向那些能够明白这些话的人指明了纯洁之地的存在吗？③

30. 我想，柏拉图关于地上被视为宝石的石头的观点，即他所说的它们是佳美之地的石头的一种发散，④源自《以赛亚书》里关于上帝之城所写的话，这话说："我必以红宝石造你的女墙，以红玉造你的城门，以宝石造你四周的边界。"又说："我必以蓝宝石立定你的根基。"⑤那些从高尚的意义上理解柏拉图理论的人认为，哲学家虚构的故事是一种比喻。但那些过着类似于先知一样的生活，得到圣灵启示的人，那些一生致力于研究圣经的人，必向适合的听众——因为他们的生活是纯洁的，也因为他们渴望了解上帝的事——解释这些预言，我们推想柏拉图也借用了的这些预言。

我们的目的乃是表明，我们的圣地思想不是从希腊人，也不是从柏拉图借来的。由于希腊人是更后来的人，不仅比摩西迟（摩西是最伟大

---

① 关于奥利金最后复归的教义，参第八卷，第七十二节。
② 《诗篇》75:3，47:2—3（参和合本76:2"在锡安，有他的居所"及48:1—2。——中译者注）。
③ 和合本为《诗篇》37:9, 11, 22, 29, 34。——中译者注
④ 柏拉图，《斐多篇》110D, E。
⑤ 《以赛亚书》54:12, 11。

的古人），也比大多数先知迟，所以，他们之所以论到佳美之地，或者因为他们误解了①某些模糊地暗示这些真理的话，或者因为他们读过圣经，对经文做了改编。哈该清楚地指出，旱地是一回事，地是另一回事，因为他把我们居住的这个世界称为旱地。他说："过不多时，我必再一次震动天地，沧海和旱地。"②

31. 塞尔修斯从解释柏拉图《斐多篇》里虚构的故事回来，说："要知道他说这些话是什么意思并不容易，除非你能明白他说以下这些话时所指的是什么：'由于软弱和迟钝，我们无法抵达空气的顶端。要是我们的本性能够看见那里的景象，我们就会认识到，那才是真正的天，真正的光。'③"因为我们认为，解释圣洁美好的地土及里面的上帝之城与目前的工作计划不一致，所以我们学他的做法，把它留给注释先知书时讨论，其实我们已经尽我们所能在研究《诗篇》45篇和47篇时对上帝之城做了部分讨论。④摩西和众先知的极其古老的教义注意到，真正的事物全都与地上的事物有同样的名称，地上的事物更为普遍地取了这些名称。比如，有"真光"，有不同于苍穹的"天"，有不同于眼睛所见的太阳的"义人的日头"⑤。一般而言，可感知之物没有一个是真实的，与此相对比，圣经说："上帝，他所做的全都诚实"⑥——把上帝做的事归入真正之事的范畴，而那些称为"他手所做的工"⑦属于较低级的范畴。无论如何，当他指责某些人时，就借以赛亚说："他们不顾念耶和华的作为，也不明白他手所做的。"⑧这个问题就谈到这里。

---

① 参第五卷，第六十五节；第六卷，第二十二节塞尔修斯的话。关于摩西的优先性，参第四卷，第二十一节。
② 《哈该书》2:6。
③ 柏拉图，《斐多篇》109D, E。
④ 这些研究的残篇里没有包括对上帝之城的任何讨论。
⑤ 《约翰一书》2:8；《创世记》1:6—8（参第六卷，第四十九节）；《玛拉基书》4:2。
⑥ 《但以理书》4:34（参和合本4:37。——中译者注）。
⑦ 《诗篇》101:26。（参和合本102:25："你起初立了地的根基，天也是你手所造的。"——中译者注）
⑧ 《以赛亚书》5:12（和合本"明白"译为"留心"。——中译者注）。

32. 塞尔修斯不明白复活理论，这确实是深奥，难以解明的，① 比其他任何理论更需要能力精湛的智慧人来表明它是与上帝相配的，是高贵的理论。它教导说，灵魂的帐棚，② 如圣经里所称的，拥有一个种子原则。③ 义人在这帐棚里叹息劳苦，并非愿意脱下这个，乃是愿意穿上那个。④ 塞尔修斯之所以没有明白这一点，是因为他是从无法通过论证支持这一理论的无知之人那里听说的，所以他讥笑这一论断。除了我们前面对这个话题所说的话 ⑤ 之外，我们对这一学说还应当加上这样的评论。我们谈论复活，并不是如塞尔修斯所想象的，是因为我们"误解了轮回学说"，而是因为我们知道，灵魂的本性是无形的，不可见的，当它处在某个物理处所时，就要求有一个与那种环境相适应的身体。⑥ 首先，当它脱去先前的身体——那身体最初是必不可少的，但如今它上升到第二状态之后，就多余了——之后，它就穿上这个身体。其次，它把一个身体放在它先前拥有的那个身体之上，因为它需要为更纯洁、属天的领域预备更好的外衣。它降生到这个世界的时候，就脱去胞衣，只要胎儿还在母亲的肚腹里，这胞衣就对它的形成有用；⑦ 它乃是在胞衣下面穿上将来要住在地上所必不可少的东西。

同样，既然有一间属地的帐棚之屋，对帐棚多少是必要的，⑧ 所以

---

① 参《希伯来书》5:11。
② 《哥林多后书》5:4。
③ 奥利金的这个短语（λόγον σπέρματος）令人想起斯多葛学派的"*logos spermatikos*"。参本人在 *H. T. R.* XLI (1948), p. 101 的论述。Bader 认为塞尔修斯使用了这一短语，我不以为然。
④ 《哥林多后书》5:4。
⑤ 参第二卷，第五十五节至第六十七节；第五卷，第十八节至第二十节，第五十七节至第五十八节。
⑥ 参奥利金 (ap. Method. *de Resurrectione* I, 22, 4-5)："存在于有形处所里的灵魂，必然要使用与那些处所相适应的身体。正如我们变成水生物，要住在海里，那毫无疑问我们需要接纳一种不同的、与鱼类似的状态。同样地，如果我们要承受天上的国，要存在于高级处所，就必须使用属灵的身体。这并不是说，早先的身体形式消失了，而是说它可能变为更荣耀的状态。"
⑦ 关于这种思想，参 Strabo, XV, 1, 59 (p. 713)："婆罗门教 (The Brahmans) 大量谈论过死亡。他们认为此生就像肚腹里胎儿时期，对学哲学的学生来说，死就是向真实而幸福的生命的诞生。"类似的说法见 Seneca, *Ep.* CII, 23；M. Aurelius, IX, 3, 4；Porphyry, *ad Marcellam*, 32；Eusebius, *Theophaneia*, I, 72。
⑧ 关于这里的用词，参《哥林多后书》5:1 以下。

圣经说，这地上的帐棚之屋拆毁了，帐棚就穿上"不是人手所造，在天上永存的房屋"。属上帝的人说"这必朽坏的总要穿上不朽坏"，不朽坏不同于那不朽坏的；"这必死的总要穿上不死"①，不死也不同于那不死的。智慧与有智慧者、公义与义者、平安与平安者的关系，就是不朽坏与不朽坏者、必死与必死者的关系。请注意，圣经呈现在我们面前的生命的特点，它说，我们必穿上不朽坏和不死，它们就像衣服，人穿上，被这些衣服包裹，它们就不让穿上的人遭受朽坏和死亡。我们冒昧地说到这点，因为他不明白我们说的复活是什么意思，并因而讥讽、取笑自己不理解的理论。

33. 他以为我们主张复活论是因为我们必"知道并看见上帝"，所以他继续从自己头脑里臆造出概念。以下就是他说的内容："当他们四处碰壁，观点被拒斥时，似乎什么也不明白，又回到同样的问题：'我们要怎么认识并看见上帝？我们该如何走到他面前？'"②凡有兴趣的人都当知道，我们需要身体有多重目的，因为我们处在物理居所，所以它必须具有与物质空间的本性相同的特点，不论那本性是什么；我们既需要身体，就把前面提到的性质放在帐棚之顶。但为了认识上帝，我们根本不需要身体。对上帝的认识不是源于肉眼，而是源于心眼，它看见那按造主的形象所造的，并借着神意领受了认识上帝的权柄。看见上帝的乃是清洁的心，这样的心不会流出任何恶念，不会有凶杀、奸淫、苟合、偷盗、妄证、诽谤，恶毒的眼光，也没有任何别的恶行。③所以经上说："清心的人有福了，因为他们必得见上帝。"④然而，由于我们的意志不够强大，无法使我们心里完全清洁，也因为我们需要上帝使它变得完全

---

① 《哥林多前书》15:53。
② 参第六卷，第六十六节塞尔修斯的话。
③ 《马太福音》15:9（应为19节。——中译者注）；《马可福音》7:21—22。
④ 《马太福音》5:8。

清洁，所以以悟性求告的人说："上帝啊，求你为我造清洁的心。"①

34. 此外，我们不会对任何人提出这样的问题，说"我们该如何到上帝面前？"似乎上帝位于某个处所。事实上，上帝超越于一切处所，囊括一切所有；而没有任何东西包含上帝。② 吩咐我们"跟从耶和华你们的上帝"③，并不是在形体的意义上吩咐我们的。先知在祷告中说"我心紧紧跟随你"，也不是指实际上的紧紧跟随上帝。所以，塞尔修斯说我们"相信必以肉眼看见上帝，肉耳听见他的声音，亲手触摸他"④，是在错误的根基上批判我们。我们知道，圣经论到眼睛，与肉眼同名，也同样地论到耳朵和手，更值得注意的是，它们论到一种神圣意义，与通常用法中共同的称谓完全不同。当先知说"求你开我的眼睛，使我看出你律法中的奇妙"，或者"耶和华的命令清洁，能明亮人的眼目"，或者"使我眼目光明，免得我沉睡至死"⑤，没有谁会愚蠢地认为神圣律法的奇妙是肉眼能看出的，或者耶和华的命令照亮的是人的肉眼，至死的沉睡与肉眼有关。

此外，当我们的救主说"有耳可听的，就应当听"⑥，就是最无知的人也明白这是指属灵的耳朵。如果圣经说，耶和华的话临到先知耶利米之手，或者别的什么人之手，或者律法临到摩西之手，⑦或者"我不住地举手求主，未受蒙骗"⑧，谁也不会笨到看不出这里的手是比喻意义上的手。关于手，约翰也说："……生命之道，就是我们……亲手摸过

---

① 《诗篇》50:12（和合本为51:10。——中译者注）。
② 参斐洛，"上帝被称为处所，因为他包含万物，但不被任何东西包含。"类似的有：*Leg. Alleg.* I. 44；*Sobr.* 63；*Migr. Abr.* 182；*Somn.* I. 185；*Conf. Ling.* 136。
③ 《申命记》14:4（似应为13:4。——中译者注）。
④ 参第六卷，第六十四节；第七卷，第二十七节塞尔修斯的话。
⑤ 《诗篇》118:18；18:9；12:4（和合本为119:18，19:8；13:3。——中译者注）。
⑥ 《马太福音》11:15，13:9，等等。
⑦ 《耶利米书》1:4，9；《民数记》16:40。
⑧ 《诗篇》76:3（参和合本77:2："我在夜间不住地举手祷告，我的心不肯受安慰。"——中译者注）。

的。"① 你若是想要从圣经学习高深而属灵的意义，请听所罗门《箴言》里的话："你就找到神圣意义。"②

35. 所以，我们根本不必去——塞尔修斯可能会差我们去——"特洛福纽斯（Trophonius）、安菲阿劳斯（Amphiaraus）、摩普苏斯（Mopsus）"，这些塞尔修斯说"可以看到人形的诸神的地方"，而且塞尔修斯还告诉我们，他们"不是骗人的冒名顶替者，而是真正的显现"③。但是我们拥有知识，知道这些是以燔祭、牲血、香气为食的鬼魔，④ 他们被自己的欲望囚在监牢里。希腊人以为这些是诸神的殿，但我们知道这样的处所乃是骗人的鬼魔的居所。

之后塞尔修斯邪恶地谈到诸神，就是他提到的在他看来拥有人形的神，说"你可以看到，他们并非只是以隐蔽、神秘的方式显出表象，如欺骗基督徒的家伙那样，而是不停地与想要交流的人交流。"从这些话看来，他以为耶稣从死里复活，向门徒显现的时候，是一个幽灵，⑤ 似乎他只是以隐蔽而神秘的方式向他们显出表象，而他描述为拥有人形的诸神却不停地与想要交流的人交流。但是，一个幽灵，如他所说的，怎么可能隐蔽而神秘地显现出来，欺骗那些看见它的人，甚至在异象消失之后还能产生如此巨大的效力，使如此众多人的灵魂皈依，在他们心里灌输一种信念，要他们行一切事，蒙上帝喜悦，因为他们要受到他的审判？一个所谓的幽灵怎么可能赶走鬼魔，产生其他具有重大意义的结

---

① 《约翰一书》1:1。
② 《箴言》2:5（参和合本译文"你就明白敬畏耶和华，得以认识上帝。"——中译者注）。参第一卷，第四十八节。
③ 这些英雄的神殿，参第三卷，第三十四节塞尔修斯的话。关于显像的实在性，参第三卷，第二十四节；第八卷，第四十五节。参 Rohde，Psyche (E. T.)，p. 567n. 104 引用 Lebadeia 3 世纪的一则铭文（I. G. VII, 3426）。另外，Rohde, op. cit. p. 104n. 5，尤其是 p. 106n. 13，他说："孕育期若向某个神求问，该神必须亲自显现，他若不显现，就不可能给出神谕。在 Epidauros 发现的治病神迹的记载中，神定期来到'密室'向入睡者显现……" K. Latte, in P.-W. s. v. 'Orakel' xviii, 1 (1939), 833-835的讨论。
④ 参第三卷，第三十八节。
⑤ 参第二卷，第七十节；第三卷，第二十二节塞尔修斯。

果？因为他没有得到任何具体的住所，不像塞尔修斯那些拥有人形的神，所以他行走全天下，借神性召集、吸引任何他发现有意追求永生的、美好的生活的人。

36. 这些话我们已经尽我们所能给予驳斥。然后塞尔修斯又说出以下的话："另外，他们必会说：'他们若不凭感知觉抓住上帝，又怎么能认识他呢？他们若不靠感知觉，又如何能获得知识呢？'"① 他接着对这一问题作出回答，说："这样的话不是出于人或者灵魂，只是出于肉身。然而，如此懦弱而属肉体的族类若是能够明白事理，就让他们听我说。如果你闭上双眼，不看感觉世界，而用心灵仰望，如果你转离肉身，抬起心眼，唯有这样你才可能看见上帝。如果你寻求某人引导你走这条路，就必须逃离追逐幽灵的骗子和术师。当你诽谤显现出来的别的神是幽灵，② 同时敬拜一个甚至比真正是幽灵的事物更可恶的人，它甚至不再是幽灵，完全是死人；③ 当你们寻求一个像他一样的父时，就是在每个人面前让自己成为笑料。"

他把这些话放入我们之口，认为这是我们为肉体复活辩护而说的话，对此我要驳斥的第一点是，一个作者若是把话语放入别人之口，保守这话的含义与说话之人的品德的一致性，那是作者的一种美德；而放入说话者之口的话若与他不吻合，那就是一种过错。那些借某人之口说话，把作者本人学过的哲学归到野蛮人、无知者或奴仆，这些从未听过哲学论证，也从未对它们作出适当叙述的人之口，这样的人同样是该受指责。被加给这些观念的人自身不可能知道这些观念。另一方面，有些人把无知的民众因粗俗的情欲冲动而说的话，出于无知的论断，归给那被称为智慧者，即拥有关于上帝之事的知识的人，这样的人也同样是该指责

---

① 参第六卷，第六十六节；第七卷，第三十三节塞尔修斯的话。关于他对基督教身体观和质料观的异议，参第五卷，第十四节；第七卷，第四十二节至第四十五节；第八卷，第四十九节。
② "Eidolon"在通常的希腊用语里普遍意指"幽灵"，但在七十士译本和新约里，意指"偶像"。
③ 参第七卷，第六十八节塞尔修斯的话。

的。荷马之所以受到许多人尊敬,其原因也就在这里。他始终使英雄的性格保持一致,开始叙述时怎样,就一以贯之,比如涅斯托耳(Nestor)、奥德赛、狄俄墨得斯(Diomedes)、阿伽门农(Agamemnon)、忒勒玛科斯(Telemachus)、珀涅罗珀(Penelope),或者其他人。① 而欧里庇得斯被阿里斯托芬(Aristophanes)视为愚人,写了不当的诗行,因为他常常把包含他自己从阿那克萨哥拉(Anaxagoras)或另外哪个智慧人那里学来的思想,放入野蛮女子或女仆之口。②

37. 若说这就是塑造人物的艺术中对正确与错误的恰当描述,那么当塞尔修斯把基督徒根本没有说过的话置于他们口中时,我们岂不是更有理由笑他?如果他编造观念,假定它们是普通百姓持有的,这样的民众怎么能区分感知与理智,区分可感知事物与可理知事物?我们难道要认为,他们就像否认理智实在存在的斯多葛学派那样系统表述他们的理论,说我们理解(comprehension)的事物是靠感官理解的,一切理解无不基于感知觉?③ 另一方面,如果他编造的话假定是由那些从哲学上阐释基督理论,并尽其所能认真研究它们的人说的,他也同样没有设计出适合他们身份的话。凡是知道上帝是不可见的,还有某些可理知的受造物也是不可见的人,没有谁会为了维护复活而说:"他们若不凭感知觉抓住上帝,怎么能认识他呢?"也不会说:"若不靠感知觉,又如何能获得知识呢?"须知,以下这话不是写在只有少数人看的深奥难读的作品中,而是写在通俗文献中:"自从造天地以来,上帝的不可见之事(他的永能和神性)是明明可知的……藉着所造之物就可以晓得。"④ 由此我们可以知道,即使人在今生意欲上升到可理知之事时,不得不从感官和可感知

---

① 参 Theon, *Progymn.* I (Walz, *Rh. Gr.* i, 148-149);"我们赞赏荷马让他笔下的每个人物说恰如其分的话,但我们批评欧里庇得斯,因为他不恰当地让赫卡柏(Hecuba)讨论哲学。"
② Aristophanes, *Acharnians*, 393 ff。关于阿那克萨哥拉,参第四卷,第七十七节。
③ 参 *S. V. F.* II, 105-121。怀疑论否认确定知识的可能性,斯多葛学派反对这种观点,认为实在是物质性的,感知觉是一切知识之源,知识的标准是 καταληπτικὴ φαντασια,心灵上的一种印记,其可靠性毋庸置疑。参第一卷,第四十二节。
④ 《罗马书》1:20。

之物开始，人也必然不会因此而满足于可感知之物。他们也不会说，若不凭着感知觉，就不可能认识可理知之物。即使他们会问："没有感知觉，谁能获得知识？"也不能表明塞尔修斯下面的话是有充分理由的："这样的话不是出于人或者灵魂，只是出于肉身。"

38. 由于我们认为，宇宙的上帝是心灵（mind），或者说他超越于心灵和存在（being），① 是完全不可见的，无形的。所以，我们说，唯有按着那心灵造的形象才能理解上帝。引用保罗的话，我们如今理解他"仿佛对着镜子观看，模糊不清（如同猜谜），到那时，就要面对面了"②。这里的"面"，任何人都不能以为是指这个词的直接含义，从而提出错误指控。他当了解像"我们众人既然敞着脸得以看见主的荣光，好像从镜子里返照，就变成主的形状，荣上加荣"③ 这样的话所指的不是可感知的脸，而是比喻意义上的脸，就如同我们上面表明的，眼睛、耳朵以及使用了其他肢体名称的事物，全是比喻。④

一个"人"，也就是使用身体的灵魂，⑤ 被称为"里面的人"的内心，⑥ 永远不会作出塞尔修斯所写的回答，只会作出属上帝的人教导的回答。没有哪个基督徒会说出于肉体的话，因为他已经学会靠着圣灵治死身体的恶行，身上常带着耶稣的死，⑦ 还有诫命："要治死你们在地上的肢体。"⑧ 他知道"人既属乎血气，我的灵就不永远住在他里面"⑨ 这话所指的含义。他也知道"属肉体的人不能得上帝的喜欢"⑩，因此尽

---

① 柏拉图《理想国》509B；参第六卷，第六十四节。
② 《哥林多前书》13:12。
③ 《哥林多后书》3:18。
④ 参第六卷，第六十一节至第六十二节；第七卷，第三十四节。
⑤ 一个标准定义——比如 Origen, de Princ IV, 2, 7 (14); Julian, Or. VI, 183B。
⑥ 《罗马书》7:22，《哥林多后书》4:16，《以弗所书》3:16。
⑦ 《罗马书》8:13；《哥林多后书》4:10。
⑧ 《歌罗西书》3:5。
⑨ 《创世记》6:3。
⑩ 《罗马书》8:8。

其所能使自己不再在肉体里，而是完全在灵里。

39. 我们也来看看，他邀请我们聆听的，教我们知道怎样认识上帝的话是什么。这里他认为没有基督徒能明白他的话，因为他说："然而，他们若是能明事理，就让他们听我说。"所以我们必须明白他，这位哲学家，想要我们聆听的究竟是什么。他应当谆谆教导我们，但却对我们大肆辱骂。他应当在论述开始时向听者表明他的好意，但他却说，那些宁愿死也不愿弃绝基督教，哪怕只是口头说说，那些愿意承受任何暴虐，任何死法的人，全是"懦弱的族类"。他声称我们还是"属肉体的族类"，尽管我们断言"虽然凭着外貌认过基督，如今却不再这样认他了"①。我们为了信仰的缘故，可以弃身体如草芥，一个哲学家恐怕无法如此轻易地脱掉他的衣服。

所以，他对我们说："如果你闭上双眼，不看感觉世界，而用心灵仰望，如果你转离肉体，抬起心眼，唯有这样，就必能看见上帝。"他以为他取自希腊人的这一观念（我指的是关于双眼的观念），②我们以前从未思考过。我们可以指出，在摩西的创世论描述中，讲到人在悖逆之前有时候看见，有时候看不见。他在论到女人的话里描述的是看见："女人见那棵树的果子好作食物，也悦人的眼目，且是可喜爱的。"③但说到男人，则说他看不见，不仅在蛇对女人说的话里暗示他们的眼睛看不见——"因为上帝知道，你们吃的日子眼睛就明亮了"——还在这样的话里表明这个意思："吃了，他们两人的眼睛就明亮了。"④他们明亮了

---

① 《哥林多后书》5:16。
② 参柏拉图，《会饮篇》219A，《智者篇》254A，《理想国》519B，533D；《斐多篇》99E。
③ 《创世记》3:6。
④ 《创世记》3:6—7。关于这一思想，参斐洛（*Quaest. In Genes.* I, 39）说："他们〔亚当和夏娃〕不是天生就是看不见的，这一点可以从以下事实表明，即他们与其他事物，包括动物和植物一样，被造时是完全的，所以人必然拥有他最杰出的部分，眼睛。我们还可以特别证明这一点，因为不久前，刚从泥土里诞生的亚当就在给地上所有的动物取名。因此，非常清楚，他给它们取名之前就看见了它们。事实上，唯一的可能是，摩西在比喻意义上使用'眼睛'表示灵魂的视线，唯有借着这样的眼睛，感知善恶，感知什么是雅致，什么是丑陋，可以说，一切对立事物的意识才能产生。"(Yonge 译本)。*Clem. Hom*, III, 39。

的眼睛就是感官上的眼睛,他们原本闭着,这是对的,免得被迷惑,受拦阻,不能用心眼看。当他们以上帝及他的乐园为喜乐时,他们曾是用心眼看的,但我想由于他们的罪,就闭上了心眼。

我们的救主知道我们有这样两类眼睛,所以他说:"我为审判到这世上来,叫不能看见的,可以看见;能看见的,反瞎了眼。"①他用"不能看见的"暗指心眼,逻各斯把看见的权柄赐给他,而"能看见的"则指肉眼。逻各斯使后者瞎了眼,好叫心能够毫无困扰地看见它应当看的事物。因而,任何真正基督徒的心眼都是警醒的,而肉眼是关闭的。各人的心眼警醒、肉眼关闭到什么程度,对至高上帝和他的儿子,也就是逻各斯、智慧和其他头衔,就能领会并看见到什么程度。

40. 在我们考察的那段话之后,塞尔修斯好像是在对所有基督徒说话,但提出的论述,如果要拿来用的话,却完全只适用对那些承认对耶稣的教训一窍不通的人讲。因为那些"追求幽灵、骗子和术师"的,就是奥菲特派,我们前面讲过,他们完全否认耶稣,或者其他与他们持有类似观点的人。正是他们,"心怀恶意地记住了看门人的名字"。因而,他对基督徒说,"如果你寻求某人引导你走这条路,就必须逃离追逐幽灵的骗子和术师",是徒劳无益的。他没有认识到,因为这些人是术师,所以同意他的观点,诽谤耶稣及其整个信仰,一点也不逊色于他,于是,他在论述里把我们与这些人混为一谈,说:"当你诽谤显现出来的别的神是幽灵,同时敬拜一个甚至比真正是幽灵的事物更可恶的人,它甚至不再是幽灵,完全是死人;当你们寻求一个像他一样的父时,就是在每个人面前让自己成为笑料。"

塞尔修斯不知道基督徒说了什么,这些寓言的编造者说了什么,却相信他对他们提出的异议也适用于我们,对我们说了一些与我们毫无关系的事,以下的话中可以清楚地看出这一点:"正是因着如此公然的骗

---

① 《约翰福音》9:39。

术，那些神奇的术师，对狮子说的奇异话语，这个双重形式的动物，一面是驴，一面是类神的看门人，你们这些不幸的人不幸地记住了它们的名字，从而陷入了可怕的疯狂之中……于是你们被钉了十字架。"他不明白，那些把狮相、驴相、双面掌权者看作向上之路上的看门者的人，没有一个能立稳脚跟，至死不渝，哪怕是为他们所认为的真理。而我们所做的极端之事——我若是可以这么说——为信仰舍己，不怕任何死刑，忍受被钉十字架，他却应用到那些根本没有经历过这类事的人身上。他用他们关于狮相掌权者、双面掌权者及诸如此类的，来指责我们这些为信仰被钉十字架的人。然而，我们并不是因为塞尔修斯的批判，才对狮相掌权者及其他掌权者的理论退避三舍。因为我们不曾主张过这类事。我们跟随耶稣的教训，说的话与他们相反，不承认米迦勒有一张脸，前面提到的其他天使有另外的脸。

41. 我们还要思考的是，塞尔修斯要我们跟从谁，好叫我们不至于茫然，找不到古人和圣人引路。他让我们求助于"受灵启示的诗人"，这是他对他们的称呼，"智慧人和哲学家"，但没有指出他们的名字；尽管他答应要给我们指明"向导"，但只提出受灵启示的诗人、智慧人和哲学家，却没有说清楚这些人他究竟指谁。他若能告诉我们，他们各人的名字，我们就满可以声称，他是把那些对真理一无所知的人拿来做我们的向导，结果我们必陷入错谬；或者他们若不是完全无知，至少对真理有许多错误观点。无论他说的"受灵启示的诗人"是谁，是俄耳甫斯，巴门尼德（Parmenides），恩培多克勒（Empedocles），甚至荷马本人，还是赫西奥德，如果有谁愿意，请他表明那些使用了这些向导的人走上了更好的路，在生活问题上获得了更多的帮助，胜过那些跟从耶稣基督的教导，抛弃了一切偶像和雕塑，更有甚者，抛弃了犹太人的全部迷信，借着上帝的逻各斯，只仰望上帝，逻各斯的父的人。塞尔修斯还要我们从哪些"智慧人和哲学家聆听许多神圣真理"？他只会让我们离开摩西，上帝的仆人，还有宇宙造主的先知，尽管他们借着真正的灵启，说了数不胜数的预言,还有启示人类、宣告拜上帝的道路,并尽其所能不让任何人对他的奥秘毫无经验的那位。由于他对人怀有无尽的爱,所以他能够赐给有识之士某种关于上帝的知识,使他们的心脱离属地之事,但不止于此,他还下降到普通人中,甚至下降到缺乏能力的人、头脑简单的妇女和奴隶中间,总而言之,没有从任何人那里得到过帮助,唯有靠耶稣,才能过上他们所能过上的更美好生活、才能按照他们各自的能力领受关于上帝的教义。

42. 此后,他又让我们求助于柏拉图,说他是在神学问题上更卓有成效的老师,引用他《蒂迈欧篇》中的话:"须知,要找到这位宇宙的造主和宇宙的父是很难的,即使能够找到,也不可能将他告诉所有人。"① 然后他补充说:"你们看,预言家和哲学家是如何寻求真理之路的,柏拉图原本就知道所有人都走这条路是不可能的。所以智慧人找到了它,为叫我们对无可名状②的首要存在获得一定认识,或者将他与其他事物综合推理,或者分析与它们的区别,或者进行类比。③ 我倒愿意教授那不用

---

① 柏拉图,《蒂迈欧篇》28C;可能是希腊化作家最常引用的柏拉图的话。Geffchken, Zwei griech. Apologeten, pp. 174f 列出了一份惊人的参考书目(尽管并非完全)。
② 关于上帝的无可名状,参第六卷,第六十五节塞尔修斯的话。
③ 塞尔修斯认为,通过综合、分析、类比,可以认识上帝。关于这一观点,比较中期柏拉图主义者 Albinus (*Epit.* X, 5-6) 指出:"我们通过不断地抽离,可以对上帝获得第一个观念,正如我们通过抽离感性之物,可以获得一个点的概念:先去掉面的观念,再去掉线的观念,直到最后我们得到一个点。获得上帝观的第二种方法是类比,比如:太阳对视力和太阳对可见之物的关系,其本身虽不是视力,却使视力有可能看见,使可见事物被看见。同样的关系存在于首要心灵 (first mind) 与灵魂的心灵 (mind of the soul) 及理智对象之间。首要心灵与灵魂的心灵不是一回事,是它使后一种心灵能够理解,使可理知之物被理解,揭示出关于它们的真理。(参柏拉图,《理想国》508B。) 获得上帝观的第三种方法是这样的:我们沉思物理对象的美,然后深入到灵魂之美,从这里进到沉思习俗和律法之美,进而沉思辽阔壮美的海洋。这之后,我们就理解了美善、可爱、悦人之物,可以说,就像有一道耀眼的光,照亮了这样一步步上升的灵魂。因美善是卓绝的,故理解了善,就对上帝有所领会。"(参《会饮篇》208E;《书信》VII, 341C-D) 关于这点,见 R. E. Witt, *Albinus and the History of Middle Platonism* (1937), pp. 132 f。
关于类比方法,参亚历山大的克莱门所言 (*Strom.* V, 11, 71):"通过忏悔,我们明白洁净之法,通过分析明白想象之法,通过分析达到最原初的理智,从基本原则开始。我们去掉身体的自然属性,去掉高度、宽度、长度,于是只留下一个单位,可以说,有位置的单位;我们若是再去掉位置,就获得一 (Monad) 的概念。所以,我们若是把身体和无形之物的一切东西都拿走,沉浸到基督的伟大之中,从而进展到不可度量的圣洁,这样就很可能获得大能者的概念,因为我们知道他的所是和他的所不是。形式、运动、位置、宝座、右手或左手,肯定不是对宇宙之父的界定,即使圣

这些方法就难以描述的事物，但你们若是能够听懂，那才叫人惊奇呢，因为你们完全受困于肉体，全然看不见纯洁的东西。"①

我承认，他所引用的柏拉图的话是高尚的，感人的。但想一想，当圣言提出神圣逻各斯起初与上帝同在，但成了肉身，② 好叫逻各斯——柏拉图说，即使找到他之后，也不可能将他向所有人宣告出来——能够传到每个人，这岂不是体现出对人类需要的更多的关怀？柏拉图会说，要找到这宇宙的造主和父很难，这表明人性并非不可能在与上帝相配的程度上找到他，或者即使不是与他相配，至少也在比众人更高的程度上。果真如此，柏拉图或者其他希腊人应当真正地找到了上帝，他们就不会再去敬拜其他东西，把那些东西称为神而崇拜之，不是抛弃真正的上帝，就是把上帝的威严与不应当把他联系起来的事物混合。而我们认为，在寻求上帝之路上，要找到上帝的纯洁本性，光有人性是不够的，唯有得到上帝这所寻求的对象的帮助，才有可能。他被那些尽其所能之后，承认需要上帝的人找到，并将他向那些他判断可以向其显现的人显明，只要上帝有可能为人所知，并且仍在身体里的灵魂有可能认识上帝。

43. 此外，柏拉图说，人在发现宇宙的造主和宇宙的父之后，也不可能向所有人宣告他，他这样说时并没有说他是"不可描述的"，"无可名

经上是这样写的。"

在塞尔修斯和阿尔比努斯那里都没有情感性的、神秘的色彩，但在普罗提诺那里就能感到 (VI, 7, 36)："对至善的认识或与它的接触，是首要的，我们把它理解为重大学问。我们必须知道，这种学问不是去看它，而是首先获得对它的一定认识。我们通过类比、抽象，对它的种种结果的领悟，它们全都出于至善，通过一步步通向它的阶梯，渐渐获得这种学识。洁净以至善为目标，各种美德也是如此，一个一个地按顺序排列，在理智领域里上升，然后扎根在那里，欢庆神圣者——通过这些步骤，人成为既是被看者，也是看者，无论是对自己，还是对所有他者，我们与存在（Being）、理智原则和整个生命大全一致，看至高者就不再如同看外在之物。如今我们靠得很近，挨者就是那个，它近在咫尺，在理智领域之上放光。这里，我们把一切知识放在一边，经过充分训练，只定睛在美上；追求者仍然在他所立足的根基上拥有知识，但突然，从下面涌上来的理智波涛的浪峰一下子把他冲到远离这一切的地方，他被抬升，得以看见，却不知道是怎么回事……"(Mackenna-Page 译本)。参 Maximus Tyrius, XI, 8 (Hobein, pp. 138f)；Sextus Emp. adv. Math. IX, 394-395。

① 参第七卷，第三十六节塞尔修斯的话。
② 《约翰福音》1:1—2, 14。

状的",而是说,他可以描述,不过只能向少数人描述。看起来,塞尔修斯似乎忘了他前面引用的柏拉图的话,即他说上帝是不可名状的:"所以智慧人发现了它,好叫我们对无可名状的第一存在获得一定概念。"而我们认为,不仅上帝是无可名状的,还有低于他的一些存在者也如此。保罗说过,他"听见隐秘的言语,是人不可说的"①,就是试图表明这一点。这里他用"听见"一词意指"明白",如在另一句话里所说的:"有耳可听的,就应当听。"②

我们当然认为要看见宇宙的造主和宇宙的父是很难的。但他是可以看见的,不仅以"清心的人有福了,因为他们必得见上帝"③这话所暗示的方式,也以论到不可见之上帝的像时所说的"人看见了我,就是看见了(差我来的)父"④这话所暗示的方式看见。凡有理智的人都不会说,当耶稣说"人看见了我,就是看见了差我来的父"时,他的意思是说人所看见的是他可感知的身体。就这样的身体而言,连那些叫喊"钉他十字架,钉他十字架"的人也能看见,连拥有胜过他的人性的权柄的彼拉多⑤也能看见,而这显然是荒谬的。"人若看见我,就是看见了差我来的父",这话不是指通常的含义,这一点可以从他对腓力的话里看出来:"腓力,我与你们同在这样长久,你还不认识我吗?"他说这话是因为腓力请求他说:"求主将父显给我们看,我们就知足了。"⑥因而,凡是明白我们须怎样思考独生的上帝,上帝的儿子,一切被造者以先首生的,思考逻各斯如何变成肉身,⑦就会明白人只要看见不可见之上帝的这个像,就必认识这宇宙的父和造主。

---

① 《哥林多后书》12:4。
② 《马太福音》11:15;13:9。
③ 《马太福音》5:8。
④ 《约翰福音》14:9,参《歌罗西书》1:15。
⑤ 《路加福音》23:21;《约翰福音》19:10。
⑥ 《约翰福音》14:8—9。
⑦ 《歌罗西书》1:15,《约翰福音》1:14。

44. 塞尔修斯认为，认识上帝可"通过与其他事物的综合推理"，类似于几何学家所说的综合法，或者"分析与其他事物的区别"，或者"进行类比"，类似于同样的学者使用的类比法，似乎使用这种方法，不管怎样，都可以"进入至善的门槛"①。但上帝的逻各斯说"除了子和子所愿意指示的，没有人知道父"②，他指出，上帝是靠某种神圣恩典才能认识的，而这种恩典，若没有上帝的作为，不借着某种灵启，是不可能在灵魂里产生的。此外，对上帝的认识很可能超越人性的能力（正因如此，人中间对上帝的认识有如此巨大的谬误），但由于上帝对人的仁慈和关爱，由于某种奇异的神圣恩典，上帝的知识提供给那些早已按上帝的预见作了预定的人，因为他们将在他显现给他们，叫他们知道之后，过上与他相配的生活。这样的人绝不可能"贬损他们对他的忠诚与敬虔"③，不论他们被那些对敬虔一无所知、指出敬虔是别的东西，而不是它真正的所是的人，逼迫至死，还是被认为是"笑料"。④

我相信，正是因为上帝看到那些因从哲学认识上帝、了解神圣真理而自傲的人，对别人傲慢无礼，态度轻视，自己却像大多数卑俗之人一样，继续崇拜偶像、他们的庙宇，把通常的闲聊话题当作奥秘，所以他拣选了世上愚拙的，就是最单纯的基督徒，比许多哲学家更节制也更纯洁的人，叫有智慧的羞愧，⑤这些智慧人恬不知耻地与无生命之物说话，似乎它们是诸神或者神的像。

一个人在哲学领域学了最深奥的上帝或诸神理论，然后眼睛转向偶像，或者向它们祷告，或者借助这些偶像的面，实际上向从灵性上认识的上帝祷告，以为他必从那可见的、外在的事物上升到了上帝的高度，对这样的人，哪个有知识的人不会笑他？就是一个未受过教育的基督徒

---

① 柏拉图，《斐利布斯篇》64C；Clem. Al. *Strom.* VII. 45. 3。
② 《马太福音》11:27；《路加福音》10:22。
③ 第五卷，第五十二节塞尔修斯的话。
④ 第七卷，第三十六节塞尔修斯的话。
⑤ 《哥林多前书》1:27。

也相信，世界的每个地方都是整体的一部分，因为整个世界就是上帝的殿。他可以随处祷告，① 闭上肉眼，抬起心眼，② 就可以上升到整个世界之上。他甚至不在天穹停留，而在心智里进到上天领域，③ 在圣灵的引导下，并可以说，在世界之外，把他的祷告升到上帝面前。他的祷告不是关于日常琐事，因为他已经从耶稣得知，不可寻求小事，④ 也就是感觉之事；只寻求伟大的，真正神圣的事，这些事作为上帝的恩赐，一路上帮助他获得上帝的恩福，这是借着对他的儿子，就是上帝的逻各斯的沉思而获得的。

45. 我们再来看看，"如果我们能够明白事理"，他能教我们什么；我们这些只要行为正直，按耶稣的教训生活，就能听见经上的话说"如果上帝的灵住在你们心里，你们就不属肉体，乃属圣灵了"⑤ 的人，他却说我们"完全受困于肉体"。他还说，我们"看不见任何纯洁的东西"，但我们甚至在自己的思念中都力图避免受到恶欲的玷污，在祷告中说："上帝啊，求你为我造清洁的心，使我里面重新有正直的灵"，⑥ 好叫我们能以清洁的心看见上帝，唯有这样的心才能看见他。⑦

以下就是他说的话："存在（本质）和生成，一个是可理知的（属理智的），一个是可见的。真理与存在（本质）相关，谬误与生成相关。知识关乎真理，意见关乎谬误。思想与可理知的有关，视线与可见的相关。⑧ 所以，正如太阳相对于可见之物来说，既不是眼睛，也不是视力，而是眼睛看见、视力存在并且能看见可见之物的原因，是一切可感

---

① 《提摩太前书》2∶8。关于祷告可以在任何地方，并不局限在殿里的老生常谈，参 Origen, de Orat. XXXI, 4; Clem. Al., Strom. VII, 43; Lucian, Demonax, 27; Alexander of Aphrodisias, de Fato, I.
② 第七卷，第三十六节塞尔修斯的话。
③ 暗示柏拉图《斐德鲁篇》247A-C。
④ 奥利金引用一句在新约里没有的话。参 de Orat. II, 2; XIV, 1; Clem Al., Strom. I, 158, 3; IV, 34, 6。
⑤ 《罗马书》8∶9。
⑥ 《诗篇》50∶12（和合本为51∶10。——中译者注）。
⑦ 《马太福音》5∶8。
⑧ 柏拉图，《理想国》534A；《蒂迈欧篇》29C。

知事物生成的原因，它本身其实就是使自己得以被看见的事物；同样，上帝对于可理知之物也是这样。① 他既不是心灵，也不是理智，也不是知识，但能使心灵思考，理智存在，知识有可能，是一切可理知之物、真理本身，以及存在本身的原因，而他自己超越万物，是某种不可描述的权能可理知的。

这些理论是我为有知识的人提出来的。如果你们能明白一二，就非常了不起了。如果你们认为某个灵从上帝下来预告神圣真理，那么宣告以上这些理论的可能就是这灵。事实上，正是因为古代人被这灵感动，他们才说出了许多杰出的理论。如果你们不能明白它们，就保持安静，掩饰你们自己的缺乏教育，不要说那些能看见的人是瞎子，那些能奔跑的人是瘸子，其实你们自己的灵魂完全瘫了、残了，只为肉体这个死物而活。"

46. 我们小心翼翼，只要是好的教训，都不会提出异议，即便它们的作者是异教徒，也不求机会与他们争论，也不想方设法推翻正当的陈述。这就是我们的回答。有人若是大肆辱骂那些愿意尽自己所能向宇宙之上帝——这位上帝既认可普通民众对他的信心，也赞同有识之人对他的理性敬虔，这些人带着感恩向宇宙的造主祷告，他们献上这样的祷告，是以那向人们显明敬拜上帝的纯洁之路的大祭司为中保的② ——过敬虔生活的人，说他们"的灵魂完全瘫了，残了"，断言他们"只为肉体这个死物而活"，尽管事实上他们非常自信地说："因为我们虽然在血气中行事，却不凭着血气争战。我们争战的兵器，本不是属血气的，乃是在上帝面前有能力"③。那些这样辱骂的人当注意，当他们这样诬蔑祈求能成为属上帝之人的人时，不要让自己的灵魂瘫了，让自己里面的人

---

① 柏拉图，《理想国》508B；参 Albinus, *Epit.* 10，上文第七卷，第四十二节引用过；Philo, *de Praem. et Poen.* 45；Plotinus, V, 3, 17；Sallustius, *de Diis* 8 (Nock, pp. 14, 21)。

② 参《希伯来书》2:17，等等。

③ 《哥林多后书》10:3—4。

残了。他们用恶毒的话攻击希望过良善生活的人,就是毁坏了灵里的妥帖与安宁,那原是造主浇灌在理性里的自然本性。正是那些从圣经学了很多事,尤其是(一个他们还付诸于实践的诫命)经上所说,"被人咒骂,我们就祝福;被人逼迫,我们就忍受;被人毁谤,我们就善劝"①的人,正确地安排他们生命中的每一步,完全得了洁净,恢复了自己的灵魂。当他们区分存在与生成,可理知之物与可见之物,当他们把真理与存在相联,并尽一切可能避免那与生成相联的谬误,这不只是一个理论问题。他们已经学过,所以不看生成之物,那是可见的,因而是短暂的。而看高级事物,不论你想要称之为"存在"还是"无形"之物,因为它们是可理知的,或"所不见的"②,其本性在感知觉领域之外。

耶稣的门徒也正是这样看待生成之事的,把它们用作阶梯,通向对可理知之物的本性的沉思。"因为上帝不可见的事",也就是可理知之事,"藉着被造之物就可以晓得","自从造天地来,是明明可知的",被思想过程所知。当他们从世上被造物上升到上帝的无形物之后,他们也并不停留在那里。他们在这些对象中尽情发挥其心智,领会它们,然后,上升到上帝的永恒权能,换言之,就是他的神性。他们知道,上帝出于对人的爱,显明了真理和那可能表明他本身的事物,不仅向那些献身于他的人显明,也向某些不知道纯洁的敬拜和向他敬虔的人显明。但那些按着神意上升到了对如此深奥的真理的认知领域的人,有些人的行为与这种知识不配,不敬不虔,行不义阻挡真理。由于他们有对这些深奥真理的知识,因而不能再有任何机会在上帝面前推诿。③

47. 无论如何,对于那些理解塞尔修斯所阐述的思想的人,那些自称按照这些理论作哲学思考的人,圣经有话作证说:"他们虽然知道上帝,却不当作上帝荣耀他,也不感谢他。他们的思念变为虚妄",当上帝向他

---

① 《哥林多前书》4:12—13。
② 《哥林多后书》4:18。
③ 《罗马书》1:18—20。

们显明这些思想的知识大光之后,他们的心就变得无知而昏暗了。①

我们可能会看到,那些自称为智慧的,如何表现出粗俗和愚蠢的极致。他们在哲学学派里学了上帝的大教义,学了可理知之事,就"将不能朽坏之上帝的荣耀变为偶像,仿佛必朽坏的人和飞禽、走兽、昆虫的样式"。这正是他们被神意抛弃的原因。他们没有按上帝显明给他们的真理生活,反倒逞着心里的情欲行污秽之事,用可耻而放荡的行为玷辱自己的身体,因为"他们将上帝的真实变为虚谎,去敬拜侍奉受造之物,不敬奉那造物的主"②。

48. 那些缺乏教育的人,在这些人看来就是无足轻重的,即使他们完全委身于上帝,接受耶稣的教训,仍被这些人说成是傻瓜、奴隶,然而他们离放荡、无耻的淫秽行为是多么遥远,许多人还如同完全的祭司一样,杜绝一切淫乱之事,保持完全的纯洁,不只在性行为方面如此。③我记得雅典人中有个秘义祭师,因为对自己控制男性欲望的能力没有自信,不知道能否用意志力克服它们,就用毒芹麻醉自己的男根,于是雅典人认为他就洁净了,可主持传统仪式。④然而在基督徒中,可以看到,人不需要毒芹就能洁净地敬拜上帝。当他们祷告、敬拜上帝时,不用毒芹,只要一句话就足以把他们心里的一切欲望去除。就其他所谓的诸神来

---

① 《罗马书》1:21。

② 《罗马书》1:22—25。

③ 参众所周知的 Galen 见证[R. Walzer. *Galen on Jew and Christian* (1949), p. 15];基督徒"不仅包括终身独居的男性,也有这样的女性;他们还包括在吃喝之事上自律、自制的人,这些人对公义热切追求,达到的高度并不比真正的哲学家低"。

④ 关于毒芹的这种用途,参 Dioscorides, *de Materia medica*, IV, 78; Pliny, *N. H.* XXV, 154。奥利金想到的是依洛西斯秘义 (Eleusinian mysteries),他对此的了解可能直接归功于 Hippolytus, *Ref.* V. 8. 40;"……秘义祭司本人没有像阿提斯 (Attis) 那样阉割,只用毒芹麻醉就算为阉人,与一切属肉身之辈相分离。"雅典显然禁止阉割, *Etymologicum Magnum s. v.* atheles;"在雅典人中,谁也不可丧失身体的任何部分,而要保持完整。" Servius (*ad Aen.* VI, 661) 指出,祭司"常常用某种草药阉割,结果他们不再有性交能力"。Julian, *Or.* V, 173C-D "正如在圣母节上,生殖器官被切除。同样,雅典人中那些参加秘义仪式的人是完全贞洁的,他们的头,即秘义祭司要发誓不生育" (W. C. Wright 译本)。Jeromer. *adv. Jovin.* I. 49 告诉我们,在他那个时代,仍然流行这样的风俗。关于现代医学对这里读到的毒芹的功效之观点,见 J. G. Frazer, The Gloden Bough (3rd ed.), The Magic Art, II. p. 139 n. 1。

说，只有极少数的处女（至于她们是否在男人的控制之下，不是我现在要讨论的话题）似乎为拜神一直保守贞洁。① 而在基督徒中，他们遵行完全的贞洁，不是为世人中的荣耀，不是为奖赏，为钱财，为微不足道的名誉。因为"他们认为应当保守对上帝的知识"，甚至因为他们行正当之事，装满了各样公义和良善，所以上帝就保守他们有一颗可赞美的心。②

49. 我这样说，不是想要指责希腊人的杰出思想，不是为了反对合理学说，而是想要表明，这些事，以及其他比这些更深奥、更神圣的事，以前有"受圣灵感动的人"③，就是上帝的先知和耶稣的门徒说过，现在有那些渴望成为更完全的基督徒的人研究，他们知道"义人的口谈论智慧，他的舌头讲说公平；上帝的律法在他心里"④。但即使是那些对这些事不甚了解的人，其之所以不了解，或者因为他们严重缺乏教育，或者因为他们头脑简单，甚至因为没有人鼓励促进他们的理性敬虔，就这些人来说，因为他们相信至高上帝和他的独生子，就是逻各斯和上帝，你也会在他们中间看到一定的尊严、纯洁和朴实的习惯，一种往往很优秀的单纯，是那些自称为聪明、却沉迷于与男童行可耻之事，"男和男行可羞耻之事"⑤ 的人所不曾有的。

50. 他没有说清楚，谬误怎样与生成相关，也没有说明他意指什么，好叫我们明白，并将他的思想与我们的作比较。不过先知对生成话题的某些智慧学说作出了隐晦的表述，说赎罪祭甚至必须为初生的婴儿献

---

① 参斐洛，*de Vita Contemplativa* 68 (Therapeutae)："庆典也有女性分享，她们大部分是少女，不是出于强迫保守贞洁，像某些希腊女祭司那样，而是出于她们自己的自由意志，出于对智慧的热切渴求。"普鲁登提乌斯 (Prudentius) 对贞女的美德有过类似的评论 (*c. Symm*. II, 1064 ff.)；安波罗修 (*Ep*. XVIII, 11 f.) 说，她们只为得到钱财上的奖赏才守童贞。关于基督徒的贞洁与异教徒的贞洁的比较，参 Tertullian *Exh. Cast*. 13；*Monog*. 17。关于基督教的童贞，参第一卷，第二十六节；Justin, *Apol*. I, 15；Athenagoras, *Leg*. 33；Tertullian, *Apol*. IX, 19。

② 《罗马书》1:28—29。

③ 第七卷，第二十八节及第五十八节塞尔修斯的话。

④ 《诗篇》36:30—31（和合本为 37:30—31。——中译者注）。

⑤ 《罗马书》1:22（应为 27 节。——中译者注）。

上，因为他们在罪上并非洁净。① 他们还说"我是在罪孽里生的，在我母亲怀胎的时候就有了罪"。此外，他们宣告"恶人一出母胎，就与上帝疏远"，说出震耳发聩的话：他们"一离母腹，便走错路，说谎话"②。

在这个意义上，我们的智慧人轻蔑地论到一切感性之物，因而在一处把我们的身体称为"虚空"："受造之物服在虚空之下，不是自己愿意，乃是因那叫他如此的。"③ 在另一处说它们是"虚空的虚空"，就是《传道书》作者说的"虚空的虚空，凡事都是虚空"④。有谁像《诗篇》作者那样对人的灵魂住在地上的生命提出如此强烈的控告，说"各人最稳妥的时候，真是全然虚幻"⑤？他对灵魂在地上的生命和超越属地之事的生命的区分确定无疑，也没有说"谁知道生是为了死，抑或死是为了生？"⑥ 他乃是非常大胆地说出真理，"我们的性命伏于尘土"，"你将我安置在死地的尘土中"。⑦ 正如经文说："谁能救我脱离这取死的身体呢？"同样也有经文说："他将我们这卑贱的身体改变形状。"⑧ 一位先知说过："你在苦恼之处降卑我们。"⑨ 苦恼之处意指尘世，亚当，也就是人，因罪被赶出乐园之后，就进入这里。也请想一想，说以下这些话的人关于灵魂所住的不同区域的洞见是多么深刻，他说："我们如今仿佛对着镜子观看，模糊不清，到那时，就要面对面了。"又说："我们住在身内，便与主相离"，因而"我们更愿意离开身体与主同住"⑩。

---

① 塞尔修斯用"genesis"（起源）来指哲学意义上的"becoming"（生成）；而奥利金把它理解为"出生"，那是圣经里的用法。参《利未记》12:6。
② 《诗篇》50:7；57:4（和合本为51:5；58:3。——中译者注）。
③ 《罗马书》8:20。
④ 《传道书》1:2。
⑤ 《诗篇》38:6。
⑥ Euripides, *frag.* 638 Nauck；参 Rohde, *Psyche*（E. T.）, p. 435。
⑦ 《诗篇》43:26；21:16（和合本为44:25；22:15。——中译者注）。
⑧ 《罗马书》7:24；《腓立比书》3:21。
⑨ 《诗篇》43:20（参和合本44:19"你在野狗之处压伤我们"。——中译者注）（奥利金提出他对这节经文的常规解释）。
⑩ 《哥林多前书》13:12；《哥林多后书》5:6, 8。

51. 不过，我们前面所说的既已清楚地表明我们的观点，我又何必再引用更多的经文，反驳塞尔修斯的话，表明这些学说久远之前就在我们中间提出来？但是，这里他设立一点，似乎这是原则问题，说如果有个神圣的"灵从上帝下来预告神圣真理，那么宣告以上这些理论的可能就是这灵。事实上，正是因为古代人被这灵感动，他们才说出了许多杰出的理论"。他不明白它们与我们中间正确提出的真理之间有何分别。因为我们说"你不朽坏的灵在万物之中，上帝由此一点一点使那些偏离正道的人知罪"①。除了其他事，我们还认为"受圣灵"这话指向一种恩赐，与"不多几日，你们要受圣灵的洗"②所表明的相比，有量上的不同。

仔细思考这些问题，就能看出那些花了很长时间才获得对真理的认识，以及对上帝的有限了解的人，与那些在更大程度上受圣灵启示，始终属于上帝，一直被圣灵引导的人③之间的分别，这不是什么难事。如果塞尔修斯考察过这些，明白这些，就不会指控我们"缺乏教育"了，也不会要求我们不说那些认为敬虔表现在属人工匠的物质作品中、造像中的人"是瞎子"。须知，凡以心眼看的人，谁也不会用其他方式崇拜上帝，而不是如教导他的那样，始终凝视宇宙的造主，向他祷告，行一切事都如同行在上帝面前，在一位甚至知道我们内心的思念的目睹者面前一样。

因而，我们甚至祈求，但愿我们看见，做瞎子的向导，直到他们来到上帝的逻各斯面前，恢复那因无知而变盲的心灵视力。如果我们的行为与那对门徒说"你们是世上的光"④的人相配，与他教导我们的话"光照在黑暗里"⑤相配，我们就必成为那些在黑暗中的人的光，必教导愚者，指示小子。

---

① 《所罗门智训》12 章 1—2 节（根据英文直译。——中译者注）。
② 《约翰福音》20:22，《使徒行传》1:5。
③ 参《罗马书》8:14；《加拉太书》5:18。
④ 《马太福音》5:14。
⑤ 《约翰福音》1:5。

52. 我们说,那些匆忙奔向所谓的圣地,似乎它们真的是圣洁的,那些不知道工匠造的东西没有一个能是圣洁①的人,全是瘸子,其心灵之步伐出了毛病,塞尔修斯不应对之恼怒。而那些照着耶稣的教训行敬虔之事的人,向前奔跑,一直到达路的终点,他们坚定而真诚地说:"那美好的仗我已经打过了,当跑的路我已经跑尽了,所信的道我已经守住了。从此以后,有公义的冠冕为我存留。"②其实,我们每个人都在这路上奔跑,不像无定向的;也在这路上与恶斗拳,不像打空气的,③而是击打那些"顺服空中掌权者的首领,就是现今在悖逆之子心中运行的邪灵"④的人。塞尔修斯还会说我们"为身体这个死物而活"。但我们听到经上有话说:"你们若顺从肉体活着,必要死;若靠着圣灵治死身体的恶行,必要活着。"我们还知道,"我们若靠圣灵得生,就当靠圣灵行事。"⑤我们完全可以引用我们的作品指出,他说我们"为身体这个死物而活"是在撒谎。

53. 这些话我们已尽我们所能作了驳斥,接下来他又对我们说:"你们既然渴望引入一种新的学说,就当去注意那些高贵地死去,因非常杰出,所以有传说把他们描述为神的人中的某一个,那会对你们更有帮助。比如,赫拉克勒斯、阿斯克勒庇俄斯以及那些从早期以来一直享有盛誉的人,若你们不乐意选这些人,还有俄耳甫斯,大家一致公认他拥有敬虔的灵,他也死于强暴。⑥不过,可能有人在你们之前已经选了他。那至少你们还有阿那克萨库斯(Anaxarchus)可选,他被扔进一个白研机,受到剧烈的击打时,仍保持尊严,鄙视刑罚,说:'打吧,击打阿

---

① 参第一卷,第五节芝诺的话。
② 《提摩太后书》4:7—8。
③ 《哥林多前书》9:26。
④ 《以弗所书》2:2。
⑤ 《罗马书》8:13;《加拉太书》5:25。
⑥ 通常的故事说,俄耳甫斯被色雷斯妇女们撕成碎片(柏拉图,《理想国》620A,等等),参 W. K. C. Guthrie Orpheus and Greek Religion (1935), p. 32。

那克萨库斯的袋子,你们并没有在打他。'①这话肯定是出于某个神圣的灵。 但有些自然哲学家已经在你们之前尊他为他们的导师。 那么恩皮克泰德怎么样？当他的主人拧他的腿时,他浅浅一笑,镇定地说:'你要把它折断。'当折断了之后,他说:'我不是告诉你说你在折断它吗？'②你们的上帝在受刑罚时说了什么可与之相提并论的话吗？如果你们提出西比尔,你们有些人也用的一个名字,是上帝的孩子,倒有更多与你们有益的东西可说。然而,你们厚颜无耻地在她的诗行里插入许多渎神之事,③又声称一个活得极其无耻,死得极其悲惨的人是神。比耶稣更适合你们的人,应该是约拿及其蓖麻,或者野兽不伤的但以理,④或者那些有比你们所讲的更不可思议的故事的人。"

54. 既然他让我们求助于赫拉克勒斯,就请他告诉我们,他的教训是什么,并对他有失尊严地奴役翁法勒（Omphale）作出解释。 也请他说明,一个人为何像强盗一样用暴力拿走农夫的牛,用来饱餐,在他开怀大吃的时候,农夫咒诅他,他却以此为乐,所以时至今日,都有人说赫拉克

---

① 阿伯德拉（Abdera）的阿那克萨库斯,属德谟克利特（Democritus）学派,教过怀疑学派的皮浪（Pyrrho）,被认为是怀疑学派之父。参 Zeller, philos, d. Gr. 1 (6th ed, 1920), pp. 1188ff。关于他在塞浦路斯的尼科克里昂（Nicocreon）手下英雄般死去的故事,参 Cicero, Tusc. II, 52；de Nat. Deor. III, 33, 82; Valerius Maximus III, 13, ext. 4; Plutarch, Mor. 449E ...... Greg. Naz. Epist. 32; Carm. I, 9, 668 - 691; Epigr. 4 (P. G. XXXVII, 72A, 730A; XXXVIII, 84A)。

② 恩披克泰德在 *Diss.* I, 8, 14; I, 16, 20 提到他的跛足。但 Suidas 解释说,这是因为"不正常的排便"（a flux）。Schenkl 在他所编的恩披克泰德前言里认为,Suidas 比塞尔修斯更可能提出真实的原因,因为塞尔修斯"的故事在我看来带着某种格言色彩"。 其他参考资料见 Schenkl 的 *testimonia* (pp. XIXf)。

③ 关于基督徒求助于西比尔,参第五卷,第六十一节。一些基督教护教者常常引用神谕,比如：安提阿的塞奥菲鲁斯（Theophilus）、亚历山大的克莱门,尤其是拉克唐修。西比尔是大康斯坦丁最喜爱的。塞尔修斯这里的指责是完全合理的。犹太护教者随意地篡改西比尔神谕,基督徒也学他们的做法。关于异教的控告,参 Lactantius (*Div. Inst.* IV, 15, 26) 说："有些人因受这些证明影响,习惯性地说它们不是西比尔的话,而是我们篡改编造出来的,以此作为挡箭牌"; Constantine (*Oratio ad Sanctos*, XIX, 1) 说："但大多数人不相信,他们虽然承认厄立特里亚的（Erythraean）西比尔是女祭司,却怀疑这些诗句是某个具备我们的宗教说服力、擅长写诗歌的人写的......"

④《约拿书》4:6;《但以理书》6:16—23。

勒斯的鬼灵收取的是伴随某些咒诅的祭品。① 他提到阿斯克勒庇俄斯，使我们又要重复说过的话，但我们既然已经讨论过这个人，现在就不多说了。② 至于俄耳甫斯，他敬佩他什么？他说，"如大家一致公认的，他拥有敬虔的灵，过着良善生活。"我不知道塞尔修斯这里唱俄耳甫斯的赞歌是因为他想要挑我们的刺，企图贬损耶稣，还是当他读到关于诸神的不敬神话时，没有因为它们甚至比荷马的故事更应当从良善状态中驱逐出去，而放弃这些诗歌。③ 因为俄耳甫斯对假想的诸神比荷马说过更多的恶事。

我不否认阿那克萨库斯对塞浦路斯（Cyprus）暴君阿里斯托克勒翁（Aristocreon）④ 说"打吧，击打阿那克萨库斯的袋子"具有英雄气概。不过，这是希腊人所知道的阿那克萨库斯唯一可敬的故事。 即便如塞尔修斯所认为的，某些人尊敬一个人的美德完全是正当的，那也没有理由称阿那克萨库斯为神。塞尔修斯还让我们找恩披克泰德，敬佩他高贵的话。但是，他的腿被折断时所说的话，肯定不能与塞尔修斯不相信的耶稣神奇的话语和作为相提并论。因为耶稣的话是带着神圣权柄说的，直到今日，不仅使一些简单的人归信，还使许多满有知识的人皈依。

55. 罗列了杰出人士之后，他说："你们的上帝在受刑罚时说了什么可与此相提并论的话？"我们要回答他说，他在鞭打和其他暴力下，保持沉默，由此显明了一种勇气和忍耐，胜过任何希腊人在受折磨时所说的话——如果塞尔修斯愿意相信，至少可以这样假设——这是可靠之人真实记载下来的，因为他们真实地记载了神奇的事件，把他在鞭打下的沉默也算在奇事之列。此外，当他们戏弄他，给他穿上一件朱红色袍子，用荆棘作冠冕戴在他头上，拿一根苇子放在他手作权杖⑤ 的时候，他表

---

① 通常的故事是，赫拉克勒斯与儿子来到罗得斯的林都（Lindus in Rhodes），向一个农夫要吃的。农夫拒绝了，赫拉克勒斯就杀了他耕地的一头牛，吃了它，农夫跑到安全的距离之后，就咒骂他。这个追溯原因的传说与罗得斯的赫拉克勒斯崇拜相关。
② 参第三卷，第二十二节至第二十五节。
③ 参第四卷，第三十六节；关于 Orpheus 神话，参第一卷，第十六节。
④ 有些资料说他的名字是尼科克里昂。
⑤ 《马太福音》27:14, 28—29, 39。

现出最大的温和。他对那些放肆对他做如此可怕之事的人，既没有说不雅的话，也没有表现愤怒。

所以，他凭自己的勇气受鞭打时保持沉默，凭自己的温柔，忍受那些戏弄他的人加给他的暴力。这样的人若是如某些人认为的，出于普通人的胆怯，说："我父啊，倘若可行，求你叫这杯离开我；然而，不要照我的意思，只要照你的意思。"① 那是与他的品性不相吻合的。从表面看，他试图叫他所说的"杯"离开他，但这话另有其意，我们在别处已经作过考察和详尽解释。② 若简单地解释这话，只要思考一下这样的求告中是否包含对上帝真正的虔诚之感。每个人都希望最好能避开困苦，但是无论何时，只要情形需要，他但愿能避开的苦难，他都忍受了。不过，这话不是作出让步之人说的。"然而，不要照我的意思，只要照你的意思"，这是满足于自己的处境，宁愿接受神意所安排的困境的人说的话。

56. 然后不知什么原因，他想要我们称西比尔，而不该称耶稣为上帝的孩子，指出我们在她的诗句里插入了许多渎神的事，但是他没有举出我们插入的例子来说明。他若是表明，更早的版本更纯洁，没有他以为的插入内容，那他就能证明这一观点。他根本没有证明这些是渎神的，却又一次——不是第二次，或第三次，而是许多次——说耶稣的生活是"极其无耻的"③。他没有详细描述耶稣一生中在他看来非常无耻的种种事。他说这话时，似乎不只是要作出没有证据证明的断言，还要对一个他一无所知的人大肆诽谤。他若是引述在他看来可以作为例子说明耶稣的一生完全声名狼藉的行为，我们倒愿意对那些他认为如此的行为一一讨论。

说耶稣"死得极其悲惨"，这样的指控既可适用于苏格拉底，也可适用于阿那克萨库斯，这两人他前面都提到过，还适用于其他成千上万的人。难道耶稣的死最悲惨，他们的就不悲惨？或者他们的死不是最悲惨

---

① 《马太福音》26:39。
② Exh. Mart. 29；Comm. Ser. in Matt. 92.
③ 第一卷，第六十二节；第三卷，第五十节塞尔修斯的话。

的，耶稣的才是最悲惨的？你看，这里也同样，塞尔修斯的目的是诽谤耶稣，我想，这是出于某个灵，但耶稣已经把它打倒、胜过，免得再有燔祭和血气。① 因为它得了这些东西的滋养，就常常欺骗在世俗的偶像里求上帝、不仰望真正的至高上帝的人。

57. 接下来——他的目标似乎是要让自己的书塞满冗词赘句——他要我们把约拿而不是耶稣看作神；约拿只向尼尼微单个城邑传道，叫人悔改，而后来的耶稣向全世界传道，叫人悔改，并且比约拿更成功，塞尔修斯却宁愿选择约拿，而不是耶稣。他想要我们把这个行了预示性的、不可思议的壮举，即在鲸鱼腹中待了三天三夜②的人看作神。而为人类受死的这位，上帝借众先知为他作见证的这位，塞尔修斯却不愿意承认他有仅次于宇宙的上帝的位尊，③这样的位置是因着他在天上和地上所做的大事赐给他的。正是因为约拿逃避，不想传信息，上帝才发出命令，叫鲸鱼把他吞了。正是因为耶稣教导上帝所愿意的，他才为人类受死。

塞尔修斯接着说，但以理因安然脱离狮口，比耶稣更应受到我们的敬拜，须知，耶稣把一切敌对势力的暴虐踩在脚下，又给我们"权柄可以践踏蛇和蝎子，又胜过仇敌一切的能力"④。然后，他虽然没有其他例子可说，却说"或者有比你们所讲的更不可思议的故事的人"，由此也诽谤了约拿和但以理。塞尔修斯里面的灵不知道称颂义人。

58. 我们再来看看他下面的话："他们还有一条律例，大意是——你们不可抵抗侮辱你们的人。他说，即使有人打你一边的脸，你就把另一边也转过来让他打。⑤这也是古已有之的话，而且说得比这好。他们的表述比较粗俗。柏拉图在《克里托篇》里记载了苏格拉底的如下对话⑥：

---

① 参第三卷，第二十八节。
② 《约拿书》2:1（和合本为1:17。——中译者注）。
③ 参第五卷，第三十九节；第六卷，第六十一节。
④ 《路加福音》10:19。
⑤ 《路加福音》6:29；《马太福音》5:39。
⑥ 柏拉图，《克里同》49B-E。

> 那么我们永远不可行恶。
>
> 是的，没错。
>
> 甚至不可报复对我们行恶的人，尽管大多数人认为可以，因为我们不可在任何条件下行恶。
>
> 似乎如此。
>
> 那怎样呢？我们是否应当伤害人，克里托？
>
> 我想，不应当，苏格拉底。
>
> 那怎样呢？我们遭了恶就回报恶，如大多数人所说的，这是公义还是不义呢？
>
> 当然不是公义。
>
> 我想，伤害人与行恶没有任何分别。
>
> 你是对的。
>
> 那么我们既不可以报复人，也不可以伤害人，甚至我们从他受苦，也不可这样做。

这就是柏拉图所说的。然后他接着又说：

> 因而你也要仔细思考一下，看你是否有与我同样的观点，这样的看法你能否接受。那就让我们从那样的前提开始一起思考，假设无论作恶、报复，还是因受了伤害就以牙还牙，都绝不可能是正确的。或者你不认同这样的观点，不接受这样的前提？在我，长时间以来一直认为这是真理，现在依然这样认为。

这就是柏拉图的观点。但这些观点还有更早的表述，是受圣灵感动的人说的。不过，我在这个问题上的论述可以作为所有其他被他们篡改的理论的一个充分典范。① 凡是愿意找出这方面的更多例子的人必会

---

① 第六卷，第十五节以下塞尔修斯的话。

认识它们。"①

59. 对此,以及塞尔修斯引述的其他类似话语——因他不能无视这些话语的真理性,故坚持也是希腊人所说的——我们作出以下驳斥。如果理论是有益的,其意图是正当的,而且是希腊人中柏拉图或哪位智者说过的,犹太人中摩西或哪位先知说过的,也是基督徒在记载耶稣的话或他的使徒的话时说过的,那么我们认为,要反对犹太人或基督徒所说的这种理论,不能基于这样的事实,即希腊人也提出了这样的理论。如果表述这种理论的犹太作品显然比希腊作品更早,那就更是如此了。我们也不会认为,同样的理论,用希腊优美的风格表述,无论如何都要比犹太人和基督徒用谦卑的方式、简单的语言表述更高级。不管怎样,犹太人的原话,就是众先知在书卷里使用的话,也是他们留给我们的话,原是用希伯来文写的,他们对自己的语言风格作了巧妙的应用。

如果我们可以说——尽管这样的说法似乎难以置信——我们要说,同样的理论,犹太人的先知和基督徒的教训表述得更好,我们将用关于食物及其准备方式的例子论证这个观点。假设有一种健康食物,人吃了,就会长力气,但需要把这种食物以一定方式烧煮,再加上某些调料,所以不是由农夫来做——他们成长于农家,处境贫困,没有学过怎样吃这种食物——而是让家境富裕、生活奢侈的人做。再假设有无数的人同吃这种食物,但不是以所谓的上层人喜欢的方式做,而是以贫穷、单纯的民众和大多数人知道的方式做。我们还假设,唯有所谓的上层人因吃了以前一种方式做的这种食物而长了力气,因为普通民众没有哪个喜欢那样做的食物,但是以另一种方式做的食物,却给大多数人带来更多的健康。就厨师预备的健康食物给同胞带来益处而言,我们该更赞成哪个厨师呢?我们更愿意选择那些为博学者预备有益食物的人,还是为大多数人准备有益食物的人呢?虽然不论食物用这种方式或那种方式

---

① 关于这话,参第四卷,第六十一节塞尔修斯。

做，带来的健康和益处可能是一样的（这是我们的假设），然而显然，人性本身及人作为整体的利益表明，关心大多数人的健康的医生，比只关心少数人的健康的医生更有助于同胞。

60. 如果这个例子得到很好的理解，我们必须将它应用于理性存在者的理性食物的性质上。想一想，柏拉图和希腊智者在他们精致的语言中表现出的，岂不如同只关心那些所谓的上层阶级的医生？他们对大多数人持鄙视态度。而犹太人中的先知和耶稣的门徒，如圣经所说的，抛弃措辞的优美风格，抛弃人的智慧，就是按着肉体的智慧① —— 暗指语言——可以把他们比作那些费尽心思，以大多数人能够理解的文风做同样非常健康的食物的人，他们努力不使用让听众感到陌生和听不惯的语言，免得他们因为接触陌生的术语，语言上的生疏把他们排除在这种讲论之外。此外，如果理论的目的是使吃理性食物——如果我可以这样说——的人能够长期忍耐，温柔顺服，那么使大多数人变得能够长期忍耐、温柔顺服，或者至少帮助他们在这些美德上取得一定进步，这样的理论岂不是比仅使极少数人长期忍耐、温柔顺服——姑且承认可以做到这一点——的理论更好？

比如，如果柏拉图想要用好的理论帮助说埃及语或叙利亚语的人，他作为一个希腊人，就必须费尽心思学习他们的语言，并且如希腊人所说，为了提高埃及人和叙利亚人的道德水平，就要说野蛮人的话，而不是仍做希腊人，没有能力说对埃及人或叙利亚人有帮助的话。同样，神性不仅关心那些被认为受了希腊知识熏陶的人，也关心其他人，所以下降到无知大众的水平，使用他们所熟悉的风格，鼓励普通民众来倾听。一旦把他们引入到基督教里面，他们就比较容易能够立志去领会隐藏在圣经里较深的真理。因为很显然，即使一个未得恩赐的人读经文也可知道，许多段落初看之下显现出这种含义，其实却蕴含着更深的含义。而对

---

① 《哥林多前书》2:5；1:26；《哥林多后书》1:12。

那些致力于圣经研究的人来说，这种深层含义显得很清楚，他们花在圣经研读上的时间越多，践行教义的热情越大，这种含义也就显得越清晰。

61. 因而，当耶稣——如塞尔修斯所说的——"用粗俗的语言"说："有人打你的左脸，把右脸也转过去让他打；有人要你的内衣，把外衣也一并给他。"这并不是毫无根据的，因为他用这样的话表述理论，说明它的含义，比柏拉图在《克里托篇》里所表述的对人类更有益处。未受过教育的人甚至无法明白柏拉图的意思；而那些受过普通教育，还未在希腊的高深哲学上受过指导的人，也只能勉强有所理解。我们还应注意，关于长期忍耐的思想并没有因这种朴实的文风而受损。最后塞尔修斯说："不过，我在这个问题上的论述可以作为所有其他被他们篡改的理论的一个充分典范。凡是愿意找出这方面的更多例子的人必会认识它们"，这又是他对福音的诬蔑。

62. 我们再看他的下一段话："不过，我们就不说这一点了。他们无法忍受看见神庙、圣坛和偶像。① 斯基台人也不能忍受这些，② 利比亚的诺马德人（Nomads）也是，③ 不信任何神的塞勒人（Seres）也是，④ 其他非常不敬且不尊重法律的民族无不如此。波斯人也持这种观点，如希罗多德所记载的：'我知道，波斯人遵从这些法律，认为设立偶像、祭坛和庙宇是不合法的，甚至认为这样做的人是愚蠢的。究其原因，在我看来，就是他们不像希腊人那样认为，诸神拥有像人一样的本性。'⑤ 此外，赫拉克利特也说过这样的话：'他们向这些偶像祷告，就如同与房子说话，完全不知道诸神和英雄是什么东西。'⑥ 他们这些比赫拉克利特更智慧的人又教导我们什么呢？ 无论如何，他以极其隐晦的话表明，人若

---

① 这是 Minucius Felix. Octavius（VIII, 4）里异教徒 Caecilius 提出的指责之一。
② Herodotus, IV, 59。
③ 参可能是 Herodotus, IV, 188。
④ 根据 Bardesanes, de Fato 26, 塞勒人禁止偶像崇拜。
⑤ Herodotus, II, 131。
⑥ Heraclitus frag. 5 Diels；参上文第一卷，第五节。

不知道诸神和英雄的本性，却向偶像祷告，那是愚蠢的。

这就是赫拉克利特的意思。但他们公然鄙视偶像。如果他们的意思是说，某个人或别的人做成的石像、木像、铜像或金像，不可能是神，那他们的智慧是可笑的。除了全然无知的，谁也不会以为这些东西就是神，而不是供奉用的祭物，是诸神的像。① 但他们的意思若是说，我们不应认为像是神圣的，因为上帝有不同的形象，如波斯人也主张的，那么他们不知不觉中自己驳倒了自己。因为他们说'上帝按自己的形像造人'，使人的样式像他自己的样式。② 他们虽然会承认这些东西是为了荣耀某些存在者，不论它们与这些存在者的形状是否相像，却认为它们所献身的不是神，而是鬼魔；凡敬拜上帝的，就不可事奉鬼魔。"

63. 对此我的回答是，如果斯基台人、利比亚的诺马德人，还有塞勒人，塞尔修斯断言他们不相信任何神，还有其他非常不敬且不尊重法律的民族，不能忍受看见神庙、祭坛和偶像，还有波斯人也不能忍受，这完全不能说明他们对这些事物的不能容忍就与我们的不能容忍基于同样的原因。我们必须考察是什么理论使那些不能忍受神庙和偶像的人主张这种观点。然后，如果人的不能忍受是基于好理论，那么他不忍受这些东西是可赞美的；若是基于错误理论，则是该责备的。

同样的结论有可能基于不同的理论得出来。比如，跟从芝诺的哲学家避免通奸；但伊壁鸠鲁主义者也这样奉行，有些完全无知的人也这样做。只是我们要思考使如此大相径庭的人一致决定避免通奸的原因之间的差别是什么。斯多葛主义的观点基于社会良善，认为对一个理性存在者来说，败坏一个已经与别的男人有法律之约的妇女，破坏别人的家庭，是违背本性的。然而，伊壁鸠鲁主义者不是这样，当他们确实禁止通奸行为时，他们这样做不是出于这样的原因，而是因为在他们看来，

---

① 关于这一点，最充分的讨论见 E. R. Bevan, *Holy Images* (1940)。
② 《创世记》1:26—27；参第六卷，第六十三节塞尔修斯的话。

快乐是最高的善，因为放任自己享受通奸之乐的人面临着许多阻碍快乐的事，有时候得面临监狱或放逐或死亡，这些之前还往往会有其他种种危险，要等候丈夫离开家，留心料理他事务的人不在家。① 所以，如果我们认为通奸者有可能既不让女人的丈夫看到，又不引起自己仆人的注意，还有那些若知道他通奸就让他名誉扫地的人，若全然没有这些危险，那么伊壁鸠鲁主义者就会为求快乐而行通奸之事。而一个未受教育的人有机会通奸时却不这样做，有时候可以发现，他如此禁欲的原因是出于对法律及有关刑罚的畏惧；对这样一个人而言，禁止通奸不是因为他追求更高的快乐。所以，你看，被认为是同样的行为，即禁止通奸，由于行为者不同的动机，就变成了完全不同的事。它取决于他们这样做是出于好的理论，还是出于非常邪恶而不敬的原因，比如我们上面例子中的伊壁鸠鲁主义者和卑俗之人就属于后者。

64. 正如这件事，禁止通奸，虽然看起来是同一件事，但由于所依据的理由和动机不同，实质上各不相同。同样，那些不能忍受用祭坛、神庙、偶像来崇拜上帝的人，也同样如此。斯基台人或利比亚的诺马德人或不相信任何神的塞勒人或波斯人，引导他们这样做的理论不同于引导基督徒和犹太人无法忍受这种所谓的献给神的崇拜的理论。因为前者所罗列的人中，没有哪个无法容忍祭坛、偶像，是因为想要避免把对上帝的敬拜贬损或降低到这种程度，使之成为某种具体的模式。也不是因为他们相信，这些偶像和空间已经受到鬼魔的控制，或者因为鬼魔借某些魔法咒语卷进来，② 或者甚至因为他们已经能够以另外的方式自己掌控这些地方，在里面贪婪地享受祭品，③ 寻求不法之乐，寻求违法之人。

---

① Epicurus, *frag.* 535 (p. 322) Usener。参 the Vatican Gnomologium 残篇："你对我说，肉体的冲动使你太过喜欢爱的快乐。假如你没有违背法律或良好习俗，没有侵犯你的任何邻居，没有伤害自己的身体，浪费你的微薄薪金，你可以随心所欲地放纵喜好。然而妄图不撞上这些障碍物中的任何一个，是不可能的；因为爱的快乐永远不可能对人有益，若能不伤害他，已是他的运气。"(Bailey 译本)，也参 Seneca, *de Otio.* VII. 3。
② 参第五卷，第三十八节努梅纽的话。
③ 参上文第三卷，第三十八节。

但是基督徒和犹太人废除神庙、祭坛和偶像,是出于这样的命令,"你要敬畏耶和华你的上帝,侍奉他","除了我以外,你不可有别的神","不可为自己雕刻偶像;也不可做什么形像仿佛上天、下地和地底下、水中的百物。不可跪拜那些像;也不可侍奉它","你要拜耶和华你的上帝,侍奉他"①,诸如此类的,还有很多。他们不仅远离这些东西,必要的时候,甚至真的甘愿死,以避免因这类与宇宙之上帝的律法相反的行为玷污他们的上帝观。

65. 关于波斯人,前面已经说过,他们不立神庙,但他们确实崇拜太阳和上帝的造物。②这在我们也是禁止的。我们受到教导,不可"敬拜侍奉受造之物,不敬奉那造物的主",知道"受造之物仍然指望脱离败坏的辖制,得享上帝儿女自由的荣耀","受造之物切望等候上帝的众子显出来","受造之物服在虚空之下,不是自己愿意,乃是因那叫他如此的。"③我们还得到教导说,万不可不拜无所需的上帝,④和他的儿子,就是首生的,在一切被造的以先,⑤而去拜服于败坏和虚空之下的事物,这是他们心怀美好盼望时所处的一种状态。关于波斯人,除了前面所讲的,这里就作这样的补充,表明他们虽然废除祭坛和偶像,却敬拜受造之物,而不拜造物的主。

然后他引用赫拉克利特的话,按他的解释,这话的意思是,任何人若不知道诸神和英雄的本性,向偶像祷告就是愚蠢的。我的回答是,我们有可能认识上帝和他的独生子,以及那些得了上帝的尊荣、分有他的神性的存在者,⑥他们不同于外邦的神,那些神都属虚无;⑦但既认识

---

① 《申命记》6:13;《出埃及记》20:3—5。
② 参第五卷,第四十一节和第四十四节;第六卷,第二十二节。
③ 《罗马书》1:25,8:19—21。
④ 关于这一老生常谈,参第六卷,第五十二节;第八卷,第二十一节塞尔修斯的话。
⑤ 《歌罗西书》1:15。
⑥ 也就是天使,参上文第三卷,第三十七节。
⑦ 《诗篇》95:5(和合本为96:5。——中译者注)。

上帝，又向偶像祷告，则是完全不可能的。

66. 愚蠢的是，不仅向偶像祷告，而且这种祷告还是假装的，目的是顺应众人的做法，就如逍遥学派哲学家，那些持有伊壁鸠鲁或德谟克利特的理论的人所做的那样。① 对真诚向上帝敬虔的人来说，灵魂里不可有任何虚假之事的立足之地。我们之所以不敬偶像，完全是因为——尽可能如此——我们想要避免陷入偶像是别神的观念。这就是我们反对塞尔修斯和一切承认他们不是神的人的原因，后一种人看起来似乎是聪明人，却也做类似于拜偶像的事。跟从他们的大众都陷入谬误，因为他们不认为自己只是在按入乡随俗的原则崇拜它们，事实上，他们的灵魂已经坠落到承认它们就是神的地步，甚至不能容忍别人说，他们所崇拜的这些像不是神。

塞尔修斯认为，他们没有把偶像当作神，只当作供奉给神的祭品，但他没有证明它们不是供奉给人的祭品，而如他所说的，只是神自己的祭品。显然，它们就是坚持错误的上帝观的人的祭品。此外，我们也不认为偶像有神的样式，因为我们不把上帝描述为任何形状，他是无形状的，看不见的。而塞尔修斯认为，我们一方面说上帝没有人的样式，另一方面相信上帝按他自己的形象，按他的样式造人，这是自相矛盾的。我对此的驳斥是，如我前面讲过的，② "按上帝的形像造的"那一部分保守在理性灵魂里，它有追求美德之能力。然而，塞尔修斯没有看到上帝的形像与按上帝的形像造的，这两者之间的区别，就说我们声称"上帝按自己的形像造人，使人的样式与他自己的一样"。对此我们前面已经作了驳斥。

---

① 奥利金 (*Exh. Mart.* 6) 比较了基督徒拒不崇拜偶像的真诚与那不相信偶像但仍然崇拜它们的人的虚伪，"由于胆怯，他称之为'入乡随俗'，假装崇拜它们，只为显得像大众一样敬虔。"关于这种态度，参 Sextus Empiricus, *adv. Math.* IX, 49："对怀疑论者来说，一方面不作匆忙的论断，因为这是哲学的要求；另一方面，如果能跟从传统习惯和习俗，承认诸神的存在，遵行一切与崇拜它们和敬虔有关的事，那会更安全些。"

② 参第六卷，第六十三节。

67. 然后他论到基督徒说:"他们虽然会承认这些东西是为了荣耀某些存在者,不论它们是否与这些存在者的形状相像,但认为这些东西所献身的对象不是神,而是鬼魔;凡敬拜上帝的,就不可侍奉鬼魔。"他若是知道关于鬼魔的理论,了解各个鬼魔的行为,不论是由这些事上的能手念咒召来的,还是它自己决定投身于它渴望且能做的行为,如果他发现了关于鬼魔的真理,那是非常深奥的,人性是无法理解的,那他就不会这样指控我们:我们说凡敬拜至高上帝的人,就不可侍奉鬼魔。事实上,我们非但不侍奉鬼魔,甚至借圣经里的祷告和公式,① 把人心里的鬼赶出去,从它们占据的地方赶出去,有些甚至从动物体内赶出去。因为鬼魔还时时要计害它们。

68. 至于对"然而,他们敬拜的不是神,甚至不是鬼,而是一个尸体,这显然是自己驳倒了自己"② 的驳斥,由于我们前面③ 对耶稣有了详尽的论述,现在就没必要重复了。因此,我们可以立即接下来思考塞尔修斯下面的话:"首先我要问,我们为何要崇拜鬼魔?万物岂不是按着上帝的旨意管理,一切天意岂不出于他吗?不论宇宙中有什么,不论是上帝的工,是天使的工,④ 是其他鬼魔的,英雄的,所有这些岂不都是遵守最伟大的上帝所立的法则吗?每个具体事物岂不都指派了一个被认为与受派的权能相配的存在者吗?因而,敬拜上帝的人敬拜那从他得了权威的存在者,难道不是正当的吗?但是他说,一人不可侍奉多主。" ⑤

这里也请注意,对需要作出相当多的研究的难题,需要非常高深的

---

① 关于圣经名字的卓越能力,Origen, Hom. in Iesu Nave, XX。
② 参看第七卷,第三十六节塞尔修斯的话。
③ 参看第一卷,第六十九节至第七十节;第二卷,第六十三节至第六十六节;第三卷,第四十一节至第四十三节;第六卷,第七十五节至第七十七节;第七卷,第十六节至第十七节,第三十五节至第三十六节,第四十节,第四十五节至第四十六节,第五十二节。
④ 有意思的是,塞尔修斯使用了犹太—基督教的词"天使"。Bousset, *Archiv fur Religionswissenschaft*, XVIII (1915), pp. 168-172 收集的证据表明,异教作家可以使用这个术语,却不受犹太教或基督教的任何影响。关于天使在新柏拉图主义者坡菲利和普洛克鲁斯(Proclus)那里的重要性,参 Andres in P. – W., Suppl. III (1918), 111 f. *s. v.* "Angelos"。
⑤ 参《马太福音》6:24;《路加福音》16:13。

知识和关于宇宙管理的神秘理论的问题,他一下子就跳到了结论上。因为关于这一论断,即万物都按上帝的旨意管治,我们必须考察它意指什么,这种管治是否甚至涉及到犯或没犯的罪。如果这种管治延伸到不仅在人中所犯的罪,也包括在鬼魔中,以及其他没有身体但有能力犯罪的存在者中犯的罪,那么请持这种说法的人注意,主张万物都按上帝的旨意管治的困难所在。因为从他的陈述中可以推出,甚至犯下的罪和由恶而来的一切结果都是按上帝的旨意管治的;而且这不同于说它们的发生是因为上帝没有阻止。但是如果我们在严格的意义上理解"管治"的含义,就可以说,即便是恶的结果也顺服于上帝的管治(就此而言,显然,万物都按上帝的旨意管治);因而无论谁犯罪,也不会损害上帝的管治。

我们还必须对神意作出类似的区分,认为神意若是一切良善的原因,那么"一切神意都源于他"这话有一定的真理性。但我们若是毫无界定地说,一切发生之事都是出于神意,即使邪恶之事的发生也不例外,那么说一切神意都源于他,就不可能是对的——除非有人说,出于上帝神意之工的偶然结果,也是由上帝的神意引发的。①

他还说,"无论宇宙中有什么,不管是上帝的工,是天使的工,是其他鬼魔的工,英雄的工,所有这些都遵守最伟大上帝所立的法规。"但他所说的不是"真教义"。因为当这些存在者悖逆之后,他们就没有遵守最伟大上帝所立的法规。圣经表明,悖逆者不仅包括恶人,还包括恶鬼和恶天使。

69. 不仅我们认为有恶鬼,几乎所有人都主张鬼是存在的。因而,"万物都遵守最伟大上帝所立的法规"这话是不对的。凡是因自己的疏忽、邪恶(evil)、不义(wickedness)、对善的无知从神圣律法堕落的,都没有遵守上帝的律法,而是(造一个词)守"罪的律"②。然而,在主张

----

① 参第六卷,第五十三节和第五十五节。
② 《罗马书》8:2。

鬼魔存在的大多数人看来，唯有恶鬼没有守上帝的律，违背上帝的律。但在我们看来，一切鬼魔都偏离了善道，他们原先并不是鬼魔；因为所谓鬼魔，就是指已经从上帝堕落的存在者。正因如此，凡拜上帝的，就不可拜鬼魔。

有些人为所谓的催情剂，为引发恨恶、阻止行为，或者无数其他原因，而求鬼魔、念符咒，这也可以表明鬼魔究竟是什么东西。这样的事是由学过如何用符咒召鬼魔，如何使鬼魔按他们的意愿做事的人完成的。由此可见，对鬼魔的崇拜与我们对至高上帝的敬拜是格格不入的。所谓的诸神崇拜也是一种鬼魔崇拜，因为"外邦的神都属虚无（鬼魔）"①。这一点从以下事实也可以看清楚，为使那些所谓的圣地看起来更强大，就在这些雕像、神庙刚建成时，使用一些奇怪的咒语；②这样的事也由那些一生致力于念咒拜鬼的人来做。我们之所以决定避开鬼魔崇拜，就像避开瘟疫一般，原因就在这里。我们认为，希腊人中一切借用祭坛、偶像的所谓诸神崇拜，全是对鬼魔的崇拜。

70. 至于他所说的"每个具体事物岂不都指派了一个从最伟大的上帝得了权柄，被认为配执行某种具体任务的存在者"，我们需要具备非常深奥的知识，才可能表明，恶鬼是否由管理整个世界的神圣逻各斯为某种特定任务而指派的，③就像城邦里的刽子手和其他虽然令人讨厌、却又必不可少的职位是由管理整个城邦的政府指派的一样；或者正如强盗在荒地提议某人作他们首领，同样，可以说，鬼魔在地上各处形成联邦，推举某个鬼魔作他们的首领，领导他们做他们选择做的事，以便偷走甚至抢走人的灵魂。

人若是打算在这个问题上作出充分的回答，为那不崇拜别的，只崇

---

① 《诗篇》95：5（和合本为96：5。——中译者注）。
② 参第七卷，第六十四节以及第五卷，第三十八节努梅纽的话。
③ 参第五卷，第三十节至第三十一节；第八卷，第三十一节。

拜至高上帝和他的逻各斯,首生的,在一切受造的以先①的基督徒辩护,就需要解释以下这些话:"凡在我以先来的,都是贼,是强盗,羊却不听他们","盗贼来,无非要偷窃、杀害、毁坏"②,以及圣经里其他诸如此类的话,比如"我已经给你们权柄可以践踏蛇和蝎子,又胜过仇敌一切的能力,断没有什么能害你们","你要踹在蝰蛇和蜥蜴的身上,践踏狮子和大蛇。"③

但是塞尔修斯对这些话一无所知。他若是知道,就不会说"不论宇宙中有什么,不管是上帝的工,是天使的工,是其他鬼魔的,或英雄的,所有这些岂不都是遵守最伟大的上帝所立的法则吗?每个具体事物岂不都指派了一个被认为与受派的权能相配的存在者吗?因而,敬拜上帝的人敬拜那从他得了权威的存在者,难道不是正当的吗?"末了还补充说"但一人不可事奉多主"。这个问题我们放到下卷讨论,因为我们驳斥塞尔修斯的论著所写的第七卷篇幅已经差不多了。

---

① 《歌罗西书》1:15。
② 《约翰福音》10:8,10。
③ 《路加福音》10:19;《诗篇》90:13(参和合本91:13:"你要踹在狮子和虺蛇的身上,践踏少壮狮子和大蛇。"——中译者注)。

第 八 卷

1. 我已经顺利地完成了七卷。现在打算开始写第八卷。愿上帝并他的独生子逻各斯（道）与我们同在，让塞尔修斯的谎言——尽管错误地冠以"真教义"的名称——受到彻底的驳斥，使基督教的教义经我们全力的辩护，其正确性得到充分的证明。我们祷告，愿我们能像保罗那样真诚地说"我们做基督的使者，就好像上帝藉我们劝你们一般"①，愿我们能向人做基督的使者，好像上帝的逻各斯（道）劝他们与他自己做朋友，期望使那些还没有接受耶稣基督的理论，生活在对上帝的黑暗之中，对造主的无知之中的人熟悉公义、真理和其他美德。此外，我还要祈求上帝赐给我们高贵而真实的道，就是在与邪恶争战的战场上有能的耶和华。②现在我们要开始看塞尔修斯的以下段落，作出我们的回驳。

2. 前面他向我们提出问题，问我们为何不崇拜鬼魔。关于他的鬼魔论，我们根据我们所理解的圣言做了反驳。然后，他因为妄图让我们崇拜鬼魔，所以提出我们会这样回答他的问题："一个人不能侍奉多主。"他认为，"这是把自己封闭起来，与其他人隔离的人所说的叛逆之话"。③他设想，"说这话的人实质上是把自己的感情归到上帝名下"。因此他认为，"在人事上，已经事奉一个主的人，不能同时再去侍奉另一个主，因为侍奉另一个主会伤害原来的主。某人若已经向此人发誓，就不能再向

---

① 《哥林多后书》5:20。
② 《诗篇》23:8（和合本为24:8。——中译者注）。
③ 参第三卷，第五节；第八卷，第四十九节塞尔修斯的话。这是对犹太人很普遍的指控。参 Tacitus, *Ann.* XV, 44 "odium humani generis"（憎恨人类）。

彼人发同样的誓,否则就会伤害前者。所以不能同时侍奉不同的英雄和鬼魔,这是合理的。但就上帝来说,无论伤害还是忧愁,都不会影响他",所以,塞尔修斯认为,"按照用在人、英雄、鬼魔上的此类原则,避免崇拜多个神,是不合理的"。他还说:"人拜多个神,因为他所拜的是属于伟大上帝的存在者,所以他这种做,正是行了上帝所喜爱的事。"他还接着说,"假如尊崇那些上帝未曾授予这种权利的事物,那是不合法的"。因而,他说,"只要尊敬、崇拜属于上帝的,就不会伤害他,因为他们全都是属于他的"。

3. 在讲下一个问题之前,我们先思考一下,我们是否没有充分的理由证实"一个人不能侍奉两个主"的话。这话后面的话说"不是恶这个爱那个,就是重这个轻那个","你们不能又侍奉上帝,又侍奉玛门。"① 这样的辩护把我们引到一个深奥而神秘的关于诸神和万主的理论面前。圣经上说,有一位至高的耶和华,超乎万神之上。② 在这句话里,我们认为"万神"不是指那些外邦人所崇拜的神,因为我们知道"外邦的神都属虚无(鬼魔)"③。我们把它理解为先知的话里所说的有某种会的神。至高上帝审判这些神,派给各神适合担当的工作。因为"上帝站在诸神的会中,在诸神中行审判"④。此外,耶和华是"诸神的上帝",借着他的儿子"已经发言招呼天下,从日出之地到日落之处"⑤。我们又得吩咐说:"当称谢万神之上帝",也知道"上帝不是死人的上帝,乃是活人的上帝"⑥。这里所提出的思想不仅体现在我所引用的这些经文里,还体现在数不胜数的其他经文里。

4. 圣经教导我们学习并思考的关于主和万主的观点是这样的。在一

---

① 《马太福音》6:24。《路加福音》16:13。
② 《诗篇》96:9(和合本为97:9。——中译者注)。
③ 《诗篇》95:5(和合本为96:5。——中译者注)。
④ 《诗篇》81:1(参和合本82:1;"上帝站在有权力者的会中……"——中译者注)。
⑤ 《诗篇》49:1(和合本为50:1。——中译者注)。
⑥ 《诗篇》135:2(和合本为136。——中译者注);《马太福音》22:32。

处,它说:"你们当称谢万神之上帝,因他的慈爱永远长存!你们要称谢万主之主,因他的慈爱永远长存!"另一处说上帝是"万王之王,万主之主"①。圣经还知道有一些是假称的神,有一些是真实的神,不论是否称为神。保罗也教导同样的理论,论到哪些是真正的主,哪些不是,他说:"虽有称为神的,或在天、或在地,就如那许多的神,许多的主。"②然而,因为万神的上帝借着耶稣"从东到西招呼"③那些他希望召到自己的分下的人;④也因为上帝的基督,也就是主,进入到每个主的领地,把各地的百姓召到自己身边,借此事实表明他胜过其他一切主。也因为保罗明白这一点,所以他继我已经引用的话接着说:"然而我们只有一位上帝,就是父,万物都本于他,我们也归于他;并有一位主,就是耶稣基督,万物都是藉着他有的,我们也是藉着他有的。"他意识到这个问题上的理论是非常奇妙且神秘的理论,所以又说:"但人不都有这等知识。"⑤当他说"然而我们只有一位上帝,就是父,万物都本于他;并有一位主,就是耶稣基督,万物都是藉着他有的"时,"我们"指他自己以及一切已经上升到至高的万神之上帝和至高的万主之主的人。已经上升到至高上帝的人是这样的人,他的忠诚是完整不分的,敬拜上帝是借着他的儿子,就是耶稣里面的神圣逻各斯和智慧,唯有他引导那些想方设法借着独特的善工、善行和善念,努力靠近上帝,就是万物的造主的人到他那里。我想,正是因为这种以及类似的原因,这世界的王,就是装作光明天使的撒但,⑥引致有人写下:"诸神和诸灵跟从他,排成十一队"这样的话。此人还论到他自己及哲学家,说:"我们跟着宙斯的队

---

① 《诗篇》135:2—3(和合本为136:2—3。——中译者注);《提摩太前书》6:15。
② 《哥林多前书》8:5。
③ 《诗篇》49:1(参和合本50:1"已经发言招呼天下,从日出之地到日落之处"。——中译者注)。
④ 《申命记》32:9。
⑤ 《哥林多前书》8:6—7。
⑥ 《哥林多后书》11:14。

伍，其他人跟着其他神的队伍，有的跟这个，有的跟那个。"①

5. 既然有许多假称的或真实的神，也有类似的主，我们就要尽我们所能上升，不仅超越那些地上万民拜为神的，也要超越圣经里认为是神的。对于后者，那些在上帝借摩西和我们的救主耶稣所立的诸约上是局外人的，②那些与上帝借他们显明的应许格格不入的人，必是一无所知。人若不行鬼魔所喜欢的事，就能上升到一切鬼魔之上，脱离他们的捆绑。人若不是顾念所见的，乃是顾念所不见的，③不论以他们的方式，还是以另外的方式，也就上升到保罗所说的诸神之上。有人若能明白为何"受造之物切望等候上帝的众子显出来。因为受造之物服在虚空之下，不是自己愿意，乃是因那叫他如此的"，若因为知道受造之物必"脱离败坏的辖制"，"得享上帝儿女自由的荣耀"，所以能恰当地谈论受造之物，那他就不会被拖去侍奉上帝之外的别神，也不会侍奉两个主。

所以，就那些根据这些考虑不愿意去侍奉多主的人来说，绝没有"叛逆的话"的问题。就因为此，他们满足于主耶稣基督，他教训、指示那些侍奉他的人，好叫他们得了训练，成为与上帝相配的国民④之后，他就可以把他们显现到他的上帝父面前。不过，他们确实脱离那与上帝的国民格格不入的人，脱离在他的诸约上是局外人的人，以便做天上的国民，⑤来到"永生上帝的城邑，就是天上的耶路撒冷。那里有千万的天使，有名录在天上诸长子之会所共聚的总会"⑥。

6. 另外，我们不侍奉除了上帝之外的别神，我们拜上帝是借着他的逻各斯和真理的中保，不是因为上帝有可能受到伤害，就像人因侍奉自己的仆人转去侍奉别人而受伤害。我们的意图是为了不因使自己脱离至

---

① 柏拉图，《斐德鲁篇》246E-247A，250B。
② 《以弗所书》2∶12。
③ 《哥林多后书》4∶18。
④ 《启示录》1∶6；5∶10。
⑤ 《腓立比书》3∶20。
⑥ 《希伯来书》12∶22—23。

高上帝的分而伤害我们自己,因为我们借着一个非凡的嗣子之灵,做与他的神性相似的百姓。这灵在天上父的众子里,当他们用赞美的声音悄悄地说"阿爸,父"①时,不只是说出了话语,也说出了事实。无可否认,斯巴达使者不崇拜波斯皇帝,尽管卫兵给他们施加巨大的压力,因为他们畏惧自己的主,莱克格斯的法律。②而那些作为伟大得多、神圣得多的基督的使者不会崇拜波斯人的统治者,也不崇拜希腊人的、埃及人的或者任何其他民族的统治者,即使统治者的卫兵、鬼魔,及魔鬼的使者,想要迫使他们这样做,企图劝服他们弃绝胜过地上一切法律的主。因为基督是那些做基督的使者③、代表基督的人的主,基督就是太初的道(逻各斯),这道与上帝同在,这道就是上帝。④

7. 在塞尔修斯认为正确的那些观点中,他认为应当提到其中一种非常深奥的关于英雄和某些鬼魔的理论。他论到人的侍奉,说,人若是想要侍奉一个主,却又选择侍奉另一个主,那就伤害了前者,然后他指出,同样的话也适用于"英雄"和"此类鬼魔"。我们必须问他,他所说的"英雄"是什么意思,称为"此类鬼魔"的存在者是什么,乃至说人侍奉了一个英雄,就不应再去侍奉另一个;侍奉了一个鬼魔,就不可再去侍奉另一个鬼魔。他认为就像人会因自己的仆人离弃自己转去侍奉别主而受伤一样,先得人崇拜的鬼魔也会如此。然而,请他表明,在他看来,英雄或此类鬼魔受到的是什么伤害。显然,他不得不说出一大堆胡说八道的话,修改陈述,收回说过的话;他若想不说胡话,就得承认他根本不了解英雄或鬼魔的本性。至于他就人所说的,即仆人若弃旧主从新主,旧主就会受伤,我们得追问:他所断言的旧主因仆人想去侍奉别主而受到的伤害究竟是哪种伤害?

---

① 《罗马书》8:15;《马太福音》6:6 以下。
② 故事出自希罗多德,VII, 136。
③ 《哥林多后书》5:20。
④ 《约翰福音》1:1。

8. 倘若他如同一个粗俗而幼稚的人那样,认为这种伤害是指影响到他的财产,就是我们所说的外在之物,那就表明他没有注意到苏格拉底的妙语:"安尼图斯和梅勒图斯可以杀死我,但不能伤害我,因为神的法律不会允许好的事物被坏的事物伤害。"①但他若要说"伤害"的意思是指"向恶的动向和状态",②那么显然,因为智慧人不可能受到这个意义上的伤害,所以一个人可以侍奉两个住在不同地方的主人。如果就连这样说也是不合理的,那么他使用这样的例子来指责"人不可侍奉两主"的话,是徒劳的;而且,这话一旦用来指对宇宙之上帝的侍奉,这种侍奉全靠他的儿子做中保,借他把人引向上帝,这话就表现出更大的力量。此外,我们敬拜上帝,不是因为他需要敬拜,或者我们若不敬拜他,他就会忧愁,而是因为我们自己从敬拜上帝中受益,由于借着上帝独生的逻各斯和智慧侍奉上帝,而成为没有忧愁、不会冲动的人。③

9. 看看他的话是多么欠考虑,"你若崇拜宇宙中别的存在者",他指出,我们只要崇拜顺服于上帝的那些存在者,就在崇拜上帝之事上对自己没有任何伤害。不过,他似乎觉得说"你若崇拜宇宙中别的存在者"时表达的观点不太妥当,就回到前面,纠正在这个问题上说过的话:"假如尊崇那些上帝未曾授予这种权利的事物,那是不合法的。"那我们就要问塞尔修斯关于那些敬为诸神、鬼魔、英雄的存在者的问题。尊敬的先生,你能用什么论证表明这些存在者已经从上帝得到受尊敬的权利,而不是由于人的无知,缺乏知识,陷入错谬,偏离应当敬拜的对象,才转去拜它们的?无论如何,哈德良的最爱受到尊敬,如你,塞尔修斯不久前所说的,④我想,你总不至于说,安提诺斯已经从宇宙之上帝获得权利,可作神为人尊敬?我们也可以对其他存在者说同样的话,要求对他

---

① 柏拉图,《申辩篇》30C-D。
② 这是斯多葛学派的定义。Klostermann 在 Z. N. W. XXXVII (1938), pp. 54-61 有讨论。Klostermann 认为奥利金从塞尔修斯引了这话,这肯定是不对的。
③ 奥利金只在极少地方谈到神秘的理想状态所包含的 apatheia (无欲之境),这是其中显著的一处。
④ 第三卷,第三十六节;第五卷,第六十三节塞尔修斯的话。

们已经从至高上帝得权利受尊敬的论断作出证明。

如果我们在耶稣问题上受到同样的反驳，我们就能证明，上帝已经赐给他受尊敬的权利，"叫人都尊敬子如同尊敬父一样"①。因为他还未出生之前就有预言证实他有权利受到尊敬。此外，他所行的神迹奇事，不是如同塞尔修斯所认为的，是靠巫术行的，而是靠先知所预告的神圣权能行的，从上帝作了见证，好叫尊敬子，也就是理性（逻各斯）的，不做任何非理性之事，并因尊敬他而得益；叫凡尊敬他，也就是真理的，因尊敬真理，同样因尊敬智慧和公义，以及圣经里描述上帝之子的其他一切特性，而成为良善之人。

10. 我们岂不知道，对上帝之子的尊敬是要靠一生行善奉行的，对上帝父也要奉行同样的尊敬，这不仅是"你指着律法夸口，自己倒犯律法玷辱上帝吗"这话告诉我们的，也从以下的话得知："何况人践踏上帝的儿子，将那使他成圣之约的血当作平常，又亵慢施恩的圣灵，你们想，他要受的刑罚该怎样加重呢？"②如果说违背律法的人，就是以自己的行为玷辱上帝，不接受福音的人，就是践踏上帝的儿子，那么显然，谨守律法的人就是尊敬上帝，以上帝的话和上帝的作为装饰自己的人，就是敬拜上帝的人。如果塞尔修斯知道谁属于上帝，知道唯有他们是智慧的，知道谁是在上帝之外的人，知道凡是完全没有追求美德之意向的人就是坏人，他就会明白在什么意义上可以说："因而，只要尊敬、崇拜那些属于上帝的，就根本不会伤害他，因为他们全是属于他的。"

11. 然后他说："更有甚者，那论断只有一位存在者被称为主的，论到上帝时，却不敬地把上帝国分成对立的两种势力，似乎一种势力在这边，另一种与它对立的势力在另一边。"③他若是通过合乎逻辑的证据表

---

① 《约翰福音》5:23。
② 《罗马书》2:23；《希伯来书》10:29。
③ 塞尔修斯对二元论的异议，参第六卷，第四十二节。关于"上帝的国"，参第一卷，第三十九节；第三卷，第五十九节；第六卷，第十七节。

明外邦人所拜的那些对象是真正的神,被认为住在偶像、神庙、祭坛周围的存在者确实不是某些恶灵,那么这一观点也就有了说服力。此外,关于上帝的国,我们在讲论中,在作品中不断谈到的话题,我们祈求自己能理解它,能成为这样的国民,只受上帝的管理,叫上帝的国成为我们的国。但塞尔修斯既教导我们要崇拜多神,若要使他的目标保持一致,就应当谈论诸神的国,而不是上帝的国。至于部分,上帝没有任何部分。也没有哪个神与他对立,即使有一些存在者,比如巨人和提坦,① 因其自身的邪恶,想要与塞尔修斯同流合污,还有那些因与用无数方式显明耶稣的真理的上帝作战,与那为了我们人类得救而舍己,作为逻各斯,按着各人的能力完整地向全世界显现的主作战,而受了咒诅的。

12. 有人很可能认为他下面对我们的批判似乎有一点合理性:"要是这些人只拜上帝,不拜别神,也许他们会有论据充分的论述驳斥别人。但事实上,他们对这个最近才出现的人崇拜到无以复加的地步,② 还认为他们崇拜上帝的同时,又崇拜他的仆人,并不违背一神论。"对此我要说,如果塞尔修斯考虑过"我与父原为一",上帝儿子所说的祷告"因我与你原是一",他就不会认为我们除了拜至高上帝外还拜别的。"因为父在我里面,"他说,"我在父里面。"③

然而,若有人对这些话感到担忧,恐怕我们要复述那些否认有两个位格(hypostases),即父和子的人的观点,那就请他注意经文"那许多信的人都是一心一意的"④,好叫他明白"我与父原为一"的含义。所以,我们敬拜的唯有一位上帝,既是父又是子,我们仍然"有论据充分的论述驳斥别人"。我们并非"敬拜一个新近才出现的人到无以复加的地步",似乎他前先根本不存在。因为我们相信那说"还没有亚伯拉罕就有

---

① 参第六卷,第三十二节奥利金的话;第六卷,第四十二节塞尔修斯的话。
② 参第一卷,第二十六节塞尔修斯的话。
③ 《约翰福音》10:30;17:21—22;14:10—11;17:21。
④ 《使徒行传》4:32。

了我",就是说"我就是真理"①的。我们谁也不会愚蠢到以为基督显现的日子之前,真理就不存在。因而我们崇拜真理之父和子,他就是真理;他们是两个有分别的位格,但心智上是合一的、统一的,意志上是同一的。②因而,凡看见子的,子乃是上帝的荣耀所发出的光辉,上帝本体的真像,就是看见了他里面的上帝,他乃是上帝的像。③

13. 然后,他认为,因为我们崇拜上帝与他儿子,故可以推出,按我们的观点看,不仅上帝,还有他的仆人应同受敬拜。他若是指那些列在上帝的独生子之后的上帝的真正仆人,加百列和米迦勒,以及其他天使,意指他们应当受到敬拜,那我们或者还可以讨论他说的敬拜是什么意思,这样敬拜的人的行为是怎样的,虽然意识到我们在讨论一个非常困难的问题,但仍可以谈谈我们对这个问题的理解。然而,事实上,他认为外邦人所崇拜的鬼魔是上帝的仆人,他的论述里没有一句话能使我们去崇拜这些鬼魔。圣经表明,他们是恶者(魔鬼)的仆从,这世界的王,想方设法企图劝人抛弃上帝。因为我们认为其他人所崇拜的对象不是上帝的仆人,所以我们不会尊敬、荣耀任何一个。由于我们已经受了教训,知道他们不是至高上帝的仆人,所以我们得说,他们是鬼魔。这就是我们只崇拜一位上帝和他的一位儿子,就是他的逻各斯和像,以我们所能说的最好的祈愿和恳求,借着上帝独生子的中保,向宇宙之上帝祷告的原因。我们首先向这位中保祈求,他为我们的罪作了代赎,求他做大祭司,将我们的祷告、祭献、代祷交给至高上帝。④所以,我们信上帝是借着他的儿子,是他确立我们里面的这种信心。塞尔修斯不可能指出,我们这种对上帝儿子的信有何不一致之处。事实上,我们是

---

① 《约翰福音》8:58;14:6。
② 关于这话,参奥利金,*Comm. in Matt.* XVII, 14;*Comm. in Joann.* X, 37 (21);II, 10;*de Orat.* XV, 1。安提阿信经 (Creed of Antioch, A. D. 341) 第二条重复了这里的句子。
③ 《约翰福音》14:9;《希伯来书》1:3;《歌罗西书》1:15;《哥林多后书》4:4。
④ 参《约翰一书》4:10;2:2;《希伯来书》2:17,等等。

借着敬上帝的儿子来拜上帝的,他就是道、智慧、真理、公义,以及我们所知的上帝儿子的其他一切头衔,其实就是具有这种本性的父所生的子。关于这点就谈到这里。

14. 然后塞尔修斯又说:"如果你教导他们,耶稣不是他的儿子,上帝是一切之父,我们真的只应崇拜他一个,那么他们就不会再愿意听从你,除非你也把耶稣包括在内,因为他是他们派别的创立者。事实上,当他们称他为上帝儿子时,不是因为他们对上帝极为尊敬,而是因为对耶稣大力赞美。"我们已经知道上帝的儿子是谁,即他是"上帝荣耀发出的光辉,是他本体的真像",是"上帝权能的一口气息,全能者荣耀的发出的明光",还是"永光发出的光辉,反映上帝之工的无瑕之镜,是他至善的一个像"①;我们也知道,耶稣就是从上帝来的儿子,上帝就是他的父。上帝让这样的一位独生子存在,这样的理论没有一点是不当的,与上帝不合的。没有人能说服我们承认像耶稣这样的人不是非受生的上帝和父的儿子。

如果塞尔修斯是误解了某些人,他们不承认上帝的儿子就是那造了这宇宙的造主的儿子,那是他与那些接受这一理论的人之间的问题。另外,耶稣也不是骚乱的制造者,乃是和平的缔造者。他对门徒说:"我留下平安给你们,我将我的平安赐给你们。"他知道属这世界的人必会与我们争战,所以接着说:"我所赐的,不像世人所赐的。"②我们虽然可能在世上受患难,却能因他而鼓起勇气,他说:"在世上你们有苦难,但你们可以放心,我已经胜了世界。"③我们断定这人就是上帝的儿子,是的,这位上帝,我们若是可以用塞尔修斯的话来说,我们"极为尊敬",我们知道他的儿子得到父的"大力赞美"。

不过,我们可以承认,大量信徒中有些人会采取不同的观点,并出于

---

① 《希伯来书》1:3;《所罗门智训》7 章 25—26 节。
② 《约翰福音》14:27。
③ 《约翰福音》16:33。

草率，推测救主就是至大至高的上帝。但我们至少不会采纳那种观点，因为我们相信那说"差我来的父是比我大的"①的。所以，我们不会认为，如今我们称为父的那位从属于上帝之子，塞尔修斯却诬蔑我们这样做。

15. 这之后，塞尔修斯说："为表明我提出这观点并非毫不相干，我要引用他们自己的话。在属天的对话②里的一处，他们有话说：'既然上帝之子是更大的，人子是他的主，（谁能胜过全能的上帝呢？）那为何许多人围着井，却没有人进去呢？当你们到了如此艰难的旅程的尽头时，难道还缺乏勇气吗？'——'你错了，因为我有勇气和刀。'因而，他们的目的不是敬拜高天上的上帝，③而是他们假定为他们社群的核心对象耶稣之父的那位。他们想要崇拜的唯有这个人子，假称他是伟大的上帝，把他推为首领。他们还说，他比那全能的上帝更大能，是后者的主。他们正是由此立下诫律说，不可侍奉两个主，好叫跟从这个人的党派的利益得到保护，不受损害。"

这里也同样，他从某个无名的、完全无足轻重的派别接受了这些观点，基于它们来批判一切基督徒。我之所以说"完全无足轻重"，是因为即使我们这些常常与异端分子争辩的人，也不甚清楚塞尔修斯究竟是从哪种观点引出这些思想——若说他至少是从某个地方引来这些思想，而不是自己杜撰出来的，或者是自己推导出来的。显然，我们这些主张即使是感觉世界也是万物之造主所造的人，认为子并非大于父，乃是顺服于父。我们之所以这样说，是因为我们相信那说"差我来的父比我大"④的。

我们谁也不会愚蠢到说"人子是上帝的主"。我们认为，救主，尤其当我们认为他是神圣的逻各斯、智慧、公义和真理时，是一切顺服于他的事物的主，因为他在这一切事物里面，但不认为他也是上帝和父的

---

① 《约翰福音》14:28（和合本译为"父是比我大的"。——中译者注）。
② 参第六卷，第二十七节及注释。这是否为诺斯替版的耶稣在客西马尼受难？参《路加福音》22:38。
③ 参第六卷，第十九节塞尔修斯的话。
④ 《约翰福音》14:28。

主,因为父比他大。由于逻各斯不是那些不愿意顺服者的主,由于仍然还有一些邪恶存在者,不仅包括人,也包括天使和一切恶灵,所以我们主张,他还没有成为这些存在者的主,他们还没有自愿顺服于他。然而,如果我们在另一种意义上理解"主人"的含义,也可以说,他甚至也是他们的主——正如我们说人是非理性动物的主人,不需要使它们的心顺服于他,因为他驯服某些闯进来的狮子和野兽,做它们的主人。无论如何,他尽其所能劝服众生,甚至那些如今不顺服的人,以便也作他们的主。因而,在我们看来,塞尔修斯认为我们说过这样的话"谁还能胜过全能的上帝呢",是完全不属实的。

16. 然后,我想他又胡乱地把别的派别的话拿来说:"为何许多人围着井,却没有人进去?"又说"当你们走到了如此艰难的行程的终点时,难道还缺乏勇气?你们错了。我有勇气和刀剑"。我们是属于仅尊基督之名的教会的人,我们得说,这些的事没有一样是真的。他似乎把与我们毫无关系的话拿来放到我们名下,目的是为了保持与他先前之话的一致性。我们的目标是,不可崇拜任何假称的上帝,只可崇拜这个宇宙以及其他一切非感性或非可见之物的造主。而这是那些走"另一条路"、"其他路"①的人的问题,他们否认耶稣,沉溺于新型的故事,仅有名称的上帝,他们以为这样的上帝比造主大,是任何说"子比全能的上帝大,是上帝的主"的人的问题。

关于是否可以侍奉两个主的问题,我们已经阐述了所想到的回答,表明了我们尊敬耶稣为主,反对那些自称上升到了一切主之上的人,只侍奉上帝的儿子和上帝的逻各斯为主,这根本不是煽动的话。②

17. 这之后,塞尔修斯指责我们"不设立祭坛、偶像、神庙",因为他认为设立这些东西是"一个隐蔽而神秘的社群的确定标志"。他没有注

---

① 荷马,《奥德赛》IX, 261。
② 第八卷,第三节至第五节。

意到，我们的坛就是每个义人的心，真正的、属理智的香和甜美的气味是从那里面散发出来的，祷告是从清洁的良心里发出的。正因如此，约翰在《启示录》里说："这香就是众圣徒的祈祷",《诗篇》作者说："愿我的祷告如香陈列在你面前。"①

与上帝适合的像和祭品，不是粗俗工匠所造的，乃是神圣逻各斯在我们心里显明、形成的，那就是仿照一切受造之物以先首生者的美德。因为在他里面，有公义、谨慎、勇气、智慧、敬虔和其他美德的典范。所以，凡是照着神圣的逻各斯，为自己造了谨慎、公义、勇敢、智慧、敬虔，以及其他美德之产品的人，心里都有像。我们相信，他们应当崇敬众像的原型，就是"不可见上帝的像"，独生的上帝。②此外，那些"已经脱去旧人和旧人的行为，穿上了新人。这新人在知识上渐渐更新，正如造他主的形像"③的人，恢复了按造主的形象所造的，在自己心里造出他的形象，具有至高上帝所希望的本性之像。

正如某些造像者做工非常成功，比如腓狄亚斯（Pheidias）、波利克来图斯（Polycleitus）、画家宙克西斯（Zeuxis）和阿佩勒斯，有的就没有这些人那样技艺高超，还有的比第二类还不如。所以，总的来说，在造像、绘画上水平参差不齐。同样，有些人以高明的方式，按着完全的知识，造至高上帝的像，所以，腓狄亚斯所雕刻的奥林匹亚宙斯，与按着造主上帝之像造的像之间，没有一点可比性。然而，在造物界的一切像之中，最高超非凡的像乃在我们救主里面，他说："父在我里面。"④

18. 凡是尽其所能在这一方面效仿他的人，心里都有一个像，"正如造他主的形像"⑤，他们清心仰望上帝，效法上帝，⑥于是就有了这样

---

① 《启示录》5:8；《诗篇》140:2（和合本为141:2。——中译者注）。
② 《歌罗西书》1:15；《约翰福音》1:18。
③ 《歌罗西书》3:9—10。
④ 《约翰福音》14:10。
⑤ 《歌罗西书》3:10。
⑥ 《马太福音》5:8；《以弗所书》5:1。

的像。一般而言，所有基督徒都努力设立我们所讲到的这种坛，我们所描述的这种形象。他们不会设立缺乏生命和感觉的偶像，也不会接受贪恋无生命之物的鬼魔，他们设立的是领受了上帝之灵的像，这灵住在我们所提到的美德之像里，在那按造主之形象造的像里，因为它们与造主相关。同样，基督的灵落在①那些可以说变得像他一样的人头上。因为上帝的道希望表明这一点，上帝就如给义人的应许所描述的："我要在他们中间居住，在他们中间来往；我要作他们的上帝，他们要作我的子民。"②救主说："凡听见我这话就去行的，我与我父要到他那里去，与他同住。"③

有兴趣的人，可以拿我所说的坛与塞尔修斯所说的祭坛相比较，拿敬虔于宇宙之上帝的那些人心里的形象与腓狄亚斯和波利克勒图斯及类似的艺术家所造的像比较。他必会清晰地认识到，后者是没有生命的，随着时间的流逝是要腐烂的，而前者永远住在不死的灵魂里，理性灵魂愿意它们住到什么时候，它们就住到什么时候。

19. 我们若是可以将殿与殿比较，向那些接受塞尔修斯的批判的人证明，我们并非"不设立神殿"，我们设立的是与上面所谈论的形象、祭坛同类的神殿，我们避免的是，为创造一切生命的主建立无生命的死殿，那么凡有兴趣的人，都来听听我们的教训是怎样说的：我们的身体就是上帝的殿；④若有人放荡或犯罪败坏了上帝的殿，那人必毁灭，因为他正是对真正的殿持不敬态度的人。而我们的救主耶稣的圣洁身体，是比一切所谓的神庙更美、更好的殿。因为他知道，不敬的人虽然能够设计毁坏他里面的上帝的殿，但想出这些计谋的人的意图，绝不可能比建立这殿的神圣权能更大，所以他对他们说："你们拆毁这殿，我三日内

---

① 参《使徒行传》2:3。
② 《哥林多后书》6:16。
③ 《马太福音》7:24；《约翰福音》14:23。
④ 《哥林多前书》3:16—17；6:19。

要再建立起来。"但"耶稣这话,是以他的身体为殿"①。

此外,圣经其他地方以奥秘的形式,向那些有神圣的听力,能够听懂上帝的话的人,教导复活理论。他们说,这殿必用永生的宝石再建。这隐晦地表述了这样的理论,那些借着同一个逻各斯,为着与他的教义一致的敬虔联合起来的人,每一个都是上帝之殿整体上的一块宝石。所以彼得说:"你们来到主面前,也就像活石,被建造成为灵宫,作圣洁的祭司,藉着耶稣基督奉献上帝所悦纳的灵祭。"②保罗也说:"被建造在使徒和先知的根基上,有基督耶稣自己为房角石。"③以赛亚谈到耶路撒冷的段落里,也包含着类似这样的神秘含义。这段话说:"我必以彩色安置你的石头,以蓝宝石立定你的根基,又以红宝石造你的女墙,以红玉造你的城门,以宝石造你四周的边界。你的儿女都要受耶和华的教训,你的儿女必大享平安,你必因公义得坚立。"④

20. 有的义人是彩石,有的是蓝宝石,有的是红宝石,有的是红玉。就此而言,每一种被拣选的宝石都是义人。现在不是解释石头的含义、关于它们的本性之理论,以及每种宝石的名字指哪种灵魂的时候。但我们必须简略地讲一讲我们所理解的那些殿,以及用宝石建立起来的上帝之殿的含义。正如在每个城邑里,居民都拿自己的殿宇与别人的相比,总以自己的为骄傲,那些因自己的殿宇的高贵而自豪的人,会提到它们不同凡响的品质,突出别人殿宇的缺陷和不足。同样,为驳斥那些因我们认为不应在无生命的殿里崇拜上帝而批判我们的人,我们将他们与我们所理解的殿作对比,以此表明,至少向那些并非没有感知觉,也不像他们的无生命之神那样的人表明,我们的形象与外邦人的偶像之间,没有可比之处。我们的坛和坛里升上来的香(可以这么说),与外邦人的祭

---

① 《约翰福音》2:19,21。
② 《彼得前书》2:5。
③ 《以弗所书》2:20。
④ 《以赛亚书》54:11—14。

坛、坛上献的燔祭和血，不能相提并论。更有甚者，我们所描述的我们的殿，与毫无理智之人所崇拜的无生命之神，也没有相似之处，这些拜死神的人，甚至没有任何神圣意识。而人借着这种意识，才能认识上帝和他的形象，以及认识与他相配的殿和坛。

因而，说我们不建立祭坛和形象，而这些东西是"一个隐蔽而神秘的社群的确证标志"，这是错误的。我们这样做，是因为我们从耶稣的教义里找到了敬拜上帝的方式。所以我们避免这些东西，它们虽然有敬虔的表象，却使那些被误导的人成为不敬，偏离借耶稣基督的中保而来的敬虔。唯有他是敬虔之路，真实地说："我就是道路、真理、生命。"①

21. 我们再来看塞尔修斯下面的话，看他如何论说上帝，怎样怂恿我们吃献给偶像，或者可以说献给鬼魔的真实祭品，但由于他不知道什么是真正神圣的，什么是真祭的本性，所以他自己称这些东西为"神圣祭献"。以下就是他说的话："上帝肯定是众人共有的。他既是良善的，又无所缺乏，② 全无嫉妒。③ 那么，有什么能阻止特别虔心的人参加公共庆典呢？"我不知道他头脑里怎么会产生这样的想法，以为从上帝是良善的、无所缺乏、毫无嫉妒，就可以推断出，虔心于他的人就应当参加公共庆典。我得说，若要从上帝是良善的、无所缺乏、全无嫉妒这一事实推断出他们可以参加公共庆典，唯有证明那公共庆典没有一点错谬，是建立在认识上帝本性的基础上的习俗，是与对他的敬拜和侍奉一致的。

然而，如果所谓的公共节日没有任何合理的解释表明它们是与敬拜上帝一致的；如果表明它们只是人受诱导，根据某些属人的故事编造出的一些习俗，甚至以为它们包括关于水、土、从土里长出的果子的哲学

---

① 《约翰福音》14:6。
② 参第六卷，第五十二节塞尔修斯的话；第七卷，第六十五节奥利金的话。
③ 出自柏拉图，《斐德鲁篇》247A；《蒂迈欧篇》29E。参亚里士多德，《形而上学》I, 2 (983a 2)。塞尔修斯认为，上帝虽然不需要任何祭品，但献上它们是好事，参 Diochrys (XXXI, 15) 说："很可能上帝不需要形象和祭品这些东西；但这些东西也不是徒劳的，因为它们表明了我们的热心和对诸神的态度。"

理论，那么显然，那些希望对敬拜上帝的方式谨慎小心的人，不参加公众节日是有充分理由的。正如一位希腊智慧人说得好，"节日不是别的，不过是尽责而已"。① 事实上，凡是在尽责的人，就是在守节日，因为他总是在祷告，在向上帝的祷告中不停地献上无血气的祭品。② 因着这样的原因，在我看来，保罗也说得非常精妙："你们谨守日子、月份、节期、年份，我为你们害怕，唯恐我在你们身上是枉费了工夫。"③

22. 如果有人对此提出反驳，说我们也遵守某些日子，比如主日、预备日、逾越节、五旬节，④ 我们对此的回答是，完全的人，就是时时投身于神圣逻各斯的话语、作为和思想的人，因为神圣逻各斯本性上就是他的主，这样的人始终活在他的日子里，一直谨守主的节日。此外，由于他随时预备过真正的生活，摒弃蒙骗大众的此生享乐，也由于他不是"体贴肉体"，而是攻克己身，叫身服我，⑤ 所以他始终在谨守预备日。再者，人若是明白"我们逾越节的羔羊基督，已经被杀献祭了"，也知道他应当吃逻各斯的肉来守这个节日，⑥ 那么没有哪个时刻他没有守逾越节，这节日的意思就是逾越之前的祭献。⑦ 因为他时时在思想上，在话语上，在每一个行为上，越过此生事件，奔向上帝，加快脚步走向他的城。此外，如果人能够真诚地说"我们与基督一同复活"，又说："他叫我们与基督一同复活，一同坐在天上"⑧，那么他时时住在五旬节里，尤其是当他像耶稣的使徒那样，上到所住的楼房，恒切祷告，好叫

---

① Thucydides, I, 70, ad fin.
② 斐洛（de Sp. Leg. II, 46）说："他们以美德为乐，使自己的整个生命成为一种节日庆典。"亚历山大的克莱门，(Strom. VII, 35) 也仿照此言说："对上帝灵性上的尊敬，称谢他所赐的知识，属天国民的恩赐，并不局限于固定地点，特定圣地，也不在于某些节日，特别立出来的日子里；乃在于他一生中的任何地方，不论他是独处，还是与分有他的信念的人同在……所以，我们的整个生命就是一个节日庆典。"(Hort-Mayor 译本)
③ 《加拉太书》4:10—11。
④ 关于这些仪式，参 H. Lietzmann, The Founding of the Church Universal (2nd ed. 1950), pp. 133 ff。
⑤ 《罗马书》8:6—7；《哥林多前书》9:27。
⑥ 《哥林多前书》5:7；参《约翰福音》6:52—56。
⑦ 类似的见 Philo, Vita Mos. II, 224。
⑧ 《歌罗西书》2:12；3:1；《以弗所书》2:6。

他变得与从天上吹来的大风相配,这大风赶走人里面的恶及其子孙,使其销声匿迹;也配分有上帝所赐的火舌。①

23. 大部分看起来信主的人还没有取得这样的进步。因为他们缺乏每日这样生活的欲望或能力,所以需要树立感性的例子提醒他们,免得他们把整个问题都疏忽了。我想,这就是保罗把特别分出日子庆祝的节日称为"节日的部分"②时所指的意思。他用这个词暗示,一直遵行神圣逻各斯的生活就不是"节日的部分",而是完整的、持续的节日。因而,从我们所说的话来思考我们的节日,将它们与塞尔修斯和外邦人的公众节日作个比较,看看我们这些节日是否比那些公共节日要神圣得多。因为后者"体贴肉体"③,以放荡的方式庆祝节日,结果是醉酒和淫乱。

这里,关于上帝的律法所规定的节日,为何教导人必须"吃困苦饼",或"无酵饼和苦菜同吃",他们为何要说"你们要刻苦己心"④或者类似的命令。 这是因为只要仍然有"情欲与圣灵相争,圣灵与情欲相争",人就不可能完整地以其全部人性庆祝节日。凡在灵上守节的,就与身体相争,这身体因"体贴肉体",不可能守灵上的节日。凡按肉体守节的,就不能同时按灵守节。关于节日这个话题,暂时先谈到这里。

24. 我们来看看塞尔修斯怂恿我们吃献给偶像的肉,参加公共节日的公众祭献所说的话。他说:"既然这些偶像算不得什么,那参加盛大的庆典有什么可怕的?若说他们是某类鬼魔,显然也是属于上帝的鬼魔,那我们应当相信他们,按照法律向他们献祭,向他们祷告,好叫他们有慈善倾向。"要驳斥这段话,引用《哥林多前书》的经文,解释保罗在那段话里关于祭偶像之物的完整讨论,会对我们有帮助。在那段话里,保

---

① 《使徒行传》1:13—14;2:2—3。
② 《歌罗西书》2:16(和合本没有这个词。——中译者注)。
③ 《罗马书》8:6—7。
④ 《申命记》16:3;《出埃及记》12章;《利未记》16:29,31。

罗要驳斥"偶像在世上算不得什么"的观点，确立吃祭偶像之物产生祸害的论点，向那些能够明白他的话的人表明，毫无疑问，人若分享了祭偶像的食物，其行为的严重性无异于杀人。因为他毁灭了基督为之死的弟兄。① 然后他指出，这些祭品是献给鬼魔的，表明那些吃鬼的筵席的人，就是与鬼相交；还指出，同一个人不可能"既吃主的筵席又吃鬼的筵席"②。

然而，解释《哥林多前书》里的这些论点需要一篇专论作详尽讨论，所以我们只能作几点简要的论述。研究这些话的人可以清楚地看出，偶像纵然算不得什么，参加偶像的盛大庆典仍然非常可怕。我们也对以下这点作过适当的论述，那就是，即使所祭献的是某类鬼，我们也不可与他们相交，因为我们知道上帝的筵席与鬼的筵席之间的分别，我们要借我们的知识，尽我们的能力，时时吃主的筵席，同时尽一切可能谨心防备，免得什么时候成了鬼的筵席上的食客。

25. 这里塞尔修斯说，鬼魔"属于上帝"，因此我们"应当相信他们，并按法律向他们献祭，向他们祷告，好叫他们有慈善倾向"。我们必须告诉对这个问题有兴趣的人，上帝的话不愿意把任何恶的存在者称为上帝所有的，因为它认为他们不配有如此伟大的主。正因如此，并非所有人都称为属上帝的人，唯有那些与上帝相配的人才是。比如摩西和以利亚，③ 以及别的被描述为上帝的人的，或者类似于这种人的。同样，并非所有的天使都是上帝的使者，④ 唯有圣天使才是，而那些偏向恶的天使被称为魔鬼的使者，⑤ 正如恶人被称为罪孽之辈，凶恶之子。⑥ 既

---

① 《哥林多前书》8:4, 11。
② 《哥林多前书》10:20—21。
③ 《申命记》33:1；《列王纪下》(IV *Regn.*) 1:10。
④ 《马太福音》22:30；《路加福音》12:8。
⑤ 《马太福音》25:41。
⑥ 《撒母耳记上》(I *Regn.*) 2:12；10:27；25:17；《以西结书》18:10；《撒母耳记下》(II *Regn.*) 3:34；7:10。

然人有善恶之分，有些被认为是上帝的人的，有些是魔鬼的人；同样，有些天使是上帝的使者，有些是魔鬼的使者。但这种二分法对鬼魔无效，因为他们显然全是坏的。因此我们得说，塞尔修斯说的话是错误的："若说他们是某类鬼魔，显然也是属于上帝的鬼魔。"有人若愿意，可以证明，或者我们对人和天使的如此分类没有道理，或者这种区分同样适用于鬼魔。

26. 这样的证明若不可能，那显然，鬼魔不属于上帝；他们的统治者不是上帝，而是如圣经所说的，是别西卜。① 我们也不应相信鬼，即使塞尔修斯奉劝我们相信；我们还未相信鬼魔之前，应当先死，并且顺服上帝，忍受一切。同样，我们也不可祭鬼，因为对有害于人的邪恶存在者不可能这样做。再者，塞尔修斯想要我们遵循什么法律祭鬼呢？他若是指那些城邦里靠暴力执行的法律，请他证明它们是与神圣律法一致的。他若不能证明（须知，大多数城邦法律甚至彼此各异）②，那么显然我们得说，它们不是严格意义上说的法律，或者是恶人制定的法律。这样的法律，我们绝不可相信，因为"顺从上帝，不顺从人，是应当的"③。

当塞尔修斯说我们应当向鬼魔祷告时，别理他的建议。我们应对它毫不理会。我们当单单向上帝祷告，还有上帝独生的逻各斯，一切受造物以先首生的 ④ 祷告。我们当祈求他，如大祭司，听到我们的祷告之后，把它转给他的上帝，也就是我们的上帝，他的父，也就是按着上帝之道生活的人的父。⑤ 我们不会指望那些妄图使我们像他们一样过邪恶生活的人会有慈善倾向，万一他们有慈善倾向，也绝不会指向决定与他们作对的人。其原因在于，他们的好意使我们成为上帝的仇敌，上帝很

---

① 《马太福音》12:24。
② 参第五卷，第三十七节。
③ 《使徒行传》5:29。
④ 《歌罗西书》1:15。
⑤ 参《约翰福音》20:17。

可能不会善待那些想得到这类人的好意的人。同样，那些考虑到鬼魔的本性，他们的目的和恶意的人，永远不会想要得到他们的好意。

27. 即使鬼魔对他们没有善意，他们也不会有任何损害。由于他们的敬虔，他们得到至高上帝的护卫，上帝慈爱他们，让他的圣使者看护那些配得看护的人，免得他们从鬼魔受伤害。① 人因敬虔至高上帝，也因接受了主耶稣，这位上帝的"奇妙策士"②，从而得了上帝的好意，就借着基督耶稣满足于上帝的好意，也因为他不会受到任何鬼魔之军兵的伤害，所以就能大胆地说："耶和华是我的亮光，是我的拯救，我还怕谁呢？耶和华是我性命的保障，我还惧谁呢？"还会说："虽有军兵安营攻击我，我的心也不害怕。"③ 对塞尔修斯所说之话——"若说他们是某类鬼魔，显然也是属于上帝的鬼魔，那我们应当相信他们，按照法律向他们献祭，向他们祷告，好叫他们有慈善倾向"——的驳斥，我们就谈到这里。

28. 我们也要引述他下面的话，并再次尽我们所能考察它们。这段话如下："他们若是遵循父辈的习俗，④ 杜绝某些祭祀品，那他们也应当禁吃一切来自动物的食物——这是毕达哥拉斯的观点，目的在于尊重灵魂及其器官。⑤ 但是如果像他们所说的，他们不吃是为了避免与鬼同庆，⑥ 我祝贺他们的智慧，因为他们将渐渐明白自己始终与鬼相联。他们费尽心机，也只能在他们看见祭品的时候才避免这一点。不论他们何时吃食，何时喝酒，何时品尝果子，甚至光喝水，甚至光呼吸空气，岂不是从这些事物中接受某些鬼，就是分管着这些事物的鬼？"我不知道，这里他为何认为那些他描述为遵循父辈习俗的人，因禁吃某些具体的祭品，就合

---

① 参第一卷，第六十一节。
② 《以赛亚书》9:6。
③ 《诗篇》26:1, 3（和合本为27:1, 3。——中译者注）。
④ 参第五卷，第二十五节和第四十一节塞尔修斯的话。
⑤ 第五卷，第四十一节。
⑥ 《哥林多前书》10:20 以下。

乎逻辑地推论出他们应当禁吃一切动物食品。我们不会接纳这种观点，因为圣经甚至没有这方面的任何暗示，只是为了更安全也更纯洁的生活，说"无论是吃肉，是喝酒，是什么别的事，叫弟兄跌倒，一概不做才好"，又说"基督已经替他死，你不可因你的食物叫他败坏"，还说"食物若叫我弟兄跌倒，我就永远不吃肉，免得叫我弟兄跌倒了"。①

29. 然而，我们必须认识到，犹太人自以为理解摩西律法，小心翼翼地只吃那些他们认为洁净的食物，不吃不洁净的食物，也不用动物的血作食物，也不用那些被野兽和其他兽类抓捕的动物作食物。关于这些事得要展开长篇大论的阐述，因而，现在不是考察这个问题的适当时机。另一方面，耶稣的教训希望所有人都向上帝献上洁净的敬拜，避免由于关于食物的冗长规定，使许多原本可以在道德生活上得到基督教帮助的人受到拦阻；所以他宣称："入口的不能污秽人，出口的乃能污秽人。"他说："岂不知凡入口的，是运到肚子里，又落在茅厕里吗？"而出口的乃是"从心里发出来的，有恶念、凶杀、奸淫、苟合、偷盗、妄证、谤讟。"②保罗还说："其实食物不能叫上帝看中我们，因为我们不吃也无损，吃也无益。"③这样说来，这些事若没有作出准确的界定，就会多少显得模糊不清，既如此，对耶稣的使徒和聚在安提阿的长老来说，也如他们所说的，"对圣灵"来说，写封信给外邦信徒，只要求他们在几件事上禁戒不犯，就是他们所说的"不可少的"几件事，即禁戒祭偶像的物和血，并勒死的牲畜，④这是恰当的。

30. 祭偶像的，就是祭鬼魔的，而属上帝的人不可吃鬼的筵席。圣经禁吃勒死之物，是因为血还未除净——他们说，这血是鬼的食物，鬼就吃血里面升上来的气息——免得我们同吃鬼的食物，因为我们若分吃勒

---

① 《罗马书》14:21, 15；《哥林多前书》8:13。
② 《马太福音》15:11, 17, 19。
③ 《哥林多前书》8:8。
④ 《使徒行传》15:22, 28—29（奥利金可能错以为是安提阿举行的公会议）。

死之物，具有这种本性的灵很可能与我们同吃。① 从关于勒死之物所说的话里，可以清楚地看出为何要禁戒血的解释。在这里提一下塞克图斯的马克西姆（Maxims of Sextus）写的一句非常崇高的格言，并非与我无关，这格言甚至普通的基督徒都读过，它是这样说："吃有生命之物，没有道德评判问题，但不吃更合理。"② 因而，并不是仅仅因为我们遵循父辈的习俗，才禁吃祭过所谓的诸神、英雄、鬼魔的祭品。其原因有多个，我已经提到了几个。此外，我们禁吃一切动物食物不同于禁戒一切邪恶及其后果。我们不仅要禁戒动物食物，凡是与邪恶及其后果有关的一切东西，我们都要禁戒。因为我们要禁止的事乃是，只是出于贪婪的动机，或者只是因为求乐的欲望才吃，而不是顾念身体的健康和它的恢复。

然而，即使我们有时禁吃动物，但可以肯定，我们不吃它们的肉，并不因为与毕达哥拉斯有任何类似的原因。因为我们不主张灵魂轮回，甚至坠落到非理性动物身上的学说。③ 我们只承认对理性灵魂的尊崇，按传统仪式把它的器官隆重埋藏。因为对理性灵魂的住所，不可像对待非理性动物的尸体一样，随意地弃之一边。④ 基督徒尤其主张这种观

---

① 参第三卷，第二十八节。
② 奥利金是最早见证塞克斯提图斯的马克西姆文集存在的人，他还在 *Comm. in Matt.* XV，3 里引用过文集里的话，讲到该文集是"许多人认为可信的一本书"。4 世纪末，鲁菲努（Rufinus）出了拉丁译本，在前言里声称，马克西姆是克西斯提图斯二世（Xystus II）时代的人，罗马主教，殉道者（256—258）。哲罗姆可能引用过这一文集表示认同（adv. Jovin. I，49，Vallarsi，II，318），不过，在与他以前的朋友鲁菲努争论时，他抨击克西斯提图斯的贡献，强调这是异教徒塞克斯提图斯・马克西姆的文集，他是个毕达哥拉斯主义者（*in Ierem.* IV，22；*Ep.* CXXXIII，3；*Comm. In Ezech.* VI on Ezek. XVIII. 5；Vallarsi，IV，993，1，1030，V，206）。他可能想到了塞克斯提乌（Sextius），与尤利乌・凯撒（Julius Caesar）同时代的一个斯多葛主义者，有毕达哥拉斯主义的倾向（Seneca, *Ep.* LIX，7；LSIV，2，5；LXXI-II）。奥古斯丁（*de Nat. et Gr.* LXIV，67）引用马克西姆文集时，把它看作是克西斯提图斯的作品，但在《订正录》里又改正了这种看法（II，42）。无论如何，中世纪这一作品的鲁菲努版一直在发行，作为基督徒主教的作品为人所引用。

现存的马克西姆文集不只是鲁菲努译本，Lagarde 出版的叙利亚译本（*Analecta Syriace*，1858），还有希腊译本，最初由 A. Elter（*Index Scholar. Bonn.* 1891/2）出版。马克西姆文集的起源不得而知，Wendland（*Theol.-Lit. Zeit.* 1893）认为它出于外邦人，基督徒对它做了修改而成文集。W. Kroll, in P.-W. *s. v.* "Sextus"（5）认为文集的年代是 2 世纪。奥利金在此引用的话出自 Elter 版 no. 109。

③ 关于奥利金对轮回的看法，参 Bigg. *The Christian Platonists*（1913），p. 241。
④ 参第四卷，第五十九节；第五卷，第二十四节；第八卷，第五十节。

点，因为他们相信对理性灵魂所住的身体的尊重就是对领受了灵魂——这灵魂与这器官打美好的仗——的人的尊重。① 不过，关于"死人怎样复活，带着什么身体来"②的问题，我们前面已经按本书宗旨的要求作了简要论述。

31. 然后，塞尔修斯引用基督徒和犹太人说的话，毋庸置疑，他们在辩护不吃祭偶像之物的禁令时说过这话，还声称，献身于至高上帝的人不可与鬼同吃。为驳斥这一点他说了我们所引述的那些话。关于吃的和喝的，我们认为，人若不是吃一般所说的圣物，③不喝祭鬼的酒，就不能说与鬼同庆。但塞尔修斯却认为，人只要一同吃食、喝酒、品尝果子，就是与鬼同庆。更有甚者，他只喝点水也是。他还说，凡喝水的都与鬼相关。他又进一步补充说，人只要呼吸共同的空气，就接纳了某些鬼魔，因为掌管空气的鬼魔准予有生命物呼吸空气。

若有人能对塞尔修斯的理论提出辩护，请他表明，那些刚刚提到的受派管理万物的，为何不是上帝的某些圣天使，而是鬼魔。须知，鬼魔一族全是恶的。我们说，地上生长的事物在自然本性的掌控之下，因为可以说，上帝委派了看不见的农夫④和其他管理者，不仅掌管地上的出产物，还掌管所有流动的水和空气。因此，井水和天然的泉水变成雨水，循环往复，空气就变得洁净，能够赐给呼吸空气的生物以生命力。我们当然不会认为这些看不见的存在者是鬼魔。我们如果可以说得远一点，既然这些不是鬼的作为，那我们就得说，鬼的作为就是造成饥荒、葡萄树不长葡萄、果树不结果子、干旱、空气污染、收成损坏，有时甚至出现动物的死亡，人间的瘟疫。所有这些事都是鬼魔直接造成的，他

---

① 奥利金可能想到的是殉道者墓葬的仪式。E. Lucius, *Die Anfange des Heiligenkults* (1904), pp. 71 f; 282 f.
② 《哥林多前书》15:35；参第五卷，第十八节。
③ 参第八卷，第二十一节。
④ 参 Origen, *de Princ*, III, 3, 3; *Hom. in Iesu Nave*, XXIII, 3.

们就像公共刽子手，①从神圣委派中得了权柄，在某些时期引发这些灾难，或者为了在人陷入恶的洪流时转变他们，或者为了训练理性族类。其目的在于，叫那些在这样的大灾中仍然保守虔诚，没有变坏的人向旁观者显明其真正的品性，这些旁观者有可见的，有不可见的，迄今为止，一直不曾见过这样的品德。而那些有相反倾向，只是掩藏了其邪恶本性的人，灾难就让他们原形毕露，其秉性展示在那些可以说冷眼旁观的看者面前。

32. 大灾大难是借神圣安排直接由某些恶天使引发的，这一点得到《诗篇》作者的证实。他有话说："他使猛烈的怒气和愤怒、恼恨、苦难成了一群降灾的使者，临到他们。"②有能力的人可以研究一下这样的问题，除了这些之外，鬼是否还得到允许，引发别的灾难？他们一直想要做这样的事，但并非常常能做，因为他们要受到阻挡。而就人性来说，他可能会对神圣审判有所了解，知道当许多灵魂走上死亡之路时，它会让它们突然之间离开身体——这是一个道德中立的事。③何况，"上帝的审判是大的"，因为这种大，仍然受困于必死身体的心是不可能领会的；它们还"难以解释"，"未受教育的灵魂"连一点也不能理解它们。④所以，草率的人，出于对这些事的无知，也因为他们仓促反对上帝，就增加不敬的理论对抗神意。

相应地，我们也不是从鬼魔获得各种生活必需品，尤其是我们知道如何正当地使用它们之后。那些分享食物、酒、果子、水以及空气的人，也不是与鬼同吃。事实毋宁说是，他们与受派掌管这些事的圣使者相联，可以说，这些圣使者受邀进入虔诚的人，就是那明白经文所教导

---

① 参第一卷，第三十一节；第七卷，第七十节；第八卷，第七十三节；Porphyry, *de Abst.* II. 38ff。
② 《诗篇》77:49（和合本为 78:49。——中译者注）。
③ 斯多葛学派的教导，参 Zeno, *S. V. F.* I, 190；III, 117；Origen, *Comm. in Joann.* XX, 39 (31)；*Dial. c. Heracl.* pp. 168 Scherer。
④ 《所罗门智训》17 章 1 节。

的"你们或吃或喝,无论做什么,都要为荣耀上帝而行"①的人的家。另一处我们看到这样的话:"无论做什么,或吃或喝,都要奉上帝的名。"②因为,我们吃、喝、呼吸,都要荣耀上帝,做一切事都遵循基督教原则,我们不是与任何鬼魔同庆,乃是与圣使者同庆。此外,"凡上帝所造的物都是好的,若感谢着领受,就没有一样可弃的,都因上帝的道和人的祈求成为圣洁了。"③但若如塞尔修斯认为的,这些事在鬼魔的掌管之下,那就不可能是好的,也不可能是圣洁的。

33. 由这些话可知,我们已经驳斥了他下面的这段话:"我们或者根本不应活在地上的某处,不应进入此生。既然确实在这些条件下进入了此生,就应感谢那受派掌管属地之事的鬼魔,向他们献上初果和祷告,只要我们活着,就享有他们对我们的好意。"我们必然要活着,但我们这样做是照着上帝的话,在可能的范围内,在它允许我们按它而活的范围内活着。而允许的前提是,"我们或吃或喝,无论做什么,都要为荣耀上帝而行"④。我们不可拒绝带着感恩吃造主为我们所造的东西。正是基于这些条件,上帝把我们领入此生,而不是基于塞尔修斯所认为的那些条件。我们不顺服于鬼魔,而是借着耶稣基督,就是把我们领向上帝的,顺服于至高上帝。

根据上帝的律法,没有哪个鬼受派掌管地上的事物。不过,他们有可能出于自己的邪恶,把自己分散在那些找不到一点上帝知识的地方,或者没有人遵循上帝旨意生活的地方,或者有许多与上帝格格不入之人的地方。也可能相反,管理宇宙的逻各斯看他们可以管理并惩罚恶者,就指派他们去治理那些屈服于邪恶,而不顺服于上帝的人。可能出于这

---

① 《哥林多前书》10:31。
② 《歌罗西书》3:17(和合本此节经文为"无论做什么,或说话、或行事,都要奉主耶稣的名"。——中译者注)。
③ 《提摩太前书》4:4—5。
④ 《哥林多前书》10:31。

类原因，塞尔修斯这个对上帝一无所知的人，就向鬼魔称谢。但我们感谢宇宙的造主，吃那以感恩和祷告呈上来的饼，借着祷告，叫它们变成某个圣体，使凡以纯洁之心分吃的人成圣。①

34. 塞尔修斯想要我们把初果献给鬼魔。但我们要献给造主，他说："地要发生青草和结种子的菜蔬，并结果子的树木，各从其类，果子都包着核。"②我们也要把初果献给主，就是我们向他送上祷告的那位，因为我们"有一位已经升入高天尊荣的大祭司，就是上帝的儿子耶稣"③，只要我们活着，我们就坚守认信，因为我们获得上帝和他的独生子的好意，就是在耶稣里向我们显现的。

如果我们还希望有一大群存在者，能从他们得好意，那我们读到经文说："侍奉他的有千千，在他面前侍立的有万万。"④这些存在者把那些效仿他们对上帝的敬虔的人视为亲人和朋友，帮助那些求告上帝的人，那些真心祷告的人，使他们得救。他们向这样的人显现，认为倾听他们的祈求，并可以说，一致同意带着恩福和拯救临到向上帝祷告的人，是自己的职责，他们自己也向上帝祷告。因为"天使岂不都是服役的灵、奉差遣为那将要承受救恩的人效力吗？"⑤希腊的智慧人也许会说，人的灵魂一出生就分派给了鬼魔；⑥但是当耶稣教导我们甚至不可小看教会里的小子时，他说："他们的使者在天上，常见我天父的面。"⑦先知说："耶和华的使者，在敬畏他的人四周安营搭救他们。"⑧

因而，我们虽然不否认地上有许多鬼魔存在，但我们主张，他们只存在于恶人中间，并因后者的邪恶而在他们中间掌权，对于那些穿

---

① 关于奥利金的圣餐神学，见 Bigg, *The Christian Platonists* (1913), pp. 264 f。
② 《创世记》1:11。
③ 《希伯来书》4:14。
④ 《但以理书》7:10。
⑤ 《希伯来书》1:14。关于天使的帮助，参 Origen, *de Orat.* XI, 3。
⑥ 关于这一信念，参 Rohde, *Psyche* (E. T.), pp. 514 f。
⑦ 《马太福音》18:10。
⑧ 《诗篇》33:8 (和合本为34:7。——中译者注)。

上了上帝所赐的全副军装,得了力量能抵挡魔鬼的诡计的人,这些鬼魔无能为力,因为这样的人知道,"我们并不是与属血气的争战,乃是与那些执政的、掌权的、管辖这幽暗世界的,以及天空属灵气的恶魔争战。"①

35. 我们再来思考塞尔修斯的另一段话:"波斯或罗马皇帝的总督、副总督、军官、财税官,进而言之,甚至那些职位或职权更低的官员,一旦受到轻视,都可能大行伤害之事。那么无论在空中还是在地上的那些总督和大臣,若是受到侮辱,难道不会造成一点伤害之事吗?"请注意,他引入了神人同形同性(anthropomorphic)论,认为至高上帝可以与总督、副总督、军官、财税官,那些职位、职权和头衔更低的人相提并论,似乎他们对侮辱他们的人大行伤害之事。他没有注意到,智慧人不会想到要伤害人,只会尽其所能使侮辱他的人皈依,甚至改善他们的品德。但在塞尔修斯看来,至高上帝的总督、副总督、军官比斯巴达的立法者莱克格斯、比西图姆的芝诺更坏。当莱克格斯有权管治曾打过他眼睛的人时,他不仅没有报复,还不停地劝说那人,直到说服他愿意学习哲学为止。②而芝诺,当有人对他说:"我若不报复你,就下地狱"时,他回答说:"我若不让你成为我的朋友,也下地狱。"③

我还没有提到那些品性与耶稣的教训一致的人,他们都听说过这样的经文:"爱你们的仇敌,为那逼迫你们的祷告。这样,就可以作你们天父的儿子,因为他叫日头照好人,也照歹人;降雨给义人,也给不义的人。"④在众先知的记载里,有个义人说:"耶和华我的上帝啊,我若行了这事,若有罪孽在我手里,我若以恶报那恶待我的人,就让我从仇敌那里无功而返;就任凭仇敌追赶我,直到追上,将我的性命踏在地下,

---

① 《以弗所书》6:10—12。
② 故事出自普鲁塔克的"莱克格斯生平"(11);还有 Musonius, *frag.* 39 hense。
③ Plutarch, *Mor.* 462 C。普鲁塔克还谈到欧几里德(Eucleides, 489D.)的故事,说那"在学派里是老生常谈的故事"。
④ 《马太福音》5:44—45。

使我的荣耀归于灰尘。"①

36. 天使,上帝真正的总督、副总督、军官、财税官,不会如塞尔修斯认为的,伤害任何轻视他们的人。但如果某些鬼魔大行伤害之事,对此就是塞尔修斯也有些认识,那是因为他们是邪恶的,上帝不曾委托他们任何职位,诸如总督、军官、财税官之类的。他们伤害那些受他们控制的、屈服于他们、称他们为主的人。也许正是这个原因,每个地方的人一旦违背关于食物(按习俗不可吃)的法律,只要他们属于那些鬼魔掌控,就会受到伤害。但只要他们不属于受鬼魔掌控的人,不屈从于当地的鬼魔,就不会受到他们的伤害,并且完全与这类鬼魔绝交。但是,如果因为他们对其他事的无知,又把自己置身于其他鬼魔的掌控之下,就会受到那些鬼魔的伤害。但基督徒,真正的基督徒,就是只顺服于上帝和他的逻各斯的人,不会受到任何鬼魔的伤害,因为他胜过他们。他之所以不会受伤,原因在于"耶和华的使者,在敬畏他的人四周安营搭救他们",他的使者"在天上,常见我天父的面"②,时时借着独一的大祭司之中保向宇宙之上帝不停祷告。这使者本身也与他所看护的人一起祷告。③因而,塞尔修斯恐吓我们,说若轻视鬼魔,就会受到伤害,我们别被他吓着。即使鬼魔受到轻待,他们也奈何不了我们,因为我们献身于那唯一能够帮助凡与之相配的人的那位。他确实在献身于他的人四周安排自己的使者,使恶天使,所谓的这世界的王④的作为,对那些献身于上帝的人毫无损害。

37. 然后,他忘了自己是在对只借耶稣向上帝祷告的基督徒说话,毫无理由地把其他人的观念与基督徒的混淆起来,说:"你若用某种野蛮人的

---

① 《诗篇》7:4—6 [参和合本 7:3—5,其中一句有出入"……我若以恶报那与我交好的人,(连那无故与我为敌的,我也救了他。)……"——中译者注]。
② 《诗篇》33:8(和合本为34:7。——中译者注);《马太福音》18:10。
③ 参第八卷,第六十四节。
④ 《约翰福音》14:30;《哥林多前书》2:6,8。

口音说他们的名,就有能力;若用希腊语或拉丁语说,就不再有效。"① 谁若能够,请告诉我们,用野蛮人的口音叫谁的名字就对我们有帮助。我们倒可以让他相信,塞尔修斯说这些事反对我们是无济于事的,因为他注意到,大多数基督徒在祷告中甚至不用圣经里用于上帝的名字。希腊人说希腊语,罗马人说拉丁语,每个人都用自己的语言向上帝祷告,尽自己所能唱颂歌。每种语言里的主垂听各种语言的祷告,就如同在听同一种语言,可以说,听不同语言表达的同一个意思。因为至高上帝不是分有某种特定语言的人的上帝,不是野蛮人的,或希腊人的,不是除了特定语言,就不明白其他语言,或者不愿再垂听说其他语言的人的上帝。

38. 然后,或者因为他不曾听过任何基督徒的话,或者因为从民众听过某个不法之徒、未受教育之辈的话,所以说:"基督徒说,看哪,我站在宙斯或阿波罗或任何神旁边,我辱骂它,击打它,但它根本不会报复我。"② 他没有注意到,在神圣律法里有一条诫命:"不可毁谤神"③,免得我们的口习惯性地诽谤任何存在者。我们听过诫命:"只要祝福,不可咒诅",我们受过教导:"辱骂的,不能承受上帝的国。"④我们中有谁会愚蠢到说这样的话,而不知道这样做根本不可能毁灭所谓的诸神观?而彻底的无神论者,否认神意的人,凭其可恶而不敬的理论,生出一大群所谓的哲学家的人,自己并没有遭受任何大众所理解的恶,那些拥护他们的理论的人也没有。相反,他们甚至腰缠万贯,满面红光。只是有人若想寻找他们所受的伤害,请他注意,事实上,他们心里受了伤。试想,不能从世界的秩序中领会造它的主,还有比这更大的损伤吗?心里

---

① 见第一卷,第二十五节及注释;第五卷,第四十五节;第一卷,第六节;第六卷,第四十节塞尔修斯的话。Minucius Felix, *Octavius*, VIII, 4. 异教徒 Caecilius 指责说:"他们向诸神吐口水。"关于这一主题,参 Cicero, *de Nat. Deor.* III 35.84; Arobius, *adv. Nat* VI, 21-22。
② 关于基督徒对外邦诸神和形象的批判,参第七卷,第三十六节及第六十二节;第八卷,第四十一节塞尔修斯的话。
③ 《出埃及记》22:28。
④ 《罗马书》12:14;《哥林多前书》6:10。

变成瞎子,看不见造主和每个心灵之父,还有比之更大的不幸吗?

39. 他把这样的话归到我们名下,又诬蔑根本没有说过此类话的基督徒,然后自以为是地回驳,那与其说是一种回答,不如说是幼稚的嘲笑。他这样对我们说:"了不起的先生,你岂没有看到,有人站在你的鬼魔旁边,不仅辱骂他,还说要把他赶出任何地土和海洋,又把你这像形象一样献身于他的人捆绑起来,带走,最后钉上十字架,① 而你的鬼魔,或者如你所说的,上帝的儿子,却全然没有报复他?"我们若用过这样的措辞,如他替我们说的,那这样的回答倒可能有点果效;然而就算承认他自己的前提,他这话也说得不对,因为他说上帝的儿子是一个鬼魔。由于我们主张一切鬼魔都是恶的,所以,在我们看来,使如此多的人皈依上帝的,不是鬼魔,乃是圣道,上帝的儿子。但塞尔修斯虽然没有提到鬼魔是恶的,不知什么原因他忘乎所以,把耶稣说成是鬼魔。然而,不幸的是,当不敬者拒绝一切医治方法,所威胁的惩罚就必临到那些可以说身陷不治之恶的图圄中的人。

40. 不论我们对惩罚说什么,无论如何,我们仅靠我们的惩罚教义就使许多人脱离了自己的罪。 现在我们来看看塞尔修斯所引述的"阿波罗或宙斯的祭司"作出怎样的回答:"他说,'上帝的碾磨机磨得很慢,甚至要磨到孩子的孩子,磨到他们之后出生的一辈。'② "再看看经文里说的话比这要好多少:"不可因子杀父,也不可因父杀子;凡被杀的都为本身的罪。"以及"谁吃了酸葡萄,谁的牙就酸倒"。还有"儿子必不担当父亲的罪孽,父亲也不担当儿子的罪孽。义人的善果必归自己,恶人的恶报也必归自己"③。 如果有人引用与"直到孩子的孩子,直到他们之后出生的一辈"相近的话,比如"恨我的,我必追讨他的罪,自父及子,直

---

① 关于逼迫,参第八卷,第四十一节,第五十四节及第六十九节塞尔修斯的话。关于上帝没有为自己的百姓辩护,见第五卷,第四十一节;第八卷,第六十九节。
② 荷马,《伊利亚特》XX,308。
③ 《申命记》24:18(和合本为16节。——中译者注);《耶利米书》38:30(和合本无此节经文。——中译者注);《以西结书》18:20。

到三四代"①,那么他当知道,《以西结书》里说,这是一个"比方",他是指责那些说"父亲吃了酸葡萄,儿子的牙酸倒了"的人。他接着说:"主耶和华说:我指着我的永生起誓,犯罪的他必死亡。"②不过,现在不适合解释这个关于临到第三四代的罪的比方意指什么。

41. 然后他就像一个泼妇,对我们大肆谩骂:"你们诬蔑这些神的像,讥笑它们,但你们若是对狄俄倪索斯本人,或对赫拉克勒斯真身做这样的事,可能就无法轻松逃遁了。不过,折磨并惩罚你们上帝本身的人并未因此而受到任何伤害,甚至后来他们都寿终正寝。③自那以后有什么新的事情发生,能让人相信他不是巫师,而是上帝的儿子呢? 差遣自己的儿子来送某些信息的父,在他遭受如此酷刑时却不理不睬,于是连信息也随他一同毁灭了。虽然这么漫长的时间过去了,他仍然没有引起一点注意。哪个父亲会如此无情? 不过,这也许原本就是他的旨意,如你们所说;因此他忍受侮辱。但你们所亵渎的这些神可能会说,这也是他们的旨意,所以当他们受到亵渎时也甘心忍受。只要事情是同等的,最好是在同一层次上进行比较。然而,后者实际上对凡是亵渎他的人都大肆报复,因为他或者因自己所做的事逃走,躲起来,或者就被抓捕、处死。"

对此我要说,我们没有诬蔑任何人,因为我们相信"辱骂的,不能承受上帝的国",我们读过经文"咒诅你们的,要为他们祝福";"只要祝福,不可咒诅";我们还知道有话说"被人咒骂,我们就祝福"④。即使显然受了冤屈的人有合理的理由报复对自己的辱骂,即便如此,上帝的话也不允许我们这样做。如果辱骂是完全愚蠢的,我们岂非更不能以骂还骂? 辱骂石头、金银是同样可笑的,远离上帝的民用这类东西造出传统的神像。我们也不嘲笑无生命的雕像,若真要嘲笑,也只笑拜它们的

---

① 《出埃及记》20:5。
② 《以西结书》18:3—4。
③ 参第二卷,第三十四节至第三十五节塞尔修斯的话。
④ 《路加福音》6:28;《罗马书》12:14;《哥林多前书》4:12。

人。此外，即使有某些鬼住在某些像里面，某个像被认为是狄俄倪索斯，另一个是赫拉克勒斯，我们也不会辱骂它们。这类行为是徒劳无益的，也与一个灵魂温和、平安、慈爱的人的品性不吻合，他知道，即使是因为邪恶而辱骂，不论是骂人还是骂鬼，也是不对的。

42. 不知什么原因，塞尔修斯不知不觉中跌入陷阱，表明了鬼魔和诸神，他刚刚对之大唱赞歌的存在者，实际行为却十分可恶，因为他们出于报复的灵复仇，而不是希望使侮辱他们的人洗心革面而施以惩罚。因为他说："如果你辱骂狄俄倪索斯本人或赫拉克勒斯真身，也许就不能轻松逃遁了。"不过，有人若愿意，请告诉我们，神缺席的时候怎样听见，他为何有时"本人"亲临，有时又不在，鬼魔从一处到另一处究竟是在干什么。

此后，他以为我们主张耶稣受折磨、遭刑罚的身体是上帝，而不是他里面的神性是上帝，甚至主张因为他受折磨、遭刑罚，所以把他看为上帝，塞尔修斯出于这样的误解，于是说："而折磨、惩罚你们上帝本身的人却并未因此受到任何伤害。"我们前面已经详尽讨论过他人性上所受的困苦，① 现在就有意省略这个故事，免得叫人看来又是自我重复。但既然他说，那些折磨耶稣的人"未受任何伤害，甚至后来都寿终正寝"，我们要向他指出，也向所有愿意知道的人指出，犹太人认为应当把耶稣钉十字架，喊着说："钉他十字架！钉他十字架！"② （他们宁愿释放因作乱杀人而下在监里的强盗，却要把他们因受嫉妒而被交给巡抚的耶稣钉十字架）③ 他们的城市不久之后就受到攻击，很长时间受到暴力围困，直到彻底毁损，成为弃城，因为上帝论断，住在那个地方的人不配分有人的性命。事实上，他是在宽恕他们，我若可以说，虽然显得很荒谬，因为他看到他们无可救药地远离良善生活，日复一日地在恶的洪水里堕落，就把他们交给仇敌。这事的发生是因着耶稣的血，由于他们的

---

① 参第三卷，第二十五节；第七卷，第十六节至第十七节。
② 《路加福音》23:21。
③ 《约翰福音》18:40；《路加福音》23:19；《马太福音》27:18；《马可福音》15:10。

阴谋，他的血就洒在他们的地土上，于是，这地再也无法容忍对他犯下如此大罪的人住在上面。

43. 这就是耶稣受难之后发生的"新事"，我指的是这城及整个民族的历史，以及基督徒族类的突然产生，可以说，它是在即刻之间出现的。同样新鲜的是，原本在上帝之约上是局外人，在应许之外①的，原本远离真理的，如今因某种神迹接受了真理。这工不是出于属人的术士，乃是出于上帝，他差自己的逻各斯在耶稣里传他的信息，就是受到残忍刑罚的耶稣，他以大无畏精神并全心温柔所忍受的这种残忍，正是指控冤待他的人的理由。但他的受罚并没有毁灭上帝的信息，而是——我若可以这样说——使它们为人所知。耶稣本人告诉我们这一点，他说："一粒麦子不落在地里死了，仍旧是一粒麦子；若是死了，就结出许多子粒来。"②于是，耶稣，这粒麦子死了，并结出许多果子。而父在他的神意里始终关心从麦子的死里结出来的子粒，这样的子粒现在仍在结，将来也要一直结出来。因而，耶稣的父是位圣父。因为他"不爱惜自己的儿子为我们众人舍了"，做他的羔羊，好叫上帝的羔羊，就是为各人死的那位，除去世人的罪孽。③他不是被自己的父强迫的，乃是甘愿忍受那些侮辱他的人加给他的苦难。

这之后，塞尔修斯重复对那些亵渎偶像的人说过的话，说："但你们所亵渎的这些神可能会说，这也是他们的旨意，所以当他们受到亵渎时也甘心忍受。只要事情是同等的，最好是在同一层次上进行比较。然而，后者实际上对凡是亵渎的人都大肆报复；因为他或者因自己所做的事逃走、躲起来，或者就被抓捕、处死。"鬼魔习惯于对基督徒复仇，不是因为基督徒亵渎了他们，而是因为基督徒把他们从雕像、人的身体和灵魂里赶了出去。虽然塞尔修斯没有意识到自己在做什么，但他确实在

---

① 《以弗所书》2:12。
② 《约翰福音》12:24。
③ 《罗马书》8:32；《约翰福音》1:29。

这一点上说出了几分道理。因为处罚基督徒，出卖他们，以斗他们为乐的人，心里确实被恶鬼所充满。

44. 然而，由于那些为基督教而死，为信仰而充满荣光地离开身体的人，他们的灵魂摧毁了鬼魔的权柄，使他们害人的阴谋徒劳无功，因此我相信，鬼魔已经从经验得知，他们被为真理而死的殉道者得胜、征服，不敢回来报复。所以，直到他们忘掉自己所忍受的困苦，否则，世界很可能与基督徒和平相处。但他们如果重新聚集力量，因邪恶而陷入盲目状态，再次企图向基督徒复仇，想要逼迫他们，那么他们将再次被征服。因为，敬虔者的灵魂，就是为信仰抛弃自己身体的人，必毁灭恶者的军兵。①

在我看来，因为鬼魔知道，有些宁死不屈，为敬虔献身的人，就毁灭了他们的主权；而有些被困苦击败，否认自己的信仰的人，就顺从了他们，所以他们时时热切地争夺被带到法庭的基督徒，因为这些基督徒若承认自己的信仰，他们就受苦，这些基督徒若抛弃信仰，他们就释然。这可以从以下事实看出端倪，法官对那些耐心忍受暴行和折磨的人感到焦虑痛苦，而一旦有基督徒被征服了，就兴高采烈。此外，他们这样做并非如他们所认为的，是出于对人性的什么同情，因为他们清楚地看到，那些在痛苦折磨下屈服的人，虽然口头上发了誓，但"心里并没起誓"②。这就是我们对他——"然而，后者实际上对凡是亵渎的人都大肆报复，因为他或者因自己所做的事逃走、躲起来，或者就被抓捕、处死"——这段话的回答。即使基督徒逃走，他这样做也不是出于胆怯，而是因为他是在谨守他主的诫命③，保护自己免受伤害，以帮助别

---

① 关于殉道必然征服鬼魔的信念，参第一卷，第三十一节；*Comm. in Joann.* VI, 54 (36)；Eusebius, *H. E.* V, 1, 42 (Lyons and Vienne)。

② 出于欧里庇得斯的常见引文（*Hippol.* 612）；柏拉图，《泰阿泰德篇》154D，《会饮篇》199A；Cicero, *de Offic.* III, 29, 108；Justin, *Apol.* I, 39；Max. Tyr XL, 6 f。

③ 《马太福音》10:23。这个问题在逼迫时期乃至后来不断受到关注。参 Tertullian, *de Fuga in Persecutione*（支持与奥利金相反的观点）；Cyprian, *Ep.* 20（为自己在 Decia 逼迫时逃走作辩护）；Athanasius, *de Fuga*。

人得救。

45. 我们再来看他下面一段话："那些男先知、女先知，以及其他受灵感动的人，或男或女，基于对神谕的回应，用灵启的话预告的种种事件，直接从圣殿里传出来的种种神奇事迹，向那些使用祭品和祭献的人显现，以及借其他不可思议之异象指示的种种事实真相，我又何必一一列举呢？在有些人，还有独特的显现。①整个生命里充满了这样的经历。有多少城邑根据神谕建立，免除疾病和饥荒，又有多少城邑因忽视或忘掉它们，而遭受可怕的毁灭？有多少城邑遵循他们的命令，派人去建设聚居地，而变得繁荣昌盛？②有多少统治者和普通百姓因这种原因得福或招祸？有多少因无子而烦恼的人，通过祈求消了鬼魔的怒气，终于得了子？有多少身体残疾的人得了医治？另一方面，又有多少人因侮辱神殿而立即感染疾病？有的当场变疯，有的说出自己做过的事，有的结束自己的性命，有的得了不治之症。有的甚至被来自真实圣祠的一种深沉之音杀死。"我不知道塞尔修斯为何把这些描述为"清晰明显的"，而认为我们圣经里记载的神迹是"荒诞的说法"，不论是关于犹太人的那些神迹，还是关于耶稣和他的门徒所行的奇事。③为何不可能相反，我们的记载是真实的，而塞尔修斯提到的故事是虚幻的编造？就算是希腊的哲学流派，也不相信它们，比如德谟克利特学派、伊壁鸠鲁学派、亚里士多德学派。④而我们的异能奇事有清晰明显的证据，他们若是与摩西相遇，或者与行神迹的哪位先知相遇，甚至见到耶稣本人，就很可能会相信。

---

① 参第七卷，第三十五节塞尔修斯的话及注释。
② 参第七卷，第二节塞尔修斯的话及注释。关于用神谕的话做符咒驱除瘟疫，参 Lucian, *Alexander* 36；关于题字，Latte in P. -W. XVIII, 1 (1939), 864 诉诸经验证明预言的真实性，是常见做法，比如西塞罗笔下的斯多葛主义者, *de Nat. Deor.* II, 65, 162-163；*de Divin.* I, 16; Iamblichus, *de Myst.* III, 3。
③ 参第五卷，第五十七节塞尔修斯的话。
④ 参第一卷，第四十三节；第七卷，第六十六节。关于伊壁鸠鲁的预言观，参 Usener, *Epicurea*, pp. 261 f. 关于德谟克利特和亚里士多德，参 A. S. Pease's commentary on Cicero, *de Divin.* I, 3, 5 (pp. 57-58)。

46. 有记载说，德尔斐女祭司常常在受贿之后宣告神谕。① 但我们的先知因所说的话清晰明确，不仅受到同时代人的尊敬，还受到子孙后代的尊敬。由于先知所宣告的话，城邑走上正道，人类恢复健康，饥荒不再延续，而且，很显然，整个犹太民族遵照神谕，在离开埃及来到巴勒斯坦之后，渐渐形成了一个聚居地。只要民族听从上帝的命令，就繁荣；一旦做错事，就懊悔。圣经故事里讲到，很多统治者和普通百姓因留意预言或忽视预言，或得福或招祸，我又何必一一提及呢？

若还要说到无子，有些父母为此烦恼，向宇宙之造主求子，那么谁都可以读读亚伯拉罕和撒拉的故事。② 以撒是他们在垂暮之年生的，他是整个犹太民族和其他与此相邻的民族的父。我们也当读读希西家的故事，他不仅按以赛亚的预言脱离了病魔，还大胆地说："从此以后，我要生儿育女，他们必讲说你的公义。"③ 在《列王纪》里，有位妇人招待以利沙，以利沙曾借上帝的恩典预言过小孩的出生，这位妇人就因以利沙的祷告做了母亲。④ 此外，有数不胜数的病人得到耶稣的医治。《马加比书》里记载了许多人因胆敢羞辱犹太人在耶路撒冷神殿里的崇拜而受到刑罚。⑤

47. 然而，希腊人把这些故事称为神话，尽管它们的真实性得到整整两个民族的见证。 为什么不能反过来说，希腊人的故事是神话，而这些不是呢？假设我们必须面对那样的问题，并且为防止有人以为我们是武断地只接受自己的历史，不相信别人的历史，所以得说，希腊人的故事是由某些鬼魔引发而写的，犹太人的故事是上帝借众先知写的，或是天

---

① 关于德尔斐女祭司受贿，参 Herodotus VI, 66。奥利金可能想到德摩斯梯尼（Demosthenes）指责德尔斐有反雅典倾向这个故事，参 Parke, *History of the Delphic Oracle*, pp. 248 f。
② 《创世记》17:16—21。
③ 《以赛亚书》38:1—8, 19。（和合本 19 节"为父的，必使儿女知道你的诚实。"——中译者注）
④ 《列王纪下》(IV Regn.) 4:8—17。
⑤ 参《马加比一书》2 章 23—25 节；7 章 47 节；《马加比二书》3 章 24—30 节；4 章 7—17 节；9 章 5—12 节。

使写的，或上帝借天使写的，而基督徒的故事是耶稣和他在使徒中的权柄写的。那么我们来将它们一一比较，看看写下这些历史的那些人心里的目的是什么，结果对接受者来说是有益还是有害，或两者都没有。我们可以看到犹太民族在侮辱上帝之前有他们古老的哲学，但上帝因他们的大恶抛弃了他们。然后基督徒以令人惊异的方式出现，形成一个社会，起初与其说是靠劝告的话语，还不如说是靠异能奇事。他们抛弃各自的传统方式，选择了与他们的祖先不同的习俗。此外，如果我可以对基督徒社会最初形成的方式作适当的阐述，我得说，耶稣的使徒，这些未受教育，没有学识的人，①信靠的不是别的力量，正是赐给他们的大能，以及把事实阐明的教义里蕴含的恩典，使他们放心大胆地宣讲基督教。进而言之，听到他们宣讲的人，若不是有某种巨大的力量和神奇的事件感动他们，料想他们也不会抛弃源远流长的祖先传统，转向如此陌生，与他们的传统文化如此大相径庭的理论。

48. 然后不知什么原因，塞尔修斯提到那些为避免弃绝基督教而斗争至死的人的热心，②似乎把我们的理论与祭司和奥秘的传授者的话相提并论，他接着说："无论如何，我可敬的先生，正如你们相信永罚，奥秘的解释者、祭司和传授者也如此。③你们用这些刑罚威胁别人，他们也威胁你们。我们可以思考这两者哪个更接近真理，或者更成功。就论说而言，双方都同样对自己的体系提出了有力的论断。但如果就证据来说，他们指出了更多明确的证明，有某些神奇权能、神谕的话以及借助于各种各样神谕所成就的作为。"

他这话是说，我们和秘义祭司都同样相信永远的惩罚，所以可以问两者哪个更接近真理。我得说，谁能够使聆听者相信他所说的事是真实的，并将这些事作为生活原则，谁就是正确的。犹太人和基督徒

---

① 参《使徒行传》4:13；第一卷，第六十二节；第三卷，第三十九节。
② 奥利金没有引用塞尔修斯的这段话。
③ 关于地狱里的痛苦作为神秘宗教里的一个主题，参第三卷，第十六节；第四卷，第十节塞尔修斯的话。

相信他们所说的来世，到那时义人要得奖赏，罪人必受惩罚。请塞尔修斯和任何愿意的人告诉我们，有谁是从秘义的祭司和教授者那里相信永罚之说的。惩罚论作者的动机很可能不只是随意地谈论惩罚，而是加深听者印象，叫他们尽自己所能避免可能招致惩罚的行为。此外，对预言里的预见并非只注意其表面含义的人，在我看来，他们适合告诫任何有头脑又心无偏私的读者，使这样的读者相信那些说预言的人里面有个圣灵。这些预言与塞尔修斯向我们提到的奇事、神谕、谜似的话所成就的事，这两者之间甚至没有丝毫可比之处。

49. 我们再看塞尔修斯下面的话："再者，你们这些观念岂不荒谬？一方面，你们渴望身体，盼望它将来以同样的形式复活，似乎我们没有比那更好或更宝贵的东西了；① 另一方面，你们又把它扔进惩罚里，似乎它毫无价值。不过，与相信这一点的人不值得讨论这个问题，他们完全受困于身体，而且他们在其他方面也是粗鄙不堪、污浊不洁的人，缺乏理性，动不动就作乱的人。② 我要与那些盼望自己与上帝一同永恒地拥有灵魂或心灵（不论他们希望称这心灵是属灵的，是圣洁而有福的理智之灵，③ 或永活的灵魂④或某个神圣、无形之本性的属天的、不灭的子孙，或者他们想要取的任何别的名称）的人讨论这个问题。他们的观点至少有一点是正确的，即那些过着良善生活的人必是幸福的，而彻底败坏的人必遭永恶。这样的理论可能永远不会被他们或别的任何人抛弃。"⑤

他常常批判我们的复活理论。但在这个问题上我们已经尽可能地表明了在我们看来合理的观点，我们不打算对一个常常提出来的异议多次给予同样的回答。不过，我得说，塞尔修斯显然误解了我们，以为我们

---

① 参第五卷，第十四节；第七卷，第三十六节，第四十二节，第四十五节塞尔修斯的话；
② 参第三卷，第五节；第八卷，第二节塞尔修斯的话。
③ 塞尔修斯是在使用某些词典定义，参 Diels, Dox. Gr. 292, 23（斯多葛学派把上帝的本质定义为"pneuma noeron"）。Posidonius 也对上帝下了同样的定义（同上，302）。斯多葛学派对灵魂的定义也类似（同上，338）。
④ 参第六卷，第三十四节塞尔修斯的话；第六卷，第三十五节奥利金的话。
⑤ 奥利金已经在第三卷，第十六节引用了这话。

主张我们的构造里没有比身体更好或更宝贵的东西。我们认为，灵魂，尤其是理性灵魂，比身体更宝贵，因为灵魂里包含"那按着上帝的形像造的"①，而身体绝不可能有这样的性质。在我们看来，上帝也不是质料性的实体。我们不会陷入跟随芝诺和克里西普理论的那些哲学家所主张的荒谬观念。②

50. 他既指责我们，说我们"渴望身体"，就请他知道，如果渴望是坏事，那我们完全没有这样的渴望；如果说它在道德上是中立的，我们渴望上帝应许给义人的一切好事。正是在这个意义上，我们渴念、盼望义人的复活。但是塞尔修斯认为我们的行为是自相矛盾的，一方面盼望身体的复活，似乎它配得上帝的荣耀，而另一方面，把它扔给惩罚，似乎它毫无价值。为敬虔受苦，为美德之故选择患难的身体，当然不是毫无价值的。完全没有价值的，乃是在邪恶的享乐中荒废自己的身体。③无论如何，圣言说："什么种子是可敬的？人的种子。什么种子是耻辱的？也是人的种子。"④

然后塞尔修斯认为他不会与盼望身体上回报的人谈论这个问题，因为他们彻底而非理性地受困于一样不可能实现他们的盼望的东西。他说他们是粗鄙不堪、污浊不洁的，说他们缺乏理性，聚在一起作乱。他若是一个爱自己同胞的人，就应当帮助他们，哪怕是那些最粗鄙的人。帮助自己的同胞，没有界限规定，粗鄙的人不应像非理性动物一样被排除在外。没有这样的规定。我们造主造我们是要叫所有人得到同等的帮助。因而，这些问题与粗鄙的人讨论是值得的，以便尽可能使他们转向较为高雅的生活，与不洁的人谈论也是值得的，好叫他们尽可能变得洁净，与那些因缺乏理性、灵魂生病而有什么不当观点的人谈论也是值得

---

① 《歌罗西书》3:10。参第六卷，第六十三节。
② 参第一卷，第二十一节；第三卷，第75节；第四卷，第十四节。
③ 参第八卷，第三十节。
④ 《便西拉智训》10章19节。

的，为使他们不再行没有理性之事，不再让灵魂得病。

51. 然后他赞同那些盼望灵魂或心灵——或他们所称的属灵之物，理性的灵，属理智的，圣洁的，有福的，永生的灵魂——永恒，并相信它与上帝同在的人。他承认，主张过着良善生活的人必幸福，彻底败坏的人必陷入永恶，这样的理论是正确的。实在的，我对塞尔修斯下面的话，就是接在我刚刚提到的那些话后面的话，感到吃惊，没有比这更令人吃惊了。他说："这种理论可能永远不会被他们或别的人抛弃。"他这个写书指控基督徒的人应当明白，由于基督徒的整个信仰基础是上帝、基督所立的对义人的应许，以及关于恶人受惩罚的教训，一个基督徒，若是由于塞尔修斯对全体基督徒的批判，在他引导下抛弃了自己的信仰，那么他很可能在抛弃福音的同时，也抛弃塞尔修斯所说的，不会被基督徒或任何别的人抛弃的那种理论。

然而，我想，克里西普在他的"论痛苦的医治"①一书里，比塞尔修斯更多地为人类考虑。他希望医治扰乱人灵魂的情欲，优先选择他认为正确的理论，但允许其他理论，甚至他不主张的理论，作第二、第三可能的治疗方案。他说："即使承认有三种善，②痛苦也可能在这基础上得到医治。受情欲折磨的人不可在情欲最强烈的时候，为那个占据了他整个心胸的理论担忧，免得他因在不当的时候，关注那已经占据他灵魂的理论可能受到的驳斥，而丧失医治的机会。"他还说："即使快乐是最大的善，③就算被情欲困扰的人也持这种观点，他仍然应当得到帮助，也要向他表明，即使对主张快乐是最大且终极之善的人来说，情欲也是不合理的。"

所以，既然塞尔修斯曾说，他接受那些过着良善生活的人必是幸福的，那些彻底败坏的人必遭受永恶的理论，他就应当贯彻自己的论断。

---

① 见第一卷，第六十四节。
② 逍遥学派的理论，参 Diog. Laert. V, 30。
③ 伊壁鸠鲁学说。

如果他能，就当确立对他来说似乎是主要的论述，也应当举出更多的证据表明，那些彻底败坏的人确实要遭受永恶，而那些过着良善生活的人也确实会幸福快乐。

52. 就我们来说，因为许多甚至难以胜数的事实都劝导我们要过基督徒的生活，所以我们最大的渴望就是，尽我们所能使所有人都熟悉基督教的整个理论。但我们发现，有些人听了对基督徒的诽谤产生偏见，以为基督徒都是些不敬神之徒，所以对那些宣称要教导圣言的人毫不留意。在这种情形下，我们要遵循爱人的原则，尽一切可能证实不敬的人要受永罚这理论是真实的，使那些不愿意成为基督徒的人也能接受这样的理论。同样，我们也想浇灌这样一种信念，那些过着良善生活的人必得幸福，其实甚至信仰之外的人，也提出许多关于正直生活的论断，与我们的论断极为相似；因为我们可以看到，他们的学说并未完全丧失关于善与恶、义与不义的普遍观念。

凡看到这个世界井然有序，天体按规律运动，星辰在固定的区域运动，所谓的行星有序地运动，与世界运动的方向相反；凡观察到空气的混合如何对动物，尤其对人类有益，看到为人所造的丰富之物①的，都会留心不做这位宇宙之造主、他们的灵魂及他们灵魂里的心的造主所不喜悦的事。他们应当相信，他们的罪孽必受到惩罚，知道各人功过的上帝必按各人成就之事或正当行为报应各人。所有人都要相信，如果他们过良善生活，就必得美好结果；如果过邪恶生活，就必因他们的罪恶，他们的淫乱放荡行为，还因他们的柔弱胆怯，因他们的一切愚行，将他们交给恶，遭痛苦，受折磨。

53. 对这个话题说了这么多，现在我们再思考塞尔修斯的另一段话，这话段如下："人生来就受制于身体，是因为要管理世界，或因为犯了罪受到惩罚，或因为灵魂被某些苦难压倒，直到在指定的时期内得到洁

---

① 这是斯多葛学派的论点。参 Cicero, *de Nat. Deor.* II, 19, 49 ff.；III, 7, 16 (Cleanthes)。

净。根据恩培多克勒，它必须'离开恩福漂流三万年，在时间中经历必死者的各种可能形状。'① 我们必须相信，然后，它们就被交给某些掌管这个牢狱的长官之手。"

这里也请注意，因为只是一个人，对如此深奥的问题，他也表现出几分犹豫，关于我们出生的原因，提到好几个人的理论，说明还心存几分小心；但他不敢说，这些理论全是错误的。此人曾经作过宣称，对古人的观点，既不随意赞同，也不断然拒斥，那么对犹太人体现在他们先知书里的理论和耶稣的理论，他即使不愿意相信，至少也该持保留态度，看看那些侍奉至高上帝，为敬拜他，为律法（相信就是他所赐的）常常面临无数危险的人，是否可能从未被上帝忽视过，是否有启示向他们显明？因为他们鄙视人工造出来的产品，努力靠自己的理性上升到至高上帝本身。他应当想一想，众人共同的父和造主，看见一切，听见一切，② 判断每个寻求他、渴望虔诚之人的心意，按各人的功过，分给他们出于他的关爱的果子，好叫他们在已经领受的基础上进一步认识他。塞尔修斯以及那些恨恶摩西、犹太先知、耶稣及他的真使徒——就是为他的道受苦的人——的人，这些人若是能想到这一点，就不会如此辱骂摩西、先知、耶稣和他的使徒了。他们也不会把犹太人看作比地上一切民族低级的人，予以拒斥，③ 宣称他们甚至比埃及人更邪恶，就是那些尽其所能把对上帝的崇拜贬损到对非理性动物的崇拜上的人，不论是出于迷信，或者别的什么原因，或者出于误解。

我们说这些话，不是要鼓动人去怀疑基督教理论，而是要表明，那些毫无保留地大肆辱骂基督徒理论的人，至少应当先对理论表示疑惑，而不是如此草率地攻击耶稣和他的门徒，对自己不确切知道的事、没

---

① 恩培多克勒，*Frag.* 115 Diels。关于他的灵魂转世说，参第五卷，第四十九节。关于地上如牢狱，参柏拉图，《斐多篇》114B，C；《理想国》517B。
② 荷马，《伊利亚特》III，277；《奥德赛》XI，109；XII，323。
③ 参第四卷，第三十一节；第五卷，第四十一节；第六卷，第八十节塞尔修斯的话。

有"直接领会"（如斯多葛学派所说）的事妄作论断，这样对他们岂不更好一点？每种哲学流派都根据某种标准，可以说，对所给定的现象确立实在，而这些人却没有任何标准。

54. 然后塞尔修斯说："因而，我们必须相信，它们被交在某些掌管这牢狱的长官手下。"我得回答他说，一个良善的灵魂，即使在"地上被囚的"① （如耶利米所说的）属世生活中，也因着耶稣得以脱离恶的捆绑，因为耶稣，如先知以赛亚在他远未到来之前就预告的"对那被捆绑的人说：'出来吧！'对那在黑暗的人说：'显露吧！'"② 正是这位耶稣，如这位以赛亚所预言的，"向那些坐在地上、死荫里的人升起光照耀他们"，因此我们可以说："我们要挣开他们的捆绑，脱去他们的绳索。"③

如果塞尔修斯和那些像他一样反对我们的人，能够明白福音书的深奥，就不会建议我们相信"掌管这牢狱的长官"，如塞尔修斯所称呼的。福音书里写着，有个女人"腰弯得一点直不起来。耶稣看见，知道她为何腰变得一点直不起来的原因，就说，这女人本是亚伯拉罕的后裔，被撒但捆绑了这十八年，不当在安息日解开她的绑吗？"④ 就是今天，有多少人被撒但捆绑，腰弯得直不起来，因着这个想要我们向下看的魔鬼不能挺直自己的腰背？没有人能使他们挺直，唯有到来住在耶稣里面的道，以及之前的受灵启示的人。耶稣到来释放了"凡被魔鬼压制的人"⑤。他还以与这个主题相应的深奥的话论到魔鬼说："这世界的王受了审判。"⑥

因而，我们不会"谩骂地上的鬼魔"，只是证明他们的活动对人类是毁灭性的。他们借助于神谕、医治身体和其他一些手段，妄图将坠

---

① 《耶利米哀歌》3:34。
② 《以赛亚书》49:9。参第一卷，第五十三节。
③ 《以赛亚书》9:2（和合本译为："在黑暗中行走的百姓，看见了大光；住在死荫之地的人，有光照耀他们。"——中译者注）；《诗篇》2:3。
④ 《路加福音》13:11，16。
⑤ 《使徒行传》10:38。
⑥ 《约翰福音》16:11。

入"卑贱的身体"①的灵魂与上帝分离。那些明白这一点的人有话说:"我真是苦啊!谁能救我脱离这取死的身体呢?"②此外,我们并非"毫无目的地让自己的身体受苦,被钉十字架"。人因拒绝把地上的鬼魔称为神,而受到他们及他们的崇拜者攻击,他让自己的身体经受这些苦难,不是毫无目的的。人若是为美德被钉十字架,为敬虔受折磨,为圣洁而死,就有充分理由认为这是亲近上帝的事。"在耶和华眼中,看圣民之死极为宝贵。"③我们认为"对此生无爱"是好事。塞尔修斯将我们比作"完全应当因强盗行为受惩罚的作恶者",恬不知耻地说如此高贵的目标与强盗的意图相似。他这些话使自己成为那把耶稣列在罪犯之中的人的弟兄,应了圣经里所说的"他也被列在罪犯之中"④。

55. 之后塞尔修斯说:"理性要求我们两种选择必居其一。他们若是拒不以适当的形式崇拜掌管以下活动的主,就既不应当达到自由人的阶层,不应娶妻生子,也不应做生活中的其他事。而应离开这世界,不留下子孙,于是这样的一个族类就完全从地上消失。但他们若是要娶妻,要生子,要品尝果子,分享生活的喜乐,忍受指定的邪恶(按照自然法,所有人必然要经历恶,恶是必然的,因它不存在别处,就在地上)⑤,那么他们应对受托掌管这些事的存在者给予适当的尊敬。他们应当在此生献上一定仪式的崇拜,直到他们得以脱离捆绑,不然就显得太忘恩负义了。人分有属于他们财产的事物,却不对他们表示任何回报,这是不对的。"

对此我们回答说,在我们看来,任何时候放弃生命都是不合理的,唯有为敬虔或美德之故例外,比如当那些所谓的论断者,那些似乎对我

---

① 《腓立比书》3:21。
② 《罗马书》7:24。
③ 《诗篇》115:6(和合本为116:15。——中译者注)。
④ 《以赛亚书》53:12。
⑤ 塞尔修斯采纳柏拉图《泰阿泰德篇》176A的观点(参第四卷,第六十二节奥利金的话):"恶是不可能废除的……因为总是有某种东西与善相对;它也不可能存在于诸神中间,所以,它必然徘徊在必死者中间,在这地上。"

们有生杀大权的人，让我们选择其一，或者活着，但要违背耶稣吩咐的律令行事；或者相信耶稣的话，但得死。此外，上帝允许我们娶妻，因为并非每个人都能保守完全纯洁的非凡状态。既然我们确实可以娶妻，他当然也要求我们养育子孙，不可毁灭从神意而来的后代。① 当我们拒不顺从分派在地上的鬼魔时，这些事并没有给我们带来困难。因为我们作为为敬虔而战的战士，穿戴了上帝所赐的全副军装，② 就能抵挡与我们为敌的鬼魔。

56. 即使塞尔修斯用他的话威胁把我们彻底赶出生命，以便如他所设想的，让我们这个族类从地上完全消失，但我们这些关心我们造主之事的人，也仍然按上帝的律法生活。我们全然不想侍奉罪的律。如果我们愿意，我们也娶妻，接受婚姻赐给我们的孩子。如果必要，我们也享受此生的喜乐，忍受指定的邪恶，作为对灵魂的磨炼。圣经通常正是用这个词来指出现在人中间的困苦。③ 在磨炼中受试探的人的灵魂，就像火中熬炼的金子，④ 或者证明不合格，或者表明可靠。事实上，我们已经准备充分，对付塞尔修斯提到的邪恶，乃至可以说："耶和华啊，求你察看我，试验我，熬炼我的肺腑心肠。"⑤ 此外，人若没有在地上按规矩与卑贱的身体争战，就不能得冠冕。⑥

除此之外，我们不对塞尔修斯所说的掌管地上之事的存在者表示习惯性的尊敬。因为我们只敬拜主我们的上帝，只侍奉他一位，祈求我们能成为基督的效仿者。当魔鬼对他说，"你若俯拜我，我就把这一切都赐给你"时，他回答说："当拜主你的上帝，单要侍奉他。"⑦ 所以我们不

---

① 关于弃婴，参 E. H. Blakeney 注释 *Ep. ad Diognetum* V, 6。
② 《以弗所书》6:11, 13。
③ 《路加福音》22:28；《使徒行传》20:19；《雅各书》1:2；《彼得前书》1:6。
④ 《玛拉基书》3:3；《所罗门智慧》3 章 6 节。
⑤ 《诗篇》25:2（和合本为 26:2。——中译者注）。
⑥ 《提摩太后书》2:5；《腓立比书》3:21。
⑦ 《马太福音》4:9—10。

对塞尔修斯所说的掌管地上之事的存在者表示惯常的尊敬,因为"一个人不能侍奉两个主"①;我们不能同时又侍奉上帝,又侍奉玛门,不论这名字是指某个特定之物,还是许多事物。此外,有人若"犯律法"②玷辱立法者,那在我们看来,显然,如果有两种相反的律法,上帝的律法和玛门的律法,我们宁愿犯玛门的律法玷辱玛门,以便谨守上帝的律法荣耀上帝,也绝不会犯上帝的律法玷辱上帝,却守玛门的律法以尊敬玛门。

57. 塞尔修斯认为人应当在此生奉行适当的崇拜仪式,直到脱离捆绑为止,比如根据通行的习俗祭献各个城里的所谓的神。他不明白那些真正有信仰的人所理解的真正适当的东西是什么。我们要说,人只要记念谁是造主,什么是他所珍视的,只要行上帝所爱的事,他就是在此生以适当仪式敬拜。

再者,塞尔修斯不愿意我们对地上的鬼魔忘恩负义,认为我们欠他们的感谢祭。但我们对感恩(eucharistia)这个词的含义有清楚的认识,所以对不做任何好事、尽做恶事的存在者说,我们不祭他们,也不拜他们,我们的行为没有一点忘恩负义之嫌。我们要避免的是,对上帝忘恩负义,因为他把自己的恩益满满地装给我们。我们是他的造物,得到他神意的关爱。我们的境况取决于他的审判,我们因他盼望永世。而且我们还在被称为"圣餐"(eucharist)③的饼里有对上帝感恩的记号。

另外,如我们前面所说的,④鬼魔不关心为我们的需要所造的事物。因此我们分享被造之物,但不向对它们毫不关心的存在者献祭,我们这样做毫无过错。不过,如果我们看到,受派掌管地上果子,动物生育的,不是某些鬼魔,乃是天使。那么我们就赞美他们,称他们为圣,

---

① 《马太福音》6:24;参第八卷,第二节。
② 《罗马书》2:23。
③ 参查士丁,《护教篇》I, 66, 1 "这食物在我们中间被称为圣餐。"
④ 参第八卷,第三十三节至第三十五节。

因为上帝委托他们管理于我们人类有益的事物。但我们肯定不把对上帝的崇敬分给他们。这既不是上帝所愿意的，也不是受托管理这些事的存在者本身希望的。事实上，我们小心地不向他们献祭，倒比我们向他们献祭，更得到他们的赞赏。他们根本不需要从地上蒸发上来的东西。

58. 这之后，塞尔修斯又说："在这些事上，甚至包括最微小的事，都有一个存在者掌管，我们可以从埃及人的教导中得知这一点。他们说，人的身体被交到三十六个鬼魔或天神的掌管之下，这些鬼魔彼此分工，分管身体的不同部位，所以三十六就是身体被分成的各部分之数（当然有人说远不止这个数）。每个鬼魔掌管一个部位。他们也知道这些鬼魔在方言里的名字，比如 Chnoumen, Chnachoumen, Knat, Sikat, Biou, Erou, Erebiou, Rhamanoor, Rheianoor, 以及他们自己语言里所使用的其他名字。求告这些鬼魔，他们就医治各个部位的疾患。① 人若愿意，谁能阻止他尊敬这些及其他鬼魔，从而使我们身体健康，而不是身患疾病；使我们交好运，而不是遭厄运，从而得以脱离苦难和惩罚？"

塞尔修斯这些话试图把我们的灵魂拖到鬼魔身上，似乎他们真的掌管我们的身体；又宣称，每个鬼魔掌管我们身体的每个部位。他希望我们相信他提到的鬼魔，敬拜他们，使我们健康，而不患病，交好运而避

---

① 根据古代星象学，黄道的十二宫图分为三部分，每部分十度。每部分顺服于一种权能，叫"dekanos"。这样，黄道的这些十度分度的总数就是三十六，每一个分度都有一个名字；这些名单保存在埃及的不少文献和纪念碑上。关于这个话题的文献非常多。参考书目可见于 W. Scott, *Hermetica*, III (1926), pp. 363 ff；A. E. Housman, *M. Manilii Astronomicon* (1937), IV, pp. VI-X；A. Bouche-leclerq, *L'Astrologie grecque* (1899), pp. 215-235；最重要的是 W. Gundel, Dekane und Dekansternbilder (1936)。Gundel 在 P. -W., Suppl. VII (1940), 118 ff. *s. v.* "Dekane"里写了一个概述。

关于黄道十度分度的名字见 Gundel's table，在对应的柱子上列了名单。Gundel, pp. 327-425 列了关于这些十度分度的文本的德译本。

不同的文本讲到它们与身体各部位的关系各不相同。有些文本，比如塞尔修斯这里，这些分度是保护神，医治患病部位。参赫耳墨斯论黄道十度分度的短文，赫耳墨斯对阿斯克勒庇俄斯说："我已经为你在下界制定黄道带三十六个十度分度的外在形式和内在性质……把这带上，你就会有大能的护身符。因为它们能医治由于星宿上的发散物而降到人身上的一切病痛。"短文接着举出各个分度的详细情况，说明每个分度能医治身体的哪个部位。但在其他的文本中，这些分度是敌对神祇，降疾病到身体的各个部位。参 Boll-Bezold, *Sternglaube und Sterndeutung* (4th ed. 1931), p. 135。关于例子，参 Testamentum Salomonis, 18 (Gundel. pp. 383f)。

厄运，并尽可能得以脱离苦痛。他如此贬低对宇宙之上帝的整全而不可分的崇敬，甚至不相信单单受敬拜、被荣耀的上帝就足以赐给荣耀他的人——只要这人真正地敬拜他——权柄，使他免受鬼魔对义人的攻击。因为塞尔修斯从来不知道，当真正的信徒说"奉耶稣的名"时，医治了很多人的疾病，赶走了鬼魔，还有其他种种不幸。

59. 赞同塞尔修斯的话的人，听到我们说"叫一切在天上的、地上的和地底下的，因耶稣的名无不屈膝，无不口称耶稣基督为主，使荣耀归与父上帝"①，很可能会发笑。但是，就算他笑，他仍能看到证据表明这是事实，那是比塞尔修斯所列举的埃及名字，就是他说求告这些名字，身体上的疾病就得医治，比如 Chnoumen，Chnachoumen，Knat，Sikat 这些名字清晰得多的证据。也请注意，他怎样拦阻我们借着耶稣基督信宇宙之上帝，引诱我们相信野蛮人的三十六个鬼魔，理由是他们能医治我们的身体，但这些鬼魔唯有埃及巫师才会求告，以某种不可知的方式向我们宣告深奥的道理。按塞尔修斯的看法，我们应施魔法巫术，而不是践行基督教教义，应当相信数量无限的鬼魔，而不是自明的、永生的、显现的至高上帝，并借着那以大能把信仰的纯洁之道，散播到全人类的主。我若进而说，他这样做也是为了其他需要改正、医治、脱离邪恶的理性存在者，这话不会有错。

60. 无论如何，塞尔修斯怀疑那些了解这类事的人很容易滑到法术里去，所以有点担心这样会对他的听众有害。因为他说："不过，我们对此务要谨慎，免得有人因与这些存在者联合，对他们所关心的医治之事着迷，变成身体的爱人，离开更高的事物，被压制却不自知。智慧人说，大部分属地鬼魔都迷恋于被造之物，眼睛盯着血气、燔祭和魔法符咒，②被其他诸如此类的事捆绑，除了医治身体，预言人类和城邦的未

---

① 《腓立比书》2:10—11。
② 参第三卷，第二十八节及注释。

来，不能做别的好事，他们的全部知识和力量只关注于凡人的活动。也许我们不可不信这样的话。"

既然在这个问题上存在着这样的危险，甚至仇视上帝真道的人也如此证实，那么拒斥一切叫人迷恋于这些鬼魔，钟情于身体，偏离更高之事，因遗忘高级事物而受拖累的建议；相反，借着耶稣基督把自己交给至高上帝，岂不是要好得多？耶稣教导我们，当向他求一切帮助，求圣洁而公义使者的保护，愿他们救我们脱离这些属地的鬼魔。因为后者沉迷于被造之物，贪恋血和燔祭，感应于奇异的魔法符咒，受困于其他诸如此类的事。甚至塞尔修斯也不得不承认，他们除了医治身体外，不能做别的好事。然而，我得说，这些鬼魔，不论受到什么形式的崇拜，我们并不清楚他们是否真的能医治身体。人若是致力于过简单而普通的生活，就应当用药物医治身体。他若是希望追求高于大众的生活方式，就当靠献身于至高上帝、向他祷告来医治自己的身体。

61. 至高上帝拥有谁也没有的大能，掌控万物，对人行善，不论灵魂上的事，身体上的事，或外在的事；请你们自己想一想，这样的上帝会更悦纳哪一类人。他是喜欢尽心尽意侍奉他的人，还是对鬼魔的名称、掌权者、惯例、符咒、与鬼魔相关的植物、石头、石头上对应于传统的鬼魔形状的符号——不论表示象征意义①还是有别的意义——这些东西感兴趣的人？然而，只要对这个问题略有明白的人，也能清楚地看出，品性单纯、自然的人必为至高上帝和那些与他同类的存在者悦纳，因为他侍奉至高上帝。而为求身体健康、出于对身体的爱，为求在道德中立之事上的好运，而关注鬼魔的名称，企图用某些咒语招引鬼魔的人，必被上帝抛弃，弃给他用这样的咒语选择的鬼魔，视之为恶人，不敬的人，与其说是人，不如说像魔，叫他被每个鬼魔放在他心里的念头或者

---

① 关于植物和石头的魔法作用，参，比如第五卷，第三十八节努梅纽的话，第六卷，第三十九节塞尔修斯的话；Corp. Herm. Asclepius 37-38（Nock-Festugiere II. pp. 347f）。

其他恶念撕得粉碎。既然他们是恶，如塞尔修斯承认的，迷恋血、燔祭、魔法符咒和其他诸如此类的东西，他们就很可能不守信誓，甚至背弃那些为他们提供这些犒劳的人。如果有别的人召唤他们，用更多的血、祭品、崇拜满足他们的要求，买他们的服务，他们就会合起来反对先前曾崇拜他们，并常常分给他们所喜爱的筵席的人。

62. 在前面的段落里，塞尔修斯说了很多话，要把我们送到神谕和他们的预言面前，似乎他们原是神，①但现在他对问题的看法有了提高，承认预告人事和城邦之未来的存在者，一切关心凡人活动的属地鬼魔，全都迷恋于被造之物，专注于血、燔祭和魔法符咒，被其他诸如此类的东西捆绑，没有能力做比这些更好的事。当我们反对塞尔修斯把神谕、对所谓的诸神的崇拜看为神圣时，有人很可能会怀疑我们是不敬的，因为我们主张这些是把人的灵魂拖到被造之物上的鬼魔做的工。但现在，那原本对我们有这种疑惑的人，也许会相信基督徒的宣称是对的，因为他看到，甚至一个写书反对基督徒的人也这样写，可以说，好不容易总算被真理之灵胜过了。

因而，即使塞尔修斯说"我们应当在形式上感谢他们，因这是权宜之计——尽管理性不要求我们任何时候都这样做"，我们也不可对沉迷于燔祭和血的鬼魔表示一点感谢。我们当尽我们所能避免玷污上帝，把他降低到恶鬼的层次。如果塞尔修斯正确地理解什么是权宜之计，知道严格地讲，适宜的事就是美德和按美德所行的事，②他就不会把"就权宜之计来说"这样的词用到如他自己所承认的具有如此特点的鬼魔身上。就我们来说，如果我们的健康和此生之事上的好运需要靠崇拜这类鬼魔换来，那我们宁愿生病，一生厄运，知道我们对宇宙之上帝的侍奉是纯洁的，而不愿与上帝分离、堕落，最后，灵魂因我们在此生享受身体的

---

① 参第八卷，第四十五节和第四十八节塞尔修斯的话。
② 斯多葛学派的教导。参 S. V. F. III, 208, 310 等等。这是词典上的定义 Klostermann in Z. N. W. XXXVII (1938), p. 60。

健康和好运而得病、受灾。我们当靠近无所需的上帝，他只求人和一切理性存在者的得救，而不是靠近那些渴求燔祭和血的鬼魔。

63. 塞尔修斯前面说了很多鬼魔需要燔祭和血的话，然后似乎来了个可恶的大转弯，改变论调，说："我们更应当认为鬼魔不欲求什么，不需要什么，只是对人侍奉他们的行为喜乐。"他若认为确实如此，前面就不应当说那样的话，或者应当把这里的话删除。然而人性并非完全被上帝和他独生的真理抛弃，正因如此，塞尔修斯能说出实话，论到鬼魔渴望燔祭和血。但由于他品性上的邪恶，他又重新陷入错谬，把鬼魔比作严格遵行义事的人，说他们诚然对以感谢回报的人行善，但即使没有人感谢他们，他们也照行不误。

在我看来，他在这个话题上混乱一片。有时他的心受鬼魔扰乱，有时当他从鬼魔所引起的非理性状态稍稍恢复理智时，又能看到一丝真理之光。因为他接着说："但我们绝不可抛弃上帝，无论白昼还是夜晚，无论在公共场合还是自己家里。在每句话上，在每件事上，而且，事实上不论有它们，还是没有它们，① 都要引导灵魂一直面向上帝。" ② 我理解他所说的"有它们"，是指"在公共场合"，"在每件事上"，"在每句话上"。

然后，他似乎心里在与鬼魔引起的困惑争斗，但基本上被鬼魔胜过，所以接着说："果真如此，讨好地上的权势，包括别的③ 和人中间的统治者和皇帝，因为即便后者掌权得位也不是不靠鬼魔的力量的， ④ 有什么可怕的？"他前面尽其所能要把我们的灵魂降到鬼魔的层次上；现在他还想要我们去讨好人中的统治者和皇帝。生活和历史中满是这些人，我想现在就没有必要引用什么例子了。

64. 我们当讨好唯一的至高上帝，祈求他恩待我们，用敬虔和各种美

---

① 即鬼魔，但奥利金选择在另一意义上理解塞尔修斯的话。
② 措辞见第一卷，第八节；Clem. Al. *Strom* IV. 9. 5。
③ 即鬼魔。
④ 关于国王的神圣权利，参第八卷，第六十七节至第六十八节塞尔修斯的话。

德讨好他。但塞尔修斯若是也要我们讨好至高上帝之外的他者，那请他知道，正如身体移动带动它的影子移动，① 同样，如果至高上帝得到讨好，随之而来的，他所宝贵的所有使者、灵魂、诸灵，都有慈善倾向。因为他们知道谁配得上帝的仁慈；他们不仅对那些相配之人变得仁慈，而且与愿意敬拜至高上帝的人一起做工；他们得了抚慰，就与人一起祷告，为他们代祷。所以，我们敢说，人若是出于坚定的目标，向上帝祷告时推举出高级事物，就会有无数神圣权能不经求告自动与他们一同祷告，帮助我们人类。如果可以，我要这样说，他们看到鬼魔攻击、反对人，尤其是那些献身于上帝的人得救，就与我们一同努力，无视鬼魔的敌意，即使鬼魔野蛮地攻击那拒绝用燔祭、血崇拜他们，反而想方设法以言语、行为热切地靠近至高上帝，借耶稣与上帝联合的人。须知，耶稣既周流四方，医好凡被魔鬼压制的人，② 使他们皈依，就战胜了数不胜数的鬼魔。

65. 如果讨好皇帝意味着我们不仅得杀人，行放荡、野蛮之事，还得亵渎宇宙之上帝或者说卑污、奉承的话，与勇敢、高贵的人，拥有各种美德、且希望拥有最大的美德勇气的人格格不入，那我们就当鄙视人的好意，皇帝的仁慈。我们这样做，没有一点是与上帝的律法和话语相背的。我们没有疯，也不是"故意冲撞、惹动皇帝或统治者的怒气，招致打击、苦刑，甚至死亡"。③ 因为我们读过律例："在上有权柄的，人人当顺服他；因为没有权柄不是出于上帝的，凡掌权的都是上帝所命的。所以抗拒掌权的，就是抗拒上帝的命。"④ 我们在注释《罗马书》时，尽我们所能对这些话作了详尽研究，作出了各种解释。现在鉴于本书的任

---

① 关于这个例子，参 Philo, *de Virtut.* 118, 181；Clem. Al., *Strom.* VII, 82, 7；Origen, *de Orat.* XVI, 2。

② 《使徒行传》10:38。

③ 刻意追求殉道的基督徒不被追认为殉道者之名。参 Clem. Al., *Strom.* IV, 17, 1；*Mart. Polyc.* I, 4；4 世纪早期 Elvira 大公会议法规 60 条。关于相信暴死的价值，参 Cumont, *Lux perpetua*, p. 339。

④ 《罗马书》13:1—2。奥利金, *Comm. in Rom.* IX, 26 ff。

务，我们只采取较为通常的解释，采用更简单的理解，因为塞尔修斯说："甚至他们掌权也不是不靠鬼魔的力量。"

关于皇帝和统治者的制度问题，很复杂。由于那些野蛮、专制统治的人的存在①，或者那些把治理国家变成纵情声色、荒淫无度行为的人，关于这个话题就产生了许多问题。出于这种考虑我们这里省略对这个问题的讨论。不过，我们肯定不会"以皇帝的运（守护神）的名义起誓"，②同样也不会以任何别的所谓的神的名义起誓。如果如某些人所说的，命运只是一种表达方式，像一种意见，或一种争论，那我们不会以某种不存在的东西的名义起誓，似乎它是一个神，或者是某种实在，有做某事的能力，③免得把起誓的力量用到错误的事上。或者如某些人认为的，以罗马皇帝的守护神的名义起誓的，其实就是以他的鬼魔的名义起誓，所谓的皇帝的守护神就是一个鬼魔，若如此，我们宁愿死，也不会以一个邪恶无信的鬼魔的名义起誓，这鬼魔常常与分派给他的这个人共谋犯罪，甚至比这人犯更多的罪。

66. 然后，就像那些时而从着魔状态恢复，时而又故态复萌的人，塞尔修斯似乎又恢复了正常，说了一些话，大致如下："如果你正好是崇拜上帝的人，有人命令你行渎神的事，或者说别的不雅的话，你不可对他有任何信任。相反，你必须立场坚定地面对一切苦痛，忍受任何形式的死，也不可说羞辱上帝的话，甚至想也不能想。"然后，由于他对我们的理论一无所知，也因为他把所有这些事都混作一团，所以又说："但如果有人叫你赞美太阳神，或用高尚的赞美诗热情讴歌雅典娜，你当照此行，因为当你向他们唱颂歌时，就更显得是在敬拜伟大的上帝。经由他们这些众神能使对上帝的敬拜显得更加完全。"

---

① 参第一卷，第一节奥利金的话。
② 以皇帝的守护神起誓，表示忠诚，关于此，参 Epict. *Diss.* I, 14, 4; IV, 1, 14; *Mart. Polyc.* 9; *Passio sanctorum Scillitanorum* ed. J. A. Robinson. Texts and Studies. 1. 2 (1891), p. 112; Tertullian, *Apol.* XXXII; XXXV, 10; Minucius Felix, *Octavius*, 29。
③ 参 Constantine *Or ad. Sanctos* VI. 1。

我们的回答是，我们并不等着有人来叫我们赞美太阳神，事实上，我们早就知道不仅要赞美那些顺服于上帝安排的事物，甚至要爱我们的仇敌。① 我们赞美赫利俄斯（太阳）是上帝高贵的造物，谨守上帝的律法，听从经上的话："日头、月亮，你们要赞美他（耶和华）"②，用它全部力量赞美父和宇宙的造主。但是希腊传统却编造出雅典娜的神话（塞尔修斯把她与赫利俄斯放在一起），然后，不论是否有某种神秘含义，声称她是从宙斯的头里生出来的，生来就带武器。他们说她当时受到赫菲斯托斯的追求，后者想要毁了她的贞洁。她逃脱了他的追求，但由于他的淫欲种子落在地上，她爱这孩子，把他扶养大，称他为厄里克托尼俄斯（Erichthonios），关于他，他们说，雅典娜"宙斯的女儿把他养大，一个从长谷的地里长出来的孩子"③。由此我们看到，凡崇拜宙斯的女儿雅典娜的，就必须接受许多神话和虚构的故事，而凡避开神话但求真理的人是不会接受这些故事的。

67. 假设雅典娜是一种比喻，其实是指理智④，那就请他们表明，她有真实而实体性的存在，她的本性与这种比喻意义是吻合的。但如果雅典娜是某个生活在古代的人，之所以受到崇拜是因为那些想要在人中赞颂她的名、把她当作女神的人，向他们所掌管的人宣扬神秘仪式和奥秘。如果是这样，那么试想，对伟大的太阳，我们尚且只说赞美的话，而不崇拜他，更何况这个雅典娜，岂不更应当避免对她唱颂歌，把她当女神荣耀吗？

然后塞尔修斯说，我们若是赞美赫利俄斯和雅典娜，就更能显出对伟大上帝的敬拜。我们知道反过来说才是对的。我们只向至高上帝和他的独生子，神圣的逻各斯，唱赞美诗。我们赞美上帝和他的独生子，日

---

① 《马太福音》5∶44。
② 《诗篇》147∶3（和合本148∶3。——中译者注）。
③ 荷马，《伊利亚特》II, 547—548。
④ 这是斯多葛学派的通常解释，参 Philodemus, *de Pietate*, 16; Porphyry, *Antr.* 32; *de Imag.* p. 14, 等等。

月星辰、天上万军，无不如此。① 所有这些构成一个神圣的合唱团，与义人一同赞美至高上帝和他的独生子。

我们前面②说过，我们不可以人中间的皇帝的名义起誓，也不可以所谓的他的守护神的名义起誓。因而我们不必再回答他以下的话："即使有人叫你们以人中间的某个皇帝的名义起誓，这也不是可怕之事。因为属地之事都交给了他，无论你们在此生领受什么，都是从他领受的。"③ 但是按我们的判断，说一切属地之事都交给了他，这肯定是不对的；我们在此生所领受的，也不是从他领受的。我们所领受的，凡是义的、善的，全是出于上帝和他的神意，比如种植得来的谷和"能养人心"的粮，悦人耳目的葡萄和"悦人心"的酒。我们还从上帝的神意得橄榄，"得油能润人面"④。

68. 然后塞尔修斯说，"我们不可不相信一位古人，他久远之前宣告：'当有一位王，狡诈的克洛诺斯的儿子赐给他权柄。'⑤"他接着说："如果你们推翻这一理论，那皇帝很可能会惩罚你们。如果每个人都像你们一样做，那就没有什么能阻止他被抛弃，成为孤身一人，同时地上的事物会落入完全无法无天的野蛮人之手，人中间就再也听不到你们的崇拜，也听不到真正的智慧了。"当有一位统治者，一个王。我同意，但不是"狡诈的克洛诺斯的儿子赐给他权柄"的那个，而是由"改变时候、日期、废王、立王，在地上举起一个有用之人"⑥的上帝赐给权柄的那位。诸王不是克洛诺斯的儿子立的，希腊神话说，这个人把自己的父亲赶出领地，打入塔尔塔鲁斯，⑦就算有人从比喻意义上解释，也是不

---

① 《诗篇》148:3；参第五卷，第十节。
② 第八卷，第六十五节。
③ 关于国王的神圣权利和罗马的帝国神学，参 M. P. Charlesworth, 'Providentia and Aeternitas', in *H. T. R.* XXIX (1936), pp. 107-132；等等。
④ 《诗篇》103:15（和合本为104:15。——中译者注）。
⑤ 荷马，《伊利亚特》II, 205，这种背景下常用的引文。见 E. Peterson. Mono theismus 1935。
⑥ 《但以理书》2:21；《便西拉智训》10章4节。
⑦ Apollodorus, *Bibl.* I, 2, 1 (6-7)。

可能的；而是管理万物、知道在立王之事上自己在做什么的上帝立的。

所以，我们确实"推翻"了"狡诈的克洛诺斯的儿子赐给他权柄""这一理论"，因为我们相信上帝或上帝的父，是不可能有狡诈或无耻的计谋的。但我们没有推翻神意理论，以及它所产生之事的理论，包括那些最初计划的，和那些从某些推论而来的。① 此外，一个皇帝也不可能因为我们说狡诈的克洛诺斯的儿子没有赐给他做王的权柄，而是"废王、立王"的上帝赐给的，而惩罚我们。但愿所有人都像我一样做。但愿他们都否认荷马的理论，同时保守王权神授的理论，遵行"尊敬君王"②的命令。基于此，皇帝既不会孤单一人，也不会为人所弃，地上的事物也不会落入无法无天的野蛮人之手。因为如果如塞尔修斯所说，人人都像我一样做，那么显然，野蛮人也会归信上帝的道，成为最遵纪守法的人、温文尔雅的人。所有其他崇拜都会废除，唯有基督徒的崇拜获胜。总有一天，它会成为唯一得胜的崇拜，因为道一直在赢得越来越多人的心。

69. 因为塞尔修斯不明白自己，他下面的话与"如果人人都像你一样做"的话自相矛盾。 他说："你们肯定不会说，如果罗马人被你说服，不顾对神和人的传统尊敬，去求告你的至高者，或者你们喜欢的任何名称，他就会降下来，为他们而战，他们就不需要任何别的保卫。在早期时候，这位上帝也同样向那些尊敬他的人作了这样的应许，还有一些比这大得多的应许，你们这样说。但看看他究竟对他们③和你们提供了多大的帮助。他们不仅没有成为全世界的主宰，自己倒失去了土地和家园。而就你们的情形来说，如果有人仍然秘密地徘徊，就被查出来，定罪处死。④"

---

① 见第六卷，第五十三节。
② 《彼得前书》2:17。
③ 即犹太人，参 V, 41, 50；关于上帝的应许，参 VI, 29；VII, 18 塞尔修斯的话。
④ 参第二卷，第四十五；第八卷；第三十九节塞尔修斯的话；Minucius Felix, Octavius, XII, 2; Clem. Al. Strom. IV, 78-80; Cicero, pro Flacco, 28, 69。

他提出了这样的问题,如果罗马人信服基督徒的理论,舍弃对所谓的诸神的崇拜,不顾人历来遵守的古老习俗,转而敬拜至高者,那会怎样。那就请他听听我们对这些问题的看法。我们相信,如果我们中有两个人在地上同心合意地求什么事,只要他们求它,天上公义的父必会赐给他们。① 因为理性存在者同心,上帝就喜乐;纷争,他就不悦。如果现在不只是少数罗马人同心,而是整个罗马帝国同心,那我们得怎样设想呢?他们必会求告逻各斯,就是更早时期当希伯来人被埃及人追赶时对他们说"耶和华必为你们争战,你们只管静默,不要作声"②的那位。如果他们一心一意祷告,必能征服更多追赶的仇敌,比被摩西向上帝喊叫时的祷告和他同伴的祷告所毁灭的那些人要多得多。如果上帝给那些守法的人的应许没有应验,那不是因为上帝说谎,而是因为应许是以守法为条件的,得应许的人必须遵照它生活。犹太人在这些条件下得了应许,若说他们如今既没有土地,也没有家园,那原因在于他们全都犯了律法,尤其是因为他们对耶稣犯下的罪。

70. 然而,果真如塞尔修斯设想的,所有罗马人全都归信、祷告,他们就必胜过他们的仇敌,或者甚至不需要再打仗了,因为他们将得到神圣权能的保护,经上记载神圣权能曾为了五十个义人的缘故而保存了整整五座城邑。③ 因为属上帝的人是世界的盐,保存地上的事物持久存在,只要这盐不变坏,地上事物就得保存。如果盐失去了滋味,无论对泥土对粪堆都再无用,不过丢在外面,被人践踏。有耳听我们的人,务要明白这些话的含义。④ 而且,唯有当上帝允许试探者逼迫,并赐给他权柄逼迫我们时,我们才受到逼迫。只要不是出于上帝的旨意,我们就不会受逼迫,即使处在这个恨恶我们的世界中,靠着神迹,我们必平安

---

① 《马太福音》18:19。
② 《出埃及记》14:14。
③ 《创世记》18:24—26。
④ 《马太福音》5:13。

无事，还得到他的鼓励，有话对我们说："你们可以放心，我已经胜了世界。"①他真的已经胜了世界，所以世界只是按胜了他的旨意行，因为他从父领受了对这世界的胜利。我们因他的得胜而有信心。

既然这是出于他的旨意，要我们再次为我们的信仰争战、奋斗，那就让对手上来吧。我们必对他们说："我靠着我们的主，加给我力量的基督耶稣，什么都能做。"②虽然两个麻雀卖一分银子，但如圣经所说的，"若是天上的父不许，一个也不能掉在地上。"神意囊括一切，甚至我们的头发也都被他数过了。③

71. 然后，塞尔修斯又一如既往地把事情搞混，下面说的事也是我们根本没有写过的。他说："让人无法忍受的是，你们说，如果那些如今统治我们的人被你们说服，然后被拘捕，你们就会说服那些继任他们的人。如果这些人又被抓俘，再去说服继任者的继任者，直到所有被你们说服的人都被抓走了，到那时，必会出现一位明智的统治者，他预见到要发生的事，就先下手为强，在你们还未毁灭他之前，先把你们全都毁灭了。"理性绝不会要求我们说这些话；我们谁也不会说如今掌权的人若是被我们说服且被捕之后，我们就会去说服他们的继任者，连他们也被抓走了，就转向接任他们的人。他怎么会说出这样的话，如果最后一个人被我们说服，且因为没能保护好自己，抵挡敌人，也被捕入狱，然后就要出现一个明智的统治者，因为预见到要发生的事，就预先把我们彻底毁灭？从这些话来看，他似乎是把毫无意义的荒谬言论拼凑在一起，把从他自己头脑里编造出来的材料发泄般地尖叫出来。

72. 然后他表达了一种愿望："但愿有可能在同一种律法下，亚细亚人、欧洲人、利比亚人，把希腊人和所有野蛮人，甚至到地极的人，全都被联合在一起。"似乎他认为这是不可能的，所以接着说："这样想的

---

① 《约翰福音》16:33。
② 《腓立比书》4:13。
③ 《马太福音》10:29—30。

人什么也不知道。"① 如果我必须对这一需要研究和论证的话题有所言说，我就说几句，以澄清他所说的用同一种律法来联合所有理性存在者，不仅可能，而且甚至就是事实。斯多葛主义者说，当一种他们认为比其他元素更强的元素占据支配地位时，大火就会发生，万物都变为火。但是我们相信，到某个时候，逻各斯必胜过整个理性本性，必重塑每个灵魂，使它们像他自己的那样完全，那时，每个人完全行使自己的自由，完全按逻各斯的意愿选择，也必处在他所选择的状态。我们认为，正如身体疾病和伤口不可能严重到没有任何医术可治的地步，同样，就灵魂来说，任何恶的结果也不可能使理性的至高上帝无能为力，无法医治。由于逻各斯和他里面的医治大能比灵魂里的一切恶更强大，他按上帝的旨意把这种大能用于各人，治疗的结果就是恶的废除。至于结果是否是这样，即它在任何情况下都不允许继续存在，与本文的讨论无关。②

预言以隐晦的术语对恶的彻底废除和每个灵魂的改邪归正说了很多。但现在我们只要引用《西番雅书》里的一个段落就够了：

"做好预备，早早醒来，他们的所有小葡萄都被破坏。耶和华说：因此你们要耐心等候我，直到我兴起作见证的日子。因为我已定意招聚列国接受国王，将我的恼怒，就是我的烈怒，都倾在他们身上。我的愤怒如火，必烧灭全地。那时，我必使万民用一种世代的言语，叫他们全都求告耶和华的名，同心合意侍奉他。他们必从最遥远的埃塞俄比亚河

---

① 这个句子很难解释。塞尔修斯突然说出一句敬虔的话，难道只是为了满怀渴望地承认，这种理想是难以实现的？但 Volker (*Das Bild*, pp. 29 f) 认为，塞尔修斯是提出基督徒的思想，将有一种律法来支配世界，他只是粗暴地否认这种理想有任何合理之处。"根据这种解释，本节开头包含着基督徒的秘密渴望，即让他们的信仰支配全世界，这样就与前一段即本卷第七十一节相合，因为前一段里塞尔修斯驳斥对手的另一个虚幻盼望。" 关于单一政体的理想，Volker 只引用了基督徒护教者塔提安 (28) 的话。但 W. W. Tarn, *Alexander the Great* (1948), II, pp. 399-449 收集的证据表明，这种理想早在基督教时代之前的希腊化世界里就已为人所知（尤其参 Plutarch, *Mor.* 330 D, E; Tarn, II, p. 419）。
② 关于末世论，参第四卷，第六十九节；第六卷，第二十节；第七卷，第二十九节。讨论见 *J. T. S. lot. cit.*; Bigg, *The Christian Platonists* (1913ed.), pp. 273-280。

来，给我献供物。当那日，你必不因你所奉行的对我不敬的习俗自觉羞愧；因为那时我必从你中间除掉矜夸高傲之辈，你也不再于我的圣山狂傲。我却要在你中间，留下困苦贫寒的民，以色列所剩下的民必不畏耶和华的名，不作罪孽，不说谎言，口中也没有诡诈的舌头；而且吃喝躺卧，无人惊吓。"①

凡有能力参透圣经含义、明白所有这些话的人，可以表明该如何理解这则预言，尤其应当研究其中所说的，当全地被烧灭之后，必使万民求助于"一种世代的言语"，这符合言语混乱之前事物的状态。②也请他明白"叫所有人都求告耶和华的名，同心合意地侍奉他"，从而他们中间的"矜夸高傲"得以除去，再没有罪孽，没有谎言，也没有诡诈的舌头，这些话是什么意思。

我原想引用这段话，只作普通的解释，不作深入探讨，只是出于塞尔修斯的那句话，他认为让亚细亚人、欧洲人、利比亚人，希腊人和野蛮人全都合一，是不可能的。当然对那些仍然住在身体里的人来说，这样的合一几乎是不可能的；但当他们从身体解脱出来之后，这种联合自然就不是不可能的了。

73. 然后塞尔修斯劝告我们要"尽我们所能帮助皇帝，在正当的事上与他合作，为他争战，他若要求，就与他同作战士，同作将军"。③我们可以这样回答，在适当的时候，我们给皇帝们提供神圣的帮助，如果可以这么说，借着穿戴上帝的全副军装。④我们这样做是遵从使徒所说的话："我劝你第一要为万人恳求、祷告、代求、祝谢；为君王和一切在位的，也该如此。"⑤事实上，一个人越是敬虔，就越能有效地帮助君

---

① 《西番雅书》3:7—13（与和合本略有出入。——中译者注）。
② 《创世记》11 章。关于单一语言的理想，参 Plutarch, *Mor.* 370B。
③ 讨论见 A. V. Harnack, *Militia Christi* (1905); C. J. Cadoux, *The Early Christian Attitude to War* (1919)。
④ 《以弗所书》6:11。
⑤ 《提摩太前书》2:1—2。

王——比参军列队、尽力杀敌的兵士更有帮助。

我们还会对那些在我们信心之外,但求我们为共同体而战,叫我们杀敌的人说:在你们看来,某些偶像的祭司,神殿的看守人——你们认为他们是这样的人——应当为祭祀的缘故保持右手不受玷污,好叫他们用未被血污染、未杀人的手向你们所谓的诸神献传统之祭。事实上,当战事临到头上时,你们也没有征召祭司。① 既然这是合理的,那么当其他人都去参战时,基督徒作为上帝的祭司和敬拜者,当保持他们的右手洁净,通过向上帝祷告,为那些打公义之仗的人、按公义治理的君王效力,以便毁灭一切与行义之人作对,与他们为敌的事物,这岂不是更为合理吗?此外,我们通过祷告,毁灭一切挑起战争、背信弃约、扰乱平安的鬼魔,我们岂不是比那些看起来是在作战的人更有助于君王吗?我们的祷告出于公义,再加上实际上的修行、功课,我们在为共同体的事业通力合作。我们甚至在更多方面为君王争战。我们虽然没有成为他的士兵,即使他强迫我们,也不会成为他的士兵,但我们确实在为他战争,并且借着我们向上帝的代求,组建了一支特殊的敬虔之军。

74. 如果塞尔修斯希望我们为自己的国家做将军,那请他知道,我们就在这样做着。但我们这样做,不是为了叫人看见,为了引以为傲。我们的祷告是在心里默默说的,从心里送出,如同从代表我们国家的百姓的祭司送出。基督徒对国家的好处比任何人都多,因为他们教育公民,教导他们献身于上帝,就是他们城邑的守护者;把那些在最小的城里过良善生活的人,带到神圣的属天之城。对他们可以这样说:你们在最小的城里忠心,② 就可到最大的城,那里"上帝站在有权力者的会中,在诸神中行审判",只要你不再"要死,与世人一样;要仆倒,像王子中的一位"③,就把你也数算在他们中间。

---

① 参 Plutarch *Camillus* 41。
② 参《路加福音》16:10,19:17。
③ 《诗篇》81:1,7(和合本82:1,7。——中译者注)。

75. 塞尔修斯还劝我们"接受国家的公职，只要为保护律法和敬虔这样做是必要的"。但我们知道，每个城里都有另一种国家存在，那是由上帝的逻各斯创立的。我们呼吁有能力的人来任职，那些理论上正当，生活上健康的人，来管理教会。① 我们不接受那些爱权的人。但那些出于极端的谦卑，不愿仓促担当上帝教会的公职的人，我们要加以敦促。那些管理有方的人，就是那些迫于大王，就是我们所相信的上帝的儿子，神圣逻各斯的强制，不得不任职的人。如果被拣选担当教会领导之职的人能管理好上帝的国（我指的是教会），我指的是他们遵照上帝的命令管理，那他们并不因此玷污任何指定的公民法律。②

如果基督徒确实不愿担当国家公职，这也不是想要推卸公共生活的义务，乃是为了在上帝的教会里从事更神圣也更必要的侍奉，以便使人得救。他们在教会里作领导，关心所有人，不仅包括教会里的人，使他们生命日趋完善，也包括显然还在教会外的人，叫他们认识、了解圣言和敬拜之事，这既是必要的，也是合理的。他们向上帝献上真正的敬拜，并尽可能地教导更多的人来敬拜，这样他们就沉醉于上帝的话语和神圣的律法，从而借着上帝的儿子与至高上帝合一，上帝的儿子就是逻各斯、智慧、真理、公义，使凡归信、在一切事上按上帝的旨意生活的人与上帝合一。

76. 圣安波罗修啊，你指派给我的任务，到这里就告一段落了，我已经尽了我所拥有的、也是上帝所赐予的能力。为回应塞尔修斯冠以《真教义》的书，我们认为该说的话都说了，这第八卷就结束了。让读者——读他的作品，也读我们驳斥他的作品的人——去判断双方究竟是哪个散发出更多真上帝的灵，哪个更具有献给上帝的敬虔和人所能达到的真理，也就是引导人追求最良善生活的好理论的气质。

---

① 参第三卷，第三十节。
② 德尔图良 (*Idol.* 17-18)，拒不诉求于约瑟和但以理，禁止公职，因为公职涉及偶像崇拜的污秽、判刑的义务、权力与人性的不相容。

不过，请注意，塞尔修斯许诺要再写"一篇作品"，发誓要在那里"教导那些愿意并能够相信"他的人"生活的正道"。他若是没有写许诺要写的第二部书，我们就可以对回应他的论述的这八卷书心满意足了。但如果他已经开始写第二部，甚至写完了，那就请把它找出来，寄过来，我们也要对它作出真理之父赐给我们的驳斥，也把里面的谬论批得体无完肤。只要他提出了某个属实的陈述，我们就会见证说，他在这点上是正确的，而绝不会对他吹毛求疵。

译 名 表

Abaris the Hyperborean 北方净土人亚巴里斯
Acarnanians 亚卡尔那尼亚人
Achelous 阿克洛斯
Achilles 阿基里斯
Adonaeus 阿多那俄斯
Aeacus 埃阿科斯
Aegina 埃伊那岛
Aeneas 伊尼耳斯
Agamemnon 阿伽门农
Ailoaeus 阿伊劳俄斯
Alexandria 亚历山大里亚
Aloadae 阿罗阿达
Aloeus 阿罗优斯
Ambrose 安波罗修
Ammon 阿蒙神
Amphictione 安菲克提翁
Amphilochus 安菲罗库斯
Amphiaraus 安菲亚尔奥斯
Amphion 安菲翁
Anaxagoras 阿那克萨哥拉
Anaxarchus 阿那克萨库斯
Antinoopolis 安提诺城
Antinous 安提诺斯
Antiope 安提奥普
Antiphon 安提丰
Antisthenes 安提西尼
Anytus 阿尼图斯
Apelles 阿佩勒斯
Aphrodite 阿芙洛狄特
Apis 阿庇斯
Apollo 阿波罗
Apollonius of Tyana 提亚那的阿波罗尼乌
Arcadia 亚尔卡底亚
Archilochus 阿奇罗库斯
Archons 掌权者
Areopagus 阿勒奥帕古斯
Ares 阿瑞斯
Argimpasa 阿基姆帕莎
Argives 阿哥斯人
Argus 阿耳弋斯
Aristander 阿里斯坦德
Aristeas the Proconnesian 普洛克涅斯人亚

里斯泰阿斯
Aristocreon 阿里斯托克勒翁
Ariston 阿里斯通
Aristophanes 阿里斯托芬
Armenius 阿尔美纽斯
Artake 阿尔泰克
Artemis 阿耳特弥斯
Ascalaphus 阿斯卡拉福斯
Ascalon 阿斯卡龙
Asclepius 阿斯克勒庇俄斯
Ascraean poet 阿斯克莱诗人
Astaphaeus 阿斯塔法俄斯
Athena 雅典娜
Attica 阿提卡
Auge 奥格

Bacchus 巴克斯
Baruch 巴鲁
Bellerophon 柏勒罗丰
Boreas 波里斯
Brahmans 婆罗门

Cabeiri 迦贝里人
Cainites 该尼特派
Calatians 卡拉提亚人
Callimachus 卡利马库斯
Carpocrates 卡波克拉特
Chaeremon 查勒蒙
Chalcis 卡尔基斯
Chryseis 克律塞伊斯

Chryses 克律塞斯
Chrysippus 克里西普
Cilicians 西里西亚人
Circe 瑟茜
Clazomenian 克拉佐梅尼人
Cleanthes 克里安西斯
Cleomedes the Astypalean 亚斯提帕利人克利奥梅得斯
Colchians 科尔奇亚人
Comana 科马那
Coriscus 科里司库
Cos 考斯
Crates 克莱特
Crito 克里托
Cybele 西布莉
Cyprus 塞浦鲁斯
Cyrenaean 昔勒尼人
Cyzicus 西芝克斯

Danae 达娜厄
Darius 大流士
Delta 德尔塔
Demeter 德梅特
Demosthenes 德摩斯梯尼
Deucalion 丢卡利翁
Didymean 狄底米
Diogenes 狄奥根尼
Diomedes 狄俄墨得斯
Dionysus 狄奥尼索斯
Dioscuri 狄俄斯库里

Dositheus the Samaritan 撒马利亚人多西修斯
Druids 督伊德教祭司

Ebion 伊便
Ebionites 伊便尼主义
Elephantine 埃勒分蒂尼
Eleusinians 依洛西斯人
Eleusis 艾琉西斯
Eloaeus 厄罗俄斯
Eloai 厄罗伊
Elohim 埃罗希姆
Empedocles 恩培多克勒
Encratites 英克拉提主义者
Ephialtes 厄菲亚特斯
Epictetus 恩披克泰德
Epidaurus 厄庇岛鲁斯
Epigoni 埃庇哥尼
Er 厄尔
Erichthonios 厄里奇托尼奥斯
Eros 厄洛斯
Eteocles 厄特俄克勒斯
Ethiopians 埃塞俄比亚人
Euphrates 幼发拉底
Euphorbus 优福尔布

Flavius Josephus 法拉维乌约瑟夫

Gaia 盖娅
Galactophagi of Homer 荷马的迦拉克托法基
Getae 基塔人
Gongosyrus 高哥西鲁
Graces 格雷斯，美惠三女神

Hadrian 哈德良
Harpies 哈庇斯
Harpocratians 哈波克拉特主义者
Hecataeus 赫卡塔优
Hecate 赫卡特
Helena 赫勒那
Helenians 赫勒那主义者
Helenus 赫勒努
Helios 赫利奥斯
Hephaestus 赫菲斯托斯
Hera 赫拉
Heracles 赫拉克勒斯
Heraclitus 赫拉克利特
Herennius Philo 赫任纽·斐洛
Hermeias 赫尔米亚
Hermes 赫耳墨斯
Hermippus 赫米普斯
Herodotus 希罗多德
Hestia 赫斯提亚
Horaeus 荷拉俄斯
Horus 荷鲁斯
Hours 奥尔斯

Ialdabaoth 伊阿达巴特
Ialmenus 伊阿梅努

Iao 伊奥

Iapetus 伊阿珀托斯

Inachus 伊那库斯

Isis 伊西斯

Jocasta 约卡斯忒

Laius 拉伊俄斯

Lebadians 莱巴底亚人

Leonidas 莱奥尼达

Leto 利托

Leviathan 利维坦

Linus 利努斯

Loxus 洛克苏

Lucian 卢西安

Lycambes 吕坎比斯

Lycurgus 莱克格斯

Marcellina 玛塞丽娜

Marcion 马西昂

Marcionites 马西昂主义者

Marea 马勒亚

Mariamme 玛里娅米

Martha 玛莎

Meroe 梅洛伊

Melanippe 墨拉尼珀

Meletus 梅勒图斯

Metapontines 美塔波提尼人

Metapontium 美塔波提乌姆

Metis 梅提斯

Minos 迈诺斯

Mithras 蜜特拉神

Mnemosyne 摩涅莫辛涅

Moiragenes 摩伊拉格尼

Momus 莫摩斯

Mopsus 摩普苏斯

Musaeus 墨沙乌斯

Muses 缪斯

Musonius 墨索尼乌斯

Naucratites 瑙克拉提特人

Neilos 奈洛斯

Nero 尼禄

Nestor 奈斯托

Nomads 诺马德人

Odrysians 奥德里西亚人

Ogdoad 奥格多阿德

Ogenus 奥格努斯

Olypus 奥林庇斯

Omphale 翁法勒

Onoel 奥诺尔

Ophioneus 奥菲奥纽

Ophites 奥菲特派

Orpheus 俄耳浦斯

Osiris 奥西里斯

Ossa 奥萨

Otus 奥图斯

Ourania 奥拉尼娅

Ouranos 奥拉诺斯

Panathenaea 帕那塞那亚
Pandora 潘多拉
Panthera 潘塞拉
Parian 帕罗斯人
Parmenides 巴门尼德
Parrhasians 帕拉西亚人
Pegasus 佩加苏斯
Peleus 珀琉斯
Pelion 佩利翁
Peloponnese 伯罗奔尼撒半岛
Penelope 珀涅罗珀
Penia 佩尼亚
Pergamum 帕加马
Persephone 珀耳塞福涅
Persuasion 佩斯威西翁
Persues 珀尔修斯
Phaenarete 法厄娜勒特
Phaethon 法伊松
Phalaris 法拉里
Pheidias 腓狄亚斯
Pherecydes 腓勒西德
Philebus 斐利布斯
Philistines 非利士人
Phlegon 菲勒哥
Phoroneus 福洛纽斯
Pindar 品达
Piraeus 比雷埃夫斯
Plutarch of Chaeronea 克罗尼亚的普鲁塔克
Polemon 波勒蒙
Polycleitus 波利克来图斯

Polyneices 波利奈斯
Pope Anicetus 阿尼塞图教皇
Porus 波鲁斯
Poseidon 波塞冬
Proconnesus 普洛克涅苏斯
Proetus 普罗伊图
Protarchus 普罗塔库
Protesilaus 普鲁泰西劳斯

Rhampsinitus 拉姆坡西尼图
Rhea 瑞亚

Sabaoth 撒巴特
Sabazius 萨巴芝乌
Sais 萨伊斯
Salome 萨洛米
Samanaeans 沙门
Samos 萨摩斯
Samothracians 萨莫色雷斯人
Sarapis 萨拉庇斯
Sarpedon 萨耳珀冬
Scythian 斯基台人
Selene 塞勒涅
Seres 塞勒人
Seriphian 塞里菲斯人
Sibyllists 西比尔主义者
Sicarii 西卡里
Sicarius 西卡里乌
Solon 梭伦
Sophocles 苏菲克勒斯

Sophroniscus 苏夫洛尼司库
Sphinx 斯芬克司
Suriel 苏里尔

Tabiti 塔比提
Taenarum 台那鲁姆
Tartarus 地狱，塔尔塔卢斯
Tatian the younger 小塔提安
Taurians 陶立亚人
Telemachus 忒勒马科斯
Thagimasada 塔基马萨达
Thaphabaoth 塔法包特
Thauthabaoth 陶塔包特
Thebans 台伯人
Themis 塞弥斯
Themistocles 塞米斯托克勒
Thermopylae 塞莫皮莱
Thessaly 塞萨利
Theseus 特修斯
Thetis 西蒂斯
Thrasymachus 塞拉西马柯

Thyella 梯厄拉
Thyestia 梯伊斯提亚
Tiberius Caesar 提伯留凯撒
Titans 提坦
Titus 提图
Tricca 特里卡
Trophonius 特洛福尼乌斯
Typhon 堤丰

Valentinians 瓦伦提努主义者
Vespasian 维斯帕西安

Xanthippe 克珊西帕

Zaleucus 扎流格斯
Zamolxis 扎摩尔克西斯
Zeno of Citium 西图姆的芝诺
Zeuxis 宙克西斯
Zopyrus 佐庇鲁
Zoroaster 琐罗亚斯德